九江冶金煤炭志

孙洪平题

九江市冶金煤炭集团公司 编

方志出版社

九江市冶金煤炭志编纂委员会

主　任：周　锋

副主任：雷耀新　林雄刚　扶圣才　吴焕兰

委　员：王长金　曹慧娟　罗佳贵　黄浔平　伊光辉

李爱华　许浔芳　吴述鑫　梁鸿鑫

《九江冶金煤炭志》编辑部

主　编：周　锋

副主编：王永平　吴述鑫　梁鸿鑫

总　纂：邵天柱

编　辑：周　锋　吴述鑫　梁鸿鑫　邵天柱

九江市政区图

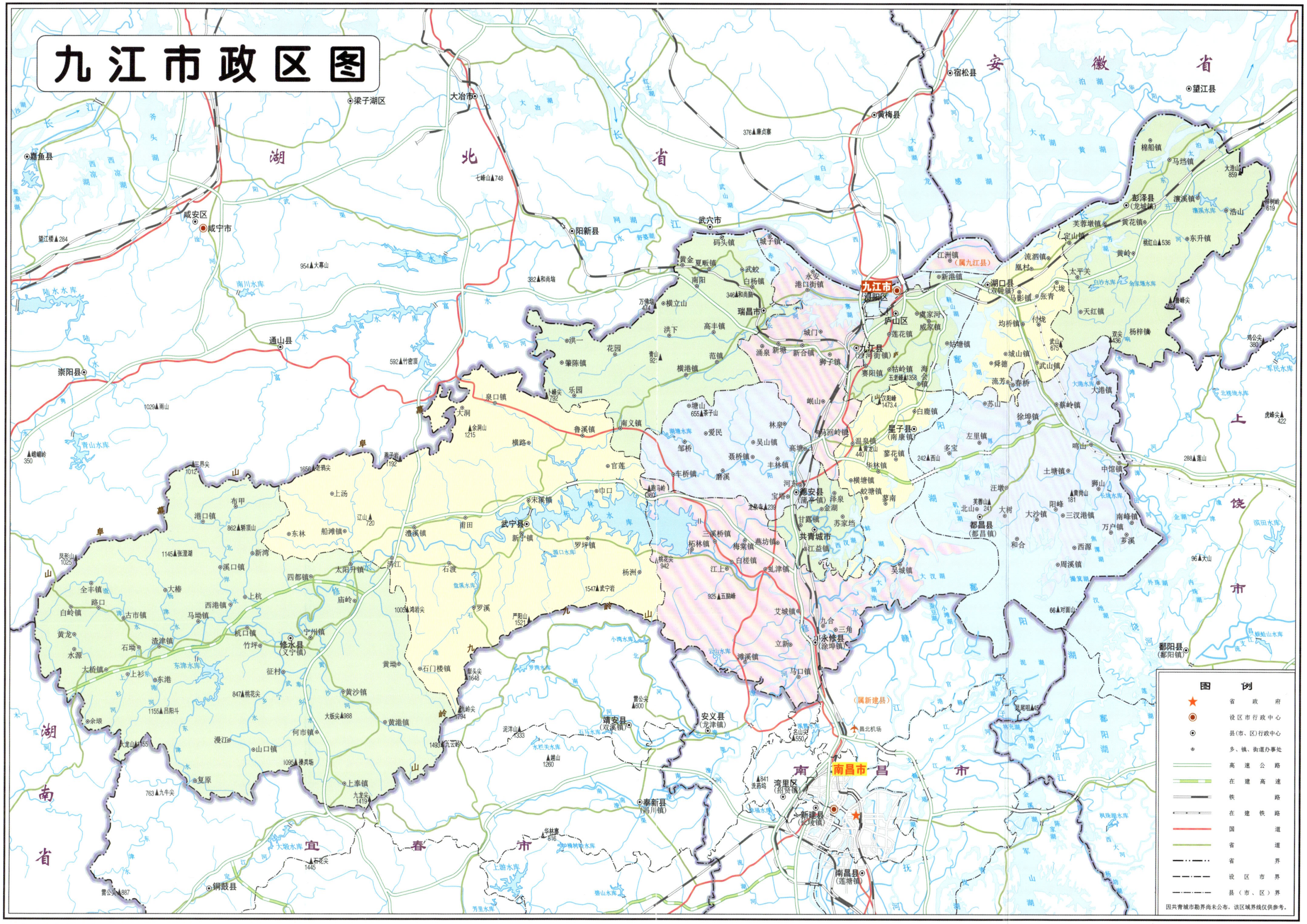

审图号：赣S（2015）19号

九江市地势图

江西省地图发行站

审图号：赣S（2015）19号

江西贵金属矿产分布

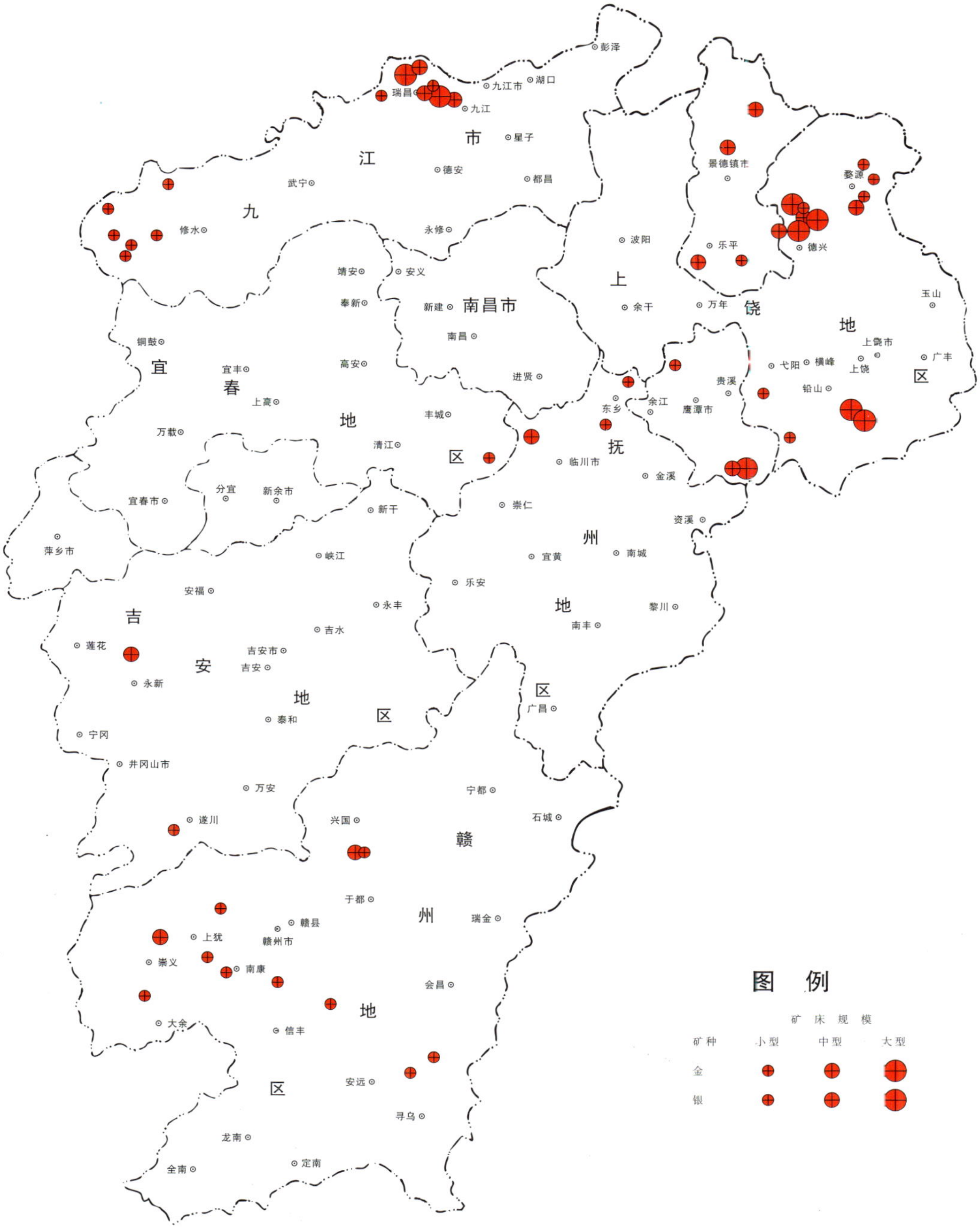
彭泽
湖口
九江市
瑞昌
九江
星子
九
江
市
德安
都昌
武宁
修水
永修
景德镇市
婺源
乐平
德兴
波阳
靖安
安义
奉新
新建
南昌市
南昌
余干
万年
上
饶
玉山
地
上饶市
广丰
区
弋阳
横峰
上饶
铅山
贵溪
余江
鹰潭市
东乡
铜鼓
宜
春
宜丰
高安
上高
地
丰城
进贤
万载
清江
区
临川市
抚
金溪
分宜
新余市
宜春市
新干
崇仁
萍乡市
资溪
州
峡江
宜黄
南城
安福
乐安
永丰
地
黎川
吉
吉水
莲花
吉安市
吉安
安
南丰
地
永新
泰和
区
区
广昌
宁冈
井冈山市
万安
宁都
石城
兴国
遂川
赣
于都
州
瑞金
上犹
赣县
赣州市
崇义
南康
会昌
地
大余
信丰
区
安远
寻乌
龙南
定南
全南
图例
矿床规模
矿种
小型
中型
大型
金
银

江西省主要冶金企事业单位分布

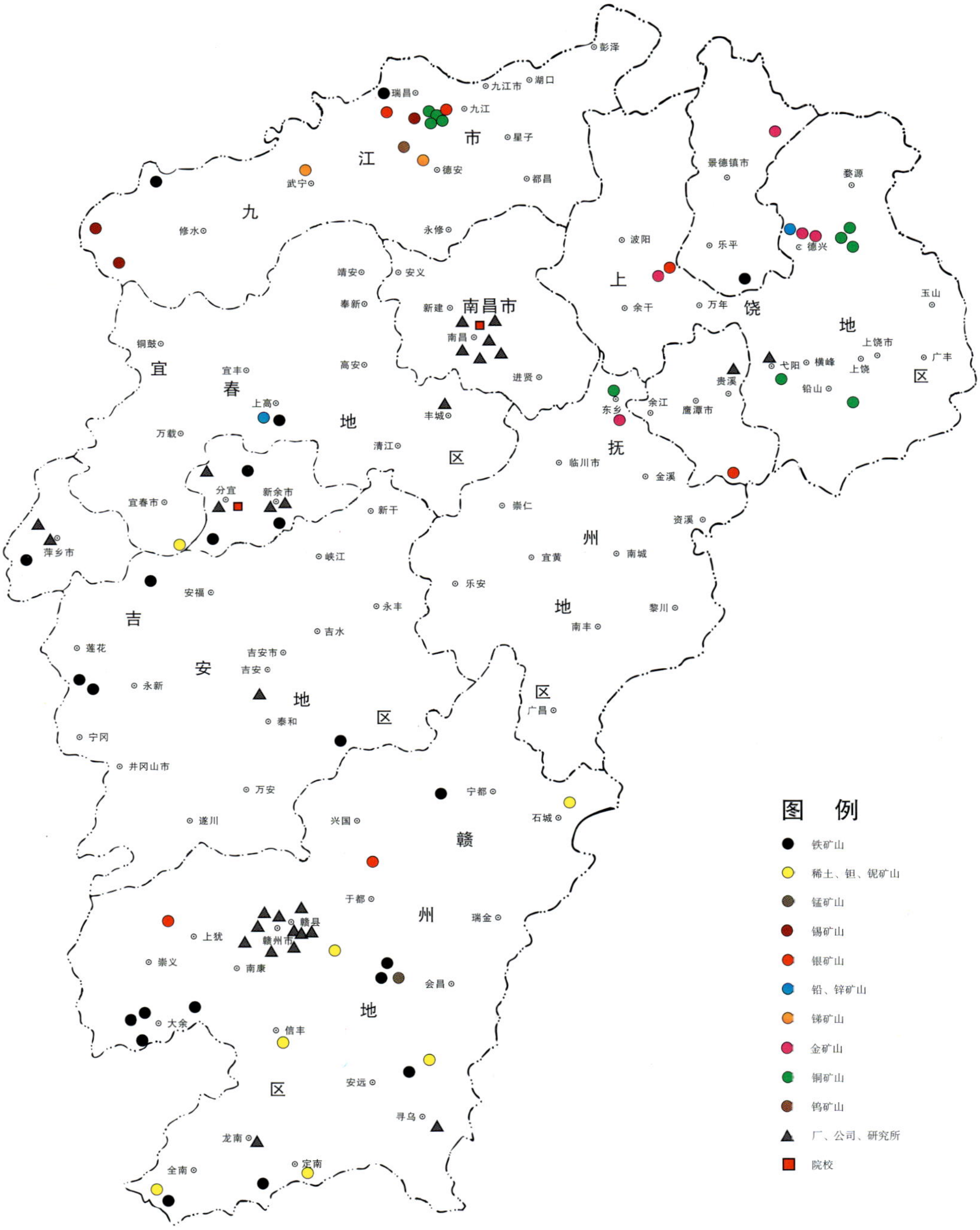

江西黑色金属及冶金、化工辅助原料矿产分布

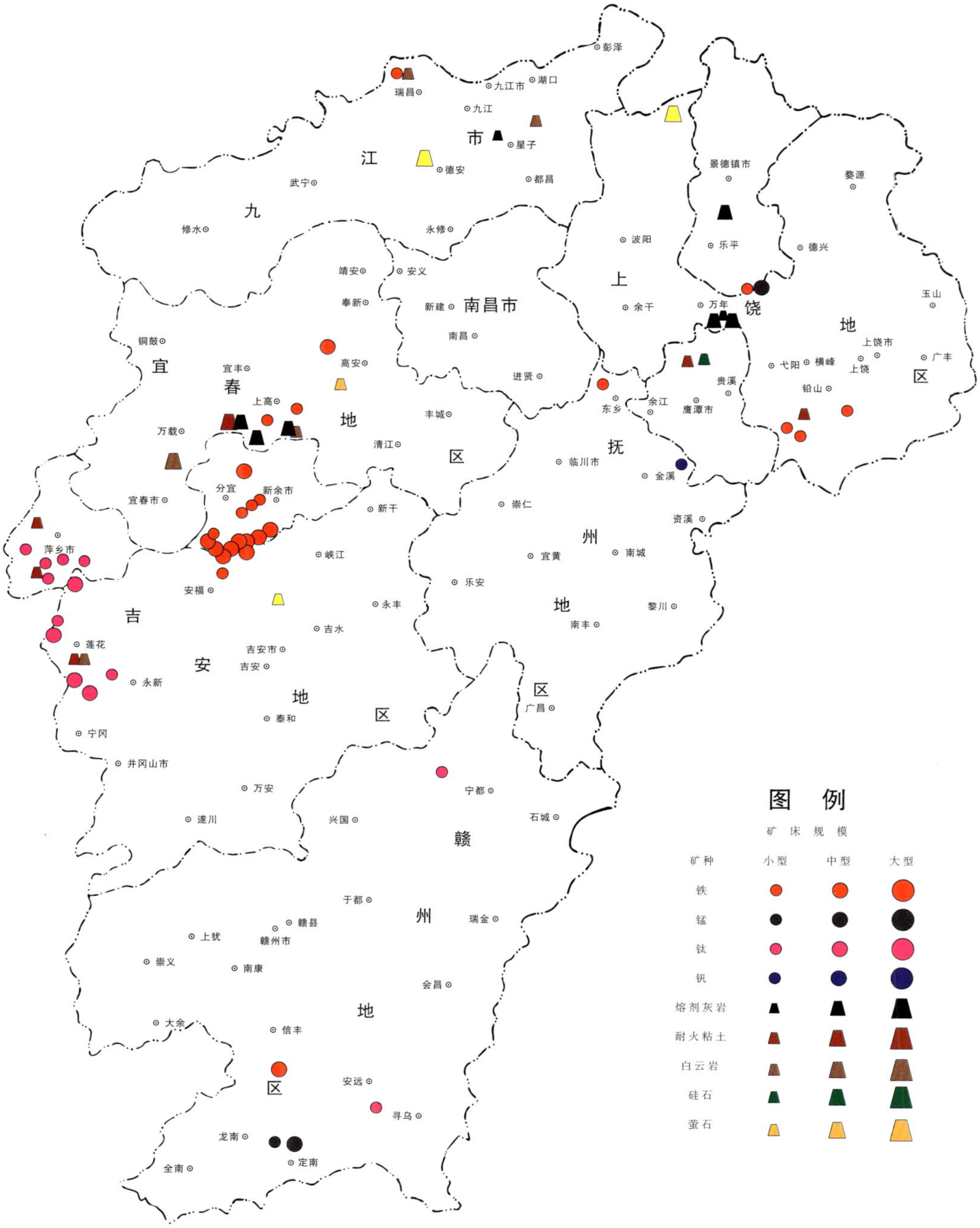

江西稀有、稀土矿产分布

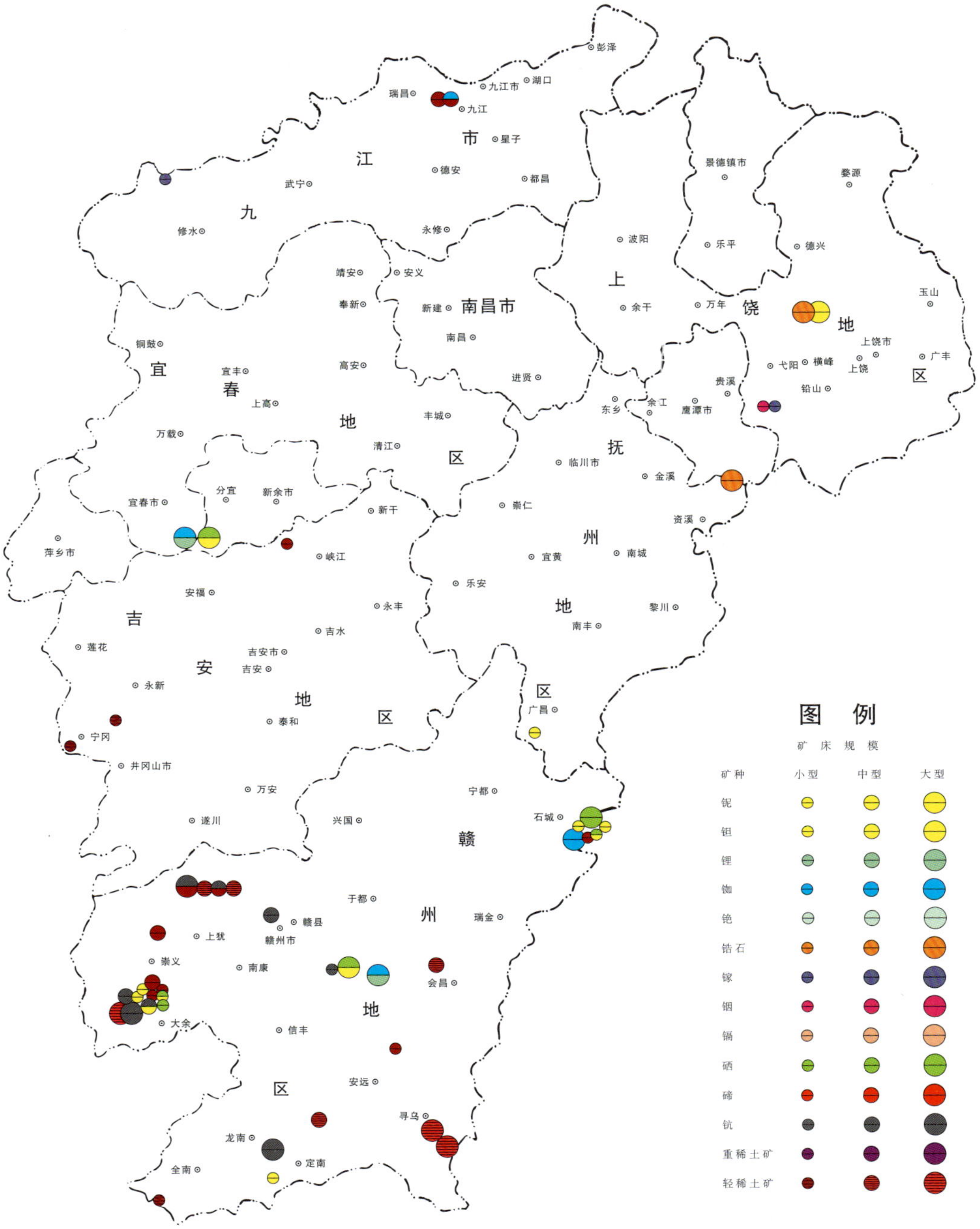
彭泽
湖口
九江市
瑞昌
九江
星子
市
江
德安
都昌
武宁
九
修水
永修
景德镇市
婺源
乐平
德兴
波阳
靖安
安义
上
奉新
新建
南昌市
余干
万年
饶
玉山
地
南昌
上饶市
广丰
铜鼓
弋阳
横峰
上饶
区
宜
宜丰
高安
进贤
贵溪
春
上高
铅山
东乡
余江
鹰潭市
丰城
地
万载
清江
抚
区
临川市
金溪
分宜
新余市
宜春市
崇仁
新干
资溪
州
萍乡市
峡江
宜黄
南城
乐安
安福
永丰
地
黎川
吉
吉水
南丰
莲花
吉安市
吉安
安
永新
区
地
广昌
泰和
区
宁冈
井冈山市
万安
宁都
石城
遂川
兴国
赣
于都
赣县
州
瑞金
上犹
赣州市
崇义
南康
会昌
地
大余
信丰
安远
区
寻乌
龙南
定南
全南
图　例
矿　床　规　模
矿种
小型
中型
大型
铌
钽
锂
铷
铯
锆石
镓
铟
镉
硒
碲
钪
重稀土矿
轻稀土矿

江西有色矿产分布

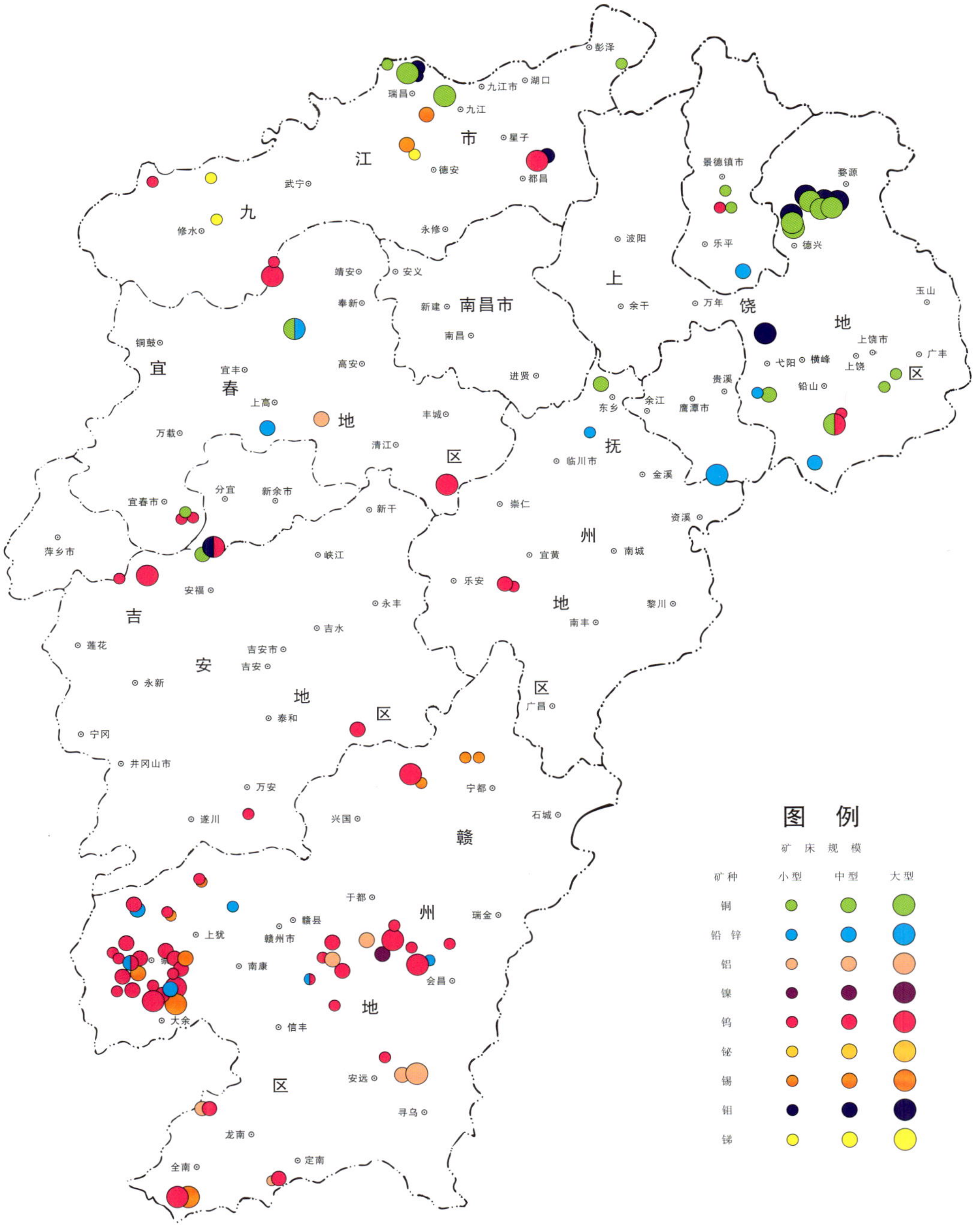
彭泽
湖口
九江市
瑞昌
九江
星子
江
市
德安
都昌
武宁
九
修水
永修
景德镇市
婺源
乐平
德兴
波阳
上
靖安
安义
奉新
新建
南昌市
南昌
余干
万年
饶
玉山
地
上饶市
广丰
铜鼓
宜
宜丰
春
高安
进贤
弋阳
横峰
上饶
区
贵溪
铅山
东乡
余江
鹰潭市
上高
地
丰城
万载
清江
区
抚
临川市
金溪
宜春市
分宜
新余市
新干
崇仁
资溪
萍乡市
峡江
州
宜黄
南城
安福
乐安
吉
永丰
地
黎川
吉水
南丰
莲花
吉安市
吉安
安
永新
地
泰和
区
区
广昌
宁冈
井冈山市
宁都
万安
遂川
兴国
石城
赣
于都
瑞金
州
赣县
上犹
赣州市
南康
会昌
大余
地
信丰
安远
区
寻乌
龙南
全南
定南
图例
矿床规模
矿种
小型
中型
大型
铜
铅锌
铝
镍
钨
铋
锡
钼
锑

1992年全省铜企业主要地理位置图

江西省煤炭资源分布图

1:2 500 000

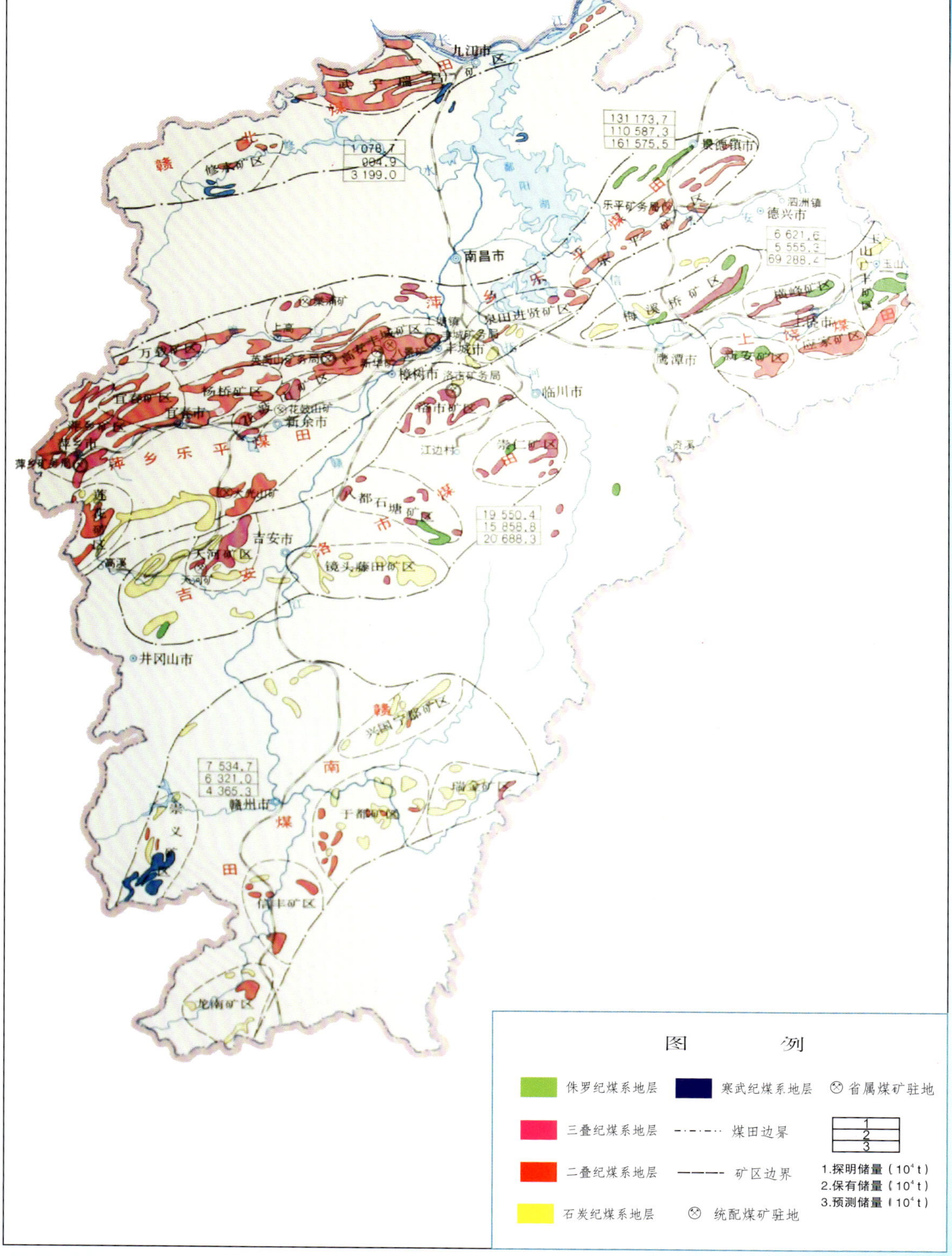

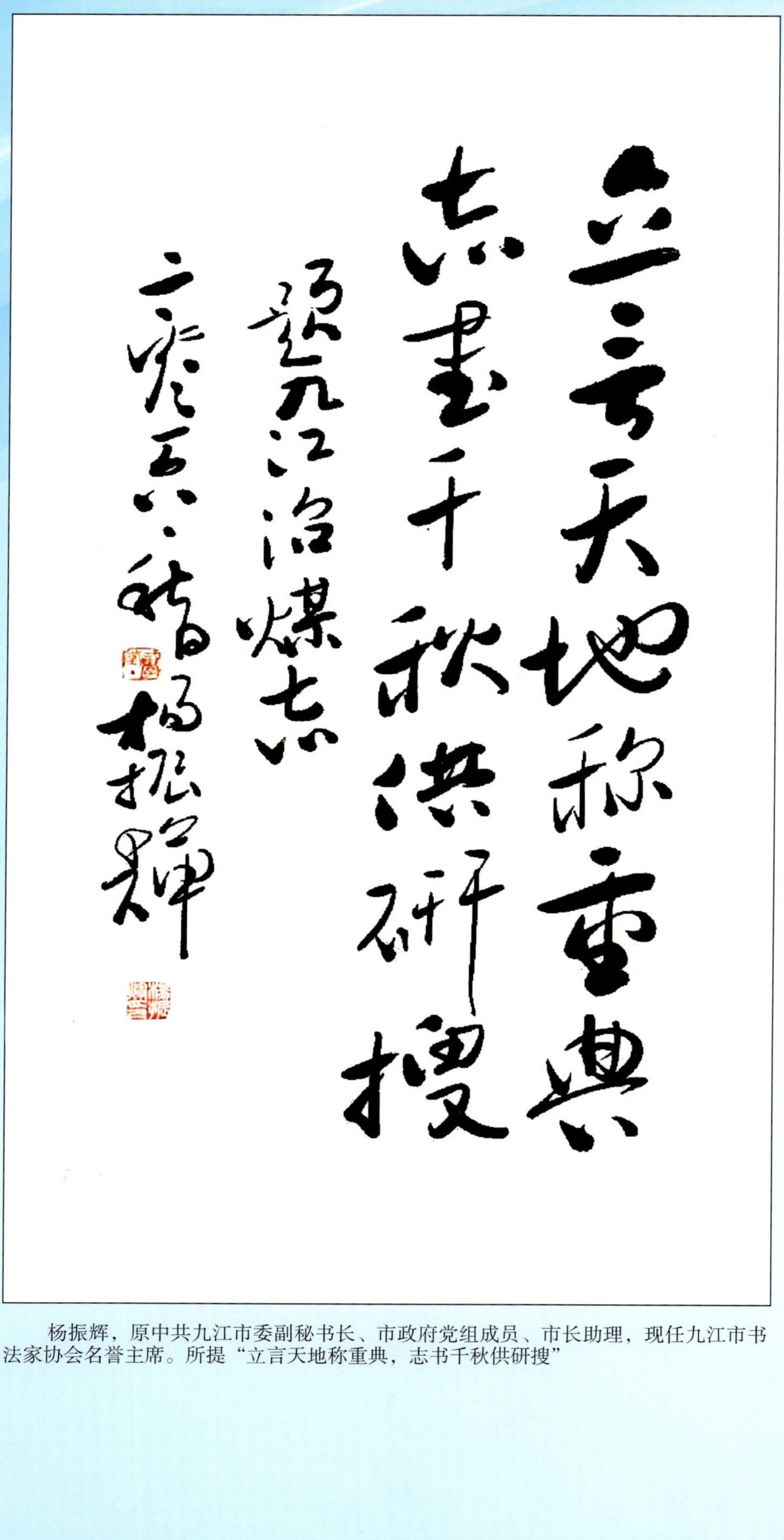

杨振辉，原中共九江市委副秘书长、市政府党组成员、市长助理，现任九江市书法家协会名誉主席。所提“立言天地称重典，志书千秋供研搜”

1932年，著名地质学家李四光在庐山考察第四纪冰川遗迹

1965年冬，江地赣西北队在九江市城门山铜矿开展湖区勘查会战

江西唯一的德安萤石公司制冷剂厂全景

修水古市采金船采金后的复田图

江西省德安萤石公司现代化的露天采场。采用补偿贸易从日本国引入整套露天机械化开采设备60台套

九江县荞麦岭商代早期冶铜遗址考古施工现场
（2014年7月10日周锋 摄）

左起周锋（市冶煤集团总经理）、饶华松（省文物考古研究所）、张友华副局长（九江县旅游文博局）参观荞麦岭商代早期冶铜遗址考古现场（2014年7月10日胡启平 摄）

九江市建设绕城高速通道时，发现商代早期冶铜遗址

瑞昌市铜岭古矿坑是中国最早的商代采铜遗址

县属部分企业领导合影

前排左起：江西省煤炭厅张佩琪厅长、韩子幛副厅长、金万和副厅长，后排左起：市冶煤工业局吴述鑫、廖和树、付嘉富、徐水泉、黄新华、伊政海陪同参观九江市浔阳楼（1990年夏）

月，党和国家领导人接见全国工业学大庆会议代表。九江地区工业局陈占发、铜岭厂郭德燕、武宁县煤矿严盛万、赣西北大队王芬参加大会

市冶煤局生产科、安全科全体同志

左前：吴述鑫、张玉凤、刘雍、徐方正

后：张行生、梁鸿鑫、周锋、江臻、郭蔚祖、李爱华（1992年4月）

市冶煤局部分工程技术人员庐山专业会合影。

左前：郭蔚祖、熊春莲、代佩坤、徐方正

后：吴述鑫、周锋（1991年）

1977年

左：徐水泉、伊政海、吴述鑫、刘元国、王景秀。（1988年5月1日）在九江钢厂与江西钢厂联营协议签字会上

九江市矿冶学会第三届理事会全会
左前：伊政海、刘英伯、陈安琪、高革新
二排：黄朝鉴、张玲（市科协）、曾昭伉
三排：荆福坤、周建国、徐恒成、许立新
四排：吴述鑫、叶涛

首任九江地区冶金煤炭工业处党组书记、副处长陈占发（前排中）（1981）

1958年，九江城乡人民参加『大炼钢铁』运动，这是当时炼铁的小钢炉

1960年，都昌县正在重新建筑的洋高炼铁炉

孔雀石（瑞昌市武山、铜岭）

露天采矿场

瑞昌县洋鸡山斑岩型金矿是江西勘查开发最早的独立岩金矿

九江有色金属冶炼厂金属钽车间一角

选矿球磨厂房

井下打钻作业

井下铲矿作业

井下矿山的新主井

修水古市金矿建成全省第一条50立升采金船（1987）

江西铜业铅锌金属有限公司厂景

江西铜业铅锌金属有限公司员工正在基夫赛特炉前出铅操作。

江西铜业股份有限公司城门山铜矿5000吨选矿厂磨浮车间生产现场

九钢公司板材生产线（杨青 摄）

九钢公司炼铁厂生产现场

九钢公司炼钢炉

九钢公司炼钢厂连铸车间生产现场（八机八流）

九钢公司冶炼车间

2015年，九钢公司钢材年产量首破500万吨。九钢公司职工在钢炉前验钢

九钢公司全景

武山铜矿主斜坡道

2015年7月31日，江西省煤炭储备中心城东通用码头举行首次船舶靠泊装卸作业，标志着省煤通用码头正式投入运行

江西铜业股份有限公司城门山铜矿进口采矿设备VOLVO铰卡

城门山铜矿露天采场

市冶煤公司投资450万元，1989年建成占地5.87公顷，年物货吞吐量60万吨，配套铁路专线1.5千米及相应设施的大型物流货场

九江市冶煤集团班子成员。左起林雄刚（副总经理）、周锋（总经理）、扶圣才（副总经理）

1986年，市冶煤公司自筹资金建成冶煤大楼，是当时市区东门外第一栋全框架7层大楼，几十年来成为市区改革开放和城市建设大发展的标志性建筑。图为冶煤大楼一角

序

中国人有修志的传统，这也是古代文明能够在中国5000年延绵不绝的原因之一。新中国继承修志优良传统，且发扬光大，不仅有省、市、县3级地方综合志书，而且有行业志、专业志、厂矿院校志等。九江冶金煤炭志是九江市冶金煤炭工业历史上的第一次修志，意义和价值重大。

九江市位于江西省北部、长江中下游南岸，辖2市9县2区。与湖南、湖北、安徽3省交界接壤，属江南古台地一部分。地域虽不广，却有着铁、铜、金、钨、铍等黑色金属、有色金属、贵金属、稀有金属和特种金属等金属材料矿产，煤炭、石煤及铀等能源矿物燃料矿产，硫、萤石、白云石等冶金化工原料矿产，花岗石、大理石、石英河砂、湖砂等非金属建筑材料矿产。虽未探得鄱阳湖盆地的石油、天然气，但已发现有可观的页岩储量，因而也有新能源页岩气储存的可能。在不大的地域有如此种类繁多的矿产，这是难能可贵的。

人类文明史和发展史，离不开作为基石的矿业、矿产和矿冶。人类正是从这个意义上来划分历史时代，从旧石器、新石器时代，到青铜时代、铁器时代直至近现代的机器时代、信息时代。而从文明的发生发展来看，应该是从青铜时代开始的。在中国，就是从4000多年前的夏、商、周时代开始并延绵不绝的。从这个历史意义说，九江地区的先人对中华文明做出不朽贡献。考古学研究证明，九江县荞麦岭发现的3500年前夏末商初冶铜遗迹，瑞昌市铜岭发现的3300多年前商代铜采矿、洗选和冶炼遗迹，与西100千米著名的湖北大冶铜绿山商代采选冶铜遗址东西相望共美，是长江流域铜采、选、冶古遗址的一部分，为中国的古代青铜文化做出了很大的贡献。

九江冶金煤炭志全面、系统、真实地记录了九江市冶金、煤炭和矿冶工业发生和发展的历史，特别是中华人民共和国建立以后的历史，做了十分有意义、有价值的工作。

虽然从汉初起，有人在修水县从事过沙里淘金的黄金采选，在瑞昌县从事过采煤活动。清末也有人在瑞昌县铜岭从事过采铁矿和炼硫黄活动。但实际上，直至1958年的“大跃进”之前，九江地区都没有现代意义上的冶金煤炭矿冶工业。

九江市冶金煤炭矿冶工业的发展，经历了三个历史阶段：

一、1958年“大跃进”时全民大炼钢铁的起始阶段。

人民群众以高昂的革命热情、不计经济效果的全身心的劳动和经济投入，不仅创办了九江钢铁厂，还建了一两千座遍地开花的土高炉，由于违背客观经济规律，不久即纷纷下马，以失败告终。由于全民找矿炼铁，从而发现了德安的萤石矿、锑矿，武宁、修水的钨矿，以及各县的煤矿，为后来的地质探矿和矿冶工业奠定了发展基础。

二、1966年"文化大革命"开始至20世纪90年代初企业改制发展阶段。

这阶段不仅建立了中央和省投资的武山铜矿、九江稀有金属冶炼厂（806厂）、彭山锡矿。九江地（市、县）还用自己的经济力量建立了九江钢厂、铜岭钢铁厂、九江铜硫矿和德安萤石矿、德安锑矿、武宁钨矿、武宁锑矿、修水钨矿、香炉山钨矿、洋鸡山金矿、铁门坎金矿、土龙山金矿、古市金矿，以及武宁煤矿、瑞昌煤矿、九江县煤矿、付山煤矿、罗坑煤矿、星子花岗岩公司、九江大理石公司、砂石公司等众多冶金煤炭矿冶企业。其中，九江稀有金属冶炼厂生产的铌钽和众多稀有稀土金属，远销国内外。武山铜矿发展成国内大型坑采铜矿山。九江铜硫矿依靠自身的积累从赤湖农场办的丁家山铜矿发展成包括铁门坎城门山在内的九江矿冶总公司。德安萤石矿发展成包括全机械化采矿、选矿和氟化工厂的氟萤石公司，公司的萤石及氟精矿粉和氟利昂等产品畅销国内外。德安锑矿发展成采、选、冶俱全的锑工业企业。洋鸡山金矿是江西省第一个采选冶金矿。古市金矿修建了江西省第一艘机械化采金船。为发展金的生产，坑采、露采、洗选、浮选、浸出氰化混汞炭浆吸附等所有现代黄金工业技术都用上了。1985~1989年短短的4年间，黄金年产量就从几两增加到1万两，随后增加到2万两，受到国家黄金局奖励。环保技术也得到发展，1974年，九江铜硫矿率先创立铜矿酸性废水工业净化，受到省科学大会奖励。星子花岗石产品与九江石英、河湖砂畅销国内外。冶煤供销公司还在七里湖建立铁路专用线和煤货场，保证了九江地区经济发展所必需的金属材料和燃料能源供应。冶煤公司还指导和帮助当时的农民企业家建立钨矿选矿加工厂，进行矿产品深加工以提高经济效益，为后来民营矿冶经济进一步发展探路奠基。国营企业如九江铜硫矿、九江钢厂、铜岭钢铁厂、罗坑煤矿等单位也都进行了以经济承包制和多种经济体制横向、纵向联合为特征的体制改革试验与探索，取得效果，获得经验。

当然，在发展阶段也遭受过挫折。铜岭钢铁厂硫化多金属矿的氧化褐铁矿帽本身就不适于现代工业炼铁。九江钢厂轧钢无稳定的钢坯原料，而且市区也不适于工业炼钢。不少矿山面临矿藏不丰、地质资源不清困境，特别是被俗称为"鸡窝矿"的地方煤矿。水系众多和水文地质条件不清是九江县煤矿被突发溶洞穿水造成矿毁的根本原因。即使是城门山铜矿这样的大矿，也面临水文和工程地质条件复杂、硫化多金属矿物种类繁多且氧化严重、难采难选的问题。当然，出现问题的主要原因还是发展热情虽高，却对客观经济规律认识不足及技术掌握不好缘故。但总的来说，发展阶段的成效是显著的，不仅振兴了九江地区的经济，改善了职工和人们的生活，而且为进一步发展奠定了坚实的基础。

三、1992 年深化经济体制改革以后的新阶段。

20 世纪 90 年代后，全国深化经济体制改革。包括冶金煤炭工业在内的中小国有企业纷纷转制，各种经济成分重组的民营股份制企业大量兴起，市、县建立开放或专属经济区，以招商引资方式来欢迎和接纳外地投资。政府以取消十几个包括冶金、煤炭、有色、化工、建材、核工业等工业部门的方式来转变职能，削减行业专业管理，加强政府综合调控。九江地区冶金煤炭工业走上新的道路。例如，湖口县新工业区建立由萍钢和江铜与九江地方联办的新型冶金企业，修水、武宁、德安、瑞昌等县市引进一批民办、矿办厂，开辟历史新阶段。

九江市冶金煤炭工业的发展，是全市人民，特别是冶金煤炭矿冶战线上的广大职工，在中国共产党和人民政府领导下，艰苦奋斗、不折不挠、拼命工作的成果。历史将不会忘记他们的奉献，成功的经验和失败的教训也都将成为后人可资借鉴的宝贵财富。

刘英伯

2014 年 12 月

凡　例

一、本志以马克思列宁主义、毛泽东思想和中国特色社会主义理论体系为指导，贯彻落实习近平总书记系列重要讲话精神和治国理政新理念、新思想、新战略，坚持辩证唯物主义与历史唯物主义立场、观点和方法，坚持实事求是原则，详今略古，记述九江市冶金煤炭工业的发展历史与现状。

二、本志上溯商周时期，下限2015年年底。

三、本志采用述、志、记、传、图、表、录等体裁，以志为主体，按篇、章、节、目编排，横排竖写，述而不论。共9篇33章，记述内容包括资源、钢铁企业、有色金属企业、非金属矿业、煤炭能源企业以及其产业技术、企业管理、生活保障、党群工作等。

四、本志大事记采用编年体与记事本末体相结合，依年月日顺序排列，日期不详者列于月末，月期不详者列于年末。

五、本志清代以前（包括清代）均采用历史纪年，括注公元纪年。1912年以后，一律采用公元纪年，必要时括注民国纪年。

六、本志各种名称第一次出现时采用全称，再次出现可用简称。

七、本志计量单位采用国家法定计量单位，个别计量单位仍按习惯使用市制，如两。

八、本志行文中数字使用，凡使用阿拉伯数字得体处，一律用阿拉伯数字。

九、本志资料主要来自各部门、企业及各地乡镇上报调查资料以及档案馆、图书馆、新闻媒体保存和公布的相关资料，一般不注明出处。

目　　录

第三篇　生产企业

第四篇　生产技术

第五篇 企业管理

第六篇　后勤保障

第七篇 党群工作

第八篇　经济体制改革

第九篇　人物

概　述

九江位于扬子准地台上，优越的地质条件，造就了丰富多样的矿产资源。已发现矿种 104 种，占江西全省矿种数的 65%；探明储量矿种数 68 种，占全省矿种数 67.33%；对国民经济有重大影响的 45 种主要矿产九江就有 18 种，占 40%；在全国具有优势的矿产有 3 种；在全省具有优势的矿产有 5 种；具有区位优势的矿产有 5 种。九江临山靠湖、通江达海，区位优越，造就了九江自古就是交通要冲，全国物资集散地，享有七省通衢、三大茶市、四大米市、五大通商港口之美誉。人们较少知道或提及的矿业也是九江辉煌历史中浓墨重彩的一笔，闪耀着人类文明的光芒。

九江矿业发展史上溯到商代早中期，距今已有 3500 年以上的历史，可分为几个时期：

第一时期为辉煌的源点期。从商代早中期到周代，长达 1000 多年，距今 3500 年左右。

1987 年，江西铜岭钢铁厂在采矿生产中发现古代采矿遗址，报案后经 5 次科学发掘和年代鉴定，证明这是一处中国迄今发现的矿冶遗址中年代最早、保存最完整、内涵最丰富的大型铜矿遗存，是中国青铜文明的象征之一，对于研究中国青铜文明、研究中国冶金史及文明史有着极其重要的价值。2013 年下半年九江市修建环城高速公路时，在九江县荞麦岭工地发现古代遗存，报案后经考古发掘，发现一与青铜冶炼有关的商代重要遗存，并在遗址下层发现中原二里头文化因素的生活用具，年代应与夏代晚期相近。专家认为，这对于研究中国早期青铜器起源具有重要价值，中国青铜器冶炼史或被前推至夏代。荞麦岭遗址北联铜岭遗址，南与出土大量具有本地特色青铜器的樟树、新干关联。该遗址地处博阳河流域末端，而铜岭遗址位于博阳河流域源头，符合古人依水而居的生存方式。1995 年，德安彭山林场在开采锡矿时，发现近 30 米长疑似古人开采锡矿的坑道遗迹。周围农民发现“铁壳坟”，渣呈粒状，色褐黑，推测似古代锡矿冶炼堆积场。周边发现有商、周、汉、唐时期的印纹陶、花纹砖等文物。此地距铜岭铜矿遗址仅 30 余千米，是否是该处青铜冶炼锡的来源，有待国家文物部门做进一步的考查鉴定来确定。

铜岭遗址地层清晰、叠压关系明显，让人们对先秦采矿技术有较为系统的认识。其采矿方法，从露采到坑采，有落矿、出矿和地压管理 3 种作业。开拓方式有商代中期竖井、平巷联合开拓，到西周时期竖井（斜井）、平巷、盲井联合开拓。因地质条件不同，坑道采取自然支护、人工支护，是世界上最早使用木支护进行地下开采铜矿。提升方式有木轱辘车提升。考古清理出竖井 103 口，平巷 19 条。选矿方式有木溜槽水洗重力选矿法。冶炼区 3 处，炼炉 2 座，炼渣散布面积 17 万平方米，炼渣总量约达数十万吨。从炼渣分析，其含铜量为 0.334%。而当今最现代化的炼铜企业此项指标的考核植为 0.3%，实际可达到 0.26%，奋斗目标为 0.23%。可见当时铜的回收率堪比现代水平，回收率极高。另有工棚 5 处、选矿场 1 处、露天采坑 7 处、槽坑、材料加工场、围棚等遗迹，还有用木、石、铜、竹、陶等制作的采掘、提升、装载、运输、淘洗、照明、排水等工具，另有鞋、筐生活用具 600 多件。

荞麦岭遗址分布约 5 万平方米，考古面积 2000 平方米，已发掘清理出一批商代早期房屋、灰坑，以及与青铜冶炼、铸造有关的水井、炼炉等遗迹。出土大量商代早期石器、陶器、玉器和青铜器，在水井及周边遗迹淤土中发现有废弃铜矿石、炉壁、炼渣、陶勺等器物，从两处椭圆形红烧土炼炉遗迹，炉壁呈青灰色，证明烧烤温度很高。种种迹象表明这是一处分布面积较广、结构紧密、组合完备的青铜器铸造遗存。从出土遗物判断，遗址主体年代为早商晚段与中商之间。在遗址下层发现二里头文化特征的鬲、豆等生活用具。

3000 多年前，九江就出现规模大、技术水平高、工艺合理、工具先进、经营时间长的铜矿冶炼企业，揭示长江和黄河是两个独立的奴隶制起源地，极大提升了长江流域的文明进程。所以，不论从文明史、冶金史以及政治、文化、经济、社会等诸多方面，其意义和价值都是巨大的。

第二时期为原始期。从周代至中华人民共和国成立前（1949 年 10 月），约 2200 多年。

经过远古的辉煌，九江矿业又回到自然原始状态。虽然汉朝有采金、清代有采煤的历史记载，且历朝历代都有矿业开发，分布面广至九江市各县都有采矿点，开采矿种也较多，有金、煤、石煤、铁、砂、长石、石材、高岭土等。但都未形成规模，都是分散的小矿点，使用工具简陋，以人工为主；维持时间短，没有形成现代矿业企业，连商代曾有过的规模水平都没有超过。20 世纪 30 年代，日本侵略者侵略中国时，曾在瑞昌掠夺性开采过铁矿，但为时短暂，未形成规模。因此，在长达 2000 多年时光里，九江本土矿业依然只有持续的、零星的开采活动，矿业资源基本还是自然的赋存状态。

第三时期为现代发展期。从中华人民共和国成立至 2015 年，约 66 年。

九江矿业的发展，尤其是现代矿业企业，都是在新中国成立以后建立发展起来的，基本上是在一张白纸上画出的最新最美的图画。从矿业产能基本为零到成为九江经济的支柱产业，占全市国民生产总值10%以上，仅用了60余年时间。技术装备水平由人工、简易工具发展到机械化、电气化，使用现代采矿设备，工艺水平也与世界同步，使古时辉煌再现其现代光芒。九江矿业快速发展，既得力于计划体制时期高效率的创办了一大批现代矿业企业，更得力于改革开放时期，多元化力量迅速壮大提升九江矿业的规模和质量。纵观60余年发展史，又可大体分为初创、发展与改革开放三个时期：

初创期为中华人民共和国成立（1949年10月）至20世纪60年代初（1962年），约13年。中华人民共和国成立后，全国掀起社会主义建设高潮。九江冶金煤炭工业乘着“大跃进”步伐孕育而生。建立九江钢厂和近2000座遍地开花的土高炉，德安萤石矿，武宁、瑞昌等县煤矿及炼焦企业和小铁矿。虽因违背客观经济规律，全民大炼钢铁以失败告终，但激发出的全民找矿热情，为后来的地质勘探工作和九江矿业发展打下基础。尤其值得一提的是为中国核弹工业做出贡献的修水铀矿，也是这个时期发现和建立的。

发展期为20世纪60年代初（1962年）至改革开放时期（1992年），约30年。九江现代矿业主要从计划经济体制时期起步，利用集中力量办大事和高效率办事的优势，建立起一批国有现代矿山企业。有国家投资的武山铜矿、城门山铜矿；有省投资的九江稀有金属冶炼厂、彭山锡矿。主力军则是市县投资建设的市属、县属国有矿山企业20多家。例如，1985年德安县采矿业企业4家，占全县工业总指数36.01%；矿业从业人员1729人，占38.52%；企业固定资产697.6万元，占27.74%；工业产值501.9万元，占15.41%；矿业营销收入733.1万元，占21.14%；利润100.5万元，占44.51%；税金51.1万元，占21.41%。这一时期矿业企业虽不多，但经济比重很大。后期发展起来的为数众多的几百家乡镇企业，如武宁、瑞昌的煤矿区，星子县、德安县、都昌县的非金属矿区，涵盖了有色金属、黑色金属、黄金、石材、砂石、煤炭等诸多行业。生产能力大幅提高，瑞昌市就因生产黄金从几乎为零到生产过万两的成绩，而由县改市。生产技术不断创新，九江黄金企业使用了采金船、坑采、露采、洗选、浮选、堆浸、池浸、浸出氰化混汞炭浆吸附等现代黄金生产所有工业技术。矿产品深加工不断延伸，由萤石形成氟化工产业，由钨形成钨酸铵系列产品，由铁形成炼钢轧材产业，由稀土形成稀土金属产品，由锑形成锑合金产品，由石材形成板材、工艺品等系列产品，形成了一批九江矿业的名牌优质矿产品，获得省优、部优称号。不仅为国内经济发展做出贡献，而且出口国外。其间，经济技术协作已开始起步，德安县林泉乡引进轻质碳酸生产技术，办起轻质碳酸钙厂；宝塔乡引进煤矿设备生产技术，办起煤矿机械厂；萤石矿开展补偿贸易，从日本引进矿山开采设备。这一时期，九江矿业兴旺发达，蓬勃发展。为适应发展需要，矿业管理部门从原综合经济管理部门——九江工业局划分出来，1982年由原重工业组单设九江冶金煤炭工业处。此后随形势发展和政策变动，矿业管理部门名称虽多次更改，但始终作为一个独立的、专业的正处级行政部门，主管九江市的整个冶金煤炭行业。

新时期为1992年以来至21世纪初的2015年，约23年。国家对外开放程度的不断提高和市场经济确立，为九江矿业新发展插上了腾飞的双翅。这一时期建立的一大批矿业企业以大、强、新为重要特征。一是技术装备不断更新，工艺技术不断提升，矿业产能向大型化方向发展；二是利益主体多元化，投资能力不断壮大，使矿业企业深加工及做大做强成为可能。由中央、省和多元主体投资建设的矿业项目有武山铜矿扩建，新建城门山铜矿、张十八铅锌矿、香炉山钨矿、大湖塘钨矿、德安锡矿、1000万吨优质钢项目、40万吨铅锌冶炼厂、25万吨镍粒合金项目、20万吨铜冶炼项目、20万吨氢氧化镍项目、华鑫有色金属项目、神华煤电一体化项目等，个个都是几十亿、上百亿的大项目。仅此投资量就是过去几千年的总和，这使九江矿业发展在短时间内呈爆发式增长。1985~1999年，德安县4家县办矿业企业投入工业重大技改项目9个，投资2843万元。2003~2008年，引入永飞矿业、大宇生化、建宏化工、天宝矿业、宝成氟化、永立精密钢管、绍成金属、海翔矿业、富通化工等矿业及加工企业10余家，投资9.25亿元。主要产品有锑、锡、锌、煤、萤石、轻钙、氟化钙等。达到省优产品有庐山牌萤石精矿、金钱牌重质碳酸钙、驼峰牌YQS-311、317型、HSY-5型液压升拉器，达到部优产品有庐山牌萤石精矿、驼峰牌HSY-51型液压升拉器、驼峰牌DZF-1型液压支柱三用阀。2008年，德安县规模以上工业企业56家，其中矿业企业6家，占10.71%。与1985年采矿行业比较，矿业企业增长50%，从业人员减少57.32%，固定资产增长2657.88%，工业产值增长5927.80%，营销收入增长3900.41%，利润增长753.73%，税金增长3109.40%。但矿业在全县经济的比重下降，占工业总指数6.80%，1985年为36.01%。矿业自身快速发展，但占经济比重下降，成为全市矿业的常态和趋势。从“八五”计划时期看，产值增长23.48%，利税增长45.96%，新产品率达36.4%；新技术13项；技改项目33项，技资1.5亿元；科技规划项目29项，投资达14.51亿元。走的是坚持改革开放，内引外联，双新（新产品、新技术）为保障，技术进步为先导的质量效益型道路，向矿山开发、资源综合利用、矿产品深加工的方向前进，适应市场需求，尊重知识，尊重人才。到“九五”计划时期结束，全市开发矿产达40种，有矿山企业903家，从业人员26700余人，年产矿石总量2864.72万吨，矿业总产值13.79亿元，占全市国内生产总值6.56%，占全市工业总产值10%。到2005年，矿业总产值30亿元，其中矿产加工业达到20亿元，矿山企业数量降为600家。到2010年，矿业总值比2005年翻番，矿山企业总数减为400家，使九江矿产资源的利用更加合理、更加科学、更加经济、更加持久。

为适应市场经济发展，矿业管理部门的改革从未停止。从20世纪90年代就不断改革调整，至 2002 年达到高潮。国家实行体制改革，过去经济专业主管部门基本取消，2002 年 8 月，九江冶金煤炭工业局也随之改制为九江市冶金煤炭集团公司，矿业行业管理权上交市工业和信息化委员会、市安监局。在九江矿业发展期创建的几十家国有企业也陆续进行国企改制，最终是多元化、民营化发展，或兼并、关闭了原国有企业。简政放权的结果为九江矿业在新时期的大发展注入了强大的政策推动力，整个冶金煤炭行业以快速发展的新姿态，成为九江矿业发展的新常态，展示出九江矿业的美好明天。

综上所述，九江矿业有自身显著的特点，一是既年长又年轻。溯源至今已有 3500 年以上的历史，但真正发展却是在新中国成立后的 66 年。二是既复杂又简单，既包罗万象又只有原矿产品为主。有黑色金属也有有色金属，既有贵金属也有稀有金属，有重金属又有轻金属，以及能源、建材、辅料等矿产，业态多种多样，但又只有原矿产品和为数不多的原矿初级加工产品。三是既重又轻，即资源量大而开采量不足。九江矿产价值不低于 7000 亿元，还有许多含矿地层没有进行地质工作，或已做过地质工作的区域也存在地质工作程度不够的问题，矿产潜力巨大，而开采出的价值每年仅十几亿元，说明发展空间巨大。若再向矿产深加工深入开发，九江矿业前途无量。

大 事 记

商·周

约公元前 1500 年

境内荞麦岭有先人冶铜，遗址尚存。

约公元前 1300 年

瑞昌铜岭有先人采选及冶炼铜矿，采选冶活动始于商代中期，结束于战国早期。现矿遗址已被列为国家重点文物保护单位。

东周

九江磨盘墩出土春秋晚期铁农具 3 件。武宁县石门战国遗址中出土大量铁器。

汉

高祖元年（前 206）

《义宁州志》载："汉贡黄金""小斗岭有淘金洞""古城岭（今古市）北岸多出黄金，淘金者众"。

高祖二年（前 205）

瑞昌乐园乡、南义乡、湖塘山等地乡民开始用手工采煤。

元朔四年（前 125）

《史记·货殖列传》载："豫章出黄金，长沙出连锡，然董物之所有，取之不足以更贵"。是最早江西淘金情况的记载。除昌江、乐安江外，还有修河上游在河床、河漫滩内采金。到晋代，发展到开采阶地金。到唐代，由单采沙金发展到开采脉金。《括地志》载："江州浔阳县有黄金山，山出金。"

元封六年（前 105）

武宁、修水、瑞昌一带已用石灰石烧制石灰。

修水横山出土西汉铁农具 19 件、铁工器 2 件、铁车器 5 件、铁锅 1 件、铁矛 1 件。修水山背出土西汉铁矛 1 件，东汉铁钮 1 件。

东 晋

九江人陶渊明首先选用当地所产瓦板岩制作成金星石砚，并刻有他手书的《五柳先生传》，自此金星砚闻名于世。

南朝·宋

元嘉元年（424）

是年山谦之撰《浔阳记》载："庐山有石墨，可书。"（转引自 893 年李昉纂《太平御览》）。

唐

武德元年至天祐四年（618~907）

新唐书地理志卷四十载："江州土贡碌（青玉）。浔阳有银、铜。彭泽有铜。"唐时，白居易到星子温泉，时称黄龙灵汤院，作了"一眼汤泉流向东，浸泥烧草暖无穷"的描述，此为当时天下七大名汤之一。

北 宋

建隆元年至靖康二年（960~1127）

宋史地理志载："江州贡云母"。

修水县产赭砚，经文学家黄庭坚广赠友人，而传名于世。德化（今九江县）产铁。星子有板岩（青石）开采，加工成砚台、桥板、墓碑等。宋徽宗赵佶得金星石砚大悦，称为"砚中之魁"而闻名天下，故又名"金星宋砚"。书法家米芾赞曰"金星宋砚，其质坚丽。呵气成之，储水不涸。墨书于纸，鲜艳夺目。数十年后，光泽如初。"

熙宁九年至元丰八年（1076~1085）

元丰九域志载：“江州进贡云母一十斤”。

南　宋

嘉泰二年（1202）

鄱阳洪迈《夷坚志》载：“江西庐山、袁州、丰城皆产石炭。”

明

洪武元年至万历四十七年（1368~1661）

《大明一统志》记载：“九江府德化县出铜。”

万历四十六年（1618）

地质学家徐霞客考察庐山。

清

崇德元年至道光二十年（1636~1840）

《大清一统志》记载：“南康府都昌县黄金山在县东北一百二十里，产煤炭。南康军产云母等，今无。九江府德化县柴桑山在县西南九十里，……柴桑之山，其阳多银，其下多碧（玉）多冷石、赭（今面阳山、首阳山、花尖诸山，皆是也）。”清代为江西煤矿发现并开发的重要时期，先后在都昌黄金山、义宁州（今修水县）、丰城等地发现开采煤炭。德化县（今九江县）所产云母贵为贡品。南康府规定星子县每年需运出青石板6000块，以修理贡院之用，每块价银4分，并将青石列为赋役。

嘉庆十三年（1808）

星子高岭土开始开采，时有矿点49个，年产量在300~1500吨之间。该矿点一直延续至今。

道光元年至三十年（1821~1850）

据清朝同治年间的《南康府志》卷四“物产”条中记载：“清道光元年至三十年，景德镇瓷器场用‘庐山白土’……建御窑也不例外。”

道光廿九年（1849）

五月二十日，电报局委员汪芭荪会同候选知府解茂承购浔城门山地，每亩银八缗（缗：音米 in 敏，系古代穿铜钱用的丝绳，一贯千钱为一缗）。

同治八年（1869）

德国地质学家李希霍芬在美国银行和英国商会支持下，到中国考察地质矿产。十月十四日，自九江登庐山，入鄱阳湖，经星子、鄱阳、乐平、浮梁而入皖境路线地质矿产调查，著有《江西鄱阳湖地带地质》。后又著《中国——亲身旅行和据此所作研究的成果》，书中论述鸣山矿区含煤时代属晚石炭世，命名“乐平煤系”，介绍了江西地质矿产概况，并绘制 1∶75 万九江地质图 1 幅。

光绪四年（1878）

奥地利地质学家劳策，沿湖口、临川、南城路线进行地质调查，写有调查报告。

光绪六年（1880 年）

《江西通志》重修本：“丰城、义宁州（今修水县）俱出煤炭，亦名石炭。”

光绪十七年（1891）

湖南平江人曾在修水古市岭附近河下淘金。至民国廿三年（1934）淘金者多至一二千人，产金地亦屡有发展，蔓延至全县。

光绪二十三年（1897）

汉阳铁厂花四千零三十七两六钱银子购得江西九江城门地方鸡笼山矿。

光绪三十年（1904）

十月，乡民自集股本，开有菜园里、细石窝、大石窝 3 处煤矿。（3 处煤矿均在修水县四都境内）

是年，天烛山有煤矿，武宁县遣人赴袁州邀请矿师，于八月十六日抵县勘查，据云系属“绿火”，且煤层甚浅，仍由民间土法照旧开采。另有煤矿 3 处，均经乡民开采，苗质甚劣，亏折工本，旋即中止。

光绪三十一年（1905）

泰乡四都石垅管地煤苗甚旺（今修水县煤矿 101 号井所在地）由杨春华集工开采，土法挖取，每日出煤十余担。至三十二年十月，“该矿采用土法挖煤，每月仅出煤十余担，就近销售，勉敷工食。”

是年，两江总督下设两江矿政调查局，主管煤矿开办审批事宜。曾多次派员偕同矿师到瑞昌、彭泽、新喻、分宜、崇仁、铅山、丰城、莲花等县勘查。

彭泽县桃子山、老虎洞、榆树坞煤矿 3 处，曾经查矿委员带洋矿师查勘，设局开办。因煤质不佳，旋即废弃。

光绪三十二年（1906）

一月二日，两江总督周玉帅请日本国石井八万次郎到赣勘查矿务。

一月三十日，德化县（今九江县）煤矿地方居民与英商股东发生纠纷。

两江查矿委员张崇德曾带矿师沈仁麟到瑞昌县查验矿质。东乡龙兴源有煤矿 1 处，约出煤 3 万余石，水多停挖；南乡干洞垅、田堡圾、净水当、杉木港、大坳、两峰尖、观音洞、干港、张家港、杨树港、岩下窳，西乡王山岭、桃源、尖瓜山、万丈红、杉树坪，北乡炉当火屋、袁傅家泉杨家沙滩等地方，共有煤矿 20 余处，每矿约出煤 3~5 万石及数千石不等，均系乡民自行开采。

宣统二年（1910）

十月二十七日，德化县（今九江县）甘泉有新煤矿出现。

宣统三年（1911）

瑞昌县开始采硫铁矿，并用瓦罐土法炼硫黄。

是年，德安县开采付山煤矿。晚清时期，江西开采铁矿主要有永新乌石山、萍乡上株岭、九江城门山等。

民　国

1912 年

2 月，城门山铁矿发生产权之争。

7 月 1 日，武宁县选民方庚鑫请款开挖县方家山地方煤矿。

12 月 15 日，赣都督准备收回光绪廿三年（1897）售与汉阳铁厂之城门地方金鸡岭矿，该矿面积 498 亩，分契价银四千零三十七两六钱。

12 月，赣人何天炯等 6 人在沪发起购回成议，省矿政科长以保省利权为由，呈报都督，该都督以该处矿质极佳，派员赴沪接洽以期早日归还。

1914 年

是年，江西督军李烈钧令放款 4000 余元后又追加 4 万余元，以江西实业公司名义派实业公司次长李国栋购买九江城门铁矿仰天罗、金鸡嘴南段以及曹家大坳一带矿区土地 500 余亩，并拟定开采办法七条，进行开采。

1915 年

是年，中华民国政府实业部地质调查所（1913 年成立）翁文灏偕王竹泉到九江县调查城门山铁矿，估算含铁大于 40%的铁矿石量有 628.8 万吨。这是中国地质工作者在江西从事地质矿产调查之始，也是江西近代铁矿勘查之始。此后江西境内的地质工作以中国人为主进行。

1916 年

是年，实业部地质调查所翁文灏在九江进行地质调查，自九江入鄱阳湖，至余干、万年、进贤、丰城一带进行煤矿地质与矿业发展调查，编煤田地质报告书，著《江西乐平鄱阳间煤矿报告》《地质调查所师弟修业记》。同年，实业部地质调查所谢家荣、叶良辅在鄱阳湖附近和九江的沙河、文学墩、刘家墩、刘家河一带进行工作，编绘 1：50000 江西德化县（今九江县）西部地质图一张，合著《江西鄱阳湖附近地质总论》。

1918 年

2 月，北京参议院议长李盛铎呈农商部准备开办城门山铁矿。

3 月 6 日，《申报》报道李盛铎已邀集股本 200 万元，正在组织公司。省议员陈祖怡、黄为柏等人则在议院活动，以该矿为江西公有，不能由李某私自招股开采的反对议案在省议会散发并致电到北京农商部。极力反对私人公司（仙居公司）开采城门山铁矿。

4 月 6 日，省议会开会商议城门山铁矿开采争议事项。

4 月 7 日省议会议决，请省长从速拨款 2 万元作城门山铁矿开办费，省长不同意急于从事。

4月11日，省议会连开3个会议，拟文告省长称商人王揖唐等蒙部立案承领矿照，并以议会名义电恳大总统及议会代表主持撤销。

4月12日，中国矿业学会在天津北洋大学成立，王揖唐代表周梦兰演说并推为名誉会员。

4月19日，农商部电，要求江西尽快落实城门山矿交由王揖唐等开办，言词咄咄逼人，省议会定于20日再行开会，商讨城门山矿案之对策。

4月24日，省议会又开会议论城门山铁矿事宜，主张将王揖唐、李盛铎等串谋该矿尔后秘密抵押外国款项一事告旅沪诸同乡，据黄为柏称："上月（3月）特别股开第一次审查铁矿会时有两日本人到会参观，且在农历正月间又有日本人至该矿测绘矿图，均可证明与外款有关。"

4月30日，江西省议院为城门山矿事，分别致电大总统和国务院。

8月18日，仙居公司王揖唐（后沦为汉奸）等人申请采城门山铁矿，农商部核发采字633号矿照。江西省议会起而反对，为保护江西利益，请省长商会实业厅，将矿照扣留。实业厅将农商部给王揖唐的仙居公司采字第633号矿照证书收回。至此，城门山铁矿不由外省人等开采，然本省又无资力开采而搁置下来。

1919年

是年，始有广东人在修水采煤，前后3年，往南昌调运，煤质较好。

1924年

2月20日至4月20日，实业部地质调查所地质学家王竹泉、李毓尧在修水流域开展路线地质调查，到德安、瑞昌、永修、武宁、修水、铜鼓、宜丰、奉新县考察，著有《江西修水流域地质矿产报告》，提交1：100万路线地质草图，是江西区域地质调查的开端。

1927年

8月，湖北省汉阳铁厂在铜岭矿区开采铁矿。

1928年

12月，江西地质矿业调查所成立，并开展对德安、九江县的煤及铁资源调查。

是年，九江出口钨砂85.471担。

1929 年

12 月，发现在今武宁煤矿泉坪井一带有民间开采，沿煤层部位老窿遍布。

1930 年

是年，江西各煤矿煤炭运输，除萍乡煤矿由株萍铁路西运外，其余多靠水路，其中修水煤矿经修河、进贤煤矿经钟陵水等水路运输。

是年至 1933 年，王竹泉和李毓尧先后对修水流域及江西西北部黑色炭质页岩（石煤层）进行调查，分别提交了《江西修水流域地质矿产报告》和《江西北部修水流域地质》。

1931 年

夏季，地质学家李四光带北京大学学生在庐山作 1∶5000 地质填图实习时，在月轮山东西两侧谷地首次发现平底谷和泥砾堆积及冰蚀地貌，发现第四纪冰川遗迹，引起国内外地学界关注。撰写了《庐山志》的《庐山地质志略》。

1932 年

是年，李四光同喻德渊再次对庐山第四纪冰川遗迹作调查，测制 1∶5 万庐山地质图 1 幅，认为第四纪时有过 3 次冰期和 2 次间冰期，做出存在第四纪冰川结论，测得庐山最后一次冰期距今已达 1.36 万年。

1933 年

7 月 28 日，实业部在九江设钨矿局。

12 月至 1934 年 1 月，省地质矿业调查所谢光远在武宁北屏山一带进行调查，著有《武宁县北屏山一带地质矿产调查报告》，该书记载了石灰岩、煤、黄铁矿等矿产。

12 月，李四光发表《扬子江流域第四期冰期》一文，总结庐山冰川特征并划分了冰期。

是年，实业部地质调查所谢家荣、程裕淇、陈恺等人复勘九江城门山铁矿。李四光、喻德渊测制的 1∶5 万《江西庐山地质图》编印出版。

1934 年

3 月，李四光、丁文江、翁文灏等邀请国外地质学者到庐山考察。李四光在庐山主持召开“庐山第四纪冰期学术辩论会”。会上李四光提出大月山东北角大坳、小天池下的山谷是第四纪冰川遗迹，并与欧洲阿尔卑斯地区、挪威、瑞典等处的第四纪冰川作了对比，得到共识。中国天山、祁连山、大兴安岭、云贵高原等处，都留有这种不同形态的冰川遗迹，但以庐山最为典型，庐山冰川遗迹更具有科研价值。

是月，修水县大桥区上杉乡土龙山有人淘金，发现含金石英脉出露地表。

是月，江西地矿所雷宣于调离前，对九江城门山铁矿进行调查，并著有《九江城门山铁矿调查报告》。

1935 年

是年，法国地质学家德日进考察庐山及长江南岸地区，著有《中国之大陆沉积》《中国较新火成岩分布图说》。同时期，美国地质学家（原籍苏格兰）巴尔博也考察庐山及长江南岸地区，著有《庐山冰川问题之讨论》，与德日进等同著《扬子江流域新生代地层之层序》。

1936 年

是年夏季，李四光第四次上庐山并购买一所小房安顿全家，做冰川地质调查，喻德渊再次随行。在白石咀发现冰川刻痕，并建立庐山第四纪冰川陈列馆（后被国民党军队炸毁），对庐山地质做全面调查。在鞋山发现冰川漂砾，李四光撰写《冰期之庐山》专著（1937 年出版）。自此庐山成为研究中低纬度中低山区第四纪冰川遗迹的名山，至今仍是学术界争鸣的热点。

1937 年

是年，澳大利亚地质学家威斯曼考察庐山等地，发表《中国更新世的冰川现象》，赞同庐山有第四纪冰川存在。

1938 年

1 月 19 日，《民国日报》报道：德安付山、塘山两处发现煤矿，准由民采。

5 月，蔡丽举、陶友松著《德安县付家山煤矿》记：“附近土人就地取材，于本（煤）系采煤，于（煤系）上下层采石灰岩以烧石灰，作建筑及肥田之用。”

同年，丰城地区人在瑞昌挖煤。

是年，江西省地质调查所佟敬宗在修水进行金矿勘查，著《修水县金矿》。称修水发现岩金矿 1 处，砂金矿 41 处。翌年 5 月，尹赞勋将该成果编入《江西金矿》。书稿现存九江图书馆。

1939 年

8 月 25 日至 10 月 24 日，日本华中矿业股份有限公司派金仲远先后对城门山铁矿和铜岭铁矿进行地表调查。

是年，地质学家高平对修水县黄金蕴藏量估算，认为总储量为 73000 两（2.3 吨）。

1940 年

2 月，经济部采金局在泰和县成立江西省金矿探勘队，江西省地质调查所高平兼任队长，相继在赣县、修水等处探采砂金。

5 月，金钟远调查瑞昌县铜岭山铁矿，著《江西省瑞昌县铜岭山铁矿调查报告》。

1941 年

是年，江西地调所盛莘夫等在修水流域震旦—寒武系地层中寻找过磷矿。10 月中旬，调查赣西北地质矿产，著《江西西北部地质》。

1942 年

9 月 11 日，日本华中矿业股份有限公司又派夏井一郎到瑞昌县铜岭调查铁矿。撰写《九江县城门山铁矿调查报告》和《瑞昌铜岭山铁矿调查报告》，对 2 矿区储量估算为 300 余万吨，其中铜岭矿区储量估算为 192 万吨。并进行试产，为日本掠夺中国资源服务。

是年，盛莘夫再次调查江西北部地质，发表《江西北部地质》，将含石煤层的王音铺系时代定为下寒武纪，记载修水一带民间采金活动。

是年,《江西物产》中记述:“自民国廿七年（1938）至卅一年（1942）间，修水、铜鼓县黄金产量为民国廿七年 400 两（修水境内每天 1 两），民国廿八年 600 两，民国廿九年 400 两，民国卅十年 300 两，民国卅十一年 400 两。”

1946 年

6 月，江西地调所土壤组调查九江牯岭间土壤。

是年，地质学家严坤元首次推出修水、武宁一带九岭花岗岩时代为前震旦纪结论。

是年，都昌县建永兴锅厂。

中华人民共和国

1955 年

是年，瑞昌县创办石灰厂，年产石灰 100 吨左右。1957 年后转办硫黄矿。

1956 年

5 月，江西省化工局在瑞昌县南阳区排沙村创办硫黄矿，采乐平煤系底部硫铁矿结核为原料，用内热分解法提炼硫黄。当时有职工 600 余人，因矿源不足，于 1957 年 7 月下马停办，累计产量 26 吨。

10 月 26 日，《九江专区各种矿藏分布情况表》记载：“永修县第七区日马有金”“修水县第七区高坪、茅坪有金，第八区马坳、北山有金”。

是年，地质部江西省办事处组成中南修（水）德（安）武（宁）队，至 1958 年，中南修德武队及冶勘 220 队、江西地质局九江专区队先后对修水白石桥和星子枭木山铍矿进行勘查，为江西勘查单独铍矿的开始。

是年，修德武队在修水、武宁等地开展磷矿普查找矿，对修水大椿等寒武系底部结核状磷矿做了初步评价。

1957 年

4 月 6~8 日，苏联专家兹维列夫对在震旦系找磷块岩和锰矿提出建议。随后阿斯托拉汗采夫、李希村、费拉洛夫等对枭木山和盆形山铍矿（星子）、郭桥铜矿（彭泽）、城门山铁矿（九江县）勘察工作提出建议。

4 月 15 日，修水县（三都）煤矿建矿。井下照明用菜油灯，支护用坑木。

4 月 30 日，瑞昌县煤矿陆续接管良田、南义、阳坡、马垅、陡岗、下巢湖等煤矿井，年末产原煤 4.33 万吨，焦炭 63.5 吨。

6 月 28 日，省重工业厅组建修水绿柱石矿，矿址在白桥乡五家嘴。1962 年停办。1976 年以后有农民零星自采，1980 年以后无人再采。

8 月，修水金矿成立，县投资 2700 元，矿址在上杉乡米家祠堂，在董坑、王坑、渣津等地手工采掘淘洗淘金，产成品金 2720 克。因资源不清，经营亏损，1958 年 8 月停办。1976 年 10 月 15 日重建，矿址在古市公社，由社、县合办，1978 年 12 月 14 日停办。

9月9日，中共修水县委做出《关于钢铁生产的决定》，调动3万劳动力上阵，成立11个钢铁师。

9月26日，地质部江西省办事处正式组建修水地质队（999队），开展铀矿普查工作。

10月，瑞昌铜岭铁矿由江西省南昌钢铁厂筹建，1963年2月19日停产。

1958年

2月，德安县萤石矿成立，矿址葛洪山。

3月19日，德安县付山煤矿成立，地址在付山乡坂上刘村。1962年下马，1968年9月重新上马。

4月23日，瑞昌县煤矿成立，先后建有峨嵋的大畈，范镇的良田、星火、张坳，乐园的阳坡煤矿井（工区）。1971年1月迁横港乡的莫家，先后开拓远景井（工区）、南义井（工区）等。

4月，瑞昌县硫黄矿，在原省办白杨镇硫黄矿基础上组建上马，当时有职工530人，亦因资源不稳而亏损，于1962年3月停产。累计硫黄产量400余吨。

6月12日，中共江西省委批准省地质局建立各专区地质机构。

6月15日，九江地委第三次全委扩大会做出决定："今年要完成钢1万吨，铁8万吨，煤30万吨。"

6月，都昌大港横山发现（石）油苗。

7月1日，九江地区九江钢铁厂筹建处成立，11月开始建设。于1959年12月18日17时出第一炉钢并向省委汇报。1961年5月31日，班产创41.52吨最高纪录，同年下半年下马，职工达2000余人，由裴世勋带300名职工，调往南昌钢铁厂。

在九江钢铁厂成立之后，在金鸡坡建立九江东风钢铁厂，职工千余人，于1962年年初下马。

7月31日，九江地区地质处成立，与九江专区地质勘探大队合署办公，两块牌子一套人员。省地质局将所属224大队改为江西省九江专区地质勘探大队，队部由清江县迁至九江，下设7个分队。处长汪芬，副处长兼大队长陆海田，技术负责包家宝。

8月1日，修武钨矿成立。由地区、武宁、修水3方合办，至1959年停办。

8月2日，永修县大洞望、淳耆桥有锡矿，并土法炼出了第一炉锡。

8月9日，瑞昌县湓城商店职工一昼夜收废铁12500公斤。

8月14日，中共九江地委做出决定："迅速建立土高炉和小洋高炉2000座。"

8月29日止，全地区已有400多座高炉，其中仅有76座可以投入生产。

9月7日止，全区已建高炉1389座，但大部分不能出铁，各地高炉均存在时间不长。

9月8日，行署冶金煤炭处成立，与地委工交部合署办公。

9月18日，九江县在已抽调1万多劳动力参加钢铁会战的基础上，又增加14000余人参加钢铁会战。

9月23日12时，省委钢铁指挥部向九江下达日完成钢铁150~200吨任务的指令。双峰小学、兴中纱厂（今九锦一厂）、地区商业局等单位参加钢铁大会战。

9月25日，《九江日报》报道，九江地区上阵钢铁劳动力已到18万人，到10月10日该报又报道这个数字猛增加到30万人。

9月28日，九江地质处所辖10个县地质队，专门从事普查和发动群众找矿、报矿。至当年12月底，先后有15余万群众上山找矿，报矿达76321人次，找出矿点934处，其中铁矿388处，煤矿38处，钨矿5处，铜矿5处，其他矿点498处。德安县聂桥乡群众发现宝山锑矿。

10月20日，省地质局成立石油普查大队，开始江西省第一次找油工作。

10月25日，江西省九江专区地质勘探大队第6分队对修水渣津砂金矿进行普查勘探，次年6月提交了九江第一份砂金矿勘探报告。

11月2日，修水县四二〇矿成立，矿址在东津乡白土村。1960年改为江西六矿，由省、县合办。国家投资28.39万元，职工221人，至1961年10月撤销。产品为金属铀。

11月，九江专署煤炭化工处成立。

12月4日，永修县昆山煤矿成立。1960年1~5月，该矿生产煤643吨。

12月，九江专署组成九江地区物探队，在修水东津开展铀矿普查。

全年产钢1715吨。冶勘220队发现武宁县大湖塘、修水县香炉山钨矿。

是年，江西1∶20万区域地质调查开始，先后在修水幅、瑞昌幅进行试点。通过试点和总结，明确“填图、找矿、科研”三结合区调方向，建立工作程序、质量标准，完善技术规程。试点期间，得到苏联专家阿斯特拉汉采夫的指导，并对星子县枭木山矿区含铍石英脉绿柱石矿床的地质勘探工作及矿区外围的普查工作提出建议。

是年，赣西北大队在城门山铁帽之下发现铜硫矿体，这是江西找铜的第二次重大突破，引起全省在铁帽下找铜的注意，相继发现了武山、永平、枫林等大型铜矿山。并开展修水渣津沙金勘查，为新中国成立后江西正规组队勘查金矿之始，首次在江西省开展萤石普查工作，评价了德安洪溪板萤石矿区。

1959年

1月，全地区各县（市）还有18个钢铁厂和炉群基本点，钢铁产量逐月下降。

4月25日，九江地区地质勘探大队507分队编制区内第一部《江西省九江专区地质矿产志》。提出有工业价值的矿区（点）94个，其中金矿点18个。修水13个：砂金点11处，为渣津、古市、画坪、全丰、上杉、马坳、丘湖王、杭口、田需、长园、香炉山；岩金点2处，为杨梅尖、老屋厂（即今土龙山）；瑞昌5个：胜利茅家崖、徐源白石良山、徐源洪山大凤山、花园红阳大塘造、溢城小壤老虎头。

5月，苏联专家李希林对星子县枭木山矿区工作及外围有关伟晶岩评价工作提出建议。

6月，九江专署煤炭化工处撤销，分设冶金处、煤炭处和化工处。

9月，九江地区地质勘探大队596青年号钻机赴北京参加全国工交行业群英会。

11月，苏联专家弗拉洛夫对彭泽县郭桥铜矿的勘探评价报告编写提出建议。

12月30日，九江地区地质勘探大队507队先后对瑞昌县的良田、南义、阳坡、马垅、陡岗、下巢湖6处进行煤炭勘探测量。

12月31日，《江西省煤炭统计资料汇编》第一次记载九江市国营煤矿年产原煤26127吨，焦炭54.7吨，社队矿产煤39573吨。

12月，省地质局220队完成瑞昌、永修、湖口等县1∶20万区域地质测量。

是年，德安县组织大批劳动力在付山井田挖煤。

是年，全年产钢22吨。南昌钢铁厂、江南钢厂（洪都钢厂前身）、九江钢厂先后建成4吨和3吨转炉车间，这是江西钢铁工业采用现代技术炼钢之始，到1962年年底全部停产。全民大办钢铁中，全省发现和开采的铁矿点120个，分布于77个县，其中乌石山、上株岭、铁坑、七宝山、永平、九江城门山、铜岭等是主要矿点。

至是年，新发现九江城门山铁帽下隐伏的广义矽卡岩型大铜矿，找到同类型的瑞昌武山大型铜矿，实现江西找铜的第二次飞跃。新发现武宁大湖塘、修水香炉山等钨矿床（点），揭开了赣北藏钨之谜，使钨矿的分布遍及全省。

是年，江西地质局九江专区队和建工部勘察院中南分院在九江地区开展玻璃用石英砂矿勘查工作。

是年，江西地质局庐山地质队为庐山水泥厂勘探了庐山茶山岭水泥用灰岩和高垅水泥配料用黏土矿。江西地质局区测队李鹏、王树枫、马新华等首次在武宁县发现元古代落可岽组砾岩。

1960 年

3 月 3 日，九江县住岭石灰石矿由南昌水泥厂筹建。1962 年 6 月，曾移交南昌化工原料厂，后重归南昌水泥厂。1979 年 9 月 28 日，正式移交南昌钢铁厂。

3 月 30 日，九江地区武宁煤炭矿务局成立。这是在 1958 年横路公社办的泉坪平井的基础上地、县合办。当月，平井掘进见底板黄龙灰岩溶洞发生穿水，泥浆浊流数日不止。4 月底，掘见煤层，恰逢“五一”节，故命名为五一平井。

3 月，九江地区自建第一条地方铁路铜码铁路（瑞昌铜岭一码头）建成通车全长 12.5 千米，后因使用铸铁轨而拆毁。

5 月，九江地区地质处撤销。

6 月，省地质局拨款 13 万元给武宁煤炭矿务局建设。

8 月 2 日，沙城铁路（沙河—城门山）建成通车，铁路全长 16.845 千米。

8 月，九江行署冶金处和煤炭处并入行署重工业处，至年底，重工业处撤销，九江行署另成立工交办公室。

10 月，城门山铁矿由南昌钢铁厂筹建。

是年，全年产钢及钢材 3754 吨。

是年，九江专区地质勘探大队勘查湖口柘机和都昌老爷庙铸型用石英砂，前者属大型规模。并按照毛泽东“搞基本建设还是采取大包干的办法好”的指示，实行三级包干办法。

是年，江西地质局九江专区队和建工部勘察院中南分院分别提交湖口拓机石英砂勘探报告，规模大但含铁偏高。

1961 年

年初，山火引起武宁煤炭矿务局炸药库爆炸，无人员伤亡，2 月，武宁煤矿矿务局装备两台瓦斯检验器。

5 月 30 日，武宁煤炭矿务局试制木轨、木矿车成功。

5 月 31 日，武宁煤炭矿务局使用 3 千瓦单级水泵代替人工竹筒排水，同时使用 59 型矿山专用安全灯代替明火照明。

6 月，省煤管局拨款 30.159 万元建设武宁煤炭矿务局。

7 月 14 日，地质部决定加速长江中下游地区铜矿普查勘探，江西九江地区被列入重点普查勘探区。

8 月，行署工交办公室撤销，成立行署工业处。

是年，全年产钢及钢材 1374 吨。

是年，建材 502 队在星子温泉等陶瓷原料产地进行工作，发现该处属优质高岭土矿床。江西地质局区测队在进行永修幅区调时，于武宁县发现九岭花岗岩体与下震旦统硐门组呈沉积接触关系，及该岩体所获 8.39 亿年同位素资料，定为晋宁期花岗岩，是江西最老的花岗岩体。

1962 年

3 月 30 日，九江专区地质勘探大队更名为江西省地质局赣西北地质大队。

3 月，省煤管局决定加强各地区、县煤矿技术改造，确定以武宁等 16 个矿为重点。

3 月，武宁煤炭矿务局更名为武宁县煤矿，由武宁县政府主办。

4 月 12 日，修水县煤矿停产，到 1967 年恢复生产。

5 月，九江行署工业处改为行署工交处。

6 月 30 日，武宁县煤矿自建 1 万吨储煤场。同时，省煤管局拨款 6.3289 万元进行建设。

是年，赣西北队评价瑞昌燕山电石用灰岩属中型矿山。

1963 年

1 月 30 日，武宁县煤矿使用电煤钻、电雷管放炮采煤。

10 月 21 日，核工部 724 矿建矿，属中央企业，矿址设在东津乡白土村。1965 年 4 月 26 日，生产出第一批“111”产品。

10 月，修水县六矿在 724 矿帮助下建成，矿址设在杭口乡中南村。开采技术及产品销售由 724 矿负责，有职工 54 人，产品均为金属铀，于 1972 年 1 月 31 日停办。

12 月，瑞昌全县有煤井 86 个，从业人员 1590 人，全年依靠土法产煤 12000 吨。

12 月，德安县萤石矿块状萤石第一次出口日本。

是年至 1965 年，地质部 701 地质队在幕阜山进行以铍为主的初步普查工作，共投入机械岩心钻探 1.8 万余米。

是年，南昌钢铁厂筹建的城门山铁矿关门。

1964 年

5 月，地质部长江中下游地质工作协作组由安徽省铜陵迁到九江市赣西北大队。

6 月，省煤管局拨款 5 万元给武宁县煤矿进行建设。

7 月，由于行署工交处撤销，九江冶金煤炭工业的管理机构改属新成立的行署经委。直至1967年10月行署经委撤销。改由地区革命委员会抓革命促生产指挥部管理。

是年，德安萤石矿调集人力开发宝山锑矿，组成宝山工区。

1965年

6月，省煤管局拨款2.3万元扶持武宁县煤矿建设。

8月30日，武宁县煤矿将五泉小水电站的电输送到矿。

9月，德安县萤石矿采用“重力浮筛选法”选矿，提高了工效，降低了成本。

11月5日，地质部长江中下游地区铜、铁矿地质普查工作经验交流会在九江县城门山召开。

12月30日，武宁县煤矿设立由矿长、技术人员和工人组成的三结合安全监督小组，并配备安全员。

是年，原南昌钢铁厂筹建的九江城门山铁矿转交当地政府管理。

1966年

3月，《江西日报》头版报道赣西北大队在九江地区找矿先进事迹。

6月20日，江西省武山铜矿建立。8月初，省委书记白栋材到武山铜矿视察。11月21日，建设工地指挥部成立。1968年10月25日，冶金工业部决定该矿由2500吨/日扩建到3000吨/日规模。

6月，省煤管局拨款9.17万元建设武宁县煤矿。至是月，自《江西日报》报道赣西北大队事迹后，接待省内外参观人员10735人次。

8月20日，省劳动局同意九江钢厂与南昌钢铁厂合并。

1967年

3月，赣西北队在区调队工作基础上，经深部勘探验证，发现德安县曾家垅隐伏锡矿床。

6月，省煤管局拨款30万元扶持九江地区煤矿建设，其中瑞昌县煤矿8万元、九江县东风煤矿15.1万元、修水县煤矿6.9万元。

10月27日，瑞昌县煤矿再度在峨眉下坂上马，省拨款3000元，有职工53人。1968年5月，转移到范镇良田井，工人集资3000元购解放牌货车1辆，当年产煤2998吨。1970年1月，又转移到横港乡莫家，此时有远景工区、南义工区、星火工区等。

12月，德安县萤石矿因产量锐减，首次发生亏损。

是年，星子县自筹资金兴建熔融石英厂，规模为年产石英玻璃 400 吨，并生产大型熔融石英坩埚。

1968 年

4 月，地委行署设立抓革命促生产指挥部，下设若干组行使工交生产职能。

5 月，中国人民解放军支左部队进驻德安县萤石矿和城门山矿区。

6 月，省煤管局拨款 27.8 万元给九江地区煤矿建设，其中武宁煤矿 10.69 万元、瑞昌煤矿 6 万元、九江县东风煤矿 4.16 万元、修水县煤矿 6.95 万元。

7 月，市革命委员会推行矿石直接炼钢经验（一步炼钢法），并成立尽忠炼钢领导小组和试验小组，先后在市锅炉厂、九棉一厂、化工厂、五七二七厂等地推广试验。

8 月 1 日，“一步炼钢法”试验小组（后改为红心钢厂筹建处）在市铸锅厂内筹建 0.1 吨电弧炉，炼出第一炉合格钢。同时着手筹建 0.5 吨电炉。

9 月 1 日，在原修武钨矿基础上，成立武宁县钨矿。

9 月 12 日，江西省 806 厂筹建处在南昌成立，对外称长江化工厂（即九江有色金属冶炼厂）。

9 月 23 日，九江红心钢厂筹建处传达省革委会主任程世清指示：“6014 部队在红心钢厂共建 1.5 吨电炉，军民共炼‘忠’字钢”，于 1969 年 12 月建成。

9 月 26 日，德安县萤石矿宝山锑矿工区划出，升为县办建制，更名为德安县锑矿。

10 月 20 日，九江红心钢厂正式成立。

是年，江西建筑材料总公司 501 地质队在鄱阳湖地区开展石英砂普查。

1969 年

2 月，省重工业局给德安县锑矿投资 10 万元建设焙烧炉和反射炉，设计能力为年产精锑 500 吨，1970 年 5 月建成，当年出锑绽 14 吨。

4 月，省地质矿产勘查开发局审查批准由赣西北队提交的九江城门山大型铜硫铁矿区勘探报告。

5 月 1 日，在原修武钨矿基础上成立修水县昆山钨矿。

6 月，省煤管局拨款 40.5 万元给九江地区煤矿建设，其中德安付山煤矿 10 万元、武宁县煤矿 15 万元、瑞昌县煤矿 2 万元、九江东风煤矿 8.5 万元、修水县煤矿 5 万元。

9 月，九江地区工业局革命委员会设立，吴汪洋（军代表）主持工作。下设政工、重工、轻化、办事及后勤组，承担矿山、轻化、纺织、手管、计量所等职责。有大、中专科技人员 15 名。管理江西铜岭钢铁厂、九江丁家山铜矿、星庐瓷土矿、九棉三厂、地区印刷厂、九江封缸酒厂、九江橡胶厂、九江塑料厂、江西轻工业机械厂等9个直属企业和县、社有关企业的行业管理。

10月20日，九江地区瑞昌铜岭钢铁厂在瑞昌县铜岭铁矿基础上成立，建立1座13立方米高炉和1座19立方米高炉，1976年停产，是全省小高炉之首。另建2套洗选流程。

12月，九江县东风煤矿由公社办升级改为县办。该矿列为省煤管局涌水量较大之斜井开采试点。

12月，瑞昌县良田煤矿开始使用瓦斯检测器。

是年，九江城门山铁矿重归南昌钢铁厂管理。

1970年

2月10日，九江红心钢厂改名为九江钢厂。并开始筹建250轧钢机车间，6月1日，第一期工程完工，轧出第一根圆钢。

2月，德安县付山煤矿接管付山公社，开创“工农合一，政企合一”形式，同时矿山“三八”女工掘进队成立。

4月，铜岭厂从南阳河边新建1座水泵房，内安装3台150千瓦电水泵，铺设全长约2000米生铁铸管（直径400毫米），扬程80~120米，并在仙姑台先后建成3座1250立方米高位水池。

5月1日，铜岭厂13立方米高炉出铁。当月，解放军“三支两军”军代表进驻铜岭钢铁厂，内部机构按军事建制设置。1973年，撤出军代表，厂内部机构恢复车间科室班组建制。

6月，省煤管局拨款98.5万元扶持九江地区煤矿建设，其中德安付山煤矿12万元、武宁县煤矿24.5万元、瑞昌县煤矿42万元、九江县东风煤矿10万元、修水县煤矿10万元。

7月，铜岭厂由该厂职工承担施工架线任务，接通瑞昌县大桥乡变电所至铜岭厂全长11千米、高压1万千伏的输电线路。

8月13日，九江地区九江丁家山铜矿筹建小组成立。建矿初期属赤湖农场管辖。10月8日，主斜井施工。

8月，修水县煤矿自制成木制水泵用于井下酸水排放，该泵曾送九江专区工业展览会展览。

12月，九江钢厂试制汽车板簧总成和204轴承成功，并炼出轴承钢。

是年，全年产钢及钢材304吨，产生铁659吨。

是年，九江城门山铁矿从南昌钢铁厂划归九江地区管理。

1971年

1月，瑞昌县煤矿迁横港乡莫家，先后开拓远景井（工区）、南义井（工区）。按省重工业局决定，赣西北队组织两台千米钻机到都昌南峰、程浪一带施工，寻找石油。

3月13日，铜岭厂3.5万伏高压输电线路施工，由该厂职工承担架线任务，从瑞昌昌九变电站至铜岭全长24千米，于当年8月初竣工送电。并在仙姑台山配套新建1座厂变电所及厂内输电网线，形成供电网。

4月21日，省委副书记、省革委会副主任白栋材视察铜岭钢铁厂。

4月22日，九江丁家山铜矿完成斜井70米，运输平巷98.2米，见1号铜硫矿体。同日，九江丁家山铜矿井下25米中段、主井工作面出现强涌水，井下工程遭毁灭性破坏。干部工人奋战七昼夜，保住主井巷。

4月28日，永修县铝厂筹建。

5月20日，九江丁家山铜矿10吨/日简陋选矿厂在茅棚中诞生。6月30日16时30分，选出第一批铜精矿。

6月2日，九江地区瑞昌铜岭钢铁厂更名为铜岭钢铁厂。

6月，省煤管局拨款71万元给九江煤矿建设，其中德安付山煤矿12万元、武宁县煤矿40万元、瑞昌县煤矿12万元、九江县东风煤矿7万元。

8月24日，武宁县煤矿开始使用绞车提升，电钻第一次用于生产。

10月17日，九江丁家山铜矿35吨/日浮选厂建成投产。

12月7日，九江丁家山铜矿收归地区办，由地区工业局管理。

1972年

1月31日，修水县6矿停办。

6月，省煤管局下拨煤矿技改资金120万元，其中武宁县煤矿50万元、瑞昌县煤矿30万元、九江县东风煤矿10万元、修水县煤矿30万元。

7月，江南9省煤矿工作会议在广州市召开，九江地区工业局史锋、张行生，德安付山煤矿曾纪银参加会议。

8月1日，永修县铝厂建成投产。

8月14日，暴雨造成丁家山铜矿南坡水塘污水溢出，污染附近鱼塘和农田，矿赔偿损失8917元。

10月，永修县铝厂收归地区办，改名九江铝厂。

12月，铜岭厂92名工人下放农村，1974年5月重新收回安置。同时，另有147名职工调地区星庐瓷土矿等单位安置。

12 月，九江钢厂正式纳入省计划分配渠道。

是年至 1974 年，省地质矿产勘查开发局 916 大队再次对德安洪溪畈萤石矿区进行详查，查明为大型优质富矿。

1973 年

2 月 13 日，省地质矿产局会同有关单位审查批准瑞昌县武山大型铜硫铁矿区地质勘探报告。

3 月，赣西北大队决定撤回原全部下放农村插队落户的干部并重新安置。

5 月 1 日，铜岭厂自行设计、施工的载重量 13 吨水泥结构桥通车，新桥取名“三眼桥”。

5 月 22 日，武宁县煤矿自行改造装备九江地区煤矿第一辆矿山救护车。

6 月，全国地方小煤矿工作会议在湖南宁乡召开，九江地区工业局潘明浒、吴述鑫，瑞昌县煤矿王太平参加。

6 月，全国地方小煤矿技术改造投资拨款九江 104.5 万元，其中德安付山煤矿 34.5 万元、武宁县煤矿 20 万元、瑞昌县煤矿 20 万元、九江县东风煤矿 16 万元、修水县煤矿 14 万元。

10 月，九江地区工业燃料公司成立，隶属地区工业局领导。负责全地区工业用煤和铸造用焦的计划调拨、贮存、供应工作。

12 月，在九棉一厂附近建成 1 座库容为 1000 吨的焦煤混合堆场。

是年，建材 501 队对湖口柘机和都昌老爷庙石英矿两矿区进行勘探，老爷庙成为全省重要铸型砂生产基地。

是年，九江城门山铁矿收归南昌钢铁厂管理。

1974 年

3 月，九江地区在瑞昌县召开大干快上发展煤炭生产会，中共九江地委副书记崔玉峰作动员报告，会议形成“发展九江煤炭生产、大干快上若干问题决定”（即十条）并由地区批准下达执行。

6 月，在华东地区工业废水处理经验交流会上，九江丁家山铜矿代表刘英伯作矿山污水净化处理经验介绍。是全国第一个“铜矿酸性废水工业净化”的成功项目。论文发表在《有色金属》杂志上，经验被安徽马钢南山铁矿、湖南七宝山硫铁矿等多个单位推广使用。

6月，全国地方小煤矿工作会议在安徽芜湖召开，九江地区工业局伊政海、德安付山煤矿朱海秀参加。

6月，全省小煤矿技改投资拨九江116.4万元，其中德安付山煤矿35万元、武宁县煤矿27.2万元、瑞昌县煤矿27.2万元、九江县东风煤矿14.3万元、修水县煤矿12.7万元。

7月5日，九江丁家山铜矿引进“块石胶结充填法”进行试验性采矿。

7月，德安县锑矿山洪暴发，停产7天，经济损失23830元。

9月26日至次年2月28日，赣西北大队黄恩邦参加国家地质局考察组赴墨西哥、秘鲁对斑岩铜矿和盐丘型硫矿进行地质考察。

12月14日，修水县煤矿洋田井主斜井水仓掘进到煤层发生瓦斯爆炸，当场死亡3人，因抢救失误又死亡8人，酿成共死亡11人的特大事故。

12月30日，武宁县煤矿由湖北阳新县龙燕煤矿接入100千伏安高压线。

是年，江西地质矿产局916大队成立（简称916队），同年该队查明德安大型萤石矿床。

1975年

1月15日，武山铜矿海绵铜置换池生产。

1月25日，九江地区革命委员会主持召开丁家山铜矿扩建工程审批会。开始自行设计日选400吨矿石全机械化新选厂建设，并于1978年竣工投产。

3月，德安县锑矿日选50吨矿石选矿厂动工建设。

5月，全国地方小煤矿工作会议先后在河南巩县、广西柳州市召开，九江地区工业局林鉴、梁鸿鑫参加。

6月4日，武山铜矿北坑连续发生2起事故，共死亡2人。

6月，全省地方煤矿技改投资拨给九江115万元，其中德安付山煤矿53万元、武宁县煤矿30万元、瑞昌县煤矿15万元、九江东风煤矿8万元、修水县煤矿9万元。

9月，铜岭钢铁厂建成1座1.5吨电炉。

10月4日，铜岭厂1.5吨电炉炼钢试产出钢，练出3炉合格普通碳素钢后，因电力紧张和成本昂贵而停炉直至拆除。

10月，九江市煤炭调运办公室（后改为九江市工业燃料公司）在武宁金水建成库容3000吨的堆煤场。

11月，赣西北大队组建两台“三八”女子钻机，在城门山、武山矿区施工，后于1979年下半年撤销。

12月，九江地区工业燃料公司在武宁大桥建成2000吨的堆煤场。

是年，九江钢厂接受中央计划加工任务。当年该厂基建工地出土中国发现最早的一件佛门化缘罐——“东林寺乞米”铭文陶罐（东晋），距今1700余年。罐高19.1厘米，口径12.9厘米，底径12.4厘米，藏九江市博物馆。

1976年

6月2日，省地质局根据省革命委员会及国家地质总局要求，决定对庐山第四纪冰川遗迹进行调查，编制有关图件资料，筹办庐山冰川地质陈列馆，并对典型冰川遗迹保护提出措施意见。

6月，全省小煤矿技改投资拨九江98.06万元，其中德安付山煤矿39.55万元、武宁县煤矿48.5万元、瑞昌县煤矿6.01万元、九江县东风煤矿4万元。

9月，武宁县钨矿自筹资金72.5万元，共上劳动力800余人，修建石门到该矿矿部的大雾唐公路。

10月15日，修水金矿重建，矿址在古市公社。1978年12月14日停办。

10月，全国地方小煤矿工作会议在湖南长沙召开，九江地区工业局伊政海参加会议。

1977年

1月，全国地方小煤矿工作会议在北京召开，九江地区工业局伊政海、九江县东风煤矿张忠信参加会议。

3月8日，九江城门山铁矿划属武山铜矿城门山留守处。

3月25日，九江丁家山铜矿试行93个工种岗位责任制。

4月12至5月24日，全国工业学大庆代表大会在北京召开。九江地区工业局陈占发、铜岭厂郭德燕、武宁县煤矿严盛万、赣西北大队王芬参加大会并参观学习大庆油田，党和国家领导人同代表们合影留念。

6月，全省地方煤矿拨九江地区技改投资108万元，其中付山煤矿25万元、武宁煤矿20万元、瑞昌煤矿20万元、九江东风煤矿39万元、修水煤矿4万元。

7月，全国“小钢铁会议”在山东烟台召开，九江地区工业局赵水林、铜岭厂刘剑参加会议。

8月12日，国务院授予江西铜岭钢铁厂铁矿山“工业学大庆先进集体”称号，铜岭厂代表周明杰受到国家主席华国锋接见并合影。

9月，省彭山锡矿一期工程建设开始。该矿由大王山钨矿从宜黄县迁至德安县。1979年缓建。

10月，九江地区地质队成立，归地区工业局管辖，省煤炭局拨开办费10万元，1978年又拨地质勘探费18万元。招工指标50名，由地区计划组拨九江丁家山铜矿和地区水利勘察队招工。至1978年6月21日因该队组织机构和经费未落实等原因而停办。

11月，修水开始筹建石煤矿，省政府拨给试验经费28万元，建有矿山及配套系统。矿山所产石煤送县造纸厂沸腾炉试用。

12月2日0时，九江丁家山铜矿井下251采场自然起火，工人张龙赐英勇救火，受到该矿通令嘉奖。

12月，省计委、省财政局、省煤炭局确定玉山、上饶、修水3县为开发利用石煤试点县。

是年，江西省地质矿产局916大队在德安曾家垅锡矿区创金刚石钻探单只热压孕镶钻头钻进603米、电镀金刚石钻头钻进580米的全国纪录。

1978年

3月21日，中共江西省委正式命名赣西北队和水文地质队为"大庆式企业"。

4月28日，冶金工业部投资50万元对铜岭厂小高炉进行改造。

4月，省806厂环烷酸—盐酸体系一步萃取纯度达99.99%氧化钇工艺，获全国科技大会奖，同年获江西省科技大会奖。

5月，武宁县钨矿大雾唐公路建成通车，全长22.5千米。

6月，武山铜矿救护队成立。

6月，都昌县钨矿成立。

6月，省地方煤矿技改投资拨九江75万元，其中瑞昌县煤矿50万元、九江县东风煤矿10万元、德安付山煤矿8万元、煤炭九江中转站7万元。另拨九江地质队勘探费18万元，其中九江东风煤矿6万元、德安付山煤矿5万元、修水煤矿103号井5万元、培训费2万元。

7月6日，由冶金部拨款100万元，九江地区拨款50万元，对铜岭厂矿山进行选矿技术改造。

7月，武宁县钨矿开始筹建精选厂。

9月10～18日，中国地质学会第四纪冰川及第四纪地质学术会议在九江庐山召开。知名学者许杰、尹赞勋等300余人参加。

9月，724矿淋洗工艺从污水中回收铀成果获全国科学大会奖。

9月，德安县锑矿选矿厂竣工投产。

10月8～10日，加拿大物化探考察组同赣西北地质队交流激电物探方法时，参观丁家山铜矿。

10月17日，武宁县钨矿修建从钨矿到狮尾洞公路2.4千米并自筹30万元建设矿用水电站，装机容量250千瓦。

10月，武宁清江公社锑矿开始采矿。

10月，武宁县钨矿化验室建成。

11~12月，日本住友、三井金属矿公司到武山铜矿考察。

12月4日，地区工业燃料公司在对全区工业煤炉窑进行调查和登记的基础上，制定出《九江地区1979年工业用煤定额表（草稿）》。

12月23日，阿尔巴尼亚物化探考察组参观丁家山铜矿。

是年，省地质矿产勘查开发局916大队详查湖口东庆富源山钾长石矿，属中型规模，全省其余25处矿床（点）均未探明储量。江西省地质局中心实验室在德安县曾家垅锡矿区发现的马来亚石，是国内首次发现的新矿物，获1980年江西省科技成果二等奖。赣西北队在瑞昌洋鸡山发现江西首批岩金矿床。物化探队胡斌、陈锡宗等发现都昌县阳储岭斑岩型钨（钼）矿床。

1979年

3月3日，湖北阳新港变电站接通到武宁煤矿335千伏安高压线。

3月，法国有色金属代表团团长拿民奥率团到806厂参观。

3月，江西省地质局区调队在修水地区首次发现江抗盔甲鱼化石。

4月12日，瑞昌县洋鸡山金矿领导小组成立，由瑞昌煤矿负责筹建。同月，西德地质代表团到丁家山矿区现场参观。

5月6日，九江有色金属冶炼厂派人到南昌与日本三井金属公司座谈钽铌、稀土冶炼技术。

6月5日，江西省革命委员会批转省计委、经委等单位《关于江西省地县小钢铁进行调整的请示报告》，决定铜岭厂暂时保留矿山和炼铁，矿石自给，焦炭由省计划分配；九江钢厂保留轧钢。

7月3日，省煤管局下达九江地区煤矿技改投资96万元，其中武宁煤矿38万元、瑞昌县煤矿18万元、德安付山煤矿32万元、煤炭九江中转站3万元、九江救护队（设在武宁县煤矿）5万元。

7月，武山铜矿划归江西省铜基地指挥部管理。

8月，修水县石煤矿停办。

9月28日，九江县住岭石灰石矿由南昌水泥厂移交南昌钢铁厂。

9月，九江丁家山铜矿《丁家山铜矿井口污水无渣净化》项目获江西省科技大会科研项目奖。

9月，九江钢厂250轧机改造项目、430轧机扩建工程完成第一阶段工作。

9月，江西省有色金属研究所提交《九江铜岭铁矿褐铁矿选矿试验报告》。

11月24日，九江铝厂停产。

12月，长沙矿山研究院经考察向九江丁家山铜矿提出“坑采改露采”建议，经地区论证和研究，决定批准同意坑采改露采方案。前期工作经费18万元，终因由于资金不足而未实施。

是年，德安县付山煤矿与付山公社矿社分离，矿部迁付山南麓太平岩。

是年，完成自1958年始江西省1：20万区域地质调查任务。

1980年

1月，江西省武山铜矿被列为国家缓建项目。

1月，九江钢厂由省有关部门投资80万元的250轧机改造工程竣工。

2月1日，铜岭钢铁厂更名江西铜岭钢铁厂，仍隶属九江地区。

4月，赣西北大队徐席中出席全国地质系统评功授奖大会。

5月6日，经地区批准铜岭厂128名职工调丁家山铜矿工作。

5月17日，九江丁家山铜矿3.5万伏变电所投入运行。

6月20日，联合国铜矿专家沃尔夫岗博士到赣西北队考察。

9月，经地区工业局研究决定，铜岭厂停止炼铁生产。10月7日11时30分高炉休风停机。于10月21日全厂人、财、物转入铁矿山生产，铁矿石为该厂主产品对外销售。

是年，赣西北大队与瑞昌县煤矿签订“联合开采瑞昌县洋鸡山金矿协议书”，投资、股份、分红、人员安排均为7：3，这是九江首次地质队与地方合办矿。

1981年

4月，武宁煤矿获煤炭工业部颁发的“安全生产先进集体”光荣称号，矿长李扬南出席全国煤炭安全会议。

5月，冶金部黄金局群采处处长高忠玉到瑞昌洋鸡山金矿考察，当时确定投资45万元建立50吨/日规模金矿山。

5月，九江钢厂钢窗车间投产。

6月17日至7月2日，联合国技术发展部经济地质专家沃尔夫冈·欧·克鲁斯克考察庐山等地地质后，在南昌做学术报告并出席座谈会。

7 月 10 日，省煤炭厅下达九江煤矿补贴资金 50 万元，其中九江东风煤矿 29 万元、瑞昌煤矿 14 万元、德安付山煤矿 6 万元、修水县煤矿 1 万元。

7 月 20 日，九江地区武宁煤矿救护队成立。

7 月 28 日，瑞昌洋鸡山金矿从瑞昌煤矿中单独划出，由瑞昌县和赣西北地质大队联营合办。投资县 64 万元、地质队 46 万元，县与地质按 7：3 比例分配利润和劳力。是九江市矿山第一家联营企业。

8 月 11 日，冶金部黄金指挥部下达 120 万元的瑞昌洋鸡山金矿基建 50 吨 / 日规模计划。九江丁家山铜矿坑口开始试行计件工资。

8 月 17 日，九江丁家山铜矿发生冒顶死亡 3 人的重大事故。

8 月，省地质矿产勘查开发局赣西北大队提交九江县城门山大型铜矿报告。

12 月，九江行署冶金煤炭工业处成立，原地区工业局撤销。

是年，都昌县铸造型砂厂因矽砂质量好，被第一机械工业部选定为南方铸造型砂的生产基地。

1982 年

1 月，九江铝厂留守组撤销。

2 月，国家有色金属总局会同国家物资总局审批《彭山锡矿可行性报告》后，批准该矿恢复建设。赣西北大队与长春地质学院完成瑞昌武山铜矿地球化学特征研究，获地矿部科技成果三等奖。

3 月 19 日，省人大代表武宁煤矿章大忠出席省五届四次人民代表大会。

6 月 17 日，九江丁家山铜矿井下 253 采场自然起火，停产半个月，12 月 17 日，255 采场又自然起火。

6 月，武宁煤矿获省政府颁布的“在社会主义现代化建设中成绩优良先进单位”奖状。

7 月，省煤炭厅下达九江煤矿技改资金 75 万元，其中九江东风煤矿 42 万元、德安付山煤矿 10 万元、瑞昌县煤矿 15 万元、武宁县煤矿 5 万元、修水县煤矿 3 万元。

7 月，冶金部副部长张凡、茅林、马承德先后视察 806 厂。

8 月 17 日，九江冶金煤炭工业处向行署呈报，请求将 1980 年 8 月建立的所辖液化站划出独立。

8 月，全国地方小煤矿工作会议在北京召开，九江冶金煤炭工业处吴述鑫参加会议。

9 月 10~16 日，参加国际中生代、新生代地质讨论会的美、英、法、日 4 国地质学者 11 人，到庐山等地进行参观考察。

11 月 17 日，经市劳动局批准，九江地区冶煤工业供销公司劳动服务站成立。

12 月 21 日，省矿产储量委员会审查批准瑞昌县码头大型石灰岩矿区地质勘探报告。

12 月 30 日，九江钢厂 320×2 轧机试车。

12 月 31 日，瑞昌县煤矿决定将罗坑工区作后备基地，开始投资建设。

12 月，日本丸红株式会社考察德安萤石矿。

是年，长江化工厂第一期工程试产。省地质矿产勘查开发局 916 大队提交德安曾家垅锡矿勘探报告后，随后又在其外围找到尖锋坡、红花尖锡矿，是江西首次发现的独立锡矿。

1983 年

1 月 1 日，九江丁家山铜矿改名为江西九江铜硫矿。

1 月 31 日，九江县东风煤矿由于井下岩溶穿水淹井造成 15 人死亡的特大事故，虽经省市全力救援仍无法恢复生产，矿井关闭。建矿 13 年累计产原煤 22.75 万吨。

1 月，九江地区科协批准成立九江地区矿冶学会。1 月 29 日，在瑞昌县召开成立大会暨首次学术年会。

6 月，省煤炭厅下达九江煤矿技改资金 83 万元，其中德安付山煤矿 55 万元、瑞昌县煤矿 10 万元、九江东风煤矿 10 万元、修水县煤矿 8 万元。

7 月 10 日，修水县黄金管理站成立，站址设古市乡政府。

7 月，煤炭部地质局全国水文地质工作会议在庐山召开。

8 月 15 日，修水县人民政府颁布《关于加强黄金开发收购管理的通告》。

8 月中旬，全国煤炭安全紧急会议在北京市召开，作为十大案例检查分析的九江县东风煤矿、九江县工业局和九江市冶金煤炭工业处，派代表参加大会。并在预审会上就东风煤矿特大事故做了检查汇报。

9 月 14 日，长江化工厂收归中国有色总公司直属，由省有色南昌公司管理。

9 月，铜岭厂尾砂坝施工（按水工坝设计）。

9 月，瑞昌煤矿南义工区因无煤可采而停办，转办劳动服务公司。

10 月，省地质矿产勘查开发局赣西北大队 504 分队完成九江西部地球化学图集的应用研究，获地矿部科技成果三等奖。

12 月 6 日，市冶金煤炭公司中转站，由省煤炭工业厅拨款 25 万元赎买属市轻化工业公司那部分产权，以利煤炭系统进行改造扩建成中转站。市政府决定将原九江市工业燃料公司并入市冶煤公司。

12 月 12 日，市政府决定将九江钢厂从市机械工业公司划出，改由市冶金煤炭公司管理。

12月，九江地区与九江市合并为设区市，原九江市冶煤工业处更名为九江市冶金煤炭工业公司（简称市冶煤公司），行使行政局管理职能。

是年，冶金部黄金指挥部追加瑞昌洋鸡山金矿投资200余万元，将该矿基建扩建为100吨/日规模。第一机械工业部投资300万元，在都昌县铸造型砂厂建成全国最大的年产型砂30万吨的生产线，全面实现机械化作业。

1984年

1月，江西省武山铜矿北矿带试产。

2月2日，九江市黄金管理站成立，设在市冶煤公司供销经理部。

3月，赣西北大队李启全、宋炜提交论文《武宁县驼背山锑矿构造特征》，获地矿部科技成果三等奖。

4月1日，武宁县石门乡刘典平、邹自立联户办20吨/年黑钨精选厂。

4月2日，省经委下达九江煤矿安全技措资金20万元，其中武宁煤矿5万元、瑞昌煤矿10万元、德安付山煤矿5万元，另同时下达德安锑矿8万元、下达付山煤矿架设聂桥—付山煤矿10千伏输变线路16.5千米，于当年完工送电。

4月11日，瑞昌县煤矿南田工区发生瓦斯煤尘爆炸，死亡6人的重大事故。

5月1日，铜岭厂尾矿坝第一期工程结束，未作验收即投产。

6月1日，瑞昌洋鸡山金矿100吨/日选矿工程竣工投产，总投资445万元。

6月2日，德安萤石矿“萤石精粉”创省优，同年9月3日又创部优，同年，“庐山牌”精石粉创省优。

7月21日，九江市矿冶学会第二届年会在九江举行，江西省金属学会九江分会成立，与市矿冶学会两块牌子一套人马。会议决定创办学会内部学术刊物《九江矿冶工程》，属不定期刊物，并取得“江西省印刷品准寄特许证”。

7月，德安锑矿兴建简易合金车间，12月建成投产，开始铅锑合金（巴氏合金）的生产。

8月中旬，全国黄金工作会议在黑龙江省牡丹江市举行，市冶煤公司吴述鑫、瑞昌县洋鸡山金矿王太平参加会议。

8月，美国福利公司矿山专家小组到武山铜矿考察。

8月，修水古市沙金储量报告审查会由省储委主持，市冶煤公司配合，在修水县召开并通过审查。

9月5日，市委、市政府决定九江铜硫矿为九江7个实行厂长负责制的试点单位之一。

9月10日，九江地区冶煤工业供销公司劳动服务公司更名为市冶金煤炭工业公司劳动服务公司。

9月10日，武宁、瑞昌县、乡政府、矿领导在市冶煤公司中转站共商联合开发罗坑煤矿事宜，一致同意市、县、乡、村联合开发罗坑煤矿。11月26日，市政府发文同意开办九江市罗坑煤矿。

9月29日，九江钢厂钢窗车间停产。

9月，江西省武山铜矿北矿带投产。

10月，德安彭山锡矿开始基建。赣西北大队召开首次知识分子代表大会。

12月15日，市冶煤公司和市物资局联营的九江市拆船公司成立。在瑞昌县长江南岸拆解过一艘韩国近海轮船。后停办。

12月，九江钢厂自1971年以来停产的1.5吨电炉恢复炼钢。

12月，铜岭厂投资4万余元对厂内转供农用电进行全线改造。

12月，武宁煤矿争光井开始使用提升机。

是年，长江化工厂正式投产，年产钽金属11吨、铌13吨。赣西北队发现了瑞昌县高丰铁帽型金矿。随后，九江、瑞昌又发现多处铁帽型金矿。

1985年

1月28日，省地质矿产勘查开发局916大队唐天照等共同承担的《江西乐平海泡石黏土研究》通过评审验收，并获1986年地矿部科技成果二等奖。

1月29日，全国地矿系统第二次评功授奖大会授予九江城门山铜矿地质找矿一等奖，黄恩邦等5人记集体一等功。

2月5日，铜岭厂自行设计露采74米开拓方案，矿山转为机械化开采。

2月，市冶煤公司在市直属企业推行厂长负责制。

3月10日，九江钢厂二轧加热炉进行节能改造。

3月28日，九江市大理石联合开发公司成立。省、市、县科委科技市场及瑞昌夏畈乡和铜岭厂3方签订联营协议，11月大理石厂投产。

5月3日，德安萤石矿万吉发、淦长南、吕金端一行3人赴日本考察。

5月，赣西北大队水文工程地质勘查公司提交《九江市白鹿宾馆工程地质勘察报告》，获地矿部勘查成果四等奖。联合国专家顾问G·诺因到洋鸡山金矿考察。

6月5日，九江市市长江国镇在瑞昌召开市长办公会议，明确厂区、矿山界线范围，调解铜岭钢铁厂与南阳乡征地纠纷。

7月，中国地方煤矿总公司拨款20万元，再次组建九江矿山救护队。

9月22日，九江钢厂320×2轧机与250轧机配套，轧制30×3角钢，设计生产能力为3万吨/年。

9月，冶金部、外贸部、外经部批准德安萤石矿对日本丸红株式会社补偿贸易合同，合同标的120万美元，有效期5年。12月，所有进口的矿山设备和运输工具运抵上海港。

9月，南昌有色冶金设计院提交《城门山铁矿资源利用可行性研究报告》，报告结论"单独开采城门山的铁矿资源是不可行的"。

10月9～15日，英国牛津大学斯维廷博士到庐山等地考察第四纪冰川地质并进行学术交流。

11月13～15日，市冶煤公司召开"九江冶煤工业'七五'计划发展讨论会"。

11月，众多农民涌入古市金矿规划区内非法淘金，修水县政府采取措施予以制止。

12月4日，市冶煤公司与省地方煤炭公司联合在市莲花乡双塔村建立10吨液化气储站，省地方煤炭工业公司拨款3万元作为入股资金。

12月23日，江西省副省长钱家铭到洋鸡山金矿视察工作，指示洋鸡山金矿要扩大生产规模，由坑采改为露采。

12月30日，省政府授予铜岭厂"经济效益先进单位"称号。

12月，冶煤直属企业顺利完成全年承包任务，市政府返回5.1万元予以奖励。

是年，波兰有色金属代表团到江西省武山铜矿访问。长江化工厂第二期工程试产。赣西北大队在共青垦殖场找到日产万吨以上地下水源，从而在红层贫水区有重大突破。

是年，建材501队勘探永修松门岛大型石英砂矿，但质量仍不甚理想。赣西北队在修水县香炉山发现隐伏大型白钨矿床，储量居全国第二位，获地矿部1989年地质找矿一等奖。地矿部铜矿地质工作会议、地矿部工改会议分别在赣西北大队召开。

是年，江西省长江化工厂第二期工程投产。

1986年

1月1日，九江钢厂停产。

1月10日，江西省副省长钱家铭主持瑞昌洋鸡山金矿发展规划论证会，会议决定对洋鸡山金矿进行改造扩建。

1月，省有关部门和市领导就开发武山铜矿、城门山铜矿、吴家金矿在瑞昌举行协调会。

1月，全国黄金工作会议在北京召开，市冶煤公司刘英伯参加会议。

1月，市委选派市冶煤公司周锋赴修水县港口乡任副乡长。

3月6日，省地矿局提交瑞昌洋鸡山等3份金矿地质报告，获省政府奖金8万元。

4月13~15日，由《国外金属选矿》编辑部主办的《今日选矿》学术交流会在九江市举行，204名专家出席。市冶煤公司邀请部分与会专家到九江铜硫矿和德安萤石矿进行现场指导。

5月4~6日，著名矿床学家徐克勤教授对香炉山白钨矿区进行为期3天的实地考察。

5月10日，九江钢厂让出江边车库用地1150平方米，为重建浔阳楼做出贡献。

5月，九江有色金属冶炼厂肖文至参加全国“六五”科技攻关表彰大会。市冶煤公司牵头组织罗坑煤矿清产核资，并由市经委核准。

6月17~18日，九江市召开第一次黄金工作会议。市长江国镇作《坚持两个更大胆、跑步发展黄金工业生产》报告，会议要求在“七五”期间九江实现万两黄金市。

6月，修水古市金矿成立。决定建造江西省第一艘机械化采金船，并请黑龙江采金船设计院设计。

7月14日，市冶煤公司为支援老区建设提交“修水县港口乡钨矿建设可行性报告”。

7月，省经委、省煤炭厅下达九江煤矿安全技措项目计划，投资36万元。其中九江矿山救护队10万元，武宁县煤矿泉坪井防排水工程20万元，修水县煤矿通风系统改造6万元。

8月2~4日，九江市矿冶学会“1985年、1986年学术年会”在庐山召开。

8月，副省长钱家铭、顾委会主任赵增益先后到德安视察彭山锡矿。赣西北大队张可庚、郑石仁等试制成功贴壁阀门砂钻取样钻具，填补国内空白，获国家专利。

9月，罗坑煤矿风井被武宁县鲁溪乡西屏村强行封闭，迫使矿山停止开拓掘进及采准工作。

9月，武山铜矿城门山留守处改称城门山铜矿筹建组，并由江西铜业公司主持评审“城门山铜矿半工业试验方案”。

10月9日，九江铜硫矿年产300吨聚酯漆包线生产线投产。

10月，瑞昌煤矿与高丰金矿达成联营协议，抽人筹建高丰金矿（县乡合办）。

10月，九江铜硫矿井下改用山字形通风系统，使井下工作面通风改善。

10月，省煤炭厅决定停产整顿安全隐患严重的德安县付山煤矿吴家岩井等矿井。修水县垅山、画坪、扬梅尖等脉金矿出现上万人采金热潮。

10月，黑河农机厂进入古市杨田村工地建造50立方米采金船。同月，九江钢厂因从民主德国进口的8028钢坯存在质量问题，向民主德国企业提出索赔，获赔款15万美元（折合人民币 54 万元）。赣西北大队提交全省第一个独立岩金矿床——瑞昌洋鸡山金矿报告。

11 月 14 日，经市政府批准，市黄金管理站撤销，同时成立九江市黄金公司，市黄金公司属市冶煤公司领导下的二级公司，对内称黄金科，行使行业管理职能。

12 月 16 日，上海制冷剂厂提交的《德安萤石矿年产 1000 吨氢氟酸和 1000 吨氟利昂工程扩建设计》在德安通过审查。

12 月 31 日，市冶煤公司主持全系统的全国第二次普查工作历时一年顺利结束。

12 月，德安萤石矿出口创汇 200 万美元，成为江西省 50 个创汇大户之一。

12 月，德安县锑矿“凤尾牌”锑合金产品连续 5 年获重合同、守信用好评。江西省授予“经济效益先进单位”称号。

12 月，武警黄金十六支队对土龙山矿区进行勘察，发现含金石英脉达 26 条之多。自修水县矿业公司引进广东民办采金队后，一时间县国营钨矿、煤矿、区乡集体等组织了十几支采金队，矿界难分，群众成千上万涌入矿区，矿区治安极差。

12 月，吉林冶金研究所提交《江西瑞昌县高丰乡大冲金矿矿石金泥氰化试验报告》。

12 月，长沙有色冶金设计院为武宁锑矿设计的“锑冶炼厂焙烧炉和反射炉”开始建设，投资 170 万元。

是年，724 矿“111”产品水冶厂获核工业部优秀工程奖。

是年始，江西省地质矿产局建材 501 大队勘探瑞昌码头大型水泥用灰岩以及水泥配料黏土矿。同年，江西省地质矿产局 916 大队对星子东牯山花岗岩矿进行详查评价并提交报告。916 队卢宇等运用数学地质及找矿矿物学理论与方法，发现浮梁县大背坞金矿床。

1987 年

1 月，北京矿冶研究总院提交《武山铜矿铁帽金矿（即吴家金矿）制粒提金报告》，但试产时效果不佳。在九江市黄金公司组织主持下，采用九江县铁门坎金矿原矿氰化堆浸法获得较好的效果。

1 月，修水县一举捣毁黄金走私黑窝，缴获黄金 800 余克，走私分子巢某某父子被拘捕。

2 月 26 日，《江西省瑞昌县武山铜矿床》勘探报告获地矿部 1986 年度地质找矿一等奖。

2 月 27 日，九江地区武宁煤矿救护队解散，主要设备移交九江市矿山救护队。

3 月 7 日，经省公安厅批准修水县公安局黄金派出所成立。

3月17日，修水县政府发布《关于加强矿山管理的通知》，治理群采秩序。

3月20日，修水县土龙山黄金指挥部成立。

3月，江西省武山铜矿刘国良、朱占全赴波兰鲁宾公司考察。

4月1日，九江钢厂在江西钢厂支援和帮助下，设计能力8万吨/年的430X3轧机系统经过完善开坯试产。1989年1月1日，因亏损严重而停产。

4月12日，赣西北地质大队实验室利用九江含金铁帽矿石用渗滤氰化法提金获成功，并向九江市人代会报喜，到年底提取金14公斤。

5月27～28日，刘英伯、伊政海率彭山锡矿、九江铜硫矿、铜岭厂有关负责人赴修水县港口乡商谈支援老区开发港口钨矿的有关事宜。

5月，瑞昌县煤矿分家，划为南田煤矿、高丰金矿和莫家矿部（保留建制）。

6月30日，武宁煤矿开始使用气体分析仪检测矿井空气中气体成分，保障安全生产。

6月，彭山锡矿进行试生产。

7月1日，瑞昌洋鸡山金矿扩建工程（250吨/日）破土动工。

7月1~3日，古市金矿50立方米采金船试运转，投资210万元，由市黄金公司组织竣工验收。

7月21日，北京钢铁学院教授钟廷珍到九江钢厂考察，建议九钢将成品机架改造成短应力线轧机，以利提高轧机性能，提高产品质量，减少废品。

7月20日至9月20日，江西省政府领导吴官正、蒋祝平、黄璜、钱家铭和梁凯轩等先后到瑞昌洋鸡山金矿视察。

7月，省经委、煤炭厅下达九江煤矿安全技措项目计划18万元，其中武宁县煤矿争光井通风改造7万元、瑞昌煤矿防尘爆炸6万元、德安付山煤矿吴家岩井5万元。

8月2～4日，九江市矿冶学会和第三届代表大会暨1987年学术年会在庐山召开。

8月20~21日，市长程金发在瑞昌召开市长现场办公会议，协调九江市罗坑煤矿联合纠纷。武宁、瑞昌县、乡、村和市冶煤公司等有关部门的领导参加会议，并一致达成《关于瑞昌、武宁两县联合开发罗坑煤矿的补充协议》，从而理顺了武宁、瑞昌两县联办，市冶煤公司退出联营，进行业务指导的关系。12月9日，罗坑联营煤矿董事会与罗坑煤矿中标矿长李阳南签订承包合同。

8月22日，在省、市黄金公司支持和指导下，九江县铁门坎金矿成立。

8月，省煤炭厅厅长张钦才在庐山听取九江市冶煤公司有关汇报后说：“九江的煤是有的，关键是要加强地质工作。”

9月5~9日，首届全国煤矿救护队技术比武大会在河南平顶山市举行，九江矿山救护队派夏恒元参加。

9月9日，724矿磨矿分级系统流程改造获核工业部科技成果三等奖。

9月25日，省政府在修水县召开全省黄金群采管理工作会议，副省长钱家铭到会讲话。

9月26日，副省长钱家铭到修水县古市乡为全省第一条采金船投产剪彩。

9月，《洋鸡山金矿五号矿体黄铁矿型流程试验及工业生产》获江西省科技进步三等奖。

10月5日，德安县锑矿设计能力年产1000吨精锑的挥发熔炼鼓风炉及配套设施开始建设，投资170余万元。1988年5～12月，5次试车未成，由于各种原因未能投产。

10月5～9日，江西省政协副主席吴永乐，常委肖传俊、尹培基，委员李崇佑等受省政府委托到九江，在市冶煤公司、市黄金公司有关人员陪同下，对黄金工作进行实地调查，指出九江黄金远景喜人，调查后向省政府提出专题报告书。

10月17日，铜岭厂全部收购九江市大理石联合开发公司份额，成为厂内车间。

10月29日　赣西北队黄恩邦等完成的《长江中下游铜硫金银资源重大发现与个旧一大厂锡矿成矿条件、找矿方法及远景》获1987年国家科技进步特等奖。

10月30日，武宁煤矿争光井试用玻璃钢管代替不耐酸的无缝钢管排水。

10月，铜岭厂矿山公路改造施工时发现距今3300多年前的古铜矿采选冶遗址。经考证，认定是世界上发现的最早采用木支护结构的矿井。

10月，九江铜硫矿自筹资金改造磷肥厂。

12月9日，瑞昌县苎麻总厂与武山铜矿签订投资700万元联合开发规模达100吨/日的吴家金矿协议。

12月29日，九江市矿山救护队成立。煤炭工业部拨款30万元扶持建队，全队有基地2000平方米，指挥车、救护车各1辆及一些必要的救护设施。

是年，全市煤炭系统未发生死亡事故。

是年，设立城门山铜硫矿，并进行半工业试验初步予审，但未实施。同年，德安萤石矿“庐山牌”氟石粗粉创部优。省地质矿产勘查开发局916大队在探明尖锋坡锡矿同时，相应对砷做出评价。

是年，地质建设工程队在九江市进行超深大口径（直径0.8米，孔深75.5米）灌注桩钻孔基桩试验获得成功。

1988年

1月17~18日，省长吴官正、副省长蒋祝平在九江主持召开省政府现场办公会，会议就洋鸡山金矿扩建中急需解决的问题做了研究和决定。

1月30日，市冶煤公司成立市直企业第一轮承包领导小组。

1月，铜岭厂化验室因漏电引起火灾，房屋及设备均毁于大火。

2月4日，九江市联合测试中心成立，直属九江市科协领导，是市首个社会公益性的横向测试科技经济联合实体。

2月18日，市冶煤公司对铜岭厂实行公开招聘厂长。4月8日，蔡茂东中标。

春，钢岭钢铁厂在生产过程中发现约公元前1340年形成的铜矿遗址，并上报文物部门。

3～7月，九江铜硫矿承包高丰金矿选厂建设和设备安装，促使该矿当年建设、当年投产。

3月，九江铜硫矿磷肥厂试产成功，年生产能力2万吨。

3月，江西冶金学院与彭山锡矿共同进行采矿方法试验，采用房柱法、喷锚法加固顶板人工矿柱全面采矿法获得成功，保证了安全生产。

5月1日，武山铜矿与瑞昌市联合开发吴家金矿开工建设。该矿是江西第一个采用制粒堆浸试验流程的金矿，日处理矿量100吨。1989年12月30日，建成试产，首产成品金191克。

5月8日，铜岭厂尾砂坝出现垮塌险情，市政府拨款12万元加固砂坝。

5月13日，江西钢厂与九江钢厂实行紧密型联合协议书正式签字。7月1日江西省经委批准该协议，联合体取名为“江西钢厂九江分厂”。对外保留九江钢厂牌子，具有二级法人自主地位，一年后联合停顿。

5月31日，修水县煤矿暂时停产，留守10人维护矿井，其余人员转入土龙山金矿。

5月，省煤炭工业厅拨款3万元购置化验设备，扶持市冶煤公司建设化验室，以提高原煤质量检测能力。公司决定由供销经理部负责建设实施，该化验室于1990年部分建成投入使用。

5月，修水县土龙山矿区广东民工采矿队走私案发，缴获贩卖黄金18公斤之多，随即修水政府整顿采金秩序，经过几个月治理，又查出隐藏黄金8公斤之多，至8月金矿形势日见好转。以修水煤矿为主体的国营修水土龙山金矿成立，从而矿山建设步入正轨。

6月中旬，长江中下游重点片地质工作汇报会在九江召开，赣、鄂、皖、苏等省地矿局及有关院校代表102人参加。

7月1日，市计委批准九江铁门坎铜金矿立项。

7月，省经委、煤炭厅下达九江煤矿安全技措项目计划9万元，其中瑞昌南田井通风4万元、九江救护队5万元。

7月，德安萤石矿拨出专款近万元维修矿办小学。同月，德安萤石公司成立，下辖萤石矿、制冷剂厂和经销部3个单位。

8月，赣西北大队获“计量证合格证”，为全市首家省级实验测试单位。同月，联邦德国专家齐彭贝格、施密特对武山铜矿进行考察。

9月12日，省政府召开城门山矿开发协调会。省计委、省地矿厅、省冶金厅、九江市政府、九江县政府和铜业公司负责人参加。会议确定中央企业与地方联合开发的原则。同月20日至11月23日又进行六轮会谈，因合作年限问题未达成进一步协议而终止会谈。随后，12月至1991年1月省铜业公司又与九江县政府洽谈，亦未获满意成果。

9月，在省、市黄金公司主持下，九江县铁门坎金矿堆浸氰化处理低品位矿石试验开始，12月获得成功，是省内首家。在全国排第15名，投资25万元。

10月20日7时10分，瑞昌高丰金矿投资363万元选金流程试车成功，首产成品金351.7克，在九江市黄金公司主持下进行了竣工验收。

10月26日，九江市矿产资源管理局主持的九江铜硫矿规划区内丁家山矿段铁帽金矿开采权属问题协调会在九江铜硫矿召开。

10月，北京地质遥感中心研究所首次对九瑞地区1/6彩虹外卫星照片进行解释，提出14个找矿远景区，这是九江应用航天地质技术的开端。中国地质学会在九江召开城门山铜矿成因讨论会，国内20个单位、44位知名学者到会。

11月16~20日，省地质学会与中国地质学会矿床专业委员会在九江联合召开城门山铜矿成因讨论会，全国44名专家参加会议，并赴武山、城门山、丁家山铜矿考察。

11月25日，瑞昌南田煤矿发生一起由煤炭自燃而引起的井下火灾，市矿山救护队出动救灾，无人员伤亡，封井6个多月，造成直接经济损失10多万元。

11月，武山铜矿卫星地面接收站和自动电话调试成功。

12月14日，全省第二次黄金工作会议在瑞昌召开，会议着重部署对个体采金的清理整顿工作。会议期间，副省长钱家铭到会讲话并率会议代表到洋鸡山金矿参观考察。

12月21日，市计委批准《关于九江铁门坎铜金矿试验采矿可行性报告》。

12月26日，省储委审查批准916队提交的德安县尖锋坡锡矿区地质勘探报告。

12月30日，九江县铁门坎金矿含金褐铁矿直接堆浸工业试验试产成功，一次处理原矿885吨，浸出率达63%，载金炭含金1850克，这是江西第一个采用原矿堆浸法提金的矿山。

12月31日，武宁煤矿井下生产开始使用瓦斯自动报警监测仪。

12月，赣西北大队提交修水香炉山白钨矿报告，为江西省规模最大的钨矿床。

是年，德安县付山煤矿实现税利39.1万元，一举扭转连续15年的亏损局面。赣西北大队总结三年支老扶贫地质工作情况，共计6个项目，投入147人，支出地勘费65.87万元，探明储量：煤13228吨、钨40924吨、金75公斤、高岭土40.83万吨。

1989年

1月1日，经省、市计委批准，九江市矿冶设计事务所成立，同时颁发“赣设证丁级7391号工程设计许可证”。

1月20～21日，省经委主持的江西省无机粘接轧辊鉴定暨推广会在九江钷厂召开，该厂此项新技术推广应用成果获得正式通过。

1月31日，瑞昌洋鸡山金矿坑改露扩建工程完工试产验收，投资2167万元，规模为浮选250吨/日、氰化炭浆3000两/年，总计1万两成品金规模。

1月，个体性质的武宁有色金属加工厂与长沙602厂联营，新建年产400吨仲钨酸铵生产线并投产。

2月，彭山锡矿环保设施通过省、市、县3级验收。

3月3日，丁家山铁帽金开采协调会再次召开，会议由副市长王军文主持，会议形成市计委文件《关于在丁家山铜矿规划区开采九号铁帽金矿的批复》，但九江铜硫矿不服裁决而逐级向上级汇报要求合理解决。

3月15日，九江县铁门坎金矿、九江市冶金煤炭供销公司、九江铜硫矿、江西铜岭钢铁厂达成由4家联合开发铁门坎铜金矿联营协议。分别投资20万元、30万元、25万元、25万元，共集资100万元（实际筹集到55万元）。3月20日，矿山工程破土动工。九江铁门坎铜金矿经市政府批准，隶属市政府，由市冶煤公司直管。

3月，德安萤石公司获省外贸厅授予“江西省创汇先进集体”称号。

4月10日，经修水香炉山钨矿董事会第三次扩大会议研究决定成立香炉山钨矿（修水县与浒坑钨矿联营），建设规模150吨/日，投资2000余万元。

4月13日，修水县对黄金矿山进行大规模清理整顿，取消400多户个体采金者，取缔矿石加工点83处，查处黄金走私犯89人，收缴黄金315克，罚款8.36万元。

4月22日，九江县铁门坎金矿解析电解装置试调，至5月11日，产金1100克。

5月，瑞昌县黄金公司与夏坂乡联办的港南金矿成立。由市矿冶设计事务所设计，投资10万元，当年设计，当年建设，当年见效。省储委邀请13个单位、36名专家，现场审查通过吴家金矿勘查报告。

6月3日，经九江县政府批准，九江县黄金管理站成立。

7月12～14日，江西省黄金生产和堆浸现场会在九江县铁门坎金矿召开（由九江市黄金公司具体筹备），在全省推广黄金堆浸技术。副省长钱家铭在会上做重要指示。

7月21日，省公安厅批准瑞昌市洋鸡山金矿派出所成立。

7月，省经委、煤炭厅下达九江煤矿安全技措项目计划11万元，其中武宁县煤矿争光井通风5万元、瑞昌南田井防火4万元、九江市矿山救护队2万元。

8月6日，瑞昌县南田煤矿开始建设和平山井口。

8月14日，瑞昌高丰金矿破获一起金泥盗窃案。两名罪犯盗金泥1975克折款3.5万元（含纯金729.9克），被判处死刑、缓期两年执行。

8月15日，铜岭厂电解铜生产线正式投产，年生产能力50吨。

9月14日，九江铜硫矿与山东技术咨询公司服务部签约，引进“上行连铸无氧薄壁异型铜管”生产工艺，投资50万元，12月29日点火试产，因工艺不过关而停止。

9月16日，赣西北大队黄恩邦出席全国劳动模范和先进生产（工作）者大会。

9月17日，冶金部部长戚元靖视察九江钢厂，为九江钢厂题词“品种创新，质量创优”。

9月30日，武宁锑矿首次实现扭亏为盈。同日，朝鲜钽铌选冶技术考察团到806厂访问。

11月1~7日，中国地质学会第34届理事会第一次工作会议在九江召开，常务副理事长、地矿部副部长夏国治主持会议。

11月9日，铜岭厂尾砂坝发生塌方破坝事故，经济损失9.78万元。

11月14日，省计委咨询工程公司主持的九江硫酸厂立项咨询会议在九江召开，会议建议省计委批准该项目立项。

11月25日，修水县古市金矿在采矿地段复田5.3公顷。

12月6~7日，由矿冶设计事务所编写的《九江铁门坎铜金矿试验采场可行性研究报告》通过评议，市长钟啟煌出席会议。

12月31日，九江市全年生产成品金306.6993公斤（人民银行收购数），生产含量金22.059公斤（统计上报数），合计329.052公斤（折合10529.664两），实现了“七五”时期未达到的万两市目标，受到国家黄金管理局嘉奖，获全国黄金荣誉证书，居全国万两黄金地（市）第二十三名，获奖1辆伏尔加小轿车。

12月31日，德安萤石公司全年生产萤石35490吨，创造历史最好水平，同年创汇也达到历史最高水平。

12月，修水县古市金矿采金船全年产成品金23.32公斤，首次实现盈利。

12月，全市国营煤矿系统全年避免死亡事故，获得“全省安全先进单位”称号。

12 月，市冶煤直属企业顺利完成全年承包任务，荣获全市目标管理第一名，市政府奖励 1.8 万元。

是年，省 806 厂共完成 75 项科研课题，其中获国家、部、省级科技成果奖 33 项，41 项分获国家发明二等奖和四等奖。至当年底，形成钽铌和稀土两大类共 58 个品种 200 多个规格完整生产体系，产品中有 9 项获部优、省优产品。

1990 年

1 月 1 日，九江冶金煤炭供销公司自筹资金 450 万元，在七里湖火车站与西二路交接处征地 5.3 万平方米，建设 2 条 1 千米铁路专用线，年储存煤炭 60 万吨的全机械化大型综合性煤场。

1 月 10 日，国务院副秘书长白美清到九江视察黄金工业生产，九江市委书记孙瑞林、市长钟起煌、市人大常委会主任程金发陪同，市冶煤公司、黄金公司有关负责人吴述鑫、郭顺洪做了汇报。白美清评价九江黄金生产：“起步晚、发展快、后劲足。”

1 月 20 日，在企业家协会和市企管协会召开的春节座谈会上，市长钟起煌强调：“九江要一手抓农业、一手抓矿业开发。”

是月，中国有色总公司《关于加强铜精矿管理的若干规定》由省冶金厅转发下达，把以往“双向经销”改为“来料加工”，九江铜硫矿因此每年要损失 75 万元。

3 月 5 日，九江铜硫矿发出通报，表彰该矿梁振礼抢险救人先进事迹。

3 月，铜岭厂电解铜生产线扩建年产 80 吨电解铜生产能力。

4 月 2 日，省顾委主任赵增益视察瑞昌洋鸡山金矿。

4 月 12 日，九江钢厂小角钢首次销往香港贺明有限公司。九江钢厂生产的小角钢、小扁钢市场紧俏，每年参加全国钢材订货会，供不应求。

4 月 17 日，省军区司令员韦长安视察瑞昌洋鸡山金矿。

4 月，全国黄金工作会议在北京召开。九江冶煤公司刘英伯、瑞昌洋鸡山金矿何仁甫参加会议。赣西北大队提交国家重点攻关项目《九瑞地区铜金矿成矿条件和成矿预测》研示报告，经专家评审，认为达到国际水平。

5 月 1 日，瑞昌县撤县改市。瑞昌洋鸡山金矿庆祝建矿 10 周年。

5 月 3 日，省人大常委会副主任王树枫视察瑞昌洋鸡山金矿。

5 月 14 日，第十四届世界采矿大会和采矿设备博览会在北京召开。九江市冶煤系统周锋、殷行建、刘炳发、高崇峰参加会议。

5 月 18 日，德安县萤石公司年产 1000 吨氢氟酸和 1000 吨氟利昂生产线一次试车成功。

5月25日，在市黄金公司主持下，于修水县城审查并通过由长春黄金研究所提交的《江西省修水县土龙山金矿氰化厂初步设计》。同日，修水县土龙山金矿自筹资金100万元进行建设施工。

6月15日，瑞昌县南田煤矿因资金不足等因素停止生产。

7月20日，九江铜硫矿召开建矿20周年庆祝会。

7月，省经委、煤炭厅下达九江煤矿安全技措项目计划9万元，其中瑞昌南田3万元、德安付山煤矿3万元、九江救护队3万元。

7月，武宁县钨矿被授予“省级先进企业”称号。

8月8日，在省计委工业处主持下，由北京有色金属设计研究总院提交的《九江硫酸厂可行性报告》在庐山举行论证会，并获通过。

8月13日，九江冶煤公司领导召开碰头会，决定开展市冶金煤炭志编纂工作，并成立公司编志办公室。

9月8日，地矿部、江西省政府授予武宁县周庆梓“献身护法的矿产卫士”称号，省政府批准授予革命烈士称号。

9月14日，市黄金公司主持修水土龙山金矿选矿工艺流程试产验收。

9月17～19日，第二届国际地洼构造与成矿学术讨论会在庐山召开。地质学家陈国达到会做学术报告。

9月18～21日，由省冶金厅主持的爆破参数鉴定会在瑞昌洋鸡山金矿召开。国内爆破专家刘清荣出席会议。

9月21日，罗坑煤矿第三届董事会第二次会议召开，会议执行武宁县委《关于撤销李阳南罗坑煤矿矿长和调李达军同志任罗坑煤矿矿长》决定。

10月4日，九江冶煤公司徐水泉、伊政海，九江钢厂吴国刚等到江西钢厂协商联营中有关事宜，经协商双方同意采取松散性联合，干部管理按“联营协议”前办理，并取得市委、市政府有关职能部门同意，联合协议暂停执行。

10月11～17日，第二届全国煤矿救护队比武大会在河南平顶山举行，九江市救护队派员夏恒元、郭蔚祖参加。

10月18日，武宁县岭背矿区综合物探地质勘探（MP法—磁偶源频率测探）试验第一步成果审查会在武宁县召开，省煤炭厅厅长张佩奇、副厅长韩子嶂亲临指导。

10月21日，都昌县人民政府批准《都昌县钨钼矿开发指挥部第一次全体会议纪要》，决定对都昌钨矿进行改造扩建。

10月22日，省冶金厅进出口公司引进新日铁商业株式会社驻北京代表仲本敏章一行，到铜岭厂考察、洽谈白云石贸易事宜。市冶煤公司、九江港务局等有关负责人参加会议。

10 月 29 日，德安萤石公司氢氟酸和氟里昂制品通过省级鉴定，质量达国家一级标准。同日，美国工商五金公司施哥基尼副总裁一行 4 人考察德安萤石矿。

11 月 1 日，中国有色金属总公司顾问茅林，在市冶煤公司陈安其陪同下视察铁门坎铜金矿。

11 月 5 日，冶金工业部副部长兼上海宝钢总厂厂长黎明及宝钢总厂党委书记朱尔沛到九江钢厂视察，九江冶煤公司徐水泉陪同。

11 月 5~7 日，中国国际咨询工程公司黄培正等十多名专家在省计委工业处陈瑞高陪同下，到九江调研硫磷基地规划方案情况，市冶煤公司与有关同志做了全面介绍。

11 月 27 日，市黄金公司主持瑞昌高丰金矿基建工程竣工验收。

是月，国家原材料投资公司总经理邝业梅到九江市调研硫磷基地规划情况。省计委王英、黄智权，省化工厅厅长何培同，九江市副市长王军文、市计委和市冶煤公司有关负责人做了汇报。

12 月 4 日，省委书记毛致用到瑞昌洋鸡山金矿视察。同日，市政府承包领导小组到市冶煤公司布置企业第二轮承包目标。

12 月 10 日，市冶煤公司与北京市物资开发公司正式签订补偿贸易资金 200 万元，按期到账，用于开发九江铁门坎铜金矿。

12 月 15 日，德安萤石公司与日本丸红株式会社签订进口矿山用装载设备配件。

12 月 17 日，市冶煤公司徐水泉、吴述鑫、吴定文同市建行营业部负责人到武宁县，同县长陈定荣、副县长王尔琢商谈罗坑煤矿 81 万元贷款清还问题，县同意担保清还，但当前只能先还一部分利息。

12 月，市政府决定九江市冶金煤炭工业公司更名为九江市冶金煤炭工业局。

12 月，瑞昌市年产黄金 331.1 公斤（折合 10595.2 两），进入全国黄金系统万两县（市、旗），居第三十位。九江市年产黄金为 467.887 公斤（折合 14972.384 两）居全国万两地（市）第二十二位。实现在“七五”末期创超万两市规划，获全国黄金管理局嘉奖。

是年，瑞昌市高丰金矿荣获“江西省‘七五’期间黄金生产先进单位”称号。

是年，江西长江化工厂第二期工程 5 年实现新增各类稀土矿 180 吨，稀土氧化物 100 吨，稀土金属 30 吨，稀土荧光粉 10 吨能力。

至是年，江西地质矿产局建材 501 大队探明瑞昌码头大型水泥用灰岩及水泥配料黏土矿。

1991 年

1 月 13 日，副省长钱家铭召集全省黄金地质工作承包工作汇报会，九江市黄金公司吴述鑫、戴佩坤参加会议。

1 月 21 日，九江市矿冶设计事务所提交的《都昌县钨矿扩建初步设计》（规模 460 吨 / 日）审批会在都昌举行，市经委、市冶煤局及市老区建设办公室等主持了会议。

2 月 2 日，市政府召开“八五”规划研讨会。

2 月 3 日，九江钢厂召开厂科技座谈会，分析厂情，研究对策，科技振兴。市冶煤局有关领导参加座谈。

2 月 20 日，市冶煤局首次有专业干部周锋在国家级刊物《劳动保护科学技术》发表论文。

2 月 23 日，省煤炭厅及市政府、县政府商定提供武宁县物探资金 41 万元（省 14 万元、地市 14 万元、县 13 万元）。

2 月 27 日，省煤炭厅、市县政府商讨 40 万元科技贷款，用于水炮采煤试验。

3 月 5 日，瑞昌市洋鸡山金矿获九江市“1990 年度优秀企业”称号。

3 月 15~16 日，市冶煤局召开直属厂矿经济工作会。北京有色设计研究总院向九江铜硫矿提交九江铜硫矿硫酸厂设计。

3 月 27 日，中国黄金总局局长徐大全视察瑞昌市洋鸡山金矿。

3 月 28 日，市计委、市冶煤局、九江县及场、村和九江铜硫矿考查九江硫酸厂团山厂址。

3 月 30 日，日本丸红株式会社考察团到德安萤石矿考察。

4 月 6~7 日，市加强企业管理办公室召开讨论对德安萤石公司上报省先进企业评审会议，省冶金厅、市冶煤局、县加强办、萤石公司等参与会议。

4 月 17 日，九江铜硫矿向市科委申报溶浸采矿科研项目。

4 月 18 日，市县局矿商订九江县团山征地协议书。

4 月 24 日，市召集各县局汇报项目会，冶煤上报 10 个项目。

4 月，省冶金厅进出口公司非金属公司引荐日商签订白云石购销合同。

4 月 22 日，市政府下文《关于增设调整部分公路检查站的通知》，要求九江市煤检站做好建站、迁站工作。

4 月 26 日，市长彭宏松指示市经委、市冶煤局、市劳动局组成安全调查组，迅速对铜岭厂矿山尾砂坝破坝事故进行调查。调查组经实地调查后向市报送调查报告。

4 月 28 日，德安萤石公司涂保林赴美国、日本考察。

4 月 30 日，市冶煤局成立新的技术职称改革领导小组。

5 月 10 日，德安县萤石公司制冷剂厂无水氟化氢产品评为省新产品三等奖。

5 月 13 日，省地方煤炭公司支付 5 万元支持武宁煤矿水炮试验。

5 月 14 日，市冶煤局与华能公司议定投股创办联合金铜硫企业。

5 月 17 日，市冶金煤炭局“双新”（新产品、新技术）规划报市。

5 月 18 日，省煤炭厅安监局局长陈作祥、省地方煤矿公司经理管恒耀，听取市冶煤局汇报九江市救护队情况之后，研究决定救护队员先全部撤回原矿，救护队长留守基地，保护好基地设施与设备，以待条件成熟再恢复队伍。

5 月 20 日，北京有色设计研究总院到市规划办征求九江硫酸厂生活区设计意见。

5 月 21 日，德安萤石矿安全合格班组经市冶煤局、市劳动局、总工会的检查验收合格。

5 月 27 日，铜岭厂试产白云石 1000 吨。

6 月 3 日，市冶煤局上报省新产品 2 项，市 4 项；优秀新科技项目 2 项。

6 月 4 日，市召开技术工作会，市冶煤局氢氟酸、锑白获 1991 年省新产品三等奖。

6 月 5 日，市冶煤局向市报出冶煤“八五”规划、“双新规划”、“技改规划”及“科技规划”。

6 月 6 日，中国黄金总局副局长焦智、崔德文到瑞昌市洋鸡山金矿调研。

6 月 7 日，铜岭厂汇报白云石工程如期完成，次年将生产石灰石。

6 月 8~13 日，全国黄金财务工作及表彰会在九江召开。省长助理张云川、九江市副市长霍伟光到会看望与会代表和黄金局领导焦志、崔德文，市冶煤局领导列席会议。

6 月 28 日，市冶煤局、铜岭厂、省冶金进出口公司一起与日本新日铁公司谈判出口白云石。

6 月，省地质矿产勘查开发局赣西北大队高原在全国职工创作故事远航杯比赛中，获故事表演二等奖、创作三等奖。

6 月 27 日，日本新日铁商业株式会社国内原料课长代表宫内丰和驻北京代表仲本敏章到九江监督订购的第一船白云石装舱，并赴矿山考察，洽谈进一步贸易。市冶煤局、九江港务局、九江外轮办始终参与协商。

7 月 9 日，市冶煤局向科委报 80 万吨电解铜科研项目。市经委批 7 万吨磷肥项目立项。

7 月 12 日，省煤炭厅、西安煤科分院、省煤田地质队、市冶煤局商定武宁物探找煤项目。

7 月 16 日，市政协主席王佐良、副市长许杰夫、市总工会主席向腊玉等一行视察冶煤局科技兴市工作。

7月18日，中共江西省委副书记刘方仁到瑞昌市洋鸡山金矿视察。

7月19~22日，市冶煤局1992年有色金属矿山采掘方案审查会在庐山召开，省冶金厅有色处派员指导。

7月25日，市冶煤局市直企业（九江钢厂、铜硫矿、铜岭厂）节能知识竞赛在九江钢厂进行，市节能中心负责人亲临指导。

7月30日，市冶煤局研究九江铁门坎铜金矿开发建设事宜。

7月，武宁县煤矿前进井三水平基建投产。争光井三水平基建开工。

8月1日，日商反映铜岭厂白云石质量好；该厂尾砂坝修复后启用。

8月2日，市冶煤局向灾区捐款，市委政研室到市冶煤局了解搞活企业情况。

8月10日，西安煤科分院地质所完成付山煤矿电法探矿找煤项目。

8月12日，九江铜硫矿经技术改造排放的污水铜离子含量减少50%，上交的排污费也在原基础上减少50%。

8月中旬，九江铁门坎铜金矿露天采矿基建工程见矿，具备投产条件。

8月23日，市经委批准武宁钨矿铜钼锡回收项目可行性报告；九江钢厂稀土球铁列市新产品，次年补报省新产品。

9月9日，瑞昌市洋鸡山金矿获“江西省先进企业”称号。

9月13日，在市、县黄金公司组织主持下，修水土龙山金矿选厂交付使用验收会在矿召开。

9月16日，市批准铜岭厂白云石项目立项。

9月18日，市委组织部召开有关市工交各局负责人会议，传达布置推荐选拔市级拔尖管理人才，冶煤局吴述鑫出席。

9月19日，市科委到冶煤局了解科研项目情况。同时拨水炮采煤试验科研经费2万元。

9月20日，市召开九江钢厂新产品鉴定会，鉴定新产品5个。

9月26日，市冶煤局参加中国有色露天采矿专业委员会会议。

9月27日，市冶煤局召开市直企业负责人和局机关科技人员座谈会，传达贯彻选拔拔尖管理人才的精神及各单位落实推荐工作。

10月7日，副市长霍伟光一行到市冶煤局，同局党委共同研究九江钢厂发展生产专题。

10月9日，九江钢厂稀土球铁报省科研项目，九江铜硫矿P装置报市重点科研项目。

10月13日，德安萤石公司萤石矿萤石精粉获部优，实现产品创省优部优三连贯。

10月20日，德安萤石公司“庐山牌”萤石精粉和无水氟化氢被列入中国“名、新、时、优”产品大全。

10月21日，市冶煤局召开技改工作会，讨论研究1992年的技改项目和远景设想。“七五”技改县企业投7000多万元，市直企业投700多万元，多为自筹。

10月22日和28日，市冶煤局进一步研究由下而上推荐的拔尖人才，28日上报九钢职工季乃修到市委审批，另报市委组织部青干科5人。

10月29日，市冶煤局机关开展社会主义基础路线教育。市救护队队员各自撤回本矿。

11月3日，九江铜硫矿选厂完善200吨/日规模技术改造新增设备安装工作。

11月6日，市经委召开相关部门商谈九江钢厂螺旋焊管中外合资项目。

11月7日，市冶煤局向省冶金厅汇报“八五”技改项目5个。

11月15日，江西煤田勘探局所属综合大队和能源部西安煤炭科学院物探所工作队结束武宁岭背综合物探地质勘探试验的野外工作。

11月27~29日，由省、市黄金公司及有关单位100余人组成验收组对洋鸡山金矿浮选流程竣工验收，获通过。

12月2日，市矿冶设计事务所提交的《铜岭厂白云石、石灰石可行性研究报告》由市经委、市冶煤局主持评审会，获通过。

12月12日，市冶煤局领导在铜岭厂中层以上干部会上，宣读市政府对厂尾砂坝事故结案报告的批复文件。铜岭厂主要领导在会上做检查发言。

12月17日，市批复铜岭厂10万吨石灰石项目，白云石项目待与日商合同再批。

12月24~26日，北京有色金属设计研究总院提交《九江铜硫矿硫酸厂初步设计》报告，在省计委设计审查处负责人主持下进行审查，并获通过。

12月28日，九江铜硫矿《九铜——P型海绵铜置换装置》经省鉴定为新技术推广项目，获1991年度江西省新技术推广应用三等奖。当年产海绵铜70吨，获利润45万元。武宁县钨矿钨精矿销售102吨，创建矿以来最好水平。

12月，瑞昌吴家金矿第六次董事会在武山铜矿召开，会议议定新任董事长为瑞昌市副市长朱杰，而金矿企业仍由武山铜矿一方承包代管。

1992年

1月2日，市冶煤局上报市节能项目4个。市组织九江铜硫矿验收海绵铜装置新技术项目。

1月8日，市冶煤局1992年新技术1项上报市经济委员会。

1月10日，市冶煤局1992年科研项目1项报市科学技术委员会。

1月12日，赣西北大队张江应赴北京参加全国功勋地勘单位颁奖大会。

1月13日，市冶煤局讨论煤层气化技术。

1月13~16日，省煤炭厅召开付山煤矿物探地质审查会。

1月22日，省计委下达1992年九江冶煤产品产量计划。

1月24日，市召开技改工作会，九江市从第二降到第三。

2月10日，向市报九铜P装置为优秀新技术推广项目。

2月11日，市经济委员会召开“限电轮休”会。根据电力供应紧张情况，分配各企业用电量指标，并采取减少电量供应，轮换供电办法，保障居民用电。

3月4日，市冶煤局确定技改1项、新产品2项、新技术3项。

3月5~6日，市经济委员会召开技改工作会，提出不发展县属工业，九江经济上不去。

3月9日，市冶煤局起草修水石英厂项目批复。

3月17日，市冶煤局研究将行业管理改为直属企业管理为主，行业由各县管。地矿部监察工作会议在赣西北大队召开。

3月20~21日，市冶煤局直属企业经济工作会召开，副市长霍伟光、副秘书长许江、主任刘元国出席并讲话。

3月25~27日，市冶煤局向省冶金厅汇报工作，提出用电炉炼钢，建设30~50吨电炉，争取“九五”期间出钢。

3月31日，市冶煤局讨论九江冶金十年规划。

4月6日，市批准九江铜硫矿电解铜项目立项，九江铜硫矿海绵铜列省三等奖。

4月7日，铜岭厂、省冶金进出口公司、日本新日铁商业株式会社继续签订全年2万吨白云石销日本合同。

4月8日，市冶煤局向市报节能、综合利用专项项目3个。

4月13日，省冶金厅派员到九江钢厂了解二轧改造情况；市批修水水玻璃项目。

4月14日，市环保局召开九江铁门坎铜金矿环保评审会。

6月5日，市龙舟交易会，全市成交15亿，市冶煤局成交1993万元。

6月6日，市冶煤局传达中央开放芜湖、九江、武汉、岳阳、重庆的文件精神；转发省冶金厅二轧改造可研报告的批复；市批九江钢厂与外商合资合同、章程。

6月19日，中科院到九江做长江中部产业带规划，市冶煤局周锋汇报九江冶煤产业情况。

6月30日，市机械局到九江铜硫矿举行该矿生产的漆包线产品鉴定会。

7月14～15日，市环保局召开九江铜硫矿硫酸厂环保评价会。

7月27日至8月1日，省冶金厅召开全省1993年度有色采掘计划审查会。

8月14～29日，在江西省深圳招商引资会上，武宁有色金属加工厂与外商签订江西佳浔有色矿冶有限公司合同、章程。

10月8日，市经贸委批复冶煤供销公司合资办钨加工企业可行性报告。

10月9日，淮南矿院特采所到九江，向各大煤矿介绍防治水和井下支护。

10月14日，市冶煤局确定新的项目18个，即1992年已批项目8个，在建技改2项，新开3项，“八五”期间后三年项目5个。

10月22～23日，市经贸委召开修水石英厂水口砖新产品鉴定会。

11月5～7日，省冶金厅特种矿种开采证审查会召开。

11月13日，市经贸委批复九江钢厂50吨电炉项目。

11月16日，九江铜硫矿海绵铜获省新技术推广三等奖，彭义之等5人获成果奖。

11月28日，九江矿冶总公司成立。

12月5日，市经贸委批复德安锑矿200吨/日选厂可行性报告。

12月9日，修水石英厂申报石英水口砖新产品项目。

12月19日，九江钢厂日产、班产创历史，月产统计超历史

1993年

1月3日，省冶金厅下达1993年度生产、技术、经济指标计划。

1月4日，市冶煤系统1993年度技改项目新开1项，续建2项，争取新开项目达到3项。

1月19日，市开发区批复佳浔公司进入开发区建设。

1月30日，市冶煤局研究1993年度工作重点转移到局本身，及大小实体上。九江市赴香港召开招商会议，市冶煤局报项目14个。

2月3日，市冶煤局上报市双新项目5个。

2月10日，电子、冶煤局专向市委、市政府汇报，市委书记彭宏松、副书记陈昭泉，市长戚善宏、副市长霍伟光出席。

2月25日，省煤炭厅召开付山煤矿地电法综合勘探终审会，提交工作总结。

3月2～6日，省煤炭厅召开武宁岭背矿区磁偶源物探审查会，提交全省第一份以物探为主的煤田地质报告。

3月10～13日，省地方煤炭工作会传达能源部撤销，恢复煤炭部、电力部的文件。

3月28日，市委选派市冶煤局周锋赴武宁县任科技副县长。

5 月 5 日，省煤炭厅讨论《武宁岭背井设计方案》。

5 月 28 日，省煤炭厅批准岭背井设计方案。

6 月 16 日，省煤炭厅审批五星井初步设计。

8 月 17 日，全市小煤窑整顿工作会召开。全市小煤矿整改已满 1 年，尚存小煤矿 103 家。

10 月 13 日，省煤炭厅对武宁县小煤窑整顿工作进行表彰。

1994 年

4 月 12 日，赣西北大队与武宁县人民政府签订《关于联合勘查开发矿产资源的协议书》，在全省首开与地方政府联合勘查开发矿产资源先河，省地质局总工程师杨明桂出席签字仪式。

5 月 21 日，武宁县与赣西北地质大队合作办地质队，地质队人员进驻武宁县。

5 月，全国地矿系统工会兴办企事业经验交流会在赣西北大队召开。

6 月 21 日，地矿部下达武宁县 7 幅五万分之一地质填图项目启动，投资近 500 万元。该县原仅有该图两幅，近于空白。

7 月 19 日，应省煤炭厅厅长张佩其邀请，武宁县科技副县长周锋上庐山向煤炭部王森浩等 5 位部长汇报武宁煤矿项目。

10 月 22 日，武宁金异常区勘探报省地质局立项。

12 月 20 日，省地质局考查武宁金异常区地质现场。

1995 年

年初，彭山林场在彭山挖锡矿时，发现有松木支撑的坑道近 30 米，疑为古人开采的坑道遗址。在该区培家垅小溪河砂锡矿、吴山乡河铺七组许家墩发现有“铁壳坟”，推测似古锡矿冶炼碴堆积场。在近溪流四周有商周、汉唐时期印纹陶，花纹砖遗存。推测古青铜冶炼的锡金属原料来源于此地，有待国家文物考古单位做进一步考察鉴定。

1 月 4 日，省煤炭厅拨款 3 万元，支持九江地质工作。

9 月 23 日，赣西北大队与瑞昌市人民政府签订《关于联合勘查开发矿产资源的协议》。同日，签署《关于联合设立白杨畈银（金）矿协议》，总投资 400 万元，双方出资比例 4∶6，矿产开发探、采、工、贸一条龙。

12 月 23～30 日，市冶煤局周锋第三次赴贵阳铝镁设计院，铜岭厂金属镁项目建议书和炼镁试验两个报告书获得该院审核通过，铜岭厂共投入 5 万元。

12 月，赣西北大队戴红辉的《毛泽东“开发矿业”思想体系研究》在省自然科学辩证法研究会学会上获一等奖。

1996 年

1 月 4 日，市冶煤局与市经委联合向省经委行文申办九江金属镁项目。

1 月 22 日，市经委、市冶煤局到省冶金厅、省经委汇报金属镁项目。

4 月 1 日，全省乡镇煤矿清理整顿会议召开。

6 月，赣西北大队所作省地质局第一个市场化找矿项目——九江县金鸡窝银铜矿成果通过终审验收。

10 月 25 日至 11 月 1 日，市冶煤局与铜岭厂到邳州进行金属镁招商。

11 月 27 日，江西铜岭钢铁厂破产工作开始进行，30 日清算组进厂。

12 月 4 日，市冶煤局安排煤矿农转非 80 名。

12 月 16 日，九江市中级人民法院发布江西铜岭钢铁厂破产终结裁定，重组为九江市冶金总厂（简称九冶厂）。

1997 年

1 月 13 日，中共九江市委选派市冶煤局郭顺洪赴新疆乌恰县任副县长。

1 月，赣西北大队蓄电池厂生产的“庐山牌”蓄电池通过国家验收。

3 月 5～8 日，省地方煤炭公司会议召开，九江获集体安全奖。

3 月 27 日，九江市政府召开全市改制动员大会，九江国有企业实行股份制改革。

4 月 9 日，市冶煤局召开九江市冶煤系统国有企业改制动员大会。同日，赣西北大队刘发钧被省公安厅记二等功一次。

4 月 28 日，九江市救护队员到乐平救护大队培训 2 个月。

5 月 22 日，市冶煤局参加六部委煤矿整顿电视电话会议。

5 月 27 日，市冶煤供销公司选举董事会。

5 月，市冶煤休养院开发项目立项。

6 月 27 日，赣西北大队尹道恒获地矿部优秀高级工程师称号。

6 月 30 日，市冶煤局制定九江市煤炭工业发展规划。

7 月 28 日至 8 月 23 日，市冶煤局派周锋、梁洪鑫赴北京考察水煤气项目。

9 月 26 日，市高新、实用技术成果发布会召开，其中冶煤局 1 项。

9 月 29 日，云南地质队在鲁溪试验地震法找煤。

10 月 13 日，市冶煤局与环保局建议市政府成立洁净能源公司。

10 月 27 日，市建陶总公司运用国家油改煤资金 500 万元建成水煤浆系统。

11 月 1 日，山东省赴江西省煤矿通风检查团到九江市煤矿检查。

11 月 21 日，市冶煤局考查地热制冷暖新能源技术。

11 月 27 日，南田煤矿投资 1.5 万元，在 10 个点运用物探技术找煤。

12 月 25 日，九冶厂到市民政局办理 49 户困难职工解困补助资金。

12 月 30 日，市文化局到九江冶金总厂现场查看文物保护工作。

1998 年

2 月 10 日，市冶煤局周锋、梁洪鑫到九江二电厂共商电煤清洁利用，首次提出配煤而非混煤的新技术方案。

4 月 9 日，市政府副秘书长孙铮到冶煤局，协调分流到矿冶总公司的 11 人中 4 人，回冶煤局工作，充实力量。

4 月 15 ~ 17 日，省依法整顿煤炭生产秩序工作会议召开。

4 月 22 日，市冶煤局休养院选举 7 名股东组成董事会。

5 月 8 日，赣西北大队曹钟清、张可庚入选《中国当代杰出青年大典》。

5 月 22 日，市冶煤局党委会研究冶煤公司从股份合作制改回国有企业。

6 月 2 日，市冶煤局与港务局谈动力配煤项目。

6 月 23 日，省煤炭厅通知市冶煤局，九江动力配煤项目已获煤炭部批准立项。

7 月 3 日，省煤矿设计院派人员到市冶煤局谈动力配煤合作一事。

7 月 14 日，英岗岭矿务局到九江谈动力配煤合作事宜。

7 月，赣西北大队召开纪念真理标准讨论 20 周年大会。

9 月 4 日，省运销公司、省煤矿设计院按省煤炭厅要求到九江做动力配煤项目调研。

11 月 27 日，全省召开煤炭行业关闭非法和布局不合理煤矿工作会，1997 年年底九江 209 个小煤矿，保留 40 个指标。

11 月，市冶煤休养院开发项目签订建设合同。

12 月 26 日，市政府下发有关关闭小煤矿文件。

1999 年

1 月 26 日，市冶煤局赴九江冶金总厂宣布新的领导班子，魏洪曙任厂长。

2 月 3 日，省“关井压产”检查团到九江市听取汇报，关煤矿井指标 169 个，已关 81 家，开办指标 40 家。

3 月 19 日，九江申办煤炭经营证资格 64 家，2 家已获省煤炭厅批准，23 家已报省，尚有 39 家待报。

3月29日，省“关井压产”检查团再次到九江检查，认为工作有进展。

3月31日，市组织部到市冶煤局宣布新的领导班子，周锋任党委书记、局长。

4月8日，市冶煤局安排1999年度煤矿农转非80名。

4月27日，市冶煤局新班子第一个学习日，制定学习制度。

5月7日，九江市关井压产领导小组成员会召开。

5月10日，九江市关井178处，压产9.46万吨。

5月12日，市冶煤局参加国家关井压产电视电话会。

5月13日，市政府通过经委系统向国家上报长江煤炭中储项目，争取成为全国布点之一。

5月24日，市政府给九江冶金总厂恢复生产启动资金55万元，同意离退休工资列入全市13家的“三家抬”（财政、社保、企业）之一。

5月26日，市冶煤局将“动力配煤项目”报告送市政府。

6月24日，市冶煤休养院开发项目经市政府批复同意建设。

7月14日，市科委项目会议召开，季可达携KD项目（即清洁煤综合利用项目）到会。

8月8日，冶煤休养院农贸市场项目开工。

8月9日，市建行办罗坑煤矿81万元核销。

8月17日，市商业银行给九冶厂放贷款40万元。

12月27日，省关井压产验收组到九江进行验收工作。

12月28日，市冶煤局制定完成九江市冶煤工业“十五”计划和2015年发展规划。

2000年

1月19日，市政府对市直特困企业春节一次性补助金发放到九冶厂、市冶煤休养院。

2月21日，市冶煤局属企业开展第一次内部审计，制定内审制度。

4月4日，市组织部到市冶煤局考查后备干部。

4月17日，九冶厂铁矿生产恢复正常。

4月18日，市冶煤局统计全市煤井关闭234个、压产原煤10.868万吨，发证31个。

5月24日，市政府副秘书长孙铮、市冶煤局局长周锋等陪同省煤炭厅厅长包尚贤调研九江动力配煤项目，表示可用贷款贴息方式支持。

6月30日，市冶煤局将九江市煤炭市场报告报市政府。

7月5日，市冶煤局局长周锋陪同市长助理冯静等到冶煤货场，考察九江煤炭市场项目情况。

7月20日，市商贸市场建设工作领导小组会一致同意设立九江煤炭市场，拟报市计委立项。

7月25日，市商贸领导小组批复同意设立九江煤炭市场。

7月26日，市冶煤局将九江煤炭市场报市计委立项。

8月2日，市计委批准九江煤炭市场立项。

8月4日，市科委召开清洁能源行动试点城市申报会，确定以KD技术为核心内容上报省和国家科委有关部门。

8月24日，省国土厅到九江处理香炉山钨矿事宜，市钨业整顿小组周锋等陪同。

8月28日，市冶煤休养院南湖路农贸市场开业。

9月6日，市政府拨款6万元修复市冶煤局老干部宿舍边坡，清除隐患。

10月30～31日，省科委主持召开九江清洁能源城市论证会，同意上报国家科委，全省仅九江一家申报。

11月29日，九江、瑞昌市政府及有关部门负责人协商九冶厂文物保护事项。

12月5日，市审计局到九冶厂开展离任审计。

12月12～13日，省人大组织省市文物部门到九冶厂检查文物保护工作。

2001年

1月4日，九江市第二十三次市长办公会决定九冶厂铁矿生产停产。

1月5日，市经委批准九冶厂重氧水项目立项。

1月20日，市冶煤局第一次走访机关及企业职工遗属，形成遗属走访制度。

2月14日，市长助理刘元国等领导到冶煤货场视察，应南昌铁路局要求，同意集中存放煤炭，便于统一管理。

3月6日，市政府召集武宁、瑞昌县（市）政府领导，研究解决罗坑煤矿问题。

3月15日，江西有色工业公司到九江调研九江有色行业管理体制。

4月1日，市冶煤局局长周锋等陪同国家安全督查组到全市各煤矿督查煤矿安全。

4月4日，市冶煤局、市经委到省经委汇报配煤项目，回应国家经委来电询问，该项目为江西上报的5个项目之一。

4月5日，省煤炭集团副总经理蓝邦生到九江察看煤场情况，要求弄清四周农田征收价格。

4月13日，武宁县政府确定罗坑煤矿董事会成员名单和章程。

4月17日，九冶厂中外合作重氧水项目转由市计委批准立项。

4月23日，省煤炭行业办公室、省地方煤矿公司到九江检查整顿小煤矿工作情况。

4月24日，市政府拨市冶煤局5万元项目调研经费。

4月30日，市冶煤局赴山东兖州矿务局考查煤制油项目。

5月9日，九冶厂向市政府报送文物保护职工总体安置方案及过渡方案。

5月16日，市政府向市煤炭整顿小组下拨3万元工作经费，以开展好煤炭整顿工作。

5月20~27日，中共九江市委副书记胡绍生带队赴上海招商，市冶煤局参加。

6月6日，市冶煤局参加罗坑煤矿有限公司董事会预备会议召开。

6月14日，市煤炭整顿小组成员会议召开。

6月16日，九冶厂正式停产。

6月25~26日，宝钢原料部到瑞昌、彭泽实地考察白云石、石灰石资源。

7月2日，市社保局给九冶厂193名职工进再就业中心指标，缓解该厂停产后，职工生活问题。同日，市冶煤局周锋、吴焕兰建党80周年征文获省二等奖、市一、二等奖。

7月11日，九冶厂召开职工大会，宣布停产及相关工作，直到总体方案下达。

7月17日，中央台记者据网上举报到九江市调查“地条钢”问题，适遇市工商局正开展强制拆除。

7月20日，九江市召开小钢铁整顿领导小组会议，会后周锋赴省冶金行业管理办公室上报九江小钢铁整顿工作情况。

7月27日，市有关部门一起检查市区小钢铁厂。晚中央电视台《焦点访谈》播出“全国整顿小钢铁九江炉火正红”节目，肯定九江整顿措施坚决。

7月29日，九江市召开小钢铁整顿会议，确定要加大对地条钢的整治力度。

7月30日，市召开市场整顿领导小组会议，要推进九江煤炭市场建设。

8月1日，市工商局、技术监督局等相关部门继续进行小钢铁查处工作。

8月7日，省煤炭厅对九江冶煤系统矿山安全、救护队、培训中心实施检查，均表示满意。

8月9日，市工商局、技术监督局等相关单位到县区检查地条钢生产状况。

9月4日，市冶煤矿冶物资公司办公场所按市要求由市统一安排房屋拆除，以扩建市区道路。

9月9~16日，九江市组织上海招商活动，市冶煤局参加并专程了解上海配煤情况。

9月25~27日，省煤矿安全检查团到九江市检查。

10月10日，市非煤矿山整治领导小组会议召开。

10月13日，市冶煤局引进澳华商会会长张立一行7人到九江市考查，市主要领导与其座谈。

10月16日，省小煤窑关闭整顿工作会议召开。省煤矿安全监督局检查九江小煤窑关闭整顿工作情况。

10月17~18日，市政府部署非煤矿山整顿检查工作。

10月22日，市冶煤局办小煤矿特殊工种学习班。省关闭整顿小煤矿工作会议召开。

10月25日，市冶煤局办小煤矿安全培训班。

10月26日，省煤矿督导组到九江市督导。

10月26~30日，九江市验收组到县区开展关闭整顿小煤矿工作验收。

12月11~12日，市冶煤局引进上海客商为九江做物流方案。

12月24日，省有色公司到九江市了解机构改革及管理情况。根据市机构改革会议精神，预案将工业局改为公司，各局要求仿效省政府做法，成立行业管理办公室。

12月29日，市冶煤局将煤炭清洁利用项目报市计委立项。

2002年

1月14日，省煤炭恢复生产验收组到九江市，验收保留24家煤炭企业。

1月9日，市民政局安排，春节前完成九冶厂符合低保的家庭保险。

1月15日，市直招商引资项目汇报会议召开，市冶煤局2001年上报4项。

1月24日，市政府年底困难企业的补助资金发放到九冶厂、市冶煤休养院。

1月31日，市煤矿安全工作会议召开。

7月4日，市计委认可市冶煤局上报的煤炭清洁利用项目并上报省计委，争取解决前期工作费用。

7月7日，市冶煤局参加全国煤炭安全电话会议。

7月23日，市国企改革动员大会召开，市冶煤局更名为“九江市冶金煤炭集团公司”，简称冶煤集团，行政职权上交市经委，干部职工保持“四个不变”(行政身份不变、待遇不变、拨款渠道不变、考核不变)。

9月8日，市主要领导接见市冶煤集团引进的华商协会客商。

9月9日，九江市机构改革动员大会召开。

10月15日，省煤监局局长贺爱民到九江，办理小煤矿管理移交事项，九江煤矿企业交景德镇办事处管理。

11月12日，市冶煤集团举办瓦检员、绞车工、安全员培训班。

11月15日，市机构改革新任职人员任命书会议召开，周锋任市冶煤集团公司总经理、党委书记。

11月28日，市冶煤集团向市经委汇报市冶煤矿冶物资供应公司改制工作。

12月27日，省煤炭集团成立洁净煤项目3人小组，与九江合作落实该项目。

2003 年

1 月 6 日，市冶煤集团公司 1 号文报市委、市政府，要求明确集团公司的责、权、利。

1 月 8 日，市冶煤集团到市环保局联系上报国家环保项目 CDM 项目即碳交易项目。

2 月 14 日，市政府拨冶煤集团 1.3 万元项目经费。

2 月 24 日，市计委提出将煤炭清洁利用项目由市批转为省批准项目，以利项目银行贷款。

3 月 3 日，市冶煤集团举办电工、爆破工学习班。

3 月 7 日，市政府下发启用冶煤集团公章的文件。

4 月 15 日，市冶煤集团到市委办理冶煤集团党委新公章交接。

4 月 17 日，市黄金公司办齐黄金大楼开发手续，待土管局审定后开工建设。

5 月 9 日，赣西北大队徐席中获“全国老年人体育先进工作者”。

5 月 10 日，九江市副市长陈立国到九冶厂处理尾砂坝险情，确定治理费用 15 万元。

6 月 23 日，省水文队提交九冶厂大坝应急治理方案，副市长陈立国批复同意。

7 月，赣西北大队郑石仁《山野之歌》列入“当代诗词家系列丛书”出版发行，约 11 万多字。

8 月 8 日，市政府下发煤炭行业安全管理职能协调会议纪要，仍由冶煤集团负责。

8 月 16 日，省煤监局局长贺爱民等到九江市听工作汇报及煤炭主管部门落实情况。

9 月 8 日，市长助理孙铮传达市政府决定，有色金属矿山管理工作仍由冶煤集团负责。

10 月 20 日，市冶煤集团举办瓦斯检验员与特殊工种培训班。

11 月 8 日，南昌有色冶金设计研究院完成《江西铜业集团公司城门山铜矿（12000 吨/日）预可行性研究报告》。

11 月 16 日，赣西北地质大队完成《江西省九江县城门山铜矿矿产储量地质报告》。

12 月 9 日，麦康国际有限公司总经理比尔·胡利和采矿专家科克·罗杰斯一行到城门山铜矿访问。

12 月 19 日，九江市政府副秘书长宋志龙按市长办公会、市长蔡晓明要求，召集相关部门研究煤矿、冶金企业安全工作，并指示该工作仍由冶煤集团负责。

2004 年

1 月 30 日，市冶煤集团确定当年煤炭整顿及相关工作。

2 月 1~8 日，美国专家在城门山铜矿开展资源评估现场调查。

2 月 25 日，省政府决定将赣西北大队拥有的城门山铜硫矿采矿权价款及探矿权价款有偿出让给江西铜业公司。

3月9日，省发改委投资处向九江市发改委询问煤炭清洁利用项目进展情况。

3月23日，市政府拨3.2万元煤矿安全整顿工作经费。

3月29日，城门山铜矿选硫系统一次投料试车成功，生产出合格硫精矿35795吨。

4月6日，赣西北大队《降低铝合金窗推拉阻力值》成果获省工程建设优秀成果一等奖。

4月8日，九江市召开煤矿安全会议。

4月16日，九江市工程咨询中心主持煤炭清洁利用项目专家论证会，通过该项目。

4月22日，市冶煤集团举办煤矿特殊工种学习班。

4月23日，按省外事办公室要求送煤炭清洁利用项目，该项目为省委书记孟建柱赴香港招商需要。

6月2日，市经委到冶煤集团谈行业管理移交工作事宜。

6月11日，按市协调会精神，市冶煤集团将改挂冶金煤炭行业管理办公室的报告送市政府。

6月28日，市国有企业工作委员会到九冶厂调研。

6月30日，市煤炭整顿领导小组认为全市煤炭整顿效果好，从原200多家中保留井35对。

7月8日，市煤矿企业安全生产许可宣传贯彻会议召开。

8月5日，市冶煤集团举办煤矿学习班。

9月10日，市冶煤集团总经理周锋与市工交处副处长戴和奕赴省政府报送市政府关于九冶厂文物保护和改制经费报告。

11月3日，市经委副主任夏启国、杨敬忠到冶煤集团谈行业管理接交事宜。

11月25日，副市长陈立国批准报省煤矿保留数，明确培训仍由冶煤集团负责。

12月7日，市冶煤集团举办特殊工种学习班。

12月25日，赣西北大队"加强质量监控，争创结构优良"课题获省级创新成果三等奖。

12月29日，市冶煤集团到省煤炭集团汇报煤炭清洁利用和配煤项目，省煤炭集团领导表示尽快到九江调研。

是年，赣西北大队获"江西省厂务公开先进单位"称号。

2005年

1月5日，赣西北大队获省矿产资源储量检查检测资格。

1月27日，市冶煤集团陪同市信访局到九冶厂走访困难户。

2月3日，省煤炭设计院到九江调研煤炭大市场建设，含仓储、配煤功能。

3月11日，市安监局到冶煤集团谈冶煤行业安全管理工作交接事宜。

3月16日，副市长陈立国主持冶煤职能交接的协调会议。

4月4日，美国菲乐普斯·道奇公司8位专家到城门山铜矿考察，了解储量、采矿、选矿方法。

4月7日，省煤炭集团总经理易光景到九江考察配煤项目。

5月28日至6月2日，冶煤集团与联达公司赴北京相关单位商谈煤炭清洁利用项目。联达公司与日本中鸿公司签意向书。

6月30日，市政府副秘书长廖和树赴瑞昌市政府协调文物保护与九冶厂的关系。

7月7日，副市长陈立国批示煤炭清洁利用项目由投资方提具体要求后，报市研究解决。

7月8日，联达公司煤炭清洁利用项目报告报送市政府。

7月16日，赣西北大队潘应铭获“江西省知识型职工先进个人”称号。

7月26日，市政府副秘书长宋志龙协调煤炭清洁利用项目。

8月17日，市冶煤集团编制的九冶厂文物保护安置职工方案需资金3647.15万元，报市政府审批。

9月3日，13号台风“泰利”造成城门山矿区降雨总量达600毫米，造成停产110个小时，直接经济损失698.83万元。

9月29日，市冶煤集团赴省农业厅汇报煤炭清洁利用项目用于新农村建设项目，副厅长刘极灿组织相关部门听取介绍。

10月19日，星子县发改委批复同意市冶煤集团的煤炭清洁利用项目在星子县建设。

10月29日起，联达公司与冶煤集团公司接待4批到九江考查煤炭清洁利用项目的客商。

11月9日，赣西北大队建队50周年庆祝大会在九江远洲国际大酒店召开，省地质矿产局及市委、市政府领导出席。

11月11日，市冶煤集团与市经委赴省经委谈储煤项目，省经委同意萍乡、九江各设1个。

11月16日，第三次市国企改革领导小组会议召开，讨论九冶厂文物保护职工安置方案。

11月26日，8时57分瑞昌发生5.7级地震，九冶厂多处受损，市冶煤集团公司干部捐款1000元。城门山铜矿停产25小时，江西铜业集团党委书记戚怀英、副经理王赤卫下午 2 时到矿视察震情。

12 月 1 日，省经委会同投资商到九江市，实地了解和促成储煤项目。

2006 年

2 月 8 日，市冶煤矿冶物资供应公司改制报告报市国企改革领导小组。

2 月 28 日，市政府常务会议召开，第九议题为九冶厂文物保护职工安置方案。

3 月 3 日，市冶煤集团将大物流意见报送市政府。

3 月 10 日，市经委主任董学煌、副主任杨敬忠到冶煤集团调研，对配煤项目倾向冶煤集团负责，省经委对九江煤炭清洁利用项目也给予支持。

3 月 14 日，市人大常委会主任张远秀、瑞昌市市长熊起栋、市信访局、冶煤集团，赴九冶厂会见下岗职工，了解安置工作情况。

4 月 21 日，市人大常委会张远秀主任召集市及瑞昌市政府有关部门研究九冶厂下岗职工安置问题。

4 月 26 日，市冶煤集团将煤炭清洁利用项目资料传中港印集团深圳代表处，对外招商。

4 月 27 日，市委副秘书长杨振辉到冶煤集团调研干部安置问题。

4 月 28 日至 5 月 7 日，市冶煤集团赴上海与中港印集团签年 1000 万吨配煤项目意向书。请上海昆仑律师事务所向马来西亚公司发律师函，对方同意继续合作煤炭清洁利用项目。

5 月 8 日，市政府第二十七次常务会研究九冶厂职工安置问题。

5 月 18 日，市政府副秘书长宋志龙主持九冶厂协调会，市直 10 多个部门参加。

5 月 19 日，赣西北大队与中国黄金集团公司、江西铜业公司在北京签订《设立江西九江金鸡窝矿业有限公司协议书》。

5 月 23 日，中港印集团区可华主席一行 7 人，与市相关部门洽谈 CBF 项目（即煤炭配储项目）

5 月 25 日，市社保局到冶煤集团为矿冶、休养院、商业公司计算企业改制费用。

6 月 6 日，市冶煤集团与市社保局到瑞昌社保局，为九冶厂计算企业改制费用。

6 月 16 日，市冶煤休养院、商业公司已做企业改制方案，矿冶公司方案单报。

6 月 25 日至 7 月 1 日，市冶煤集团赴香港参加省招商周，与中港印集团区可华主席等 4 人洽谈配煤项目相关事宜，要求年底开工；CBF 项目第三批上台签约。

7 月 11 日，赣西北大队与江西稀有金属钨业集团公司等 4 家单位在靖安签约钨矿业和钨精深加工合作项目，组成江西弘达矿业有限公司。

7月13日，市经委主持CBF选址协调会；市冶煤集团再次与市政府工交处副处长戴和奕赴昌，向省政府呈送要求解决九冶厂安置资金报告。同日，省煤炭集团表态支持九江CBF项目。

7月18日，市有关部门实地查看CBF址。

8月7日，中港印集团到九江考查选址，认可CBF项目。

8月24日，市政府副秘书长宋志龙主持九冶厂医保协调会。

8月25日，市经委带队到沿江相关单位联系岸线码头，满足CBF项目要求。

9月6日，中港印集团设计组到九江市实地考察。

9月，市冶煤集团总经理周锋出席中共九江市第九届代表大会。

10月13日，市政府决定九冶厂建房用地可土地换土地解决，职工进瑞昌市区安置。

10月19日，市国资委批准市冶煤矿冶物资公司清产核资报告，该公司正式进入改制程序。

11月3日，市冶煤集团赴连云港参加中港印集团CBF项目开工典礼。

11月8日，中港印集团派人到市开展CBF项目资料收集。

11月16日，赣西北大队开通大队网站。

12月19日，中港印集团与省煤炭集团洽谈CBF项目，表示支持。

12月30日，市相关部门测算确定九江冶金总厂、休养院、商业公司3家改制企业费用。

2007年

1月10日，市外经委召集CBF项目选址会。

1月15日，市冶煤集团将CBF立项报告报市政府。

1月26日，市冶煤集团将九冶厂总体安置方案报市政府；市领导及市委编制办公室到省委编制办公室争取集团更名定编。

2月6~8日，按市长王萍要求，市冶煤集团负责人与外经委主任颜晓平赴宜昌、连云港调研中港印集团CBF项目及环保情况。

2月9日，市政府召开第三次常务会议，研究CBF项目，颜晓平汇报该项目外地调研情况。市政府同意CBF项目立项，选址七里湖。

3月6日，省安监局负责人到城门山铜矿检查安全生产工作情况。

3月9日，九江市工业暨推进国企改制工作会议召开，市长王萍出席。

3月12日，九江市副市长熊永强召集会议，研究讨论九冶厂问题，由国资委指导，九冶厂以文物保护名义关闭。

3月13日，副市长赵东亮主持CBF项目调度会。

3月14日，九冶厂“文保”关闭方案报市政府。同日，CBF申请报告送市发改委。

3月15日，副市长熊永强主持九冶厂方案审查，先解决医疗费30万元，瑞昌解决建房土地，办证费50万元由市改制办先借。

3月17日，市长王萍一行到香港，会见中港印集团区可华主席。区可华邀请美国西敏证券总裁等出席九江香港恳谈会。

3月22日，香港澧生企业有限公司派员到城门山铜矿考察。

3月27日，市国有资产统一经营核查组到冶煤集团核查国有资产情况。

4月13日，中港印集团及荷兰工程技术人员实地查看七里湖、琵琶湖址，认为2个点均可建设CBF项目。

4月17日，省九江沿江开发重大项目调度会议召开，九江CBF项目获省国土厅支持。

4月25日，九江市第二次国企改革领导小组会议召开，通过冶煤矿冶公司企业改制方案。

4月26日，市长王萍到方圆公司视察工作。

4月28日，加拿大友康公司派员到城门山铜矿考察。

5月18日，中港印集团给市冶煤集团传真5张七里湖址CBF项目平面设计图，开始CBF项目初步平面设计工作。

5月29日，市冶煤集团与市国土局到省国土厅参加用地会，要求CBF项目用地列省土地指标。

6月7日，九江市第四次市长办公会召开，确定九江矿冶物资供应公司改制费用从市改制周转金中支出。

6月11日，市冶煤集团再次收到中港印集团传真CBF项目平面图与七里湖地形图结合的设计图。

7月2日，市CBF项目领导小组全体会议召开，市长助理孙铮主持，确定该项目选址七里湖，并告送中港印集团。

7月3日，江西铜业集团公司与九江市政府签署《九江矿冶总公司退出城门山矿区有关问题协议书》。

7月11日，市CBF项目用地报告经市国土局修改，土地每亩租金13.6万元，租期50年。

7月18日，市矿冶总公司借款20万元给九冶厂，办白云石、石灰石开采证。

7月19日，市领导接访日，市委常委魏宏彬协调解决九冶厂3名退休教师待遇问题。

7月27日，市国企改制领导小组第五次会议，同意九冶厂企业改制方案。

8月9日，冶煤冶矿物资供应公司改制资金到账；省煤炭集团总经理李良仕同意向中港印集团提供省公司背景资料及合作想法。

8月15日，江西铜业集团公司与九江县政府签署《终止江西铜业公司、九江县人民政府关于合作开发城门山铜硫矿协议书》。

8月18日，方圆公司尾矿回收工程试车成功。

8月22日，市国土局召开九冶厂地质灾害点治理会，明确主体是瑞昌文化管理处；市长办公会上市长王萍问及CBF项目，同意九冶厂改制方案，要求带感情操作。

8月23日，冶煤矿冶供应公司办好职工身份置换手续。

9月2日，冶煤休养院向市国资委上报清产核资报告；市国土局给九冶厂重划石灰石资源4500万吨。

9月7日，省煤炭集团到九江市调研CBF项目。

9月12日，江铜股份有限公司核准“江西铜业集团公司城门山铜矿”变更为“江西铜业股份有限公司城门山铜矿”，资产划入江铜股份有限公司。

9月13日，省煤炭集团党委书记易光景、纪委书记刘国清一行到九江市冶煤货场进行实地考察。

9月25日，市冶煤集团与省煤炭集团考察连云港CBF项目。

9月28日，省国土厅批准九江CBF项目使用省土地指标。

10月18日，省外贸厅重点项目汇报会，会议对九江CBF基础配套差，影响项目建设进度问题商议解决方案。同日，方圆公司尾矿库建设破土动工。

10月23日，省煤炭集团再次到九江了解冶煤货场情况。

10月28日，省环保局对方圆公司进行环境评审。

10月30日，省安监局专家组到方圆公司进行安全设施审查验收。

11月6日，市长助理孙铮与市冶煤集团负责人陪同省煤炭集团总经理李良仕考察煤炭交易中心选址，并进行会谈。

11月16日，市国企改革再动员大会召开。

11月19日，经市国土局CBF项目用地实测，将土地预审报告电传中港印集团。

11月22日，瑞昌市政府经踏勘选地2.73公顷，提供九冶厂建房使用。

11月，赣西北大队岩土工程分院技术部获“江西省青年文明号”。

12月17日，市长助理孙铮、省外经委及市相关部门负责人与中港印集团洽谈CBF项目，认为双方沟通虽有问题，但都在推进该项目，没有颠覆性意见。

12月27日，CBF项目由市经委交通科具体落实。

12月29日，市冶煤集团按市劳动局要求上报家属工名单，计冶煤公司3名，九冶厂 32 名。

2008 年

1 月 4 日，市冶煤集团向市交通局为修水县下港村争取修路款 3 万元，当日拨付。

1 月 18 日，省市有关部门及德安县主要负责人到方圆公司指导工作。

1 月 25 日至 2 月 5 日，罕见雨雪冰冻灾害天气对九江市矿山企业生产造成重大影响，城门山铜矿就停产 12 天。

1 月 29 日，冶煤商业公司召开职代会，通过企业改制方案。

2 月 1 日，九冶厂召开职代会，通过企业改制方案。

2 月 26 日，日本小松投资有限公司派员到城门山铜矿对设备、服务政策进行交流。

3 月 5 日，美国卡特彼勒中国有限公司派员对城门山铜矿进行设备技术交流。

3 月 11 日，九江县政府主要领导带队到城门山铜矿就征地、拆迁、环保、失地农民保障等问题实地协调解决。

3 月 27 日，瑞昌市划定九冶厂土地红线，4 月份完成征地，同时要求增加政府的 10%建廉租房。

4 月 22 日，省政协“五河一湖”源头污染防治专题调研组到方圆公司调研，市县政协领导参加。

4 月 27 日，矿产勘查专家裴荣富院士在赣西北大队做学术报告。

5 月 5 日，中港印集团连云港 CBF 项目试车。

5 月 11 日，九江县政府主要领导再次到城门山铜矿解决征地等问题。

5 月 14 日，日本住友商事株式会社派员到城门山铜矿进行技术交流。

5 月 15 日，市人大常委会主任张远秀对方圆公司考察。

5 月 22 日，市冶煤集团机关干部向汶川地震捐款 6000 元。

6 月 5 日，市劳动局通过九冶厂职工安置方案。

6 月 18 日，城门山铜矿二期扩建工程选矿工业场地平基工程开工。

6 月 25 日，九冶厂就该厂整体搬迁所用土地向瑞昌市政府进行申报。

7 月 14 日，九江市四套班子、市直单位及各县市主要负责人 100 余人到方圆公司考察指导工作。

7 月 21 日，市发改委邀请中国煤炭科学总院到九江讨论能源安全问题，市冶煤集团参加。

7 月 23~24 日，北京矿冶总院原院长、院士孙纯一行到城门山铜矿考察调研。

8 月 7 日，九江市政府副秘书长宋志龙到瑞昌落实九冶厂建房用地问题。并查看冶煤休养院、冶煤货场。

8月20日，省煤炭集团到铁道部协调解决九江配煤项目铁路建设，得到铁道部支持。

9月3日，江铜股份有限公司批复城门山铜矿二期扩建工程开工建设。

9月10日，中港印集团连云港CBF项目举行竣工典礼，市冶煤集团应邀参加。

9月18日，瑞昌市征用土地2.73公顷，落实费用370万元，用于九冶厂整体搬迁建房。

11月11日，按市要求冶煤休养院、商业公司按每年700元补偿标准重新报出企业改制方案。

11月26日，市冶煤集团完成村级煤炭清洁利用项目可研报告。省安监局等单位到方圆公司进行安全标准化试点工作检查。

12月9日，湖口县政府与江铜集团签定铅锌冶炼项目协议书。

12月19日，赣西北大队总工程师曹钟清被南京大学聘为客座教授。

2009年

1月12日，市冶煤集团、市改制办等单位负责人参加九冶厂职代会，通过企业改制方案。

1月13日，赣西北大队叶剑萍被团省委授予“十佳优秀基层团干部”。

2月4日，九江县委县政府主要领导带领县有关部门到城门山铜矿召开现场协调会。

3月16日，市改制领导小组会议，通过九冶厂企业改制方案，确定分步实施。

3月21日，九江市政府副秘书长宋志龙到瑞昌协调九冶厂改制。

4月2日，冶煤集团到改制办谈冶煤公司改制模式，提出承债式收购方案。

4月21日，市改制办拨付九冶厂首批改制费用，用于193名职工社保。

4月24日，九江县委、县政府主要领导就城门山铜矿扩建工程召开第二次协调会。

5月8日，市国资委通知华泰会计事务所做冶煤货场资产评估。

6月1日，中共九江市委书记钟利贵听取市直国企改制汇报。

6月3日，瑞昌市长会通过九冶厂建房方案。

6月21日，市劳动局到九冶厂办职工签证。

6月24日，市委书记钟利贵再次听取市直国企改制汇报。

6月28日，一期年10万吨铅冶炼项目、年10万吨锌冶炼项目工程开工建设。

7月1日，市改制办启动九冶厂改制第二阶段工作。

7月6日，冶煤休养院、商业公司改制终点时间按市政府要求计算到9月底。

7月10日，市华泰会计事务所就冶煤货场资产评估提交报告。

7月14日，冶煤公司开始安置方案测算。

7月19日，冶煤休养院、商业公司改制终点时间按市政府要求改制时间计算到12月底。

7月20日，冶煤商业公司再次召开职工大会，通过改制方案。

7月21日，市冶煤集团将要改制企业领导人员名单报市改制办。

7月26日，美国南加州大学构造地质教授G·A·Dawis到访赣西北大队。

8月18日，冶煤公司改制立项报告报国资委、改制办。

8月20日，九江县委、县政府领导到城门乡召开城门山铜矿二期扩建工程第三次协调会。

8月24日，市改制办主持会审九冶厂改制补充方案；冶煤休养院基本完成改制。

9月11日，江西铜业铅锌金属有限公司成立。

9月22日，冶煤商业公司改制款由市改制办划拨到账。

9月27日，冶煤商业公司基本完成改制。

10月13日，市改制办召开改制企业职工交社区管理服务座谈会。

10月19日，市冶煤集团梳理上报改制进程及遗留问题13个。

11月2日，市国有改制企业资产全面清查大会召开。

11月11日，冶煤3家改制企业接受市审计局遗留问题审计。

11月19日，冶煤公司清产核资报告报市国资委。

11月28日，市劳动局与相关单位到九冶厂进行改制终审验收。

12月7日，冶煤公司安置方案报市劳动局初审。

12月9日，市改制办等相关部门对冶煤休养院、商业公司改制终审验收。

12月16日，市改制企业社区移交工作会召开。

12月19日，举行江铜股份有限公司城门山铜矿二期扩建工程开工典礼，副省长洪礼和和省市县有关领导出席。

12月23日，冶煤公司改制安置方案送有关部门审核。

12月24日，冶煤休养院、商业公司社区移交表报改制办；冶煤公司改制方案报市改制办。

2010年

1月8日，省环境监察局副局长杜林一行到城门山铜矿检查安全环保工作。

1月13日，市安监局与市国土局就办理采矿证前置条件进行协商，帮助九冶厂办理“石灰石采矿证”。

1月15日，市政府副秘书长宋志龙召集相关单位及瑞昌市商量换地协议签订一事。省安监局专家组到方圆公司召开安全标准化达标考评会，方圆公司成为全省第一家地下矿山安全生产标准化三级达标企业。

2月2日，省煤炭集团表示九江配煤项目不论条件如何都要上。

2月5日，市教育局到市改制办谈九冶厂5位老师符合补差条件，同意按现行老师待遇办理。市国资委批复冶煤公司清产核资报告。

2月22日，赣西北大队地质科技园项目在九江技术开发区签约。

2月25日，冶煤公司改制方案报市改制办。

3月8日，副市长熊永强召开社区移交调度会，冶煤集团所属改制企业职工分散在12个社区。

3月18日，市委副书记朱荣辉召开会议，确定九冶厂建房费用及5个老师工作安排问题，启动九冶厂第三阶段改制工作。

3月26日，市劳动局到市冶煤集团审查冶煤休养院、商业公司移交的职工档案。

4月12日，九冶厂建房地勘队伍进场作业。

4月，方圆公司实现达产，日处理量600吨以上，创建矿以来的最高纪录。

5月6日，瑞昌市政府解决九冶厂5个教师工作问题；九冶厂建房款652万元获市政府批准。市国资委解决冶煤休养院2位退休职工退休金1.1万元。

5月22日，九江县委主要领导到城门山铜矿了解二期工程进展情况。

6月2日，赣西北大队获省第十二届文明单位称号。

6月10日，九冶厂建房方案通过瑞昌市政府及相关部门审查，可进入施工设计。

6月22日，省安监局在方圆公司举行尾矿库安全标准化会，启动尾矿库安全标准化程序。

7月8日，省环保局组织专家在德安召开方圆公司改造项目竣工环境保护验收会。

7月，方圆公司实现日处理量达标，实收率52%。

8月3日，九冶厂建房施工图获省批准，进行招标。

8月12日，省总工会、省职业卫生监督局、省安监局、省人保局组成的职业病督查组到方圆公司检查指导职业病防治工作。

9月16日，省环保局批复同意方圆公司改造项目环境保护验收报告。

10月29日，日本小松公司及住友商事株式会社派员到城门山铜矿进行二期工程设备交接仪式。

11月9日，冶煤公司煤场出租邀标会，10家企业参加，以年166万成交出租。

11月12日，九冶厂建房土石方招标，4家企业参加，定额78万，以49.3万中标。

11月22日，随最后一笔遗留问题补偿款3.6万元到位，冶煤企业改制遗留问题全部解决。

11月，中国矿产资源研究所院士裴荣富到赣西北大队举行系列学术讲座。

2011年

1月6日，九江冶金总厂因文物保护整体搬迁至瑞昌市区，建房方案再与瑞昌市政府商议。

1月8日，方圆公司在职工中开展“找差距，挖潜力”活动。

1月12日，市冶煤集团赴北京与太平洋建设集团公司董事长严介和洽谈煤炭清洁利用项目，获得支持。

1月19日，市冶煤集团公司举行迎新团拜会，老干部、干部职工及所属企业领导约70余人参加。

1月26日，市改制办召开会议，确定从3月初正式启动国有改制企业领导人安置，费用由市财政解决。

1月28日，市冶煤集团与瑞昌市领导及九江冶金总厂商定该厂建房招标方案。

1月31日，冶煤货场自2010年11月份承包出租后，运输煤炭8万吨，形势改观。

2月12日，市冶煤集团向市长曾庆红报告清洁煤项目和引进配煤项目情况，获得支持。

3月3日，市冶煤集团周锋到营口市再次与太平洋建设集团公司董事长严介和洽谈煤清洁利用项目，表示资金可支持，但要先成为会员。

3月6日，市冶煤集团周锋赴京出席中国热能空调展览会。

3月17日，市冶煤集团公司4家改制企业终结审计文报市审计局。

3月18日，九江市召开工业决战6000亿大会（主营业务收入）。

3月25日，市冶煤集团赴瑞昌市出席该市主持的九江冶金总厂建房招标会，共7家企业投标，由临安公司、省建安公司中标。

3月26日，市冶煤集团赴浙江台州市进行清洁煤项目招商，浙江方同意下月到九江继续洽谈。

4月13日，市审计局对冶煤集团公司4家国有改制企业进行改制终结审计。

4月18日，九江市2011年开放型经济工作会召开，市长曾庆红向十大产业招商队授旗。

4月28日，市冶煤集团周锋赴星子县与省煤炭集团总经理李良仕洽谈市冶煤公司改制合作及九江煤炭清洁利用事宜。

4月29日，市冶煤集团赴瑞昌出席九江冶金总厂社区建房开工仪式。

5月12日，市冶煤集团赴福州进行清洁煤项目招商，认为和电厂合作为好。

5月16日，省煤炭集团运销公司总经理朱立华一行与市国资委科长周强、国资公司经理万辉及市冶煤公司一起商谈冶煤公司改制事宜，要求九江准备相关材料。

5月19日，省煤炭集团来电，要求市冶煤集团拿出九江冶煤公司改制及对外合作的报告以便决策。

5月25日，省煤炭集团再次派员到九江，带市冶煤公司改制材料回南昌。

5月30日，市冶煤集团将清洁煤项目资料分送外省客商进行招商。

6月5日，市冶煤集团赴京进行清洁煤项目招商，约进一步到厦门洽谈。

6月20日，市冶煤集团工作组到瑞昌市小月村参加全市推进的大九江规划区农村违法违规建房综合整治工作，该村基本没有违建现象。赣西北大队获2010年度省优秀职工思研会。钟良水《推进党务公开规范运作的点滴思考》获2010年度省职工思想政治工作优秀论文奖。

7月4日，市冶煤集团与九冶厂赴武汉进行清洁煤项目招商。

7月7日，市冶煤集团周锋赴京参加中国供热采暖行业发展高峰论坛会议。

7月10日，中南大学40多名师生到方圆公司参观学习。

8月18日，市冶煤集团与瑞昌市政府、九冶厂一起做建房开发商工作，要求不论多少干扰都不得停工影响建房进度。

8月30日，市冶煤集团为景德镇3个建筑瓷砖厂做用清洁煤技术改造煤气炉方案意向书。

9月14~17日，市冶煤集团总经理周锋出席中共九江市第十届代表大会。

9月25日，省安全生产督查组到方圆公司检查安全生产工作。

9月30日，市冶煤集团公司、冶煤公司重阳座谈会，约60多名老同志、干部职工出席。

10月17日，市冶煤集团完成1990~2010年《九江市志·冶金煤炭篇》初稿。

10月27日，市政府组成驻九冶厂工作组接管该厂留守处工作。

10月，赣西北大队在大湖塘狮尾洞矿段探明钨金属量34万吨，达特大型矿床规模。

11月17日，市冶煤集团向市政府上报九冶厂若干问题报告。21日市政府副秘书长宋志龙召集瑞昌市政府、市信访局、市国资委、市改制办，主持九冶厂有关问题协调会，形成纪要。

12月1日，市冶煤集团将《九江市志·冶金煤炭篇》志书初稿送市志办及市工信委。

12月2日，锌冶炼项目沸腾培烧炉点火升温。

12月6日，九江市、瑞昌市政府及相关部门与九冶厂职工代表在瑞昌市政府举行座谈会，听取大家反映的问题和探讨解决办法。

12月7日，市冶煤集团与冶煤公司一起到国资公司商谈该企业改制事宜。

12月21日，经九冶厂职工代表签字，拨第三批建房款，仍按建房补充合同执行。

12月22日，市国资公司组成冶煤公司改制小组，组长吴泽时。锌冶炼系统沸腾焙烧炉投料试生产。

2012年

1月16日，市国资公司同意先垫借冶煤集团公司两改制企业留守人员工资。

2月3日，全市国企改革和国资监管工作会议召开。

2月8日，市冶煤集团赴南昌与省煤炭集团洽谈煤加工项目合作研究。

2月22日，铅冶炼项目基夫赛特炉点火升温。

2月，国土资源部授予方圆公司“国家级绿色矿山试点单位”。

3月1日，市委组织部送林雄刚到冶煤集团公司上任，任副总经理、党委委员，集团公司召开欢迎会。

3月6日，市国资公司到冶煤公司开会，决定先做改制方案。

3月14日，市冶煤集团公司到市委、市政府新分配的扶贫村修水县黄港镇柘坑村调研、走访，送慰问金一万元。

3月16日，市冶煤集团设想重修九江冶煤志并单独成专业志书出版。

3月25日，铅冶炼系统基夫赛特炉投料试生产。

4月，市冶煤集团公司先后到市扶贫办、农工部、农业局、林业局、水利局、国土局等主管部门了解、争取扶贫项目和资金。

5月9日，就九冶厂建房的配套工程资金来源，市冶煤集团拟出从国有资产中抵扣方案，即国资委应考虑从收回的资产中投入。

5月22日，市冶煤集团周锋参加市发改委新建蒙西华中煤运通道对煤炭调运格局的影响研究会。

5月23日，市委编制办将各大集团公司分别合并的新方案送市领导审阅。

5月30日，扶贫村柘坑村代表陪同黄港镇领导到冶煤集团回访。

6月14日，市冶煤集团邀请工程技术人员一起到扶贫村柘坑村实地勘查矿点并采集高岭土样品。

6月19日，市冶煤集团将柘坑村高岭土、石英样品送景德镇陶瓷研究所化验。下午返浔后，又送赣西北地质大队化验。

6月底，市冶煤集团赴北京进行清洁煤项目招商。

7月10日，方圆公司领导班子调整，省集团公司任命王永平任总经理。

7月15日，副市长熊永强主持九冶厂建房问题协调会，瑞昌市、市直相关部门、九冶厂等单位出席。

7月31日，市冶煤集团到柘坑村走访两户贫困新入学大学生，各资助2000元。

8月13日，市冶煤集团陪同外地客商到柘坑村考查高岭土矿。

8月20日，市政府副秘书长宋志龙率市有关部门到瑞昌，与瑞昌市政府及相关部门检查落实副市长熊永强所主持召开的协调九冶厂建房问题落实情况。

8月，方圆公司《清浆泵自动变频控制系统》技术成果获全国冶金行业职工技术创新成果三等奖。铅锌冶炼系统全面进入试生产运营阶段。

9月14日，市冶煤集团陪同市领导赴瑞昌检查九冶厂建房工地。

9月25日，市冶煤集团所属商业公司最后1名改制职工办完签字手续，集团4家改制企业改制工作完成。

10月23日，市冶煤集团召集集团公司老干部一道参加市政府召开的九江市发展情况通报会。

11月1日，赣西北大队新购置的无人测量飞机在湖口县浏泗镇首飞，进行山权确证测量。

11月27日，市人大领导到城门山铜矿检查指导工作，并看望市、县人大代表。

11月29日，市工业开放口召开贯彻中共十八大精神座谈会。

12月5日，市工信委副主任唐坚到冶煤集团谈志书修改补充事宜。

12月11日，市政府副秘书长宋志龙召集市供电部门，解决九冶厂建房供电问题。

12月18日，市政府副秘书长宋志龙再次到瑞昌，与瑞昌市政府及相关部门解决九冶厂建房中具体问题。

12月31日，赣西北大队大湖塘坑道全液压机组被命名为全国能源化学系统“工人先锋号”。

2013年

1月10日，柘坑村高岭土样送诺贝尔瓷砖厂化验和试烧。市冶煤集团领导走访7户遗属家庭。

1月11日，市冶煤集团与九冶厂及家属赴南昌洪都监狱，向九冶厂原厂长魏洪曙送达市纪委处分决定，这是市直冶煤系统第一例职务犯罪。

1月15日，省委宣讲团企业二团到城门山铜矿宣讲中共十八大精神。省国资委主任到九钢公司调研并慰问困难职工。

1月16日，工信部材料司领导到九钢公司调研。九钢公司领导调整，黄智华任董事长兼总经理，标志九钢公司承包经营序幕拉开。

1月28日，市政府副市长熊永强和瑞昌市领导一起到九冶厂建房工地视察。

1月31日，市冶煤集团赴修水县扶贫村慰问走访，送慰问金2万元，并贺村部新楼落成。

1月，方圆公司选矿厂回收段实行产量任务金额计件考核。

2月4日，九江县主要领导带队，四套班子主要成员到城门山铜矿走访。

2月9日，九钢公司经修复3号高炉正式出铁，当日产铁800多吨，创萍钢所有高炉开炉之最。

2月28日，市召开扶贫工作会。

2月，方圆公司被江钨控股集团公司授予多项先进单位和先进基层党组织称号。

3月4日，市工信委副主任唐坚到冶煤集团一起商议冶煤志稿修改事宜。

3月7日，九钢公司动力厂日发电量达167.94万千瓦时，其中3#TRT发电量达23.7万千瓦时/日，创历史新高。8日与湖口县政府正式签订《萍钢员工住宅小区项目投资合同书》。

3月12日，诺贝尔瓷砖厂试烧柘坑村高岭土样，结果认定可用。

3月上中旬，九钢公司开展“我们的工资应如何发”大讨论活动，在员工中引发热议和震动。20日正式实行“四班三运转”。

3月22日，九冶社区接交九冶厂党员组织关系事宜。

3月27日，市冶煤集团赴修水扶贫村，为高岭土矿开发走访新中英公司，决定再次对柘坑村矿点进行勘查，并送样试用。

4月2日，副省长刘贻煌到九钢公司调研。

4月7日，市工信委副主任唐坚到集团谈《市志·冶煤志》有关问题，定5月初交终稿。

4月15日，冶煤集团周锋赴省煤炭集团公司见总经理李良仕，谈九江冶煤货场合作利用问题。

4月24日，中共江西省委书记强卫到九钢公司视察，肯定九钢公司灵活的体制机制带来的管理效益，希望做得更好。

4月26日，赣西北大队化验班组被全国总工会授予“全国五一巾帼标兵岗”。

5月9日，市委组织部副部长于晓东带队，到冶煤集团公司进行班子年度考核。

5 月 11 日，文化部公共文化司领导到九钢公司调研。

5 月 15 日，九钢公司举办首届职工运动会暨文化艺术节开幕式。

5 月 28 日，市冶煤集团赴北京进行清洁煤招商活动。

5 月 31 日，省人大环资委领导率领“环保赣江行”检查组到九钢公司检查，对九钢公司的环保工作表示肯定。

6 月 21 日，中共九江市委常委、副市长熊永强带市县安全生产督查组到城门山铜矿检查指导工作。省环保厅领导到九钢公司调研。

6 月，赣西北大队《江西省九江县金鸡窝铜矿普查》获省 2012 年度优秀地质勘查项目一等奖。

7 月 3 日，中国有色金属报社社长兼总编辑张潮斌一行到城门山铜矿进行调研。

7 月 23 日，市冶煤集团赴武汉菜鸟物流，洽谈九江二级节点建设工作。

7 月 28 日，市冶煤集团赴福建进行清洁煤招商活动。

8 月 2 日，市冶煤集团周锋、赵荣春赴山西省大同市参加中国国际太阳能竞赛及博览会。九钢公司 180 平方米烧结机脱硫工程破土动工。

8 月 8~10 日，省市县 3 级安监局组成的冶金安全标准化评审专家组，通过对九钢公司冶金安全标准化达标审评。

8 月，中华全国总工会授予城门山铜矿工会“全国模范职工之家”称号。

9 月 26 日，省工信委为组长的省安委会第二综合督查组对九钢公司安全工作进行检查。

9 月 27 日，省发改委、省环保厅、省工信委对九钢公司节能减排工作进行现场调研。

9 月 29 日，市冶煤集团出席九江名牌发展战略论坛。

10 月 18 日，市冶煤集团利用冶煤货场与福建客商合作开发二手车综合市场，方案报开发区领导。

10 月 31 日，在江西省农民工才艺大赛中，九钢公司歌舞节目《共和国走向未来》获一等奖。

11 月 8 日，市冶煤集团赴南京进行清洁煤招商活动。省环保厅对九钢公司 2 座 180 平方米烧结机脱硫项目进行调研，减少对大气污染。

11 月 13 日，江钨控股集团公司专家组对方圆公司《尖峰坡锡矿安全避险“六大系统”方案设计》进行评审并原则通过。

11 月 21 日，市冶煤集团召开党委会，对市委新任命集团公司副总经理、党委委员扶圣才工作分工，并对副总经理林雄刚工作重新调整。

12 月 5 日，共青团九江市委到九钢公司考察团建示范点建设工作，对九钢公司团建工作经验充分肯定。

12月24日，市冶煤集团要求解决两改制企业留守人员费用报告报市政府。

12月26日，市冶煤集团周锋到北京神雾集团参观、学习煤处理技术及卧式流化床技术。

12月29日，市环保局牵头组成专家组对九钢公司进行清洁生产审核验收，九钢公司通过审核验收。

12月30日，环保部华东环境保护督查中心任组长的环保部总量减排督察组，对九钢公司2座180平方米烧结机脱硫项目进行检查。

是年，铅锌冶炼系统打通各生产环节。

2014年

1月9日，九钢公司通过船板专业管理体系年度监督审核。

1月16日，省工信委主办的“企业创新能力提升服务月”启动仪式在九钢公司举行。赣西北大队涂相株（85岁）获“第八届全国健康老人”称号。

1月20日，市冶煤集团走访遗属家庭、困难党员干部家庭。

1月21日，市冶煤集团赴扶贫村慰问走访。2013年为该村争取新农村点及财政资金17万元，集团公司支持3万元。

1月29日，九钢公司为7389名员工发放红包，共计3663万元。

2月8日，市领导走访九钢公司，强调切实加快推进千万吨级优质钢铁基地建设，为全市决战工业一万亿元做出更大贡献。

2月20日，省人社厅到九钢公司调研，肯定该公司为地方经济发展所做贡献。

2月25日，冶煤集团公司召开党的群众路线教育实践活动动员大会。

3月12日，市冶煤集团赴广东顺德进行清洁煤招商活动。

3月20日，九钢公司与湖口县公安局联合成立“警企打击违法犯罪协作小组”并召开第一次联席会议。

3月25日，市冶煤集团将《九江市志·冶金煤炭篇》修改稿及审核意见表上报市志办。

3月31日，市委组织部副部长胡运龙带队到冶煤集团进行年度考核。

4月22日，市第一纪工委副书记周毅带队到冶煤集团督导党风廉政工作。

4月28日，九钢公司第二届职工运动会、艺术节开幕。

4月29日，市冶煤集团决定重修《九江冶金煤炭志》，以记录商中早时期九江出现铜矿开采始至2015年九江地区冶金煤炭工作的相关史实。

5月13日，省陆军预备役步兵师在九钢公司成立预备役步兵师桥梁连。参谋长王腊森、公司领导出席成立会。

5月15日，市冶煤集团赴北京进行清洁煤招商活动。

5月24日，2014年江西省金属学会炼铁学委会工作会议暨炼铁学术年会在九钢公司召开。该公司于是月一次性成功开发Q390B和Q420B钢种，各项性能指标均达国际要求。

6月6日，冶煤集团聘请天华会计事务所对所属3家改制企业进行内部审计。

6月9日，九钢公司238平方米烧结机脱硫工程正式破土动工。

6月11日，市冶煤集团赴常州、上海等地进行清洁煤招商活动。

6月20日，《九江冶金煤炭志》初稿完成电子版录入。

6月26日，省发改委等省市相关部门领导到城门山铜矿进行高温、汛期安全生产检查。

7月10日，市冶煤集团周锋到九江县荞麦岭夏商汉唐遗址考古现场，向省考古队了解青铜冶炼情况。

7月15日，市冶煤集团到扶贫村，与村干部一起到修水县财政局、扶贫办、交通局等部门汇报该村相关问题。

7月21日，继6月份螺纹钢筋采用“博升”防伪标识后，首批“博升”防伪标识的盘螺投放市场，标志九钢公司在产品防伪又取得新的突破。

7月31日，全市帮百企进千村联万户动员大会召开。

8月1日，市冶煤集团到帮扶的江西浦泾燃油化工有限公司调研。

8月上旬，中国邮政储蓄银行九江分行到九钢公司调研，加强银企合作。省工信委、江西财经大学到九钢公司调研。经北京国金恒信管理体系认证有限公司专家评审，九钢公司ISO 9001：2008质量管理体系认证审核顺利通过。

8月21日，省水利厅领导到九钢公司调研。是月九钢公司与2013年同期亏损1.2亿元相比，多盈利1.37亿元。

9月12日，省环保厅对九钢公司二氧化硫减排情况进行专项检查。

9月16日，中国冶金报社2014年度宣传工作会在九钢公司召开。

9月19日，环保部污染物总量减排督查组到九钢公司检查污染物减排情况。

9月30日，德国SANC公司总经理、摩洛哥油气与矿产局合作与关系部长等在中国瑞林公司陪同下，对城门山铜矿进行友好访问。

10月17日，市冶煤集团公司召开党的群众路线教育实践活动总结会。

10月20日，九钢公司238平方米烧结机脱硫工程完工，与2003年完工的180平方米烧结机脱硫工程，实现公司烧结烟气全部实现脱硫，每年减少排放二氧化硫1.8万吨。

10月30日，市冶煤集团邀仙客来公司一道赴扶贫村，调研产业扶贫，试种灵芝的可能性。

11月5日，市冶煤集团周锋到九江学院探讨清洁煤项目走产学研路子的可能性。

11月12日，市冶煤集团赴湖南长沙到远大集团洽谈煤加工项目事宜。并拜访老局长刘英伯，请其为《九江冶金煤炭志》作序。

11月，省国税、地税局联合授予九钢公司“2012~2013年度纳税信用A级纳税人”称号。

12月1日，市冶煤集团就扶贫村沼气池一事向九江市副市长赵伟报告，同意纳入2015年沼气池建设指标。

12月18日，市冶煤集团周锋赴北京清华大学探讨清洁煤产学研路子。

12月，九钢公司混凝土用热轧带肋钢筋实物质量达国际同类产品水平，获中国钢铁工业协会授予2014年优质冶金产品“金杯奖”。全年开展24项科技攻关活动，成功开发出三大系列新产品，实现8项自主创新工艺技术，累计创效达2.07亿元。

是年，实现铅冶炼系统达产。

2015年

1月1日，九钢公司举行“千人健步行”7千米活动。

1月12日，市直机关工委到冶煤集团检查党建工作。

1月27日，市纪委常务副书记、市监察局局长、市政府党组成员李小林带队到冶煤集团进行年度考核。

2月5日，市冶煤集团通过市科协联系清华院士倪维斗请教有关煤的综合利用事宜。

2月8日，市冶煤集团赴扶贫村走访困难户、抗美援朝老同志、创业户，慰问及扶持金2万余元。

2月11日，市冶煤集团领导带队走访老干部及遗属家庭。

2月12日，九钢公司召开科学技术协会成立暨第一次代表大会，确立2015年四大类33个科技攻关项目。

2月15日，市冶煤集团编写修水柘坑村瓷土开发方案。

3月5日，省工信委带领省安委会安全生产综合督查组到九钢公司检查工作。

3月10日，省人保厅派出人员到九钢公司调研，并提出申报国家级博士后科研工作站及省博士后创新实践基地建议。

3月14日，市科技局组织专家对九钢公司2014年度5个科技项目进行评审鉴定。

3月16日，市冶煤集团清洁煤项目资料送达院士倪维斗助手。

3月17日，市冶煤集团通过市科协联系浙江大学院士岑可法，请教煤的清洁利用事宜。

3月18日，九江银行派出人员到九钢公司走访，加强银企合作。

3月24日，市冶煤集团周锋、扶圣才，市科协齐全国赴浙江大学，向院士岑可法助手、研究员施正伦请教清洁煤方案技术问题。国家安监总局职业病危害防治评估工作检查组到九钢公司检查指导工作，肯定九钢公司的工作符合国家行业标准。

3月27日，扶贫村柘坑村到冶煤集团商议扶贫项目，邀请市扶贫办领导指导扶贫政策和途径。

4月3日，柘坑村瓷土开发方案成稿，装订成册。赣州银行南昌分行走访九钢公司，加强银企合作。

4月13日，南昌铁路局到九钢公司走访，探讨路企合作，降低企业生产成本。九江市公共资源交易中心举行“数字九江地理空间框架建设项目”竞标，赣西北大队中标，金额287.93万元。

4月14日，市冶煤集团赴扶贫村，一是请仙客来公司试种灵芝菌苗；二是引进瓷土开发客商，并与镇、县矿管局、扶贫办商谈，提交方案资料；三是会同县能源站到村调研落实沼气池建设事宜。

4月17日，九钢公司预备役人员开展野战炊事专业集训，掌握野战炊事挂车的使用。

5月6日，市冶煤集团到引进项目省煤炭集团公司九江配煤中心调研，该项目共完成投资9亿多元，散货码头投入使用，铁路专线尚在建设中。

5月15日，新华社江西分社到九钢公司调研。

5月22日，市冶煤集团向市政府行文要求在政府部门搬进新办公楼后，将原有办公室调剂作办公用房。

5月27日，市第一纪工委到冶煤集团对党委主体责任和纪委监督责任的工作检查。

6月6日，九钢公司安全教育警示室开馆，标志市安全教育示范点落成。

6月9日，市冶煤集团向九江市副市长占勇请示调剂办公用房问题。

6月16日，九钢公司与东北大学签订长期合作框架协议。

6月29日，市冶煤集团再次将清洁煤项目技术方案修改后，将电子版发清华教师姜宁，请其联系院士倪维斗进行请教。

6月30日至7月5日，九钢公司2015年环境/职业健康安全管理体系经北京东方纵横认证中心再认证审核，顺利通过。

6月，实现锌冶炼系统达产。

7月30日，市冶煤集团时隔两年再次联系武汉菜鸟物流（占地166.7公顷），并到其一期工程（占地20公顷，员工700人）武汉江夏区参观学习并探讨与九江合作的可能性。省工信委到九钢公司对2014年度两化融合工作开展情况进行实地调研。赣西北大队欢送区调队出征新疆，实施首次中标的两个区域地质矿产调查。

8月24~25日，九江市纪委、九江市政府先后到九钢公司调研。

9月15日，国家电网江西省电力公司九江分公司到九钢公司走访调研，加强企企合作。

9月底，九钢公司钢材纸质防伪牌投入使用，对遏制假冒“博升”钢材起到重大作用。

10月10日，九钢公司130吨蒸汽锅炉富氧项目投入运行，富氧量每小时从100立方米成功上升到500立方米。九钢公司签订首单出口材协议，标志公司产品正式走出国门，融入国际市场。

10月11~12日，江西与湖北武汉区域钢材市场座谈会在九钢公司召开，就钢铁产能过剩情况下钢企合作达成许多共识。九钢公司职工宿舍改造工程全面启动。

10月21日，市妇联、民政局、人保局组成的九江市妇女儿童发展规划纲要评估组到九钢公司调研，了解公司女工工作开展情况。

10月27日，赣西北大队《湖口县农村集体土地确权登记项目》获中国测绘地理信息学会的全国优秀测绘工程奖银奖。

10月下旬，九钢公司设备检修、润滑、事故“三大核心模块”成功上线试运行，提升企业管理水平，为公司下阶段推行规范化、精益化、信息化管理打下基础。

12月10日，市冶煤集团参加市工业史编纂会。

12月19日，市冶煤集团到修水县进行新老扶贫村交接工作。走访老扶贫村（拓坑村）困难户和养殖户，援助扶贫款1万元，并看望抗美援朝老战士，送慰问金2000元。到新扶贫村（南坪村），援助扶贫款2万元，走访5户困难户、专业户。

第一篇 地矿资源

第一章 自然地理

第一节 自然环境

九江位于江西省北部，长江中下游连接处的南岸。辖 9 县 2 市 2 区。即：九江、德安、永修、修水、武宁、星子、湖口、彭泽、都昌县和瑞昌、共青城市以及浔阳、庐山区。东西长 270 千米，南北宽 140 千米，面积为 19503.07 平方千米（含鄱阳湖及草洲），占全省面积 11.3%。地理坐标为北纬 28° 47′ ~30° 06′ 、东经 113° 57′ ~116° 53′ 。

2014 年，全市总人口 480.69 万人。有 39 个民族，其中汉族人口占 99.78%，少数民族人口占 0.22%。

九江地形大致呈马蹄形，东、南、西较高；中、北部较低，平均海拔 32.2 米。西部地势最高，九岭、幕阜两大山脉分立南北，九岭尖海拔 1794 米，为全境之巅。东、南部以低缓丘陵为主，中部为长江、鄱阳湖构成冲积平原，星罗棋布的湖泊和水网，其间海拔 1474 米的庐山拔地而起，更显得雄伟奇秀。从而形成全市“六山二水一分田，半分道路和庄园”的特色地貌。

长江流经九江境内 152 千米。区内主要河流有修河、潦河、长河、博阳河等；主要湖泊为鄱阳湖、赤湖、赛城湖等。建于修河下游的柘林水库为全国最大的（库容 79 亿立方米）土坝水库。全市水资源为 141.8 亿立方米，其中地表水 136.8 亿立方米。人均拥有水资源 4126 立方米。

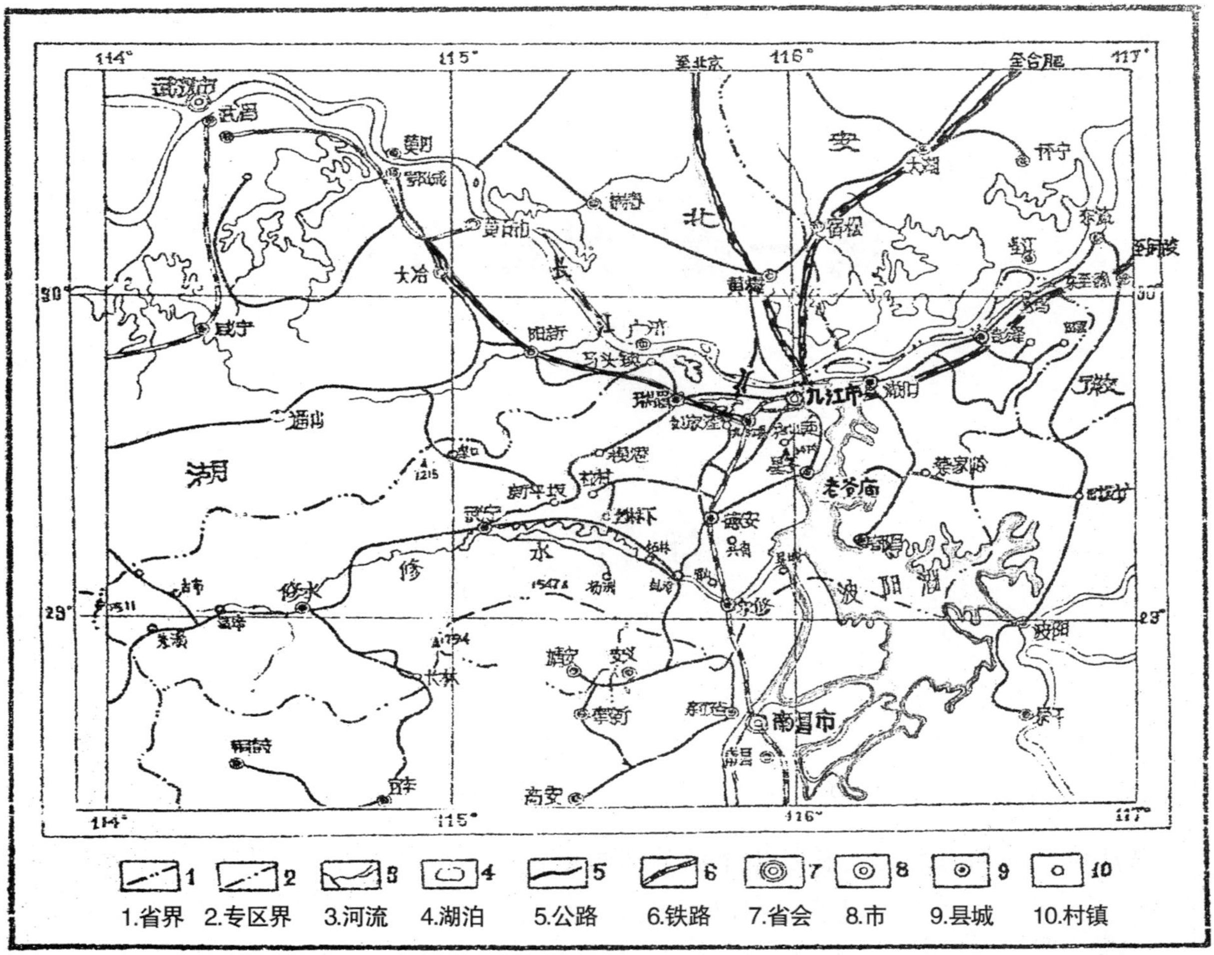

说明：根据赣西北地质队资料编绘

图 1–1–1　九江市地理环境图

九江地处中亚热带向北亚热带的过渡区。年均气温（除山区）在 16℃～17℃之间。历年最高气温为 42℃，最低气温为 –18℃，无霜期在 339～266 天之间。年降雨量为 1331～1940 毫米，主要集中在春夏两季，年降水日为 138～158 天左右。年均日照时数约 1650～2100 小时。全市主导风向为偏东北。

九江是江西的北大门，也是华中、华东两大经济区的接合部。古有赣、鄂、湘、皖、川、陕、桂“七省通衢”的称誉，近代为中国“三大茶市”“四大米市”“五大通商口岸”之一，是长江中下游重要的物资集散地。

交通运输便利，已形成水、陆、空立体交通网络。邮电通信发达，已拥有互联网、光缆、程控、微波等多种先进通信手段，移动互联网使国内外通讯联络极为便利。

九江是粮、棉、油、林、水产等农副产品的重要产区。粮食自给有余，棉、油产量分别占全省的 2/3、1/3，水产居全省第二位。

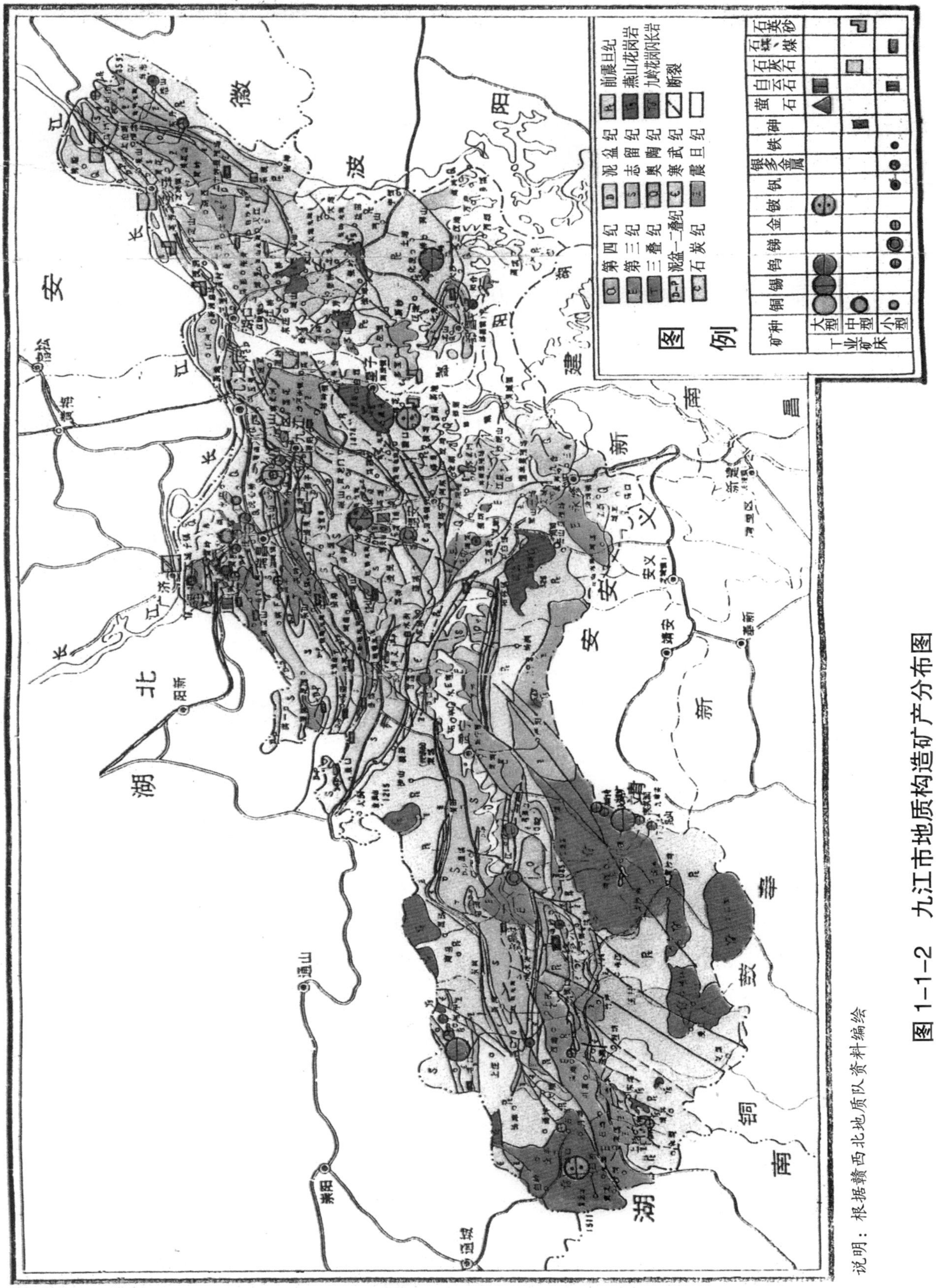

图 1-1-2　九江市地质构造矿产分布图

说明：根据赣西北地质队资料编绘

九江的工业门类比较齐全，已形成具有规模的钢铁、纺织、石化、化工、机械、建材、电力、电子、矿冶、造船、汽车、食品、煤炭等多种类型的工业企业2040个。1990年工农业总产值80.43亿元，其中工业总产值54.88亿元。2008年工农总产值700.60亿元，其中工业总产值302.05亿元。2010年工农业总产值1663.46亿元，其中工业总产值1497.75亿元。2014年，全市实现地区生产总值（GDP）1779.96亿元，比2013年增长10.3%。其中第一产业增加值136.72亿元，增长4.6%；第二产业增加值984.95亿元，增长11.0%；第三产业增加值658.29亿元，增长10.4%。三次产业对经济增长的贡献率分别是3.5%、63.5%和33.0%。人均生产总值37097元，增长9.9%，经济结构进一步优化。三次产业结构调整为7.7：55.3：37.0。非公有制经济实现增加值1126.71亿元，增长10.5%，占GDP比重为63.3%。

集名江、名山、名湖、名洞、名城、名人于一身的九江，古迹名胜、自然景观和人文景点众多，交相辉映，引人入胜，庐山襟江带湖，融砂岩峰林、断崖飞瀑、冰蚀地貌于一山，为世界级地质旅游胜地。彭泽龙宫洞幽深多姿的岩溶地质地貌景观，不仅景色奇绝，宜于观赏，而且有很大的科考、科普价值。为第三产业的发展提供了十分有利条件。

第二节　地质

一、地层发育

全市地层发育较全，自西向东大致以大湖山、德安、星子、彭泽郭桥一线为界，南部中元古界双桥山群广泛出露，北部则沉积总厚达7000米左右的震旦系至中三叠系地层。中新生界陆相地层主要分布于修水沿岸和鄱阳湖一带，滨湖地区形成广阔的冲积、湖积平原。全省出露的最古老地层为古元古界，仅见于庐山东南麓的星子县境；出露的最古老岩浆岩为古元古代星子岩群中的变质火山岩和新元古代九岭花岗岩体等侵入岩。

二、主要界系

中元古界双桥山群　主要为一套火山岩的泥、砂质浅变质岩系。依岩性自下而上分为安乐林组、修水组2组，构成两个比较明显的沉积旋回。在横向上自西向东，砂质减少，颗粒变细。修水一带夹多层砾岩，东部地区则有灰岩及钙质砂、板岩出现。永修、都昌一带，全群普遍含火山碎屑物质。尤其彭泽、庐山、都昌潭树下一带群中夹有石英角斑岩及变流纹岩。该群出露厚度修水地区为8609米，湖口地区为6581米，双桥山、永修及庐山地区仅3204～3420米，相差比较悬殊。

震旦系 上元古界落可岽群，为双桥山群褶皱后山间盆地堆积的火山——磨拉石建造，不整合于双桥山群之上。全市仅见于武宁落可岽和都昌马涧桥两处，厚236米。除由杂色凝灰质角砾岩、火山角砾岩、凝灰质砂岩、安山质层凝灰岩等火山碎屑岩组成外，尚夹石英斑岩、英安岩等熔岩。下统莲沱组不整合于落可岽群之上。下段为灰白、紫红色厚层状细至粗粒长石石英砂岩沙砾岩夹凝灰岩，上部夹灰绿色粉砂岩。彭泽、永修一带多处见含砾砂岩。上段为暗绿色、浅灰色厚层冰碛砾岩、泥岩夹粉砂岩及凝灰岩，局部见有流纹岩、安山岩，底部常有锰土层，该组厚度一般200～300米，但在庐山、武宁等地局部厚度逾1000米。上统整合于南沱组之上，主要为深灰、灰白色薄—中薄层白云石，含灰质白云岩、炭质硅质岩。于湖口、彭泽一带相变灰黑色硅质岩、硅质灰岩和灰质灰岩，厚度87～306米。

寒武系 系内各组均为连续沉积，底部与皮园村组为假整合关系。下统为王音铺组，主要为灰黑色炭质岩夹石煤层，有时夹有薄层硅质岩或透镜状灰岩，常夹钙质及含碳页岩。厚度在武宁、德安一带516～717米，向两侧变薄，彭泽一带301米，修水地区165～195米。中统杨柳岗组及上统山头组岩性相近，以灰、深灰色泥质灰岩或泥质条带灰岩为主。上统在修水、武宁大源一带夹较多层粉砂质页岩，德安、彭泽一带钙质、白云质增多，总厚508～706米，有西厚东薄之势。

奥陶系 该系岩相变化明显。以德安夏家铺、阳新木石港一线为界，北东为浅海相碳酸盐建造，西南以近海岸的碎屑岩沉积为主，只有少量碳酸盐夹层，主要属海湾相笔石页岩建造。两种岩相过渡带见于德安三湾地区，二者交错沉积，宽达数千米。系内各组以及与寒武系之间均为整合关系。西南区奥陶系总厚346～662米。下统厚由314～500米以上。中上统厚度均小，由十几米至数十米。东北区奥陶系下统仑山群为灰、灰白色厚层白云岩、白云质灰岩，上部含燧石条带灰岩，有时出现竹叶状灰岩、瘤状灰岩及生物碎屑岩岩，总厚在300米以上。

志留系 该系以泥、砂质碎屑岩为主，韵律明显，各组间均为连续沉积，构成一个由海进到海退的完整沉积旋回，总厚1289～4984米。

泥盆系 区内仅有上统五通组。以灰白色厚层状长石石英砂岩、石英砂岩、石英砂砾岩为主，间夹浅黄色、紫红色页岩、粉砂岩，厚数米至数十米。彭泽一带达323米。

石炭系 中统黄龙组与下状之五通组呈假整合接触，为灰白色白云岩、白云质灰岩。厚度15～78米。上统为船山组，为肉红色厚至巨厚层灰岩，厚度大于50米。

二叠系 该系上、下两统为两个海进式沉积旋回。都以含煤建造起，向浅海相碳酸盐建造及硅质岩沉积发展，最后隆起或遭受剥蚀。下统栖霞组与下伏黄龙组为假整合关系，厚 68 ~ 293 米。上统龙潭组与茅口组呈假整合或不整合接触，厚 72 ~ 172 米。

三叠系 三叠系中统、下统为浅海相碳酸盐建造，分布较广，经中三叠世末之印支运动基本上结束海相沉积。上统为有海相沉积夹层的碎屑岩建造。下统大冶组以浅灰、黄绿色页岩为主，夹薄层灰岩，中段以薄层灰岩为主，偶夹页岩，上段为中至厚层灰岩，厚 164 ~ 360 米。中统为嘉陵江组，下部以浅灰、肉红色中至厚层状灰岩、白云质灰岩为主，间夹白云岩、角砾状灰岩、鲕状白云质灰岩。上部为灰色薄层灰岩、泥质灰岩，夹中厚层状灰岩及少量钙质页岩。上统安源组，下部为灰白色中粗粒长石英砂岩，与茅口组呈断层接触。上部为灰白、黄褐色砂质页与中厚层细砂岩互层，含植物化石。其中部为厚层砾岩，厚度 106 米。

侏罗系 仅有下统林山群见永修白槎河桥，出露不全，厚 65 米。为灰白色层砾岩，向上则以青灰、褐黄色细砂岩及粉砂岩为主，夹灰黑色粉砂质泥灰岩、炭质页岩。

白垩系 仅鄱阳湖滨零星出露，有下统田坂群。与较老地层呈不整合关系。岩性以紫红色砾岩、沙砾岩为主，中部夹砂岩、泥岩、钙质粉砂岩，常有薄层石膏。上部夹含砾凝质砂岩及细砂岩，产异节柏、中间型短背叶肢介等化石。出露厚 200 ~ 300 米。

下第三系新余群 为紫红色沙砾岩夹砂岩、粉质岩，不整合于老地层之上。中部颗粒较细，含钙质较高，有时夹薄层石膏，于武宁盆地本段中夹数层含砂质灰岩、生物碎屑岩，富产化石德卡利金星虫、小玻璃虫（近）纯净种等。总厚 1129 ~ 2387 米。

第四系 更新统为冲积、洪积或残积、网纹红土、沙砾石层以及冰碛黄土、泥砾等，厚 11 ~ 108 米。全新统为近代冲积、湖泊沉积，厚 5 ~ 20 米。

三、地质构造

构造体系 全市有 4 个县有区域规模构造体系，即横贯市域的九岭东西向构造带、沿长江展布的淮阳山字形构造前弧型褶皱带、東成带广泛的华夏系和新华夏系构造带、中部的王家铺一带小型山字形构造与反 S 状旋卷构造组成的联合构造体系（包容于东西向构造带之中）。

构造形迹 市域历经多次构造活动，有多种构造体系存在，破裂面性质往往有较复杂的转变过程，褶皱形态亦复杂多样。

四、地质构造体系特征

九岭东西向构造带 展布范围北起阳新、东至都昌一线，南迄宜春、铅山一带，其东西两端分别在浙西、湘西与华夏系构造交接。卷入本构造带的地层，主要为双桥山群至嘉陵江组，部分第三纪盆地由于迁就东西向褶裂沉陷，亦循东西走向，本带在区内可进一步划分为南部的东西向构造隆起带，如瑞昌构造坳褶带。前者位于相对稳定的所谓“江南地轴”部分，后者则属于长期沉降的“下扬子拗陷带”。

九岭东西向构造隆起带 自西向东，于大湖山、九宫山、乌石山、郭桥一线与瑞昌东西向构造坳褶带分界。包括2个复式背斜1个复式向斜。复式背斜主要为双桥山群变质岩组成的合形紧密褶皱。复式向斜则为震旦系至中三迭统的沉积岩层形成箱状，短轴状向斜，迭置于构造隆起带之上。九岭复式背斜于南岭的九岭山脉，西起修水东渡港，向东为鄱阳湖所掩。于其核部形成九岭期九岭花岗闪长岩基。基岩体亦呈东西向利展，次级褶皱有大垅山向斜。武宁复式向斜展布于修水、武宁、都昌一线，以武宁长条形箱状向斜为主体，并有驼背山倾状背斜以及东津、修水、太原、东坑、杨村山、佛祖山、都昌等地的短轴向斜。九宫复式背斜位于九宫山、双桥山、德安、湖口、蔡家岭一带。次级褶皱有双桥山——德安背斜、向津向斜、东头倒转背斜、南岳背斜、鸫峰尖背斜等。

瑞昌东西向构造坳褶带 西起湖北崇阳，经通山、瑞昌，东至彭泽庙前一带，为一近东西向复式背斜，次级褶皱和走向断裂十分发育。坳褶带的南部边缘以震旦系、寒武系组成的短轴状，箱状褶皱为主。带内则为奥陶系一中三叠统组成的长条状、线状褶皱，最长东西达90千米左右。

淮阳山字形构造前弧褶带 李四光所认定的淮阳山字形构造，其前弧弧顶位置确定在广济龙坪附近。东翼于彭泽、湖口一线与华夏系构造发生重接，显得宽阔强大，主要由北东向褶皱和走向断层组成，如湖口—彭泽冲断带沿江分布，长达40余千米。在弧顶东南侧，庐山北东向倾状背斜的北段，轴向渐渐折向北东，东被卷入前弧褶带。该弧褶带西翼在田家镇—广济一带的伸展态势与九瑞地区所显示的一些构造特征相吻合。九瑞地区一系列近东西的背斜拱起的高点连线成北西向排列，恰与田家镇西南面的北西向赛桥背斜隆起相对应。而背斜的东端倾伏伏点的连线则定在田家镇北西向向斜轴的延长线上。另在码头东北侧有第三系红色沙砾岩出露，与其北西面赤湖、乌石湖一带的侏罗系、第三系构成一个与长江走向一致的中新生代凹陷，同是淮阳山字形构造前弧西翼组成部分。

五、华夏系构造

形成于印支运动和燕山早期。斜贯全市，自西而东，侧列分布着4个构造带。石门—沙店华夏系构造带，沿鄂赣2省交界线上的幕阜山、九宫山、沙店、洋港街、石门一线展布，北与“淮阳地盾”东缘黄梅北东向断裂相对应，在区内长达120千米，宽约15千米。范家铺—罗溪华夏系构造带，由一组北东向压扭性断裂组成，北段在瑞昌一带与东西向构造相反接，沿构造带形成赛湖、范家铺、巾口一带的小型断陷盆地，至九岭山区则为以罗溪断裂、邱家街断裂为主干的一组密集的北东向压扭性断裂带。庐山—云山华夏系构造带，北段为庐山复式背斜、鞋山向斜，南延即以断裂为主，密集成带。海会—周田压扭性断裂在庐山东侧形成一个强烈的动力变质带，岩层片理及火成岩线理作北东走向，有燕山晚期、云山花岗岩体，加里东期东牯岭、海会花岗岩体、安义珠珞山喜山期基性成岩脉群以及星子温泉沿断裂分布。郭桥—花尖山华夏系构造带，以郭桥花尖山复式向斜为主体，包括震旦系—奥陶系组成的北东向花尖山—大碑尖背斜和老屋镜—郭桥向斜以及板溪群组成的雷锋尖背斜，并有 2 条规模较大走向冲断裂，宽约 15 千米，南端在庙前地区与东西带交接，东北端则继续向安徽境内延伸。

六、新华夏系构造

以压扭性断裂为主，次为北北东向小型褶皱及横跨褶皱，断裂往往兼有左行扭错，并常常派生次级褶皱、断裂和小型旋卷构造。按其空间展布位置，划分为 3 个构造带。幕阜山—东渡港新华夏构造带，北段展布于幕阜山地区，由南林桥至黄马冲、高枧等 5 条兼有左行扭错的压扭性断裂组成，南段在东渡港一带由程坊、征村等 6 条北东向主干断裂组成。赣北新华夏系构造带，为一北与庐江大断裂侧列相接的北北东向断裂束，规模较大，东侧沉积了白垩系，西侧第三系分布较广，南至南昌西山、丰城、清江一带。石门街新华系夏构造带，展布于石门街、都昌、郭桥一带，断裂密集成带、规模较大者有 14 条，局部在北北东向的小型褶皱沿断裂的燕山晚期小岩体贯入，宽约 50 千米，向北延至安徽贵池一带，南面淹没于鄱阳湖畔。

七、王家铺山字形构造与反 S 状旋卷构造联合体系

该山字形构造各个组成部分完备，唯脊柱构造发育欠佳。其前弧褶带伴随着显著的旋卷运动，形成一个联合构造体系。根据褶带构造特点，划分为内、中、外 3 个带。中带褶皱紧密，延伸较长；内带次之；外带则为开阔的短轴褶皱。走向冲断裂由内带向外带逐渐增多。

第三节　地貌

一、地势地形

境内平均海拔 32 米，市区平均海拔 20 米。俗称“七山二水半分田，半分道路和庄园”。西部为丘陵山区。西南的九岭山脉主脉蜿蜒修水、武宁、永修，是修河流域与锦

江流域的分水岭，主峰九岭尖海拔1794米，为全市地势最高点。西北的幕阜山脉主脉蜿蜒修水、武宁、瑞昌，是江西省与湖北省的分界山脉，主峰老鸦尖海拔1656米。两大山脉之间，组成丘陵山区。东部彭泽、都昌、湖口有怀玉山脉余脉，主峰大浩山海拔859.4米。中部唯有庐山飞峙于大江之滨，余则多为鄱阳湖平原。星子县蛤蟆石附近鄱阳湖底海拔9.37米，是全市地势最低点。构成全市东西高，中间低，南部略高，向北缓渐倾斜地形。全市海拔500米以上山地面积4948.4平方千米，占土地面积25.6%。海拔在300~500米高丘面积2861.5平方千米，占15.2%。海拔100~300米低丘面积3640.7平方千米，占18.7%。海拔低于100米平原面积4614.7平方千米，占23.6%。水域面积3301.33平方千米，占土地总面积的16.9%。

二、地貌区分

东北部低丘平原区 怀玉山脉余脉大浩山屏于东南面，地势起伏较大，一般坡度在20~30度之间，森林资源较少，活立木仅占全市3.4%。东北面地势低平，紧靠长江、鄱阳湖滨，江湖港汊较多，大小湖泊密布，且均与长江、鄱阳湖水相连，有天然捕捞、养殖水产之利。水位较稳定，水源丰富，平原圩区地下水位高，遇到雨季降水量过多，易成内涝。沿江有大量过境水可以利用，灌溉条件较好，是全市棉花主要产区。按地貌特征又可以分为东北部平原区，包括彭泽、湖口、瑞昌的沿长江的冲积洲地；东北部低丘地区，包括彭泽、湖口、都昌、瑞昌的低丘岗地。

中部中山低丘区 包括庐山区、九江县、星子县，地貌以低丘岗地为主。由断裂抬升而成的断块山庐山，耸立于东南面，是幕阜山脉东延分支，滨鄱阳湖，紧靠长江，主峰大汉阳峰海拔1473.8米。在庐山周围呈带状分布的丘陵地势起伏不平，坡度较缓，一般海拔100~200米。由于地势平缓，耕地较集中连片，是粮、棉混合产区。水利设施基础较好，并有大量过境水可以利用。

南部丘陵谷阶地区 包括德安、永修2县，东接鄱阳湖，西连柘林水库，地处修河谷地，地势较为复杂。有九岭、幕阜山脉支脉绵延境内，南面主峰为珠岩尖，海拔963.6米，北面主峰是竹篙山，海拔580米。地型属低山丘陵，丘岗起伏，多为河谷平原，山地面积较大，人均占有山地0.26~0.56公顷、耕地0.15~0.17公顷，有较丰富的土地资源。地表水系发达，有修河、博阳河、乌石河、长河、双港河及柘林灌区，灌溉条件良好，是以水稻为主的重点产粮区，经济作物发展潜力很大。

西部中低山山区 包括武宁、修水2县，在西北面的幕阜山脉、西南面的九岭山脉2山脉之间，有修河直泻吴城流入鄱阳湖，河流两则是宽窄不等的河谷平原，山岭之间缓坡地带是低山丘陵、山间盆地，整个地形呈现岭谷相间，平行排列。平原丘陵多为畈田、梯田，山区多为冲田、垄田，少数坑田。修河两岸主要是冲积物形成的潮沙土。地表水丰沛，河流港溪交错，林地面积较大，是全市主要木竹产区，同时盛产油茶、茶叶、蚕茧等特产。

三、地貌特征

以鄱阳湖为核心，各种地貌类型大体呈现不大规则的阶梯结构形式。由中心东北及西北向缓渐上升，构成丘陵阶地相间的平原。鄱阳湖平原地势开阔平坦，河湖交织，土壤肥沃。山地的构造基本上属东北—西南向复背斜构造，其岩系大部分由古老变质岩组成，核心部分常为花岗岩，往往形成千米以上的崇山峻岭，如屏障于西部南北两侧千米以上的山头，修水县有64座，武宁县有54座。位于中北部的庐山，濒鄱阳湖，为堆垒式断块山阶梯状地貌类型，对境内土地利用和农业生产布局产生深远影响。

四、地貌类型

中低山 幕阜山耸峙于西北，九岭山屏障于西南，主要由变质岩、花岗岩等岩层组成东北—西南走向山脉，气温也随山地高度升高而递减，一般在海拔500米以上气温较低。西部山地有修河贯穿其中，谷深狭窄，耕地多小块且分散，属坑田及排田。因山高水冷，土壤受山水冷泉长期浸灌影响，成为潜育型（冷浸型）低产田集中区。耕管较为粗放，农作物单产低。但山区气温较低，湿度大，对竹木生长十分有利，森林资源较为丰富，是市内主要林业生产基地。同时也有利于茶叶、油茶等经济林发展。

丘陵 面积较广。以鄱阳湖周围及修河沿岸分布较为集中，构成丘陵的岩层多属白垩系紫红色沙砾岩、第三系红色砂岩，以及泥质岩、石英砂岩。除石英岩外，结构都较疏松，经后期风化和侵蚀，形成坡残积相沉积物，与第四纪冲积相红色黏土、下蜀系黄土成互层堆积，构成蜿蜒状丘陵。由于长期受剥蚀而形成岗地，海拔多在200米。海拔300～500米沟谷较为宽展，起伏平缓，垦殖程度也较高。从发展农业生产所需条件比较，高丘地区海拔低于中低山，热量条件较好，兼有较充裕的山地水源，对种植业及经济林木发展十分有利。低丘坡度虽然比较平缓，但地形被切割较为破碎，水源缺乏，加上植被覆盖率低，夏秋之际旱情频繁发生，对农、林业生产有不利影响。丘陵地区耕地主要为垅田、排田及阶地。由于受人为耕种熟化的影响，土壤肥力差异较大，产量属中上水平，但部分地区仍有较大面积的低产田和低产地。红壤及黄棕壤丘陵坡地，旱作种植面积较大。由于植被破坏较为严重，水土流失，带来一系列不利于农业生产的生态变化。

平原 主要分布在鄱阳湖周围和长江沿岸，为河湖冲积、淤积而成，海拔低于100

米，港汊交织，湖田洲地集中连片，平坦开阔，土地较肥沃，为市粮棉生产重要基地。由于局部洼地排泄不畅，易成内涝，对农业生产威胁较大。境内耕地分为水田、旱地2部分，在水田中：畈田占27.9%，垄田占16.3%，坑田占6.9%，排田占7.6%，梯田占4.8%。在旱地中：岗地占11%，坡地占14.4%，洲地占11%。各类耕地所占比重，农业生产条件较好的畈田、洲地均占一定比例，为开发利用奠定良好基础。

水面 全市水面辽阔，主要有湖泊、河流、水库、池塘、港汊等，其中湖泊水面占68.8%（内含市管辖鄱阳湖水面198212公顷，占总水域60.1%），池塘、水库、港汊等水面占18.9%，河流占12.3%。水生经济作动植物种类繁多，资源丰富，发展淡水渔业生产的自然优势得天独厚，渔业生产潜力很大。鄱阳湖既是长江水量的调节器，又是航运的枢纽，水生资源丰富，沿湖地区平原广阔，土质肥沃，农业繁荣，素称“鱼米之乡”。

五、特殊地貌

山地、丘陵地貌类型中，市内还有岩溶、冰川和瀑布等特殊地貌。石灰岩地层分布广泛，受地表水和地下水淋蚀和溶解，形成特殊的岩溶地貌。境内地下溶洞千姿百态，引人入胜，著名的溶洞有彭泽县龙宫洞，九江县狮子洞、涌泉洞，瑞昌市峨嵋群洞。据地质学家李四光调查研究，庐山保存有众多的第四纪冰川遗迹，如王家坡U谷、大坳冰斗、冰川漂砾、羊角石等，为庐山增添许多旅游情趣。瀑布是综合成因的特殊地貌景观，受地质作用和重力影响，由流水对河床软硬岩石差别侵蚀而成。著名瀑布有庐山三叠泉瀑布、秀峰黄岩瀑布等。

第二章 矿产资源

第一节 矿产成因

九江位于扬子准地台上，北部分属浙西—皖南台褶带，为古生代拗陷区，以接受了近万米厚的浅海相沉积物组成的弧形褶为显著特征；南部属江南台隆（或称江南地轴、江南古陆），长期隆起，基底岩石裸露，广泛分布有不同时代，不同成因的中酸性、酸性岩浆杂岩体。境北以长江深大断裂为界，与淮阳山字形构造相接。

雪峰运动结束该区地槽时期，构成江南古陆之一部；加里东运动使北部大面积坳陷沉降；海西运动复使北部地区继续沉降；印支运动全区抬升，结束海相沉积；燕山运动表现为强烈的块断差异活动和岩浆活动，形成了一系列北东、北北东向的断陷盆地和块断山地（如庐山），并生成丰富的金属矿产。

晚近时期新构造运动亦较明显，如鄱阳湖的变迁，庐山第四纪冰川，地震活动等。历史地震最大震级为5.5级，属七度设防区。

构造运动演化历史表现为塑性—刚性形变规律。早期以东西向紧闭型线状褶皱为主；燕山期以来则以刚性形变（断裂块断活动）为主；古生代介于二者之间，褶皱、断裂均发育。

区域构造应力场方向的演变，表现为南北向—近东西向的演变规律。早期主压应力方向为南北向，古生代、中生代和新生代则依次演变为北西—南东向、北西西—南东东向、近东西向。从而勾勒了地区不同时期构造形迹，构造体系的承继性、叠加性的不同特点和基本格局。

西南部海底火山喷溢的地槽型浅变质岩系是金成矿的有利围岩；大面积岩基型酸性、中酸性杂岩体是西部钨的有利成矿母岩；西、北部九瑞地区燕山期中酸性超浅成小岩体，脉岩严格控制了金、铜、硫矿床的分布；德安彭山隐伏岩体—穹窿构造控制了锡、锑矿、多金属、矿床的分带性。古生代凹陷和海陆变迁提供了有利成煤的地质环境。

综上所述，九江地质环境优越，沉积岩、岩浆岩、变质岩3大类岩石均发育，与成矿作用密切的构造岩浆活动频繁。因此，不同地质时期的矿产、矿床类型丰富多样，地下资源十分富饶，尤其地处长江中下游铜、铁、硫、金成矿带中部，有色金属、贵金属矿产更是闻名全国，兼诸交通地理位置优越，为全市冶金煤炭工业的发展提供了得天独厚的自然条件。

第二节　矿产品种

九江发现的矿产品种有75种，占世界已知195种的68.7%，业已探明有工业储量的51种，占全省已探明的89种矿产的57.3%。如铁、钴、钒、锑、钨、钼、铋、铜、铅、锌、金、银、铍、铊、镓、铀、硒、碲、钇、砷、硫、萤石、白云石、大理石、花岗石、石灰石、硅灰石、长石、云母、水晶、硅石、金红石、瓷土、黏土、石英砂、煤、石煤等。其中钨、硫、金、锑、萤石、白云石储量居全省之首；铜、锡、铍居全省第二位。而以有色金属占有突出重要地位。

九江已发现九大类矿产 104 种，占全省已发现矿种数的 65%，矿产地 680 处。探明有资源储量的矿产 68 种，占全省已探明储量矿种的 67.33%，列入矿产资源储量表的有 52 种，矿产地 270 处。对国民经济有重大影响的 45 种主要矿产中九江市有 18 种，180 处矿产地。九江市在全国具有优势的矿产有饰面用石材、铜、白钨（第二位）3 种；在全省具有优势的矿产有铜（第二位）、钨（第二位）、硫铁矿（第一位）、玻璃用砂、建筑用砂 5 种；具有区位优势的矿产有白云石、石煤、饰面用花岗岩、饰面用板岩、饰面用大理石等。矿产资源保有储量潜在经济价值超过 3000 亿元。

第三节　矿藏分类

一、有色金属矿

铜矿　以斑岩型、矽卡岩型、热液型内生矿床为主，少数为风化淋滤型铁—铜矿床。多为中低品位，富矿较少。已探明铜金属量达 307.83 万吨，居全省第二位，主要分布在九瑞地区。有九江县城门山和瑞昌市武山两处大型铜矿床，中小型矿床、矿点多，如九江县丁家山，瑞昌市宝山、东雷湾、邓家山（金—铜）、洋鸡山（金—多金属）、铜岭(铁—铜)，彭泽县郭桥（银—铜）等。常与金、银、铜、铅、锌、硫（已探明矿石储量为 1.44 亿吨，硫为 4586 万吨）等多种有用元素共生，综合利用价值巨大。

钨矿　多以内生矿床为主，有斑岩型、矽卡岩型、石英脉型、石英网脉型黑、白钨矿床。少数为风化壳型残坡积白钨矿床。已探明储量超过 31.7 万吨，居全省第二位。主要分布在修水、武宁、都昌 3 县。武宁县大雾塘（已探明 100 万吨级，按单个矿床储量计居全省第一位）、修水县香炉山、都昌县阳储岭均为大型钨矿床。武宁大雾塘钨矿勘探工作仍在进行。中小型矿床有修水县昆山、黄沙港，武宁县曹洞、蓑衣洞等。常伴生有锡、铋、钼、铜、铅、锌及其他稀散元素。

锑矿　以碳酸盐岩类为围岩的中低温热液矿床为主。探明锑金属量为 1.94 万吨，远景储量>3 万吨，居全省第一位。主要分布在德安、武宁 2 县，德安聂桥宝山、武宁清江和石渡均为中型锑矿床。前者还有金伴生。

锡矿　为层状、似层状高中温热液矿床。此外，以伴生状态产于钨矿床中。品位中偏富，探明储量 3.52 万吨，远景储量超过 10 万吨，居全省第二位。集中分布在德安县曾家垄、尖峰坡、红花尖一带。是全球已知最高纬度地区的最大锡矿床。

铋、钼矿 迄今尚未发现独立矿床。常产于铜、钨矿床中，属伴生矿，已知探明储量铋9661吨，钼3.37万吨。尤以城门山、阳储岭等地储量丰富。

金矿 分布广泛，类型多样。独立金矿、伴生金矿、内生与外生金矿床均有之。内生金矿床中80%以上呈伴生金矿产出。主要为斑岩型、矽卡岩型、热液型［石英脉型、石英网脉型、细（微）脉浸染型、蚀变带型等］金矿床。外生矿床有风化淋滤型金一铁矿床、阶地沙金矿床、现代河流冲积砂金矿床等。伴生金矿与独立金探明储量共计128.71吨，居全省第一位。以九江、瑞昌、修水等县（市）为多，黄金产量占全省70%以上。大型伴生金矿有城门山、武山两处。其他有色金属矿床（铜、钨、锑等）亦多有金伴生。独立金矿床（点）多为中、小型，品位中偏富。如瑞昌市的洋鸡山、吴家、高丰港南、武山坳、邓家山；修水县的土龙山、西港、画坪、阳梅尖、古市、马坳、渣津；九江县的丁家山、铁门坎；彭泽县利山等。随地质工作的进展，远景工业金矿床会有新发现。

银矿 常呈现伴生状态产于金属硫化矿床中。如瑞昌市武山坳银一金矿，彭泽县郭桥银一铜矿，九江县金鸡窝银一铜矿，以及城门山、武山铜矿床中的伴生银矿等。探明储量总计达4281吨。

二、黑色金属矿

铁矿 以硫化矿床氧化带的风化淋滤型褐铁矿床和武宁式沉积铁矿床为主。矿点较多，达63处，但规模小，品位中偏贫，杂质含量较高，乃属较贫乏的资源，探明储量仅千余万吨。然风化淋滤型铁矿床中常含有金、银、铜、钴等有用元素，具有一定的综合利用价值。如：城门山、武山和铜岭等。

钒矿 主要有风化淋滤型钒矿床和石煤中的伴生钒矿两类，初步探明储量在57万吨以上。前者如永修县杨林山钒矿，品位富，开采条件好，属小型。后者分布广泛，尤以修水、都昌、永修等县为多，部分地段石煤中含钒高达1%以上，具有较大的综合利用前景。

三、非金属矿

大型矿床有瑞昌市铜岭白云石，已探明储量在10亿吨以上。德安县萤石，已探明储量188.3万吨。星子县花岗石；都昌、湖口、星子、永修等地的石英砂；彭泽县、瑞昌市的优质水泥灰岩、熔剂灰岩、电石灰岩；城门山、武山的伴生硫；德安县锡矿中的伴生砷矿等，都具规模大，质量好，开采条件优越的特点。

其他如星子县的瓷土、熔炼水晶、压电水晶；湖口县的长石，陶土；瑞昌、武宁、德安等地的大理石；长江河道及鄱阳湖中的建筑黄砂；都昌、星子大型的砂矿（铸造用型砂）等都具有一定的经济价值。

四、稀有金属矿

铍矿多呈伴生状产于钨、锡、铜矿床中，独立矿床以伟晶岩型铍矿床为主，含铍矿物多为绿柱石，其结晶良好者可做宝石。主要分布在修水、星子等县，规模较小，形态变化大。储量居全省第二位。

五、能源矿产

煤　本区煤层主要为早二叠世王家铺煤系（又称梁山煤系）和晚二叠世龙潭煤系（又称乐平煤系）两组，其特点有三：规模小，形态变化大，构造复杂，俗称“鸡窝煤”。单个矿田储量从几万吨到几百万吨不等；煤质较差，多为中高灰分，发热量偏低，含硫量较高，一般在5%以上；分布面广。如武宁、修水、瑞昌、德安、九江、彭泽等县（市）均有。

相对而言，王家铺煤系，形态更不稳定，多为急倾斜，但煤质较优。如武宁煤矿、瑞昌煤矿、九江罗坑煤矿等，龙潭煤系形态较前者稳定些，但煤质较差，如德安县付山煤矿、九江县东风煤矿等，二组煤系均为单一煤层，常赋存于向斜构造中。

全市累计探明储量2600万吨，现在矿山保有储量仅400多万吨，但有一定的成煤地质环境。属缺煤地区，唯亟须加强地质工作。

石煤　市内寒武系地层中普遍发育石煤层。预测远景储量达90亿吨以上，已探明储量仅8794万吨。其发热量一般在1200大卡左右，局部可达2700大卡，并含钼、钒、金等有益元素，部分地段富集成工业矿床，具有综合利用价值，也是缓解全市能源紧张的重要途径之一。石煤在市内大部分县（市）都有，其中以修水、都昌、永修等县资源较好。

此外，鄱阳湖盆地具有石油、天然气贮存的有利地质构造条件。

铀矿　主要为碳硅泥岩型铀矿床，产于寒武系下部王音铺地层中。多分布于修水地区，有矿床点20余处。是核发电（即铀239）的主要原料的主体成分。

第二篇 矿业沿革

第一章 古代矿业

第一节 铜岭商代铜矿采选冶遗址

一、遗址综情

1987年10月，江西铜岭钢铁厂在厂区公路降坡改造时，发现距今3300年前中国商代铜矿采选冶遗址。其分布范围：东西长约1千米，南北宽0.5千米，遗址面积约4000平方米。地表浅部挖掘并清理出竖井27口，平巷2条。井巷采用木支护结构，井壁贴有扁平木板或小排棍。支架由两柱一顶梁组成，顶梁上搭有长棍封闭接顶。以竖井开拓，用平巷联通进行开采，利用两井间的高差所引起的气压差解决通风问题。另外，探矿遗迹有露天槽坑；选矿遗迹有木溜槽和尾砂池。

在遗址1千米处有先民居住的村落遗迹。在遗址附近有大量的炼渣堆积和成片的红色土层，炼渣残留含铜量经化验仅有0.334%，且渣多为片状、黑色。表面有波纹，表明当时冶炼炉温正常，有较好的流动性。

遗址还挖掘出土大量生产生活工具器物，有着非常高的文化考古价值，2010年被国家文物局列入国家重点文物保护单位。

该发现是中国冶金考古史上一个重大突破，它将中国采铜炼铜历史向前推进了400年，也为解决商代铜材料来源提供了更新、更早的实证。同时也显示了华人祖先高超的采铜、选铜、冶铜技术。

铜岭古铜矿是继湖北大冶铜绿山后，中国境内发现的又一处重要大型采铜、冶铜遗存，就其时代而言，是中国迄今所见最早的铜矿山，其开采时代可早到商代中期直至战国早期终结。矿山开采的延续时代正与中国光辉灿烂的青铜文化所处的商周时代相吻合。采矿区发现的遗存，不仅有采矿的遗迹，而且有选矿遗迹，还有一套矿山管理设施。共有 141 处，其中商代 62 处，西周 28 处，春秋 49 处，战国 2 处。可分为矿井、平巷、马头门、槽坑、工棚、选场、围栅、斫木场和水井 9 类。遗物共有 468 件，其中商代 128 件，西周 108 件，春秋 214 件，战国 18 件。即有可判断时代的陶器生活用具，又有大量铜、木、石、竹、骨材质的采掘，装载，排水，提升，选矿，找矿工具。揭示出在商代开采方法就有露天开采、探槽和竖井开采。采用井巷联合开拓，运用碗口结构架支护工艺，使用铜质工具与木柄相配套的复合采掘工具。矿山提升不单靠人力，而是使用木制滑轮，以简单机械装置用于矿井提升，木滑轮实物比文字记载早数百年。排水工具中使用了由整木挖凿而成的木桶，桶上还使用 3 组单篾条箍，并使用竹签使桶箍更加牢固，从而使木桶更牢固。西周时期是开挖竖井，转入平巷掘进的井巷联合开采。支护在大部分时间采用于商代风格迥然不同的榫卯穿接工艺。到晚期才开始恢复商代原有的碗口接工艺，但根据井巷情况将原有 4 个支撑点转为上下框架内撑木相反支撑的 8 个支撑点，支护更加可靠。出现采矿主井，加快矿石提升量，采矿技术较商代更先进。尤其是西周时期选矿场，是一个重大发现，不仅采矿而且选矿，采用半自动溜槽分节用水冲洗流程。春秋时期开采方法以坑采为主露采为辅，仍然是井巷联合开拓，但出现中段巷道。不仅竖井使用木滑轮，而且平巷使用木滑车，运输效率极大提高。木支护虽采用早期商代碗口接框架，但不同的是由早期的同向支撑改为交替异向支撑，使采掘深度增加。槽坑也比商代更先进。战国时期因发掘面积小，遗物、遗迹少，但从仅发掘的 1 口矿井看，采用了密集垛盘式框架，即圆木两端削出台阶，搭接时层层叠落，而且井框还用斧形木楔加固，使矿筒更加牢固安全。由井巷支护技术改进，看出这一时期采矿技术也在不断提高，比前期更先进。冶炼铜部分，由于考古发掘受冶炼区所在村庄限制和后世扰动大及古时毁炉频繁等因素限制，冶炼区虽有 3 处，面积 175880 平方米，炼渣厚度 0.95 ~ 3.96 米，约有数十万吨，虽然黑色炼渣层下即见古代灰坑，但尚未找到残存炉基。由于探掘面积不大，冶炼区的面貌和资料留待日后的考古调查和发掘。

二、遗址发掘

遗址发现 铜岭铜矿遗址位于江西省瑞昌市夏畈乡境内江西铜岭钢铁厂采矿区内。该遗址最早于1964 年由赣西北地质大队 506 队首次发现，该队勘探记录资料反映，在其勘探范围内多次见有地下采矿“老隆”。在其所开的 2 号浅井，掘进 12.20 米，从上至下为黄褐色亚黏土（实为老井坍塌）及腐朽支柱组成，井底见灰岩，沿底部老窿清理编号为201坑道，该坑道方向即灰岩与老窿坍土接触线方向，见亚黏土及朽木立柱。掘进5.50米时，见一老竖井，尚有朽木立柱耸立在坑道掘进方向上。垂直201坑道的202坑道往西掘进4.80米，全为老窿区，右掌子面附近有许多零乱朽木立柱，向下勘探1.75米时见大量朽木支柱。20世纪60年代末，铜岭钢铁厂矿山正式开采后，在其机械化采掘过程中，陆续发现大量朽木。最后一次发现大量朽木是1985年在+82米中段开拓时。这都使遗址受到较大程度损坏。1988年1月，瑞昌市铜岭村村民在该矿东侧矿山公路降坡修筑公路，发现大量古矿井支护木和古代采矿工具青铜锛、木锨类。铜岭钢铁厂副厂长周明节、铜岭村村民戴仪刚及时将收集的文物报告瑞昌市博物馆。尔后九江市、瑞昌市组成先期调查组，初步认定这是一处古采矿遗址。同年7月，省文物局、省文物考古研究所接到报告后，即前去调查，再次认定属于类似湖北大冶铜绿山的采矿遗址。即将这一重要发现报告国家文物局。随后，在国家有关部门支持下，组成铜岭遗址考古发掘队。

考古布局 1988年7月，发掘队抵达现场后，先期做考古调查和查阅地质资料工作，确定发掘方案和探方布置。通过初步调查，了解到铜岭遗址既有采铜遗迹，古采区与现今铜岭钢铁厂开采区基本吻合，又有冶铜遗存。冶炼区则是通过当地村民提供的矿山附近山间盆地有大量“铜屎”线索而找到的多处冶炼堆积场所。所谓“铜屎”，即为黑色炼渣，面显条状纹，表面较平整，底部大多呈青灰色孤状。从矿山采集的陶片初步分析，其开采年代较湖北大冶铜绿山早。

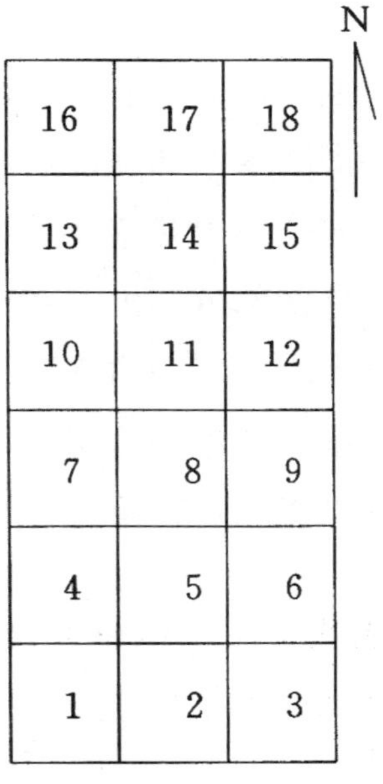

图2-1-1 采矿遗址发掘区探方分布图

按考古发掘布方规程，正南北向，由西向东，从南至北编号，布方 18 个。单个探方 10×10 米，面积 1800 平方米，形成南北长 60 米，东西宽 30 米的发掘区。由于 9、12 内有高压线水泥杆，故大部分地段未作清理发掘；16、17 内则有现代建筑物，大多地段不便清理；18 底部灰岩显露较高，未涉及古代采区，因而实际清理面积约 1400 平方米。位于发掘探方 2、5 内的选矿场，由于遗迹较为罕见，采取了保护性发掘。选矿场下大部分堆积未作清理，这样致使 3、6 也不便下掘。早期的遗迹只能从修公路所削的边坡上寻找。发掘区的总控制点则是利用探方 2 西南角水平向正南移动 5.25 米的早年地质勘探井。

铜岭遗址发掘工作先后持续 5 年，1988~1991 年的秋冬主要发掘采矿区，对采矿区的清理发掘较为详细。1992 年秋冬则对冶炼区的戴家铜石坡、邹家屋背山进行探掘。由于冶炼区邻近采区山脚周围村庄，炼渣堆积虽厚达 0.95 ~ 3.96 米，但后代扰动较大，在有限的探掘区内只发现少数含有古代陶片和炼铜炉壁块的灰坑，炼铜炉壁块外为红烧土，内面粘有约 1 厘米厚的铜渣液。冶炼区地层往往是黑色炼渣层下即见古代灰坑。炼渣表面呈黑色，剖面银灰色，并可见闪烁的红铜星点。炼渣大多上平下弧，应是古代冶炼时在炉旁排渣口下掘有锅底状储渣坑凝固而成。由于探掘面积不大，加之古代毁炉频繁，尚未找到残存炉基。冶炼区的面貌有待于日后更深入的考古调查和发掘资料才能认识。

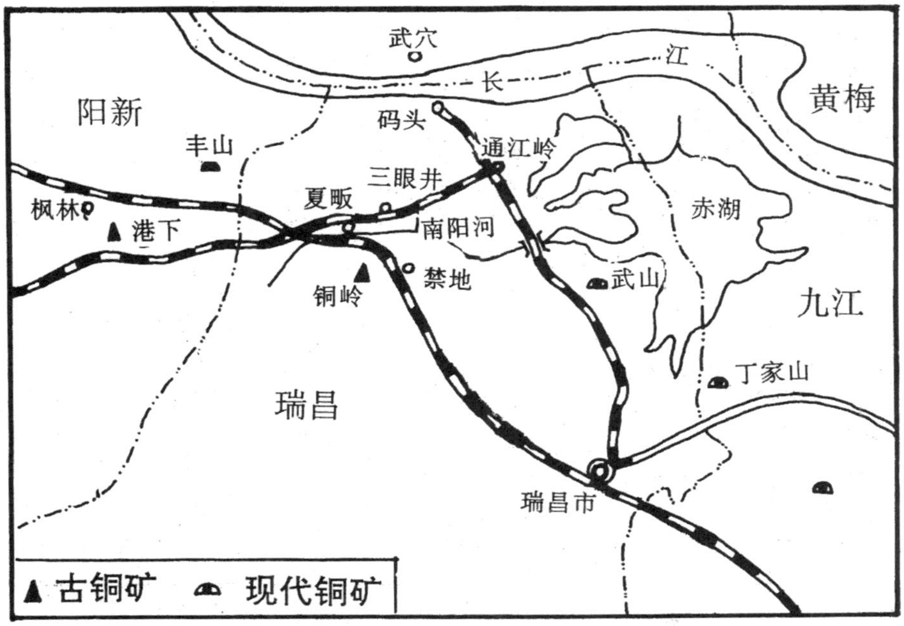

图 2–1–2　铜矿遗址位置示意图

遗址周围有武山、城门山、丰山、丁家山等数处现代铜矿。湖北省大冶铜绿山、阳新港下等铜矿遗址均在铜岭遗址数十公里范围内。

矿体地质　铜岭铜矿分东、西矿体。矿体构造见图 2–1–3。

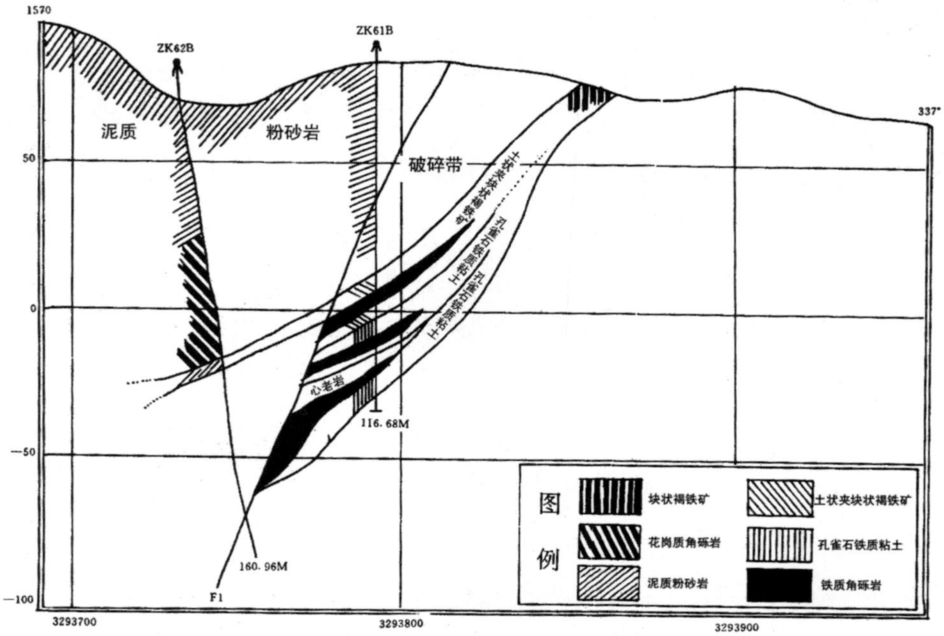

图 2–1–3　铜岭矿体构造图

西段矿体包括位于铁山的 0 ~ 4 勘探线。矿体似漏斗状赋存于奥陶系白云质灰岩大溶蚀面。矿体一般厚 12 ~ 25 米，中部厚达 75 米。

东段矿体主要位于合连山西坡，包括 4 ~ 12 勘探线，矿体似层状赋存于奥陶系与志留系的断裂破碎带中。矿体顶板为粉砂岩和角砾岩，底板为白云质灰岩。矿体由西向东，由上而下逐渐变薄，4 线处厚 34 米，至 12 线处厚达 48 米，倾向南南东，倾角 50° ~ 60°。

铜矿物经风化淋失，次生富集而成。次生铜矿为孔雀石、蓝铜矿。主要分布于 0 线、2 线、6 线。矿厚 5 ~ 20 米，最厚处达 55.83 米，分孔雀石铁质黏土、孔雀石块状褐铁矿 2 种类型。孔雀石铁质黏土矿体常赋存于褐铁矿体底部。孔雀石呈针状、角砾状、粒状、片状、细小团块不均匀地散布在铁质黏土中或混杂在褐铁矿碎块中。少部分呈细脉状赋存于块状褐铁矿裂隙中。蓝铜矿呈板状，粒状与孔雀石共生。两种类型铜矿平均含铜品位大于 10%，高者达 11.73%，就单块孔雀石矿石而言，含铜品位视含杂质多少可达百分之几十不等。

遗址范围　1991 年考古调查、发掘资料及地质浅井探矿工程资料表明，铜岭古代采区遗址范围为椭圆形，东西长径（2 ~ 8 线）约 385 米，南北短径约 190 米，集中分布范围约 7 万平方米。铁山西部主要是古代露天开采。合连山西坡至铁山东北部主要为地下开采，即铜矿最富集地带。考古探方布置在合连山西坡，即 6 ~ 8 勘探线之间。古代炼铜渣有 4 处，其中 1 处见于 1969 年的矿山地质图（即现代矿山未开采时）上，在铁山以北的 0 线、6 线上标有炼渣，现地貌不复存在，其余 3 处为距合连山西南约 50

米的戴家铜石坡，距合连山西约 650 米的铜岭冲，即铜井周围的邹家，采矿区向北约 980 米的禁地村铜石坡，均有大面积厚层炼渣堆积。现存 3 处冶炼区，均椭圆形分布，其中戴家铜石坡东西长径 410 米、南北短径约 220 米，散布面积约 9 万平方米。邹家南北长径约380 米、东西短径约 250 米，散布面积约 8.5 万平方米。禁地铜石坡东西长径约 80 米、南北短径约 11 米，散布范围约 880 平方米。按炼渣的分布面积及堆积厚度估算，古代炼渣约有数十万吨。

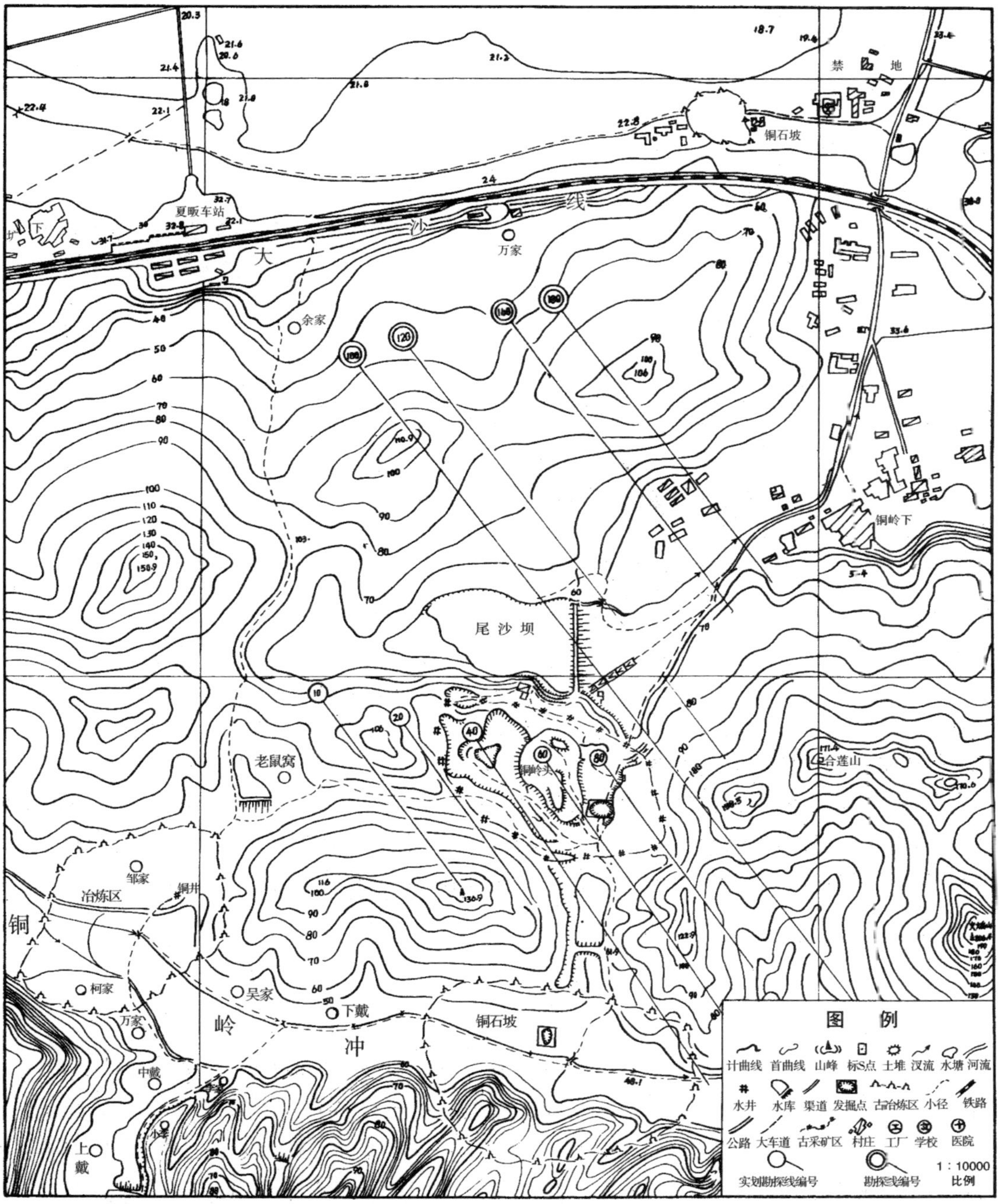

图 2-1-4 铜岭铜矿遗址地形图

在发掘区内，清理出竖井 103 口，按井巷支护木构节点的构造和接合方式，铜岭竖井从早至晚出现 8 种结构形式。即，同壁碗口接内撑式、同壁碗口接加强内撑式(属商代)、尖头透卯榫内撑式、平头单透卯单榫串联套接式、剑状单透卯单榫串联套接式(属西周)、交替碗口接内撑式、交替碗口接加强内撑式（属春秋)、平口接榫方框垛盘式（属战国时期)。平巷 19 条（现代地球物理方法还测得平巷 2 条，未统计在内)。铜岭平巷从早至晚出现 4 种结构形式。即，碗口接半框架式、开口贯通榫接架厢式、圆周截肩单榫透卯架厢式、碗口接架厢式。由于发掘条件所限，加之古代地下开采较深，发掘区内的深部平巷未能全部揭示。

商代井巷主要分布在发掘区东南向轴线以南，正处于现代筑路路基及两侧。因为修路，使其上部地层在考古前已被揭掉，故清理时大部分地段提前接触到下部地层。

西周前期井巷主要分布在发掘区西北。从井巷支护木结构形式看，即井巷支护框架木的节点结构全是榫卯结构，这与铜岭以碗口接井巷支护木结构形式风格完全不同，而与湖北大冶铜绿山古代井巷支护结构形式完全相同，是一种后期的或外来技术的井巷支护技术。

西周晚期开始恢复传统的碗口接内撑式框架，所不同的是竖井采用交替碗口接内撑式，增加了支撑点。

春秋时期竖井均是以框架为母型。其间，平巷虽然发现较少，并非该时期采矿巷道开拓少，而是由于其采区文化堆积较完整，考古发掘清理的只是浅部，不可能用清井方法清理到深处巷道部分。核工业部华东 270 研究所应用地球物理研究室，采用地球物理方法——激电测探法，在 4 口竖井旁测试，有 2 口井分别在地下 11～21 米测到平巷，而用人力清理，因围岩不稳定，加之地下积水，艰难发掘清理最深井只及 8.42 米。

战国早期 1 口竖井，用激电测探其下 21 米处有一条平巷。竖井分布在发掘区的东北部，是发掘区最高的竖井，为 78.36 米。

铜岭古代地下开采，采用井巷开拓方式。在竖井与平巷相交的地方，应力较为集中，要求支护结构更加牢固，因而古代矿山设计者创造一种特殊支护结构——马头门结构。铜岭所见的马头门，大多在竖井底部与平巷连接处，春秋时期还见在中段平巷使用。

古采区遗迹丰富，有矿井、巷道、工棚、选矿场、露天采坑、槽坑、木材加工场、围栅等。

地层堆积 铜岭采矿遗址共发掘地层堆积层 10 层。遗址现场已被修筑公路时在探方 1～2 之间开掘出一条南高北低的斗状路基，大多显露生土，相当一部分矿井上部文化层已被掘尽，矿井井筒只余深入生土部分，难以判断其层位关系，唯有东部地层保留部分原始地貌，西线边坡带留存部分文化堆积层。由于落差大，发掘时采用阶状剖面区分地层。上部地层以东部剖面为典型地层，西部剖面则作为下部地层代表。遗迹关系，见图 2–1–5。

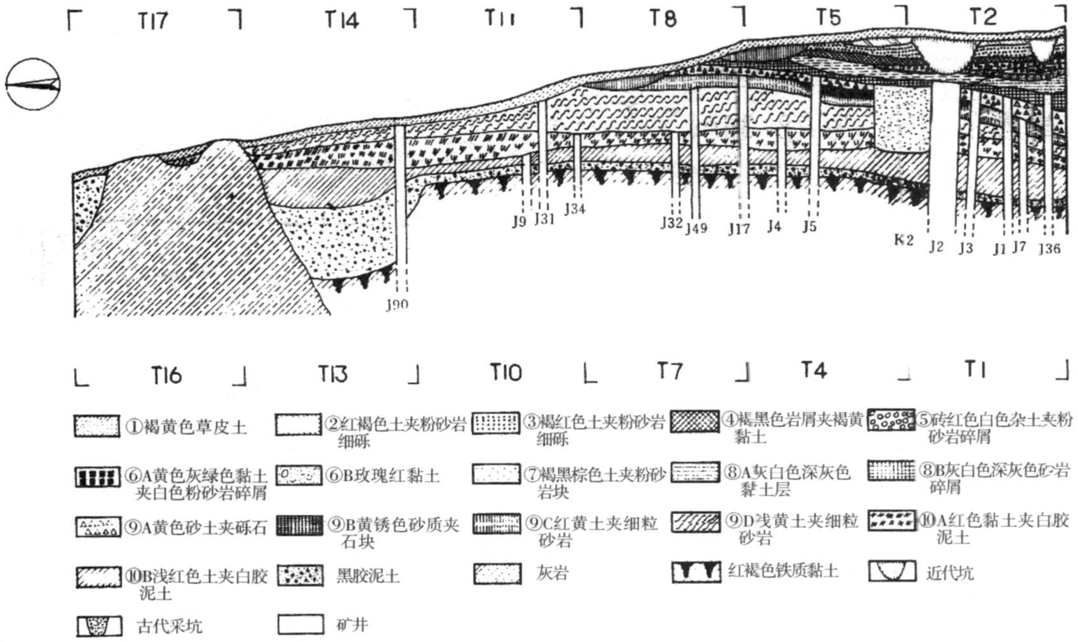

图 2–1–5 铜岭采矿遗址发掘区地层东剖面图

第一层，褐黄色草皮黏土层，土质松软，含有细小砂粒，厚 18 ~ 32 厘米，东线各探方上部均覆盖此层。

第二层，红褐色铁质土夹粉砂岩细砾，土质较硬，距地表深 48 ~ 76 厘米，层厚 15 ~ 46 厘米，主要分布在探方 2、5 的东部和 3 的西南。包含物中见黑釉瓷片。

第三层，褐红色土夹粉砂岩细砾，土质坚硬纯净，结构较紧密。层深 62 ~ 138 厘米，层厚62 ~ 120 厘米。主要分布于探方 2、5 东部和 3 西部及 6 西南。无人工遗物。

第四层，褐黑色岩屑夹褐黄黏土，土质坚硬纯净，结构较致密。层深 116 ~ 181 厘米，层厚40 ~ 82 厘米，主要分布在探方 2、5 东部，3 西部和 6 西南以及 8 东南。

第五层，砖红色白色杂土夹粉砂岩碎屑，土质坚硬纯净。层深 213 ~ 264 厘米，层厚 23 ~ 80 厘米。粉砂岩碎屑堆积东高西低，分布于探方 2 东部，5 东南，3 西部，6 西南。无文化遗物。

第六层，分 A、B 层。

六 A 层：黄色灰绿色黏土夹白色粉砂岩碎屑，土质坚硬纯净，结构致密，无人工遗物。层深 253 ~ 272 厘米，层厚 22 ~ 57 厘米。此小层分布于探方 2 东南，3 西南。粉砂岩屑可见棱角摩擦现象。

六 B 层：玫瑰红黏土。层厚 23 ~ 48 厘米，层深 282 ~ 296 厘米，主要分布于探方 2 东南，3 西南，未见人工遗物。

第七层，褐黑棕色土夹粉砂岩块，土质坚硬，但结构较疏松，主要分布于探方 2 东北，3 西北，5 东南，6 西南。层深 140 ~ 283 厘米，层厚 23 ~ 85 厘米。见细方格纹、米字纹等几何形印纹硬陶碎片出土。

第八层，分 A、B 层。

八 A 层：灰白色深灰色黏土层，土质较松软，结构疏松，见方格纹、回形交叉纹硬陶罐片。层厚 22 ~ 143 厘米，层深 54 ~ 425 厘米，分布于探方 2 东南，3 西南。探方 3 中部分布有少量炼渣块，色黑，有气孔，无波纹，肉眼看含二氧化硅少，铜高。

八 B 层：灰白色夹深灰砂岩碎屑土，土质较松。包含物中有方格纹、回形交叉纹硬陶片，另见泥质黄灰陶片等，采矿工具有青铜锛类。层厚 41 ~ 142 厘米，层深 65 ~ 545 厘米。主要分布于探方 2 东北，3 西南，5 东南，6 西南。

第九层，分 A、B、C、D 层。

九 A 层：黄色砂土夹砾石，土质较疏松，深 308 ~ 460 厘米，厚 28 ~ 78 厘米，分布于探方 2、5 东部，8 东南，3、6 西部，出有方格纹、菱形几何纹硬陶片。

九 B 层：黄锈色沙质土夹石块，土质坚硬，结构致密，见有复线交叉、方格纹硬陶片。层厚 41 ~ 110 厘米，层深 76 ~ 702 厘米。分布于探方 2 东北，3 西北，5 西南。

九 C 层：红黄土夹细粒砂岩，质地坚硬，结构致密，见有中粗方格纹硬陶片，分布于探方 2、3、5、6、8，层深 60 ~ 762 厘米，层厚 34 ~ 134 厘米。

九 D 层：浅黄土夹细粒砂岩，土质坚硬，结构致密，见有中粗绳纹陶鬲片，分裆黑衣陶鬲。层厚 22 ~ 346 厘米，层深 120 ~ 794 厘米。此层分布范围广泛，探方 2、5、8、11、14 东部均见有，主要堆积在 5、8、11 内。

第十层，分 A、B 层。

十 A 层：红色黏土夹白胶泥土，土质较软，结构致密，且有黏性。包含物有绳纹陶片等。此层分布在探方 2、5、8、11、14、17 东部。层厚 61 ~ 185 厘米，层深 93 ~ 812 厘米。

十 B 层：浅红色土夹白胶泥土，土质松软，结构紧凑，黏性强，出有绳纹陶鬲片和叶脉纹陶片。层深 96 ~ 1052 厘米，层厚 48 ~ 246 厘米，分布于探方 2、5、8、11、14、17 东部。

此层下为一黑色胶泥层，无人工遗物，从堆积趋势看，南高北低，南薄北浅，估计原为斜状洼地，经长期自然水冲积而成。黑色胶泥下即为坚硬而松散的含孔雀石粒的红褐色铁质黏土，采选铜矿石主要在此种矿土内。

从上述地层堆积及包含物分析，第一层为现代层；第二层出有黑釉瓷片，应为宋代及以后堆积；第三层土质较纯净，无人工遗物，应稍早于第二层时代；第四至第六层为自然坡积组成地层，由于采空区形成空隙较多，有的井巷伸入到合连山西坡山脚内，长年山洪冲刷导致山体下陷滑坡，因而在原始采矿面会形成若干次岩石堆积层，堆积中较纯净的高棱角状砾石有磨棱现象，优选方位清楚，走向东西，这3层堆积应是山体滑坡所致，这从合连山西坡近山脚有一大凹面可得到印证；第七层由于发掘面有限，只分布于发掘区东南部，为最晚采矿的堆积层；第八至第十层均是与古代采矿有关的活动面、井巷、矿坑、采矿管理设施、选矿遗迹及井巷内提升至地面后的堆积土。

有明确层位的遗迹单位关系如下：

第七层下开口的有矿井2、29。

第八A层下开口的有矿井6、36、51、53，围栅。

第八B层下开口的有矿井1、3、5、7、52、88、89，围栅，露天采坑1、2，工棚3、2，斫木场。

第九A层下开口的有矿井17、工棚4。

第九B层下开口的有矿井23、26、80。

第九C层下开口的有矿井49、70、79、90、91，选矿场。

第九D层下开口的有矿井4、9、30、32、33、34、40，工棚5、6。

第十A层下开口的有矿井14、86、96、100、102，工棚1。

第十B层下开口的有矿井11、24、25、12，槽坑1。

遗迹中的槽坑1与矿井11相通，矿井14与巷道1相通，矿井24与巷道3相连，矿井42与巷道13相连，矿井15与巷道5相通，巷道19与矿井102贯通，巷道17与矿井57贯通。

各遗迹间也有相互打破关系的。如矿井45同时打破矿井44、46；矿井60打破矿井92、63同时被矿井62和96打破；矿井50打破巷道6；工棚2打破矿井26、88；矿井88打破89；巷道11打破矿井54；矿井30打破63；巷道3打破巷道4；巷道15打破巷道12、16；巷道18被矿井71打破；巷道9打破巷道14、矿井69；槽坑2打破巷道19；巷道1打破矿井25；露采坑1打破露采坑2；巷道2打破巷道10。这之间的打破关系，有处于同一平面之间的相互打破关系，也有晚期矿井、巷道打破早期井巷立体空间关系。这些不同层位下开口的遗迹及遗迹之间的打破关系，为探讨采矿区相对年代提供了层位上的科学依据。

遗址年代 铜岭矿冶遗址采矿区年代确立，是依据发掘区本身存在的地层叠压和遗迹单位在不同层位下开口，以及各遗迹之间的打破关系。这一立体空间确立的层次，使人们能根据遗迹单位所出的具有时代特征的陶器、铜器、木样 C14 年代、井巷支护结构工艺发展规律，同邻近古代矿山等方面做比较，进行综合判断，最终得出确凿可信的年代时间。

根据澳大利亚国立大学、北京大学考古系、中国科学院西安黄土与第四纪地质研究室对铜岭采矿遗址木样测定报告，可判断其采矿的具体年代。从测定的数据来看，其遗址开采的最早年代为商代，如在第十层 B 层下开口的矿井 11，其年代北京大学测定为距今 3330 ± 60 年，西安测定为距今 3310 ± 60 年；巷道 1 的年代西安测定为距今 3220 ± 70 年；巷道 12 的年代澳大利亚测定为距今 3120 ± 80 年，第九层 C 层下开口的矿井 90，澳大利亚测定为距今 2720 ± 80 年，相当于西周；第九层 B 层下开口的矿井 80，澳大利亚测定为距今 2630 ± 80 年，相当于西周晚期至春秋早期；第九层 A 层下开口的工棚 2，西安测定为距今 2440 ± 70 年，相当于春秋。这样从有明确层位关系的遗迹看，开口于不同层位的井巷或与采矿有关的遗迹在年代测定上有明显不同，有早有晚，因而从层位学和年代学上可确定其采掘年代。

从遗迹单位所出具的有时代特征的陶器和采矿工具分析，也可印证其采掘年代。如在矿井 11 底部出有敛口、折肩、麻花形把、粗绳纹为特征的完整陶斝和唇缘内钩的黑衣灰陶鬲口沿，探方 5 第九层 D 层的方唇、高颈、分裆、袋足外撇的黑衣灰陶鬲，均见于商代王都遗存。陶斝与二里岗上层探方 15H 乙坑、H2 乙坑的陶斝在敛口、折肩、粗绳纹、麻花形把等方面风格相似，在河北藁城台西早期居址 H16 见有同类器，陶鬲与殷墟 VI 式 SH317 鬲相似。工棚 1 圜底罐与台西探方 4 尊的直颈、圜底风格相同；该器所饰上部雷纹下部叶脉纹组合也见于台西探方 13 罐和二里岗上层 H4、H3 罐表饰纹样。铜岭采矿区早期堆积中流行的印纹硬陶圜底罐，也是江西鹰潭角山商代窑址中的大宗产品。探方 15 第十层 B 层子口原始瓷盖为江西吴城商代遗址的典型器物。矿井 100 印纹硬陶罐片饰的粗编织纹在吴城二期见有，工棚 1 陶罐饰的叶脉纹在吴城二期也见有。采集纹样中的凸方块纹同样在吴城二期见有。叶脉纹、编织纹也见于江西万年类型遗存。

早期遗存中的陶器，炊器流行夹砂黑衣灰陶和酱褐色硬陶，都是中原以及江西商代遗存中常见之物。纹样中的附加堆纹、中粗绳纹、交错绳纹、凸块纹、不规整云雷纹、叶脉纹、席纹、突弦纹，均系商代陶器流行纹样。

铜岭早期的铜工具与中原和其邻近地区商代铜工具也有相似之处。88 采：9，长条形，下束腰，近底弧状的铜锛与殷墟 Sm321 铜锛相似。89 采：10 铜凿与殷墟 V 式凿，Sm303：6 铜凿的长条形，椭圆銎，下部方形单斜刃造型相似。铜岭的上述两件铜工具也见于盘龙城二里岗期的Ⅱ、Ⅲ式铜浙。

陶器中的探方 2 第九层 C 层红陶罐的牛鼻式对称双耳、凹底罐及探方 2 第九层 C 层束颈、鼓腹、圜底、带钩槽鸭嘴形足鼎，为西周时期江汉平原、赣鄱流域盛行的造型。探方 3 第八层 B 层中出土的刻画三角纹见于江西九江磨盘墩遗址、新干西周陶器上的同类刻划纹，巷道 11 凹底陶罐也在赣北西周早期遗址中见有。选 1 陶罐见于江苏南部西周土墩墓。探方 5 第九层 C 层的双耳陶南瓦系江西西周遗存多见的炊器。

春秋时期的遗物以探方 3 第八层 B 层鬲为代表，束颈、腹明显大于口、弧裆、高柱足，见于赣北春秋遗存。罐类器中的束颈、广肩，形成七字形夹角的风格，为江西春秋罐口沿的一大特色，代表性器物见于探方 2 第八层 A 层、探方 3 第八层 B 层、探方 2 第八层 B 层、探方 3 第八层 B 层。完整器以矿井 60 器物为代表，其器型为直口、圆肩、平底，亦为江南春秋常见之物。春秋时期炊器为夹砂黄灰陶鬲，其余多为泥质灰硬陶罐。纹样多为套方格纹、方格交叉纹、网格与方块交叉组合纹。

战国早期的器型仅见豆和印纹硬陶罐残片。豆类器主要为细把，中为细管，浅盘造型。罐类器所饰的细方格纹、米字纹、蕉叶纹，在江西临川罗家寨战国遗址中见有。

铜岭采矿区的年代还可从邻近古矿区的支护木结构、C^{14} 年代的对比中得到佐证。首先从不同层位下开口的井巷支护木结构作一排比。第十层 B 层下开口的矿井 11 代表典型的商代同壁碗口接内撑式，矿井 74 亦同 11 框架结构，C^{14} 年代测定为距今 3220 ± 90 年。矿井 90 为剑状单透卯单榫串联套接式框架结构，测定年代距今 2720 ± 80 年，为西周时期。巷道 11 的框架亦为榫卯式，年代测定为距今 2950 ± 90 年，为西周时期的巷道。西周晚期至春秋早期的矿井 37 为交替碗口接加强内撑式框架，C^{14} 年代测定为距今 2750 ± 750 年。春秋时期的矿井 19 为交替碗口结内撑式框架，C^{14} 年代测定为距今 2500 ± 60 年。至于第七层下的矿井 29，它是所见年代最晚的矿井，C^{14} 年代测定上有偏早的年代误差，其井架支护为平口接榫方框垛盘式。湖北铜绿山的古矿井、巷道支架主要见有两种，一种为榫卯接式，另一种为平口接榫方框垛盘式。前一类多在Ⅶ号矿体的 1 号点发现，后一类在Ⅰ号矿体 12、24 线发现。Ⅶ号矿体 1 号点井巷坑木，中国社会科学院考古研究所实验室测定的 C^{14} 年代，ZK—876（J）为距今 2705 ± 80 年，树轮校正年代为距今 2795 ± 130 年；ZK—877（X19）为距今 2720 ± 80 年。这两个年代数据大体相当于西周晚期至春秋早期。铜岭矿井 29 平口接榫方框垛盘式框架，在安徽铜陵金牛洞战国采矿遗址也见有。湖北阳新港下的矿井支架，平面为口字形和日字形，支护仅有碗口结一种结构形式，这两种矿井框木构架在铜岭均有发现，其支架年代分别为距今 2875 ± 80、2790 ± 80 年。框架结构和年代均与铜岭吻合。从 3 处古铜矿的方位看，港下与铜岭在地域上更接近，其支护工艺也较近似，而铜绿山至今未发现港下、铜岭流行的碗口接支护框架。

三、文化遗存

铜岭遗址商代开采遗存　铜岭商代矿区的井巷遗存分布于整个发掘区，尤其是在北部，井巷十分密集，有的竖井被晚期巷道打破，有的地层深部的巷道被晚期竖井穿过。遗址北部为一大凹地，相对来讲距底部灰岩较浅，易于早期开采。商代矿区多分布于自然铜含量较多的矿带，这点可从地质勘探资料和井巷充填土中残留的自然铜块得到证明。

商代的采矿方法分露采、探槽和竖井开采、井巷联合开拓。由于现代开采和修公路对古采区地貌破坏很大，只在公路边坡见有弧形残采坑，保存范围极小，难以窥其全貌。根据较松围岩地质条件，古代矿工利用当地丰富的林木资源，就地取材，用木框架支护井巷，采用碗口结构架支护工艺，保证了采矿的顺利进行。凿岩工具则是使用小型锛、凿类铜质工具，这类工具与木柄相配套，成为采掘的复合工具。矿山提升已不是单靠人力，而是使用木制滑轮把简单的机械装置用于矿井提升。

采矿区出土的生活用具陶器文化性质属两重性，其主要器型鬲、斝、罐是中原殷商时期的典型器物，而罐类器中的几何形印纹在中原地区虽见有，但却是长江中下游地区商代流行的陶器纹样。这表明，从商代的始采年代，铜岭矿区就与中原王朝有着密切关系，同时又包括土著文化的内涵。

考古发掘的商代采区，由于修筑公路对地层损坏较大，大多矿井上层已不保存其原始井口，只有少部分井口上保存有文化层。从发掘区的层次堆积来分，第九层D层、第十层A层、第十层B层属商代文化堆积，这几层之下的矿井、采坑、工棚等均属于这一时期的采矿遗存。

1. 竖井，商代竖井共清理出48口，占所发现矿井的47.50%。其中同壁碗口接内撑式支护竖井41口，同壁碗口接加强内撑式7口。依据井内出土的陶片，C^{14}年代测定及支护工艺发展规律分析，前一种矿井为商代中期或稍晚，后一种形式的矿井出现于商代晚期。

(1) **同壁碗口接内撑式支护竖井**，由4根圆木组合成1副框架，框架间隔支撑于井筒内。框架一般呈正方形有28口，其他为矩形有13口。框架中，两根直径约8厘米的圆木为横木，另2根两端砍削成碗口状托槽为内撑木，卡住被撑横向木，其特点是安装内撑木时，相对井壁同向内撑。

以矿井11、30举例说明。矿井11，与开口于第十层B层下的槽坑1底的东南端相连。井筒矩形，东西长，南北短，毛断面116×92平方厘米，净断面92×68平方厘米，框架由4根中粗圆木组成，其中2根两端均刳成内弧状（即碗口状），凹深1.5厘米，两端碗口状托槽卡住另两根横木，卡口木短于被撑木，被撑木两端嵌入围岩各16厘米。框架由于长期处于潮湿带，木质组织结构已被破坏，加之废弃后充填土的压力，产生曲变，被撑木中央鼓出，内撑木比被撑木粗，径分别为8.5～6.3厘米，框架间距约32厘米。已清理框架12副，内撑木、横木各置井壁同一方向。框架四角还保存有角柱，角柱残长96～110厘米，径5厘米，角柱与碗口结框架用藤条交叉捆扎，框架与四壁间密插细木棍，棍径1.5～2厘米，背棍下部约4厘米处削成单斜尖状，背棍间距1.5～2厘米。框木和背棍表面均未加工，树皮依存，出土时呈红褐色，水分含量很大。框木取材考究，主要取较直树干，只需两端加工即可安装。井深312厘米，井底为灰岩，底部东高西低。此井充填土分两大层，上层厚215厘米，红褐色铁质黏土，夹有木屑；下层厚97厘米，灰黑色夹砂淤泥层，土质细腻松软。井口下246厘米处开始出现杂乱坍落的井框木，至275厘米深度时废弃木更多，大多分布于井的东部，同时还见被火烧的竹签。井口下294厘米处的东南角，见直立的陶斝1件，器底有烟炱，其3足间有火烧竹签。竹签长12～18厘米、宽1.5～2.2厘米。同出土的还有绳纹黑衣陶鬲口沿1件。矿井中的充填土，其上层为人工搬运而来的堆积，下层是矿井废弃后自然雨水冲刷的淤积泥土。

矿井30，第九层D层下开口，打破矿井63。方形框架，由4根中粗圆木组成一副框架，被撑木径9厘米，长130厘米。井筒毛断面边长122厘米，净断面达长90厘米，井框与围岩间用小棍护壁。清理框架13副，间距16～29厘米，下部框架间距较大。已清井深443厘米。井深365厘米处见一不规则的自然铜块，长径5.2厘米、短径4.3厘米、中高3.8厘米，自然铜表面呈红褐色皮壳状，厚仅0.2厘米，内芯为紫红色蜂窝状铜晶体。矿井掘至348厘米深时还见有黑衣灰陶鬲腹片2件。井内充填土夹有树枝叶，枝叶泛青色，叶脉清晰可见。从井口上覆盖的褐土中夹有大量竹木、树枝叶分析，矿井原搭有遮棚。

(2) **同壁碗口接加强内撑式支护竖井**，此类井框架是在同壁碗口接内撑式结构的基础上，于相对的2根碗口木之间再撑1根对开半圆木制成的碗口木，半圆木平面朝内，使框架四方都有支撑点，加强了井筒支护的牢固性。这类竖井有8口，其中矿井75支护木C^{14}测定年代，距今3070±80年。

以矿井75、94举例说明。

矿井75，正方形，井筒毛断面边长136厘米，净断面边长110厘米。碗口木长110厘米，径6厘米。横木长150厘米，径6厘米。由于净断面较大，采取两种支护措施，一是框架间距缩小为26厘米；二是从第2厢架始，用加强式（即在长圆木边加半圆木）支撑，形成四方支撑点。井筒的北中部还另立一根小于框架木的径约5厘米圆木，紧靠框木，估计原有藤条捆扎，惜已脱落。该井清理深度304厘米，未及底，框架8副。

矿井 94，井筒断口矩形，南北长，东西短。毛断面 240×164 平方厘米，净断面 221×92 平方厘米。框架东西方向卡口，卡口上下方向一致，框距 26 厘米，清理框架 3 副。已清井深 98 厘米，未及底。南北方向另加半圆木支撑。东西两面各有 2 根径 5 厘米立木，形成两副对称木梯，为矿工上下提供便利条件。井筒用小棍贴壁，棍径 2～3 厘米，间距 3～4.5 厘米，棍外四壁还敷有草席编物，草编物厚度 2～3 厘米。此井清理至 65 厘米深度时，在淤泥层内还发现被压扁的木桶、弓形木、尖状木、木撮瓢各 1 件，这些遗物处于同一平面，大多系一套排水工具。

2. 平巷，商代平巷共清理出 6 条，约占所清巷道 32%，其中碗口接半框架式支护巷道 2 条，碗口接架厢式支护巷道 3 条，开口贯通榫接架厢式支护巷道 1 条。依据巷内出土遗物的断代、C^{14} 测定年代以及支护工艺发展规律判断，前两种形式的巷道为商代中期至晚期，后一种形式的巷道为商代晚期。

（1）**碗口接半框架式平巷**，由 2 根立柱和 1 根顶梁组成半框架，无地栿。框架间不能组成厢式。立柱柱头凿有碗口状凹槽，托住顶梁。顶棚和巷帮以小棍、中粗圆木、木板护顶。这类平巷有 3 条。以巷道 4、6 举例说明。

巷道 4，巷道断面净空 86×72 平方厘米，矩形，框架结构简单，只用两根立柱和一根顶梁组成碗口结式框架。顶梁长 110 厘米、立柱高 85～66 厘米，框距 34～50 厘米之间。巷底为起伏不平的灰岩，立柱直接落于灰岩，立柱的高度视地形高低而定。

巷道 6，支护木保存较好，顶棚木尚在。巷底北低南高，凹凸不平，中部灰岩突出，高低差 21 厘米。框架由 3 根圆木组成，即 1 根顶梁，2 根立柱，巷道框架内高 94 厘米，宽 72 厘米。顶棚用小棍密排，棍径 2～2.5 厘米，间距 1～2 厘米，纵向平铺，棍长 136～245 厘米，木棍排列时长短交错搭于顶棚，巷帮亦密排纵向木棍。

（2）**碗口接架厢式支护平巷**，由 4 根圆木组成，每副立架，有 1 根地栿，2 根立柱，1 根顶梁。立柱柱脚、柱头端均为碗口状凹，卡住顶梁和地栿。顶棚以中粗木棍稀排遮顶，巷帮无背棍。此类巷有 2 条。以巷道 3 举例说明。

巷道 3，巷底内西北向东倾斜，倾角 3° 。框架净高 74 厘米，宽 64 厘米。立柱上端弧状，凹口与顶梁连接，4 根构件径均为 8 厘米。顶梁长 110 厘米，两端各嵌入围岩 15 厘米。立柱紧靠两侧围岩，巷框间的巷帮无支护。顶棚用中粗圆木，封闭不严。它的西端与矿井 24 贯通，其东端为防围岩土塌落，而采取临时性措施，用 4 根中粗木作桩，相互对夹木板，形成挡墙。矿井 24 底部有圆木铺垫，作进入巷道 3 的踏脚板。

（3）**开口贯通榫接架厢式支护平巷**，这类平巷仅见巷道 1。巷道 1 巷框为间隔排架式，每副框架由 4 根圆木组成，即顶梁、立柱、地栿。顶梁与立柱衔接为开口贯通式穿接，立柱上部的母榫在其中央刳出宽 2 厘米、深 8 厘米的母口，顶梁两端削出中厚 2 厘米的公榫，公榫两端上下面削成梯形，公榫嵌入母榫后另突出 2 厘米。顶梁长 100 厘米、径 8 厘米，立柱高 100 厘米、径 8 厘米，地栿长 100 厘米、径 8 厘米。地栿两端凿有 2.5 厘米宽的方孔，立柱下端削出长 10 厘米公榫，地栿和立柱用榫卯穿接，从而组成一副长方形框架。由于围岩较松软，为了防止框架晃动，在顶梁两侧用长 20 厘米、宽 5 厘米的斧形木楔打入围岩与顶梁两侧，使框架更为稳定。巷帮支护木置于厢架与围岩间，其西端用长 95 ~ 130 厘米、径 4 ~ 5 厘米的木棍横向交叉贴壁，间隙较大。巷道东向则用长 120 厘米、宽 5 厘米的木板交叉横栏。顶梁之上的棚木，西向以纵向小棍排列，小棍上还铺有树枝叶；东段纵向平铺木板，其一端的 7 ~ 10 厘米处削成尖状，木板交错时，尖、平端相反。巷道底部弯曲台阶状，其西部阶高 12 ~ 16 厘米，铺有长 45 ~ 67 厘米、宽 5.6 ~ 7.1 厘米、厚 2.5 ~ 3 厘米木板。此巷由于地处低洼地，充填土多为黑色淤泥。坑木由于长年经地下水浸泡，表面呈炭化黑色。顶棚的西端出有木锨 3 件，东端出有竹筐 1 件。巷道底部的淤积土中出有黑衣灰陶绳纹鬲口沿 1 件。此巷清理长度为 504 厘米，向东延伸未清至尽头。

3. 马头门，马头门是指竖井与巷道衔接处的构架。马头门结构见于矿井 12、14、24、102 底部。以矿井 12 为例说明马头门结构。

矿井 12，框架为碗口同壁内撑式，在井框的东北、西北角竖两根径 6 厘米的柱子，立柱残高 115 厘米，在两柱间有碗口木卡住。新增的碗口木低于原井框木，在 H 型马头门框架上，纵向铺木棍，引入巷道。马头门的空间较小，高 66 厘米，宽 61 厘米。

4. 露天槽坑，露天槽坑用于与竖井联合开拓，是一种边探矿边开拓的有效方法。铜岭商代槽坑 1 与矿井 11 相通，即在海拔＋71 米的山坳地表开挖半地穴式露天槽坑，长 760 厘米，宽140 厘米，深 56 厘米，槽坑两帮打入木桩，作为挡土墙。槽坑走向北西向，坑底东高西低，西向为槽坑首端，东向为尾端。坑形如半地穴直壁长条形探槽，槽壁南北两侧用粗圆木或半圆木、扁方木桩支护，木桩下部 9 ~ 12 厘米处削成三角形尖状打入土中。圆木桩残高 6 ~ 50 厘米，径 6 ~ 16 厘米，扁方木桩宽 8 ~ 16 厘米，厚 4 ~ 8 厘米。槽坑四角为圆角方形。坑西端宽 138 厘米，中段宽 144 厘米，东端 156 厘米。桩柱排列较密集，桩距多在 6 ~ 8 厘米之间。坑内填土分 3 层，第 1 小层为红褐色铁质黏土，厚 5 ~ 16 厘米；第 2 小层为红褐土夹灰白块土，厚 5 ~ 24 厘米；第 3 小层系红褐土夹黄粉砂岩碎块，并含细小孔雀石粒，厚 21 ~ 7 厘米。坑底北西部见长 156 ~ 180 厘米的中粗木棍，由于其东向底部与矿井 11 井口贯通，被视为同一遗迹单位，称之井口露天槽坑。从遗迹现状分析，槽坑的开拓是由西向东进行，西部头端 120 厘米地段均无木桩，说明此段开掘深度较浅，西端地势低洼，无须木桩护壁。掘至其东南时遇有富矿，于是转入开拓矿井 11。

5. 工棚，商代工棚3处，编号1、5、6。

工棚1，位于矿井11西南，叠压于第十层A层下。此棚遗存东西长、南北宽的草席遗物，估计为工棚顶或编织墙倒塌的建筑材料。清理草席范围极不规则，可能受后代破坏所致，东西长275厘米，南北宽45~92厘米。草席的编织纹路清晰，残留有小山竹相夹的遗痕。工棚的西南角见有两根残木，不见柱洞，从堆积情况判断，当为窝棚。在残留的草席下见长木铲1件，可复原的圜底罐1件、陶鬲足1件。

工棚6，位于探方2西北角，叠压于第九层D层下。其西部已被现代筑路破坏。此棚同系窝棚建筑，残留编织物为不规则形，南北长220~240厘米、东西宽168~237厘米，小山竹编织的竹席已散落，竹径1.4~1.8厘米，上压中粗木棍3根，两根南北横列，长210~232厘米，径6~7厘米；另一根东西向，长181厘米，径8~12厘米。竹席范围的东南出有陶鬲足1件。

6. 生产工具，（1）**采掘工具**，采掘工具共计6件，有铜锛、铜凿及与之相配套的木柄。

铜锛，3件，均完整。体显薄，刃部较宽，锋利，既可用于采掘，也可用来加工木材，分3式。

Ⅰ式：长方銎，其上部有两道宽凸带状，双刃，刃部宽弧，至今锋利。整器合范铸成，范缝痕清晰。器高9.4厘米，銎口长4厘米，宽3厘米，壁厚0.4厘米，中腰宽2.7厘米，刃宽4.2厘米。

Ⅱ式：梯形銎，中上部有两道细宽凸带状，双面刃，刃宽弧，合范铸成，范缝位于两侧正中位置。器高10.6厘米，銎宽4.2~4.6厘米，中腰宽3.2厘米，刃宽4.6厘米。

Ⅲ式：器型与Ⅱ式大体相似，区别点主要在中部，束腰不明显。器高10.2厘米，銎宽4.1厘米，中腰宽3.2厘米，刃宽3.8厘米。

铜凿，1件。长方形，椭圆銎，凿身截面为方形，刃部偏尾端，单斜面刃。器高18厘米，銎径2.4~2.6厘米，刃长0.8厘米，宽1.2厘米，刃部锋利。

木凿柄，2件。杆身光滑，截面圆形，杆端平齐，并见长时间剧烈碰击后残存的木花丝痕，应与铜凿作为复合工具，配套使用，为凿岩的中介工具。长76厘米，径3.2厘米。

⑵ **提升工具**，提升工具有木滑轮和弓形木两种，计2件。

木滑车，1件。用大树干加工而成。横长32厘米，轴径25厘米，鋬手高2.1厘米，轮轴径5.5厘米。轴心位于滑轮横向中央，轮中部低平，低于整个轴面0.6厘米。轮面宽12厘米。轴面两外侧间隔5个对称梯形凸块，上宽5.4厘米，下宽7.2厘米，凸节既可做鋬手，又可约束绳索在低平槽内，凸节底边与轮轴侧面平齐，中心轴各向内进入

8.4 厘米后，轴中空处增大，斜状增大后又成直线，中心轴增大后径为 7.5 厘米，在凸结中间有两对称孔眼，孔眼斗状，上大下小，贯通轴部。长方形孔眼上部长宽为 3.6 ~ 2.7 厘米，下部长宽为 1.8 ~ 1.5 厘米。其中有一孔眼近底部在靠外轮面向内折 0.9 厘米。从现象分析，孔眼应有专门功能。轮轴的两端和轴心十分光滑，尤其是靠轴头 1 厘米处摩擦迹明显。轮面低平槽内的绳索活动处也有擦痕。

弓形木，1 件。长方木加工而成。长 42 厘米，宽 4 厘米，中厚 1 厘米，边厚 4 厘米。中央砍削成八字形，上宽 7.5 厘米，下宽 15 厘米，中空高 3.5 厘米。两边缘从侧面对称砍削，砍削面末端宽仅 1 厘米。此件与木桶同出，当时用此作平衡杆，用绳索把杆和桶连接，然后用长绳或带木钩的绳索提升。

(3) **装载工具**，装载工具有用于铲土的木锨、木铲、木撮瓢和竹筐。

木锨，9 件。器体两侧内卷，中截面为内弧状，刃部经使用后多为舌状。

Ⅰ式：3 件。锨身较短，显窄小。长 45 厘米，柄长 30 厘米，斜肩，坎肩宽 6.2 厘米，刃宽 4 厘米，柄入锨面处为凹弧状，弧深 1.2 厘米。

Ⅱ式：2 件。柄长于锨身，柄与坎肩呈倒 T 形，锨身略向内孤凹，但锨背弧向更大。器长 122 厘米，锨身长 27 厘米，坎肩宽 16 厘米，锨面中央弧深 0.6 厘米。

Ⅲ式：4 件。柄较锨身短，锨面宽而弧深，全长 31 厘米，柄长 12 厘米，坎肩宽 14 厘米。柄与锨身交界处呈凹弧形，弧深 2 厘米，刃部上翘。

木铲，5 件。铲身较短而窄，铲面平，刃部平齐或略有圆角。分 4 式。

Ⅰ式 2 件。长柄，柄长于铲面，铲身单斜面。铲背弧状。全长 68.8 厘米。坎肩与柄斜弧状，铲面呈椭圆形。铲身长 16 厘米，背厚 1.8 厘米，中宽 7.2 厘米。

Ⅱ式 1 件。柄明显长于铲身，柄与坎肩呈倒 T 形，铲身两侧平直，刃部有圆角，全长 122 厘米，柄长 100 厘米，坎肩宽 13 厘米。此类长铲既可铲土，也可用作在选矿槽内搅动水中的矿石，使泥和矿石分离。

Ⅲ式 1 件。长柄，坎肩斜状，坎肩后缘斜下。长 46 厘米，柄长 30 厘米。

Ⅳ式 1 件。长 20.8 厘米。短柄尖状，斜肩，铲面明显大于捉手处，刃部经使用后呈弧状。

木撮瓢，5 件。短柄，铲面为斗状。由于其身较短，适宜在工作面较窄的井巷撮土或排水。

Ⅰ式 2 件。短柄，撮身后端为舌状，撮面弧凹状。全长 21.2 厘米，柄长 6.5 厘米，弧深 0.6 厘米。

Ⅱ式 2 件。柄短于撮身，撮后端先直切，后弧切，截面弧凹。后端切深 4 厘米，前缘切深 1.8 厘米。器长 34 厘米，柄长 16.2 厘米，撮面宽 12 厘米。

Ⅲ式 1 件。短柄，撮面较宽，弧凹较深，撮面前沿翘起，器长 29.6 厘米，柄长 12 厘米，撮身宽 18 厘米。

竹筐 3 件。提梁把手，筐体圆角方形，筐围密编，筐底井字形。筐身高 24 厘米，提梁至筐口高 18 厘米，筐底边长 21 厘米，口径 32 厘米。麻花状把手。筐口边篾条咬合锁边。提梁粗径 1.2 厘米。筐底由经纬篾条十字相交，形成网格状。底篾宽 1.2 厘米。青皮细篾条纬线绕圈编成筐围。

（4）**排水工具**，排水工具有木水槽和木桶。前者固定于巷道，使积水入水仓。后者主要用于在井巷低洼处盛运积水吊至地面。

木水槽 4 件。体较宽，用材较厚，一端大，另一端小。大端显厚，小端显薄。该水槽出土时已废弃在地层中。残长 186 厘米，槽头宽 29 厘米，厚 4.8 厘米，槽尾宽 23.4 厘米，厚 2.3 厘米。槽心缓弧状，槽头弧深 5.2 厘米，槽尾弧深 3.1 厘米。使用时两节上下叠压，小端压于大端，尔后大端又托住小端，形成叠落的流水差。水槽出于商代矿区，长 234 厘米，宽 28～32 厘米，槽内面有斧砍痕。

木桶，1 件。与木瓢、弓形木同出。为整木挖凿而成，出土时已被压扁，器高 38 厘米、口径 16 厘米。器壁较底部薄，器壁厚 1.6 厘米，底厚 3.3 厘米，直筒状，内底留有凿痕，口沿下 3.5 厘米处有对称孔，孔眼边长 1.6 厘米，器身上、中、下分别有 3 组单篾条箍，箍宽 1.3 厘米。上组 2 道，中组 4 道，下组 2 道。为了使箍圈牢固，在上、中、下 3 组分别用竹签楔入桶外壁与箍篾内，竹楔上宽 3.2 厘米，下宽 2 厘米。上、中组竹楔由上至下楔入，下部竹楔由下往上楔入，通过改变竹签楔入方向，使桶箍更为牢固。

（5）**选矿工具**，选矿工具系木制淘砂选矿工具。在井巷开拓时使用，将矿土放入容器内，通过水与矿石的分解摩擦运动，使矿粒显出，以判断矿石品位高低，用来指导井巷沿富矿带采掘。

淘沙盘，4 件。式样有别，器体薄，盘体浅。

Ⅰ式勺形。器长 25.5 厘米，高 3 厘米。薄胎，最薄处仅 0.5 厘米。把手弧形，两边沿卷起，勺把前沿梯形，勺身横切面为倒梯形，勺边与底长椭圆面分界明显，勺身横截面宽 12.6 厘米，纵切面长 21 厘米，底向上凹进 0.5 厘米。器表加工光滑，盘内加工稍粗糙，便于增加摩擦系数。

Ⅱ式，圆角长方形，商代矿区采集品，残长 21 厘米，有凸宽边，底平坦，厚 1.2 厘米，高 2.6 厘米。四周有凸边。

Ⅲ式，长椭圆形，采集于商代矿区。口大于底。

Ⅳ式，斗状，长 21.4 厘米，宽 11.2～8.4 厘米，一端宽，一端窄，四角均切角，四周留有边沿，两端边宽，两侧面窄，两端宽 2.8～3 厘米，两侧宽 0.8 厘米，四内边沿斜切；中空深 1.6～2.5 厘米，中空宽 9.8～7.2 厘米，底厚 1.8 厘米，底部平齐，盘内底面留有斧凿痕。

(6) **生活用具**，生活用具主要指的是陶器。陶器质料有夹砂黑衣灰陶和几何印纹红褐硬陶。器型有斝、鬲、罐、瓮、盖等，共计 88 件。从器物功能可分炊食、盛食、储食等用具。制法为轮制，圜底器采用手制，也有轮制和手制结合，例如斝、鬲的上部轮制，足根则是手制后套接上的。手制器皿的内壁满布手捺窝。

斝，1 件。夹细砂黑衣灰陶，卷沿，盘口微敛，方唇，唇下缘折角，袋状足分裆明显，矮锥足根，流口与把手不在同一方向。麻花形把，颈腹饰中粗绳纹，束颈处有一道凹弦纹，足根处素面无纹。口径 14 厘米，器高 15.8 厘米。

鬲，38 件。大都系口沿片、腹片、裆片和足。复原件夹砂黑衣灰陶，侈口卷沿方唇，颈部较明显，鼓腹偏下，3 袋足外撇，颈上部饰中粗绳纹，颈腹以一道绳索状附加堆纹间隔，腹部绳纹竖条压印，裆部绳纹则横向压印，足根部无纹。整器宽略大于高，口径 17.8 厘米，高 19.5 厘米。器底腹均有烟炱。

鬲口沿，分 5 式。

Ⅰ式 5 件。夹砂黑衣灰陶，侈口卷沿方唇，颈部显高，颈下饰宽带附加堆纹，腹饰竖条中粗绳纹，口径 18 厘米。

Ⅱ式 6 件。侈口折沿尖圆唇，唇上缘内钩，颈腹不甚明显，颈腹间饰索状凸弦纹，腹饰绳纹，腹略大于口。器体小的口径 10.8 厘米。

Ⅲ式 8 件。泥质黑衣夹细砂灰陶，折沿方唇，唇上缘内钩，束颈，腹略大于口，腹上部饰绳索状凸弦纹，下饰绳纹，口径 18.4 厘米。

Ⅳ式 4 件。泥质夹细砂黑衣灰陶，卷沿方唇，唇上沿内钩，颈较高，腹略大于口，颈饰弦纹，绳索状凸弦纹，腹饰绳纹，口径 17.3 厘米。

Ⅴ式 6 件。泥质夹砂黑衣灰陶，侈口卷沿方唇，唇上缘内钩，颈较高，腹略大于口，颈腹间饰索状绳纹，腹饰绳纹，口径 17.2 厘米。

鬲足，8 件。有锥状和外撇足之分。黑衣灰陶，袋状足，足根较直。夹砂黑衣灰陶，袋足，足尖明显外撇，饰细绳纹。夹砂黑衣灰陶，袋状足，足根外撇。

罐，21 件。皆口沿、腹和底片。复原 2 件，泥质红褐硬陶，侈口卷沿方唇，高颈，颈间分明，直腹圜底。颈饰数道凸弦纹，腹上部饰错乱云雷纹，近底部饰叶脉纹，器内壁有手捺痕，口径 17.2 厘米，高 21 厘米。泥质红褐硬陶，矮颈，颈饰数道弦纹，腹饰云雷纹，腹下部至圜底饰叶脉纹。口径 22.4 厘米，高 28 厘米，器内手捺痕明显。

罐口沿，18 件。分 4 式。

Ⅰ式 4 件。泥质灰硬陶，侈口卷沿圆唇，颈和沿面均有凹弦纹，腹饰凸块纹。颈腹有折度，腹与口平齐，口径 24 厘米。

Ⅱ式 6 件。红褐硬陶，侈口卷沿方唇，高颈，腹大于口，颈肩分明，腹饰云雷纹，口径 14.8 厘米。

Ⅲ式 3 件。侈口卷沿，沿面内钩，高颈，肩饰细绳纹，口径 15 厘米。

Ⅳ式 5 件。卷沿方唇，高颈，肩饰瓦状弦纹，腹饰细绳纹，口略大于腹，口径 11 厘米。

罐肩片，1 件。原始瓷胎，肩饰两组凹弦纹，内壁有制作时遗留的手捺痕。

器盖，1 件。泥质黑衣灰陶，盖面弧状，横切面为子母口形，子口高 1.6 厘米。

陶器纹样制作手法有刻画、刻画与贴捺结合、拍印等多种装饰手法。夹砂炊器鬲、斝类多饰绳纹、附加堆纹、弦纹，泥质盛器罐类多拍印有云雷纹、叶脉纹、编织纹、凸块纹。有的陶罐上有数种纹饰组成，如圜底陶罐装饰分三部分，颈部通过口沿慢轮刮削出数道弦纹，腹部饰云雷纹，下部饰叶脉纹，形成了组合几何形图案。

铜岭遗址西周开采遗存 西周采区主要分布在发掘区的北部，井巷分布密集，在 2、5 探方的第九层 C 层下还发现选矿场 1 处。

该时期的采矿方法主要是开拓竖井，然后转入平巷掘进，井巷联合开采。井巷支护构架大部分时间采用榫卯穿接，与商代支护风格迥然不同，然而到了西周晚期开始恢复原有的碗口接工艺，但不是简单重复这种支护工艺，而是根据采矿深入地层深部围岩压力的需要，运用框架支护的力学原理，将原有的 4 个支撑点，转为 8 个支撑点，即上下框架内撑木相反支撑竖井围岩。这时期还出现采矿主井，如大型日字型竖井，这种竖井采取双层框架紧贴支撑围岩。由于框架工艺的改进，供上下运输的主井设立，使西周晚期的采矿技术较商代更为先进。

该时期选矿场的发现，是铜岭采矿区的重大发现，不仅能从中了解当时开采方法和技术，还知道当时采矿为减少运输量而就地选矿冶炼情况。以及采用半自动溜槽分节用水冲洗式流程选取矿石。

西周矿区除了井巷和选矿场外，由于清理面积所限，其他遗迹一时难以见到。发掘区内的第九层 B 层、第九层 C 层 2 层堆积及在这 2 层下开口或叠压的遗迹，均属西周文化遗存。

1. 竖井，西周竖井共清理 15 口，约占所清理矿井的 14.5%。其中尖头透卯榫内撑式竖井 1 口，平头单透卯榫串联套接式支护竖井 6 口，交替碗口接内撑式支护竖井 3 口，交替碗口接加强式支护竖井 1 口。榫卯接框架占发掘清理矿井总数的 10.9%，后两种时代属西周晚期至春秋早期遗存。

(1) **尖头透卯榫接内撑式支护竖井**，仅见矿井 20，C^{14} 测定年代距今 2830±60 年。井框由 4 根木构件组成，即 2 根卯眼木和 2 根榫头木。卯木为半圆木，两头凿有方孔，榫木加工呈半圆木，两端为榫头。井口横断面为方形，净空尺寸 98×98 平方厘米。以木板作井筒围岩的护壁，即呈背板，背板厚 3 厘米、宽 14～15 厘米、长 70～110 厘米不等，板下端砍成尖状，井残深 160 厘米，残余框架 3 副，底部见灰岩，井底出土木锨 1 件。

(2) **平头单透卯单榫串联套接式支护竖井**，由 4 根木构件组成 1 副框架，每根构件的一端为榫头，另一端平头部位凿有方形卯眼，4 根构件首尾相串套接。以木板作井筒护壁。以矿井 13 举例说明。

矿井 13，井筒方形，毛断面边长 106 厘米、净断面边长 80 厘米。4 根框木上下及外侧面平齐，内面弧状，框木榫眼为方形，规格 2.5×2.5 平方厘米，另一端削出榫头，榫头尺寸长 6×5 平方厘米，榫头卡端为燕尾状，榫头与榫眼接合后另凸出 2 厘米，框木长度一致，长 114 厘米。四壁用 14～16 厘米宽板封闭，框木上下间距 26 厘米。此井深 65 厘米处出有竹盘 1 件。

(3) **剑状单透单榫串联套接式支护竖井**，与平头单透卯单榫串联套接式支护不同处仅是卯口木由平头改为剑状，更便于楔入围岩，增强框架牢固性。井筒以板护壁。以矿井 28、70 为例说明。

矿井 28，方形。毛断面边长 96 厘米，净断面边长 84 厘米。框木长 112 厘米、宽 9.5 厘米。框木一端剑状，方形卯眼。框木剑状端嵌入围岩 16 厘米。框距 46 厘米，用板封闭，板厚 3 厘米、宽 6～10 厘米，长 85 厘米。底部有马头门与巷道 11 相通。

矿井 70，由于采空区早年塌陷，其井体由东向西倾斜。井筒毛断面边长 86 厘米，净断面边长 60 厘米。框木一端削出方榫头，另一端削出剑状母榫，公榫燕尾形，公母榫相套后卡弧将四壁衔接更紧凑，框木各嵌入围岩 9 厘米。框木为半圆木护壁板一面平，一面弧，弧面朝内。框架四角立 4 根径 6 厘米的柱子，为加固井架和上下方便之用。

(4) **交替碗口接内撑式支护竖井**，结构与碗口接内撑式相同，仅是每副框架在支护排列方位时交替变化。即当第一副框木的碗口托卡木靠井筒的南北壁时，则第二副就安装在东西壁，如此循环交替，其优点是使碗口接内撑木间隔出现在井筒四壁，使四壁在较短的距离都有支撑点。井筒四壁以板围护。以矿井 23、80 举例说明。

矿井 23，井口于第九层 B 层下，井口方形，净断面边长 80 厘米。井筒支护高出地表 20 厘米，周围填有一层厚 3～4 厘米的青灰胶泥至井口背板，显然是为了防止水渗入井内，矿井 23 的 C^{14} 测定年代为 2810±60 年。

矿井 80，第九层 B 层下开口，方形框架，毛断面边长 134 厘米，净断面边长 80 厘米。碗口接上下框架卡口方向相反，以板护壁。原始井口南北两壁见踏脚木，北踏脚木为半圆形，平面贴于第一层框木，长140厘米，弧面朝上；南踏脚木长118厘米，离井框东5厘米处有1托板，位于第一层框木下12厘米，两端插入井筒东北、东南角。托板厚5厘米、宽22厘米，板上置一断截木墩，木墩靠井内向有绳索擦痕。井口北、西有铺垫木，利于人工操作。木墩原应放置井口，作为提升的滑墩，后因井废弃后掉入井内。

(5) **交替碗口接内撑加强式支护竖井**，与矿井23、80不同之处在于，由两副交替平置的碗口接框架重叠在一起组成加强式框架，每一组框架安装时，与交替碗口接内撑式单框的安装形式一样，交替更换内撑木的方位。这样使支护有多个撑点，大大增强了框架抗压强度。这种构架竖井仅见矿井37。

矿井37，井体上部已被破坏，C14测定年代为距今2750±75年。采用激电测深方法，深约11米，井底测知与一巷道相通，巷道走向北东东85°，向北东延伸约15米。井口矩形，井体剖面呈┓型，上部井框构架为曰字形。井口毛断面南北长259厘米，东西宽178厘米，净断面南北长220厘米，东西宽125厘米；下部净断面155×125平方厘米。井框架构筑为双层式卡口内撑，即上层为东西向，下层紧靠上层则为南北向。上层框木径较粗，径约15厘米。在井筒南北纵断面约3/10处，横架一木，径12厘米，东西向搭于每两层一组的框架木上，直接顶住井筒围板，形成梯格，靠梯格横木南侧竖立两根径9厘米木柱，形成梯子。两柱间距86厘米，梯格间距则为每组框架上下间距，木梯横竖交叉处用约0.7~0.8厘米粗的藤条捆扎，藤条交叉缠绕捆扎，至今仍清晰可见。曰字形井深近4米后，变成无梯格小井，小井口位于南部，大井口转入小井口面为北高南低，高差22厘米，在其北向底部有散乱堆积的竹签和残破竹筐，竹签大都被火灼。小井口长方形，框架仍为两副紧依为一组，上下卡口方向相反，用材较上部小，框木径为8厘米，四周用木板封闭，板长160~220厘米，宽12~14厘米，下层板压上层板，可见当时背板安装时是先置框架，然后将木板从上而下楔入。该井清至810厘米深时见北东、南东、南西3面有角柱，柱径4~4.5厘米。由于井体较深，含水多，清理时框木呈绿色，树皮均可见。此井清理深度为845厘米，是所清最深之井，但仍未及底。井体围岩为红褐色铁质黏土夹细小孔雀石粒，井内充填土上部为红褐土夹白胶泥土，下部转入小井后充填土为棕色砂泥土，并且树叶成叠，厚约3~5厘米，树叶绿色或棕色。此井掘至162厘米处出有木锨1件，尖状木1件，井深224厘米处见瓦形木板1件，另见染有铜绿的兽骨。

2. 平巷，西周平巷共清理10条，约占已发现巷道的53%，又因平巷延伸一时难以发掘的生土层内，故均未清至尽头，清理部位大都在巷道中段。厢架结构均为圆周截肩单榫单透卯支护。巷道坑木的C^{14}测定年代，巷道2距今2950±50，巷道11距今

2950 ± 90 年。

圆周截肩单榫透榫架厢式支护平巷的框架由 2 根立柱，1 根地栿，1 根顶梁，4 根木构件组成框架。立柱为圆木，柱脚、柱头为单榫，顶梁和地栿为半圆木，其两端为平头，并凿有卯眼，与柱头的榫头交卯。以巷道 2、11 为例。

巷道 2，巷道走向北东向，东北高，西南低，高差 23° 。框架地栿木平南贴巷底，弧面朝上；顶梁弧面朝下。巷道净断面高 72 厘米，宽 64 厘米。立柱两端榫头为圆角方形，长 6 厘米，宽 2 厘米，立柱长 90 厘米，径 80 厘米。巷帮背板紧靠立柱横排，板长 110 ~ 170 厘米，宽 12 ~ 14 厘米，厚 2 厘米，排列密集，背板一端平、一端尖，可看出是先安好巷框，然后分段将背板楔入框架与围岩裂隙间。顶棚木板密排，框架间距 72 ~ 104 厘米之间。巷内充填土分两层，上部为红褐色铁质黏土夹成层树叶，有的厚达 5 ~ 6 厘米，巷底灰岩之上则淤积厚 5 ~ 7 厘米的灰色胶泥土。巷底出有木铲 3 件。

巷道 11，与矿井 28 相通。框架净断面高 90 厘米，宽 66 厘米，残存 3 副厢架。框架采用地栿、立柱、顶梁和棚板、帮板形成完全棚子。立柱两端削出圆角方形榫头，榫头长 4 厘米。顶梁、地栿均凿方形卯眼。顶梁弧面朝下，地梁弧面朝上。顶棚密排纵向板，板厚 1.5 厘米，宽 8 ~ 10 厘米、长 82 ~ 100 厘米。厢架间距 55 ~ 58 厘米。与矿井 28 相交的那副框架，则是在竖井的东北角用两根立柱直接顶住矿井 28 最底层框架，将顶板直接搭于井框和巷道第二排框架顶梁之上。在第 1 ~ 2 框架之间的底部出有木撮瓢和凹底罐片各 1 件。

3. 马头门，马头门见于矿井 28 与巷道 11、矿井 42 与巷道 13 相通处。

矿井 28 的底部设置马头门，在井框最下层一副木框下，此位置框架四壁无背板，在其井框的东北角，利用三角形井框下立两根间隔柱，立柱高 82 厘米、柱间内宽 66 厘米，立柱分别顶住东西边框木，与之相通的巷道 11 顶板搭于矿井 28 最底层框架上，使之成为底部平巷。

矿井 42 框架结构为榫卯式，其底部另立两根中粗圆木于框架两角，中用稍细圆木卡住立柱，横卡木低于井框 5 厘米，巷道 13 的顶板则架于此木上，作为该井通向巷道 13 的转折处。

4. 选矿场，整个选矿场的平面布局有引水沟、木溜槽、尾砂池、滤水台、木栏和选矿棚组成，见图。发掘揭露的选矿场长 1260 厘米，其西部处于公路坡沿，破坏甚大，仅存少量木栏。选矿作业流程由北而南进行，选矿场的地址选择依合连山西坡地势，沿南北走向下切呈阶地，挖成一南北走向的带状平场，但西平面比东平面约低 20 厘米，为了防止土石松动坍落，古人采用了木构件支撑护坡，即用木桩间隔背护台壁，在靠尾砂池这一段的木桩与台壁间采用山竹编织物护背，见图。带状选矿场北高南低，南北高

程分别为 +77.42 米与 +77.82 米。即溜槽、尾砂池地段较平，尾砂池向南地势逐渐坡下，至南端点约低于北端 40 厘米。

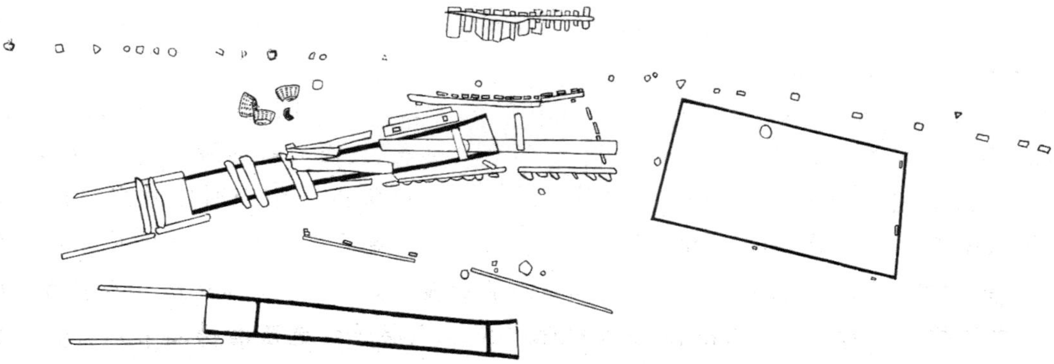

图 2-1-6　选矿场平面图

廊棚，在选矿场的东西两侧各发现一排较整齐的立柱，尤以东侧排柱保存较好。在东侧一线分布粗细不一的木柱 28 根，木柱截面有长方形、三角形、椭圆形 3 种，粗大者截面 14 厘米，小者截面 6 厘米。现存高度不一，约在 51 ~ 184 厘米之间，间距不一，疏者 62 厘米，密者 8 厘米。小者实为木桩，即东台壁的护桩，又是廊棚的东墙，粗大者为廊棚立柱，残立柱上端多呈圆尖状，木柱表面大都有烟炱，显然是过火所致，可能这一带当时山林发过山火，即便如此，其木质至今仍十分坚硬。木柱的底部较上部粗，下端平头，显然是当时构筑廊棚时，人工掘坑埋入立柱，埋入深度 28 ~ 42 厘米之间。西部受破坏，原应有对称立柱。选矿场开口于第九层 C 层下，在此层下有厚约 5 ~ 7 厘米的编织草席炭化堆积层压于选矿溜槽面上，应是选矿场废弃后堆积，即选场廊棚覆顶编织物。

引水沟，位于选矿场最北端，北端地层已被修公路掘去，遗迹残缺。所余部分南端与木溜槽衔接。沟为地面挖成的弧形沟，沟宽 40 厘米、深 22 厘米，沟残长 170 厘米。沟面各卧置一木板，东卧木长 124 厘米，断面 8 × 20 平方厘米，西卧木长 168 厘米，断面 8 × 3 平方厘米。水沟上再横铺木板两块，尺寸为 64 × 8 × 2 立方厘米和 58 × 12 × 2 立方厘米，此两横板似过沟桥板。前段沟上盖树皮，长 90 厘米、厚 2 厘米，以防止土块落入沟内，妨碍选矿流程。

木溜槽，木溜槽是选矿场的主要设备，也是选矿主要作业区段。溜槽的边缘有护沿，上段两缘护沿采用木板，尺寸分别为 184 ×（6 ~ 10）× 3 立方厘米和 154 ×（8 ~ 10）× 3 立方厘米。由于槽尾低于槽头，故槽下段两旁地面略高于槽沿 6 ~ 7 厘米，形成很浅的槽坑。在槽坑两壁密排低矮的挡土板，挡板与尾砂池的挡板连为一体，东边 18 块，西边 17 块，板厚约 1 厘米、宽 4 ~ 16 厘米不等。贴板打入地下约 9 ~ 12 厘米，贴板上部平齐，横栏挡土，再在横木边钉木桩，固定横木。横木为圆木，径 6 厘米。小桩径 1.5 ~ 2

厘米。横撑木宽 70 ~ 84 厘米。槽尾部东边置 1 封板，与槽缘垂直，其功用可抵挡尾砂池的砂浆满溢后倒灌入溜槽内。木溜槽上段东侧置一块长 82 厘米、宽 15 厘米、厚 3 厘米的木板，板面平齐，板的两端分别凿 8 × 4 平方厘米与 4 × 4 平方厘米的孔眼。孔眼可见已朽木钉（木桩），桩下亦见木钉眼，估计是供人工操作溜槽槽尾闸门时的坐台。木溜槽的上段东侧出有倒扣的竹筐 3 只，其中有 2 只叠落在一起。同时还见草鞋印迹 1 只，方格纹平底陶罐 1 件。

木溜槽的材料采用坚硬大圆木刳成，横断面呈弧形，长 343 厘米，槽面口沿宽 34 ~ 42 厘米，槽深为 20 厘米，边厚 4 ~ 5 厘米。自槽头至尾的 120 厘米处设有 1 挡板，为精矿截取板。板宽10 厘米、厚 2 厘米，板与槽东壁开口榫相嵌，与槽西壁榫卯相接，其结构便于操作。截取板与槽面间距 5 厘米，形成一个半圆孔。自槽头至尾 305 厘米处设有 1 门，为启闭槽口的闸门，呈半圆形，宽 42 厘米、厚 1.5 厘米，其弧线与槽弧线面紧密吻合。闸板西弧端凸出一榫，与槽壁卯眼相接，便于活动。木溜槽走向 345°，倾向东南，倾角 6°，即槽头高于槽尾。

尾砂池，紧靠木溜槽，池底与槽尾呈台阶状相接。台面分别由宽 10 ~ 14 厘米木板铺垫，池底未见板。池东、南、西 3 壁为背板护壁，背板密排，近底部 25 厘米处有 4 根圆木支撑护板。池内淤泥积土为红褐色铁质黏土，淤土细腻。池深 76 厘米。

滤水台，距尾砂池南约 92 厘米处，平面形状长方形。构筑法是在原有地势上将两边掘出 10 ~ 15 厘米高的土台，然后用稍低于土台 1 厘米的宽板槽挡土台，土台四周在板外加桩，形成一框围。台面东长 254 厘米、西长 264 厘米、北宽 140 厘米、南宽 142 厘米。土台面积约 3.70 平方米。滤水台面平整，平铺厚 3 厘米的细泥土，经拍实，台面呈由东向西倾斜 5° 的坡度。据选矿场出土的遗物及选滤设施布置看，土台是所选精矿的脱水设施，即滤水台。滤水台上清理竹筐 6 只。滤水台的作用是将选分出的精矿装筐后放置于台上，利于水分过滤流散，为冶炼提供干燥矿石原料。

5. 生产工具，分采掘、提升、装载、排水、选矿 5 类，以及生活用具和其他。

(1) **采掘工具**，采掘工具有铜锛、铜钺及与铜锛相配套的木锛。

铜锛，4 件，分两式。

Ⅰ式 2 件。方銎，长身，中束腰，宽弧双面刃，合范铸成。銎宽 4.1 厘米，中腰宽 3.2 厘米，刃宽 3.8 厘米，器长 10.2 厘米。

Ⅱ式 2 件。长方形銎，长身，舌形刃，合范铸成。上部有残缺，残长 10.2 厘米，銎宽 4.2 厘米。器身两侧斜直，刃宽 2.8 厘米。

铜钺，1 件。椭圆形銎口，宽弧刃，器身宽大于高。器身两面鼓状，刃部较厚。銎口长径 4.1 厘米、短径 3 厘米，器长 7 厘米，刃宽 7.6 厘米、厚 0.25 厘米。

木锛，2件。系用带弯叉的中粗树木加工而成，取材时柄端较细，但树杈处应为中粗。从保留的形态看杆与锛端相交处并未作加工，这点可从锛端保留树杈自然凸结中得以证明。锛身至刃部两面加工，正面斜直，背面略弧状，柄与锛身呈35° 夹角。柄部未作加工，树皮包裹树干。

(2) **提升工具**，提升工具包括弓形木、木钩、绳索、木滑车等。

弓形木，1件。长方木刳成。长58.5厘米，中高10.5厘米，边高6.2～7.5厘米。底平，两侧弧线向上收缩，两端弧状砍削迹清晰可见。底厚3.5厘米。正中央为梯形凹面，上宽4.5厘米、下宽6厘米。整器似今日衣架。从形制分析，应是用于提各竹筐、水桶类容器的吊杆。

木钩，3件。均利用天然树杈砍削而成，表皮未经加工。下端经多面砍削。保存较好，弯钩处磨损光滑。

绳索，2股。残长6～8厘米，用苎麻交股撮合而成，绳索较细，仅0.6厘米。

木滑车，1件。残长，横长26厘米，径18厘米，空心轴处呈束腰形，中空径8厘米、两端径9.4厘米，中厚5.6～5厘米、两端厚5～4厘米。两端空心处摩擦迹清晰，这是与滑车使用方式有关，这种滑车应是竖立于定轴盘上，经多次横拉转动，形成轴心两端空心大于中间部位。

(3) **装载工具**，装载工具有竹筐、木桶、木铲、木撮瓢、木锹等。

木锹，4件，分2式。

Ⅰ式2件。柄与锹身长度相近，锹面较穿，柄与坎肩呈倒T形。器长40厘米，柄长28厘米。弧形柄身，中深1厘米，锹面宽10厘米。刃部舌状。

Ⅱ式2件。柄长于锹身，锹面较宽，刃部缓弧。器长72厘米，坎肩宽16厘米，中深1.6厘米。

木铲，2件。粗柄，坎肩斜切，铲面直，柄长于锹身。器长40厘米、宽10厘米，柄长23.5厘米，刃部向内斜削。

木撮瓢，2件。柄与撮身长度近似，撮身后沿斜切，横切面缓弧状，前沿弧状，器长37厘米、柄长18厘米，撮后端斜切2厘米，前沿切深2.5厘米。撮体宽处14厘米。

竹筐，8件。大都出于井巷内，也有出于选矿场和地层内。筐高18厘米、筐口径36.4厘米，底部微凹，口大于底，底径25厘米，两麻花状环耳对称安于筐口，耳底内宽7.6厘米，内高7.5厘米，耳径1.3厘米。这类竹筐编织工艺细巧，采用粗细篾条编织，织编方法大体是先用宽篾编出底盘以及向四周辐射的经条，然后用0.3厘米的细篾起伏式地穿入经篾框内，同时从底向口编织，再用中宽篾条锁住筐口边，最后安上双耳。此种筐容积较商代增大，且底部非网格，而是封闭型，使装矿土时小孔雀石粒不致漏掉，同时筐体的牢固性也增强了。筐形矮，耳低，十分适宜在低矮巷道用手或绳索托运。

(4) **排水工具**，排水工具有木水槽和木桶。

木水槽，2件。分2式。

Ⅰ式，长68厘米、宽16厘米、厚2厘米、中弧深5厘米。外槽面平滑，内槽面有金属器凿痕，属小型排水槽。

Ⅱ式，该段水槽是在西周选矿场西侧发现，当时共发现3节，发现时架于高木桩和横杆搭成的U形托架上。木槽长297厘米，槽头宽54厘米，槽尾宽47厘米，中弧深20厘米，槽板厚6厘米。从木槽长度分析，这样大型水槽不太可能用于地下坑道排水，而是地面排水设施，从其出土部位分析，可能与排流选矿场内的尾砂池积水有关。

木桶，1件。鱼篓形，底部残缺，近底有转角。器件系整木刳成，器残高42厘米，束颈、鼓腹，口沿厚2.2厘米，壁厚1.8厘米。口径29.5厘米，腹径32.2厘米。颈下残留1扁方孔(4×2.6平方厘米)，估计制作件应为对称孔。束颈处切削明显，腹部加工光滑。

(5) **选矿工具**，选矿工具计6件。有木锤、木溜槽、淘砂木竹盘。

淘砂木盘，1件。椭圆形，长径15厘米，短径12.6厘米，底径8.8厘米，盘中深3.9厘米。盘体截面呈碗形。

淘砂竹盘，1件。口径32厘米，底径26厘米，高6厘米。竹盘编织法为先编出底部放射状骨架，然后用厚0.3厘米篾条穿入盘体骨架，从下至上编织，最后用青篾条完成锁口边。

木锤，4件。用中粗圆木或树杈加工而成，分2式。

Ⅰ式2件。柄椭圆，锤身扁椭，柄与锤体斜向交界。长36.8厘米，柄长19厘米，柄端径1.1～2.1厘米，锤面径4.8～3.2厘米。锤面周缘凸出，中部部位瘪下，显砸痕，柄与锤面均椭圆，柄长38厘米，锤体长17.2厘米，径3.2～4.8厘米。

Ⅱ式2件。利用中粗树杈制成。长26厘米，柄长19.5厘米，锤头高12厘米。椭圆锤体长径7.4厘米，短径6.3厘米，锤面微凹0.5厘米，使用痕迹明显。

上述木锤用途可能有两种，一种为用于安装井巷框架的木工作业工具，另一种则可能是用于将矿石和泥土分离的选矿敲打工具。

(6) **生活用具**，生活用具主要是陶质器皿，少量木制品。

陶器从陶色、胎质上来分主要是夹砂红褐陶、灰色硬陶。器型有鼎、甗、甑、罐、豆等。

鼎，4件。红褐陶，器高28.4厘米，口径26厘米，足高11厘米。侈口卷沿方唇，口略大于腹，罐形身，鸭嘴形足。腹饰中粗绳纹，足上部有锥刺窝沟槽。系一鼎足，鸭嘴形，上部截面桃形，下部扁状，足上部有刻画槽。

甗，4件。见口沿和腰片。夹砂红褐陶，卷沿，附贴半圆形包耳，包耳内有对称圆孔。口径22.4厘米、孔径1厘米。附耳内的孔洞应是吊绳用，其附耳的作用是保护绳索在炊煮时不被火烧断。夹砂红褐陶，甗腰片，束腰，内沿附贴三角形泥条，腰径18厘米。

甑，1件。黑衣陶质，系甑箅片，内底有1孔，中心孔一侧见长条空格。

罐，35件。分6式。

Ⅰ式1件。泥质红褐陶，侈口卷沿尖唇，牛鼻式双耳安于肩上部，中鼓腹，凹底。口径16.4厘米，底径13.6厘米，高28.3厘米，腹径30厘米。口沿以下饰弦纹与中粗绳纹组成的间断交替纹。

Ⅱ式1件。泥质红褐硬陶，侈口卷沿尖圆唇，矮束颈，鼓腹，平底，腹饰方格纹。口径14厘米，底径13.6厘米，高15.6厘米。

Ⅲ式7件。泥质红褐硬陶，侈中卷沿方唇，矮颈鼓腹，腹上部有一曲状横系，复原器应为对称横系。口径16.8厘米，最大腹径24厘米。

Ⅳ式17件。泥质红褐陶，侈口折沿方唇，矮颈，口小于肩，腹饰方格纹，口径25厘米。

Ⅴ式2件。卷沿，颈肩相连，颈腹饰间断绳纹，腹略大于口。泥质灰陶，口径20厘米。

Ⅵ式1件。泥质灰陶，卷沿尖唇，唇下缘内钩，颈部显出，颈饰竖条绳纹，腹略大于口，口径20厘米。

另见罐底片3件。泥质黑衣灰陶，凹底，底径15厘米。红褐硬陶，平底，饰方格纹，底径15厘米。罐耳3件，泥质红陶，耳两端向内凹，形成牛鼻状。

豆，2件。泥质红陶，粗喇叭座，盘较深，残高16厘米。

西周陶器纹样有刻画和拍印两种，刻画纹有三角形纹，拍印纹样有中粗绳纹、间断绳纹、方格纹、菱形填线纹等。

木碗，1件。残件，只余口沿部。制作精细，口微敛，口径11厘米、厚0.3厘米。

(7) **其他**，西周遗物中还有铜镞、木构件及自然遗物。

铜镞，1件。短铤，镞身凸脊，两翼张开，锋部锐利。器长3.8厘米。

木构件　8件。长条形，长76厘米、宽14厘米、厚5厘米，两端弧状，凹弧深1厘米，表面加工光滑。全长224厘米，宽8～6厘米，截面呈梯形。从16厘米处开始三向削尖。此木上端有凹弧。从采集地点分析，它应是选矿场排水槽的托桩。长条形，截面椭圆形，上大下小，上部有一方孔，孔径2厘米，器长141厘米，截面径7～6厘米。

此件很可能用来穿接横梁的建筑立柱。

自然遗物，主要是兽骨，表面均被铜绿侵蚀。1 肢骨其一侧切削，有磨痕，也可能是一种掘土工具。还有 1 兽骨为兽牙床。

铜岭遗址春秋开采遗存 春秋采区分布于整个发掘区，由于这部分采矿面偏上部，现代修路虽给予一定程度的破坏，但由于探方 2、5 上部仍保存有原始地貌，故春秋采区揭露出的原始井口面较多，采矿面的遗迹也保存较多。除露采坑外，还有用于采矿管理的围栅，斫木场和较完好的工棚。

春秋时期的采矿方法，以坑采为主，露采为辅，有的在露采坑的底部继续下掘竖井，还有的开掘更深、更宽大的槽坑。坑采仍是井巷联合开拓。这时期不仅有底部平巷，而且还出现了中段平巷，即竖井开掘到一定深度后，遇有富矿，先从中段转入平巷，中段平巷采掘完成，继续下掘竖井，再转入底部平巷。木支护工艺沿用早期传统支撑方法，无论井巷均用碗口接框架，所不同的是竖井的内撑方向由早期的同向撑，改为交替异向撑。

春秋时期的提升工具较前期更为齐备，不但有用于矿井提升的木滑轮，而且还有用于巷道运输的木滑车。由于提升工具和木支护工艺的改进，加上采矿经验的积累，这时期采掘深度在增加，采矿量也在增多。这一点从试掘的冶炼区主要分布点邹家、戴家铜石坡等地残留的大量炼渣下的春秋遗物得以佐证。

1. 竖井，春秋竖井共清理 37 口，约占所清理矿井总数的 37.8%，均为交替碗口接内撑式支护。

交替碗口接内撑式支护竖井以矿井 7、19 为例说明。

矿井 7，矩形框架，构件节点为碗口结，卡口木径 8 厘米，长 76 厘米，卡弧深 2 厘米，被撑木长 140 厘米，两端嵌入围岩各 22 厘米。框围用板护壁，井框卡口上下方向相反。该井清理框架 6 副，间距 26 厘米，已清井深 189 厘米，未及底。井口的活动面四角各有残立柱 1 根，东北角柱残高 40 厘米，径 28 厘米；西北角柱呈椭圆形，径 10～11 厘米，残高 16 厘米；西南角柱断面三角形，边长为 6～5 厘米，残高 17 厘米；东南角柱为椭圆形，径 7～10 厘米，残高 45 厘米，此四柱应是井口上的井亭立柱。井框内第一层框架上的东部有 2 根长短不一的踏脚木，东向为短木，长 70 厘米；西向为长木，长度 120 厘米。

矿井 19，由 4 根圆木组成框架，两长两短。方形井筒，净断面边长 80 厘米，上下卡口木方位交替，被撑木的两端削成尖状，嵌入围岩 16 厘米，四壁用板围护。此井清理框架 17 层，已清井深 645 厘米，未及底。井内充填土分 3 层，第一层厚 276 厘米，红褐色铁质黏土；第二层厚 87 厘米，灰色砂泥土，夹有成层树叶及小树枝；第三层从井深 3.64 厘米开始为淤泥层，此层出有竹筐 5 只，筐内仍盛含孔雀石粒的铁质黏土。井深 4.28 厘米的东南角出有斜插状木扁担 1 件。另见粘有铜锈的兽骨。

矿井 31，在清理至井深 378 厘米时见自然铜 1 块，为不规则形，径 6.4～9.2 厘米，中厚 4.7 厘米。矿井 51，井的四壁见有木楔，木楔为斧形，上方下扁尖，长 38 厘米、宽 10 厘米、上端厚 3 厘米，木楔每相隔一层框架就见有。

2. 平巷，春秋平巷共清理出 3 条，约占所清理巷道的 17%。这是因为许多竖井都未能清理到底，故未能达到地层深部的平巷采掘面。平巷支护结构基本上与早期的碗口接架厢式相同，所不同的是巷道顶棚及两帮均用木板封闭，普遍都有地栿，增大了抗压强度和采矿安全系数。

碗口接架厢式支护平巷以巷道 5、17 为例说明。

巷道 5，它打破早期商代巷道 6，框架净高 108 厘米、宽 88 厘米。受底部灰岩影响木框高低不一，西高东低，高差 56 厘米。框架为排架式，间距 58～64 厘米。厢架上下碗口接，即立柱刳成上下内弧形，分别卡住地梁和顶梁。顶梁、地栿径 8 厘米，立柱径 9 厘米，地梁落于灰岩上，不平处则用土垫平。背板纵向排列，板宽 12～14 厘米、厚 2.5 厘米、长 164～215 厘米。顶板亦纵向密集排列。巷底出木锹 1 件。

巷道 17，此巷是唯一从头至尾清理出的巷道，与矿井 57 中部相通，系中段平巷。长 320 厘米，属短巷。巷道走向北东。支护木由顶梁、立柱组成框架，框架木较其他巷框木粗大，顶梁径 14 厘米，立柱径 12 厘米，立柱高 60 厘米，碗口式接合。顶棚三层木板盖顶，最底层棚板长 110～104 厘米、宽 5.5 厘米，架于顶梁上。中层木板宽 5 厘米，横架于下层板上，上层木板径 5.8 厘米，纵向排列。棚板厚 3～5 厘米。此巷前段窄，后段宽，净宽 162～186 厘米。顶梁两端各嵌入围岩 22 厘米，使之保持厢架的稳定性。

3. 马头门，马头门见于矿井 57 与巷道 17 相通处及矿井 47 底部。以矿井 57 为例说明。

矿井 57，方形井筒，净断面边长 82 厘米，框架结构为碗口接，上下异向内撑。清理框木 14 层，已清井深 427 厘米。框距上部为 30 厘米，下部从第 11～12 层间距只有 23 厘米。马头门设在井框第 6 层下 12 厘米处，在其东北、西北各立 1 根长 142 厘米的角柱，角柱径 6 厘米，上下由径 6 厘米的碗口木卡住，形成马头门。马头门净高 85 厘米。马头门方向的壁板未能安装，形成中空门，通向巷道 17。马头门与巷道 17 交接处用木板搭于马头门上部横梁和巷道 17 第 1 排顶梁上。马头门下井框仍往下延伸，故巷道 17 应为中段平巷。

4. 露天槽坑，春秋时期开拓的露天槽坑 2，无论其规模、结构及功用上都比商代露天槽坑先进。

槽坑 2，全长 884 厘米，打破商代巷道 19，平面呈长方形，横断面呈斗状，北端为入口，南端点底部有坑。由于积水，南端底部去向尚不明。槽坑北宽南窄，北部上口净宽 182 厘米，下底净宽 150 厘米；中段上口净宽 180 厘米，下底净宽 148 厘米；南端上口净宽130 厘米，下底净宽 97 厘米。槽坑中深 175 厘米。坑底北低南高，倾角 4° ，槽坑口已被后代破坏，估计原构筑深度至少在 200 厘米以上。

槽坑的开挖构筑是从北至南进行，即在北坡向南的地层中开挖马口，为了防止边墙和马口坍帮，采用了木材随挖随撑，即将槽坑分段开挖支撑，第一段开挖的长度为 440 厘米，在坑两帮置厚 2 ~ 5 厘米，宽 8.5 ~ 16 厘米，略高于坑深的木板作为边墙护板，然后用长 440 厘米、径 7 厘米的圆木作横木，置于距坑底 40 ~ 60 厘米处，贴紧边墙护板，再用马口撑。马口撑圆木直径稍大于横木，为 10.5 厘米，两端为碗口状托槽，卡住横木，将横木及木板顶紧两帮。

马口撑由北向南间隔排列 7 排，中部间距分别为 135 厘米、175 厘米、135 厘米，每排又分上下两层马口撑，最大间距 40 厘米。被撑横木长 225 ~ 250 厘米。上层马口撑保存不好，有的已残断。

槽坑南端的挡土板渐被石块代替，石块的尺寸 24 × 32 平方厘米左右，作护坡脚，渐向上坡斜，坑坡可见南北向竹棍、板柱等残物，说明其上原有工棚之类遗迹。

槽坑的北端由于地势较低，所以两壁挡板也矮。北端头有 3 根横木，搭于槽坑东西两帮，向帮壁嵌入 14 厘米，横木嵌入部分削成尖状。北端大部分地方采用石块挡墙。

槽坑内的堆积从上而下分为 7 层，遗物丰富，叙述如下。

第一层，浅灰白土，层底出有竹筐，数个连成一片，并见木锤、葫芦瓢及木板，层厚 54 厘米。

第二层，浅灰土含细砂，厚约 22 厘米，出有木锛、木斧、回形交叉几何形印纹硬陶罐片。另见竹筐数只。层厚 34 厘米。

第三层，黄灰色胶泥土，厚 8 厘米，无包含物。

第四层，青灰色胶泥土，厚约 18 厘米，出有木锨、竹筐等。

第五层，赤褐色泥土，厚 12 ~ 29 厘米，出有木滑车、木墩、竹筐等。

第六层，碎砂石，厚 8 厘米。

第七层，赤褐色铁质砂土，厚 24 厘米。

上述槽坑 2 的遗迹、遗物现象，对分析其功用提供了依据。一是露天槽坑的开初功用，作为探矿或与竖井联合开拓，所以其南端底部还有竖井遗迹；二是大量的挖掘、装载工具说明南端为出矿处，其坑底见废矿砂；三是槽坑内有木滑轮 2 件，一件残，一件为半成品，可能与安置在该遗迹北端使用过的横木有关，为木滑轮的牵引线控制木，正好与马口撑的水平上下间距为 10 ~ 15 厘米吻合。因此，槽坑进展到出矿期时，其功用可作为矿石短期集散地，便于管理。

5. 工棚，采矿工棚共有 4 处，工棚 2、3、4、5。除工棚 2、5 外，工棚 3、4 是利用原露采坑而建。由于当时人为拆毁原因，只残留少量柱子及残竹席，难以窥其面貌。现以保存较好的工棚 2 为例。

工棚 2，地穴式，平面方形，其西部已被破坏，南北长 362 厘米，东西残长 360 ~ 321 厘米，底部平坦，深 226 厘米。东北壁保留的建筑结构较完整，为双层墙，外墙为竹席，已朽，仅有部分显露。竹席立篾宽 1.3 厘米、回篾宽 0.7 ~ 1.1 厘米，4 ~ 6 皮 1 组。席外有 2 根长圆木，直径 5 厘米，呈十字形，贴压在席上，十字木交叉压在竹席中部，并有直径 5.5 厘米、间距 25 厘米的横向构件。内墙为竹编墙，立竹采用直径 1.5 厘米的竹棍打瘪，10 根 1 组，间距 15 厘米左右，折回横篾 4 根 1 组，间距 20 厘米左右，内外墙紧贴合为一体。屋架为木柱架，从北墙看，见 3 根立柱，直径 5.5 ~ 6 厘米，残长 170 厘米，间距约 34 厘米。有一木柱落在平卧的圆木上，已朽，从结构看应为柱脚，为碗口槽嵌在卧木上。横向杆件见北墙上部 2 根，直径 3 厘米，间距 60 厘米，长 71.5 厘米。立柱与横杆相交处，用一皮宽约 0.8 厘米的竹篾捆扎 3 圈。从倒塌墙看，南墙叠压在东墙上，其结构同北壁的内墙，瘪竹编内墙及外墙被扎结在棚支柱与横杆架及外墙压木之间，使墙体牢固，可见其构筑较讲究。东墙内墙揭露后，外墙与北处墙不见，而为一束束苞茅组成，因朽不易看出其组织结构。房顶结构推断有两层，其构筑方法是，由径 8 厘米、长约 180 厘米的圆木组成房顶架檩，主架是井字形，搭口处为各自圆木上的凹口槽相交咬合，槽前留 24 厘米作房挑檐。从清理情况看，井字形架檩中，还加 3 根东西向同心结凹槽结构的圆木作架木，架中有长板。板厚 2 厘米、宽 12 厘米。并有间距 40 厘米、径 4 厘米的圆木作椽条。椽条上东西向盖板厚 1.5 ~ 2 厘米、宽 10 ~ 16 厘米不等，板残长 142 厘米，板上覆苞茅物。依工棚 2 东高西低的外围地势判断，房顶可能为一面坡，房门可能在西向。西向未见墙体。

6. 围栅，围栅作为一种采矿管理设施，分布在探方 2、5 内，有 2 处，围栅 1 和围栅 2。

围栅 1，南北走向，长 12.5 厘米，从北至南基本上呈直线分布，至南部向东为弧形。围栅留有一门，宽 1.2 米。围栏以竹席为主，即由宽 1.2 厘米的竹篾编织围席，南段竹席横回竹宽编，而立竹为 3 皮篾一组，间隔 0.6 厘米，立竹密编。北段篾宽为 1.2 厘米左右，竹席高 30 ~ 40 厘米；南段为坡地，故竹席高仅 20 厘米。围栅至北也呈斜坡，并以木栏取代竹席，故竹席围全长 6.50 米，北南段近 2 米处变为栏杆。竹席的竖立方式即席围东以小木桩贴席支撑，木板桩厚为 1 ~ 2 厘米，宽为 5 ~ 7 厘米。桩依席高而定，露出地表部分高 33～50 厘米，桩下部为尖头，打入地下 26 厘米左右，桩距 17～42 厘米不等。竹席的两侧支撑以木桩和木斜撑配合，在竹围南段的 230 厘米地段，其结构是先以 4 根长 230 厘米、宽 8～9 厘米、厚 0.5 厘米的披横挡竹席，然后用宽 7 厘米、厚 1.5 厘米的板桩贴树皮垂直支撑和用斜撑撑住。竹席中段为椭圆木，直径约 5 厘米，支撑部分高 27～35 厘米。竹席的北中段很值得注意，矿井 52 的西壁支护背板被围栅 1 利用，即竹席由东向西贴靠矿井 52 背板上，矿井 52 的西背板比其他三方背板高出近 20 厘米，可见矿井 52 的西壁背板是有意识地考虑至围栅 1 支护需要而高出地表，与围栅 1 吻合。

围栅 1 的最北段可能因地势突然下降，不易将护围立平，所以用栏杆维护。其方法是用尖状方木或圆木斜打入地下，倾向西，倾角 48° ～58° 不等，以 20～32 厘米的间距，将板柱打入地下，使它与斜托木呈叉状，横栏架在斜托木之上，长 196 厘米，截面形状为矩形（4×2 平方厘米）。凡是尖头斜托木或木桩，均直接打入地下；凡是平头的斜撑木或柱、桩，都先挖成小坑，然后立木入坑内，用大小不等的石块回填卡紧。竹席两侧木桩或斜撑木的高度一般以席高度而定，即 30～40 厘米之间。埋入地下深约在 18～35 厘米之间。斜撑下端一般都有石块，小者 1.5 立方厘米，大者 29×25×7 立方厘米。围栅 1 的 2、11、14 号立柱，间距分别为 235 厘米和 55 厘米。2 号立柱为鼓形断面（10×13 平方厘米），残高 90 厘米，下埋 42 厘米；11 号立柱为梯形断面，残高 66 厘米，下埋 60 厘米；14 号立柱为三角形断面，残高 46 厘米，下埋 21 厘米。这 3 根立柱与竹席东部矿井 3、7 周围的立杆一样，可能是井口的防雨栅栏。

围栅 2，开口于第八层 A 层下，晚于围栅 1。其构筑方法是挖一条南北向的沟，然后在沟西沿挖洞埋立柱，再贴沟西沿插竹竿。围栅 2 的 1 号柱洞径 20～30 厘米，埋深 48 厘米。1 号柱洞有一长 32 厘米、径 3 厘米圆棍置入洞内，楔住立柱。2 号柱洞长径 24 厘米、短径 20 厘米、深 6.2 厘米，洞内有 2 块（6×7×4 立方厘米、6×3×4 立方厘米）石头填塞。7 号柱倾斜，柱洞 20×14 平方厘米、深 53 厘米，填石 10×7×5 立方厘米。1、2、7 号柱子间距分别为 214 厘米与 232 厘米。

围栅贴入第八层 B 层内，竹棍一般径 2 厘米。因沟底地势为南西、北西低，中段凸起，故竹竿出露高度处中段低，两端高，约 38～74 厘米。竹竿插入地下 30 厘米深，呈单行排列，竹竿间距一般 2～3 厘米，大者 5 厘米，也有两根并列在一起的。3～6 号柱子之间的一段弧形弯处，未见竹竿，为竹席围挡，竹席立篾宽在 0.8～1.2 厘米之间，横回篾朽残不清。席长约 150 厘米，宽约 50～60 厘米。竹席按地势呈一坡状。竹席围栅 2 的西北段用 3 束竹竿围挡，束竹宽 12～16 厘米，长者 124 厘米。在束竹外打入木桩板 4 板，将竹席、横竹束挡紧。3～6 号板桩厚 2 厘米，宽分别为 4 厘米、10 厘米、12

厘米、12 厘米，出露沟底高分别为 42 厘米、48 厘米、56 厘米、50 厘米。板桩下为尖状，埋深为 28 厘米、36 厘米、38 厘米、26 厘米不等。

在沟底沿靠竹席处见一条朽木痕迹，南段的 1 号柱处也见一条横挡印迹，估计在竹栅东有上下横挡贴竹而置，但朽残严重，不易复原，从分布地势看，竹栏西北端的沟底地势最低。

从围栅 2 的构筑情况及两端的地势来看，其东面地势高，是降水的来源方向，一旦下雨，水会冲向西面，围栅 2 西部的平地会造成水患，筑成围栅后，雨水主要引向西北，使之成为一挡水墙。

7. 斫木场，此木材加工场与工棚 2 处于同一平面上，分布在探方 2 东北及探方 5 中部。加工场西部以工棚 2 为界，东部以围栅 1 为界，东西宽 400 ~ 350 厘米，南北长 750 厘米。场南遗存一大树墩，径 50 厘米，树墩面留有斫痕，树根部以上高 80 厘米。树墩位于坡地，倾向西，倾角 36° ~ 40° ，距东地表 7.5 厘米，距西地表 49.5 厘米。以围栅 1 为界，其西为一条形地带，南坡为人工填土平地，宽 205 厘米，北段宽 106 厘米，墩西北为坡地，倾角 36° ~ 40° ，墩西坡为一片木屑地，显然是金属器利用树墩斫木所至。木屑大者长 22 厘米、宽 2 厘米，一般长 4.5 厘米、宽 1.8 厘米、厚 0.4 ~ 0.1 厘米。在树墩北 35 厘米处的木屑内出有铜斧 1 件，为斫木工具。树墩的西北 350 厘米处，有大量残木堆积，堆积中有残圆木（径 5.5 ~ 6 厘米，长 50 ~ 80 厘米）、残板头（宽 9 厘米、厚 2 厘米、长 16 厘米不等），残木下为竹席。残物错乱堆积。在工棚 2 的西南，被加工后遗存的残木有 3 种：一类是木屑，占大部分，一般长 7 ~ 9 厘米、宽 2.6 ~ 3 厘米、厚 0.4 ~ 0.6 厘米，显片状，长方形；二类似将用过的残木经加工后留下的尖部，如桩头，有砍断痕迹，长 20 厘米、宽 5.5 厘米、厚 3 厘米，剖面呈半圆木。另有长 12 厘米，宽 5.5 厘米、厚 3 厘米的残断木；三类是细木棍，径 1.8 厘米，长 13 厘米。该地段堆积厚 3.5 ~ 4 厘米。

探方 5 中心桩周围处有竹席铺在呈 19° 倾角的地面上，倾向南，席南北长 185 厘米、东西宽 75 厘米。篾宽 110 ~ 120 厘米。3 篾并列为 1 组，每组间距 14 ~ 16 厘米。纬篾密编。竹席上有大量木屑，厚 7 厘米。在木屑层内还出有原始瓷杯、硬陶罐、鬲口沿、柱状鬲足等。

上述的工棚、围栅、斫木场只是单个遗迹的情况，从平面布局来看，它们与采坑、矿井存在着有机的联系。

在探方 2、3、5、6 内，南北、东西各 15 米的范围内，东西的露天采坑 2 沿底搭有工棚 3，工棚 3 西向有 3 口矿井，分别为矿井 52、3、7，再往西是围栅 1。围栅 1 正对矿井 7 方向有 1 门，宽 120 厘米。围栅 1 以西有一条宽 1 ~ 2 米的平坦地带，南北走向，在这带状的平坦地形上，利用一大树的根干上部作为木墩，用作加工木构件的斫木墩，斫木场以西则是工棚 2。

露采坑 2 被露采坑 1 打破，露采坑 1 是在露采坑 2 的原采矿面进行回采，而工棚 3 则是利用露采坑 2 的周沿用木材搭架成的窝棚。这三个遗迹虽然同在春秋文化层下发现，但也存在相对早晚关系，从早至晚的关系应是露采坑 2—工棚 3—露采坑 1。

从露采转入坑采（即地下开采）后，作为废弃的露采坑 2 被利用来构筑工棚 3，工棚 3 的建筑形式有不少迹象可寻。从已清理的露采坑 2 东北沿看，14 根残立柱仍竖立在这一带，一般为圆木，两根断面为三角形，直径大者 14 厘米，一般为 5 ~ 8 厘米。较粗者明显呈两条线分布，即北部 4 根，间距分别为 150 厘米、260 厘米、220 厘米；东部 3 根，间距分别为 3 米、3.50 米。如果将这两条呈直线的木柱连成横木檩，其离坑边最大距离 2 米。沿坑边立柱，可能是与横檩垂直的椽。露采坑 2 的坑边沿有东西向长木 3 根，径 8 ~ 5 厘米，其上垂直排列着约 110 ~ 106 厘米的木棍，径 2 厘米。另有竹竿，径 1.4 厘米。竹竿、木棍上又垂直密排竹篾，篾宽 1 ~ 1.3 厘米。成束的苞茅与半剖竹垂交。显然窝棚是沿露采坑 2 北、东坑边搭架。这种长窝棚应是身份很低的矿工栖身之处，其建筑的底部有木板架空，面板宽 3 ~ 16 厘米不等，面板离地面最低处为 92 厘米，面板上还铺有竹席。属于栏式建筑结构。

工棚 2 的结构及构筑比工棚 3 讲究，虽然建筑材料仍有竹棍、圆木、席等，建筑技术也大致相同，如两圆木搭口处以凹口的槽相交咬合，但其建筑封闭性好。由于山地风大，采用地穴式，除棚顶外，在穴内还有四面墙，墙体分别为竹席、竹棍编的双层夹墙。棚内栖身之地为干栏式结构，地板距地面 140 厘米。地板下见 4 根径6 厘米的梁木，有的架在横木上，残存 8 块地板，长 144 厘米、宽 28 厘米、厚 2 厘米。地板上铺有竹席。地板下遗存陶鬲片、兽骨、木铲等。这种冬暖夏凉的小型建筑并非矿工居住，可能是矿山管理者的休息之处。

与工棚 3、2、围棚 1 处于同一平面的遗迹还有斫木场，矿井 52、3、7 等，这些遗迹有着密切关系。工棚 3、2 建筑时，斫木场就开始利用，待两棚构筑好后，将围棚 1 构筑作为采矿的管理区界，然后开掘矿井 52、3、7。在围棚 1 南段有残立柱，为门柱，这显然是当时进出采矿区的通道，为了保证矿山生产的安全和秩序井下凿岩排土也不超过围棚 1 的范围，因围棚 1 未被土压住，可见是通过北门排到西边，这就给排土固定了方向。斫木场在东作业区以外，不受采掘干扰，有其固定的区域，说明采掘工和搭棚、构筑井巷支护的木工有明显的分工。

8. 生产工具，分采掘、装载、提升、排水、选矿 5 类。

(1) **采掘工具**，采掘工具有铜、木、石 3 种质料，以铜工具为主。铜工具又分锛、凿两种。

铜锛，4 件，分 2 式。

Ⅰ式 2 件。长方形銎口，两侧斜直，近底部两侧突出，舌状刃，合范铸成。长 10.4 厘米，銎口长 5 厘米，宽 2.4 厘米，刃宽 4 厘米。

Ⅱ式 2 件。梯形銎口，长 4～4.8 厘米、宽 2.6 厘米，器长 10.2 厘米。束腰，舌形刃。

铜凿，7 件。椭圆形銎口，銎口面不平，体扁椭，舌状刃，合范铸成。一件长 6.8 厘米。一件銎口径 3.2～2.4 厘米。一件器长 7.2 厘米。一件器长 7.9 厘米。

木斧，1 件。系用两树干加工而成。柄与身榫卯穿结。柄中段为弯曲状，柄长 56 厘米，柄身截面椭圆，长径 2.5 厘米，短径 2.1 厘米。斧身长 28 厘米，斧顶方形，边长 2 厘米。柄身孔眼位于上部，卯眼为长方形（1.2×0.8 平方厘米），双向刃。柄身结合严密，至今仍套合紧密。

木锛，1 件。利用弯曲树干制成，器长 45 厘米、柄长 37.5 厘米、柄径 2.4 厘米。锛身高 25.5 厘米、刃宽 3.20 厘米。锛内面斜直，背面弧状，系与铜锛配套的复合工具。

石斧，1 件。青色石质，磨制光滑，一侧面有崩疤。斧顶平，双刃不对称，长 10.6 厘米、宽 4.6 厘米。

(2) **装载工具**，装载工具有木锨、木铲、竹筐、木扁担等。

木锨，13 件。分 3 式。

Ⅰ式 7 件。长柄，柄与坎肩分明，坎肩较平，入锨面处呈弧形，锨身中长，背面弧状。长 73.8 厘米，柄长 42 厘米，坎肩宽 16.8 厘米，刃部小于坎肩，宽 12 厘米，弧刃。锨身内弧，中深 1.8 厘米。

Ⅱ式 4 件。短柄，长身，柄与坎肩弧状分界，锨面较宽，锨身两侧高，中低，刃部卷起。长 50 厘米，柄长 21 厘米。

Ⅲ式 2 件。长柄，柄与身斜状连接，锨身上窄下宽，刃部曲折，使用疤迹明显，器长 60 厘米，柄长 37.6 厘米。

木铲，7 件，分 3 式。

Ⅰ式 2 件。粗柄，器身短，把与铲身近长，铲面较直，坎肩处斜削，器长 21.6 厘米，柄长 10.5 厘米。

Ⅱ式 2 件。长柄短身，铲面斜直，器长 40 厘米，柄长 24 厘米。

Ⅲ式 3 件。柄略长于身，坎肩弧状，铲面直。器长 52 厘米，柄长 27 厘米。

竹筐，42 件。矮宽体，双环耳，形制同西周。

木撮瓢，3 件。柄与撮身近长，坎肩与柄交界处斜状，撮身两侧面较平，至前沿弧状。撮身上部弧下 2/3，横截面弧状，前沿向上微翘。长 54 厘米，柄长 25 厘米，柄径

3～4.8 厘米，椭圆柄，撮后最宽处 24 厘米。

木扁担，1 件。长 161 厘米，贴肩面两端向上翘 1.5 厘米，中间宽，两端尖状，中宽 5.2 厘米。两头近端点处切削倒三角坎，坎宽 0.8 厘米。器件侧面削成弧状，全器加工光滑，材质坚硬，虽经泥水长期浸泡，至今仍能承受重力。

(3) **提升工具**，提升工具有木滑车、弓形木、木钩等。

木滑车，4 件。系整木刳成，横长 27 厘米，高 25 厘米。轮轴面径 15.2 厘米，轴心径 5.5 厘米，轮轴束绳外径 18.8 厘米。轮轴面从外侧向中心处分为四级，第一级为外轴面，宽 5.4 厘米；第二级仍为外轴面，但较第一级高出 0.4 厘米，宽 1.6 厘米；第三级为凸节面，既可作鋬手，又可约束绳索，凸节对称 9 个，均匀排列，上间距 5.2 厘米，下弧形相连。此级外侧较第二级高出 4.2 厘米，面宽 2.8 厘米；第四级为束绳面，呈弧形，较第三级低 2.6 厘米，中心轴中空处为直线，中空面与原横杆摩擦后显光滑，尤其是近两端擦痕更明显，束绳处也显光滑。系一段圆木加工制作的半成品，长 38 厘米、径 22 厘米，中段砍成凹面，中间有一小部分还未加工完，一端侧面有凹窝，凹窝面见炭灼痕，轴洞中间约 4/5 处未透。从迹象分析，由于滑车中轴空较长，为了省力，加快制作效率，因而先用炭火从两端先灼，然后两面对凿，缩短了两对凿面的堵塞长度。另一件残半，但能复原其全貌。从侧面外形看似今日齿轮。轮面横长 21.6 厘米、高 16.8 厘米，中心轴大小不一，一侧径 8.4 厘米，另一侧径 6.5 厘米，中央径 6.3 厘米。中空处一端大，一端小，中束腰形。从复原来看，轮轴面有 18 道齿叶，每道上部相距 3.3 厘米，下部倒三角相连，齿高 3.6 厘米，两侧面砍削成上小下大之梯形，上宽 1.8 厘米，中央束腰处高出轮轴面 2.1 厘米。束绳处为弧凹形，上口宽 5.4 厘米，中深 1.8 厘米。轮轴一侧摩擦痕明显，擦痕呈数道重圈纹，中心轴处擦痕也明显。

木钩，4 件。用树杈制成，加工方法简单，只需在束绳部位，树杈底部切割即可。木钩用于吊挂水桶、竹筐等容器，作为一种中介提升专用工具。残高 32 厘米。

弓形木，1 件。顶面弧形，两侧面平，中有∩形槽，器长 52.5 厘米，中高 10.5 厘米，中厚 3.9 厘米，两端厚 3.2 厘米。中凹槽宽 6～4 厘米，深 4 厘米。

(4) **排水工具**，排水工具有葫芦瓢和木水槽。

葫芦瓢，1 件。长 26.5 厘米，勺部径 18.3 厘米、厚 0.6 厘米，瓢把手径 5.1 厘米，系用葫芦劈半而成。

木水槽，2 件。均在露采坑中发现，已残断，仍是头宽尾窄式。

(5) **选矿工具**，选矿工具有淘沙盘、木锤等。

淘砂木盘，2 件。器型较完整，上口长 22.4 厘米、宽 12.4～11.2 厘米，底长 12 厘米、宽 6.5～5.4 厘米。两端呈弧形，两侧面斜直。上口有很窄小台阶。盘底向上弧 0.5 厘米，内底面横向凿痕明显，便于矿石和黏土在水中摩擦分选。

木锤，2 件。分 2 式。

Ⅰ式，棒形，柄与锤面长度相近，全长 71 厘米，柄长 32.5 厘米。柄与锤身斜面相连，柄端粗，中段稍细，柄端径 7.2 厘米，中径 4.8 厘米。柄与锤面斜向相连，锤面径 12 厘米，前缘多角度砍削。

Ⅱ式，全长 64.2 厘米、柄长 36 厘米、柄径 45～6 厘米。柄明显长于锤身。锤面椭圆形，长径 9.3 厘米，短径 8.8 厘米，柄端与锤身尾端均砍成多面体尖状。

上述两种锤功用有两种，既可打木桩，又可用来敲打矿石周围的黏土。

9. 生活用具，生活用具主要是陶器，个别见有木制品。陶器以黄灰、红褐及硬陶系为主，器型有鬲、罐、豆、杯、器盖、器把等。

鬲，37 件，均为口沿、腹、裆片。复原器夹砂黄灰陶，器体大，口径 48 厘米，通高 42 厘米，口大于体高。侈口卷沿尖唇，束颈，腹上部圆鼓，弧裆，矮柱足，颈以下至足根处均饰粗绳纹，腹上部饰两道凹弦纹。夹砂红褐陶，器宽小于高。口径 18.4 厘米，高 24 厘米。侈口卷沿圆唇，束颈，腹大于口，腹偏上部鼓出，颈以下饰粗绳纹，高柱足，足高 4.8 厘米。

鬲口沿，24 件。分 3 式。

Ⅰ式 9 件。侈口卷沿尖圆唇，颈部不显，腹略大于口，器体大，饰粗绳纹，夹砂黄灰陶，口径 36 厘米，最大腹径 37.8 厘米。

Ⅱ式 5 件。侈口卷沿方唇，腹略大于口，颈部微束，腹上部饰一道凹弦纹，腹中下部饰绳纹。夹砂红褐陶，口径 24 厘米。

Ⅲ式 8 件。侈口卷沿方唇，显颈部，口与腹平齐，颈腹间饰凹弦纹一道，腹饰绳纹，口径 28 厘米。

鬲足 11 件。分 2 式。

Ⅰ式 5 件，圆锥形。夹砂灰陶，通饰粗绳纹，高 11 厘米。夹砂灰陶，通饰绳纹，高 8.9 厘米。

Ⅱ式 6 件。柱状。夹砂灰陶，表饰绳纹，足根粗平，高 9 厘米。

罐，58 件。泥质灰硬陶，折沿方唇，矮颈，腹明显大于口，底亦大于口，腹饰拍印回字交叉纹，平底。口径 17 厘米，最大腹径偏上，腹径 38.8 厘米，底径 19.6 厘米，器高 39 厘米。

罐品沿，57 件。分 7 式。

Ⅰ式 5 件。黄褐陶，卷沿方唇，矮颈，广肩，颈间饰弦纹，腹饰绳纹，口径 22 厘米。

Ⅱ式 16 件。泥质黄灰陶，方唇，束颈，鼓腹，颈饰竖绳纹，肩饰横绳纹，口径 23 厘米。

Ⅲ式 8 件。侈口卷沿方唇，束颈，肩大于口，腹饰方块交叉纹，口径 18 厘米。

Ⅳ式 11 件。夹砂黄灰陶，卷沿圆唇，束颈、鼓腹，颈饰竖条绳纹，口径 20 厘米。

Ⅴ式 5 件。泥质红褐陶，侈口卷沿方唇，束颈，肩部鼓出，口径 22 厘米。

Ⅵ式 9 件。侈口卷沿，束颈，饰竖绳纹，口径 21 厘米。

Ⅶ式 3 件。侈口卷沿尖唇，广肩，肩饰细方格纹，口径 15 厘米。

Ⅷ式 1 件。泥质黄褐陶，侈口卷沿尖圆唇，束颈、广肩、饰绳纹，口径 21 厘米。

豆，11 件。矮细把，浅盘，喇叭有棱座。泥质黑衣灰陶，口径 12.2 厘米、底径 9 厘米、高 11.4 厘米。

杯，2 件。原始瓷胎质，尖唇敞口，深腹碗形，口大于底，口径 10 厘米、底径 4.5 厘米、高 5.7 厘米。壁较直，平底，底径 4.5 厘米，残高 4.3 厘米。瓷杯内壁均有粗弦纹。

器把，4 件。侧面椭圆状，系罐类器附耳，泥质灰陶。

器盖，3 件。泥质红褐陶，喇叭形盖，捉手处为高圈足，盖面径 10 厘米。

陶器纹饰较丰富，纹样装饰手法主要是拍印。纹饰有回形交叉纹、回形交叉与网格纹组合、粗绳纹、米字纹、重回纹、网格与曲折组合纹、小方格纹、粗麻布纹等。鬲类器多饰粗绳纹，罐类多拍印几何形图案。

10. 其他，木臼，1 件。系一短粗木刳成，外沿保存树木扭曲原形，底部加工较粗糙，口沿切割较平。内槽呈 U 字形，外口径 22.5 厘米，底径 21 厘米，高 15.2 厘米；内口径 18 厘米，底径 7.2 厘米。槽深 11 厘米，槽内面光滑，表明其经过多次使用，应是用来加工谷物类或粉碎矿石工具。

木杆件，4 件。残件，只余上部，系榫木，高 17 厘米，椭圆形，中厚 5.2 厘米，凿有一长方形孔眼，孔眼尺寸 4.4 × 2 平方厘米。一件长 210 厘米，中径 8 厘米，上部有 4 × 6 平方厘米的长方形孔眼。一件两端弧凹，长 70 厘米，宽 15 厘米，厚 4 ~ 24 厘米，系撑板。一件长 77 厘米，上圆下扁，上圆径 2 厘米，器件近 1/3 处单面斜削。一件长 40 厘米，杆件圆形。

束形板，2 件。两端圆弧，中束腰。长 15.2 厘米、宽 1 ~ 2.9 厘米，中厚 0.8 厘米。

齿形木，2 件。上部齿状，一面平，一面弧，见有两齿，齿为三角形切口。齿状面宽 7.5 ~ 2.6 厘米，器长 57.5 厘米，齿状面约占全器 2/5。

木墩，1 件。圆柱形，截面上下均有金属工具砍痕，并见外沿有残缺处，显系木作业专用垫具。墩径 15 厘米、高 14 厘米。

砺石，3 件。红砂岩，不规则形，长径 34 厘米，侧面、正面均弧状，厚 9 厘米。

兽骨，3 件。长 6.4 厘米，从齿冠、齿尖判断应为猪牙床。一件系动物指骨，一件系动物肢骨。

铜岭遗址战国开采遗存　战国时代矿区分布在发掘区东南，因修筑公路时的斜坡对上部文化层破坏严重，加之向北的探方埋有电杆未能清理，故发掘面积很小，遗迹、遗物也少。遗迹中只有矿井和未见木支护的水井。矿井形体较大，应是当时采矿的主井，水井则是生活饮用或与选矿有关的遗存。遗物大部分是陶器，极少数与提升有关的木器。地层中的第七层及该层下的遗迹，均属该时期的文化遗存。从出土陶器判断，该矿在战国时期只在早期开采，表明矿山的开采年代到战国早期终了。

1. 竖井，矿井 1 口。搭口式框架。矿井 29，为第七层下开口，正方形，净断面 210×210 平方厘米。框架由 4 根圆木组成，圆木长短一致，长 210 厘米、径 8～10 厘米。框木与围岩平齐。圆木两端削出台阶，台阶深 4 厘米、宽 8 厘米。搭接时层层叠落，形成密集垛盘式框架。由于框架层层叠落，无须另加背板封闭。井口的西南有一方形立柱，残高 22～26 厘米，边长 5～6 厘米。西北有一带孔木桩，孔径 2.5×3 平方厘米，估计与支撑井口提升工具有关。在井框内还见 5 件斧形木楔，打入井框与围岩间的中部或一角，主要起加固作用，对于矿工上下作业也很便利。框木两端台阶处内端斜弧 1 厘米，使搭接更为牢固。框架 3～4 层间的木楔长 22 厘米，宽 42 厘米，上厚 3 厘米；5～6 层之间，也见这类木楔。由于井内积水，只清至 224 厘米深。填土已见 3 层，第 1 层厚 140 厘米，黑灰土，土质松软，夹有树叶，厚度 3～9 厘米，树叶发青；第 2 层为浅灰砂土，包含物纯净，厚 52 厘米；第 3 层为灰胶泥土，厚 32 厘米，泥土内夹有小木棍，树枝叶和米字纹硬陶罐片。

2. 水井，水井 1 口。开口于第七层下，无木支护，井口横截面圆筒状，直径 2 米，已清井深 1.60 米，未及底。井壁垂直光滑，未见脚窝。井壁及井口沿面呈水锈黄色，钙化铁质使其壁变成硬壳。井内充填土分 3 层，第 1 层厚 45 厘米，褐色松软土；第 2 层厚 3～5 厘米，为黄色沙质土夹树叶，树叶尺寸 7×4 平方厘米，4.2×5 平方厘米，土质疏松；第 3 层，厚约110 厘米，为黄色沙质土夹小石块，质地疏松，似井口有水时流入的充填物。距井口下 48 厘米处出有木钩 1 件，贴于西壁。此井口北部偏东有垫板，以防行道软滑。

3. 生产工具，提升工具有木钩。

木钩，1 件。上部残缺，残高 28 厘米，利用树杈制成，只加工木钩下部。

4. 生活用具，生活用具为陶器，有泥质灰陶和泥质灰硬陶，器类有豆、罐类。陶器纹样有小方格纹、米字加压印纹、大块蕉叶纹。

豆，2 件，均系豆把。细长柄，柄厚实，中空处为细管状。残长 8.6 厘米，残高 11

厘米。

罐品沿，15件。灰褐硬陶，侈口卷沿，颈部不显，口径24厘米，腹饰细小方格纹。

第二节 荞麦岭商代早期冶铜遗址

2014年6月，省文物考古研究所会同九江市文博力量，对九江县马回岭镇富民村荞麦岭遗址进行抢救性考古发掘，初步钻探发现是商代遗址，发现一批商代早期的房屋遗址、灰坑，以及与青铜冶炼、铸造有关的水井、炼炉等遗迹。大量商代早期的石器、陶器、玉器和青铜器、坩埚、炼渣、炉壁等出土，复原件100余件。还有汉唐墓碑出土文物100多件。荞麦岭遗址距今至少3500年的地层中，发现了青铜冶炼有关遗迹，尤其是铜矿石、坩埚上粘连的青铜炼渣，证明当时这里是青铜器重要的冶炼和铸造场所。这较瑞昌市铜岭古铜矿遗址还早近约200多年。

第三节 历代矿业拾遗

由于史料不详，关于九江古代矿业，从汉代到清朝2000多年虽未有间断，但仅有残存的零星记载，详见大事记所载。史料说明，历代虽有零散的、间歇性的手工采煤、烧石灰及淘金活动，始终未能形成规模和正常生产。

第二章 民国矿业

民国时期，沙金生产有一定规模。经查证，1938～1942年，修水、铜鼓（属宜春地区）2县的产量维持在400两左右。1938年时，修水黄金产量约维持在每天一两的水平。

1913年，江西都督曾委派实业司次长李国梁出资4万余元买下九江县城门山铁矿土地500余亩准备开采。1919年王楫唐以仙居公司名义申请开发城门山铁矿，引起江西省议会和政府的不满。官司一直打到总统府，矿山开发一直没有实施。

1919年粤人在修水挖煤，煤质好，销往南昌。1929年武宁北屏山采煤，老窿遍布。

20世纪20～40年代地质调查所著名专家翁文灏、谢家荣、叶良辅、王竹泉、李四光、谢光远、尹赞勋、高平等先后对九江铁、铜、煤、金等矿产进行地质调查工作。

1938年，蔡丽举、陶友松著《德安县付家山煤矿》记载："附近土人，就地取材，于本系采煤，于上下层采石灰岩以烧石灰，作建筑及肥田之用。付山及塘山煤矿之惹人注意，即缘此原因。乡人用土法开采，由来已久，只因交通阻塞，未偿运出外处销售，故鲜为人知。"付山及塘山煤层遗有老窿150余处。

1939年，日本出于侵华掠夺的需要，日商华中矿业股份有限公司对九江县城门山铁矿和瑞昌铜岭铁矿开展了地质调查，并进行一些试产工作，但终未成气候。

民国时期，仅有民采小煤窑、淘金等活动，冶煤工业基本上仍然是空白。

第三章 当代矿业

第一节 初创期

新中国成立初期，九江地区矿冶业主要是为恢复农业生产服务，有小煤窑、石灰窑、砖瓦窑，以及加工农具的小铁炉、铸锅作坊的生产。重要的是做了大面积的前期地质调查工作，为矿业的发展奠定了基础。到1958年，在大炼钢铁号召下，九江迎来冶煤工业起步的第一阶段。1958年10月后，全地区的钢铁会战劳力超过30万人，已建炼铁炉1400余个，但绝大多数不能出铁，而且炉龄短，使用效果差。炼铁热带来找矿热。当时，群众找矿、报矿934处，为尔后开展地质普查打下基础。德安宝山锑矿就是当时群众在找矿过程中发现的。炼铁热带来了办煤矿热，瑞昌曾先后上了6个井口。武宁、瑞昌、德安等几家主要县办国营煤矿都是在那时诞生的。此外，还兴办了德安萤石矿、德安锑矿、修武钨矿、修水金矿等一批小冶金国营矿山。这样九江才有了首批7个国营矿山企业。1960年，省人民政府还修通2条专门为铁矿山服务的地方小铁路，铜岭—码头和沙河—城门山专用线，为繁荣地方经济起到促进作用。

当时，这批新兴的冶煤企业全是土法上马，生产设备原始，手段简陋落后，运输也靠牛拉和肩挑为主，煤矿全部是独眼井，自然通风，明火照明、明火放炮，管理混乱，劳动生产率十分低下。许多生产数据，已无法查考。仅留有1959年的煤产量6.57万吨的记录，这个数字约占现生产能力的15%。

大炼钢铁的热潮过后，1962年国家实行调整、充实、巩固、提高方针，对不具备生产条件的小钢铁采取了停产下马措施，仅保留原九江钢铁厂炼钢，同时也关闭了一些小冶金矿山和小煤矿。

第二节 发展期

在毛泽东提出“我就注意这个小钢铁厂，打起仗来要靠它”的战备思想指导下，1968年，钢铁生产又受到重视。当时省革命委员会主任程世清指示“6014部队在红心钢厂共建1.5吨电炉，军民共炼‘忠’字钢。”1969年年底，1.5吨电炉建成。与此同时，九江地区直属企业九江钢厂、九江铜硫矿、铜岭钢铁厂也都在这种历史条件下诞生。中央企业九江稀有金属冶炼厂和武山铜矿开始建设与投产，各县也根据本地资源和独特条件先后上了一些初具规模的冶金煤炭及加工制造企业。此时，九江冶煤工业开始有计划、有组织地建立起自己的矿石洗选、铸造、生铁和粗钢的冶炼，钢材加工，锑冶炼，萤石重选和萤石粉精选加工的工艺流程，1970年以后，还建立了自己的铜矿精选流程。煤矿在原有的基础上遵循扭转北煤南运的方针指引下，加强了技术改造和扩建，基本实现半机械化生产，国营煤矿基本实现“五消灭”（明火照明、明火放炮、明刀闸、干打眼、独眼井），安全生产条件改善，生产效率得以提高。其间，共有国营冶煤企业12个，其中煤炭企业5个。

20世纪70年代初，主管冶煤工业的地区工业局在建局初期先后调进了15名大中专毕业生，加强技术管理力量。

通过这一时期的发展，基本奠定了九江冶煤工业的基础，生产技术与管理有明显的提高，但基本上还是速度型的发展，1970～1979年连续10年全行业亏损。

1978年12月中共十一届三中全会以来，在改革开放总方针指引下，带来全市冶煤工业的蓬勃发展。其特点有三：速度与效益同步增长，加工工业开始起步，黄金工业发展迅速。

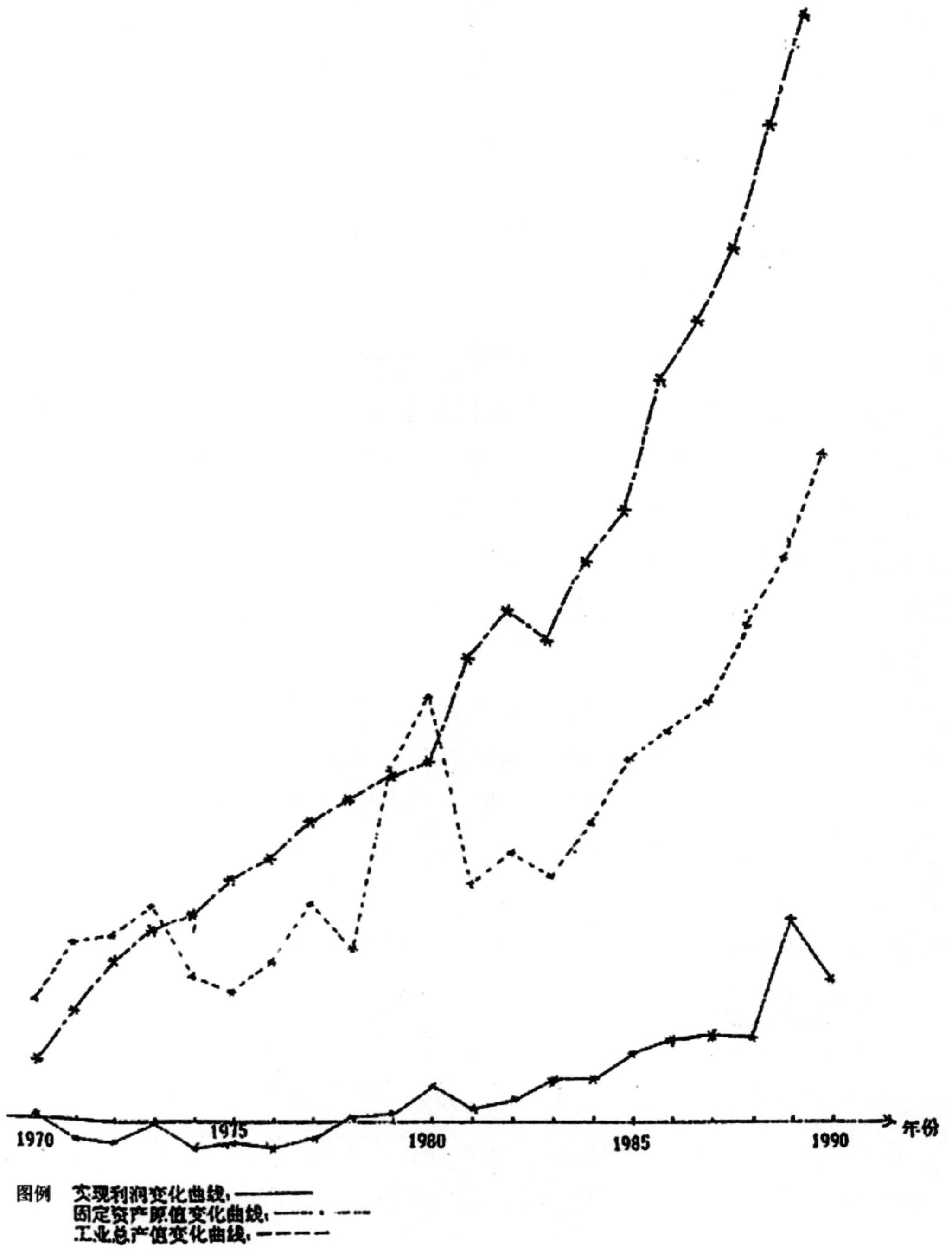

图 2–3–1　1970~1990 年九江市冶金煤炭工业实现利润固定资产原值及总产值图

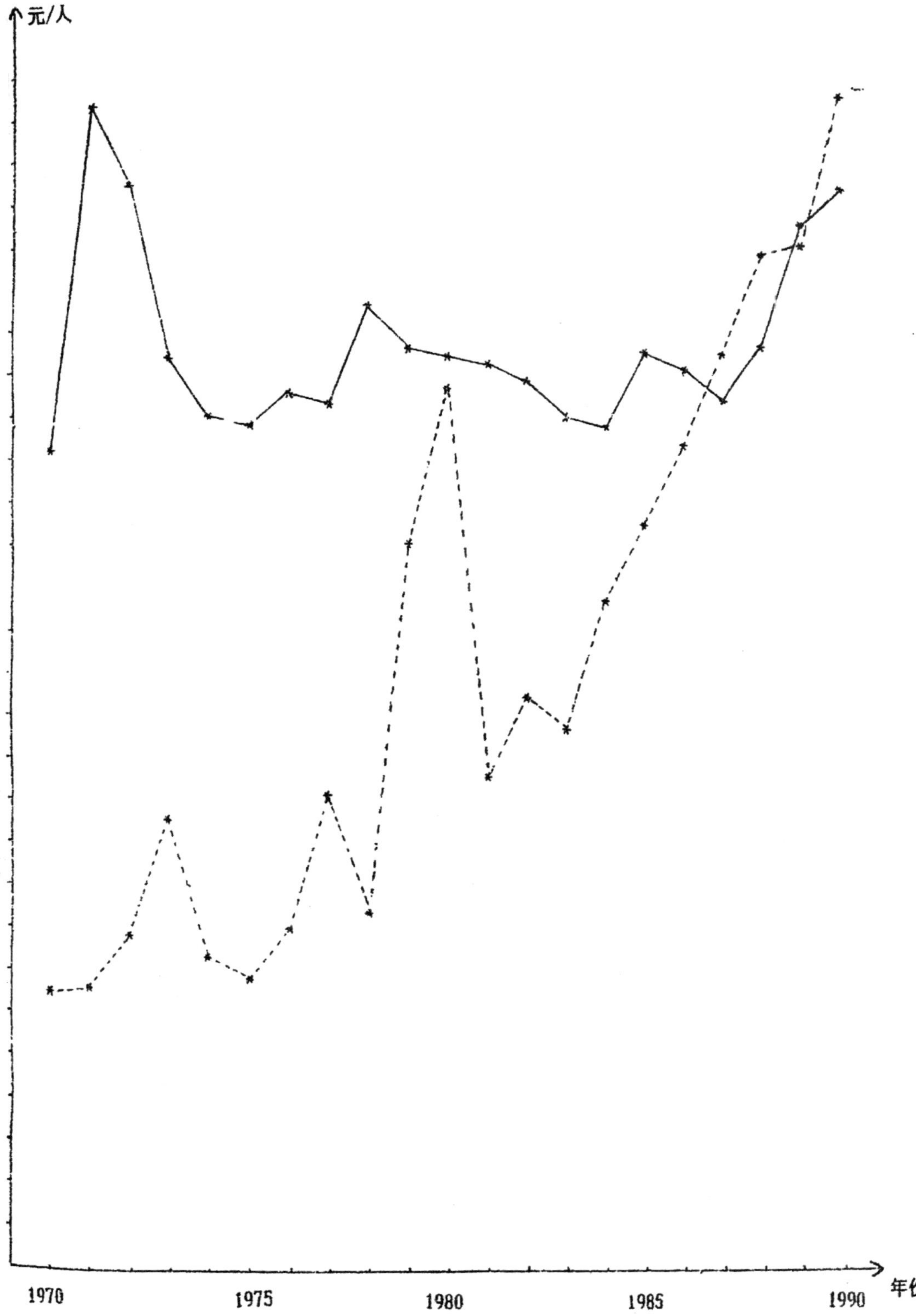

图例：职工人数变化曲线：———；全员劳动生产率变化曲线：---------

图 2-3-2 1970~1990 年九江市冶金煤炭工业职工人数及全员劳动生产率图

从曲线图可知，1970 年以后九江的冶煤工业连续 7 年亏损，到 1978 年才转盈。改革开放为冶煤工业注入了强盛的活力。改革开放前九江的冶煤业虽然有一定程度发展，但效益差，生产效率低。改革开放以来的 13 年是九江冶煤工业发展最快，效益最好的时期。平均年产值、利润递增速度分别为 8.93%，22.45%。

1970~1990 年各主要经济技术指标一览

表 2–3–1

项　目	1970 年	1975 年	1980 年	1985 年	1990 年	年平均增长工业总产值
1980 年不变价（万元）	780.94	839.08	2756.03	2334.26	4320.40	8.93%
利润总额（万元）	15.69	–140.73	216.60	438.40	900.74	22.45%
固定资产原值（万元）	363.28	1577.69	2319.13	4067.19	7177.56	16.09%
全员劳动生产率（元/人）	1629	1700	5167	4395	6852	7.45%
职工人数（人）	4792	4943	5351	5354	6305	1.38%
企业数（个）	11	12	13	13	19	2.77%

20世纪 80 年代末，冶煤工业产品不再限于单一矿产品，开始向矿产品深度加工迈步。先后开发氢氟酸、氟利昂、巴氏合金、漆包线、磷肥、大理石、电解铜、异型铜管、成品金、仲钨酸钠等一系列新产品。德安锑矿、武宁钨矿也都先后改造或兴建选矿厂。1986 年德安萤石矿创汇 200 万美元，成为省内 50 个创汇大户之一，庐山牌萤石精粉创省、部优产品，远销日、美。武宁煤矿开始使用自动报警监测系统。设备的进步，技术的提高，保证了生产安全。1987 年和 1989 年，全市国营煤矿避免了死亡事故。1990 年九江钢厂生产的小角钢销往香港，结束市直属企业无出口产品历史。

1986 年，市政府遵照国家对发展黄金工业的一系列改革精神，要求在“七五”末期的 1989 年实现黄金万两市目标。1986~1990 年，古市金矿、高丰金矿、土龙山金矿、铁门坎金矿和吴家金矿先后建立，洋鸡山金矿进行大规模坑采改露采扩建。到 1990 年，九江市已跻身于全国万两地市行列，年均增长速度达 153.27%，在全国排名列第 22 位。

1983~1990 年九江黄金工业发展一览

表 2–3–2　　　　单位：公斤、个

项　目	1983 年	1984 年	1985 年	1986 年	1987 年	1988 年	1989 年	1990 年	年平均增长（%）
黄金产量	0.7	1.665	50.81	104.68	110	285.56	307.245	467.887	153.27
企业数	1	1	1	1	1	3	5	6	29.07

中央及省驻市的冶金企业还有全国钽铌冶炼规模最大、设备先进的九江有色冶炼厂（806 厂），全市规模最大的 3000 吨 / 日生产能力的武山铜矿，以及彭山锡矿、住岭石灰

石矿、724矿（铀）等。这些企业物质基础雄厚，技术力量先进，成为九江冶煤工业的生力军。

这个时期九江冶金煤炭工业的发展，得到国家、省领导的高度重视和关怀，给予了强力推进。从1971年省委副书记白栋材视察铜岭钢铁厂起，历年有冶金部黄金局群采处处长高忠玉、副省长钱家铭、省长吴官正、省委书记毛致用、省顾委主任赵增益、省人大常委会副主任王树枫、省军区司令员韦长安、国家黄金总局局长徐大全、副局长焦智、崔德文等先后视察洋鸡山金矿；冶金部副部长张凡、茅林、马承德先后视察806厂；冶金部部长戚元靖、副部长兼上海宝钢总厂厂长黎明、宝钢总厂党委书记朱尔沛视察九江钢厂，戚元靖还题词“品种创新，质量创优”；省政协副主席吴承乐、省政协常委肖传俊、尹培基、委员李崇佑等受省政府委托到九江调研黄金工作并形成专题报告；国务院副秘书长白美清到九江视察黄金工作；中国有色金属总公司顾问茅林视察铁门坎铜金矿；国家原材料投资公司总经理邝业梅到九江调研硫磷基地规划；副省长钱家铭到古市为全省第一条采金船投产剪彩。

其间，九江冶煤工业技术水平不断提升，科研成果不断涌现。806厂一步萃取高纯度氧化钇工艺、724矿从污水回收铀成果获全国科学大会奖；丁家山铜矿在华东地区工业废水处理经验交流会上所作本矿污水净化处理的经验介绍，是全国第一个铜矿酸性废水工业净化的成功项目，被多家企业采用；丁家山铜矿井口污水无渣净化项目获省科技大会奖；洋鸡山金矿五号矿体黄铁矿型流程试验及工业生产成果获省科技进步三等奖；724矿磨矿分级系统流程改造成果获核工业部科技成果三等奖；806厂至1989年共完成75项科研课题，其中获国家、部、省级科技成果奖33项，有4项分获国家发明二等奖和四等奖。806厂有9项产品获部、省优产品；萤石矿的萤石产品、锑矿的锑产品获部、省优产品，一批新产品在全省获奖。北京钢铁学院教授钟廷珍到九江钢厂考察和学术交流短应力线轧机技术；省煤炭厅厅长张佩奇、副厅长韩子嶂亲自主持武宁县岭背煤矿区综合物探（MP法——磁偶源频率测探）地质勘探试验成果中审会。承办选矿全国学术交流会，204名专家出席；省经委主持在九江钢厂召开省无机粘接轧辊鉴定暨推广会，推广该厂新技术；省黄金堆浸现场会在九江召开，推广全省首家堆浸氰化处理低品位金矿石成功的九江铁门坎金矿经验，在全国排第15名；全省爆破参数鉴定会在九江召开，国内著名爆破专家刘清荣出席；出席第十四届世界采矿大会和采矿设备博览会；全国黄金财务工作及表彰会在九江召开，国家黄金局、省领导出席；参加中国有色露天采矿专业委员会会议。

开放和国际交流频繁。自1978年加拿大、阿尔巴尼亚专家到丁家山铜矿，日本、美国专家到武山铜矿考察起，先后有法国、朝鲜、日本专家到806厂考察；日本、美国专家到萤石矿，日本专家到铜岭钢铁厂考察。九江也派员到欧美、日本等国考察交流。806厂产品出口欧美；萤石矿的萤石、铜岭钢铁厂的白云石出口日本；九江钢厂钢材销往香港。1985年经冶金部、外贸部、外经部批准萤石矿与日本进行补偿贸易。

先进单位和先进个人层出不穷。1977年国务院授予铜岭钢铁厂铁矿山“工业学大庆先进集体”称号，厂代表周明杰受到中共中央总书记、国家主席华国锋接见并合影；1981年武宁煤矿获煤炭工业部“全国煤矿安全生产先进集体”；1982年武宁煤矿获省政府“在社会主义现代化建设中成绩优良先进单位”；1985年铜岭钢铁厂获省经济效益先进单位；1989年九江市受国家黄金管理局嘉奖，获全国万两产金地、市第23名；德安萤石公司获省创汇先进集体；九江冶金煤炭工业公司获全省煤矿安全先进单位，并在市政府对六大工业公司年度各项经济技术指标考核中获第一名；1990年武宁钨矿获省级先进企业；高丰金矿获省“七五”期间黄金生产先进单位；九江市再获国家黄金管理局嘉奖，居全国万两黄金地、市第22位，瑞昌市居30位；1997年九江市获省煤矿集体安全奖。涌现了一批省、市劳动模范，一批职工成长为县、市、省人大代表、政协委员、党代表和各级领导干部。

冶煤企业改革初见成效，1981年瑞昌县和赣西北地质大队创办的洋鸡山金矿是全市矿山第一家联合企业。尔后有九江钢厂与江西钢厂的联合。有个体创办的钨矿及钨加工厂，以及与外商合资的钨加工厂。有与外商洽谈的合资项目和补偿贸易项目。1981年丁家山铜矿坑口开始试行计件工资。九江矿业管理机构1981年撤销综合性的九江地区工业局成立专业性的九江行署冶金煤炭工业处；1983年九江地区与九江市合并，更名为九江市冶金煤炭工业公司；1990年更名为九江市冶金煤炭工业局。1992年由于国家市场经济体制的确立，管理工作重点由全行业管理变成直属企业管理为主；到1993年由于直属企业的分立升格，管理工作重点由直属企业管理转向局属企业管理为主；1998年九江市委下放部分市直企业干部管理权限，企业取消行政级别；到2002年整体转制为九江市冶金煤炭集团公司，不再具有行业行政管理职能。九江矿业主管部门的改革经历，就是这一时期九江矿业改革的一个代表和缩影。

尽管这一时期九江的冶煤工业取得长足发展，但在全市工业中占有比重不大，现状与九江富饶的矿产资源条件极不相称。亟待进行矿产开发、产业结构调整，发展配套深度加工，形成系列化、集约化生产集团。

第三节　新时期

1992年，中共十四大确立中国市场经济体系后，九江市适时加大矿业招商引资力度。多元化利益主体和多所有制企业进入九江，九江矿业呈现“大、新、强、深”特点，即投资大、技术装备新、整体实力强、原矿加工程度深；使九江矿业经济效益更好、资源综合利用更优、市场竞争力更强。

1996~2000年，九江冶煤行业“九五”期间比“八五”（1991~1995）期间在产品品种、产量、产值、销售收入、利税上都有不同程度下降。原因是划出的九江钢铁公司、九江矿冶总公司不在统计之内。若加上这两家划出的企业，则比“八五”期间仍有较大发展。尽管有所发展，但发展速度、效益和质量仍不够理想，表现在产品单一，大多数企业仍在开采矿石经营的老路上，矿产品的深加工少，高精尖的产品少，产品附加值低。

1997年6月，编制中长期《九江市煤炭工业发展规划》时，规划新井39对，新增产量83万吨，占用储量1568万吨，煤炭生产能力达到年产100万吨以上。黄金工业受国际金价两次大起大落影响，生产很不正常，另外“八五”期间黄金工业的超常发展，矿山超前建设严重，一些新建、扩建矿山在“九五”期间就没有资源可采，影响发展。铁矿因文物保护，已停滞。只有有色金属工业复苏较快，钨矿及深加工产品，锑矿及纯锑都有较大增长。1999年11月，编制《九江市冶金煤炭工业“十五”计划和2015年发展规划》，规划7个项目，新增产值38880万元，新增利税3947万元。但此规划仅限于一家市直工业企业和县属企业，只编制煤、钨、锑、金、金精矿含银、金精矿含铜等几个产品上。

到2000年，全市开发矿产达40种，已开采矿区90处，有矿山企业903家，其中大型矿山企业3家，中型矿山企业8家，小型矿山企业892家，矿山从业人数26728人。年产矿石总量2864.72万吨，采选业产值4.25亿元，矿业总产值13.79亿元，占全市国内生产总值6.56%，占工业总产值的10%，已形成九江经济的支柱产业。其中铜采选能力100万吨/年，年产矿石量88.11万吨，生产铜精矿含铜1.2万吨；钨矿采选能力48.2万吨/年，年产矿石量37.65万吨，产钨精矿3000吨，部分加工成仲钨酸铵；花岗石年开采量9万立方米，部分加工成板材和装饰品；板岩年开采量为8万立方米，主要产品为饰面用石材。全市矿山占地总面积75.03平方千米。但规模以上企业工业总产值仅占全市工业总产值2.97%。

2001~2005年，“十五”期末目标是矿石生产总量4000万吨（金属矿400万吨、非金属矿3600万吨），矿业总产值30亿元（采选10亿元、矿产品加工业20亿元），年平均增长22%，其中采选矿业产值10亿元（金属、非金属各占50%），矿山数量比2000年减1/3，约600处。到2005年规模以上企业总产值占全市工业总产值4.18%，比2000年增长1.4倍。

2006~2010 年，“十一五”期末目标是矿业总产值和采选矿业产值较 2005 年翻番，矿山总数比 2005 年减 1/3，约 400 处。2010 年规模以上企业总产值占全市工业总产值 4.15%。2007 年规模以上企业总产值占全市比重达到峰值的 6.78%。2009 年矿业招商明显呈突破之势，引进企业 23 个，投资达 69.26 亿元。

2011~2015 年，“十二五”时期矿业招商进一步快速增长，到 2015 年，引入项目 69 个，投资达 1109.35 亿元。2014 年矿业总产值 574.72 亿元。其间，矿产加工企业不断增多，开采企业进一步减少，但朝着大型化、股份化转变。矿产增值，环境保护进一步加强。随地质工作的投入，矿产资源储量不断增大（如武宁大务塘钨矿区就升格为超大型钨矿区），使九江矿业的发展空间仍然巨大。虽然九江矿业自身快速发展，但占全市经济的比重不断回落。2013 年规模以上矿业企业占比 2.97%，所占比重不大将成为常态和发展趋势。

2009~2015 年，引入项目 108 个，总投资达 1264.11 亿元。

2009~2015 年九江市引入矿业企业一览

表 2-3-3

年份	项目名称	企业注册名称	产业类别	投资总额（万元）
2009	年拆解废旧金属 60 万吨	中国九江再生资源循环经济产业园开发有限公司	其他二产	100000
2009	年开采及加工矿产品 3 万吨项目	武宁县深浔矿产资源开发有限公司	铜、钨、铅锌及石英石等精深加工	50000
2009	铁锡矿采选	德安县山川矿业有限公司	采矿业	6000
2009	年产铜制品 30 万吨	瑞昌市美捷达铜业制造厂	铜精深加工	5500
2009	年产 10 吨铜制品	九江县胜达金属制品有限公司	其他二产	3000
2009	年产 30 吨白银加工	武宁恒远贵金属有限公司	其他二产	3000
2009	20 万吨铅锌冶炼项目	江西铜业集团	铜、铅锌等精深加工	300000
2009	5000 吨 APT 退城入园和新建 400 吨硬质合金项目	江西省修水县湘赣有色金属公司	钨精深加工	10000
2009	硬质合金项目	九江杰尼新材料有限公司	其他二产	10000
2009	石英精深加工	星子县银海石英厂	石英石精深加工	4000
2009	年产铜万套	瑞昌市龙建五金厂	铜精深加工	3000
2009	年回收万吨有色金属项目	江西永修赣宇有色金属再生有限公司	其他二产	4000
2009	年产 60 万吨精矿粉加工项目	湖口长江炉料有限公司	其他二产	12000

续表 2-3-3

年份	项目名称	企业注册名称	产业类别	投资总额（万元）
2009	铅、锌、锑矿采选加工项目	九江市吉达矿业有限公司	采矿业	6000
2009	武钢矿业销售	九江武钢矿业铁铸工贸有限公司	其他三产	5000
2009	年开采加工万吨钒矿项目	永修县联营钒矿有限公司	采矿业	14000
2009	年产矿石万吨	瑞昌市高丰金矿有限公司	采矿业	12000
2009	年处理 250 万吨钢渣项目	北京中冶京诚工程技术有限公司	新能源产业	55000
2009	平东大地矿业有限公司修水昆山钨矿有限公司	修水县昆山钨矿责任有限公司	钨、石英石等精深加工	8000
2009	布甲钨矿综合开发项目	修水县布甲钨矿	钨、石英石等精深加工	21600
2009	浩山金矿年开采金银矿石 10 万吨	彭泽县矾成矿业有限公司	采矿业	50000
2009	可实现年产值 6000 万元硅铜胶产品生产线项目	九江市鑫顺达硅铜胶业有限公司	石油化工产业	5500
2009	东部残矿回采项目	江西省修水县香炉山钨业有限责任公司	采矿业	5000
2010	年产 7 万吨长石粉、3 万吨石英粉加工项目	江西宸泓矿业有限公司	石英石等精深加工	6000
2010	攀森年产 30 万吨硅锰合金项目	江西攀森新材料科技有限公司	其他二产	500000
2010	年产 80 万吨铜硫矿选冶项目	瑞昌市隆鑫矿产品有限公司	采矿业	14000
2010	华伟矿产资源再利用项目	修水县华伟矿产资源再生有限公司	其他二产	9000
2010	辉峰硅矿综合开发项目	修水县辉峰矿业有限公司	石英石等精深加工	7500
2010	锡矿精选及深加工项目	江西隆福矿业有限公司	采矿业	30000
2010	年选冶铜金矿万吨	瑞昌市旷达矿业有限公司	采矿业	6000
2010	莲花芯铜钼多金属矿采选工程项目	深圳市科陆电子科技股份有限公司	采矿业	36000
2010	钨等金属加工项目	江西巨通实业有限公司	铜、钨、铅锌及石英石等精深加工	100000
2010	日处理 200 吨锡矿项目	德安永嘉矿产品有限公司	采矿业	5500
2010	年产 3000 吨金属硅还原剂项目	蓝星江西星火有机硅厂	石油化工产业	12000
2010	新源粉煤灰再生利用项目	九江市新源粉煤灰再生利用有限公司	新能源产业	12000
2010	年产 80 万吨铁矿粉项目	江西鑫鸿矿业有限公司	其他二产	30000
2010	锑矿采选项目	德安县隆盛矿业有限公司	采矿业	6000

续表 2-3-3

年份	项目名称	企业注册名称	产业类别	投资总额（万元）
2010	大椿钒矿深加工项目	修水县大椿富源钒矿有限公司	采矿业	45000
2010	四都钒矿综合开发项目	江西天钒矿业发展有限公司	采矿业	36000
2011	年加工 5000 吨仲钨酸铵生产项目	武宁县炳坤钨业有限公司	第二产业	11000
2011	萤石粉加工项目	德安萤石矿业有限公司	其他二产	6000
2011	年产矿渣粉 20 万吨生产线项目	瑞昌市国兴建材有限公司	新型建材产业	18000
2011	利用尾砂年浮选硫铁矿 2 万吨	瑞昌市旺达矿产品有限公司	其他二产	6000
2011	年浮选 3 万吨铜精矿及铜矿开采项目	瑞昌市龙垱沟铜矿有限公司	采选业	15000
2011	中澳钽铌金属化合物生产项目	九江中澳钽铌有限公司	其他二产	20000
2011	年产 3000 吨铜、1.7 吨金、20 吨银项目	瑞昌市宏旺矿业有限公司	铜、金、银等精深加工	20000
2011	矿山机械制造项目	江西南方矿山设备有限公司	其他二产	32000
2011	阳储山钨钼矿业 4500 吨/日采选项目	厦钨集团江西省都昌县钨钼矿业公司	采矿业	65000
2011	日洗钨 350 吨项目	都昌县远剑洗钨矿业有限公司	采选业	6000
2011	日洗钨 180 吨项目	都昌县汪墩阳储洗钨矿业有限公司	采选业	3000
2011	年处理废矿渣 10000 吨二期项目	修水县华伟矿产资源再生有限公司	第二产业	11000
2011	年处理 5000 吨白炭黑项目	江西星火有机硅厂	石油化工产业	10000
2011	神华煤电一体化项目	神华国华九江发电有限责任公司	第二产业	3000000
2012	金川镍合金项目	江西攀森新材料有限公司	其他二产	300000
2012	年产 5000 吨活性炭项目	江西辉龙活性炭有限公司	其他二产	5500
2012	年产 40 万吨冶金溶剂、30 万吨粉类项目	瑞昌市璟裕矿业有限公司	第二产业	50000
2012	年加工工生产粉末冶金产品 200 万套	九江精鹰粉末冶金有限公司	其他二产	5000
2012	年产矿渣粉 20 万吨生产线项目	瑞昌市国兴建材有限公司	新型建材产业	6000
2012	金锑矿深加工综合利用项目	江西金科矿产资源综合利用有限公司	金、锑等精深加工	8000
2012	矿山机械制造项目	江两南方矿山设备有限公司	其他二产	15000
2012	年产 800 万吨钒氮合金生产项目	九江钒宇新材料有限公司	石油化工产业	10000

续表 2-3-3

年份	项目名称	企业注册名称	产业类别	投资总额（万元）
2012	厦门钨业硬质合金项目	九江金鹭硬质合金有限公司	钨精深加工	200000
2012	矿渣微粉项目	九江合昌水泥有限公司	新型建材产业	13000
2012	阳储山钨钼矿业 4500 吨 / 日采项目	江西省都昌县钨钼矿有限公司	第二产业	100000
2012	年处理金矿石 14 万吨	中国黄金股份有限公司	第二产业	100000
2012	中国煤炭九江煤炭储备配制加工生产基地项目	江西煤炭储备中心有限公司	其他二产	121500
2012	神华煤电一体化项目	神华国华九江发电有限责任公司	新能源产业	500000
2013	年加工 3 万吨钨精矿生产项目	武宁县深浔矿产资源开发有限公司	采矿业	110000
2013	年产 80 万吨冶金熔剂项目	瑞昌市苏科冶金材料有限公司	其他二产	12000
2013	年产 2 万吨三氯氢硅及 1 万吨有机硅系列产品	江西赣宇有机硅有限公司	石油化工产业	50000
2013	宝丰活性炭深加工项目	修水县宝丰活性炭有限公司	第二产业	30000
2013	氢氧化镍项目	江西锂业集团	第二产业	500000
2013	日产 5000 吨铜矿	九江城门山铜矿有限公司	采矿业	60000
2013	年产煅后焦等 30 万吨	九江市久通碳素有限公司	第二产业	100000
2013	日处理 500 吨矿石选厂项目	江西大湖塘钨矿北区选厂	第二产业	60000
2013	钒氮合金二期	九江钒宇新材料有限公司	第二产业	7000
2013	年浮选硫铁矿、硫精矿及硫矿 18 万吨	瑞昌市同鑫矿产品有限公司	采矿业	5000
2013	选矿厂节能减排及技术升级改造工程项目	江两省修水县香炉山钨业有限公司	采矿业	200000
2013	年产 150 万吨水煤浆项目	江两蓝谷新能源科技有限公司	第二产业	12000
2013	年产 60 万吨矿渣微粉项目	九江世基矿渣微粉有限公司	第二产业	15000
2013	年生产碳化钨粉 500 吨	江西华港实业有限公司	第二产业	5000
2013	方大钢铁建材加工物流项目	九江大洪钢铁有限公司	其他二产	80000
2013	九江煤炭储备配制加工生产基地煤场工程	江西煤炭储备中心有限公司	其他二产	39500
2013	武山铜矿南矿带 8Cu 小犁露天开采项目	江西铜业股份有限公司武山铜矿	第二产业	18000
2013	年产 2.5 亿块煤结环保端体建材项目	江西威顺环保建材有限公司	新型建材产业	60000

续表 2-3-3

年份	项目名称	企业注册名称	产业类别	投资总额（万元）
2014	华旗瓷土精矿粉及陶瓷生产原料加工项目	江西旗矿业发展有限公司	采矿业	20000
2014	土龙山金矿综合开发项目	江西土龙山矿业有限公司	采矿业	20000
2014	时瑞运环保建材项目	江西时瑞运矿业有限公司	新型建材产业	18000
2014	宝烀高岭土项目	九江宝烀高岭土有限公司	第二产业	16000
2014	有色金属冶炼项目	九江华鑫有色金属有限公司	第二产业	100000
2014	10 万吨金属镍项目	九江港森新材料有限公司	其他二产	200000
2014	金属制品加工	九江三星金属制品有限公司	其他二产	30000
2014	废钢加工项目	江西省龙飞伟业金属回收有限公司	其他二产	5000
2014	年产 2.5 亿块煤结环保墙体建材项目	江西威顺环保建材有限公司	新型建材产业	90000
2014	环保陶瓷原料精加工	九江常友实业有限公司	铜、钨、铅锌及石英石等精深加工	30000
2014	板桥电子	星子板桥电子有限公司	铜、钨、铅锌及石英石等精深加工	7000
2014	年产 20 万吨氯碱及 20 万吨配套产品项目	江西福鑫化工有限公司	石油化工产业	210000
2014	元胜工业气体生产	瑞昌市元胜工业气	石油化工产业	53000
2014	年产 400 吨金刚烷胺项目	江西亚迪化工有限公司	石油化工产业	20000
2014	年产 2 万吨 107 胺、硅酮胶等有机硅系列产品	江西纳森科技有限公司	石油化工产业	20000
2014	九宏新材料项目	九江九宏新材料有限公司	其他二产	500000
2015	海螺水泥生产项目	江西庐山海螺水泥有限公司	新型建材产业	50000
2015	神华煤电一体化项目	神华国华九江发电有限责任公司	新能源产业	3000000
2015	石英矿、建筑材料生产销售	武宁县新华丽矿业有限公司	铜、钨、铅锌及石英石等精深加工	50000
2015	年产 90 万吨冶金熔剂项目	江西茅迪实业有限公司	铜、钨、铅锌及石英石等精深加工	80000
2015	轻烧白云石加工项目	瑞昌市联峰炉料有限公司	铜、钨、铅锌及石英石等精深加工	15000
2015	年产 30 万吨冶金溶剂项目	瑞昌市星海石业有限责任公司	采矿业	39000
2015	城门山铜矿三期项目	江西铜业股份有限公司	采矿业	500000

2014 年全市冶金产品产量一览

表 2-3-4

名 称	计量单位	本月	本月止累计	去年同月	去年同期累计	本月比同月增长%	累计增长%
铜金属含量	吨	1136.0	8191.5	728.0	5433.3	56.0	50.8
锌金属含量	吨	246.8	976.1	77.9	622.9	216.8	56.7
锡金属含量	吨	327.3	1672.6	119.3	1055.9	174.4	58.4
稀有稀土金属矿	吨	660.1	6859.8	238.4	5923.6	176.9	15.8
钨精矿折合量（折三氧化钨 65%）	吨	660.1	6859.8	244.5	5984.4	170.0	14.6
硫铁矿石（折含硫 35%）	吨	46187.0	333923.5	29048.0	223339.5	59.0	49.5
生铁	吨	465490.0	4294510.0	367593.0	4010105.0	26.6	7.1
粗钢	吨	542223.0	4971675.0	417756.0	4527441.0	29.8	9.8
铸铁件	吨	35.0	18336.0	1197.2	13882.4	–97.1	32.1
钢材	吨	565766.0	5247075.0	389909.0	4551570.0	45.1	15.3
中小型型钢	吨	13063.0	164145.0	10076.0	132672.0	29.6	23.7
钢筋	吨	272425.0	2534868.0	198508.0	2235348.0	37.2	13.4
线材（盘条）	吨	119688.0	1103068.0	101216.0	1048747.0	18.3	5.2
特厚板	吨	6433.0	64206.0	2493.0	78457.0	158.0	–18.2
厚钢板	吨	102178.0	883914.0	43547.0	726145.0	134.6	21.7
中板	吨	51979.0	496874.0	34069.0	330201.0	52.6	50.5
铁合金	吨	101.7	1232.1	164.0	918.4	–38.0	34.2
十种有色金属	吨	19748.4	155367.6	14254.8	142433.5	38.5	9.1
铅	吨	9608.5	79431.0	5059.2	72306.6	89.9	9.9
锌	吨	8224.6	62059.5	7525.9	57694.4	9.3	7.6
锑品	吨	1915.3	13877.0	1669.7	12432.5	14.7	11.6
黄金	千克	13.0	331.4	61.1	543.2	–78.7	–39.0
白银（银锭）	千克	8569.0	63529.8	6667.4	72224.8	28.5	–12.0
铜材	吨	620.0	7586.0	62.0	7398.8	900.0	2.5

2014 年全市矿业产值一览

表 2-3-5　　单位：千元

行业名称	本月止累计	去年同月止累计	增长%
煤炭开采和洗选业	423587.0	339264.0	24.84
烟煤和无烟煤开采洗选	423587.0	339264.0	24.85
黑色金属矿采选业	1430389.0	1493584.0	–4.23
铁矿采选	390367.0	311964.0	25.13
其他黑色金属矿采选	1040022.0	1181620.0	–11.98
有色金属矿采选业	9075862.0	8243718.0	10.09
常用有色金属矿采选	2983001.0	2489938.0	19.80
贵金属矿采选	518194.0	1355616.0	–61.77
稀有稀土金属矿采选	5574667.0	4398164.0	26.75
非金属矿采选业	4984248.0	4978884.0	0.11
土砂石开采	4260387.0	4550469.0	–6.37
化学矿开采	138927.0	91608.0	51.65
石棉及其他非金属矿采选	584934.0	336807.0	73.67
黑色金属冶炼和压延加工业	23997847.0	19223233.0	24.84
炼铁	0.0	109015.0	–100.00
炼钢	3949766.0	3432110.0	15.08
黑色金属铸造	775841.0	262919.0	195.09
钢压延加工	18835983.0	15039822.0	25.24
铁合金冶炼	436257.0	379367.0	15.00
有色金属冶炼和压延加工业	17560002.0	13788326.0	27.35
常用有色金属冶炼	5956073.0	3722259.0	60.01
贵金属冶炼	307307.0	434689.0	–29.30
稀有稀土金属冶炼	7465923.0	6072143.0	22.95
有色金属压延加工	3830699.0	3559235.0	7.63

2000~2013年全市规模以上矿业企业一览

表2-3-6

年份	煤矿采选业			黑色金属矿采选业			有色金属矿采选业			非金属矿采选业		
	企业数	工业总产值（万元）	年平均人数	企业数	工业总产值（万元）	年平均人数	企业数	工业总产值（万元）	年平均人数	企业数	工业总产值（万元）	年平均人数
2000	22	2171					41	14888		63	10490	
2001	4	699					13	16362		9	11079	
2002	3	716					13	23652		10	8434	
2003	3	2115					10	24464		12	13518	
2004	3	3832	823	1		3	13	56891	3205	15	32542	1514
2005	17	15074	1230				12	77820	2398	14	55463	1878
2006	14	19015	1346				21	182093	3547	18	122092	2278
2007	9	24222	1079				20	248010	3943	19	169926	2256
2008	9	44025	1104				21	254600	3388	19	223872	2519
2009	9	36012	1058				20	287407	3545	21	247467	2838
2010	10	45831	1111	1	8065	60	17	317494	3079	23	249763	3097
2011	8	38740	1093	1	16751	60	17	430322	3692	10	191324	1149
2012	8	43274	1087	1	26096	60	19	536547	4168	11	191295	1230
2013	8	33926	876	3	54504	615	20	661428	4167	18	293627	2208

2014 年全市发证矿山企业一览（一）

表 2-3-7

企 业 名 称	法人代表	开采矿种	建矿时间	资源储量（万吨）	设计规模（万吨/年）
江西亚东水泥有限公司瑞昌制造厂大屋	张才雄	水泥用砂页岩	2008-02-03	4.7852 0.9677	20
江西亚东水泥有限公司瑞昌制造厂宝安山	张才雄	水泥用黏土矿	1999-11-05	0.1147 1.6853	21.46
江西亚东水泥有限公司瑞昌制造厂	张才雄	水泥用炭岩	1998-09-22	27.5004	200
江西亚东水泥有限公司瑞昌制造厂下	张才雄	水泥用黏土矿	1999-11-05	0.0572	8.284
江西亚东水泥有限公司瑞昌制造厂花屋水	张才雄	水泥用黏土矿	1999-11-05	0.3153	23.33
江西亚东水泥有限公司瑞昌制造厂南林	张才雄	水泥用硅质原	1999-11-02	0.4884 0.0540	50
江西亚东水泥有限公司瑞昌制造厂花屋	张才雄	水泥用砂岩	1998-09-01	0.5579 0.781	9.45
江西亚东水泥有限公司瑞昌制造厂下张	张才雄	水泥用灰岩	2008-02-03	12.0489	200
江西亚东水泥有限公司瑞昌制造厂新屋	张才雄	水泥用灰岩	2002-11-05	22.6268	200
瑞昌市南义镇第六号煤矿	曾矿生	煤	1993-05-31	0.0849	4
瑞昌市高泉煤矿	刘小明	煤	1994-05-31	0.0116	4
瑞昌市乐园乡阳坡煤矿	王忠平	煤	1996-05-31	0.1465	6
瑞昌市峨眉乡岩下煤矿（岩下井/钟家湾井）	孟凡斌	煤	1987-05-01	0.0155	4
瑞昌市南义镇第一号煤矿	王泉水	煤	1994-05-31	0.0038	4
瑞昌市恒泰银锌矿业有限公司武山	何祥君	银锌矿	2003-07-30	0.0011	3
瑞昌市黄金乡竹林塘金矿	罗怀富	金矿	1994-05-30	0.19	1.8
瑞昌市天湾矿业有限公司东雷湾铜矿	周 拓	铜矿	2007-11-30	0.0603	3
江西省吴家金矿	刘福林	金矿	1988-12-31	0.4648 0.0023	3
瑞昌市渝瑞矿业有限公司港南金矿	王德怀	金矿	2004-12-31	43 千克	4
江西铜业股份有限公司武山铜矿	李建国	铜矿	1966-05-01	2.1194	165
瑞昌市高丰金矿	黄仲邦	金矿	1987-03	186 千克	1
九江尚兴石业有限公司南义镇嵩垅大理石矿	李德兴	大理石（饰面）	2002-08-31	0.0048	1.37
瑞昌市龙垱沟铜矿有限公司	石 刚	铜矿	2009-06-01	0.833	3

续表 2-3-7

企业名称	法人代表	开采矿种	建矿时间	资源储量（万吨）	设计规模（万吨/年）
瑞昌市恒大石材有限公司白云石矿	王时峰	白云石	2000-08-31	0.5778	10
江西省瑞昌市蒿垅大理石矿区	蔡选治	大理石（饰面）	2005-02	0.0028	2.7
九江顺达非金属矿业公司芭茅岗石灰	龚　勤	溶剂用灰岩	2004-12-05	3136.707	40
江西省庐山水泥有限责任公司采石矿	韩国庆	水泥用灰岩	1970-12	5.9432	50
江西铜业公司武山铜矿鑫达实业公司	李　豪	水泥用灰岩	2001-06-30	0.2146	5
九江冶金总厂石灰石矿	魏洪曙	水泥用灰岩	1997-08-31	1.1519	15
九江冶金总厂白云石矿	魏洪曙	白云石	1997-12-28	1.3211	15
瑞昌市冷水沟矿区溶剂用石灰岩矿	高奉林	溶剂用灰岩	2009-07-28	0.0349	5
瑞昌市永兴精制石灰厂	孙永兵	建筑石料用灰岩	2010	46.4545	30
九江兴业石材开发有限公司	何兆金	建筑石料用灰岩	2010	567.7625	50
瑞昌市江涛采石场	许杏芳	建筑石料用灰岩	2009	1364.2465	100
瑞昌市华鑫矿产有限公司	王时峰	建筑石料用灰岩	2009	1461.2263	10
瑞昌市八门第三采石场	陈洪华	建筑石料用灰岩	2009	0.0096	5
瑞昌市仁和矿业有限公司	苏建成	建筑石料用灰岩	2011	834.75	15
瑞昌市红星石业有限责任公司	陈新海	建筑石料用灰岩	2009	233.1735	13
瑞昌市江润矿业有限公司	王叶飞	建筑石料用灰岩	2011	846.5874	25
瑞昌市苏科冶金材料有限公司	孙全忠	建筑石料用灰岩	2012	978.804	30
瑞昌市南阳上坂石灰石矿	温周琪	建筑石料用灰岩	2009	612	12
瑞昌市新开路碎石场	柯传兰	建筑石料用灰岩	2009	346.938	65
瑞昌市桂林街道办狮山采石场	陈敬花	建筑石料用灰岩	2009	57.7334	10
瑞昌市白杨镇开源建材厂群发采石场	李福发	建筑石料用灰岩	2010	178.451	30
瑞昌市江联矿业有限公司	梁金平	建筑石料用灰岩	2012	927.023	25
瑞昌市苏瑞矿业有限公司	吴永来	建筑石料用灰岩	2010	2908.9315	95
瑞昌市洪岭徐家山采石场	王启胜	建筑石料用灰岩	2009	0.0046	5

续表 2-3-7

企 业 名 称	法人代表	开采矿种	建矿时间	资源储量（万吨）	设计规模（万吨/年）
瑞昌市瑞龙采石场	章成军	建筑石料用灰岩	2010	1677.4158	100
瑞昌市隆兴矿产品有限公司	王秋荣	建筑石料用灰岩	2009	0.0261	5
瑞昌市胜利矿业有限公司	坎泉义	建筑石料用灰岩	2013	3731.2	37
瑞昌市严坂采石场	刘彦荣	建筑石料用灰岩	2009	0.0034	5
瑞昌恒立矿业有限公司	陆鸣燕	建筑石料用灰岩	2009	26.3656	40
瑞昌市桂林北亭采石场	张肇山	建筑石料用灰岩	2009	0.0108	30
瑞昌市白杨檀山牯牛山采石场	陈冬荒	建筑石料用灰岩	2009	0.0008	14
瑞昌市高丰镇乐丰村采石场	李瑞华	建筑石料用灰岩	2010	385.4867	39
瑞昌市流庄乡下源碎石场	张晓钟	建筑石料用灰岩	2009	62.1425	20
瑞昌市安昌碳酸钙制品有限公司南山采石场	陈汝阳	建筑石料用灰岩	2009	160.3	20
瑞昌市雪山精制石灰有限责任公司	陈新柱	建筑石料用灰岩	2009	488.9573	52
瑞昌市华茂矿业有限公司	周青棋	建筑石料用灰岩	2009	96.1228	10
瑞昌市龙瑞建材实业有限公司	高云龙	建筑石料用灰岩	2010	1707.7492	25
瑞昌市江瑞矿业有限公司	吴浩兴	建筑石料用灰岩	2010	1092.2902	50
瑞昌市高丰采石场	邓见争	建筑石料用灰岩	2010	0.0241	10
瑞昌市桂林六合第一采石场	包志明	建筑石料用灰岩	2009	442.5515	30
瑞昌市龙腾矿业有限公司	陈　汛	建筑石料用灰岩	2010	1423.4061	25
瑞昌市星海石业有限责任公司	陈新海	建筑石料用灰岩	2013	1411.3201	20

说明：另有发证矿山：九江市罗坑煤矿，夏发龙；洋鸡山金矿，雷新保；瑞昌市白杨铁质粘土矿，郝应发。

2014 年全市发证矿山企业一览（二）

表 2-3-8

企 业 名 称	法人代表	开采矿种
瑞昌市勒地矿区建筑用石灰石矿	陆鸣燕	建筑石料用灰岩
江西省瑞昌市四维物资有限公司金山采石场	程瑞英	建筑石料用灰岩
彭山锡矿	陈修春	锡矿

续表 2-3-8

企业名称	法人代表	开采矿种
江西省德安县小溪山萤石矿	胡海源	萤石
德安县梁家山萤石矿	王勇健	萤石
德安县五台矿区萤石矿	童旭峰	萤石
德安县聂桥锑矿	吴和福	锑矿、金矿
九江金派矿业有限公司德安葛洪山铅锌矿	徐卫东	锌矿、铅矿
江西省地勘局德安县黄金洼锡矿	汪克信	锡矿
江西德安锑锌矿	许国华	锑矿、锌矿、金矿
德安县邹桥马鞍山煤矿	肖冬毛	煤
方圆（德安）矿业投资有限公司	刘明兴	锡矿、锌矿、萤石矿
德安县永飞矿业有限公司萤石矿	崔桅龙	萤石
德安县坡西铁锡矿	李明春	铁矿、锡矿
德安县付山煤矿爱民井	祝福友	煤
德安县洪溪坂石灰石矿	杨志明	水泥用灰岩
江西省德安县小溪山矿区熔剂灰岩矿	程金华	熔剂用灰岩
德安县林大石灰石采石场熔剂用灰岩矿	储培根	熔剂用灰岩
德安县聂桥镇宏发采石场	熊志华	建筑石料用灰岩
德安县小安山采石场	胡启凯	建筑石料用灰岩
德安县公路段聂桥料场	陈先华	建筑石料用灰岩
德安锦隆实业采石场	刘　凡	建筑石料用灰岩
德安县国凯矿区建筑用白云岩矿	程金华	建筑用白云岩
德安县聂桥镇芦溪采石场	蔡孝贵	建筑石料用灰岩
德安县樟树矿区建筑用闪长岩矿	罗贤梁	建筑用闪长岩
九江筑路机械工程有限公司德安白云岭石料场	董宗堂	建筑石料用灰岩
德安县丰林镇王瑞青采石场	阮宜庆	建筑石料用灰岩
德安县吴山乡蔡河采石场	桂贤华	建筑石料用灰岩
德安县凤凰桥建筑材料有限责任公司	彭新辉	建筑石料用灰岩

续表 2-3-8

企 业 名 称	法人代表	开采矿种
德安县聂桥镇吉发石料场	张吉志	建筑用辉绿岩
德安县车桥镇夏源极采石场	夏源极	建筑石料用灰岩
德安县丰林镇余水东采石场	曾宪民	建筑石料用灰岩
德安县望夫山建筑材料有限公司采石场	蔡源友	建筑石料用灰岩
德安县红瑞成品料场（袋 16）	叶冬平	建筑石料用灰岩
德安县车桥镇宏业矿区制砖用泥岩矿	吴少雄	砖瓦用页岩
德安县丰林镇黄桶砖瓦黏土矿	刘俊胜	砖瓦用黏土
聂桥新砖瓦黏土矿	熊启荣	砖瓦用黏土
德安县锡岭矿区建筑用灰岩矿	邓宝铃	建筑石料用灰岩
德安县丰林镇白果砖瓦厂	王宅胜	砖瓦用黏土
德安县港口砖瓦黏土矿	桂乃林	砖瓦用黏土
吴山乡何铺村砖瓦黏土矿	张吉平	砖瓦用黏土
林泉乡熊超采石场	郭三根	建筑石料用灰岩
林泉乡宝山采石场	施生才	建筑石料用灰岩
德安县磨溪乡华东砖瓦黏土矿	蔡华东	砖瓦用黏土
德安县德旺矿产品贸易有限公司	曹祥雨	尾矿库运营
江西巨通实业有限公司武宁大湖塘北区钨矿尾砂库	舒　勇	尾矿库运营
武宁县罗溪瑞宁瓷土开发有限公司麻石理瓷土矿	徐田生	高岭土
武宁新阳矿业发展有限公司和亿大理石厂船滩大理石矿	林自在	饰面用大理石
武宁县煤矿泉坪井	张国虎	煤
武宁县煤矿争光井	张守才	煤
武宁县鲁溪镇石脚湾煤矿	刘诗禄	煤
武宁县鲁溪镇横山嘴煤矿	李诚辉	煤
九江县安达采石有限公司华成采石场	干思华	建筑石料用灰岩露天开采
九江县安达采石有限公司旭磊采石场	徐书桐	建筑石料用灰岩露天开采
九江县安顺采石有限公司金顺采石厂	黄由伦	石灰岩露天开采

续表 2-3-8

企 业 名 称	法人代表	开采矿种
九江县涌泉六洞山采石厂	张金龙	石灰岩露天开采
九江县安顺采石有限公司鑫达采石场	刘大钢	建筑石料用灰岩露天开采
九江县安荣采石有限公司安鑫采石场	陈文域	建筑石料用灰岩露天开采
九江县狮子镇朗山采石场	陈文域	建筑石料用灰岩露天开采
九江县新鑫采石有限公司邬乃全采石场	邬乃全	建筑石料用灰岩露天开采
九江县新合镇廖山采石场	邱远芬	建筑石料用灰岩露天开采
九江县安荣采石有限公司建荣采石厂	黄鸿杰	建筑石料用灰岩露天开采
九江县安顺采石有限公司纱帽山采石场	魏安贤	建筑石料用灰岩露天开采
九江县涌泉尖门槛采石场	刘国安	建筑石料用灰岩露天开采
九江县马回岭代家山采石场	曾庆华	建筑石料用灰岩露天开采
九江县狮子镇朗山众鑫采石场	李 骏	建筑用灰岩（凝灰岩）露天开采
九江县荣鑫石材加工厂	徐海忠	建筑用石料用凝灰岩露天开采
九江县涌泉乡马鞍山余章松石料场	余章松	建筑石料用灰岩露天开采
九江县安顺采石有限公司庐林采石场	周 琳	建筑石料用灰岩露天开采
新塘乡长山凌兴同采石场	凌兴同	建筑石料用灰岩露天开采
九江县马回岭镇大岗山采石场	李志林	建筑石料用灰岩露天开采
九江县新塘坡峰采石场	刘晓英	建筑石料用灰岩露天开采
九江县金安采石场	陈良旺	建筑石料用灰岩露天开采
九江县狮子镇鑫海采石场	廖庐波	建筑石料用灰岩露天开采
九江县狮子镇容大采石场	李 冲	建筑石料用灰岩露天开采
九江县狮子镇宏利采石场	苏有木	建筑石料用灰岩露天开采
九江星庐瓷土矿（一分矿、三分矿、四分矿、五分矿）	陈彦南	高岭土露天开采
江西省星子县五里麻石厂（余杨帆坑口、许春柏坑口、陈延场坑口）	杨辉鹏	饰面用花岗岩露天开采
江西省星子县兆旺矿产有限公司	陈进能	饰面用花岗岩露天开采
星子融兴石材厂	杨尔爱	花岗岩露天开采
星子县东屏石材厂建筑用花岗岩矿（胡代猛坑口、刘夏珠坑口）	伍 星	建筑用花岗岩露天开采

续表 2–3–8

企 业 名 称	法人代表	开采矿种
星子县金鑫石材厂花岗石矿（林文嘉坑口、陈杰坑口、叶桂林坑口）	帅长青	建筑用花岗岩露天开采
江西省星子县李勃垅非金属矿加工厂（南、北坑口）	付扬军	建筑用花岗岩露天开采
星子县横塘镇东升大凹采石场（1号、2号坑口）	黄纪强	饰面用板岩露天开采
星子县横塘乡和平村石嘴熊村青石厂（单矿点）	熊开田	板岩露天开采
星子县横塘西平曹家青石厂	曹青松	板岩露天开采
修水县百胜矿业有限公司江西省修水县山泉矿区瓷土矿	丁伯胜	高岭土露天开采
修水县大桥镇吉祥采石厂	朱洪炳	建筑用石料露天开采
江西修水福宁矿业有限责任公司白石岭石英矿	苏洪荣	石英岩露天开采
修水县金城矿业有限公司桃里高岭土矿	王金林	高岭土露天开采
修水县桂坳灰砖建材有限公司中村垅采石场	胡学荣	制灰用灰岩露天开采
修水县弘鑫矿业有限责任公司修水县姜坪高岭土矿	匡丽霞	高岭土露天开采
江西省修水县大坑绿石板有限公司一工区	刘森林	饰面用板岩露天开采
修水县四都镇西坑大理石矿	黄　颖	饰面用石料（大理石）露天开采
修水县兴旺石制品厂修水县黄龙乡上水山矿区花岗石矿	陈最健	饰面用花岗岩露天开采
修水县岗上石料厂	张志鹏	建筑石料用灰岩露天开采
修水县庙岭江龙石料厂	傅铁龙	建筑石料用灰岩露天开采
修水县马坳镇共升石料厂	郑小彬	建筑石料用灰岩露天开采与销售
修水县群力石材有限公司四都镇清水矿区大理石矿	黄　颖	饰面用灰岩矿露天开采
修水县东岭石材有限公司四都镇东岭矿区大理石矿	兰发明	饰面用灰岩矿露天开采
修水县恒峰石业有限公司四都镇大坪矿区大理石矿	宁小龙	饰面用灰岩矿露天开采
修水县岗上石料厂	张志鹏	建筑石料用灰岩露天开采
永修县江上焦冲马路采石场	邢金霞	碎石露天开采
江西省永修县联营钒矿	汪志辉	钒矿露天开采
永修县三溪桥杨垅采石场	彭棠华	碎石露天开采
江西巨丰石业有限公司永修县巨丰花岗石矿	廖子仁	饰面用花岗岩露天开采
永修县旭光沙弯采石场二场	袁　罡	碎石露天开采

续表 2-3-8

企 业 名 称	法人代表	开采矿种
永修县云山天固采石场	郭树斓	建筑用石料（凝灰岩）露天开采
永修县金源采石场永修县江家山矿区	李国兵	建筑石料用灰岩露天开采
永修县三溪桥镇五新采石场	黄和平	碎石露天开采
永修县丰源矿区鑫磊实业有限公司花岗石矿	谢新响	饰面用花岗岩露天开采
永修县虎山采石场	王青华	碎石露天开采
湖口县宜山矿业有限公司	林干初	建筑石料用灰岩露天开采
湖口县舜德乡灰山采石厂	屈小乾	建筑石料用灰岩露天开采
湖口县东明建材有限公司	周　峰	建筑石料用灰岩露天开采
湖口县宏青矿业有限公司	姜　焱	建筑石料用灰岩露天开采
湖口县付垅乡大山采石厂	王长龙	建筑石料用灰岩露天开采
湖口县张青黄平碎石厂	黄　平	建筑石料用灰岩露天开采
湖口县金亮采石厂	邹净林	建筑石料用灰岩露天开采
湖口县大垅乡邹涧采石厂	杨行岳	建筑石料用灰岩露天开采
湖口县鑫璞建材有限公司螺丝山采石场	黄递传	建筑石料用灰岩露天开采
江西省都昌县港昌石业有限公司都昌县苏山乡彭埠矿区 1 号花岗石矿	曾　慧	饰面用花岗岩露天开采
都昌县盐田采石场	刘志源	建筑用石料（凝灰岩）露天开采
都昌县益利鑫石材有限公司蓝野矿区 4 号花岗石矿	黄美莲	饰面用花岗岩露天开采
江西省都昌县昌福石材厂苏山矿区 9 号花岗石矿	洪唐武	饰面用花岗岩露天开采
江西省都昌县闽发石业有限公司蓝野矿区 1 号花岗石矿	杨开培	饰面用花岗岩露天开采
江西省都昌县新天然石业有限公司徐港矿区 3 号花岗岩矿	吴小青	饰面用花岗岩露天开采
都昌县超红石材厂苏山矿区 6 号花岗石矿	杨开端	饰面用花岗岩露天开采
都昌县和谐碎石有限公司苏山杉帽蓬矿区建筑用砂岩矿	周桂林	建筑用石料露天开采
都昌县蔡岭镇宝山采石场	冯春华	建筑石料用灰岩露天开采
都昌县顶好石材工艺有限公司彭埠矿区 6 号花岗石矿	林　尚	饰面用花岗岩露天开采
都昌县和发石材有限公司苏山矿区 8 号花岗石矿和发采石场	徐水金	饰面用花岗岩露天开采

续表 2-3-8

企 业 名 称	法人代表	开采矿种
江西都昌县昌福石材厂苏山矿区 10 号花岗石矿	龚金明	饰面用花岗岩露天开采
都昌县金辉花岗石有限责任公司徐港矿区 11 号花岗石矿	徐建民	饰面用花岗岩露天开采
都昌县春晖石业有限公司苏山矿区凌头山花岗石矿	张春泉	饰面用花岗岩露天开采
都昌县苏山乡宏达石材厂苏山矿区 2 号花岗石矿	王　科	饰面用花岗岩露天开采
都昌县雄达石业有限公司彭埠矿区 3 号花岗石矿	胡大雄	饰面用花岗岩露天开采
都昌县俊富石材厂徐港矿区 1 号花岗石矿	肖泽亮	饰面用花岗岩露天开采
都昌县金明石材厂彭埠矿区 7 号花岗石矿	高国金	饰面用花岗岩露天开采
江西省都昌县磊鑫石业有限公司彭埠矿区磊鑫花岗岩矿	冯华南	饰面用花岗岩露天开采
都昌县恒达石业有限公司苏山矿区 7 号花岗石矿	王典超	饰面用花岗岩露天开采
江西省都昌县春晖石业有限公司徐港矿区 10 号花岗石矿	张春泉	饰面用花岗岩露天开采
都昌县苏山乡金满石材厂都昌县苏山矿区 19 号花岗石矿	徐满孙	饰面用花岗岩露天开采
都昌县五兴石材有限公司苏山矿区 15 号花岗石矿	胡　金	饰面用花岗岩露天开采
江西省都昌县飞鸿石材有限公司苏山矿区 1 号花岗石矿	刘先泰	饰面用花岗岩露天开采
江西省都昌县中兴石业有限公司都昌徐港矿区 9 号花岗石矿	胡大忠	饰面用花岗岩露天开采
都昌县高新天然花岗岩开发有限公司彭埠矿区 4 号花岗石矿	何林松	饰面用花岗岩露天开采
都昌县经纬石材厂苏山矿区 4 号花岗石矿	张淑景	饰面用花岗岩露天开采
江西昌昌实业有限公司都昌汪墩罗家山	沈瑜生	建筑用石料（凝灰岩）露天开采
都昌县再达天然花岗开发有限公司徐港矿区 7 号花岗石矿	郑再达	饰面用花岗岩露天开采
江西省蔡岭万基建材有限公司都昌县蔡岭望夫尖采石场	张　勇	建筑用石料（凝灰岩）露天开采
都昌县港昌建中采石场	袁建中	饰面用花岗岩露天开采
都昌县林锋建材有限公司	朱家锋	建筑用石料（凝灰岩）露天开采
彭泽县杨梓镇殷俊文采石场	殷俊文	建筑石料用灰岩露天开采
彭泽县嘉禾矿业有限公司（彭湖碎石有限公司西矿）	施岳彪	建筑石料用灰岩露天开采
江西九江南方水泥有限公司老屋张矿区水泥用灰岩	石珍明	水泥用石灰岩露天开采
江西九江南方水泥有限公司彭泽县雪山洼矿区水泥用灰岩矿	赵静涧	水泥用石灰岩露天开采

续表 2-3-8

企 业 名 称	法人代表	开采矿种
彭泽县恒盛石材有限公司前山村采石场	叶福德	建筑石料用灰岩露天开采
彭泽县兴宇采矿有限公司湖西采石场	徐 刚	砂岩露天开采
彭泽县天业矿产有限公司	李忠杰	建筑石料用灰岩露天开采
彭泽江浙湖建材有限公司杨柳采石场	张卓明	建筑石料用灰岩露天开采
彭泽县恒大矿业有限公司	严冬平	建筑石料用灰岩露天开采
彭泽县杨梓镇马桥采石场	齐 敏	建筑石料用灰岩露天开采
彭泽县天顺采石场	郑艺青	建筑石料用灰岩露天开采
彭泽县广源矿业有限公司丰岭采石场	何尹宝	建筑石料用灰岩露天开采
彭泽县浙彭矿业有限公司	叶福德	建筑石料用灰岩露天开采
彭泽县金泰矿业有限公司彭泽县桃园矿区白云岩矿	盛志标	白云岩露天开采
彭泽县坤泰建材有限公司	谢安灿	建筑石料用灰岩露天开采
彭泽德杭矿业公司天红矿区建筑石料用灰岩矿	周敏洁	建筑石料用灰岩露天开采
九江金瑞琪矿业有限公司	郭朝云	建筑用石料露天开采
江西九江南方水泥有限公司彭泽县傅家店矿区水泥用灰岩矿	赵静涧	水泥用石灰岩露天开采

说明：另有发证矿山：武宁县煤矿前进井、武宁县富山大理石矿、武宁县大洞乡绿源石材厂板岩矿、九江市庐山园艺花岗石厂、江西星子县华林枭木山石英矿业有限公司、江西星子县星达石材工艺品厂、江西星子县白鹿瓷土矿、江西星子县白鹿官山瓷土矿、江西星子县华林赣北板材厂、江西星子县故里垅水竹湾矿区板岩矿、星子县落岭山矿区板岩矿、星子县华林赣北板材厂一分厂、修水县四都镇大坪采石场石灰石矿、修水县全丰周家屋硅石矿、修水县硐子上矿区脉石英矿、修水县山口镇白石岗石英矿、修水县水源乡丁家长石矿、修水县黄龙非金属矿产有限公司长石矿、修水县石咀矿区瓷石矿、修水县新庄矿区瓷石矿、修水县打底岩矿区瓷土矿、修水县观音堂矿区瓷土矿、修水县翁岭山矿区瓷土矿、修水县张垄矿区花岗石矿、修水县金鹏实业有限公司枫树蜗青石板矿、修水县竹坪乡石材有限公司、永修县矽砂矿、永修县白石坳矿区石英矿、江西都昌铸造型砂厂矽砂矿、都昌县魏家山矿区饰面用板岩、汇磊石业（泉州）有限公司九江分公司徐港矿区8号花岗石矿、都昌县古南天然花岗石开发有限公司兰野矿区2号花岗石矿、江西彭泽县铸造材料有限公司、江西彭泽县洞坞矿区熔剂灰岩矿。

2014年全市发证矿山企业一览（三）

表 2-3-9

企 业 名 称	法人代表	开采矿种	设计规模（万吨/年）
武宁县华源锑业有限公司	陈宗辉	锑	1.7
武宁县石渡乡锑矿	刘典平	锑	0.01
武宁县大湖塘北区钨矿	刘登高	钨	0.24
武宁县大湖塘南区钨矿	刘登高	钨	0.42
江西省武宁县东坪铜多金属矿	王建国	铜钨银锌金	3
国营武宁县煤矿	陈宗辉	煤	10
九江市罗坑煤矿	夏发龙	煤	4.5
泉口镇丰田煤矿	巫伟生	煤	4
泉口镇电站煤矿	徐少云	煤	4
鲁溪镇烟烟山煤矿	熊仁香	煤	4
鲁溪镇小泉煤矿	余铁牛	煤	4
鲁溪镇北屏罗坑煤矿	胡恒保	煤	3
武宁县辽田石材开发有限公司	周国良	饰面用灰岩（大理石）	1
武宁县和亿大理石厂	刘宝福	饰面用灰岩（大理石）	3
武宁县冯翊石材有限公司	雷振月	饰面用灰岩（大理石）	0.3
武宁县富昌石材开发有限公司	余昌富	饰面用灰岩（大理石）	0.3
武宁县莲塘石材厂	周　常	饰面用灰岩（大理石）	0.3
黄家山大理石矿	付林华	饰面用灰岩（大理石）	0.5
武宁县辽山峰大理石厂	阮文波	饰面用灰岩（大理石）	0.3
武宁县志良石材成品厂	胡　强	饰面用灰岩（大理石）	0.3
武宁县石人岭矿区新阳大理石矿	刘克阳	饰面用灰岩（大理石）	0.3
武宁北屏矿区夏宕大理石矿	洪分仕	饰面用灰岩（大理石）	1
武宁县梅岩山饰面用灰岩（大理石）矿	王瑞庆	大理岩	1
星武瓷土开发有限公司上坳矿区	徐秋林	高岭土	0.6

续表 2-3-9

企业名称	法人代表	开采矿种	设计规模（万吨/年）
星武瓷土开发有限公司林湾矿区	徐秋林	高岭土	0.6
星武瓷土开发有限公司银炉矿区	徐秋林	高岭土	0.6
星武瓷土开发有限公司金家岭矿区	徐秋林	高岭土	2
武宁县枫林坳矿区板岩矿	邱 勤	饰面用板岩	1
甫田乡东坪采石场	宁乐平	建筑用辉绿岩	1
澧溪镇煤矿垅采石场	卢小勇	建筑石料用灰岩	10.8
鲁溪镇马迹桥采石场	张巧南	建筑石料用灰岩	13.5
武宁县官莲乡莲花采石场	易 宁	建筑石料用灰岩	16.2
巾口乡灵芝岭采石场	李敦茂	建筑石料用灰岩	5.4
武宁县横路乡刘家采石场	刘道日	建筑石料用灰岩	10.8
武宁县宋溪镇山口建筑石料用灰岩矿	冷景志	建筑石料用灰岩	18.9
武宁县横路乡义兴采石场	聂由义	建筑石料用灰岩	16.2
武宁县南冲洞矿区建筑用砂岩矿	王 彪	建筑用砂岩	28
武宁县月田建材厂	李育松	砖瓦用页岩	2.76
武宁县温玉冶石成砖厂	周贵聪	砖瓦用页岩	2.76
武宁县礼溪页岩砖厂	吴 斌	砖瓦用页岩	2.457
武宁县鼎立新型墙体材料厂	王向东	砖瓦用页岩	2.457
武宁县南盛砖厂	罗 曼	砖瓦用页岩	4.2
武宁县衢星建材有限公司	黄永玉	砖瓦用页岩	5.01
武宁县夏柳页岩砖厂	陈强弟	砖瓦用页岩	6.3
武宁县红岭建材厂	尹小林	砖瓦用页岩	6.3
武宁县夏柳机砖厂	戴小锋	砖瓦用页岩	6.3
武宁县鲁溪砖厂	陈剑明	砖瓦用页岩	5.25
武宁县日昇页岩机砖厂	秦小宁	砖瓦用页岩	6.3
武宁县志诚砖业有限公司	雷振昌	砖瓦用页岩	6.3

续表 2-3-9

企 业 名 称	法人代表	开采矿种	设计规模（万吨/年）
武宁县团结砖厂	李卫民	砖瓦用页岩	6.3
武宁县罗坪砖厂	秦开来	砖瓦用页岩	6.3
丰年矿区砖瓦用页岩矿	张　华	砖瓦用页岩	8.4
武宁县澧溪镇牌楼村砖厂	廖诗祖	砖瓦用页岩	7.77
甫田乡石镜矿区页岩矿	陶玉宝	砖瓦用页岩	6.3
罗坪镇东边制砖厂	刘堂付	砖瓦用黏土	1
武宁县福宁机砖厂（二厂）	张小东	砖瓦用黏土	2
武宁县福宁机砖厂（一厂）	黄良梅	砖瓦用黏土	1
船滩镇辽埠砖厂	曾庆武	砖瓦用黏土	0.83
武宁县清江乡清江村机砖厂	吴卫东	砖瓦用黏土	0.83
船滩辽田砖厂	周建忠	砖瓦用黏土	0.83

第三篇 生产企业

第一章 企业综情

1991年，全市市属国有企业4个，县属国有企业17个。

1991年全市冶金煤炭工业一览

表3-1-1 单位：个

行业	黑色工业	有色工业	黄金工业	煤炭工业
个数	3	8	6	4

说明：另有九江军山铝厂、九江县东风煤矿、修水煤矿3个停办企业

主要产品生产能力：

开坯5万吨，轧钢3万吨，合格铁矿石7万吨，铜精矿含铜800吨，标硫5万吨，电解铜50吨，钨精矿400吨，锑精矿165吨，纯锑800吨，锑合金200吨，黄金500公斤，萤石2.6万吨，大理石板材5000平方米，漆包线120吨，磷肥2万吨，氢氟酸1000吨，氟利昂1000吨，原煤13万吨。

1991年全市冶金煤炭企业主要指标一览

表3-1-2 单位：人、万元

项目类别		职工人数	固定资产原值	产值	利润总额
冶金		5009	5881.28	3970.87	846.44
煤炭		1296	1296.28	349.37	54.59
合计		6305	7177.56	4320.24	901.03
其中	市直企业	2033	2548.20	1753.38	
	黄金	1219	1344.38	713.97	

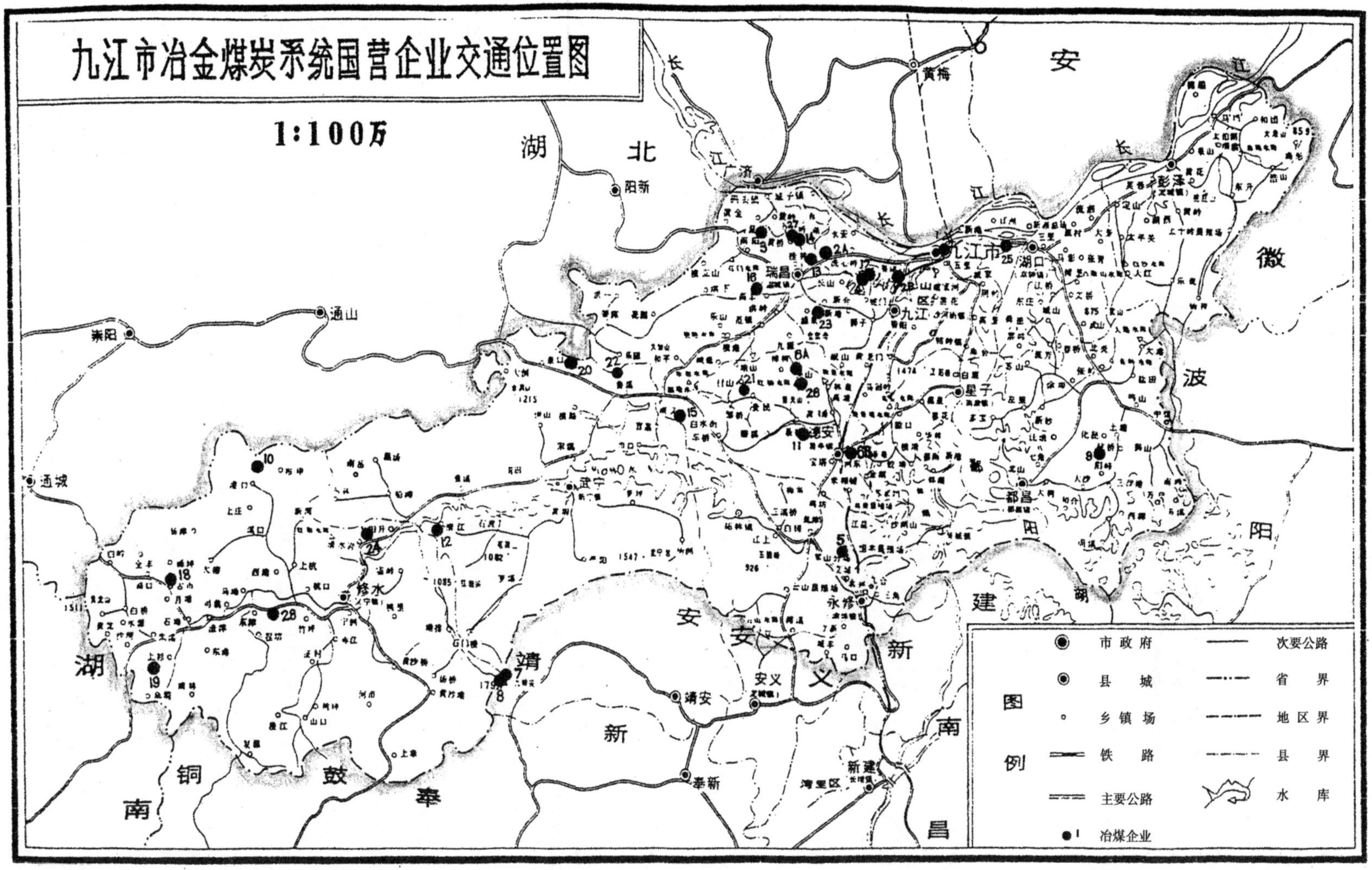

1. 九江钢厂
2. 九江铜硫矿
2A 铜硫矿
2B 硫酸磷肥厂
3. 江西铜岭钢铁厂
4. 九江铁门坎铜金矿
5. 九江铝厂
6. 德安县萤石公司
6A 萤石矿
6B 氟化工厂
7. 武宁钨矿
8. 修水县昆山钨矿
9. 都昌县钨矿
10. 修水香炉山钨矿
11. 德安县锑矿
12. 武宁县锑矿
13. 瑞昌市洋鸡山金矿
14. 瑞昌吴家金矿
15. 瑞昌市南田煤矿
16. 瑞昌市高丰金矿
17. 九江县铁门坎矿
18. 修水县古市金矿
19. 修水县土龙山金矿
20. 武宁县煤矿
21. 德安县煤矿
22. 九江罗坑煤矿
23. 九江县东风煤矿
24. 修水县煤矿
25. 九江有色金属冶炼厂
26. 江西彭山锡矿
27. 江西武山铜矿
28. 七二四矿

图 3–1–1

1991年全市冶金煤炭工业系统厂（矿）企业一览

表 3-1-3

企业名称	隶属关系	企业性质	财政体制（预算内或外）	企业规模（固定资产原值）	企业所在地
九江钢厂	市办	全民所有制企业	内	1044.20	九江市滨江路211号
九江铜岭钢铁厂	市办	全民所有制企业	内	614.60	瑞昌市夏畈乡
九江铜硫矿	市办	全民所有制企业	内	898.40	九江县洗心桥乡
其中：九江铜硫矿		全民所有制企业	内	898.40	九江县洗心桥乡
九江硫酸磷肥厂		全民所有制企业	外		九江县赛湖垦殖场团山
九江铁门坎铜金矿	市办	九江市冶金煤炭工业局供销公司、九江铜硫矿、九江县铁门坎金矿、江西铜岭钢铁厂联办	外		九江县城门山
九江铝厂	市办	全民所有制企业	停办		永修县军山
德安萤石公司	县办	全民所有制企业	内	1300.00	德安县河东乡
其中：德安县萤石矿	县办	全民所有制企业	内	856.20	德安县吴山乡
德安县制冷剂厂	县办	全民所有制企业	内	413.80	德安县河东乡
武宁县钨矿	县办	全民所有制企业	内	232.40	武宁县石门乡、罗溪乡交界处
都昌县钨矿	县办	全民所有制企业	外	9.60	都昌县化民乡、阳丰乡交界处
修水县昆山钨矿	县办	全民所有制企业	内	38.50	修水县黄沙港乡境内昆山
修水县香炉山钨矿	县办	省钨业公司浒坑钨矿同修水县联办	外		修水县港口乡洞下村
德安县锑矿	县办	全民所有制企业	内	243.70	德安聂桥境内宝山
武宁清江锑矿	县办	全民所有制企业	外	164.50	武宁县清江乡
瑞昌市洋鸡山金矿	县办	省地矿局赣西北地质大队同瑞昌市联营	内	713.00	瑞昌市高黄金北路
瑞昌市高丰金矿	县办	瑞昌市煤矿和瑞昌市高丰乡合办	内	265.80	瑞昌市高丰乡
瑞昌市吴家金矿	县办	省铜业公司武山铜矿同瑞昌市麻纺厂联营	内		瑞昌市白杨镇
修水县古市金矿	县办	全民所有制企业	内	168.50	修水县古市乡
修水县土龙山金矿	县办	全民所有制企业	内	135.30	修水县朱溪乡、上杉乡境内
九江县铁门坎金矿	县办	全民所有制企业	内	61.28	九江县城门乡联盟村
瑞昌市南田煤矿	县办	全民所有制企业	内	106.51	瑞昌市南义镇南田村
武宁县煤矿	县办	全民所有制企业	内	781.25	武宁县泉口乡凤东村
德安县付山煤矿	县办	全民所有制企业	内	188.90	德安县爱民乡红岩村
九江罗坑煤矿	县办	武宁县同瑞昌市合办	外	220.00	瑞昌市乐园乡张坊村
九江县东风煤矿	县办	全民所有制企业	停办		九江县新唐乡
修水县煤矿	县办	全民所有制企业	停办		修水县三都乡洋田村

1958～1990年市冶金煤炭工业主要产品产量一览

表 3-1-4

产品名称＼数据＼年份＼时期	计量单位	“二五”					“调整”			“三五”					“四五”				
		1958	1959	1960	1961	1962	1963	1964	1965	1966	1967	1968	1969	1970	1971	1972	1973	1974	1975
合格铁矿石	吨													16715	19151	8374	7301	4038	5676
生铁	吨													659	3192	3178	885	1015	2441
钢	吨	1715	22	3754	1374								202	664.37	1419.38	838.46	67.44	68.27	55.41
钢材	吨													304.13	1694.39	4282.83	7054.10	1872.77	4499.42
铜精矿含铜量	吨															35	110	100	110
铜精矿含金量	公斤																		
硫精矿（35%）	吨															4000	5000	3000	6560
金铜精矿含铜量	吨																		
金铜精矿含金量	公斤																		
副产银	公斤																		
成品金	公斤																		
锑矿石	吨								500					2491	2330	2530	2000	1405	1720
锑精矿	吨																		
纯锑	吨													14	61	81	101	58	80
锑合金	吨																		
萤石	吨						9100	191	14590					14051	15309	18400	20600	17500	17056
钨精矿（65%）	吨													81.20	120	122	119.81	93.11	95
完解铜	吨																		
白云石	吨																		
大理石	米²																		
水泥预制品	米³																		
漆包原铜线	吨																		
磷肥	吨																		
电解铝	吨															10	66	42	75
铝芯塑料线																	1118	2717	1544
氢氟酸（无水）																			
氟利昂																			
原煤	万吨	6.5700	9.6239	4.7266	2.7700	1.5570	1.7077	1.4012	0.6191	1.4327	1.9513	2.4018	6.6000	10.3415	14.562	13.2656	12.820	14.5020	21.8342
焦炭（土）	吨	5417	1815	5206	8035	1315	5984			941	137	72	452	3974	14236	11934	900	44	1234

产品名称＼数据＼年份＼时期	计量单位	“五五”					“六五”					“七五”				
		1976	1977	1978	1979	1980	1981	1982	1983	1984	1985	1986	1987	1988	1989	1990
合格铁矿石	吨	3640	13050	12500	10259	2268	30203	56219	45777	79102	76745	75615	57212	6050	58843	58097
生铁	吨	1551	5012	4601	5062	3524										
钢	吨	1.47	12.03	24.36	55.95											
钢材	吨	1072.47	4770.42	6357.10	14264.01					9373.30	11002	13734	14448	18222	19430.02	20795.27
铜精矿含铜量	吨	128	146	170	235	303	258.60	320	458.24	622.40	637.64	996.33	889.67	850.80		414
铜精矿含金量	公斤										4.127	5.446	0.770		3.840	3.200
硫精矿（35%）	吨	7550	8042	15103	12000	17000	14401	19000	16459	23695	30021	33830	44723	40140	21300	31400
金铜精矿含铜量	吨										170.31				500	
金铜精矿含金量	公斤										50.81	104.69	110	110	20.337	
副产银	公斤										824.11	1778.87	1422.46	1350.18	76.75	
成品金	公斤	3.30	21.46	12.69		0.2886			0.9290				30.441	79.460	309.245	464.912
锑矿石	吨	5150	750	1500	1873			2083	2217	2626	3702	3805	10	364	11970	7563.20
锑精矿	吨				121	1910				122	159	159	165	206	91.84	1784
纯锑	吨	102	66	121	140	170	150	27	160	180	210	210	211	247	211	324
锑合金	吨									20	150	155	142	93	6	
萤石	吨	18200	16500	14200	14300	14500	14750	6945	17900	19877	23214	25700	25210	26000	35400	32285
钨精矿（65%）	吨	197.64	118.10	258.59	503.87	511.02	544.25	386.54	445.76	484.47	533.53	626.28	641.72	781.40	706.60	1014.50
完解铜	吨														13.487	54.56
白云石	吨															
大理石	米²										500	653	5284	2462	2272	1415
水泥预制品	米³												1500	393	322.59	451
漆包原铜线	吨												20	37	121	123
磷肥	吨									500				2000	1472	
电解铝	吨	46	28.90	80.22	27.62											
铝芯塑料线		1504	2164	3031.10												
氢氟酸（无水）															40	287.44
氟利昂																250
原煤	万吨	19.6983	21.4316	26.8184	24.1132	19.7583	16.9095	19.7811	21.2432	20.3256	22.7240	24.0796	23.3746	27.8891	28.0900	
焦炭（土）	吨	1654	2242	5532	5333.81	8782.44	5706.56									

1970~1990 年全市冶金煤炭工业总产值增长情况一览

表 3-1-5

数字 时期 年份 单位名称	"三五"时期	"四五"时期					"五五"时期					"六五"时期					"七五"时期				
	1970	1971	1972	1973	1974	1975	1976	1977	1978	1979	1980	1981	1982	1983	1984	1985	1986	1987	1988	1989	1990
工业总产值合计	780.94	1155.84	1200.40	1400.66	916.34	839.08	1026.82	1411.61	1777.73	2287.01	2765.03	1528.89	1735.14	1578.84	1941.60	2334.26	2527.74	2722.20	3210.53	3653.48	4320.40
其中：冶金、黄金工业	610.39	910.19	998.45	1185.21	724.10	658.01	801.55	1131.21	1417.91	1919.88	2437.92	1252.64	1372.27	1276.03	1713.86	2089.71	2287.67	2474.70	2848.24	3344.26	3970.83
煤炭工业	170.55	245.65	201.95	215.45	192.24	181.07	225.27	280.40	359.82	367.13	327.11	276.25	362.87	302.81	227.74	244.55	240.07	247.50	362.29	309.22	349.57
总计中：																					
一、直属企业小计	182.36	351.44	445.14	613.96	243.04	439.26	212.95	547.80	655.84	1175.24	1679.84	801.95	927.23	839.54	1100.10	1227.68	1284.97	1418.20	1550.95	1676.20	1753.38
九江钢厂	142.80	256.31	325.67	486.21	147.78	296.58	66.39	308.80	385.38	874.87	1349.63	540.62	535.41	383.55	518.62	645.07	720.71	811.50	936.18	1020.82	1052.99
九江铜硫矿			33.71	79.39	65.34	75.70	97.86	107.04	145.15	163.42	234.12	172.40	250.00	292.79	380.06	380.97	359.69	423.10	440.17	471.93	500.39
铜岭钢铁厂	39.56	95.13	85.76	48.36	29.92	66.98	48.70	131.96	125.31	136.95	96.09	88.93	141.82	163.20	201.42	201.64	204.57	183.60	174.60	183.45	200.00
二、县属企业小计	428.03	558.75	553.31	571.25	481.06	476.94	588.60	583.41	762.07	744.64	758.08	726.94	807.91	739.30	841.50	1116.58	1242.77	1304.00	1659.58	1976.88	2566.86
1. 冶金工业	257.48	313.10	351.36	355.80	288.82	295.87	363.33	303.01	402.25	377.51	430.97	450.69	445.04	410.49	448.32	596.18	642.50	655.40	865.13	1144.74	1503.52
德安萤石公司																				615.08	811.28
其中：德安萤石矿	148.44	161.73	196.77	219.44	190.42	186.18	197.82	180.92	159.63	99.08	135.08	138.63	182.99	212.26	236.79	279.33	329.50	346.80	370.00	495.08	461.88
制冷剂厂																				20.00	320.72
武宁钨矿	25.88	43.02	43.02	63.71	58.75	62.80	99.32	31.44	121.63	132.38	160.15	178.50	124.86	79.30	72.45	122.40	110.50	113.90	195.50	243.95	445.40
修水钨矿	41.37	61.23	57.92	35.18	18.30	15.72	28.16	66.27	75.61	92.40	69.08	74.26	70.36	52.48	61.51	60.83	34.00	29.50	58.80	47.60	66.00
都昌钨矿											7.16	6.80	14.33	22.00	16.57	13.60	5.37	3.00	9.00	11.40	9.00
德安锑矿	41.79	47.12	53.65	37.47	21.35	31.17	38.03	24.38	45.38	53.65	59.50	52.50	52.50	44.45	61.00	120.02	163.13	162.20	176.16	111.11	94.33
清江锑矿																			55.67	115.60	77.51
2. 黄金工业														26.00	165.44	275.85	360.20	401.10	432.16	523.92	713.97
洋鸡山金矿														26.00	165.44	275.85	360.20	401.10	410.10	281.37	392.00
古市金矿																			11.19	40.00	29.39
土龙山金矿																				96.79	124.85
高丰金矿																			10.87	91.44	108.80
铁门坎金矿																				14.32	32.03
吴家金矿																					26.90
3. 煤炭工业	170.55	245.65	201.95	215.45	192.24	181.07	225.27	280.40	359.82	367.13	327.11	276.25	362.87	302.81	227.74	244.55	240.07	247.50	362.29	308.22	349.37
瑞昌煤矿	25.87	51.15	72.73	76.92	72.24	59.41	58.83	65.78	80.29	65.96	83.53	52.05	51.81	58.75	47.90	55.00	52.80	42.50	19.98	14.10	7.16
武宁煤矿	77.42	83.72	34.80	43.66	73.88	80.64	96.99	121.09	161.29	213.98	183.01	162.33	197.37	176.86	112.92	117.74	111.24	116.70	145.94	153.90	155.66
德安煤矿	45.26	69.17	78.80	69.36	24.86	19.38	22.32	25.83	23.66	17.63	22.06	33.32	53.12	56.21	59.04	63.82	67.66	70.10	103.73	83.52	80.02
罗坑煤矿																			22.00	56.70	106.53
东风煤矿	15.45	32.27	14.67	24.27	19.27	17.56	40.66	60.15	84.96	59.28	30.02	21.49	51.73	2.74							
修水煤矿	6.55	9.34	0.95	1.24	1.99	4.08	6.47	7.55	9.62	10.28	8.49	7.06	8.84	8.85	7.88	7.99	8.37	18.20	70.64		

1993年3月，九江铜硫矿和九江铁门坎铜金矿合并组建九江矿冶总公司；1995年九江钢厂组建九江钢铁公司。九江矿冶总公司和九江钢铁公司划归市经济贸易委员会（市工业信息化委员会）管理。至此，4家直属企业只剩下九江冶金总厂1家。随着国家经济体制由计划经济向市场经济机制的转变，以及“国退民进”“抓大放小”改革的推进，冶煤系统县属企业在20世纪90年代中后期改制，民营化为民营企业，归属市中小企业局管理。冶煤系统市属及局属企业也在2009年完成改制，转民营或关闭。省属企业不断发展壮大，至企业改造升级，新企业不断落户九江。尤其是矿业企业招商成效显著，一大批多元化利益主体、多所有制的大型矿冶企业落户九江，成为九江矿业快速发展的主力军，成为今后九江矿业发展的新方向。

第二章 中央和省属企业

第一节 有色金属企业

一、九江有色金属冶炼厂

位于九江市庐山区新港镇回峰矶，距市区中心17千米。为中国有色金属工业总公司直属企业。该厂原是以西华山钨矿的稀土精矿为原料，经冶金部批准建设的稀土金属冶炼厂。1968年8月开始筹建，1970年10月破土动工。1971年2月，冶金部决定将与宜春钽铌矿配套的钽铌冶炼厂，合并到九江稀土冶炼厂进行建设，改名为九江钽铌稀土冶炼厂，又称806厂。同年9月，由江西省重工业局、上海跃龙化工厂、九冶厂和北京有色研究院组成的“三结合”设计组提出初步设计方案（包括钽铌冶炼、稀土冶炼及公用设施），概算总投资2500万元，共建12个车间，生产19种产品。建设规模为年产金属钽20吨，金属铌12.24吨。同年11月，由冶金部组织钽铌冶炼初步设计审批。12月，冶金部定为年产金属钽22吨、金属铌13.4吨，并决定先建设钽铌冶炼部分，稀土冶炼暂不施工。其间，江西省重工业局将该厂正式定名为九江有色金属冶炼厂。1972年始，主要由长沙有色冶金设计院进行施工图设计。1973年，九江有色金属冶炼厂建设列入国家基建计划。4月，省冶金局决定由冶炼厂、上海跃龙化工厂、施工部门、设计部门共同组成建厂指挥部，7月正式开工。至同年8月，77项单项工程已完成71项。工业建筑面积施工设计为23562平方米，比方案设计增加21.6%。主要生产车间有钽铌湿法冶炼、金属钽冶炼、金属铌冶炼，公用辅助设施有中心实验室、三废治理工程、供排水工程、供电工程、供气工程、机修系统、仓库系统、科研设施、汽车运输设施、行政福利设施和职工宿舍。以上项目设计概算2921.15万元，于1976年6月编报冶金部。1979年根据财政部《关于加强基本建设财务拨款管理的通知》，由建设、施工、设计单位和建设银行经办行共同对九冶厂基建工程进行全面清理，并呈报冶金部，核定按设计建成九冶厂和完成负荷试车，所需投资为4850万元。同年12月25日，冶金部在《关于转发1980年有色金属工业基本建设计划通知》中决定，1980年始，该厂列为缓建单位。同年3月，九冶厂向省冶金局提出，在搞好维护的前提下完善生产工艺，广开门路，生产自立。计划安排生产项目17项，其中科研试制产品11项，机械产品2项，民用产品2项。同年9~12月，钽铌湿法车间、金属铌车间、金属钽车间均实现联动试车，分别试制出氟钽酸钾、铌片和钽粉，并通过上海勤工化工厂向日本出口氟钽酸钾2吨。1981年开始生产氢氧化钽，也远销日本。同年试产铌铁，并形成批量生产能力。9月底，冶金部在九冶厂召开基建收尾方案技术论证会。至年底，该厂共创生产产值324.83万元，销售收入186万元，除去生产成本，获自主生产收入留成计34.2万元。

1982年，组织并完成基建工程收尾任务，形成年生产能力为钽产品11吨，其中金属钽粉8吨，钽条1吨，碳化钽2吨；铌产品21吨，其中铌铁15吨，高纯氧化铌2吨，铌条2吨，铌粉2吨；钽铌加工材0.5吨；氧化钇1吨。1983~1984年，九冶厂在基建销号后，继续开展生产自立，进行试生产。到1984年，产品品种由设计时的7个发展到35个，国内用户161家，并与国外18家厂商进行过商务活动。1984年12月，受中国有色金属工业总公司委托，有色南昌公司对九冶厂部分基建工程组织竣工验收，共完成基建投资4641.97万元。竣工验收交付生产的固定资产3202.3万元，流动资金35万元，尚未完工的1082.31万元基建项目，继续列为缓建工程。验收意见认为，九冶厂的工程设计和施工质量较好，形成了一定生产能力，可按国家有色总局确定的生产规模交付生产。九冶厂交付生产后，通过自身技术改造，提高质量，增加品种，发展深加工，可提高企业经济效益。

1985年，第二期稀土工程全面开工。1986年7月建成氧化钇生产线。1987年7月，建成低钇生产线。1988年10月建成稀土100吨分组分离生产线。1989年对氧化钇生产线进行扩改。至1990年，进行的稀土工程荧光粉生产线和稀土金属生产线建设，又形成年处理各类稀土矿180吨，可产出稀土氧化物100吨，稀土金属30吨和稀土荧光粉10吨的生产能力。其间，共完成15项科研课题，其中获国家、部、省级科技成果奖33

项，有 4 项成果分获国家发明二等奖和四等奖。国内领先和填补空白的项目 TPB–42 钽粉、碳化钽、高纯氧化钽、高纯氧化铌、铌铁、铌条、荧光级氧化钇等 9 项产品，获得中国有色金属工业总公司和江西省优质产品证书。在适应市场调节、商品经济过程中，九冶厂为适应市场，对产品结构作了很大调整，增加了铌酸锂晶体、高纯氧化铌、钽铌材加工、高压钽粉、钽铁等数条生产线，对钽铌湿法、冶炼分解系统作了较大技术改造，钽铌冶炼能力在 1984 年基础上提高到具有年处理 250 吨精矿，折合年产钽金属 50 吨、铌金属 22 吨生产能力。产品已由原设计的 7 种上升到 58 个品种规格。九冶厂是一个典型外向型企业，每年有 70%原料需从国外进口，60%~70%左右产品出口国外，出口创汇在九江位居前列，仅 2000 年，创汇 500 多万美元。2000 年，九冶厂由中国有色金属工业总公司南昌分公司管理，改属江西稀土金属钨业集团公司管理。2002 年 12 月，划归中国五矿集团与江钨集团共同组建的江西钨业集团有限公司所辖。2016 年，九冶厂出口创汇达 1000 万美元。至是年，共完成 159 项科研课题（其中 1990 年后 84 项），获国家级奖 6 项、省级 42 项，并取得“质量管理体系认证”“环境管理体系认证”“职业健康安全管理体系认证”三大体系证书。

2011 年，全厂在职工人 568 人，其中各级各类专业技术人员 200 多人；高级职称 12 人，中级 86 人；专业工程技术人员 96 人。其中，教授级高级工程师 2 人，高级工程师 8 人，工程师 40 人。全厂总居住人口 2300 人。到是年，九冶厂钽铌冶炼加工生产能力，已由 20 世纪 90 年代初的每年 250 吨规模发展到 2000 吨。高纯钽铌氧化物的生产能力和技术水平处于国内领先、世界先进地位。高纯氧化铌曾获国家质量金奖，占有国内 60%以上的用户市场，近 20 年来累计为国家上缴税金 9400 万元。厂三废处理系统设施完备，一系列科技攻关初步实现“前端削减，中间循环，末端治理”的环保综合效果。

1980~1984 年九江有色金属冶炼厂生产自立效果一览

表 3–2–1 单位：万元

年份	产值（1980 年价）	销售收入	自主收入留成	上缴产品税	抵冲维护费	国家拨维护费
1980	153.93	114.80	18.0		12.00	115.00
1981	170.90	71.20	16.0		10.80	100.51
1982	408.60	207.00		17.53		11.70
1983	1291.40	863.11	15.15	61.20	10.11	20.00
1984	1345.59	1110.51	42.92	104.79		16.00
合计	3370.42	2366.62	92.27	183.52	32.91	263.21

1991~2010年部分年份九江有色金属冶炼厂主要经济指标一览

表 3-2-2 单位：万元

年 份	主营业务收入	利税总额	产 值
1991	3074	279	3468
1992	2266.6	-172.4	3396
1993	3167	-282	2684
1994	3771	178	4162
1995	3855.9	82.9	3780
1996	3237.8	-341.6	3678
1997	3746.1	-65.7	3323
1998	5202	-248	5688
1999	6262	-213	6680
2000	12156	1084	12723
2004	11001	683	
2005	8815	-597	
2008	16429	1663	16917
2009	12437	2489	12206
2010	19619	2190	23525

说明：缺2001年、2002年、2003年、2006年、2007年资料

二、武山铜矿

武山铜矿为江西铜业股份有限公司的一个井下矿山，位于瑞昌市武蛟乡吴家、白杨畈两村境内，矿区面积6.38平方千米。东临赤湖，距九江市35千米，北距长江13千米。西接瑞（昌）码（头）公路，武九铁路线穿行矿区西南边缘。矿区由南、北矿带两个矿床组成，探明铜金属储量137万吨，硫1226万吨，并含有金、银、铅、锌、硒等多种有价伴生元素，属大型铜硫井下开采矿山。

该矿于1966年6月1日成立，11月21日设立建设工地指挥部。该矿主要矿石类型为含铜黄铁矿、含铜高岭土、含铜砂岩，矿体稳定性较差，矿体上盘呈松散状，矿体下盘为砂岩比较稳固，当年年始，与北京矿冶研究总院共同完成采矿方法的试验研究。该矿北矿带早期设计采用分段崩落法开采。1968年1月，冶金工业部决定该矿由原2500

吨 / 日规模，扩大到 3000 吨 / 日规模，南、北矿带采选能力各 1500 吨 / 日。1975 年进行第一次采矿，矿石品位高达 4%左右仍用分段崩落法的设计，金属回收率低、浪费大。通过多年生产实践，该矿北矿带采用整体混凝土假顶分层崩落法，不仅生产能力大，经济效（率）益好。但由于分层采周期长，地压活动剧烈，采场支柱（木支柱、金属支柱、顶梁等）破坏十分严重和防火灭火的措施实施困难，以及地表下陷引发地压等问题，逐步确定采用下向进路式水砂充填采矿方法。南矿带分别采用上向水平分层进路式充填采矿法和下向进路式水砂充填采矿方法。1979 年 7 月，该矿划归江西省铜基地指挥部直管。是年 9 月，武山铜矿首先进行喷锚支护试验，本地区各矿山相继采用，但坑木支护仍为主要手段。1980 年 1 月，被列为国家缓建项目。1984 年 1 月，北矿带试产，9 月正式投产，设计采选综合能力 1200 吨 / 日。1990 年，北京矿冶研究总院在武山试验新型炸药获得成功。1992 年南矿带投产。2002 年进行了技术改造，四季度达产达标。当年，该矿进入江西铜业集团公司，共有二级车间（公司）7 个：采矿车间、选矿车间、掘进车间（与江铜井巷建设公司合署并存）、综合车间、江铜（瑞昌）铸造公司（与机修厂合署并存）、生活服务中心、江铜（瑞昌）医院。科室部门 20 个。现有职工 2400 余人，其中高级职称 50 人，中级职称 190 余人，中级以下职称220 余人。2003 年、2004 年生产铜金属量超过万吨。2004 年年底，企业投资 2.57 亿元，将生产能力扩大到日处理矿石 5000 吨规模，技改工程于 2008 年 4 月竣工。技改后，该矿年产铜金属量达 12000 吨，标硫（35%）达 40 万吨，副产金 200 公斤，银 15 吨，实现年产值（市场价）10 亿以上，税金近亿元。2005 年 1 月份“二期 5000 吨 / 日延深扩产挖潜改造工程”开始建设，2005 年始，在北矿带完成下向分层进路式胶给充填采矿方法试验并推广使用，取得成功，生产产量达 5000 吨 / 日。2008 年年底“二期 5000 吨 / 日延深扩产挖潜改造工程”基本完工，2009 年 1 月 17 日试生产，当年实现了达产达标。

选矿采用优先浮选法为主，辅以重选法获得铜硫混合精矿，再进行铜硫分离的工艺流程。该矿特点是原矿含铜、硫品位较高，含高岭土、泥质也较高，致使脱泥、洗矿成为首要问题。经过在粗碎后增加洗矿流程，将扫洗脱泥后的矿石再进中细碎，洗矿溢流则经浓缩后送磨矿回路，改进后流程基本得到畅通。为了提高硫的回收率，将难浮选的硫辅以重选法——螺旋溜槽扫洗一次，取得明显效果。磨矿流程为半自磨加球磨流程。浮选流程为优先选铜，铜尾经旋流器脱泥后选硫。选铜作业为二粗二扫三精流程，中矿进行再磨。选硫作业为二粗二扫流程，分别得铜、硫精矿。铜、硫精矿脱水采用二段流程，一段脱水采用浓密机，二段脱水采用陶瓷过滤机，滤饼进入精矿仓贮存后外运。尾矿及厂前污水经高效浓缩池处理后，泵送至尾矿库堆存，浓缩机溢流水作为选矿回水复用。

2013 年该矿就深部开采问题认真进行了前期调研，重新明确了矿山中长期发展规划，“再造一个新武铜”，即用 8 年左右时间（2020 年左右），通过深部挖潜，生产能力扩产至 10000 吨 / 日，向着更高更远的国内一流井下铜矿山目标奋进。

1991~2012 年部分年份武山铜矿主要经济指标一览

表 3-2-3 单位：万元

年　份	主营业务收入	利税总额	产　值
1991	5369	205	5001
1992	6016.2	−1778.7	5721.1
1993	5682	−2895	6045
1994	6936	−3646	5871
1995	9150.7	−3629.9	8874.4
1996	6461.7	−5089.6	6091.6
1997	8582.7	−2075.5	9967
2006	16183.1	−795.2	16136.29
2007	18688.36	−1504.08	17502.32
2008	26167.19	4421.97	264700.3
2009	17918.62	−10188.28	18832.40
2010	26103.16	−6892.87	24672.88
2011	31319.56	−1503.71	31029.17
2012	26434.13	−6856.6	26682.3

三、城门山铜矿

城门山铜矿隶属江西铜业股份有限公司，位于九江县城门乡和赛城湖垦殖场境内。距沙河街 26 千米，在九江市西南 18 千米。南有沙河至城门乡公路可直达，北濒城门湖有小船与九（江）瑞（昌）公路相衔接，交通甚便利。

该矿前身是江西省南昌钢铁厂于 1960 年 10 月筹建，因铁矿杂质多，难利用，到 1963 年闭坑，移交当地政府管理。1969 年复由南昌钢铁厂领导。1970 年交由九江地区领导。1973 年重归南昌钢铁厂领导。1978 年 3 月 8 日划归武山铜矿管理，一直是留守单位。1978 年 9 月留守处改为城门山铜矿筹建组，并在江西铜业公司主持下评审了《城门山铜矿半工业试验方案》。1987年设立城门铜硫矿，并进行了半工业试验初步设计预审。对六号铜矿体进行百余米的斜井开拓，以采样试验。

该矿先后进行大量勘察试验，因城门山矿区水文地质条件最为复杂，工作难度之大、投入工作量之多、勘探周期之长，均属国内罕见。曾先后5次工作，断续勘察达20余年，投入资金2000多万元。据地质勘探，该矿资源丰富，已探明是一座以铜硫为主，共生钼铁锌，伴生金银铼铊硒等多金属矿床，矿石储量达2.2亿吨，其中铜储量165万吨、硫3768万吨，是国内已探明的18座大型铜矿之一和9大稀有稀散金属矿床之一，是江西铜业股份有限公司新一轮大发展的战略重要资源地之一，为中国第二大铜矿。按可行性研究报告，该矿预计总投资12.4亿元，建设规模为日采选矿石1.2万吨。1990年12月，国家计委正式批准立项，列入"八五"建设规划。

建矿以来，经过多年努力，解决了矿山开发的"矿区地表水和地下水综合治理、湖泥剥离、最佳选矿工艺流程方案、铜锌分离"等四大技术难题；逐步形成"三高"（高强度、高效率、高效益）、"三少"（在册人员少、辅助设施少、矿山包袱少）、"两协作"（专业化协作、社会化协作）办矿思路。广大员工自主创新，国家发明专利6项；《城门山铜矿湖泥水力机械剥离工业试验研究》成果获原有色总公司科技进步二等奖；《以"三高三少两协作"为特征的新矿山的创建与管理》成果获江西省企业管理现代化创新成果三等奖。截至2014年年底，矿山总资产达16.19亿元，净资产达到15.3亿元，累计实现产值35.4亿元，上缴税费4.55亿元，全面实现7000吨/日综合生产能力稳产达标。矿山先后获全国模范职工之家、江西省五一劳动奖状、省国资委系统先进基层党组织等多项荣誉称号，连续五年荣获集团公司"双文明"建设先进单位、连续两次被江铜集团党委授予"生产红旗"先进基层党组织，连续12年荣获集团公司安全生产先进单位称号。城门山铜矿的大发展，不但能向国家提供大量的铜、硫、金、银产品，同时将创造良好的社会效益和经济效益，真正实现企业与社会的同心、同创、同进。

2002~2014年城门山铜矿主要经济指标一览

表3-2-4 单位：万元

年 份	利税总额	产 值
2002	80.26	4788.71
2003	547.66	7994.0
2004	1378.17	14027.85
2005	1745.0	16905.25
2006	2879.18	29116.21

续表 3-2-4

年 份	利税总额	产 值
2007	2940.57	26141.23
2008	3198.18	27799.6
2009	1800.2	14923.59
2010	2156.17	20592.51
2011	7499.19	59068.11
2012	10093.99	62222.09
2013	11195.78	70457.7
2014	10645.0	60697.0

四、七二四矿

七二四矿位于修水县东津乡白土村境。距修水县城 25 千米，修水至湖南平江县公路通过矿区，交通较方便。

该矿是核工业部 1963 年 10 月 21 日正式筹建，1965 年 4 月 26 日生产出第一批“111”产品，为中国核工业做出贡献。

该矿在修水的东津、马坳、大椿等乡均有矿点。

724 矿 1 号矿床属沉积型次生铀矿。1963 年建矿后，采用平硐开拓，竖井自溜放矿，风动湿式凿岩，电气爆破，电机车运输，实行机械化作业。1977 年 8 月对大椿矿床采用孔钻、万能挖掘机、翻斗汽车、推土机等露天开采设备，采矿能力 30000 吨 / 年。

1963 年 9 月，铀的冶炼——简易水冶厂破土动工，至 1964 年 12 月建成。1965 年 4 月 1 日正式投产。水冶厂设计规模为年处理 6000 吨。1982 年 6 月水冶厂改造工程破土动工，1985 年 1 月投产，年处理能力达 3 万吨。

建厂初期，采用三段开路破碎—碱法渗滤浸出—清液酸化沉淀得“111”产品流程。1971 年 2 月改用三段开路破碎—酸法渗滤浸出—清液胺类萃取—碳酸钠萃取—成品液酸化沉淀得“111”产品流程。该矿是核工业部产品成本最低的单位之一。

1978 年 9 月，采用流化床树脂离子交换吸附—移动密实床淋选工艺，从污水中回收铀的成果，获全国科学大会和江西省科学大会的表彰和奖励。

1989 年 9 月《724 矿磨矿分级系统流程改进》项目获部级科技成果三等奖。

该矿所生产的“111”产品为中国制造原子弹之核原料。1982 年，该矿冶炼厂进行技术改造，能力增至 30000 吨 / 年。

1990 年起，全国压缩铀的生产，该矿停产。2000 年该矿实施改制，矿部迁至江西新建县城。

五、彭山锡矿

彭山锡矿是江西省及华东地区已建成的唯一的一座锡矿山，位于德安县吴山乡曾家垅境内，矿区占地面积 0.85 平方千米，为江省冶金厅（总公司）直属全民所有制国有企业，西南距德安县城 26 千米，有公路与南浔铁路相接，交通甚便利。

1965 年江西地质局赣西北地质大队普查时发现，1972 年转入勘探。德安锡矿为层状，似层状高中温热液矿床，品位中偏富，已探明储量 3.52 万吨。主要集中分布在德安县曾家垅、培家垅、尖峰坡、红花尖一带。此矿床是全球已知高纬度地区最大的锡矿床。曾家垅矿区 TV——矿体赋存于灯影组下部厚层灰岩中，属似层状、层状产出，因受层间构造的控制，产状及形状较稳定，走向长 500 米，倾斜延抻 750 米，倾角 15° ~25° ，平均倾面角 16° ，平均厚度 2.46 米，当地最低侵蚀面标高 110 米。

1977 年 9 月，江西省计委、省冶金厅为解决宜黄大王山钨矿山后备基地而批准建设江西彭山锡矿。1979 年 5 月缓建。1982 年 6 月，省地质局 916 地质大队提交《曾家垅锡矿区勘探地质报告》并经省储委审批。1984 年 10 月复建，由江西冶金工业总公司担保，与上海联合发展公司以补偿贸易方式建设，成为江西省与上海市第一个重大经济协作项目。上海提供无息资金 1000 万元，有息贷款 300 万元，剩余资金 1887.7 万元由江西省解决。彭山锡矿一期工程主要生产工艺为井下开采，日采选能力 300 吨。设计年产锡金属 290 吨、铜 98 吨，还有综合回收铁精矿等副产品。从 1987 年 3 月经过调试，流程畅通，生产出符合设计的产品。1989 年通过省级竣工验收，投入生产。基建期间完成井巷掘进 4710.3 米，安装设备 1045 台（装机容量 4189.6 千瓦），输电线路 35 千伏的 20.67 千米、10 千伏的 6.86 千米。工业管道 15 千米等等，工程竣工决算 3405.52 万元。

彭山锡矿选厂于 1987 年二季度建成进行试生产。1989 年 1 月投入生产。原矿处理，设计为 300 吨 / 日，实际为 250~300 吨 / 日。在试验生产期间，由江西有色冶金研究所、南昌有色冶金设计院和彭山锡矿三家联合组成以提高回收率为中心的“选矿调试攻关小组”，历经半年多的调试攻关，取得较好成果，各项指标不断稳定提高。

选矿试验和设计流程指标一览

表 3-2-5

试验设计单位	原矿			锡精矿			锡中矿			尾矿		
	γ%	βSn%	δCu%	γ%	β%	δ%	γ%	β%	δ%	γ%	β%	δ%
昆明	100	0.55	0.27	0.48	50.12	38.0	2.22	4.15	15.0	97.3	0.22	21.0
江西	100	0.58	0.28	0.422	50.0	38.0	1.74	5.0	15.0	97.81	0.28	47.0
南昌院	100	5.76	0.178	0.488	45.0	40.0	2.16	4.0	15.0	96.64	0.28	44.63

说明：①试验为推荐指标；②设计回收铜精矿 γ（产率）0.71%，β（品位）12.0%，δ（回收率）60.0%

彭山锡矿选矿调试指标一览

表 3-2-6

项目名称	原矿品位%	锡精矿			锡中矿			尾矿品位%
		γ%	β%	δ%	γ%	β%	δ	
生产实际指标	0.7~0.8	0.46~0.48	45~50	30~33	1.75~2.40	4.0	10~12	0.3~0.35

选出的锡精矿含硫、砷超标，产品不能销售和冶炼加工，经过室内和工业性试验以及三次脱硫措施处理后的锡精矿，达到合格产品的标准，指标如下：

三次脱硫前的锡精矿品位 45.19%，含 S9.01%，含 As3.47%，三次脱硫措施处理后的锡精矿品位 49.77%，含 S3.63%，含 As0.68%，锡回收率 95.61%。

该矿综合回收情况为：

铜精矿：已按设计流程用浮选获得铜硫混合精矿后再进行铜硫分离，可得到合格的铜精矿产品，生产实际指标是：铜精矿品位 10%~12%，铜回收率 60%~65%，已达到设计指标。

铁精矿：TV-1 矿体矿石含铁地质品位 19.38%，因地质报告未计算铁的储量，在初步设计中也没有考虑回收。但选矿试验和实际生产中，可以综合回收含铁 60%左右的磁铁精矿 1.5 万吨 / 年，由于含硫太高（S8%~15%），产品不能销售，长期积压并自燃，且又污染环境。1989 年，彭山锡矿与马鞍山矿山研究院对铁精矿进行脱硫试验，采用弱酸性介质浮选—磨矿—磁选的工艺流程，先脱硫，后选铁，试验结果，铁精矿含量 1.63%，铁品位 65.9%，铁回收率 73.63%。经工业试验，已组织投入生产，效果良好。

1990 年工业总产值 211.1 万元，生产锡金属 235.8 吨。1992 年实现主营业务收入 402 万元，利税总额 -403.7 万元，产值 407.5 万元。1994 年由于市场和企业诸方面的原因，省冶金厅批准停止采选生产，保持经营开发项目。2008年该矿行政转移交给德安县政府管理，划转资产、人员以2007年12月31日为准。资产划转账面资产总额3842.35万元，负债总额4098.52万元，所有者权益–256.17万元。人员划转国企在职职工603人，离退休人员399人。德安县政府接收后，负责组织实施企业改制重组工作。

六、方圆（德安）矿业投资有限公司

方圆（德安）矿业投资有限公司是江西稀有金属钨业控股集团有限公司下属国有全资企业，是集采选运、产供销为一体的中型矿山企业。地处德安县吴山乡尖峰坡锡矿区，距昌九高速22千米，有公路直通矿区，交通方便。公司下设2个生产单位和10个科室部门，员工约400人。拥有配备齐全的矿山地质、测量、采矿、选矿、安全、机电、土建、化验、法律、经统、政工等管理专业技术人员，其中中级职称以上20多人。矿区范围1.5平方千米。

2006年1月江钨集团出资2750万元全资收购由内蒙古赤峰市兴业集团（民营）的方圆矿业投资公司采矿权，仍沿用原企业名称。2006年2月开始进行项目改扩建工程的建设，投资9589.37万元，同年12月建成试产，2007年6月正式生产。该企业投产后生产规模为采选600吨/日，年规模19.8万吨，年产锡金属508吨、锌金属500吨，主要产品为锡精矿，附产锌精矿和硫化矿及铁精粉。矿山设计服务年限为16年。

尖峰坡锡矿由江西省地质局916地质大队于1970~1988年进行地质勘探和详查工作，提交锡矿石储量301.42万吨，锡金属量18428吨。2014年在原有矿权周边空白地带，申请的“老矿山找矿”项目通过国家批准立项，已完成探矿工程，预计新增锡资源储量（金属量）1万吨，矿区锡、锌资源丰富。企业实现安全生产。

2007~2012年，曾多次被集团公司和九江市人民政府评为先进单位、安全生产先进单位、综治先进单位和先进基层党组织。2010年，评为江西省首家地下矿山安全生产标准化达标二级单位。2012年，被国土资源部授予绿色矿山试点单位。2010年、2011年获德安县纳税贡献奖荣誉称号。2013年11月，公司申报的《基于提高资源回收利用率的采选技术优化管理》获江西省第十五届企业管理现代化创新成果一等奖。2014年5月通过江西省清洁生产企业审核评审。2014年9月，公司《基于提高“三率”的采选技术优化管理》成果获2013年度第29届中国有色金属工业企业管理现代化成果三等奖。2014年10月被授予江西省高新技术企业称号。2015年6月公司完成的《锡、锡尾矿资源的回收方法与系统》项目成果获2014年度江西省技术发明奖。公司现有发明专利3项，实用新型专利20多项。

公司秉承“安全、和谐、务实、精细”的企业精神，连续十年实现安全生产，连续八年实现持续盈利，连续多年上缴税收名列德安县前茅，并实现了企业增效、员工增收、社会受益的和谐统一。

2007～2015 年方圆（德安）矿业投资有限公司经济效益一览

表 3-2-7　　单位：吨、万元

年份	产量		实现产值	营业收入	实现利税	实现利润	实现税收	缴纳税费	
	锡金属量	锌金属量						增值税	企业所得税
2007	219.60	201.08	1521.97	2081.80	345.52	134.38	211.14	96.82	1.11
2008	379.88	172.48	3566.28	2899.53	848.54	560.96	287.58	251.92	168.22
2009	412.71	486.00	3528.41	4373.59	1120.09	553.49	566.60	323.68	61.50
2010	465.50	452.50	4601.92	4410.87	1372.64	558.05	814.59	493.43	97.09
2011	495.25	464.36	6571.17	6906.62	4428.01	2686.34	1741.67	866.98	447.96
2012	496.21	488.36	6376.37	2541.21	573.25	67.51	505.74	463.10	248.20
2013	460.13	499.87	5543.69	8297.58	2324.01	1164.03	1159.98	917.82	61.17
2014	446.94	416.82	5178.17	5971.26	1743.95	987.59	756.36	798.13	286.38
2015（预算）	400.00	400.00	4957.00	5214.00	1350.00	500.00	850.00	440.00	200.00

七、江西铜业铅锌金属有限公司

江西铜业铅锌金属有限公司隶属世界 500 强企业——江铜集团，位于鄱湖入口、长江之滨的九江湖口县，是江西省“十百千亿工程”重点建设项目，为国内装备最先进的现代化大型铅锌联合冶炼工厂。

为实施“相关多元”战略，江铜集团于 2008 年 5 月筹建铅锌冶炼项目组，2009 年 9 月成立江西铜业铅锌金属有限公司。落户湖口县金砂湾工业园，厂区占地 66.67 公顷。一期工程包括水运码头、10 万吨 / 年铅冶炼项目、10 万吨 / 年锌冶炼项目、铅锌资源综合利用、单身公寓等 5 个工程项目，项目总概算 27.5 亿，于 2009 年 6 月 28 日动工建设，2011 年 12 月 2 日建成点火。其中水运码头为江铜第一座 5000 吨级固定式码头，2011 年 11 月投入试运行；铅冶炼项目采用国际上最先进的基夫赛特直接炼铅技术，2012 年 3 月 25 日基夫赛特炉投料试生产；锌冶炼项目采用国内较为成熟的湿法炼锌常规工艺，2011 年 12 月 22 日沸腾焙烧炉投料试生产。

由于基夫赛特直接炼铅技术和铅锌联合冶炼工艺为国内首家运用，可借鉴的经验几乎是一片空白，江西铜业铅锌金属有限公司克服新工艺从未涉足、新设备首次应用、新员工缺乏经验等一系列困难和挑战，通过强化培训消化吸收先进技术，通过技术改造突破生产瓶颈制约，通过摸索调试不断优化生产组织，于2013年打通各生产环节，2014年实现铅冶炼系统达产，2015年6月实现锌冶炼系统达产。

经过6年的建设和发展，江西铜业铅锌金属有限公司有员工1000多人，设有铅冶炼、锌冶炼、稀贵金属、硫酸、动力5个分厂和设备、维修、检化、原料、物资、营销等16个职能部室，年产铅锌锭20万吨，硫酸14.6万吨，副产品有银、金、铟、镉、酸性浸出渣、铜渣、铅渣、锌电解阳极泥等多个品种。

八、江西攀森新材料有限公司

该企业由四川金川集团投资建设，项目总投资50亿元，占地66.67公顷，分两期建设。其中一期投资28亿元，建设年产12万吨镍粒状含金产品生产规模，2010年2月开工建设，2011年年底前建成投产。二期投资22亿元，建成年13万吨镍粒状含金产品生产规模，2012年12月底前建成投产。项目达标后，预计可实现年主营业务收入150亿元，上缴税金9亿元，安排就业3000余人。

第二节 钢铁企业

一、江西九江萍钢钢铁有限公司（九钢公司）

九钢公司坐落在湖口县金砂湾工业园内，北衔长江黄金水道，西连鄱阳湖口，南靠铜九铁路和九景高速，东接彭泽县至安徽省，交通区位优势显著。占地面积53.33公顷，是辽宁方大集团下属江西萍钢实业股份有限公司（萍钢公司）全资子公司。

2006年9月21日，江西萍钢实业股份有限公司正式兼并原福建来乐集团公司在金沙湾建成年产35万吨钢厂，重组成九江钢厂（转让使用已破产的九江钢厂的厂名），是集钢铁冶炼、轧制于一体的钢铁冶金联合企业。在重组时九钢公司注册资金7.1亿元，萍钢公司占62%股权，以现金出资，福建来乐集团公司占35%股权，全部以实物出资。2007年10月，原闽商将所持有的35%股权以2.98亿元全部转让给萍钢公司，至此九江钢厂成为萍钢公司全资子公司。后更名简称为九钢公司。重组时已形成年产钢100万吨的能力，但年产钢仅35万吨，产品单一。当年技术改造，实现当年产钢 66 万吨，销售收入 21 亿元，利税 1.3 亿元，其中税金 1.02 亿元。随后九钢公司经四期淘汰落后产能的技术改造，逐步形成年产钢 550 万吨规模。第一期投资 10 亿元进行技术改造，使钢生产能力提高到 100 万吨 / 年；第二期投资 65 亿元，其中自有资金超 40%。于 2007 年 10 月开工建设年产 150 万吨线材、150 万吨板材的生产线，于 2010 年 4 月建成投产。2008 年，产钢 90 万吨，实现销售收入 36.45 亿元，利润 0.1 亿元，税金 1.25 亿元。至 2008 年 12 月 31 日，该公司资产总额约 45.4 亿元，负债总额 38 亿元。第三期于 2010 年 8 月再投资 25 亿元，对一期项目进行升级改造，使年产钢生产能力由 100 万吨增加到 150 万吨。第四期技术改造完成后，全公司形成生产能力 550 万吨，其中线材 400 万吨、板材 150 万吨，可实现主营业务收入 220 亿元，税收 10 亿元。2011 年产钢材 357 万吨，实现主营业务收入 20004684 万元，利润总额 8968 万元，税金 18593.3 万元。主要装备有烧结机 3 台共 598 平方米；高炉 4 座共 5090 立方米；转炉 4 座共 360 吨；连铸机 4 套；普棒、高棒、高线、中厚板线轧制线 4 条；5000 吨泊位码头 5 座；220 千伏变电站 1 座；TRT、燃气、蒸汽、余热自发电机组 9 台，装机容量共 100 兆瓦。产品涵盖建筑用热轧带肋钢筋、高速线材、小型材、中厚板材 4 个系列的多种规格和品种。通过了 ISO 9001 质量管理体系、ISO 14001 环境管理体系及 OHSAS 18001 职业安全健康管理体系三大体系认证，跻身全国企业 500 强和全国民营企业 50 强。先后获全国“五一劳动奖状”、中国优秀民营科技企业、全国用户满意企业、中国最具竞争力民营企业、最有社会贡献民营企业、最有社会责任民营企业等多项荣誉。“博升”牌产品获国家冶金产品实物质量“金杯奖”及“江西省名牌产品”“六国船级社认证”等多项荣誉称号。

2006~2012 年九钢公司主要经济指标一览

表 3-2-8 单位：万元

年　份	主营业务收入	利税总额
2006	55125	2885
2007	210470	10225
2008	372105	8585
2009	842870	48565
2010	1545461	91077
2011	2000468	57561
2012	1541780	−113532

自 2007 年萍钢投资 75 亿元，实施九钢公司“以新代旧，综合利用”技改工程，当

年10月开工，2010年7月25日全面投产。九钢公司产能迅速脱胎换骨，达到年产钢材550万吨能力。2014年完成铁产量430万吨、钢产量492万吨、成品材产量490万吨，销售收入140亿元，利润4亿多元，员工年人均收入66048元。成为产品多样、装备一流、工艺先进、节能环保的高成长性现代化钢铁企业。

二、钢铁产业链配套企业

江西联达金沙湾冶金有限公司 该公司由江西萍乡湘东联达有限公司投资兴建，于2006年9月落户湖口金沙湾工业园。专门生产炼铁高炉炉料球团，总投资1.1亿元。2007年5月通过竞拍得到原湖口县硅砂公司破产财产的产权后，占地达26.67公顷，并兼营硅砂生产经营。2009年实现主营业务收入4.5亿元，上缴税金367万元。2011年主营业务收入97709.3万元，利润总额6116.0万元，实现税金3834.6万元。2012年主营业务收入97709.3万元，利润总额8320.6万元，实现税金5838.9万元。

九江金砂湾金城实业有限公司 该企业于2007年10月落户湖口金砂湾工业园区，总投资3000万元，占地1.33公顷，职工130人。属于钢铁产业链配套企业，主要从事耐火材料的生产。2009年实现主营业务收入1103万元，上缴税金77万元；2011年实现主营业务收入4876.9万元，上缴税金174.4万元。

湖口众邦实业有限公司 该企业于2006年12月落户湖口金砂湾工业园区，总投资5000万元，企业员工205人。属钢铁业配套项目，主要从事机械加工。2009年实现主营业务收入1772万元，上缴税金189万元；2011年主营业务收入3171.6万元，实现税金134.1万元。

九江市英翔矿业有限公司 该企业于2008年5月落户金砂湾工业园区，总投资1.5亿元。属钢铁业配套企业，主要生产优质活性钙石灰700吨/日及附加产品。投产达标后，可实现主营业务收入1.2亿元，上缴税金500万元。可安排就业200余人。

九江中冶环保资源开发有限公司 该企业由北京中冶京城有限公司投资5.44亿元建设。属钢铁业配套企业，对钢厂钢渣处理，实行循环利用。2009年实现主营业务收入1.4亿元；2011年实现主营业务收入4559万元，上缴税金199.4万元，安排就业57人。

湖口长江炉料有限公司 该企业总投资1.2亿元，属钢铁产业链企业，年加工60万吨矿粉。安排就业200余人。2011年实现主营业务收入34555.2万元，上缴税金293.0万元。

九江博林高新材料有限公司 该企业总投资2亿元，属钢铁产业链企业，主要年产60万吨矿渣微粉。2011年实现主营业务收入5472.2万元，安排就业100余人。

九江赣弘矿粉建材有限公司 该企业总投资1.2亿元，属钢铁产业链企业，主要年产60万吨矿渣微粉。2011年实现主营业务收入4037.4万元，上缴税金0.1万元，安排就业100余人。

第三节 地质企业

赣西北地质大队

赣西北大队始建于1955年，隶属于江西省地质矿产勘查开发局。是一支融地质找矿、矿业开发、工程勘察施工、工程测量、水文工程、地灾勘察与治理等服务为一体的综合地勘单位。

20世纪50~60年代，在九瑞地区运用区域找矿理论，首次创立和运用“三位一体”广义矽卡岩成矿模式，总结了菱形网格构造交叉结点控制矿床定位，“四带一面”控制矿体的规律，突破了矽卡岩型矿床无大矿的认识，使九瑞地区成为长江中下游三大铜矿资源基地之一。

建队60年来，赣西北队转战九瑞、修武等成矿带，先后探明大中型矿床70余处，大型矿床8处，中型矿床13处，提交各类地质矿产及技术成果报告700余份，为国家和地方建设提供一大批矿产基地，资源潜在价值2000多亿元，共探明铜500万吨、钨100万吨、金150吨、银5000吨、石灰岩32000万吨等矿产资源。其中，九江县城门山和瑞昌市武山大型铜矿荣登“五朵金花”之列；洋鸡山金矿开江西省独立岩金矿床开发先河；大湖塘超大型钨矿储量现居世界第一；完成11幅1∶5万区域地质矿产调查工作。先后获得国家和省部级各类成果奖40余项，1987年荣获国家科技进步特等奖，1992年被人事部等部委首批授予“全国地质勘查功勋单位”，1993年获江西省“地质勘查功勋单位”称号，城门山铜矿、武山铜矿和香炉山钨矿获得原地矿部找矿一等奖，大湖塘钨矿获2010年江西省地矿局找矿特等奖。

属地化以来，积极搭建科研合作平台，与中国地大、中科院、地科院、南京地科所等单位合作，参与“十一五”“十二五”期间多个国家级科研项目，其中《九瑞矿集区铜多金属矿资源预测与勘查》项目创新地总结出“层—体”耦合型成矿模式，预测铜资源量461万吨，潜在经济价值约2300亿元；《江西省大湖塘钨（铜）多金属矿田发现与勘查评价》项目解剖大湖塘特大型钨矿床成矿规律，荣获省地矿局2013年度科学技术特等奖。

2002年，九江地质工程勘察院整合全队勘察力量，建立与铁路勘察院、胜利油田勘察设计院、中交二院等单位合作关系，在铁路、公路、管道、工民建勘察及施工等方面承揽项目。先后完成中国第一条准高速城际轨道交通线——京津铁路、铜（陵）九（江）铁路、石太铁路等十多条铁路线部分标段初勘、详勘等任务，承接九江地标型建筑——国际金融广场勘察项目，扩大了市场影响力，成功完成大西线补定测，沪昆高铁杭长线、九景衢铁路定测、广西LNG天然气管道工程、“新建中缅油气管道澜沧江穿越工程”等大型勘察施工项目。工程测绘方面，实现全数字化成图，引进GT4空中解析设备和三维航模软件技术，购置无人机、NTS32R南方全站仪及航测内业工作站等设备，取得航测乙级资质，极大提升测绘服务能力。地灾治理方面，积极参加地质灾害隐患排查、巡查和应急调查等工作，成功预报武宁鲁溪地面塌陷、瑞昌范镇山体滑坡。为支持地方地质灾害队伍建设，4名技术人员被聘为江西省地质灾害防治专家组成员，4名技术人员被聘为九江市地震宏观观测咨询专家组成员，并做出卓越贡献，受到地方政府和人民群众的高度赞扬。

先后被省地质矿产勘查开发局评为“文明单位”“安全生产目标管理优秀单位”；被九江市评为“安全生产先进单位”“企业科协先进单位”；被中华全国总工会授予“模范职工之家”和国家安全生产监督管理局颁发的全国安康杯竞赛“优胜企业”奖牌；2010年获第十二届省级文明单位称号。

至2014年，有在职职工716人，其中，高级职称65人（教授级高工4人），中级职称120人，博士2人，硕士13人。拥有通用技术装备1382台（套），专用装备109台（套）。下设赣北地质矿产勘查开发院、九江地质工程勘察院等19个单位，持有固体矿产勘查、勘查工程施工、钻（坑）探、岩土工程勘察、地质灾害勘察、评估、治理、测绘8个甲级资质，区域地质调查、液体矿产调查、地质实验测试、水文地质工程地质环境地质调查、地球物理勘查、室内装饰乙级等“六甲三乙三丙”资质41项。

第三章 地方企业

第一节 钢铁及铸造企业

一、九江钢厂

九江钢厂位于九江市浔阳区滨江路211号，北濒长江，滨江路干线在厂门前通过，交通方便。厂区呈南北狭长状，占地面积为69600平方米。1968年7月，九江市成立“尽忠炼钢”试验小组，借用原九江铸锅厂，新建0.1吨电炉，采用矿石直接试验炼钢，同年8月，成立红心钢厂筹建处，由“支左部队”6014部队协助，军民共建1.5吨电炉。10月，红心钢厂正式成立。同年12月，1.5吨炼钢电炉建成。1969年1月，炼钢车间开始投产。1970年2月10日，红心钢厂改名为九江钢厂。同年6月，组建轧钢车间（后称二轧车间），有320×2/250×5轧钢机1套。1971年1月，利用三辊开口式430×3横列机组筹建一轧车间。1972年，九江钢厂纳入省计划分配。1975年，九江钢厂接受中央计划加工任务，同年1月，购入1套180×1轧机，另组建小扎小组。1979年改造成250×2轧机，1980年该车间称三轧车间。1983年12月，九江钢厂由原机械局划归市冶金煤炭工业公司管理，当年实现扭亏增盈。1986年后，三轧车间逐步改为250×4轧机机组，生产以改制材为主。1988年5月，经省、市同意，九江钢厂与江西钢厂签订联合协议，建立联合体，称江西钢厂九江分厂，对外仍保留九江钢厂厂名，具有二级法人地位，仅1年，协议暂停执行。

1990年，九江钢厂开坯能力达到5万吨/年，轧钢达到3万吨/年，是国家定点、江西唯一生产小型钢材的工厂。当年实际生产的小型钢材2万吨左右，主要品种有普通圆钢ф8~18毫米、螺纹钢ф30~80毫米、等边角钢25×25×3~4毫米。角钢销往香港市场。是年，全厂设职能科室13个和厂劳动服务公司。车间生产三班作业制。正式职工有858人，其中高级工程师2人。固定资产净值598.20万元。自扭亏增盈以来，一直是市上缴税收100万~200万元重点企业。但设备陈旧，工艺落后，消耗大，成本高，且产品单一，缺乏自我发展能力，市场应变能力差。1991年九江钢厂上新产品5个。同年市经委召集相关部门商谈九钢厂螺旋焊管中外合资项目。1992年，市冶金煤炭局向省冶金厅汇报用电炉上短流程，建设30~50吨电炉于“九五”出钢。省冶金厅派员视察钢厂二轧改造进度后，批复二轧改造报告。当年，市政府同意九钢厂与外商合资，并批复九钢厂50吨电炉项目。1993年，九江钢厂划出市冶煤系统直属市管理。随着计划经济向社会主义市场经济转型，1995年该厂职工下岗，2004年最终实施职工置换措施，原厂址转让为房地产开发，原厂名则于2006年转让给位于湖口县金砂湾由江西萍乡钢铁实业股份有限公司新组建的钢铁有限分公司。

1991~1993年九江钢厂产量一览

表3-3-1　　单位：吨

时间 项目	1991年	1992年	1993年	合计
产　量	14000	17000	30000	61000

二、江西铜岭钢铁厂（九江冶金总厂）

江西铜岭钢铁厂（简称铜岭厂）位于瑞昌市夏畈乡三眼桥禁地村境内，厂区东邻付山，西接仙姑台山，周边与吴村、邹家村、周村为邻，占地面积40.9公顷，建筑面积29.16万平方米。另在距厂部13千米长江南岸的码头镇西区占有原焦场3000平方米和5000平方米的自备货场、简易码头。九江至湖北阳新（经瑞昌）的干线公路及沙河至大冶即大沙铁路从厂区穿过，公路至瑞昌市24千米、至九江市区62千米。

钢岭铁矿山属风化型铁—铜矿床，以褐铁矿为主，已探明铁储量254万吨，铜金属量8985吨及钴782吨。褐铁矿原矿品位为39.68%，选矿后达50%以上。

1927年8月，湖北省汉阳铁矿厂曾组织过铁矿开采，不久因运输困难而停产。1940年日本侵华时曾两度遣人窥视该矿区，企图掠夺资源。1957年10月，南昌钢铁厂把铜岭铁矿列为第一筹建开发的矿山，成立南昌钢铁厂铜岭铁矿，1958年正式投产，生产手段简陋，年产量1万吨。1963年2月19日，根据中央“调整、巩固、充实、提高”精神，南昌钢铁厂决定该矿停产，并移交当地政府管理。1969年8月14日，根据省委“撤钨保钢”决定，九江专区革命委员会确定在铜岭建1座小型钢铁厂，并将原拟建在九江红心钢厂的20立方米炼铁高炉改建于此，与铁矿山合在一起，于10月20日正式更名为瑞昌铜岭钢铁厂，属县办企业。设立基建、后勤组和生产指挥处。同年11月，先后从瑞昌、星子、湖口、都昌招调民工（常备军）1200余人，参加铜岭钢铁大会战。1971年6月2日，收归地区直管，改名为铜岭钢铁厂。成立厂革委会，下设6个职能部门和6个生产连（1976年后恢复职能科室和车间管理建制），有职工1189人，累计生产铁矿石（合格）9.1609万吨，炼生铁31331.36吨。1972年省委副书记、省革委副主任白栋材视察铜岭厂。至1973年，建有2座13立方米炼铁炉、1座1.5吨电炼钢炉、1座土洋炼焦炉、1座高压水泵机站、1座3.5万伏输变电所及与生产相配套的辅助设施。1975年10月建成的1.5吨电炉，因电力紧张及成本高而停产，故一个小而全的钢铁企业始终未实现。1979年又投资145万元先后对选矿流程和高炉进行技术改造，生产能力明显提高。1980年2月1日，又更名为江西铜岭钢铁厂，仍属地区管企业。同年9月9日上级决定停止炼铁生产，组织生产自救，10月21日正式停炉。1969～1980年，矿山由104米开始实施爆破、山坡机械露采，经二号选矿湿选流程、焙烧、辅料，到13立方米小高炉炼铁。焦炭主要靠省计划供应，自备一定的本厂土炉土法生产的土焦配合使用。是地方小炼铁企业，是九江市重点骨干企业之一。1981年起，铜岭厂在精简职工队伍留下550多人的基础上，全厂转为铁矿山生产，只生产铁矿石。虽然至1982年连续13年累计政策亏损达732.17万元，但为地方工农业生产做出了贡献。1983年始，扭亏为盈，当年赢利31.15万元。1984年、1985年连续两年获江西省经济效益先进单位。1985年1月列为九江市厂长负责制试点单位。1988年实行招标承包，全厂设有1室9科5个生产分厂。至1988年连续8年盈利、实现利润495.11万元。1979年前产品由九江地区调拨经销，1980年后由企业自销。1986年3月28日铜岭厂和瑞昌市科技市场、夏畈乡3家联营成立九江大理石联合开发公司，引进仿造意大利大理石生产线1套。生产出的天然大理石板材深受用户欢迎。1987年由铜岭厂收购，独资经营。1986年11月6日，又在码头镇原焦场建成建材分厂生产水泥预制构件。1988年年底固定资产原值684.6万元，累计盈利328.5万元，累计实现企业总产值2880.2万元。1989年7月7日，为充分利用矿产资源，引进湿法冶炼电解铜技术，组建电解铜分厂，8月15日投产，当年生产Ⅰ级电解铜13.48吨，1990年3月扩建到80吨/年规模。80年代末形成固定资产净值684万元，职工500余人，从建厂之初单一生铁产品，发展为10多个品种的综合生产能力。主要产品生产能力为年产铁矿石、铁矿粉3万吨，电解铜100吨，生铁、铸造件1.6万吨，天然大理石3000平方米，水泥预制构件400立方米及白云石、石灰石5万吨，产品销往省内外，受到用户欢迎。

1990年11月10日，市冶煤局批准铜岭厂开发石灰石项目立项。同年铜岭厂还投资25万元与市冶煤供销公司、九江铜硫矿、九江县铁门坎金矿联合开发九江市铁门坎铜金矿。

1991年5月铜岭钢铁厂试产白云石1000吨。次年在7105油库东头黄婆岩处，自筹资金90多万元建立年产30万吨石灰石生产流程，企求转产以解困。6月下旬市冶煤局、铜岭厂和省冶金厅进出口公司共同与日本新日铁株式会社谈判出口白云石，日商对铜岭白云石质量反映好。铜岭厂同时启用矿山尾砂坝工程。市政府批准江西铜岭钢铁厂开采白云石项目立项。年底，市政府批准铜岭厂上石灰石10万吨/年项目。

1992年年初，市组织相关部门赴铜岭厂验收市推广新技术应用的湿法炼铜项目。同年4月铜岭厂与相关方签订1992年2万吨白云石销往日本合同。

1995年9月，铜岭厂启动金属镁项目前期工作，年底赴贵阳铝镁设计院编制金属镁项目建议书和镁冶炼流程试验两个报告书，共投入5万元。

1996年年初，市冶煤局向省冶金厅汇报铜岭厂金属镁项目，并在10月份到邳州进行金属镁项目招商工作。11月份铜岭厂开始破产工作，清算组进厂，年底九江市中级人民法院发布江西铜岭钢铁厂破产终结裁定。并于1997年1月在原址重组九江冶金总厂（简称九冶厂）。由于企业破产程序和清理债权债务等诸因素，导致企业本在维持的生产销售行为中断，基本处于停产状态。

2000年，省政府公布铜岭古采矿遗址为省级重点文物保护单位；2001年1月，九江市政府第23次市长办公会决定九冶厂停产。同年5月，国务院公布为国家重点文物保护，同月江西省人大教科文卫委员会根据相关法律对铜岭古采矿遗址明确了保护意见和要求。据上级指示精神，同年6月16日九冶厂全面停产。

1990~2001年九江冶金总厂基本情况表

表3-3-2 单位：人、万元

年份	职工总数	在岗人数	离退人数	干部	当年产值	当年利润	人均工资（年）
1990	638	580	58	71	273	18.5	1597
1991	626	563	63	69	414	19.6	1734
1992	614	547	67	68	539	26	1856
1993	604	534	70	65	450	17.8	1872
1994	588	515	73	65	270	59.9	2076
1995	574	498	76	63	341	–51	2275
1996	572	494	78	63	280	–33	1873
1997	560	478	82	57	210	–105	3280
1998	558	474	84	48	70	–80	4526
1999	551	462	89	46	98	–37	6720
2000	548	445	103	46	260	–21	6850
2001	547	431	116	45	162	–40	5630

2007年8月，改制工作启动以来，按照《中共九江市委、市人民政府关于推进国有企业改革的实施意见》的要求和市冶煤集团公司的指导帮助下，经过清产核资，财务审计和财产评估，召开企业职工代表大会，审议通过《九江冶金总厂职工分流安置方案》。

为使文物保护和企业改制、职工安置工作顺利进行，2009年九江市政府决定九冶厂整体搬迁至瑞昌市区，以地换地，在瑞昌市区建设占地3.25公顷的铜岭社区。建筑面积49620平方米，6种户型，解决450户不同需求职工住宅。优惠政策促使该厂于同年年底基本完成改制任务，分流安置企业职工525人，其中身份置换人员182人；距法定退休年龄不足5年，根据政策可提前退休人员38人（含因工伤残2人）；距法定退休年龄不足10年人员21人；工龄男满30年，女满25年者2人；因病完全丧失劳动能力1人；离休人员2人；退休人员280人。该企业改制关闭后留守处（共有5人），负责企业改制的善后和职工搬迁安置房建设的日常管理工作及其他接续工作。2011年4月开工建设，2012年11月竣工验收，2013年5月正式入住。

1991~1997年黑色金属采选业历年产值产量一览

表3-3-3 单位：万元

年份	产 值		产量
	当年价	不变价	铁矿石
1991	244	239	2.28
1992	406	364	
1993	406	364	10.1
1994	116	112	7.2
1995	283	210	7.15
1996	375	313	2.25
1997	299.40	265	1.3
2010	8065	8065	

三、钢铁铸造业及采冶业

永修县江西华正实业有限公司 该公司原名江西鸿发轧钢企业有限公司，由江西客商曾莜妹于2003年11月总投资1.5亿元创办，2006年投产。建筑面积2.9万平方米，固定资产投资6000万元，有职工50人，主要产品普线、贝氏体钢、型钢。2008年实现钢材生产与销售收入2506万元，实现利税100万元。

瑞昌县自强铸造有限公司 由原瑞昌拖拉机厂经改制而成，主要产品壁炉、铸铁管、剪刀、围栏杆等铁构件系列产品。远销美、英、加拿大、澳大利亚等国和地区，年出口创汇300万美元。2005年实现产值4000万元，创利税300万元。

武宁县黑色金属矿采选及冶炼业 1958年成立县铁矿，开展群众报矿和普查找矿运动，并建立 5 个炉群共 121 座冶炼炉，共采铁矿石 4207 吨。

第二节 有色金属企业

一、九江铜硫矿

九江铜硫矿（简称九铜）位于九江县港口镇境内，东至九江 27 千米，西至瑞昌 10 千米，交通便利。矿区离九瑞干线 1 千米，所开采的矿区有列石山、丁家山、长梗山 3 个矿段。

该矿区矿床属中、低温热液和矽卡岩型的含铜、硫、铁为主的多金属伴生矿床。列石山矿段已探明铜金属量储量为 3.98 万吨，单硫量 131.44 万吨，铁 10 万吨，金 3 吨。该矿体赋存于 40 多米到 –215 米标高之间，40 米以上为氧化带（多见铁帽），0～40 米为次生富集带（混合带），0 米以下为原生带。混合带中铜品位最高，为全矿平均品位的 2.2 倍，占总储量 60%，具有“小、富、浅”特点。建矿以来一直在列石山组织开采，该矿段有 17 个含铜硫铁矿体，其中主要矿体为 1 号、2 号、6 号。采用斜井开拓，下向块石充填法采矿。因地处分水岭，地表水和地下水易抽排。

1958 年，九江县曾在列石山麓开发铁帽炼铁。1970 年 7 月，经九江地区革委会、九江地区公安机关军管会同意，由九江地区赤湖农场开发该矿。100 名职工带着钢钎、铁锤等工具，土法上马，从事人工采挖。10 月 8 日列石山坑口开窿。1971 年 4 月 23 日九江地区决定，将原属赤湖农场的丁家山铜矿改为“九江地区丁家山铜矿”（简称九铜矿），为地区直属企业。当日坑下连续 5 次出现强涌水，造成矿井被淹 5 个月。矿领导首先从政治思想入手，稳定职工队伍，开展排水抢险，恢复井下巷道，进行生产自救。其次，抓紧地面选矿厂建设，用毛竹篱笆搭成简易厂房，利用东乡铜矿旧设备。5 月 20 日建成处理量为 10 吨 / 日土选厂，在困难条件下生产 5 吨铜精矿，极大提升了全矿职工战胜淹井困难的决心和士气。几乎就在井下刚恢复生产的同时，10 月 17 日处理量为 35 吨 / 日的小选厂破土动工，1972 年 3 月投产，当年生产 70 吨铜精矿。同年开始使用铁轨、铁矿车及卷扬机进行提升运输，用风钻代替手打眼，并使用机械通风。1973 年年初选厂改造为 75 吨 / 日能力。当年 3 月 26 日，九铜矿党政机关曾由九江地区下放给九江市（县级）管理，实行以市为主，双重领导。同年 10 月 12 日，九江地区又决定九铜矿收回地区管理。1974 年 7 月5 日进行“块石胶结充填法”采矿试验。1978 年 7 月 35 千伏输变电工程施工。9 月大选厂动工，1980 年 6 月建成，设计能力为 400 吨 / 日，由于采矿能力的限制，实际处理能力为120吨/日。

1983年1月1日再次更名为江西九江铜硫矿。

1984年5月，九江铜硫矿成为全市第一批企业整顿合格单位，省政府颁发“企业整顿合格证书”。9月，该矿又被列为全市厂长（经理）负责制的7个试点单位之一。

1984年8月24日，省冶金厅批准九铜坑改露初步设计，后因资金不能落实而未实现，有关准备费用支出22万元，耗时5年。

1986年，九江铜硫矿自筹资金新建一个年产2万吨磷肥厂。1987年又建了1个年产2万吨漆包线的铜材厂，对返供的电解铜进一步深加工；同年9月，还投资50万元创办异型铜管厂，后因工艺不过关而停产。1988年与江西省物资开发公司联合投资，在该矿供销贸易公司基础上组建九江市物矿联营供销公司。鉴于矿山资源不足，九江铜硫矿投资25万元参加城门山开发工作。1989年开始筹建8万吨硫酸厂工程，为原料进一步深加工做准备，市政府也为此项目让利扶持，从1989年起计划内拨返供铜减到120吨，其余部分由九铜矿自销筹款。

至1990年，建矿20年，国家共计对九铜投资400万元，九铜资金积累已超过国家投资的1倍多。当年固定资产净值达到621万元，职工629人。年采矿能力4万吨，年产铜金属600吨，硫精矿标硫量3万吨，累计处理原矿石近473000吨。除投产第一年略有亏损外，19年未出现过亏损，累计盈利达774.39万元，成为一个具有采、选、加工配套初具规模的有色金属矿山。

1991年3月，北京有色设计研究总院向九江铜硫矿提交硫酸厂设计提纲；同月，市计委、市冶煤局、九江县及场村、九江铜硫矿考察硫酸厂团山厂址；4月，市、县、局、矿同场村签订九江县团山征地协议书。5月，北京有色设计研究总院到九江市规划办征求在九江开发区西二路（九瑞大道）建设九江铜硫矿硫酸厂生活区设计意见。年底，省计委主持九江铜硫矿硫酸厂初步设计审查会议。

1992年1月，市组织相关部门到九江铜硫矿验收海绵铜装置新技术项目，此项目获省三等奖。同期，市批准九江铜硫矿电解铜项目立项。6月，市组织漆包线产品鉴定会，随后又召开了该矿硫酸厂环保评价会。11月16日，九江铜硫矿海绵铜获省新技术推广三等奖，彭义之、袁罗生等5人获成果奖。

1991~1993年九江铜硫矿铜金属含量、产量一览

表3-3-4 单位：吨

单位	1991年	1992年	1993年	合计
九江铜硫矿	470	560		1030

1992 年 11 月九江市委决定九江铜硫矿与九江铁门坎铜金矿合并组建九江矿冶总公司。从此，九江铜硫矿完成自身使命，进入一个新的发展时期。

二、九江铁门坎铜金矿

九江铁门坎铜金矿位于九江县城门乡，与九江市直距 15 千米，北距长江 6.5 千米，南距沙大铁路 7 千米。是一座以铜硫为主，伴生金银和稀散元素的综合性矿床，是中国现已探明的第二大铜矿城门山矿区的一部分。

1985 年经国家储委审查，主要储量：矿石量 4993 万吨；铜金属量 52.7 万吨（其中 B 级 9459 吨）；硫含量 1457 万吨；金 24.5 吨，银 729.5 吨。平均品位：铜 1.05%，硫 29.18%，金 0.49 克 / 吨，银 14.61 克 / 吨。

鉴于矿床水文及工程地质条件复杂，采选难度较大，开发该矿实行总体规划，由小到大，分步实施的综合开发。

Ⅰ号矿体西段埋藏浅，品位富，矿石类型较简单，是采选条件较易的有利矿段，建设 100~200 吨 / 日规模的露天试验采场——九江铁门坎铜金矿。

初期，为加快建设步伐，采出矿石运往一湖之隔的九江铜硫矿选厂处理。

1988 年 7 月 1 日，由市计委批准立项。

1989 年 3 月，由九江县铁门坎金矿、九江市冶金煤炭工业公司供销公司、江西九江铜硫矿、江西铜岭钢铁厂 4 方签订《九江铁门坎铜金矿联营协议书》，集资办矿，于 3 月 20 日正式动工兴建。同年 12 月 30 日市计委批准该项目可行性报告。1990 年 5 月 12 日，经市政府批准办理法人手续，明确企业性质系市属全民所有制预算外企业，由市冶金煤炭工业局按直属企业实行统一领导和管理，生活和经营基地可建在市区。截至当年底，矿建项目共完成基建剥离土石方工程 16 万立方米，围堤长 340 米。前期共投入资金 275.9 万元，其中自筹资金 75.9 万元，以补偿贸易形式引进资金 200 万元。

1992 年上半年，该矿投产，11 月，为加快城门山铜矿资源开发，市委、市政府决定将九江铁门坎铜金矿同九江铜硫矿合并组建为九江矿冶总公司，以市冶金煤炭工业局（开发科）为主，抽调市冶煤局 10 名干部职工参与组建工作，建成后从市冶金煤炭工业局直辖企业划出，由市经贸委直辖管理。

九江矿冶总公司（简称矿冶公司）成立后，实行“总体规划，分步实施，由小到大，综合发展”，累计投入自筹资金 1.5 亿元，完成露天采矿场剥离700 万立方米，建成 600 × 400 ×（深）100 米的生产规模达 100 吨 / 日的湖底露天采矿场。1993 年 3 月，矿山投入运营，同年12 月《九江矿冶公司铁门坎铜金矿 1000 吨 / 日采选可行性研究报告》由北京有色金属设计研究总院编制完成。

1992~2007 年矿冶公司历年矿石产量、经济效益表

表 3–3–5　　单位：吨、万元

年份	采矿量	产铜量	产硫量	产值（1990 年不变价）	销售收入	实现利税	上缴利税
1992				1020	1124	173.0	
1994	25100	729		1758	1828	135.0	202.0
1995	28000			2101	3176	235.0	254.0
1996				2320	3263	108.0	342.0
1997	65000			2500	3070	178.0	238.4
1998					3220		
1999				2567		133.2	157.5
2000	81000		77000	3156	3117	123.7	175.5
2001	94000		11000		2831	129.0	191.0
2002			120000	3100	3031	185.5	184.0
2003				3237	2909		199.1
2004				5049	4072		450.1
2005	100000		180000	5725	5595	605.9	609.4
2006	280000		280000	8467	9323	1335.0	1150.0
2007	550000			498000	223000	6000.0	4000.0
合计	1223100	729	668000	239000	68869	9440.3	8153.0

说明：该企业 2008 年改制撤并，数据收集不全。

为解决矿山生产、运输、供电问题，以降低生产成本，先后利用九江县航运公司设备成功开辟铁门坎铜金矿至九瑞公路 19 千米处的赛城湖汽车轮渡；投资 100 万元修通了赛城湖中的旱季公路；投资 70 万元架设九江县港口镇供电所至矿山跨湖 10 千伏高压输变线路等工程。

1995 年 10 月在铁门坎金矿统一开发，利于安全、利于管理的原则下，市政府现场解决了将九江县金矿铁门坎分矿的人、财、物全部移交给矿冶公司所属的铁门坎金矿统一生产管理，因此，矿冶公司接受安置九江县金矿转入 100 名职工，并支付 400 万元的资产处置及各项补偿费用，并每年给九江县政府补偿费由原 30 万元调整为 60 万元，整个移交工作于当年 10 月底结束。为解决矿山和公司职工住房问题，1995 年、

1996年、2002年矿冶公司三度集资1100万元，在市经济开发区西二路兴建职工宿舍。

2003年，市经贸委批准矿冶公司建设硫酸厂项目，计划投资3亿元，建设年产硫酸40万吨、磷铵150万吨项目，经九江县政府准许，厂址选在赤湖水产场坪头山分场江边村，当年9月9日正式奠基开工。

2004年8月，依省、市政府有关企业学校剥离文件，经与九江县政府多次协商确定，矿冶公司一次性支付110万元拨给九江县，将原九江铜硫矿子弟学校25名教师移交九江县教育局管理。

自2004年年底开始至2007年7月20日，由于矿冶公司铁门坎铜金矿开采许可证申请问题，省政府批示江西铜业集团公司就九江矿冶公司退出城门山矿区的有关问题，与九江市政府举行多次协商会谈。签订《九江矿冶公司退出城门山矿区有关问题协议书》，确定矿冶公司在当年3个月内全面退出城门山矿区，江西铜业集团公司支付4000万元补偿九江矿冶公司，用于退出城门山矿区的安置费用，同时，省铜业集团公司承诺城门山铜矿生产的硫精矿在同等条件下将优先供应给九江矿冶公司硫酸厂。此项补偿4000万元费用由市政府拟用于九江冶金总厂（原江西铜岭钢铁厂）的改制费用。

2006年，矿冶公司职工集资入股600万元，在九江县沿江工业园区建设日供水20000立方米规模的自来水厂，该水厂于2008年6月竣工投产。

2007年2月，矿冶公司经行政诉讼，终以九江县金丰矿业有限公司退出丁家山矿段开采，与之相关的权利和义务移交九江矿冶公司继承结案，而矿冶公司则支付九江县金丰矿业有限公司1500万元予以补偿，因而依法取得丁家山金铜硫矿之采矿权。

2008年3月，市政府决定同意将九江铜硫矿所有职工的社会养老保险关系，从九江县社保局转移到市社保局，截至2008年6月底，矿冶公司全面完成职工分流安置工作，共安置职工789人（其中身份置换392人，退养107人，离退休290人）。8月，矿冶公司改制重组后的新公司——九江矿冶有限公司注册成立，注册资本1.25亿元，分别由北京创盈集团和四川容达集团各出资4375万元，各占总股本之35%，九江市国有资产经营有限公司以九江市矿冶总公司的九江铜硫矿和丁家山金铜硫矿的采矿权及硫酸厂用地暂予估2000万元，作为国有股本出资（等评估后调整），占总股本之16%，九江矿冶工贸有限公司以出资1750万元，占总股本之14%。

2009年1月，市政府依法解决矿冶公司与九江中浔矿业有限公司解除九江铜硫矿（列石山矿段）租赁合同，由矿冶公司支付九江中浔公司1920万元补偿费，使其交给九江铜硫矿生产经营权。5月，市政府办公厅文决定，矿冶公司将新属的九江铜硫矿和丁家山金铜硫矿采矿权及硫酸厂土地权转让过户给九江矿冶有限公司，作为市国有资产经营有限公司出资入股。同年 12 月，九江矿冶总公司完成企业改制社区移交工作，至此，九江矿冶公司改制和资产重组工作全面结束。

十几年来，矿冶公司累计采矿总量 316.5 万吨，销售总收入 6.8 亿元，上缴利税 1.2 亿元。

三、武宁县钨矿

县钨矿 位于武宁县东南隅，地跨石门、罗溪两乡交界处，北距武宁县城 75 千米，西距修水县城 63 千米，地处九岭山脉中段，矿区在海拔 1480 ~ 1780 米之间，冬季寒冷，夏季凉爽，境内最高峰鹅公包海拔 1864 米。

矿区占地面积 18.7 平方千米，含狮尾洞、大务塘、大岭上、石门寺 4 个工区，共有 20 多个矿点。该矿属高中温热液充填石英脉钨钼铜锡多金属矿床。1959 年，江西省地质局九江专区地质勘探大队 505 队经过勘探工作于 1960 年 1 月提交《江西省九岭山钨、钼、铜、锡矿群蓑衣洞（狮尾洞）矿区勘探总结报告》，报告提交了 C1+C2 级矿石量 22 万吨，钨 1780 吨，品位 0.788%；铜含量 836 吨，品位 0.378%；钼含量 44 吨，品位 0.033%；锡含量 223 吨，品位 0.139%，是一个小型多金属矿床。后经进一步勘探黑钨工业储量 8244 吨、铜 2560 吨、钼 162.37 吨、锡 815.35 吨，为小型多金属矿山。大务塘矿区经进一步详勘，探明工业储量为 3 万吨以上的大型钨矿床。至 2010 年年初，江西省地质矿产勘查开发局组织赣西北大队和 916 大队，在九岭钨矿区开展整装勘查，经两年多努力，在武宁县大务圹钨矿区探明储量达 106 万吨，为世界级特大型钨矿，有望成为世界最大钨矿之一，估算经济价值超过 1500 亿元。据悉，厦门钨业和五矿有色金属股份有限公司等在九江投入 20 亿元发展钨深加工产业，赣北将形成一个完整的钨深加工产业链，成为中国又一个有色金属基地。预示着赣北将再造一个“世界钨都”。

1958 年“大跃进”时，根据中共九江地委指示合并在九岭山上的修水、武宁 2 县钨矿由九江专署、修水、武宁 3 方共同投资办矿，分获收益，年产钨精矿 7 吨，至 1959 年停办。1960 年下放给县里，有蓑衣洞、大务塘、石门涧 3 个工区，于 1962 年下马。1968 年由县社合办的武宁钨矿重新上马。1970 年 10 月转为地方国营企业，隶属武宁县经委。1978 年在武宁县城东南太婆堰建成钨矿精选厂。精选厂生产能力 5 吨 / 日粗精矿，采用重一磁一浮的联合流程，3 班作业，分选出合格的钨精矿、铜、钼、锡精矿。1979 年 5 月，自筹资金 72.5 万元修建石门—钨矿公路，全线 22.5 千米，使汽车可直达矿区。同年 10 月自筹资金.30 万元，兴建装机容量 250 千瓦水电站和供电线路，解决生产生活用电。1989 年 6 月 24 日，实行矿长负责制，1990 年撤销大岭上工区，新建崖上

“八一”工区基建井，该矿段钨储量6424吨。20年来，由土法上马人工采选，进入半机械化作业，国定资产原值320万元，荣获省级先进企业称号。有职工207人，全矿设置7个职能科室和4个生产工区。

1985年县矿职工江汉龙自荐承包，被县任命为承包责任矿长，实行“联产计酬、工资全浮”包干责任制。各窿井普遍采用风钻和电钻开采，工效明显提高。1990年实现工业产值445万元，利税总额37.4万元，分别比1980年增长9.6倍和2.5倍，被省授予“江西省先进企业”。该矿1958～1996年累计创利税365.3万元。

1997年1月县政府决定，县钨矿由武宁县翔鸿有色金属有限公司出资托管。2005年2月，该矿进行企业改制，全矿254名职工置换身份，与企业解除劳动关系或供养关系，支付改制经费400万元，县钨矿整体拍卖。

九江环球日本钨有限公司 2000年8月由中国五矿集团四平钨钼材料厂与日本钨株式会社合资创办，法人代表王金生，注册资本181万元美元。自1998年10月起租赁武宁县水轮机厂厂房，投资1500万元动工兴建年产钨条120吨生产能力的生产线，2001年竣工投产。2001～2005年共生产钨条68.5吨，实现利润总额1459.8万元，上缴利税535.31万元。2006年工业产值4561.4万元，销售收入5629.7万元，利税总额439万元。

县翔鸿有色金属有限公司 1997年1月由县钨矿职工程翔创办的私营企业，注册资本500万元。至2004年共采钨精矿2440吨，入库税金1803万元，上缴利税862.47万元，程翔先后获“江西省优秀私营企业家”和“九江市明星企业家”等称号。

县有色金属加工厂 其前身是刘典平等投资1.4万元创办的石门钨精矿选厂。1985年投资14.9万元在现豫宁南路东侧（农科所）征用荒地6667平方米建新厂，名为有色金属加工厂。1987年投资190万元兴建年产300吨仲钨酸铵（APT）生产线，于1988年正式投产，率先成为年产值千万元的工业企业。20世纪90年代，陆续开发钨酸钠、钨酸钙、蓝钨等系列产品，并取得自营进出口权，成为全县纳税和创汇大户。2001年工业产值 3900万元，其中出口交货值3600万元，纳税272万元。先后获“江西省最佳乡镇企业”“江西省明星企业”和“九江市百强企业”等称号。2003年因城市建设需要而关闭。

江西巨通实业有限公司 2005年6月北京巨典公司与县翔鸿有色金属有限公司联营整体收购县钨矿，并成立江西巨通实业有限公司（私营有限责任公司），法人代表刘典平，注册资本7000万元。在县工业园征地33.33万平方米，动工兴建年产APT（仲钨酸铵）5000吨生产线，截至2006年，总投资7222万元。2006年创工业产值27020万元，利税总额2704.4万元。

四、修水县钨矿

县昆山钨矿 位于修水县东黄沙巷乡朗田大队的昆山境内，距修水县40千米，矿区面积约2平方千米。

矿区位于九岭山脉，矿床属高—中温热液黑钨矿床，品位较富的矿脉有13条，并构成"矿化富集区"，虽未进行详查，但经3次初查，已查明黑钨金属量储量2200吨。

1958年7月，修水曾在黄坳乡与武宁县石门乡交界处蓑衣洞创办蓑衣洞钨矿。同年12月改为"九江修武钨矿"，并在黄坳乡田溪村建有九龙工区。1969年5月，昆山钨矿即在原九龙工区原址建成，1970年在横山乡建高湖分矿，1972年交公社经营，后转为县办。1974年以前为露天开采，后转入坑采。1977年后，每年雇请赣南有采矿经验的民工150人左右，钨矿收购其年开采的钨砂。1979年最高年产113.6吨。县昆山钨矿1985年有职工83人，产钨精矿62吨，产值51万元，集体钨矿4个，工人281人，产钨精矿75.3吨，产值63.7万元。是县主要利税大户之一。1980年开始有计划地回采坑道中的矿体。建矿20多年来，至1990年年底共生产钨精砂1500吨以上。

香炉山钨矿 位于修水县港口乡洞下村东南1.5千米处，东南距修水县城70千米，矿区面积为3.3平方千米。

该矿区由赣西北地质大队504分队于1985年进行地质详查，同年结束中矿段的详查工作，探明中矿段560米以上地质储量为C级矿石量418万吨，金属量为37633吨。赣西北地质大队详查报告表明，钨含量储量在20万吨左右。是一个大型矽卡岩型的白钨金属矿体。钨的总储量占当时全国第二位。

1986年，由县供销社同溪口区联办。1988年转为县地质矿业公司与江西浒坑钨矿联营，属董事会领导下的全民所有制中小型联营企业，设计能力年产白钨精矿590吨，150吨/日规模，计划1992年下半年投产。由浒坑钨矿承包经营。1999年1月至2000年12月，县矿业公司承包经营。2001年1月至2003年4月，由县矿业公司租赁给广东腾达矿业公司经营。2003年1月，刘典平等5家私营企业相继进入香炉山白钨矿山进行采矿。同年5月县政府对矿山企业进行整顿和规范经营，并引进中国五矿集团全部收购香炉山原具有采矿权的7个经营主体，而成立多元化投资的香炉山钨业有限责任公司。

2004~2013 年修水县香炉山钨矿主要经济指标一览

表 3–3–6　　单位：万元

年　份	主营业务收入	利税总额	产　值
2004	22733	14127	21104
2005	55816	42014	55410
2006	65690	53653	74890
2007	71524	50539	
2008	37511	21330	
2009	47755	10538	
2010	87762	22631	
2011	43257	19549.77	
2013	37671	12865.47	

说明：缺 2012 年数据

企业主产钨精矿、仲钨酸铵，副产铜精矿。生产规模为日处理矿石 2020 吨，年产白钨精矿和仲钨酸铵，各 5000 吨生产能力。有员工 700 人。为全省重点企业，全国白钨行业龙头企业，多次评为“江西省优秀企业”。

1992~2008 年修水县钨精矿历年产量一览

表 3–3–7　　单位：吨

年份	产量	年份	产量
1992	202.8	2001	4869.0
1993	149.0	2002	90041.5
1994	255.5	2003	8980.0
1995	265.0	2004	4000.0
1996	909.0	2005	7745.0
1997	574.0	2006	8570.0
1998	408.5	2007	6074.0
1999	472.0	2008	5110.0
2000	1595.0		

赣北钨业有限责任公司　2004 年 5 月，香炉山钨业有限责任公司与修水县矿业公司，南昌硬质合金有限公司联合，创建赣北钨业有限责任公司，从事钨矿产品深加工的

研制开发。

企业入驻在修水县城吴都工业园。一期建设年产 5000 吨仲钨酸铵生产线，2006 年正式投产。2008 年年底，投资 900 万元实行生产系统技术改造，以提高产品质量及回收率。2010 年下半年，再投资 1000 万元扩建新增 5000 吨，使仲钨酸铵年产能达 10000 吨规模。

江西修水湘赣有色金属有限公司　2000 年，胡经国创办修水县赣宁实业有限公司，次年投资成立江西修水湘赣有色金属有限公司，入驻修水芦塘工业区。加工仲钨酸铵(APT)，年产能力 1500 吨。2009 年 3 月，启动技术改造扩建，企业整体搬迁至太阳升工业区。2010 年 5 月，年产 5000 吨规模的生产线正式投产，有员工 80 人，其中专业技术人员15 人。2012 年，主营业务收入 82761 万元，税收合计 331.01 万元。2013 年，主营业务收入85650 万元，税收合计 292.87 万元。

修水江钨铜业有限公司　由江西稀土金属钨业集团有限公司和江西修水湘赣有色金属有限公司共同出资组建，国有控股企业。以钼精矿原料，采用传统的火炉加湿法工艺生产钼酸铵产品，设计生产能力为 1000 吨 / 年，于 2008 年试投产，投资 1.42 亿元。2012 年，实现主营业务收入 301 万元，税收合计 10.10 万元。2013 年，主营业务收入 1946 万元，税收合计为 416.49 万元。

修水县华伟矿产资源再生有限公司　2009 年 9 月入驻太阳升工业区，利用赣北钨业有限公司生产仲钨酸铵所废弃的钨渣，回收钨、铁、锰、钪、钽、铌、锡等有色金属，同时还生产氯化钙，充分实现钨渣综合回收利用。项目于 2011 年 6 月建成投产，有员工 280 人。2012 年主营业务收入 7206 万元，上缴增值税 400.83 万元，上缴所得税（包括地税）403.98 万元。2013 年，主营业务收入 7640 万元，增值税 370.63 万元，上缴所得税389.98 万元。

九江金鹭硬质合金有限公司　由中国五矿公司和厦门钨业公司投资建设，2011 年 4 月，入驻修水工业园。项目总投资 20 亿元，建设年产 6000 吨钨粉和 4000 吨硬质合金生产线。首期投资 8 亿元，建设年产 3000 吨钨粉和 2000 吨硬质合金生产线，当年 10 月底投产。2013 年上缴税收合计 353.34 万元。

江西金科矿产资源综合利用有限公司　是一家综合利用国内外“含锑砷金精矿”项目，2012 年 7 月，入驻太阳升工业园。总投资 1.1 亿元，建设年处理锑砷金精矿 2 万吨以上生产线。2013 年 3 月，竣工投产，当年上缴税收合计 4.97 万元，安排就业 70 人。

五、都昌县钨矿

都昌县钨矿位于都昌县城以东 35 千米处土塘镇与阳丰乡交界处的阳储岭上，海拔最高点为 463.69 米。矿区有 9 千米单行简易公路，与都昌至九江的公路连接，矿区至都昌县城 42 千米，至九江市 98 千米。

矿区位于九岭—障公山东西构造带中部，属于岩浆期后高—中温热液充填（交替）的斑岩型钨钼矿床。矿化在斑岩体中呈细脉—网脉状（占 80%）产出，次为浸染状（占 20%），品位变化均匀。1978 年 1 月经省地质局 916 地质大队普查找矿。1984 年 9 月提交《江西省都昌县阳储岭钨钼矿区详查报告》，全区钨含量 C+D 级 4.7 万吨，钼含量 1.6 万吨，大型钨钼矿床。矿区占地面积 7.8 平方千米，主要有 5 个矿带，属高 ~ 中温热液充填交代和斑岩浸染型钨钼矿床，是 20 世纪 70 年代中国发现的第一个此类矿床。分风化型的白钨矿及原生钨、钼矿床两部分。矿物共生组合简单，工业矿物仅有白钨矿和辉钼矿，有害杂质少。

都昌县钨钼矿前身是都昌县办石煤矿，经县决定把石煤矿近 2 万元资产转过来，1978 年开始筹建新矿，取名都昌县钨矿，属县办地方国营企业，主要生产白钨精矿。当时有职工 40 余人，进行手工开采。

1982 年，由于矿区使用的土地没有征收而发生纠纷，迫使钨矿停产 155 天。经县委、县政府下发文件订立护矿公约，但当时仅购矿部所在的土地，而矿区土地采取从产值中抽出一定比例来支付山林费的方式。合同签订后，使得生产恢复正常。

1978 ~ 1989 年，共生产和收购钨精矿 130 余吨。有固定职工 10 人，临时工 200 人，固定资产原值 9.60 万元。1989 年合同期满，都昌钨矿再次停产，只能进行收购钨砂业务。1990 年，县委、县政府做出《进一步开发阳储岭钨钼矿的决定》，成立开发指挥部，并委托九江市矿冶所编制了 100 吨 / 日规模的风化壳型钨矿采选初步设计。县财政拨款 90 万元，征收了 0.8 平方千米的矿区土地，建设 2 座尾砂库，2 个容量为 400 吨及两个容量为 300 吨的蓄水池和一个精选车间。计划 1992 年投产。同年 12 月,更名为都昌钨钼矿。主要产品为特级白钨精矿。

通过 1990 年的技术改造，县钨矿固定资产达 200 万元，但仍然属于手工采选作业，年生产白钨精矿 50 吨。

1991 ~ 1995 年，由江民森任矿长，年均产白钨精矿 34 吨。1996 ~ 1997 年，由巢丰胜任矿长，年均产白钨精矿 16 吨。1998 ~ 1999 年停产。

2000 ~ 2005 年，由武宁县个体户杨铭心租赁，仍沿用都昌县钨钼矿，在租赁期间年均产白钨精矿 10 吨。

2006 年，由江西省国土资源厅将都昌县钨矿挂牌出让，江西天城投资有限公司以 1.3705 亿元的价格买下钨矿开采权，进行矿山二期改造工程。

1991~2003 年全市各县钨精矿产量一览

表 3-3-8　　　　单位：吨

年份	武宁钨矿	修水钨矿	都昌钨矿	修水香炉山	乡镇矿	合计
1991	353	76	12		303	744
1992	273	53	37		92	455
1993	84	25	41		231	381
1994	175	9	38			222
1995	300	28	42			370
1996	300	25	27			352
1997	300	13	5			318
1998	300		0	409		709
1999	300	8	0	463		771
2000	300	4	10	1600		1914
2001	300		10	4170		4480
2002	300		10	6950		7260
2003	300		10	2028		2338

说明：修水矿业 1991 年和 1992 年分别产钨精矿 130 吨、22 吨。乡镇矿 1994 年后产量未统计。

六、武宁县锑矿

县锑矿区　位于武宁县清江乡驼背山地区。矿区面积 4 平方千米，地处修河两岸，矿区至县城 48 千米有直达公路。

1980 ~ 1986 年 4 月，赣西北地质队对该矿区进行初查和部分详查，共投入勘探资金 302 万元，探明矿石储量 146.2 万吨，平均品位 2.59%，锑金属量为 2.79 万吨，属中型锑矿。

1978 年清江乡创办锑矿，至 1987 年采锑矿石（实物量）500 余吨。1986 年 10 月武宁县锑矿成立。地处清江乡驼背山，矿区范围 4 平方千米。属县国营企业，职工 54 人。同年开始筹建冶炼厂，设计能力年产 500 吨锑锭，有焙烧炉、反射炉，投资 189 万元。1987 年 10 月竣工试产，产锑锭 37 吨。1988 年 5 月正式投产，产出 50 吨锑锭。建成年产 500 吨锑锭生产线能力的冶炼厂。1988~1993 年累计生产锑锭 753 吨，共亏损 86.93 万元。

1994 年投资 140 万元对冶炼厂进行技术改造，当年生产锑锭 303 吨，创产值 751.6 万元，利润 60.4 万元，入库税金 136.4 万元。因矿山开采属民采，矿石供应极不正常。同时，未建选厂，采富弃贫，资源浪费严重，使县锑矿生产经营发生困难。1997 年，江汉龙民营武宁锑业有限公司托管县锑矿，1994~1998 年 9 月共生产锑锭 1398 吨，上缴税

475.53 万元。1998 年 10 月县锑矿由民营明星锑业有限公司租赁经营。2005 年 9 月县锑矿改制，支付改制经费 300 万元，使 105 名职工身份置换与企业解除劳动关系或供养关系，后整体拍卖。

县冶金化工厂 县属国营企业，厂址在县城西部金盆架，前身为县砖瓦厂，因厂区内土源枯竭而停产。1987 年 12 月投资 80 万元兴建年产 300 吨锑白（Sb_2O_3）和三氯化锑（Sb_2Cl_3）生产线，于 1990 年投产。1991 ~ 1994 年共生产锑白 127.2 吨，亏损达 40.2 万元，1994 年转产。

县明星锑业有限公司 1992 年 3 月吴和福创办清江锑产品加工厂，主要生产氧化锑、马蹄锑等产品。1998 年 10 月租赁县锑矿后，改称有限责任公司。经过引进资金、技术、人才，改造冶炼设备和改进工艺，该公司逐步发展为年产 5000 吨锑系列产品生产企业，在陕西丹凤和湖北郧西各开设有 1 家分公司。“鑫仁”牌锑产品通过 ISO 9001 国际质量体系认证，并取得认证书，畅销欧美、亚洲等地区。企业先后获农业部“全面质量管理先进单位”“江西省先进私营企业”和“九江市百强企业”等称号。2004 年吴和福被农业部授予“第五届全国乡镇企业家”称号。2006 年完成工业产值 5509.6 万元，利税总额 1261.2 万元，拥有资产总值 6800 万元，员工 400 人。

2004~2010 年明星锑业有限公司主要经济指标一览

表 3–3–9 单位：万元

年 份	主营业务收入	利税总额	产 值
2004	4033	944	442
2005	4674	1052	5010
2006	4338.11	126.2	5509.6
2007	4431.15	885.55	4431.15
2008	4401	317	4155.55
2009	2352	265	2248.56
2010	3313	144	2392.11

江西艾星化工有限公司 2003 年 3 月，由清江乡罗洞村徐盛明创办，投资 400 万元，在县工业园征地 6293 平方米，兴建总面积 1600 平方米的厂房、办公楼、宿舍和年产 1500 吨锑白（Sb2O3）以及年产 100 吨精锑生产线，当年底竣工投产。2006 年年底，工业产值 418.7 万元，利税总额 3.8 万元。

武宁华源锑业有限公司 2005 年 9 月，北京巨典投资有限公司整体收购县锑矿，组建华源锑业有限公司，注册资本 3000 万元。2006 年开采锑矿石 50000 吨，生产锑锭

311.8 吨，硫化锑粉金属量 547.2 吨，资产总额 8000 余万元，从业人员 476 人。

1993~2003 年武宁锑矿纯锑产量一览

表 3–3–10　　单位：吨

年　份	纯　锑
1993	200
1994	303
1995	354
1996	321
1997	320
1998	140
1999	460
2000	670
2001	790
2002	2500
2003	2600

七、德安县锑矿

德安县锑矿位于德安县城西北 12 千米，公路向东与 105 国道接通，向西与 306 国道相连接。博阳河流经矿区北部，水量丰富，离矿区 1.5 千米有 1 座 35 千伏的变电所，可保证锑矿的生产用水用电。矿区附近有江西彭山锡矿、德安萤石公司下属萤石矿和德安付山煤矿等国营矿山企业，是江西省办矿最早，唯一的采矿、选矿及冶炼加工配套齐全的小型锑生产企业，整个华东地区仅此一家。

矿区属构造剥蚀之低缓丘陵地形，以宝山山峰最高，海拔 322.6 米，最低博阳河一带，海拔 28.4 米，相对高度 294.2 米。已探明大小矿体 59 个，主矿体 4 个，均呈透镜状，产于寒武系观音堂组破碎带中，探明锑金属量 1.38 万吨。

1958 年，德安县聂桥乡群众在宝山发现锑矿。1964 年，德安萤石矿组织 8 人进行手工开采，开辟了萤石矿宝山锑矿工区年产锑矿石千余吨。1968 年脱离萤石矿成立德安县锑矿，隶属县工业局，1983 年起隶属县经委。

1969 年，锑矿自筹资金兴建年产 200 吨的冶炼车间。1975 年，建成选矿车间，规模为日处理矿石量 50 吨，采用浮选工艺，回收率 85%左右。1984 年，在县城建合金车间，生产巴氏合金，效益较好。1985 年，冶炼车间年均产纯锑 204 吨，选矿车间年均产锑精矿163 吨。

该矿主要产品是“凤尾牌”精锑、锑精矿和锑合金。浮选出的锑精矿用直井炉处理，前后进行五次冶炼技术改造均未成功，因此锑精矿主要销往湖南锡矿山，锑含量大于15%。采用直井炉焙烧，反射炉精炼工艺生产精锑。1975年以前，精锑由省重工业局及省物资局金属公司统购统销，以后实行自产自销。主要送本矿巴氏合金车间加工成铅基锡锑合金（巴氏合金）、铅基轴承合金、铅锑印刷合金，广泛用于蓄电池、印刷行业和防火阻燃剂等生产厂家。20年的生产、发展，锑矿由单纯的采矿的工区发展为具有一定规模的产锑联合企业，形成日处理原矿石100吨选厂两座，年生产能力锑精矿165吨，冶炼生产能力精锑200吨，巴氏合金200吨。1986年，德安县锑矿获省政府授予的“经济效益先进单位”称号。

1985~1988年，该矿首次扩大生产规模，对冶炼炉实行技术改造，1988年新建鼓风炉系统装置。省经委节能中心将此项目列入省节能技改项目计划，提供节能改造资金20万元。进入20世纪90年代，该矿赴外地考察，实施二次技术改造，更新浮选系统设备，新建日处理100吨选矿厂房。至1990年年底，拥有固定资产400余万元，职工人数227人，其中工程师2人。1993年以租赁方式引进湖南益阳市湘中工矿公司资金80万元，对鼓风炉前仓和冷却系统重新改造，生产出合格的二氧化二锑（Sb_2O_3）产品，回收率达91%。1993年，选矿能力由50吨/日提高到200吨/日，选矿回收率达85%；冶炼（Sb_2O_3）回收由70%提高到91%；完成工业总产值456万元，销售收入700万元，实现利润62万元。同年进入九江市70家工业企业税利大户行列。1995年矿将鼓风炉系统租赁给广州穗中石油发展公司，租期为1996~1999年，租金共5万元，同时规定处理金属量每吨还要上交租金400元，全年最低处理量不低于150吨。1999年8月，该矿根据生产经营需要，企业更名为德安锑锌矿。2000年累计生产锑精矿3013吨，纯锑2571吨，产品销售收入7458万元。

2001年因矿源日渐枯竭，生产不正常，县政府决定该矿改制，将选冶整体转让给私人经营。第一次期限为2002年1月至2006年2月，转让费152万元。第二次期限为2006年1—12月，转让费为220万元。在转让期内保留锑锌矿的法人资格，主要生产锑和黄金。该矿尚有资产69.9万元。

1991~1998年德安锑矿纯锑产量一览

表3-3-11 单位：吨

年份	纯锑	年份	纯锑	年份	纯锑
1991	138	1994	200	1997	45
1992	170	1995	155	1998	37
1993	290	1996	102		

1991~2010 年有色金属采选业历年产值产量一览

表 3-3-12　　单位：万元、吨

年份	产　值		产　量			
	当年价	不变价	钨精矿（折合）	铜	硫铁矿	锑
1991	10994	11652	1146	4128	144400	
1992	11305	12059	1227	4382	164600	
1993	14746	13373	642	5127	101000	
1994	18607	15771	1817	6227	123800	
1995	22548	15939	1161	34100	123400	
1996	18157	13870	1156	34.60		4362
1997	25750	19632	961	3.4		2648
1998	10942	9330	408	5604	155000	
1999	13269	12516	771	1090	131000	
2000	13033	14888	1561	6255	150000	
2001	16362	15174	4869	4735	168909	
2002	23652	24580	9004	6206	190030	
2003	24464	25554	9422	6979	216178	
2004	56891	55688	11356	4265	277455	
2005	77820	76387	9234	2672	212317	
2006	182093	177589	11722	2442	327310	
2007	248010	245632	6481	5042	145505	
2008	254600	253477	6066			
2009	287407	286535	12244			
2010	317494	312000	5726			

八、铅锌铜钼镁加工企业

瑞昌宏益冶炼有限公司　2004 年 11 月入驻瑞昌市黄金工业园，首期投资 1.5 亿元，建冶炼厂，建成后可年产金 3 公斤、白银 20 公斤、铜 3000 吨、硫酸 8 万吨，年产值可逾 8 亿元。2005 年 12 月开始生产，实现工业产值　3832 万元，销售收入 3689 万元。年产金 123 公斤。2007 年产金 345 公斤。2008 年产金 162 公斤。2009 年产金 7 公斤。

瑞昌恒泰铜铅锌矿业有限公司 位于瑞昌市白杨镇武山坳，投资910万元，年产铅精矿、锌精矿、硫精矿3万吨规模，2003年7月投产。2005年，实现工业产值达1200万元，销售收入1000万元，上缴税金60万元。

江西省赣北钼业有限公司 2007年3月，省稀有稀土金属钨业集团有限公司与省修水湘赣有色金属有限公司合资创办，在修水三都杨梅山工业项目区建厂，加工生产钼丝、铜板、铜条、钼电极、铜钼合金、钨铜合金、铼钼合金、钼高级催化剂、钼阻燃剂、钼精细化工品等钼系列产品，投资14500万元，占地面积1公顷，年产钼酸铵5000吨。2008年4月竣工试产。

湖口流泗合金厂 1989年10月建厂，位于湖口县流泗镇，属乡办集体企业，名为“石钟铸造金属材料有限公司”。合金厂前身1985年是流泗饮料厂，1986年转产建合金厂，生产稀土硅镁铁合金。厂占地0.96公顷，固定资产186万元，职工86人。

1987年产合金21吨，产值21.2万元。1988年其产品获省优质产品。1990年该厂被授予“省乡镇一级企业”。同年产品创部优，获省科委“星火”四等奖。硅锶、硅钡获省、市科委“铸造孕育剂”科技进步三等奖。县政府授予“文明单位”，厂长刘承中获1991年、1993年省青年企业家和优秀企业家称号。1993年产合金650吨。1994年年产值达870万元。合金厂由稀土镁硅铁合金单一品种，拓展生产稀土镁硅铁合金、稀土镁铜合金、硅锶合金、硅钡合金、硅锆合金、硅铝钙钡合金、硅钙钡合金等系列产品。产品销往省内、福建、广东、浙江、江苏、山东、湖北等省、市、区，并销往台湾省。1997年企业进行股份合作制改造。2009年合金厂（石钟铸造公司）固定资产原值400万元、产值1300万元、上缴税金100万元、利润100万元。

1989~2009年部分年份湖口合金厂历年合金产量、产值一览

表3-3-13 单位：吨、万元

年份	稀土镁硅铁合金		镧稀土镁硅铁合金		硅锶硅钡合金		总产值
	产量	产值	产量	产值	产量	产值	
1989	200		30		20		120
1990							213.6
1991							256.1
1992							361.0
1994	180		25		30		870.0
1999	210		50		20		

续表 3-3-13

年份	稀土镁硅铁合金		镧稀土镁硅铁合金		硅锶硅钡合金		总产值
	产量	产值	产量	产值	产量	产值	
2004	400		70		60		
2005	500		140		70		
2009	100		160		1000		

九、铍矿

铍是稀有金属矿产。多呈伴生状产于钨锡、铜矿床中，独立矿床以伟晶岩型铍矿床为主。含铍矿物为绿柱石，其结晶良好者可做宝石。本地区主要分布在修水、星子等县，矿床规模较小、变化大。于 1956 年群众报矿发现，未经地质勘探工作，估计储量 1000 余吨，居全省第二位。

绿柱石矿在修水县的白桥、白岭、水源、黄龙、中段等乡有分布，矿区面积 200 余平方千米。星子县温泉乡亦有产地。均因地质工作程度低而未正式开发。

1957 年，省工业厅在修水白桥乡王家嘴组建修水绿柱石矿，矿区面积 3.6 平方千米。经 4 年开采，于 1962 年停办，年最高产量为 2400 吨。

1976 年后，当地农民自行开发，当年生产绿柱石 14 吨，以后每年绿柱石产量 3 ~ 5 吨。1980 年后已无人开采。

十、九江铝厂

九江铝厂位于永修县军山北麓。1971 年 4 月 29 日经永修县革委会批准成立筹建领导小组。1972 年 8 月 1 日投产。同年 10 月 10 日永修铝厂移交地区管辖，并改名为九江铝厂。建厂以来，国家共投资 81 万元，共生产电解铝 375 吨，铝芯塑料线 6600 多千米，缓解了九江地区对铝的急需。但因设备陈旧，产量低，电耗高，原材料消耗大，原材料依赖外省购进，企业管理混乱，致使年年亏损，到 1979 年亏损总额达 107 万元。同年 11 月 24 日因经济调整九江行署批准关闭。

十一、德安天宝矿业有限公司

德安天宝矿业有限公司是福建天宝矿业集团股份有限公司的控股子公司，位于江西省德安县丰林镇，距京九铁路和昌九高速公路仅 10 千米。公司由福建天宝矿业集团股份有限公司与江西省地质矿产勘查开发局九一六大队共同投资组建，于 2005 年 10 月 21

日注册设立，注册资本3300万元，股权比例为福建天宝集团占60%，九一六大队占40%。公司拥有张十八、百福脑（铅锌部分）2个矿权，总矿权面积12.9平方千米。根据已有的探矿工程预测，拟建的张十八铅锌矿是一个大型的铅锌银多金属地下矿山企业。

公司经营目标是通过联合勘探开发，将张十八铅锌矿建成国内同类型矿山中资源利用率高、安全保障性好、投资回报率高、环境污染小的采选矿山企业。项目设计生产能力为日处理3000吨原矿，总投资约4.9亿元，达产后每年可实现销售收入约5亿元，税金约6000万元。

2010年9月，《江西省德安县张十八铅锌矿补充详查报行》通过评审，并取得省国土资源厅矿产资源储量评审备案证明。2011年8月，张十八铅锌矿项目划定矿区范围上报省国土资源厅审批。项目安全预评价经省安监局备案，水土保持方案获省水利厅批准，环境影响评价、地质环境保护与治理恢复方案评估、压覆矿产资源评估报告评审正在进行，建设用地预审和规划选址意见、开发利用方案、项目申请报告等都作好相应准备工作。

至2014年，张十八铅锌矿项目共完成探矿钻孔16204米，探矿坑道13350米，累计投资1.5亿元，查明铅锌资源量69.35万吨（其中铅28.20万吨，锌41.15万吨）。选矿厂、尾矿库工程地质勘查已完成；选矿厂尾矿库施工图已完成，土建已完成基础部分设计；35千伏输电线路工程已经完成；采矿工程设计可以满足施工要求；完成选矿厂设备采购。

第三节　煤炭（能源）企业

一、煤炭企业综情

九江煤炭工业是应“大炼钢铁”的热潮而兴起的。当时国营集体煤矿遍布武宁、德安、瑞昌、修水、九江、彭泽等县，各级政府的管理机构也应运而生。20世纪60~70年代，社队煤矿情况见表3-3-14至表3-3-28所述。改革开放以后，在“扭转北煤南运”“有水快流”等政策推动下，小煤井遍地开花，仅武宁、德安、瑞昌片区小煤井达数百座。

1974年年底九江地区煤炭资源地质勘探及煤质分析一览

表 3-3-14

矿区名称	煤层时代	勘探程度	工业牌号	勘探 面积(平方米)	勘探 网度(米)	勘探 孔数	勘探 见煤孔数	勘探 煤厚(米)	储量(万吨) 保有	储量(万吨) 累计探明	储量(万吨) 表外	储量(万吨) 地质	煤质分析 发热量卡/克	煤质分析 全硫%	煤质分析 挥发分%	煤质分析 Y m/m	灰熔点℃ T_1	灰熔点℃ T_2	灰熔点℃ T_3	出焦率%	低温干馏焦油%	现有矿井
九江县新塘铺矿区	晚二迭世乐平(龙潭)煤系 P_2 L	初勘	贫煤 T	(5.0×0.8) 4	250×500	15	10	0.25–3.00	C_2 136.35	C_2 144.30		155.40	6797	7.0	15.62		1315	1340	1400			东风1、2、3井
九江县北坊桥矿区	P_2 L	普查	T					0.55–1.86	30.00	30.00		126.70										
武宁县坑背矿区	早二迭世王家铺(梁山)煤系 P_1W	详查	肥煤场 ж	(3.0×0.5) 1.5	200×80			0.6–2.0					4862	4.03	37.65	40				80		武宁县坑背井
武宁县泉坪矿区	P_1W	初勘	肥焦煤 ж–k	(4.0×0.5) 2.0	200×80	27	23	3.0	212.7	243.30		129.50	8085	5.87	34.03	46				78		红卫井、泉坪、大坪井
武宁县小沅矿区	P_2 L	普查	T					0.2–3.0	22.0	22.0	64.0		5986	5.51	10.70							小沅井
瑞昌县莫家矿区	P_2 L	初勘	T	(6.0×1.0) 6.0	300–500×200–300	26	16	0.96	165.13	166.33			7180	3.60	18.86							远景1、2、3井
瑞昌县余家桥矿区	P_1W	初勘	K	(5.0×1.0) 5.0	100–280×70–90	25	10	2.0–3.0	247.14	249.80			6785	4.18	21.86	20	>1500	>1500	>1500	88		良田、张坳、星火井
瑞昌县梅山矿区	P_1W	初勘	ж	(12.0×1.0) 12.0	1000–1500×100–250	12	6	1.5–3.0	142.92	152.53		215.67	7279	6.03	39.33	42	>1500	>1500	>1500	72		南义、南田井、老荡黑、朝阳井、宗山井
瑞昌县苏家宛矿区	P_2 L	初勘	T	(6.6×0.5–1.0) 6.0	100–500×200–300	26	17	0.58 1.27	305.00	305.00				3.93	11.57							赤岗井
瑞昌县丰家垅矿区	P_2 L	详查	T	9.0		11	2	0.0–3.0	30.59	30.59		19.32		7.32	7.53							
瑞昌县南山矿区	P_1W	普查	瘦煤Ⅰ号∩C	(7.0×1.0) 7.0	1000–1500×200–300	6	1	0–4.0			13.92		6361	3.35	15.10	6						
瑞昌县和平山矿区	P_2 L、P_1W 二组	普查	贫—顾因 T–A	(12.0×2–2.5) 30.0	900–3900×300–400	21 15	15 1	0–2.47 0–2.0	255.32 8.18	255.32 8.18		196.13	5416	5.40	10.81							
德安县付山煤区	P_2 L	初勘	肥氮肥 ж–г	(3.5–1.0) 3.5	200–300	34	22	1.0–2.0	424.98	431.00			7377	6.42	35.35		1415	1415	1500		12.14	付山1、2、3 6井 爱民井
修水县西坑矿区	P_1W	初勘	ж	(0.5×0.5) 0.25	150–250×50–150	10	8	1.5	14.05	14.18	3.55		6535	8.35	28.07	33	1420	1440	1470	84	6.51	洋田井

表 3-3-15

1976 年九江地区矿井基本情况一览

矿别	井名	建井时间 年	改造时间 年	投产时间 年	隶属关系	开拓储量 设计水平以上 万T	开拓储量 可采 万T	煤厚 M	煤种	煤层倾角 °	开拓方式	设计能力 万T/年	生产能力 万T/年	井田范围 走向长 M	井田范围 倾向长 M	井田范围 面积 KM²	煤质 发热量 卡/克	煤质 全硫 %	煤质 灰份 %	煤质 挥发份 %	主井 标高 井口 M	主井 标高 井底 M	主井 井长 M	副井 标高 井口 M	副井 标高 井底 M	副井 井长 M	交通 至县城 KM	交通 至九江市 KM	电源 供电方式	电源 容量 KW or KVA	地质勘探强度
武宁县煤矿	红卫井	66			县办			2.5	烟	85	平井	2		1000	50	0.05	7000	6.1	15.5	23.6	+189		440			170	45	110	柴油机		初勘
	泉坪二井	73	74		县办	139	101	2.5	烟	85	平井	4		4100	240	0.98	7900	6.1	15.5	23.6	+160	+164	810	+189		440	45	110	柴油机		初勘
	大坪井	73	73		县办	20		2.5	烟	85	平井	1		1200	60	0.072	6876	5.05	16.61	34.33	+242		270	+310			45	110	柴油机		初勘
	争光井	76	76		县办	60	50	2.2	烟	85	斜井	2		4200	100	0.42	6876	5.05	16.61	34.33	+200	+100	200	+242		270	45	110	柴油机		初勘
	坑背井	69	73		县办			0–4	烟	45	平井	1		3000	190	0.57	6550	4.55	31.83	25.09	+152		740	275		400	35	100	柴油机		
	小沅井	69			县办			0–0.8	无烟	82	平井			500	60	0.03	4862	4.03	30.47	8.86			2.40			70	45	93			
付山煤矿	六号井	72	76		县办	25	21	1.4	气肥	18	斜井	1		1000	200	0.2	6104	6.68	26.38	38.65	+303	+204	200	+301	+260	70	54	120	柴油机		初勘
	三号井	70	73		县办	21	17	1.2	气肥	27	斜井	3		1500	100	0.45	8200	6.27	28.2	38.7	+310	+230	160				54	120	柴油机		初勘
	四号井	70			县办			2.0	焦煤	73	斜井			200	60	0.012	7375	6.06	15.98	31.45			80				54	120	柴油机		普查
	爱民井	78	73		县办	226	180	0.3–2.5	气肥	20	平井	5		2000	300	0.6	7370	6.42	27.51	35.4	+170		650	+230		320	45	111	柴油机		初勘
东风煤矿	一号井	68			县办	100	80	0.5–1.7	无烟	43	斜井	2		940	260	0.244	7400	4.33	29.18	11.64	+83	−6	180	+84	±0	158	26	41	通电网		初勘
	二号井	73			县办		13	0.3–1.2	无烟	52	斜井	2		1100	85	0.094	7400	4.33	29.18	11.64	+115	−1	230	+110	−1	210	27	42	通电网		初勘
瑞昌县煤矿	南义井	71	73		县办	32	22	0.4–6	肥焦	40	平井	3		360	120	0.043	7279	6.03	11.61	39.33	+85.25		154	+176.4		347	48	85	柴油机		初勘
	南田井	73			县办	22	15	0.3–1.1	肥焦	48	平井	1		900	150	0.135	5547	4.42	39.37	39.26	+218.21	+222.33	410	+333	+333.6	110	54	91	柴油机		初勘
	赤岗井	74	74		县办	34.7	23	0.58–1.27	无烟	18	斜井	3		1100	570	0.627		4.37	40.3	12.73	+71	−10	200	+66	+16	50	22	59	通电网		初勘
	张坳井	71			县办	19.5	10	0.3–2	焦煤	15–37	平井	1		1175	170	0.2	7364	4.57	12.4	19.13	+392.62		275	+441.94	+406.7	90	25	63	柴油机		初勘
	星火井				县办			0.8–14	焦煤	50	平井			524	50			5.53	11.5	18.58	+443.79		180				24	62	柴油机		初勘
	良田井				县办			0–3	焦煤	76	平井			120			7000	5.53	11.5	18.58	+286.92		200				23	61	柴油机		初勘
	远景井	69			县办	15.27	10.6	0.96	无烟	55	斜井	1.5		950	200	0.191	6700	5.85	25.1	12.61	+79.8	−23.9	204	+80	+23.9	217	24	62	通电网		初勘
修水县煤矿	洋田井	72	73		县办	28.7	20	0.1–1.7	焦肥	22	斜井	2		400	350	0.14	3000–4000	5.12		27.38	+7	−168.3	319.8	+7	−124.4	218.8	34	190	小水电		初勘
	103 井				县办				焦肥		斜井																				
	洋沙高				县办						平井																				

1960~1975 年九江地区原煤、焦炭产量、产值一览

表 3-3-16

单位：吨、万元

矿别	项目		1960 年	1961 年	1962 年	1963 年	1964 年	1965 年	1966 年	1967 年	1968 年	1969 年	1970 年	1971 年	1972 年	1973 年	1974 年	1975 年
全区	产量	合计	566	16374	10523	5984	3523	6191	10327	19543	22961	39806	76560	106835	85366	93806	86649	81880
		无烟											8223	19769	9567	10319	9807	8713
		有烟	566	16374	10523	5984	3523	6191	10327	19543	22961	39806	68337	87066	75799	83487	76842	73149
		土焦		4207	1105				441	137	72	852	2545	6796	3943	724	44	
	产值		0.8213	42.6902	20.2414	8.6828	5.1139	8.9831	16.0890	28.9734	33.6931	62.8823	126.2061	218.6181	156.4011	168.5063	150.7712	137.0029
瑞昌煤矿	产量	小计								1876	2998	3167	11031	20202	30061	30650	30747	25300
		无烟											1482	6042	3359			400
		有烟								1876	2998	3167	9549	14160	26702	30650	30747	24900
		土焦											207	1520	1300	50		
	产值									2.7221	4.3501	4.6000	14.9200	37.0100	52.6200	55.6600	52.2100	42.9900
武宁煤矿	产量	有烟	566	16374	10523	5984	3523	6191	10327	17667	18948	32000	36000	38928	16184	20300	34355	37500
		土焦		4207	1105				441	137	72	800	2051	4721	1290	614	44	
	产值		0.8213	42.6902	20.2414	8.6828	5.1139	8.9831	16.0890	20.2513	27.8175	50.0320	61.4655	101.5355	37.8390	40.9370	62.8121	63.7500
东风煤矿	产量	无烟											6741	13727	6208	10319	9807	8331
	产值												10.8500	22.1000	9.9900	16.6100	15.7900	12.0100
付山煤矿	产量	有烟									1015	3139	20000	30000	32509	32008	10890	9012
		土焦										52	254	525	1004	60		
	产值										1.7255	5.7003	34.0000	51.0000	55.2653	54.4000	18.5135	15.3000
修水煤矿	产量	有烟										1500	2788	3978	349	529	850	1737
		土焦											33	30				
	产值											2.5500	4.9706	6.9726	0.6868	0.8993	1.4450	2.9529

1960~1975 年九江地区职工人数、全员工效、全员劳动生产率一览

表 3-3-17

单位：个、吨/工·日、元/人·年

矿别	项目	1960 年	1961 年	1962 年	1963 年	1964 年	1965 年	1966 年	1967 年	1968 年	1969 年	1970 年	1971 年	1972 年	1973 年	1974 年	1975 年
全区	职工人数	1235	788	230	89	58	57	90	177	502	887	2136	3420	2333	1906	1820	1774
	全员工效																
	全员劳动生产率																
瑞昌煤矿	职工人数								60	93	234	640	597	546	491	477	472
	全员工效														0.244		
	全员劳动生产率								454	468	343	383	574	963	1134	1618	911
武宁煤矿	职工人数	1235	788	230	89	58	57	90	111	162	204	565	1567	752	568	511	485
	全员工效		0.298	0.379	0.412	0.698	1.179	0.914	1.098	0.864	0.800	0.880	0.355	0.571	0.413	0.220	0.242
	全员劳动生产率		957	1205	1157	1217	1953	2324	3596	1713	3166	2756	1695	706	1648	1229	1262
东风煤矿	职工人数								6	92	120	416	467	231	223	223	220
	全员工效											0.070	0.118	0.087	0.164	0.200	0.163
	全员劳动生产率											246	588	432	810.4	708	541.4
付山煤矿	职工人数									100	143	299	484	574	427	424	413
	全员工效									0.500	0.400	0.330	0.400	0.270	0.250		
	全员劳动生产率									172.55	330	990	1200	1246	1827.33	617.12	453
修水煤矿	职工人数									55	186	216	305	230	197	185	184
	全员工效										0.053	0.430	0.044	0.065			
	全员劳动生产率												356	36	930	74	160

1960~1975 年九江地区原煤成本、原煤和焦炭的售价

表 3-3-18 单位：元 / 吨

矿别	项目		1960 年	1961 年	1962 年	1963 年	1964 年	1965 年	1966 年	1967 年	1968 年	1969 年	1970 年	1971 年	1972 年	1973 年	1974 年	1975 年
瑞昌煤矿	原煤成本									27.33	29.97	25.10	23.23	25.14	19.60	21.71	35.86	27.26
	土焦成本												231.44	193.27	117.88	138.54		
	售价	无烟											25.0	25.0	25.0			23.5
		有烟										30.0	30.0	30.0	30.0	30.0	26.0	26.0
		土焦											120.0	120.0	120.0	120.0		
武宁煤矿	原煤成本		31.97	11.76	13.789	12.30	10.49	9.30	11.48	10.21	11.60	12.447	8.98	12.46	25.676	17.407	23.22	25.26
	土焦成本			54.25	75.85				63.72	61.48	60.371	61.52	57.56	67.95	139.76	86.10	63.50	
	售价	原煤	19.0	19.0	19.0	19.0	19.0	19.0	19.0	19.0	19.0	21.0	21.0	21.0	21.0	26.0	26.0	26.0
		土焦		70.0	70.0				70.0	70.0	70.0	90.0	90.0	90.0	90.0			
东风矿	原煤成本													26.62	65.53	33.49	23.16	33.52
	原煤售价												20	20	20	21.26	23	23
付山煤矿	原煤成本										18.00	33.00	19.73	17.70	20.83	21.99	45.00	52.50
	土焦成本																	
	售价	有烟									22.0	29.5	24.5	24.5	24.5	24.5	23.5	23.5
		有烟																
		土焦										98.0	98.0	98.0	98.0	98.0		
修水煤矿	原煤成本											69.94	42.71	13.13	35.22		17.78	65.00
	售价	原煤										22.0 30	30.0	30.0	30.0	30.0	30.0	30.0
		焦炭											160.0	160.0				

表 3-3-19

1960~1975 年九江地区煤炭企业利润、税收一览

（“+”为盈、“-”为亏）

单位：万元

矿别	项目	1960 年	1961 年	1962 年	1963 年	1964 年	1965 年	1966 年	1967 年	1968 年	1969 年	1970 年	1971 年	1972 年	1973 年	1974 年	1975 年
全 区	利润	+0.0451	+2.9177	+3.0528	+2.3549	+2.6879	+3.9464	+8.9552	+14.1434	+12.6512	+21.6681	-33.1774	-3.7534	-38.2604	-5.6888	-82.6209	-42.0185
	税收		1.0030	2.1011	0.6949	0.6327	0.6808	2.1071	3.0186	3.4806	5.8473	9.1176	19.8160	27.3451	17.1862	13.3714	17.2092
瑞昌煤矿	利润												-15.0000	+13.3000	+15.5000	-18.0000	-8.7000
	税收								0.4502	0.7195	0.7601	2.7869	6.0660	14.4556	7.4040	6.3954	6.0544
武宁煤矿	利润	+0.0451	+2.9177	+3.0520	+2.3549	+2.6879	+3.9464	+8.9552	+14.1434	+12.6512	+26.8440	+37.1359	+21.8741	-27.4324	+10.1039	+0.2031	+20.3426
	税收		1.0030	2.1011	0.6949	0.6327	0.6808	2.1071	2.5684	2.7611	4.6348	5.3281	6.7900	3.7674	3.9800	2.7346	7.8000
东风煤矿	利润												-9.6800	-23.5790	-13.4102	-13.0540	-18.1091
	税收												1.6636	1.3293	1.7259	1.8306	1.3555
付山煤矿	利润										+0.6241	+1.4415	+2.9025	+0.9810	-9.8829	-49.2743	-26.5520
	税收										0.4524	1.0026	4.4155	7.4628	4.0763	2.2508	1.5793
修水煤矿	利润										-50.0000	-5.4000	-3.8500	-1.5300	-8.0000	-2.5000	-9.0000
	税收												0.88	0.33		0.16	0.42

1960~1976 年九江地区煤炭企业投资和固定资产净值一览

表 3-3-20　　　　单位：万元

矿别	项目		1960 年	1961 年	1962 年	1963 年	1964 年	1965 年	1966 年	1967 年	1968 年	1969 年	1970 年	1971 年	1972 年	1973 年	1974 年	1975 年	1976 年
全区合计	投资	省地	13.0000	30.0159	6.3289	0.1775	5.0000	2.3000	9.1700	32.9501	42.1499	69.3000	98.5000	71.0000	125.0000	104.5000	116.4000	115.0000	97.8000
		县					0.0500	0.7441	1.6700	3.1528	6.9455	13.0447	5.4700	9.5377	6.0000	12.6600	4.9200	5.6900	
	固资净值		1.0616	28.9158	6.0334	1.8703	1.5626		0.4563	3.5223	15.3653	38.8436	72.0121	196.7606	237.8648	241.1028	368.4618	316.0632	
瑞昌县煤矿	投资	省地								8.0000	6.0000	20.0000	42.0000	12.0000	30.0000	20.0000	27.2000	15.0000	6.1000
		县																	
	固资净值													69.3100	86.4000	94.8100	136.9800	155.4300	
武宁县煤矿	投资	省地	13.0000	30.0159	6.3289	0.1775	5.0000	2.3000	9.1700		2.5000	15.0000	24.5000	40.0000	50.0000	20.0000	27.2000	30.0000	48.0000
		县					0.0500	0.7441	1.6700	1.9928	1.2955	6.9528	4.8700	5.5377					
	固资净值		1.0616	28.9158	6.0334	1.8703	1.5626		0.4563	3.5223	15.2186	11.1511	30.0888	29.0027	15.1092	9.2190	107.8980	28.8926	
东风煤矿	投资	省地								18.0000	18.5000	18.5000	10.0000	7.0000	10.0000	16.0000	14.3000	8.0000	4.0000
		县								1.1600	3.0000			0.1000	4.6000				
	固资净值													35.57	46.7000	48.2900	42.7900	53.2000	
付山煤矿	投资	省地										10.8000	12.0000	12.0000	5.0000	34.5000	35.0000	53.0000	39.7000
		县									0.2000								
	固资净值										0.1467	6.4425	13.4233	34.4779	53.4856	54.9538	54.9538		
修水县煤矿	投资	省地								6.9501	15.1499	5.0000	10.0000		30.0000	14.0000	12.7000	9.0000	
		县									2.4500	6.0619	0.6000	3.9000	1.4000	12.6600	4.9200	5.6900	
	固资净值											21.2500	28.5000	28.4000	36.1700	33.8300	25.8400	26.3700	

1960~1976 年九江地区县煤矿各改造井口历年投资一览

表 3-3-21

单位：万元

井名	项目	1960 年	1961 年	1962 年	1963 年	1964 年	1965 年	1966 年	1967 年	1968 年	1969 年	1970 年	1971 年	1972 年	1973 年	1974 年	1975 年	1976 年
红卫井	省、地	13.0000	30.1590	6.3289		5.0000	2.3000	9.1700		2.5000	15.0000							
	县				0.1775		0.7441	1.6700	1.9928	1.2955	6.9828							
坑背井	省、地											24.5000	40.0000	50.0000	20.0000	3.0000		
	县											4.8700	5.5377					
泉坪二井	省、地															22.2000	30.0000	
	县																	
争光井	省、地																	48.0000
	县																	
南义井	省、地														20.0000	4.8000		
	县																	
赤岗井	省、地															22.2000	15.0000	6.1000
	县																	
爱民井	省、地														25.0000	34.0000	47.0000	31.2000
	县																	
付三井	省、地														7.0000			
	县																	
付六井	省、地																6.0000	8.5000
	县																	
东风一井	省、地								15.0000	41.6000	18.5000	10.0000	7.0000	14.6000				
	县																	
东风二井	省、地														16.0000	14.3000	8.0000	4.0000
	县																	
洋田井	省、地								6.9501	15.1499	5.0000	10.0000		30.0000	14.0000	4.7000	9.0000	
	县									2.4500	6.0619	0.6000	3.9000	1.4000	12.6600	4.9000	5.6900	

1960~1975 年九江地区煤炭企业主要材料消耗一览

表 3-3-22 单位：立方米 / 万吨、公斤 / 万吨、发 / 万吨、度 / 万吨

单位	项目	1960 年	1961 年	1962 年	1963 年	1964 年	1965 年	1966 年	1967 年	1968 年	1969 年	1970 年	1971 年	1972 年	1973 年	1974 年	1975 年
全区	坑木消耗																
	炸药消耗																
	雷管消耗																
	电耗																
瑞昌煤矿	坑耗											268	257	241	246	274	304
	炸药耗																
	雷管耗																
	电耗																
武宁煤矿	坑耗		485	453	309.8	212.1	152.1	200	235	329	277	255	309	350	184	366	275.8
	炸药耗		1852	1904	1865	2012	1867	1852	1736	1805	1920	1891	2105	2420	1800		
	雷管耗		3605	3750	3540	4025	3734	3704	3472	3650	3850	3782	4210	3965	2210		
	电耗																
东风煤矿	坑耗												180	347	280	210	410
	炸药耗												5500	5700	3500	1700	1850
	雷管耗													22500	10300	4370	6100
	电耗												640	2030	1330	1090	2030
付山煤矿	坑耗										230	230	230	247	240	220	340
	炸药耗										2900	3100	3030	2498	2500	11000	12000
	雷管耗																9000
	电耗																
修水煤矿	坑耗										500	354	260	360	178.4	540	830
	炸药耗										6000	2600	4000	3500		11000	17000
	雷管耗																
	电耗																

1966～1976 年历年煤矿死亡及其他重大事故一览

表 3-3-23

发生事故日期	事故单位	事故原因	伤亡情况		
			死亡	其中：民工	重伤
1966 年 6 月	武宁县煤矿	红卫井回采区落矸石	1		
1969 年 3 月	九江东风煤矿	一号井搭矿车下井坠井	1		
1970 年 3 月 18 日	瑞昌县煤矿	星火井（龙王烘）片邦	1		
1970 年 5 月 25 日	瑞昌县煤矿	远景一号井跑车坠井	1		
1970 年 2 月	修水县煤矿	竖井坠井	1		
1970 年 10 月	武宁县煤矿	井下放炮	1		
1971 年 10 月 5 日	瑞昌县煤矿	远景井冒顶	1		
1971 年 10 月 25 日	瑞昌县煤矿	张坳井冒顶	3		
1971 年 11 月 13 日	修水县煤矿	老井透水	3		
1972 年 5 月 12 日	德安县付山煤矿	付六号井跑车	1		
1972 年 6 月	武宁县煤矿	井下片邦	1		
1973 年 1 月 14 日	修水县煤矿	斜井跑车	3		
1973 年 1 月 19 日	瑞昌县煤矿	张坳井冒顶	1		
1973 年 6 月 11 日	瑞昌县煤矿	南义井冒顶	3		
1974 年 1 月	修水县煤矿	主斜井放炮	1	1	
1974 年 4 月	德安县付山煤矿	动力机房值班员落冷却池淹溺	1		
1974 年 6 月	武宁县煤矿	渣铁井冒顶	1	1	
1974 年 7 月	武宁县煤矿	泉坪二井放炮	1		
1974 年 11 月 3 日	武宁县大桥煤矿	张岭井放煤			4
1974 年 12 月 14 日	修水县煤矿	主井瓦斯爆炸	11	10	
1974 年 7 月	瑞昌县煤矿	南田井瓦斯燃烧			3
1974 年 8 月	瑞昌县煤矿	南义井瓦斯燃烧			2
1975 年 10 月	武宁县路口公社煤矿	五泉井采区冒顶	1	1	
1976 年 6 月 7 日	武宁路口田圹大队煤矿	田圹井冒顶	1	1	
1976 年 6 月 10 日	德娄付山煤矿	爱民主井放炮	1		
1976 年 7 月 2 日	瑞昌峨嵋公社嵋荣大队	嵋荣井处理放炮	1	1	1
1976 年 2 月 20 日	武宁大桥公社荷州大队矿	荷州井冒顶	1	1	
1976 年 10 月 1 日	武宁大桥公社煤矿	河东井放炮	1	1	

1975 年主要矿用设备拥有量一览

表 3-3-24

设备名称			计算单位		全区合计		东风煤矿		瑞昌煤矿		武宁煤矿		修水煤矿		付山煤矿	
			数量	能力	数量	能力	数量	能力	数量	能力	数量	能力	数量	能力	数量	能力
工业泵	总数		套	千瓦	64	1781.3	22	1070.5	21	432.4	5	25.9	6	61.5	10	191
	主要排水量		套	千瓦	46	1691.5	19	1048	14	397	2	17.5	5	56	6	173
通风机	总数		台	千瓦	60	504	7	72.5	9	76	21	139	8	60.5	15	156
	其中主扇		台	千瓦	12	198	2	34	2	28	3	43	2	27	3	66
运输机	合计		台	千瓦	35	560.2	5	131	7	77.2	5	33.4	4	60.4	14	258.2
	绞车	总数	台	千瓦	25	535.2	4	128	5	66.2	2	33.4	4	60.4	10	247.2
		提升	台	千瓦	15	414	4	128	2	32	1	22	2	29	6	203
	电机年		台	吨	5	12.5					3	7.5			2	5
	电溜子		台	千瓦	5	25	1	3	2	11					2	11
压风机			台	M³/分	19	120	2	12	4	23	7	42	2	15	4	28
矿车			台	吨	95	47.5	12	6	14	7	40	20	2	1	27	13.5
电煤炉			台	千瓦	37	41.5	8	8.8	8	9.6	9	9.9	3	3.3	9	9.9
风炉			台		53		6		20		11		3		13	
风镐			台		8		1		2		5					
矿灯			盏		1318		250		300		351		230		187	
充电架			台	位	20	2040	3	306	4		7	714	2	204	4	408
柴油发电机组			组	马力	34	2927	3	350	12	735	9	785	3	351	7	706
汽车			辆	吨	35	86	3	7.5	11	27.5	11	27.5	1	2.5	9	21
车床			台		8		1		2		1		1		3	
钻床			台		9		1		1		5		1		1	
刨床			台		3		1		1						1	

1976 年九江地区各煤炭分矿设备一览

表 3-3-25

矿名	柴油发电机组 型号/数量	水泵 型号/数量	通风 局扇 型号/数量	通风 主扇 型号/数量	运输 绞车 型号/数量	运输 电溜子 型号/数量	变压器 型号/数量	压风机 型号/数量	风炉 型号/数量	风镐 型号/数量	电煤炉 型号/数量	矿车 型号/数量	矿灯 型号/数量	汽车 型号/数量	车床 型号/数量	刨床 型号/数量	炉床 型号/数量	充电架 型号/数量	电井机车 型号/数量
东风煤矿	180HP/1组	100kW/3台	11kW/2台	17kW/2台	40kW/1台	3kW/1台	320KVA/1台	6M³ /2台	/6台	/1台	/8台	U0.55/12台	/250个	井-27/3台	/1台	/1台	/2台	新光/3台	
	90HP/1组	155kW/1台	5.5kW/3台		11kW/1台		100KVA/1台												
		55kW/2台			22kW/1台														
	80HP/1组	75kW/2台			55kW/1台		180KVA/1台												
		40kW/4台																	
		30kW/2台																	
		20kW/1台																	
		17kW/1台																	
		10kW/1台																	
		7.5kW/3台																	
		33kW/2台																	
修水煤矿	138HP/2组	13kW/2台	11kW/1台	13kW/1台	17kW/1台		180KVA/1台	6M³/1台	/3台		/3台	U0.55/2台	新光/230个	井-27/1台	/1台		/1台	新光/2台	
	75HP/1组	10kW/3台	4kW/1台	14kW/1台	22kW/1台		2.5KVA/4台	9M³/1台											
		5.5kW/1台	2kW/1台		11.4kW/1台														
			5.5kW/3台		10kW/1台														
武宁煤矿	120HP/1组	10kW/1台	2kW/4台	17kW/1台	11.4kW/1台		50KVA/2台	6M³/7台	/11台	/5台	/9台	/40台	/351个	解放/1台	/1台		/5台	新光/7台	2.5T/3台
	80HP/2组	7.5kW/1台	5.5kW/12台	13kW/2台	22kW/1台		100KVA/3台							井-27/9台					
	60HP/1组	2.8kW/3台	11kW/2台				180KVA/1台							相谱/1台					
	20HP/2组																		

续表 3-3-25

矿名	柴油发电机组	水泵	通风		运输		变压器	压风机	风炉	风镐	电煤炉	矿车	矿灯	汽车	车床	刨床	炉床	充电架	电井机车
			局扇	主扇	绞车	电溜子													
	型号/数量	型号/数量	型号/数量	型号/数量	型号/数量	型号/数量	型号/数量	型号/数量	型号/数量	型号/数量	型号/数量	型号/数量	型号/数量	型号/数量	型号/数量	型号/数量	型号/数量	型号/数量	型号/数量
武宁煤矿	20HP/1组																		
	185HP/1组																		
	200HP/1组																		
付山煤矿	120HP/1组	11kW/3台	5.5kW/6台	22kW/1台	22kW/4台	V5.5kW/2台	50KVA/2台	6M³/3台	战1/9台		/9台	U0.5–0.75/27台	/187个	井–27/8台	6132/2台	B650/1台	13mm/1台	新光/4台	2.5T/2台
	80HP/3组	3kW/2台	11kW/5台	22kW轮/2台	11.4kW/3台		100KVA/2台	10M³/1台	7655/4台					谱/1台	618/1台				
	185HP/1组	6kW/2台	2kW/1台		75kW·5T/1台		20KVA/2台												
	135HP/1组	40kW/2台			40kW/1台														
	26HP/1组	60kW/1台			10kW/1台														
瑞昌煤矿	20HP/6组	2.8kW/3台	2kW/2台	14kW/2台	11.4kW/3台	25M/1台	100KVA/2台	6M³/2台	01–30/8台	03–11/2台	1.2kW/8台	/14台	新光/200个	解放/1台	/2台	/1台	/1台	/4台	
	80HP/1组	4.5kW/1台	5.5kW/2台		22kW/1台	30M/1台	180KVA/2台	8M³/1台	7655/6台				安沅/100个	井–27/9台					
	80HP/2组	7.5kW/3台	11kW/3台		10kW/1台		320KVA/1台	9M³/1台	YT–25/6台					中高标/1台					
	120HP/1组	10kW/2台																	
	135HP/1组	13kW/2台																	
	120HP/1组	17kW/4台																	
		20kW/1台																	
		28kW/1台																	
		40kW/2台																	
		55kW/1台																	
		100kW/1台																	

1975 年九江地区煤矿基建投资一览

表 3-3-26　　　　1975 年 12 月 10 日

井名	全年投资			1—11 月份完成情况										12 月份预计完成								全年完成情况								全年预计完成产量	备注
	总金额	其中		工程量			金额							工程量			金额					工程量			金额						
					其中			其中							其中			其中					其中			其中					
										设备		土建																			
		国拨(万元)	省下五放小(万元)	合计	主井(M)	其他(M)	合计(万元)	已用五小	工程费(万元)	计划(万元)	完成(万元)	计划(万元)	完成(万元)	合计(M)	主井(M)	其他(M)	合计(万元)	五小(万元)	土建(万元)	设备(万元)	工程费(万元)	合计(M)	主井(M)	其他(M)	合计(万元)	五小(万元)	土建(万元)	设备(万元)	工程费(万元)		
新建井口：																															
爱民井	48	47	1	451	130	321	30.165	1	15.69	16.4	11.22	3.25	3.25	130	80	50	7			4	3	581	210	371	42.34		3.25	20.40	18.69	5000	
泉坪二井	30	30		632	500	82	32.66		18.05	13.1	13.8	0.75	0.75	70		70	1.4				1.4	702	550	152	34		0.75	13.80	19.45	1600	
续改井口：																															
赤岗井	15	6	9	228.4		122.4	6	9	14.13			1	1	60		60	1.8				1.8	288.4		182.4	16.93		1		15.93	100	其中立井 10 米预计工程
洋田井	9	2	7	383		383	2	6.3	8.3					50		50	1				1	433		433	9.3				9.3	1300	
省五小补贴井：																															
东风二井	8	0	8	181.2		181.2		8	7			1	1	60		60	1.2				1.2	241.2		241.2	9.2		1		8.2	9300	
付山三井	5		5	333		333		5	5					80		80	1.6				1.6	413		413	6.6				6.6	5000	
合计	115	85	30	2102.6	680	1421.6	70.825	29.3	68.17	29.5	25.02	6	6	450	80	370	14			4	10	2608.6	760	1792.6	118.37		6	34.20	78.17	22300	

1975～1976 年瑞昌县社办煤矿生产状况一览

表 3-3-27

单位：吨

名称	井口	煤种	生产或基建	煤产量	
				1975 年	1976 年 1–4 月
社办矿					
1. 南义公社煤矿	排沙井	烟	生产	800	
2. 和平公社煤矿	大坑井	无烟	基建		
3. 横港公社煤矿	尖山井	无烟	生产	3800	2000
	远景井	无烟	基建		
	宿张井	无烟	基建		
4. 青山林场煤矿	支山井	无烟	生产	3700	2200
5. 梁山公社煤矿	康仙安井	无烟	基建	300	
6. 乐园公社煤矿	白坂井	烟	生产	400	1100
	猪安永井	烟	基建		
	张坊井	烟	生产	200	
7. 肇陈公社煤矿	钨砂岭井	无烟	基建	2000	基建
8. 横立山公社煤矿	木机林井	无烟		800	基建

1975~1976 年瑞昌县队办煤矿生产状况一览

表 3-3-28

单位：吨

名　称	煤种	生产 基建	煤产量	
			1975 年	1976 年 1-4 月
1. 南义公社乐园大队煤矿	烟	生产		300
2. 南义公社朝阳大队煤矿	烟	生产	500	
3. 南义公社东升大队煤矿	无烟	生产	1400	
4. 南义公社胜利大队煤矿	无烟	基建		
5. 南义公社柯楼大队煤矿	无烟	基建		
6. 和平公社杨段大队煤矿	无烟		300	
7. 峨眉公社嵋荣大队煤矿	无烟		2200	400
8. 横港公社远荣大队煤矿	无烟	基建		
9. 青山林场丰光大队煤矿	无烟		1300	基建
10. 梁元公社风景大队	无烟	基建		
11. 梁元公社南庄大队	烟	生产	500	300
12. 洪下公社煤爪山大队	无烟		300	200
13. 高斗公社大冲大队	无烟		1400	基建
14. 横云山青岭大队煤矿	无烟	生产	800	200
15. 横云山芦圹大队	无烟	生产	1000	400
16. 范正公社良田大队	烟	基建		
17. 范正公社东山大队	无烟		800	500

为了促使地方煤矿健康发展，省煤炭厅根据有关矿井安全技改的需要，每年有一些资金补贴支持。市冶煤局依据一年一度的全区矿井采掘方案审查结果，权衡轻重缓急，提出本年度的技改方案上报，争取省厅经济支持。1960~1991年，共获得技改资金1469.2679万元，其中武宁煤矿428.6579万元、瑞昌煤矿322.51万元、修水煤矿121.55万元、德安付山煤矿353.05万元、九江东风煤矿243.5万元。全市煤炭产量保持了稳定，1978年产煤27.06万吨，1980年19.75万吨，1985年22.93万吨，1990年26.90万吨。

九江市持证煤矿企业一览

表3-3-29　　单位：万吨/年、平方千米

企业名称	许可证号	生产能力	矿区面积	法人代表
武宁县煤矿	C3600002010121120097364	10	2.241	陈宗辉
九江市罗坑煤矿	C3600002010121120097369	4.5	1.4578	夏发龙
武宁县鲁溪镇小泉煤矿	C3600002009091120036638	4	1.1382	余铁牛
武宁县鲁溪镇石脚湾煤矿	C3600002010021120056191	4	1.8342	刘堂用
鲁溪镇张岭四水平煤矿	C3600002009111120045592	4	0.3642	佘唐中
鲁溪镇横山嘴煤矿	C3600002009111120045607	4	0.1816	李诚辉
武宁县泉口镇电站煤矿	C3600002010061120068629	4	0.5289	徐少云
泉口镇丰田煤矿	C3600002009091120034621	4	0.1351	巫松文
鲁溪镇烟烟山煤矿	C3600002010011120052637	4	0.2238	熊仁香
鲁溪镇北屏罗坑煤矿	C3600002009091120036637	3	0.3327	胡恒保
鲁溪镇内樟山煤矿	C3600002009091120034618	4	0.1923	刘堂仁
德安县邹桥马鞍山煤矿	C3600002009091120036642	4		肖冬毛
德安县付山煤矿爱民井	C3600002010011120052651	4		陈干明
瑞昌市南义镇第六号煤矿	C3600002010011120052664	4		曾矿生
瑞昌市高泉煤矿	C360000201011120052649	4		田　晖
瑞昌市乐园坡煤矿	C3600002009101120039431	4		王志平
瑞昌市峨嵋乡岩下煤矿	C3600002010011120052664	4		刘志亮
瑞昌市南义镇第一号煤矿	C3600002010011120052673	4		余泽兵

1991～2003年各煤矿原煤产量

表 3-3-30 单位：万吨

年 份	南田煤矿	武宁煤矿	德安煤矿	罗坑煤矿	乡镇煤矿	合 计
1991	0.176	5.85	2.52	1.38	17.07	26.996
1992	0.22	6.17	3.50	1.43	17.06	28.38
1993	0.325	6.36	4.80	2.20	17.20	30.885
1994	0.51	6.00	4.10	2.50	24.96	38.07
1995	0.4879	6.028	4.30	1.005	20.10	31.9209
1996	0.60	5.03	4.00	0.21	20.40	30.24
1997	0.38	4.05	3.50	1.5018	19.90	29.3318
1998	0.08	3.62	2.30	2.50	14.32	22.82
1999	0.4784	4.00	3.100	2.7216	11.82	22.12
2000	.037	4.8526	2.40	2.00	8.00	17.6226
2001	0.24	5.4998	3.65	3.10	4.50	16.9898
2002		4.367	1.30	3.21	5.20	14.077
2003		6.897	1.20	3.50	13.90	25.497
合计	3.8673	68.7244	40.67	27.2584	194.43	334.9501

为整顿采矿秩序，搞好安全生产，保持资源合理开发利用，根据《中华人民共和国煤炭法》及部、省主管部门相关法规要求，市冶金煤炭工业局自1998年始，对证照不全、生产规模小、设施简陋、安全系数差、经济效益低下的小煤窑开展全面关停整顿。2005年2月23日，为进一步加强全市煤矿安全生产监督管理和煤炭行业管理工作，根据九江市政府领导指示，市机构编制委员会下发《关于调整九江市煤矿安全生产监督管理及煤炭行业管理职能的通知》，将煤矿安全生产监督管理工作职能和市冶煤集团公司下属矿山救护队划入市安全生产监督管理局（简称市安监局）。同年，煤炭行业管理职能划入市经贸委，进一步理顺了煤矿安全监管和煤炭行业管理的管理体制。到2010年年底，全市有矿井21对，其中生产井18对，预核准井3对。主要分布在武宁12对、瑞昌市8对、德安县1对。由于近10年依法整顿，各煤矿的安全、生产状态有所改观，煤矿本质安全有了提高。18对生产矿井全部安装通信联系系统、压风自救系统、监测监控系统、供水施救系统。武宁县煤矿的泉坪井、争光井率先安装、使用井下人员管理系

统。垂深超过50米的4对斜井安装了机械运送人员装置（猴车），所有煤矿开采工作面都按要求配齐瓦斯断电仪，并加强对煤矿职工安全培训，生产、安全秩序更顺畅。到2012年全市原煤产量达到84.23万吨，创历史最高水平。2013年产煤产量回落到58.17万吨。

1991～2010年全市煤炭产量一览

表3-3-31 单位：万元、万吨

年份	产值		煤炭产量
	当年价	不变价（1990年）	
1991	1868	1528	27.79
1992	2311	1990	29.38
1993	5093	4236	49.76
1994	5661	4543	41.03
1995	3958	2025	41.43
1996	3521	2126	36.12
1997	6075	5299	40.3
1998	4403	3929	26
1999	3351	1842	22.1
2000	3840	2171	15.1
2001	699	2002	15.5177
2002	716	2218	14.5249
2003	2115	2551	13.1041
2004	3832	3832	12.9803
2005	15074	14945	13.6015
2006	19015	19040	60.6294
2007	24222	24222	80.0318
2008	44025	44025	76.8945
2009	36012	36012	59.66
2010	45831	45796	88.20

二、武宁煤矿区

矿区综情 武宁煤矿区位于赣鄂两省的边界，地处武宁县的鲁溪、泉口2乡北部，呈近于东西向展布，长约23.5千米。自西向东有武宁县煤矿、罗坑煤矿，并有乡镇及私营小煤矿数十个。煤层位于北屏山—塘山向斜的西端，区内有二叠系下统梁山（王家铺）煤组和二叠系上统龙潭（乐平）煤组，各煤矿主要是开采梁山煤组。因其变质程度低，多为烟煤且煤质较好，属中灰、高硫，为肥焦二号—肥煤二号。煤矿的规模开采始于1958年、1960年，20世纪90年代以后，个体私营煤矿大量涌现，仅泉口乡就有小煤井107个。1994年全县产原煤20.75万吨，其中乡镇小井11.95万吨。1996年后国家开始压产整顿，共关停小井130余个。2006年全县持证煤矿有16个，从业人员为1330人。2009年年底，全县有持证煤矿10个，其中国有煤矿2户、私营煤矿8户，全年累计产原煤69.42万吨。

武宁县煤矿 武宁县煤矿位于武宁县西北泉口乡北屏山南麓。矿区公路南行4千米与316国道相连，沟通武汉、九江、南昌等地，公路运输较为便利。

矿山开采的煤层是梁山煤组。煤层倾角平均在80° 以上，走向近东西。煤质好，发热量在7000卡/千克以上。属焦肥二号—肥煤二号。矿区面积为120平方千米，储量较集中，据赣西北地质队提交的储量总计212.7万吨。历年采出原煤共115.89万吨，现工业储量129.39万吨（B级22.44万吨，C级80.65万吨，D级26.30万吨），保有储量是116.24万吨，其中争光井A+B25.9万吨，C58.1万吨；泉坪井C21.85万吨，D26.3万吨；前进井C1.27万吨，D10.35万吨。总服务年限15.5年。

“大跃进”时期，为适应大炼钢铁需要，掀起全民采煤高潮。武宁县横路公社应时兴办泉坪煤矿。1960年由国家正式接管，属地县联营企业。当年九江地委派员去武宁与县联合组成“九江地区武宁矿务局”，局机关设在大桥（鲁溪）公社荷洲，后移至泉坪。采煤战线西起路口（泉口）公社的枣源富山头，东至大桥公社的小源，全长30余千米。职工人数数千人（主要来自钢铁大军），以沿线打井基建为主。1963年根据中央“调整、巩固、充实、提高”八字方针，企业采取“突出重点、缩短战线、调整机构、精减人员”措施，2月，下放给县办，改名为武宁煤矿，并集中精力建设泉坪五一平井，人员由数千人压缩至不足1000人。但原煤年产量由数十吨增至近万吨。“文化大革命”中后期又因“煤、电、运”紧张引来第二次生产建设高潮，煤矿以泉坪井为中心，在其西部开掘前进井，东部开掘大坪井、争光井、坑背井、小源井，原煤产量超过3万吨，成为武宁县主要上缴利润大户。

该矿有生产井口3对，泉坪井、争光井、前进井，核定生产能力共计7万吨。

泉坪井。生产能力 3 万吨。1961 年开始开拓一水平（五一井）。1966~1969 年建成第二水平（红卫井）。1974 年 7 月至 1980 年 5 月建成第三水平。在上部 3 个水平平硐的上山煤层已采完后。1984 年 12 月转入四水平下山开采（斜井开拓），到 1990 年 10 月投产。

争光井。生产能力为 3 万吨。始建于 1974 年 5 月。1976 年 4 月投产，当年产煤 3 万吨。1979 年 2 月转入下山（暗斜井）开采二水平。1989 年延伸第三水平至今。

前进井。生产能力 1 万吨。始建于 1972 年（当时叫渣铁井）。1978 年 7 月第一水平开始基建，于 1984 年 2 月投产，当年产煤 11650 吨。1987 年 2 月转入二水平生产。1988 年开暗斜井进入三水平，于 1989 年 12 月投产。

另有坑背井于 1969 年 2 月筹建，后因资源不理想于 1982 年停办。

1997 年县派工作组入驻煤矿，动员全员参股，股额为 3000 ~ 6000 元 / 股，不参股者作自动下岗处理。

1997 ~ 2000 年间，因市场疲软，共亏损 57.77 万元。

2003 年 6 月，陈宗辉等煤矿职工以民营股份形式集股 650 万元，取得生产经营权，668 名职工经身份置换与煤矿解除劳动和供养关系。此后从业人员为 460 人，资产总额 3800 万元，核定生产能力为 16 万吨。2003 ~ 2006 年共产原煤 31.75 万吨，上缴利税 2477.8 万元。2009 年生产原煤 14 万吨，利税总额 1001.1 万元。2010 年生产原煤 115400 吨，实现利润额为 742.2 万元。自建矿始，该矿累计生产原煤 289.7384 万吨，实现利润 798.48 万元。

1960~2012年武宁县煤矿主要产品产量一览

表3-3-32　　单位：吨

年份	原煤	焦炭	年份	原煤	年份	原煤	年份	原煤
1960	655		1975	37500	1990	57650	2005	78500
1961	16374	4207	1976	45100	1991	59000	2006	100000
1962	10523	1105	1977	65300	1992	61700	2007	116900
1963	5984		1978	75000	1993	63600	2008	111100
1964	3532		1979	90200	1994	63000	2009	112200
1965	6191		1980	85100	1995	60300	2010	115400
1966	10327	441	1981	75500	1996	50300	2011	110000
1967	17667	137	1982	72526	1997	40500	2012	100000
1968	18948	72	1983	75005	1998	36200		
1969	32000	800	1984	48050	1999	40000		
1970	36000	2051	1985	50100	2000	48500		
1971	38928	4721	1986	47336	2001	66400		
1972	16183.5	1290	1987	49600	2002	56000		
1973	20300	614	1988	54050	2003	74300		
1974	34355	44	1989	57000	2004	80500		

1958~1990年武宁煤矿历年职工人数一览

表3-3-33　　单位：人

年　份	人　数	年　份	人　数	年　份	人　数
1958	57	1969	204	1979	601
1960	1125	1970	565	1980	623
1961	778	1971	1567	1981	616
1962	230	1972	752	1984	557
1963	89	1973	568	1985	566
1964	58	1974	511	1988	580
1965	57	1975	485	1989	564
1966	90	1976	534	1990	596
1967	111	1977	625		
1968	162	1978	634		

1961～1984年武宁县煤矿历年收入一览

表3-3-34 单位：元

年份	收入金额	年份	收入金额	年份	收入金额	年份	收入金额
1961	4549	1967	116000	1973	101356	1979	180000
1962		1968		1974	–286667	1980	224000
1963	100310	1969		1975		1981	220000
1964	44592	1970		1976	–300000	1982	240000
1965	46928	1971	300000	1977	121000	1983	224000
1966	124185	1972	–282856	1978	407808	1984	120000

1976～2012年武宁县煤矿经营效益一览

表3-3-35 单位：万元

年份	工业总产值	销售收入	上缴税金	盈亏情况	固定资产年末数
1976	78.20	120.40	8.75	–12.50	164.20
1977	95.71	155.80	12.00	43.08	199.00
1978	127.50	180.80	15.20	44.61	227.14
1979	153.00	231.60	18.50	58.40	227.14
1980	229.77	229.00	18.50	61.50	268.00
1981	203.85	228.00	19.11	61.60	432.00
1982	197.37	230.00	16.81	63.00	456.78
1983	202.50	216.50	11.40	62.13	380.40
1984	150.59	183.79	8.1	29.62	393.53
1985	135	215.34	6.08	38.85	412.79
1986	127	236.81	7.24	35.67	434.13
1987	134	214.72	6.51	31.42	460.87
1988	146	316.82	9.60	37.17	481.59
1989	154	493.00	15.00	130.11	535
1990	155.66	341.63	12.71	50.00	781.29
1991	302.23	468.67	15.80	40.10	708.04
1992	315.90	613.10	20.50	70.30	721.88
1993	325.60	740.70	27.70	75.20	843.26

续表 3-3-35

年份	工业总产值	销售收入	上缴税金	盈亏情况	固定资产年末数
1994	315	726.45	94.3	123.42	853.91
1995	309	1046.8	13.14	7.08	1073.14
1996	258		107.1	35.4	1111.91
1997	207		107.5	-100.4	1120.15
1998	185		69	-193.3	1122.85
1999	204		83.5	-204	1147.96
2000	720		59.2	-80	1248.74
2001	1047		157.2	10.2	1248.54
2002	1176		183	32	1260.41
2003	1451	1534.34	291.90	29.4	1461.11
2004	1841	3361.47	436.72	339.44	1716.4
2005	4000	3166.47	730.92	740.08	2100
2006	3970	3356.41	955.63	671.98	2668
2007	4823	4152.92	760.29	660.57	3124
2008	6450	5555.18	990.88	801.61	3349
2009	6100	5216.06	1154.92	824.52	3875
2010	8150	6965.51	1530.10	742.20	4324
2011	8600	7351	1613	915.3	5013
2012	7525	5577	1365	810	5826

1958~2012 年武宁煤矿历年原煤产量一览

表 3-3-36　　单位：万吨

年 份	产 量	年 份	产 量	年 份	产 量	年 份	产 量
1958	0.04	1965	0.62	1972	1.60	1979	9.02
1959		1966	1.03	1973	2.80	1980	8.51
1960	1.20	1967	1.77	1974	3.44	1981	7.55
1961	1.50	1968	1.98	1975	3.75	1982	7.21
1962	1.05	1969	3.20	1976	4.60	1983	7.46
1963	0.60	1970	3.60	1977	5.62	1984	4.81
1964	0.35	1971	3.80	1978	7.60	1985	5.01

续表 3–3–36

年　份	产　量	年　份	产　量	年　份	产　量	年　份	产　量
1986	4.70	1993	6.36	2000	4.85	2007	11.69
1987	4.97	1994	6.30	2001	6.64	2008	11.11
1988	5.40	1995	6.03	2002	5.60	2009	11.22
1989	5.70	1996	5.03	2003	7.43	2010	11.54
1990	5.76	1997	4.05	2004	8.05	2011	11
1991	5.90	1998	3.62	2005	7.85	2012	10
1992	6.17	1999	4.00	2006	10		

排水：1960 年 12 月使用 3 千瓦单级泵抽水，代替竹筒抽水，1985 年 3 月使用高硅铜耐酸泵。现各井口都有完备的排水系统。

运输：1961 年 1 月自行研制成木轨、木矿车代替人力运输。1968 年 12 月开始使用铁轨、电瓶车运输。1984 年 12 月争光井下山开拓巷道首次使用 JT120×1000 提升机。

照明：1961 年 12 月使用了 5P 型矿山专用灯，从此杜绝明火照明。

电力：1965 年 8 月 30 日煤矿接通至五泉水电站高压线路，结束矿山依赖柴油机发电的历史。1974 年下半年接通武汉龙燕煤矿 6 千伏高压线路，以取代前述供电不正常的小水电线路。又于 1979 年 11 月将此线路改造为 60 千伏高压线，接通阳新县洋港变电站，沿用至今。

通风：1965 年 9 月 30 日使用抽风机通风，从此结束自然通风。

采掘：1963 年 1 月开始使用煤电钻、电雷管，1968 年开始使用压风机、风钻。

1984 年以后相继由平井开拓转入斜井（暗斜井）开采，经过技术改造，其生产、安全系统都有明显的改进和提高。采矿方法主要是小分段走向短壁采煤法。

罗坑煤矿（联营） 罗坑煤矿位于武宁县、瑞昌市交界处，在九江市北西西方向，矿区公路南行 15 千米与赣鄂干线相连，北行 6 千米与瑞昌至乐园公路相通。

开采煤层是梁山煤组。煤质好，平均发热量为 6718 卡 / 千克，挥发份＜18%，属焦煤范围。储量 C+D+ 远景 213.79 万吨，其中，C 级 77.86 万吨，D 级 96.9721 万吨，远景 38.9623 万吨，工业储量 126.4 万吨，开采储量 102.29 万吨，设计能力 3 万吨 / 年，服务年限 22.7 年。主副井均为平硐，采煤方法为小分段走向短壁采煤法。

罗坑井原为瑞昌煤矿下属的一个工区。开采北屏山—塘山向斜北翼瑞昌市罗坑境内的煤层，其对应的向斜南翼有开挖平硐的地形优势，但地处武宁县音溪村境内。当年武宁已在该地开掘了平硐，旨在开采该向斜两翼的煤层，这就造成煤层在瑞昌市境，生产平硐在武宁境内。资源纠纷产生后，经市政府、市冶煤局协调，于 1984 年 10 月达成两县联营办矿协议，两县派员组建“九江市罗坑煤矿”，属市冶煤局管。1985 年 5 月 12 日接管矿山，进行基建。后因矿山风井所在地武宁县西屏村的干扰，于 1986 年 9 月 20 日停产。经市政府多次协调，复于 1987 年 8 月 22 日两县再签开发罗坑煤矿补充协议，同年 12 月重新恢复生产。先由武宁县承包办矿 8 年，至 1995 年共产原煤 12.08 万吨。1996 年到 2003 年由瑞昌市承包。2004 年下半年起轮由武宁承包，当年 8 月有 40 名职工经身份转换，与矿解除关系。

2005 年 6 月，罗坑煤矿由中外合资的南昌恒利源实业有限公司租赁经营，租期为 8 年。核定生产能力为 4 万吨 / 年。2009 年生产原煤 3.2 万吨，利税总额 550 万元。

民营煤矿 武宁的民营煤矿由于资源、经营、安全等原因，自 1996 年国家压产整顿以后其数量有大幅度变化。2006 年有持证民营煤矿 24 个。2009 年则只剩下 8 个持证开采煤矿。

2006 年武宁民营煤矿基本情况一览

表 3-3-37

项目 企业	投产时间	核实年产（万吨）	销售收入（万元）	利税总额（万元）	从业人数（人）
鲁溪镇内樟山煤矿	2002.2	2	3500	797.1	96
鲁石脚弯	1998.7	2	800	126.4	75
小泉	1998.8	1	1600	270	47
横山咀	1998.7	1	800	110.9	38
烟烟山	1996	1	800	171.8	65
张岭	1997	2	800	111.7	80
三扁担	2000	1	800	100	46
坪靴	1997	1	1000	157.3	54
荞麦锅	1999	1	800	100	51
大磨垅	2002	1	1000	106.5	32
北屏罗坑	1980	1	600	155.3	42
泉口电站煤矿	1997	2	600	107.2	71
丰田煤矿	1974	3		107.5	52
周边煤矿	1994	1	600	59.2	37
张岭煤矿	1997	4	2628	191.5	80
黄山明	1998.7	4	2439	259.5	39
小泉煤矿	1998.8	4	6354	350.9	47

续表 3-3-37

项目 企业	投产时间	核实年产 （万吨）	销售收入 （万元）	利税总额 （万元）	从业人数 （人）
烟烟山矿	1996	4	7330	307.4	65
内樟山矿	2002.2	4	4636	163	93
石脚弯煤矿	1998.7	4	2274	200.6	75
泉口电站	1997	4	2043	391	91
丰田煤矿	1974	4	1957	256.7	52

2009 年民营煤矿基本情况一览

表 3-3-38

项目 乡镇	企业	投产时间	核实年产 （万吨）	销售收入 （万元）	利税总额 （万元）	从业人数 （人）
鲁溪镇	张岭煤矿	1997	4	2628	191.5	80
	黄山咀	1998.7	4	2439	259.5	38
	小泉煤矿	1998.8	4	6354	350.9	47
	烟烟山矿	1996	4	7330	307.4	65
	内樟山矿	2002.2	4	4636	163	93
	石脚弯煤矿	1998.7	4	2274	200.6	75
泉口镇	泉口电站	1997	4	2043	391	71
	丰田煤矿	1974	4	1957	256.7	52

三、德安煤矿区

矿区综情　该煤矿区位于德安县城西北部。矿区为一简单平缓开阔、西宽东窄的向斜盆地构造，轴向近东西，区内含煤两层即乐平煤组和梁山煤组。两组煤在矿区西部赋存较全，但因构造切割，出露较零乱。矿区东部乐平煤组较稳定，梁山煤组则变薄尖灭，为不可采煤层。该矿区早在清朝、民国时期就有民间采煤活动，在付山境内石灰窑遍布，沿露头开的小斜井比比皆是，平均采深度达 40 米以上，是溶洞可排水通风所致。

矿区经赣西北地质大队 502 分队普查于 1970 年提交初探报告，乐平煤组储量 431 万吨（C1 335 万吨、C2 76 万吨）。1981 年经省煤炭厅核实为 139 万吨（C1 106 万吨、D 33 万吨）。经过 10 余年采掘后，1990 年省地方煤炭公司又进一步核实为 51.68 万吨（C 41.2 万吨、D 10.48 万吨）。西部梁山煤组（吴家崖井块段）经历年边采边探揭露情况，省煤炭厅于 1981 年核定储量为 9.81 万吨（C5.53 万吨，D4.28 万吨）。

德安付山煤矿 位于德安县城西北的付山、爱民乡境内，与邹家乡相邻。矿区公路与105国道相通，至县城约32千米。矿区面积12平方千米，由爱民平井、吴家崖井组成。该矿是于1958年在接管付山乡集体煤矿基础上成立的。为供炼铁需要，当时千余人上山，利用人海战，沿露头废旧的小斜井进行简单生产。自制土电池照明，井下三班倒。采出的原煤由地面运输队伍用肩挑、土车推运至4千米外的土焦厂炼焦，出现焦厂炉火照红天、矿区行人日继夜的沸腾景象。随着中央“调整、充实、巩固、提高”方针贯彻执行，国营付山煤矿于1962年下马。1968年10月，国营付山煤矿第二次上马。1970年获得地质队提交的初探报告后，煤矿展开了矿山整体开拓规划研究。确定利用向斜南部（爱民乡境内）的有利地形，用主平硐开拓此矿田。1972年用电动绞车提升，代替了人工背背篓的笨重劳动。平井建成后采用电机车运输。1973年动工兴建爱民平硐。此前煤矿的生产经营活动主要集中在付山乡，此后煤矿生产经营重心逐步南移，付山山头只保留小井通风。1973年年底，付山煤矿接管付山公社，试验开创“工农合一”“政企合一”的社会组织形式。此形式受到煤炭部地方煤炭局和省煤炭厅的关注，多次来人深入实地调研。后因经济、人员、体制、社会、管理等问题的不畅而停试。

1978年，建爱民平井，井田范围4平方千米，设计能力4万吨/年，生产峰期年产量达5万吨，同年接入了聂桥变电站的高压线路，矿山停止了柴油机发电。1980年简易投产，主采乐平煤组。该煤层煤质属肥煤或气肥煤，发热量4500~5000千卡/千克，灰份27%~34.8%，挥发份28.2%，含硫为6.35%。保有储量48万吨，可采储量32万吨，服务年限8年。矿区东平煤系储量300万吨，平均厚度0.7米；梁山煤系平均厚度1.5米，发热量7760大卡，地质情况复杂。

爱民平井投产以后，由于矿山“一通三防”的安全工作较完善，1986年进行通风改造，矿井实现全负压通风。回采工作主要采用房柱式采煤法。条件合适时，亦用过走向长壁后退式回采法。1992年由煤炭部命名为“一通三防甲级井”，成为全省三家甲级井之一。1994年该矿投资60万元，在城郊五星路办起石材加工厂，后又建羽绒厂，既解决企业多种经营，又解决本矿职工子女就业。

1997年，该矿为扩大煤炭生产，在吴家崖新建平井。吴家崖井是平硐暗斜井开拓开采梁山煤组，煤质好，属优质焦煤，发热量达7000大卡以上，但未作系统地质勘探工作。因煤体形态变化大，时厚时薄，时有时无，且有向深部变厚之势，故施以暗斜井开采。由于矿区断裂构造及水文地质条件复杂，矿井涌水量大，雨季不能生产，导致该井每年只能季节性生产数个月，年产量仅5000吨左右。来年复产时，又要大量投入。2007年8月，终因资源有限、安全条件差而被关闭。

建矿初期的生产作业是由纯手工人力为主，随着企业的发展壮大，逐步引入机械代替。

建矿以来，共建小井 9 对，修建矿区公路 10 余千米，建设 35 千伏输变电工程。从 1969 年至 1984 年，共获得国家技改资金 353.05 万元。有固定资产值 83.3 万元。1988~1990 年矿与县政府签订承包合同，年产原煤 3 万 ~4 万吨，1988 年扭亏为盈，实现利润 25 万元。第二轮承包期间，1993 年盈利达 40 万元。1994 年与省煤炭厅合作开采塘山乡罗家坟煤矿，建矿三年，因排水困难而停产。2002 年 5 月，根据国务院《关于国有小型企业租赁经营承包暂行条例》精神，县将该矿（爱民平井、吴家崖井）采矿经营权租赁给私人经营，租赁期为 10 年(2002 年 6 月至 2012 年 5 月)，租赁金总额为 325 万元，实行“国有民营”。2012 年该矿产出原煤 5000 吨。

马鞍山矿 在离付山煤矿西边的邹桥乡马鞍山块段，2009 年有外商肖冬毛投资改造已停产多年的马鞍山小井，恢复生产。

德安县煤矿机械厂 建于 1969 年，是宝塔公社以农机修理为主的社办企业。1985 年，有职工 140 余人，各类机床等设备 70 余台套。由于企业不断开发新产品，主要产品由农机修理升级为煤矿矿用升柱器、推溜器、回柱器、三用阀等，产品畅销全国 22 个省市的 145 个煤炭矿务局，受到用户好评。产品获得三个省优和 2 个部优产品奖，其中液压回柱器的生产填补了当时国内生产空白。企业被能源部（后称为煤炭工业部）定为定点生产厂家之一。1990 年研发的单体液压支柱三用阀，经国家有关部门验收合格，并通过技术鉴定，颁发生产许可证。企业年产值由 1985 年的 80 余万元，增加到 2000 年的 350 万元，利税由 9 万多元增加到 40 多万元。企业获得全省先进企业荣誉称号。1990 年，厂长程运钿由江西省人民政府授予“全省劳动模范”称号。2000 年企业进行改制，实行招标租赁经营，由原副厂长吴峰租赁全部厂房和设备，企业改名为德安峰钿机械厂，租赁期为 8 年，每年租金 4 万元。2004 年 12 月，乡政府挂牌拍卖厂房土地和设备，被原厂职工购买，将峰钿机械厂搬迁至工业园西区。

1971~1990 年德安煤矿产品、产量及经济效益一览

表 3-3-39 单位：万吨、万元

年份	原煤	固资原值	产值	利	税
1971	30..	43.5	51.0	8.16	
1972	3.25	53.5	62.3	7.19	
1973	3.2	55.0	54.4	–9.26	4.08
1974	1.10	57.9	18.5	–4.02	2.25
1975	0.90	52.2	15.3	–5.56	1.58
1976	0.98	45.2	16.6	–3.24	1.21

续表 3-3-39

年份	原煤	固资原值	产值	利	税
1977	1.20	48.9	20.4	–1.01	1.96
1978	1.10	50.5	18.7	–1.01	2.18
1979	0.81	103.5	13.7	–0.04	1.03
1980	1.03	76.1	17.4	–1.49	1.58
1981	1.55	79.6	33.7	–1.92	4.19
1982	2.40	84.9	53.8	–2.47	1.95
1983	2.59	90.0	57.1	–10.45	6.67
1984	2.72	79.5	59.0	–7.0	3.68
1985	2.90	88.0	63.8	–4.48	3.55
1986	3.10	103.7	67.7	–3.98	3.88
1987	3.24	117.9	70.1	–2.71	4.31
1988	4.80	117.9	103.4	36.52	6.91
1989	3.30	177.4	71.4	58.70	6.80
1990	3.37	188.9	70.7	16.34	7.37

说明：该矿曾生产过焦炭，1971 年、1972 年、1973 年产量分别为 525 吨、1004 吨和 60 吨。1974 年后停产。

四、修水煤矿区

矿区综情 修水煤矿区位于修水县东北部太阳升镇，西起东岭，东至下泉坑，面积约 4.5 平方千米。本区处于修水复式向斜次一级的三都向斜北翼，轴线近乎东西向，断层甚为发育。向斜北翼有上缓下陡趋势，南翼浮土掩盖，产状不清。由于南北向的压应力不均，致使地层走向自东而西构成中间向南突出的弧形构造。洋田井即位于弧形突出的偏东部位。矿区地层含有二叠系上统龙潭煤系和下统梁山煤系。龙潭煤系地层极薄，含煤一层，厚 0~0.3 米，无开采价值。梁山煤系为本区主要煤系，含煤 4 层，煤系厚度与煤层厚度无一定关系。

修水煤炭资源的开发，据《江西省农工商矿纪略》记载。光绪三十年（1904）即有乡民自集股本，在菜园里、细石窝、大石窝 3 处开采，“尚未见效”，1919 年有广东人开采，产量较高。

修水煤矿 位于修水县太阳升镇西坳村和裕村辖内，距县城 22.5 千米，采矿区范围西起东岭，东止下泉坑，面积为 4.5 平方千米。

修水煤矿始建于 1958 年 4 月 15 日，是对新中国成立前的老井 101 井、102 井、103

井改建而成。101 井为主要产煤井。1959 年 3 月，因土法排水困难而下马。同年 7 月重建，新开 104 号主副井，并着重改造 102 号主副老井。1962 年 4 月 12 日因经济调整而下马。前五年共投资 31.82 万元，产煤 1417 吨。1960 年产量最高达 436 吨。1966 年 11 月第三次上马，先后对老井 102 井、103 井进行技术改造。1972 年 6 月经赣西北地质队钻探，提供 C1+C2 级储量 13.11 万吨。经省、地批准新建洋田斜井一对（主斜井长 340 米），开拓量达 8.55 万吨，1975 年 1 月见煤投产。从建矿至 1985 年年底，共生产原煤 49356 吨、上缴税金 12.84 万元，共投资 162.62 万元，亏损 95.30 万元。原煤供应本县水泥厂、造纸厂、丝绸厂等厂使用。1988 年 5 月 31 日因资源枯竭煤矿停产，职工队伍转移到修水土龙山金矿采金。

五、瑞昌煤矿区

矿区综情　瑞昌煤矿区位于瑞昌县西南、德安县西北部，矿区属中高山构造剥蚀和卡斯特地貌单元。区内民间采掘历史悠久，可上溯到明代。区内各矿主要开采王家铺煤系，乐平煤系次之。

矿区位于淮阳山字形构造体系的前弧外缘，由于受南北向的水平挤压和北东向剪切应力作用，区内地质构造复杂，褶皱、断层发育，多呈东西向，北东向展布，表现为早期东西构造被晚期北东向构造切割改造，叠加。故对煤层有较大的破坏作用，使该煤层连续性差，给生产布局带来困难。

瑞昌市煤矿　瑞昌市煤矿是市属国营企业。由于该市煤系地层出露面广，民窿较多，又未作过系统地质勘探工作，因此该矿生产矿井曾先后布设在高丰、南义、范镇、横港镇及洪下、乐园乡等地，形成“遍地开花，九变十搬家”格局。

瑞昌煤矿经历三次较大的变动。始建于 1957 年 4 月，名为阳坡煤矿（又称胜利煤矿），位于乐园乡张坊村与阳新县洋港乡交界处，20 世纪 60 年代初下马；第二次上马是 1967 年 10 月，初设峨嵋下坂，1968 年 5 月迁往良田，1970 年迁往莫家，正式成立瑞昌县煤矿。1987 年 5 月由于管理体制变化，将瑞昌煤矿一分为三：瑞昌煤矿、高丰金矿和南田煤矿，分属市经委直辖。此时该市煤矿已全部从事非煤生产的多种经营了，仅保留南田煤矿一家县属国营煤炭企业。

历年生产工区有陡岗煤矿、下坂井、良田煤矿、星火工区、远景工区、张坳工区、南义工区、南田二区、赤冈工区、洪下井、罗坑工区、甘家山工区、大坑井 13 个。

陡岗煤矿　位于范镇西北，开采乐平煤组。新中国成立初期为公安系统办矿立井开拓。1957 年由县接管，采用斜井加平硐开拓，因施工困难而于 20 世纪 60 年代初下马。

下坂井　位于原峨嵋乡光村，开采乐平煤组。始建于 1967 年 10 月 1 日，以手挖肩挑式生产，共采煤 1867 吨，掘进 50 米。后因资源不佳，于 1968 年 5 月下马。

良田煤矿 位于范镇高泉村余家桥，开采梁山煤组。煤质好，简易洗选后即可炼焦炭。地质储量 1012 万吨，其中梁山煤组 749 万吨，乐平煤组 263 万吨。余家桥、良田、张坳、星火等地小煤井成片。新中国成立前后就有村民采煤。1968 年 5 月成立县办国营良田煤矿，采用小斜井加平硐方式开拓。于 1970 年 12 月关闭。

星火工区 位于横港镇初升村，开采梁山煤组。1969 年 3 月县煤矿接管了原初升大队的龙王泉井口，成立星火工区，年产煤 1000 吨。1973 年 9 月因煤资源枯竭，撤到赤岗。

远景工区 位于横港镇远景村，开采乐平组煤，地质储量 49.5 万吨。1972 年 12 月因断层涌水淹井而停办。共采煤 1042.5 吨，掘进 270 米。

张坳工区 位于范镇富泉村冯家山与蔡家山之间。始建于 1970 年 12 月，开采梁山煤组，地质储量 53.5 万吨。1987 年因与村办小井有矛盾而关停。

南义工区 位于南义镇胜利村梅山脚下。始建于 1971 年 8 月，开采梁山煤组，地质储量 76.56 万吨，年产量达 2.5 万吨。后因资源不清，下山采煤困难，于 1983 年 9 月停办，改名为南义劳动服务公司。

南田二区 位于南义镇朝阳村。始建于 1972 年 12 月，开采梁山煤组，地质储量 35 万吨。共开了三个水平，年产煤约 1.5 万吨。曾发生两起井下煤炭自然灾害和一次煤尘爆炸事故。现因深部资源不清，正着手探采工作。

赤岗工区 位于横港镇赤岗村前坂上。1973 年 9 月建立，作为星火工区的接替井，也称星火工区。开采乐平煤组。地质储量 74.4 万吨。后因开拓方案不合理，断层涌水入淹井于 1976 年 7 月下马。

洪下井 位于洪下乡张家铺村，始建于 1977 年 10 月，开采乐平煤组，踏勘储量 4 万 ~6 万吨，后因与村办小井矛盾而于 1979 年 9 月下马，共产煤 453 吨，掘进 554.6 米。

罗坑工区 位于乐园乡与武宁鲁溪乡交界处。始建于 1981 年 9 月，开采梁山煤组。储量为 174.8321 万吨，其中 C 级 77.86 万吨，D 级 96.9721 万吨。因两县资源纠纷于 1984 年 9 月停办，后改为两县联营煤矿。基建期产煤 1243 吨。

甘家山工区 东邻富强苏村，西邻富强甘家村。始建于 1986 年 5 月，后由于井下穿水而于 1987 年 3 月停办。

大坑井 位于县城西南 45 千米的原和平乡大坑村。1989 年 8 月 6 日正式动工建设，设计能力 1 万吨。1990 年 1 月 6 日斜井见煤层，拉平巷后因资金缺乏，排水困难，数次淹井，于 1990 年 6 月 15 日关停。

13 个产煤工区，共产原煤 47.1 万吨，另还创建两个金矿。在县城雷家巷创办东方商场，在码头镇创办建筑装饰材料厂，尝试开展非煤多种经营活动，增添企业发展后劲。从 1987 年 5 月体制改革以后，县煤矿只保留 1 处缺乏接替井口的南田煤矿，年产量由过去的 3 万吨左右急剧下降到千余吨。全县产煤的主力已由国营煤矿转变为更趋分散的乡、村煤矿所代替。

瑞昌民营煤矿及管理

20 世纪 90 年代中期，瑞昌有乡镇煤矿 86 座，年生产原煤 11 万吨。1997 年，全市大小煤矿发展到 149 座，年生产原煤 19.7 万吨。1998 年起，对证照不全、不合生产安全要求的煤矿进行关停整顿。至 2000 年，全市有 73 座小煤井被关闭取缔。

1998~2000 年瑞昌市关停压产煤矿一览

表 3-3-40

乡　镇	矿　名	原　因
横立山	青岭煤矿	证照不全
	乌龟壳煤矿	证照不全
	山楂坳煤矿	设施简陋
	光辉煤矿	证照不全
	曹家煤矿	证照不全
	芦塘村煤矿	设施简陋
	木楂林一号矿	证照不全
	木楂林二号矿	设施简陋
	木楂林三号矿	设施简陋
	八一煤矿	证照不全
南阳	排沙煤矿	设施简陋
	燕山煤矿	设施简陋
	岭上煤矿	证照不全
	大屋陈煤矿	设施简陋
	大粟林煤矿	设施简陋
	考虑冲煤矿	证照不全
	赵家荡一号矿	设施简陋
	赵家荡二号矿	设施简陋
	赵家荡三号矿	证照不全
	群联煤矿	证照不全
	八都煤矿	设施简陋
黄金	易家山煤矿	设施简陋
青山	地步李煤矿	证照不全
	甘港李二矿	证照不全
峨嵋	芦荡里煤矿	证照不全
	塆脚下煤矿	设施简陋
	2 号井煤矿	证照不全
	杨树港煤矿	证照不全
	刘家城煤矿	设施简陋
	庙下煤矿	设施简陋
	南边山煤矿	证照不全
	舍背煤矿	设施简陋
横港	罗凯煤矿	设施简陋
	路边煤矿	设施简陋
	汇率漕煤矿	设施简陋
	洞包上煤矿	证照不全
	聂家山一号矿	设施简陋
	聂家山二号矿	证照不全
	罗孟湖煤矿	证照不全
	罗运湖煤矿	证照不全
	罗瑞华煤矿	证照不全
	繁荣煤矿	证照不全

续表 3-3-40

乡 镇	矿 名	原 因	乡 镇	矿 名	原 因
横港	杨林坑煤矿	设施简陋	南义	析段煤矿	设施简陋
	反背口煤矿	设施简陋		坳背煤矿	证照不全
南义	东升煤矿	设施简陋		余刘煤矿	设施简陋
	刘李陈煤矿	证照不全		和尚脑煤矿	设施简陋
	刘李陈二号矿	设施简陋		下塘煤矿	证照不全
	刘李陈三号矿	设施简陋		黑林煤矿	证照不全
	刘李陈四号矿	设施简陋		胜利煤矿	设施简陋
	楼下煤矿	设施简陋		白手巾煤矿	证照不全
	周桥一号矿	设施简陋		岗头煤矿	设施简陋
	田家煤矿	设施简陋		柯源口煤矿	证照不全
	新福煤矿	证照不全		竹林塘煤矿	证照不全
	北山煤矿	设施简陋		黄沙坑煤矿	设施简陋
	大屋余煤矿	证照不全		金盆煤矿	证照不全
	老懈冲煤矿	设施简陋		岩溪煤矿	证照不全
	毒米荡煤矿	设施简陋		天宫舍煤矿	证照不全
	蓝荡包煤矿	证照不全			

2001 年，根据国务院《关于关闭国有煤矿办小井和乡镇煤矿停产整顿的紧急通知》精神，瑞昌市开展大规模的安全生产整顿工作，对非法开采、独眼井生产、矿井布局不合理、事故隐患多、无机械通风、排风系统不全、在国有煤矿井田范围内的各类小井一律实施关闭。对通风系统不完善、瓦斯检查不正常、特种作业人员未取得操作证、存在水患、矿井内外无电话通信的实施停产整顿。通过整顿全市共依法关闭煤矿 35 座。停产整顿的 11 座即范镇乡的双峰垅、高泉煤矿，横港乡的苏家垅、青华煤矿，南义一号井、六号井，和平乡的门前煤矿，峨嵋乡的钟家煤矿、岩下煤矿，乐园乡的洋东、阳坡煤矿，经过整顿验收后，依次恢复生产。

2010 年，瑞昌市保留煤矿 8 座即双峰垅、高泉、南义一号、六号、峨嵋钟家煤矿、岩下煤矿、洋乐矿、阳坡矿。

2001~2002 年瑞昌市依法关闭煤矿一览

表 3-3-41

乡 镇	矿 名	原 因	乡 镇	矿 名	原 因
范镇	黑洞泉煤矿	依法取缔	和平	岭底背煤矿	依法取缔
	尖脚下煤矿	布局不合理		程家岩下煤矿	依法取缔
青山	甘港李煤矿	依法取缔		沙造煤矿	依法取缔
峨嵋	钟家煤矿	证照不全		幕洞边煤矿	布局不合理
	光荣煤矿	证照不全		汪家山煤矿	依法取缔
	新民冲煤矿	证照不全		塘岸上煤矿	布局不合理
	夏畈 2 号井	设施简陋		和平小学煤矿	依法取缔
	塘岸上煤矿	设施简陋		大坳底煤矿	布局不合理
	新田里煤矿	证照不全		甘坑煤矿	依法取缔
	付家煤矿	设施简陋		大坑煤矿	依法取缔
	张家塔煤矿	设施简陋	乐园	南飞煤矿	依法取缔
横港	双板桥煤矿	设施简陋		深坑煤矿	布局不合理
	甘家山煤矿	证照不全		高升煤矿	依法取缔
	大坳煤矿	证照不全		鲶鱼尾煤矿	布局不合理
	大包煤矿	证照不全		磨盘泉煤矿	依法取缔
	龙王庙煤矿	依法取缔		月亮棒煤矿	布局不合理
	白马坳煤矿	证照不全		罗坑塘煤矿	依法取缔
	蔡家垅煤矿	证照不全		冯家岩煤矿	布局不合理
	彭家咀煤矿	设施简陋		兴乐煤矿	依法取缔
	周家垅煤矿	设施简陋		冲内煤矿	依法取缔
	罗家山煤矿	证照不全	肇陈	梨树皂煤矿	布局不合理
	北海煤矿	设施简陋		竹林包煤矿	依法取缔
白杨	熊家垅煤矿	依法取缔		竹林头煤矿	布局不合理
南义	锡源煤矿	布局不合理		建坪煤矿	依法取缔
	头岩煤矿	证照不全		三号井煤矿	布局不合理
	周桥二号矿	证照不全	洪一	官林坪一号矿	依法取缔
	书堂山煤矿	设施简陋		官林坪二号矿	依法取缔
	下泉垅煤矿	设施简陋		官林坪三号矿	布局不合理
	上泉寺煤矿	证照不全		官林坪四号矿	布局不合理
	南义二号煤矿	布局不合理		官林坪五号矿	依法取缔
	南义四号煤矿	依法取缔		官林坪六号矿	布局不合理
	南义三号煤矿	布局不合理		官林坪七号矿	依法取缔
	大坪煤矿	证照不全			

六、九江煤矿区

矿区综情 矿区位于九江县新塘乡境内。该区为一向斜盆地，即由南之岷山，北之长山构成新塘铺盆地，矿区总面积 114.7 公顷，属小型煤田。其下二叠统王家铺煤系煤层极薄（0.2 ~ 0.4 米），区内水文地质情况极其复杂，含水层除第四系外，煤层底板为茅口灰岩，顶板为长兴、大冶灰岩，皆有大量裂隙溶洞作为储水和地下水的通道。开采多年的国营东风煤矿，就因地下溶洞沟通顶板裂隙于 1983 年 1 月穿水淹井，导致矿毁人亡。

九江县东风煤矿 位于九江县新塘乡青山村境内。该矿煤的工业储量为 155.4 万吨，1979 年保有储量 110 万吨。1958 年，公安系统新华煤矿曾在该矿区建井，当年下马。后由九江市（县级）、九江县在此处合办煤矿，于 1962 年下马。1967 年恢复上马，进行土法生产。1972 年进行技术改造。1978 年简易投产。1982 年东风煤矿财务收支首次持平。1983 年 1 月 31 日，由于在掘进中遇岩溶突水，全矿井被淹。经省、市、县组织抢救数月无效，1984 年 12 月 11 日，九江县东风煤矿经市政府批准关闭。

七、彭泽煤矿区

彭泽煤矿区位于彭泽县东北的马当镇。该区为一走向北东东，向南倾斜的倒转单斜构造，区内断层发育，以近南北走向张扭性断裂为主。由于后期火成岩（闪斜煌斑岩）呈岩床状顺层侵入煤系地层及煤系附近的岩层中，将部分煤层烧掉，更加造成了煤层形状的复杂性，且使煤质变差，储量大减。

该区煤井主要是乡、村创办。1986 年产煤 7000 吨。1987 年产煤 9000 吨，其中乡办矿 6000 吨，村办矿 3000 吨。后因资源不清，开拓投入大，采矿成本高，企业难以为继而陆续关闭。

八、土法炼焦

武宁、德安、瑞昌等煤矿都曾经生产过焦炭。1960 年三年困难时期，武宁煤矿的煤销售情况不佳，就在武宁县金水大富建立土炉炼焦厂，生产焦炭出售，以解决矿用资金不足的问题。至 1962 年共生产焦炭 5000 余吨。后因质量不合格而停产。1965 年派人去萍乡学习炼焦技术后，又生产了几年，至 1973 年年底因土窑生产的焦炭质量仍差，不符合用户要求而停止炼焦。武宁煤矿前后几年共生产焦炭 15482 吨。武宁、付山、修水 3 煤矿合计生产焦炭 17154 吨。

九、石煤企业

石煤综情 九江石煤开发利用的历史，可溯至明清时代。数百年来，民间多利用石煤烧砖瓦、石灰。明清时期的石灰窑址，在修水县城郊、杭口、马坳、渣津等地甚多，该县利用石煤的砖瓦、石灰窑址就有 66 处之多。1977 年 11 月，修水县革委会为解决能源燃料不足的困难，决定综合利用石煤资源，以利发电、建材、提炼五氧化二钒等，成立石煤矿和石煤综合研究所。省拨综合利用试验费 28 万元，在县造纸厂做工业性试验。试验表明，提钒及沸腾炉技术比较复杂，石煤燃烧后，大量灰渣无法处理，成本昂贵，效果不理想，于 1979 年 8 月停试。

改革开放以来，修水、永修、彭泽等县的民营企业，开始提炼石煤中的钒（V_2O_5），并达到一定规模。修水县有仁天钒矿、下南岭钒矿、大椿钒矿等在开采石煤提钒。而作为能源利用，全县仅有马坳煤洞坑、城南建筑公司石煤厂两家开采，且年产量仅有 4000～5000 吨，从业者不足 30 人，年产值在 30 万元以下。

主要生产企业 修水县江西仁天钒矿、下南岭钒矿、大椿钒矿，都在开采石煤提炼钒。2007 年 8 月，仁天矿业公司投资 1.2 亿元，落户溪口北岸，新建年产 1000 吨五氧化二钒（V_2O_5）的冶炼厂，2008 年 12 月投产。

永修县梅棠钒矿 该矿位于梅棠镇阳岭山脚。1988 年由梅棠镇与上海冶炼二厂联营创办，双方共投入股金 180 万元，有固定资产 250 万元。产品为 98%五氧化二钒（V_2O_5）、98%高纯偏钒酸铵、粗品偏钒酸铵等 12 个品种。生产最好年份为 1996 年，生产产品 59 吨，创产值 480 万元，实现税金 68 万元。2000 年实现销售收入 1050 万元，实现利税 210 万元。职工 103 人，其中技术人员 8 人。该矿连年评为"全县民营企业纳税大户""市级百强企业"和"市级诚信企业"。2003 年 10 月梅棠镇政府引湖北人何楚对企业进行租赁承包，投资 300 万元，注册资金 54 万元。矿区占地 0.4 公顷，有职工 116 人。主要生产五氧化二钒。

彭泽县马桥上横山铁钒多金属矿 已完成一个块段的详查，钒金属量达 6 万吨左右，矿山的采、选工艺设计及前期基建已完成。设计年产钒金属量 5000 吨，产值 4.5 亿元，若按 12 万元 / 吨价格计年销售额达 1 亿元。2011 年下半年试投产。

彭泽县天红李家山钒矿 由江西裕同实业有限公司投资建设，地质详查提交钒金属量达 10 万 / 吨。该公司已着手矿山前期建设工作。

第四节 非金属矿企业

一、德安非金属矿区

2014年有采矿权证或安全许可证矿山企业34家，主要从事萤石、建筑灰岩、页岩、黏土等矿产资源开采。

德安萤石矿（公司） 矿区面积2.50平方千米，至1990年提交储量336.3万吨，属优质大型矿藏。1958年2月德安县委、县人民委员会决定在葛洪山开发萤石矿资源，成立德安萤石矿，是全省第一家县办萤石矿。最初仅有7人手工打眼放炮，人工挑运。同年4月由土法上马，人工露天开采获得粗块萤石精矿，生产出第一批产品，主要供冶金辅助原料，开采规模1万吨左右。1959年每吨萤石成本49元，平均售价80元左右，产品供不应求。1961年8月德安红旗钢铁厂下马，大批人员转到萤石矿，使职工人数激增至2000多人，企业无法正常生产。1962年3月，萤石矿定编380人，其余人员下放或回原籍，生产方得以正常。矿山生产分选矿和采矿两部分，生产氟石精矿（干态、湿态）、萤石块矿和萤石原矿四种产品。按用途又分为酸级、冶金级、玻璃陶瓷级三个级别。生产基地在吴山乡红桥村，占地2.03平方千米，有4个矿区。

1963年，第一次出口萤石，当时省五金矿产进出口公司还派小型车队驻点负责外运工作。

1969年8月，建成日产40吨的萤石精矿粉（干太粉）的小型磨粉厂。同年12月，萤石矿在矿办公室对面山坡上建水泥厂，生产325#普通水泥，1971年，称萤石矿第四连。1974年，由德安县政府决定单独成立德安县水泥厂，划归县经委管理。

1973年，萤石生产突破2万吨大关。1976年10月，委托科研部门研究建设浮选厂的可行性。1978年5月，投资175万元的250吨/日浮选厂动工兴建，至1980年8月，一次试车成功。当年，中断10余年的萤石出口业务得以恢复，粉状精矿开始出口日本。“庐山牌”氟石精矿被评为江西省优质产品。20世纪70年代中期，年产量超过5万吨。

1982年9月，萤石矿和日本丸红株式会社签订补偿贸易合同，日方提供214万美元（合3.13亿日元）的矿山设备60台套，矿方以萤石精矿偿还（确定在1985~1989年内，每年向日本出口萤石粉矿粉1.6万吨，从中以10%的产品款作为补偿）。1984年6月，萤石精粉列省优质产品。9月又列部优产品。1986年1月，与日本补偿贸易的60余台件采矿设备全部运抵萤石矿，3月陆续投入使用。以机械化代替手工作业，改变了矿山生产面貌。同年，经省冶金厅批准，该矿在德安县河东乡西子山上投资965万元创建制冷剂厂，主要生产氟利昂1000吨，氢氟酸1000吨和氟化钙三类产品。1987年制冷剂厂破土动工兴建。1989年，一次试车成功，成为江西省唯一生产制冷剂的厂家，氟化工的重要基地。

1985~1989年，萤石精矿粉达11.3万吨，出口10万吨，创汇900万美元，盈利600余万元。1987年，庐山牌氟石粗粉获冶金部优质产品称号，年产值1900万元，利税360万元，创汇250万元。

1988年9月，由德安萤石矿和其下属企业德安制冷剂厂、供销经理部（前身是萤石矿供销科，办公楼设在德安县火车站附近，以经营矿产品、加工品和设备配件为主）3个单位组建德安萤石公司，办公楼设在距德安县城3.5千米的南九公路旁，博阳河东岸，属德安县经委管理。1989年因矿山更名为萤石公司，1990年5月和根据省化工厅要求，德安萤石公司更名为星晨氟化公司，是全省最大的矿山化工联合企业，1993年为统一管理又复称德安萤石公司。

1989年3月省政府授予德安萤石公司“江西省创汇先进集体”。制冷剂厂投产。

1990年年末，萤石公司有正式职工689人，职工总数1200人，拥有各类专业技术人员100人，固定资产净值1300万元，年产值1900万元，年上缴利税360万元，年创汇250万美元，是江西省50家创汇大户之一。经过33年建设，已从单一的、手工作业的群采矿山，发展成拥有现代化机械采运，年采剥能力达30万吨，萤石精矿产量由当年年产1300吨扩大到年产33000吨。具有采、选、运配套的矿山以及具有国内先进水平的氟化厂，生产萤石、氟化工两大系列产品的联合企业。萤石产品出口日本、欧美、东南亚等地，氟化工产品销往华东、华中一带。

1992~1994年，又改扩建选区，新增设备22套，扩大浮选能力，生产由日处理矿石250吨，增至400吨，年产萤石精粉由原20000吨增至35000吨。1985~1997年，公司先后投入2000多万元进行技术改造和扩建，年出口达2.1万余吨。企业成长为国家甲（二）型企业。

几十年来，该公司是德安县国有重点企业税利大户，同时也是江西省出口创汇先进企业。1985~2000年共产萤石52万吨（其中，精矿粉37万吨，颗粒矿15万吨）氢氟酸1264吨，氟利昂1712吨，产品收入25.3亿元（其中出口销售收入2.2亿元）。1997年世界萤石大会在上海召开，议程之一是参观德安萤石矿，有美国、德国、俄罗斯、日本、南非、墨西哥、蒙古等20多个世界萤石生产大国的专家及官员参加，被该矿1996年生产时发现的一颗重达10余吨的完整球矿呈紫色的萤石单晶体（纯氟化钙达98%以上）所震撼，纷纷拍照留念。“德安萤石甲天下”的美誉由此传遍世界。

2003年8月，经德安法院裁定破产还债，将该公司所有采矿生产经营权（1100万元）和土地（500 万元）等全部资产以 1700 万元拍卖给福建永飞矿业公司。改制时该矿共有职工 1092 人，其中退休人员 451 人。

县氟化总厂 原为萤石公司下属化工厂，1989 年创立。1997 年 5 月单列为县氟化总厂，同年企业投资达 1800 余万元，边生产边扩建，形成年产无水氢氟酸 4500 吨、有水氢氟酸 3000 吨、氟苯 1000 吨、二氯氟苯 1000 吨和氟化氢铵 1500 吨的生产能力。1999 年，因国际蒙特利尔协议，该厂氟利昂停产。同年该厂氢氟酸生产线由德安创安化工公司租赁经营。2002 年 7 月，经德安法院裁定破产还债，该厂以 350 万元将生产性设备全部转让给浙江萤石有限责任公司。

县昆仑大理石厂 集体企业，位于白水乡，年产能 3 万平方米。

德安高圹采石场 集体企业，位于高圹乡，是独立核算的石灰石开采企业，年产量 27 万吨。

县碳酸钙总厂 前身系石灰石公司，位于林泉乡境内，年产钙粉 4000~5000 吨。1985 年，经省经委批准，公司利用城郊夏家垅一处石灰窑场，扩建一个年产万吨重钙粉生产线，并对灰窑进行节能改造。1986 年 1 月，该公司更名为非金属矿产公司。1988 年 6 月，兼并县印刷厂，成立德安轻工业公司。1992 年 4 月，兼并砂轮厂，更名为德安轻化材料总厂。利用砂轮厂空地，扩建第三条年产一万吨重钙生产线。1992 年，三条重钙生产线产量达 28800 吨。1993 年，产量达 3.3 万吨，并开发活性碳酸钙系列产品。1994 年，省经委、省化工厅批准年产 1.2 万吨碳酸钙系列产品项目。1996 年，投资 140 万元，扩建一条轻质碳酸钙生产线，形成年产轻质碳酸钙 1.2 万吨，活性碳酸钙 0.4 万吨，重质碳酸钙 3 万吨的能力。1997 年，更名为德安碳酸钙总厂。2000 年 2 月，该厂转换经营机制，将全厂生产经营权租赁给台商，租赁期 3 年，年租金 9 万元。2004 年 5 月，德安县法院裁定该厂破产，9 月，由江西浔城拍卖行拍卖，以 300 万元拍卖给台商。

德安永飞矿业有限公司 2003 年福建邵武市永飞集团买断德安萤石公司全部资产后，同年 8 月 12 日成立德安县永飞矿业有限公司，注册资本 1.6 亿元，法人代表崔桅龙。公司拥有洪溪畈 3 个矿区和金家洞矿区，主要产品为萤石精粉、萤石颗粒和优质石灰石。

德安县源丰矿业有限公司 2005 年注册成立，注册资本 500 万元，法人代表代大渠。公司位于德安县丰林镇工业小区，占地 53334 平方米。主要从事碳酸钙、氟化钙、石灰石加工和销售。是方大特钢科技股份有限公司、江西萍钢实业股份有限公司九江分公司氟化钙的稳定供应商。公司年产氟化钙 30 万吨。

二、星子非金属矿区

2014 年有矿山企业 196 家，主要从事花岗岩、板岩、高岭土、石英等矿产资源的开采。

星子县瓷土生产企业 清道光年间开始开采，销往景德镇。有4处主要矿体，1962年提交储量181万吨，属中型矿藏。1953年，星子县4个个体小瓷土矿合并，成立星子人民瓷土矿。1957年星子人民瓷土矿与九江市公安处瓷土矿合并，组成星子瓷土矿。1958年庐山瓷土矿成立。1964年星子瓷土矿与庐山瓷土矿合并，成立星庐瓷土矿，收归省陶瓷工业公司管理。后经过3次技术改造，基本实现机械化采选，年产量稳定在2.5万吨以上。后新发现3个矿体，新增储量100万吨。另有白鹿瓷土矿，集体企业，位于白鹿镇交通村，年产量5万吨。还有星子白鹿官山瓷土矿，及星子佳华融炼石英厂也生产高岭土。

花岗岩生产企业 星子县花岗岩开采在新中国成立前就有当地农民开采，到20世纪80年代才有大量开采。开采工艺由原始的手工作业，逐渐发展为使用空压机、火焰切割机、桅杆吊等较先进设备开采。主要生产0.5～3立方米的规格荒料，主要销往日本。1981年成立县石制品公司，在东牯山进行花岗岩开采，所产荒料出口日本，并从日本进口主要开采设备，年产量0.4万立方米。

1984年，星子县人民政府决定撤销星子石制品厂，成立江西花岗石厂，国有企业，当年开始生产花岗石板材。1985年，该厂投资134万元，建设1万平方米花岗石板材生产线。1991年，该厂又贷款120万元，扩建墓碑生产线，并对板材生产线进行改造和扩建，当年底完成，使板材加工能力扩大到3万平方米。年产板材6000平方米，石桌100套，墓灯500套。1986年与温泉李垅村合资成立向东花岗岩矿，年产荒料增至500立方米。1990年改造工艺品生产线，形成年产磨光石桌2000套，墓前灯5000套生产能力，是江西省第一个最大的花岗石专业化生产企业。

1993年石材加工企业有20多家。1996年县政府在县城秀峰大道中段公路两侧兴建星子县中国石材城，由同年组建的石材企业集团总公司实施。2001年有石材企业110多家，员工2000余人。主要产品有花岗石荒料，建筑板材和传统的花岗石工艺品，为石狮、石人、石佛、石桌、墓前灯等。2002年县决定搬迁至“金鹿石材城”，2004年迁完。

2001年，县投资在秀峰港两岸、东牯山脚下建设星子县金鹿石材城，并将原“中国石材城”企业迁入，由白鹿镇管理。城内有花岗石加工企业80家，主产石狮、石桌、石凳、石佛、十二生肖等艺术品及花岗板材，从业人员2000余人，总产值1.2亿元，利税800万元，较大的民营企业为九江晨光石材有限公司、江西石材有限公司、四星石材厂、文建石材厂、福星石材有限公司等。九江晨光石材有限公司董事长李森林，放弃国有企业的铁饭碗，白手创业，成为星子石材企业的领军人物和知名企业，多次评为省、市、县优秀企业家和纳税大户。

2005年年末，全县有开采花岗石、石材加工企业有98家，年产荒料1.77万立方米；加工品种100多个，产值达7000多万元。

2005年星子县部分注册花岗石开采、加工企业一览

表 3-3-42　　单位：万元

企业名称	经济类型	所在地	主　营	注册资金	开业时间	法人代表
星子县赣北石材开发公司	集体	隘口钱家墩	花岗石荒料、板材工艺	40	2011.11	王荷英
星子县金鑫石材厂	集体	秀峰	花岗石荒料、板材制品	10	1997.9	蔡玉林
江西鑫源花岗石厂	集体	秀峰大道	花岗石天然板石及制品	120		陈德明
星子县万嘉石材有限公司	私企	金鹿石材城	花岗石荒料、制品	120	2002.3	万勇
九江滕飞石材工艺有限公司	私企	金鹿石材城	花岗石荒料、板材、工艺品	50	2000.3	崔承清
九江兴源石材有限公司	私企	迎春桥	花岗石制品、板材	50	2000.5	桂周
星子县伟业石材有限公司	私企	温泉东山	花岗石荒料、制品	50	2001.4	吴业俊
星子县兆旺矿产有限公司	私企	白鹿镇东牯岭	建筑用石开采加工	50	2001.4	雷兆春
佳光非金属材料有限公司	私企	秀峰大道	花岗石板材	18	2001.11	胡惠芳
星子县星达石材有限公司	私企	温泉镇通书院	花岗石、青石制品、工艺品	80	2001.10	钱星滚
星子鑫盛花岗石石	私企	峰德镇西	花岗石板材、工艺品	10	2001	刘先年
星子县鑫茂石材有限公司	私企	金鹿石材城	花岗石制品	50	2002.1	黄孝茂
星子县浙雕石材工艺美术厂	私企	金信公司院内	花岗石荒料、板材、石雕	88	2002.3	梁开发
星子县金发石材制品厂	私企	江西石材大市场	花岗石制品	75	2002.4	熊继财
星子县荣利石材工艺厂	私企	秀峰村	花岗石板材加工、销售	60	2002.4	袁世泉
星子县利华石材工艺厂	私企	白鹿镇河村邹墩	花岗石石桌、板材、石雕	100	2002.5	邹长林
星子永福花岗石厂	私企	峰德镇	花岗石板材、工艺品	68	2002.5	邹结林
星子县利源石材工艺厂	私企	原花岗石厂院内	花岗石制品加工	10	2002.7	钱扬彩
星子县鹏飞石材工艺厂	私企	大西门	花岗石制品加工、销售	10	2002.10	罗时国
九江晨光石材有限公司	私企	金鹿石材城	花岗石荒料、制品、雕刻	200	1994	李森林
星子县大政厂材	私企	金鹿石材城	花岗石板材、工艺品	20	2003.5	詹俊淼
星子县归宏石材	私企	温泉石材工业园	花岗石石材加工、销售	80	2003.7	杨端云
星子融兴石材厂	私企	蓼花镇三角垅	花岗石露天开采、加工	200	2003.9	杨尔爱
星子县强升石材有限公司	私企	原花岗石厂内	花岗石制品	50	2003.12	黄海桥
九江市盛威石材贸易有限公司	私企	隘口通书院	花岗石荒料及制品	50	2004.3	袁晓峰
九江苏星石材有限公司	私企	白鹿镇杨家榨	花岗石荒料加工、销售	50	2004.4	陈宏根
星子县兴盛石材开发有限公司	私企	温泉钱家湖	花岗石荒料加工、销售	50	2004.5	江古学

续表 3-3-42

企业名称	经济类型	所在地	主　营	注册资金	开业时间	法人代表
星子县钱湖永兴石业有限公司	私企	温泉钱家湖	花岗石板材工艺品	100	2004.7	周本佳
星子县福星石材有限公司	私企	金鹿石材城	花岗石板材工艺品	60	1998.2	傅经银
九江尤尼特石材有限公司	私企	温泉东山	石制品加工、销售	100	2005.4	潘　芸
星子县威远石业制品有限公司	私企	金鹿石材城	石材加工、销售	50	2004.7	张少华
星子县佳豪石材工艺厂	个体	金鹿石材城	石材、石材工艺品	30	1999.6	林文那
星子县虹桥花岗石工艺厂	个体	金鹿石材城	花岗石制品	29	2000.11	陈维军
江西星子县纪元石材制品厂	个体	秀峰村	石材制品及安装	50	2001.3	彭永福
星子县财盛石材工艺厂	个体	金鹿石材城	花岗石板材、工艺品	28	2001.3	蔡源云
星子县星亿石材厂	个体	白鹿蔡家湾	石材加工、销售	46	2002.6	张佰林
星子县聚源花岗石厂	个体	金鹿石材城	花岗石板材、工艺品	30	2002.6	蔡保林
星子四星石材厂	个体	秀峰大道	石材制品及安装	65	1994.6	管土荣
星子县万盛石材厂	个体	金鹿石材城	花岗石板、工艺品	30	2002.7	张泉水
星子县和升石材厂	个体	金鹿石材城	花岗石加工	15	2002.8	黄赞升
星子县星鑫花岗石厂	个体	白鹿大道	花岗石板材、工艺品	12	2002.9	邹利率
星子县三星石材厂	个体	温泉东山	花岗石、青石加工	20	2002.9	胡才水
星子县腾飞石材厂	个体	温泉东山	花岗石、青石加工	20	2002.9	章星滚
星子县正鑫石材厂	个体	金鹿石材城	花岗石板材、工艺品	20	2002.9	彭永峰
星子中南花岗石工艺厂	个体	金鹿石材城	花岗石板材、工艺品	10	2002.9	蔡桂林
星子县京星石材厂	个体	金鹿石材城	花岗石制品	10	2002.10	郭志海
星子县创业石材厂	个体	温泉东山	花岗石荒料及制品	10	2002.11	吴官林
星子县立业石材厂	个体	温泉东山	花岗石荒料及制品	10	2002.11	吴海蒙
星子县华星工艺石材厂	个体	金鹿石材城	花岗石材制品	10	2002.11	陈海林
星子县金丰石材厂	个体	县石材厂市场	花岗石板材	30	2003.4	徐海林
星子县河东花岗石板材厂	个体	金鹿石材城	花岗石板材、工艺品	30	1993.1	陈维真
星子县恒星石材工艺厂	个体	金鹿石材城	石材加工及工艺品	15	2003.7	黄海水
星子县江星石材厂	个体	金鹿石材城	石材制品及安装	24	2003.7	罗世伟
星子县宇楠石材工艺厂	个体	金鹿石材城	石材工艺品加工雕刻	30	2003.7	黄秋滚
星子县鹏飞石材厂	个体	温泉镇项家墙	花岗石制品	11	2003	陈玉山

续表 3–3–42

企业名称	经济类型	所在地	主　营	注册资金	开业时间	法人代表
星子县恒鑫石材厂	个体	温泉钱湖	花岗石加工、销售	10	2003.10	李小林
星子县海天石材厂	个体	金鹿石材城	石材加工、销售	30	2003.10	汪林斌
归宗星顺石材加工厂	个体	温泉镇东山城	花岗石材及工艺品	20	2003.11	熊扬忠
星子县兴华石材厂	个体	温镇花石开发区	花岗石加工、销售	16	2003.11	袁继华
星子县勇军石材厂	个体	金鹿石材城	花岗石石材加工	10	2003.12	管兴勇
星子县全友石材厂	个体	金鹿石材城	石材加工、销售	15	2003.12	查启燕
星子县盛丰石材厂	个体	金鹿石材城	石材及工艺品加工	10	2003.6	陈冬林
星子县华力石材厂	个体	金鹿石材城	石材及工艺品加工	20	2004.1	王保华
星子县西垅采石厂	个体	白鹿镇交通村	露天开采建筑石料	50	2004.1	余远孝
星子县恒兴石材厂	个体	金鹿石材城	花岗石石材加工	19	2004.3	管兴元
星子县双星石材厂	个体	白鹿镇	花岗石制品及工艺品	10	2004.4	程和星
星子县威承石材厂	个体	金鹿石材城	花岗石制品及工艺品	30	2004.4	魏　林
星子县巨升石材厂	个体	金鹿石材城	石制制品加工	18	2004.4	李永生
星子县志成石材厂	个体	金鹿石材城	花岗石制品、工艺品	15	2004.4	王兴华
星子县国斌石材厂	个体	金鹿石材城	石材加工、销售	30	2004.5	程国林
星子县鑫城石材厂	个体	温泉镇钱湖村	石材加工、销售	12	2004.5	越邦金
星子创造石材厂工艺厂	个体	温泉石材工业区	花岗石青石加工	10	2004.6	宋七林
星子县成新石材厂	个体	金鹿石材城	石材加工、销售	15	2004.6	胡火生
星子县盛世石材厂	个体	金鹿石材城	石材加工、销售	15	2004.7	张春生
星子县东牯岭石材厂	个体	金鹿石材城	花岗石制品	30	2004.7	蔡云青
星子县南峰石材厂	个体	金鹿石材城	花岗石板材、工艺品	10	2004.9	詹德明
星子县新艺石材厂	个体	金鹿石材城	石材加工	18	2004.9	胡　彬
星子县华生石材厂	个体	金鹿石材城	石制品加工	10	2004.12	张东平
星子县详发石材工艺厂	个体	金鹿石材城	石材加工	18	2005.1	张起详
星子县志忠石材工艺厂	个体	金鹿石材城	花岗石加工	10	2005.2	欧阳志忠
星子县盈丰石材厂	个体	金鹿石材城	石材及工艺品加工	18	2005.3	胡代楠
星子县深山文化石石材厂	个体	温泉镇	石材加工	15	2005.3	曹印水
星子县东方石材厂	个体	温泉镇山下吴村	石材加工、销售	15	2005.3	张仁玉

续表 3-3-42

企业名称	经济类型	所在地	主　　营	注册资金	开业时间	法人代表
星子县金利石材厂	个体	温泉镇新塘坂	石材加工、销售	50	2005.5	程伟金
星子县仙城石材厂	个体	金鹿石材城	石材加工、销售	15	2005.7	钱林滚
星子县三星林石材厂	个体	温泉石材工业园	花岗石加工	200	2005.9	杨长林
星子温泉金利来石材厂	个体	沙洲吕	花岗石加工	200	2005.9	王贤兵
星子归宗春江花岗石厂	个体	归宗	石材加工、销售	200	2005.9	刘金牙
星子县天工天然石艺厂	个体	原食品公司院内	石材加工、工艺雕刻	30	2005.10	胡代生
星子县林峰石材工艺厂	个体	温泉石材工业园	花岗石石材制品加工	30	2005.11	吴龙林
星子县三鑫石材工艺厂	个体	白鹿镇交通村	石材加工、销售	15	2005.12	李泽光
星子县彭城石材厂	个体	金鹿石材城	石材加工、销售	12	2005.12	刘冬阳
星子县宏秀花岗石板材厂	个体	金鹿石材城	石材加工、销售	12	2005.2	熊英梁
九江江陵石业有限公司	个体	金鹿石材城	花岗石加工	89.9	2005.11	熊振贵

2014 年，有星子五里麻石厂、星子兆旺矿产有限公司、星子东屏石材厂、星子索勃垅非金属矿获准开采花岗石矿。

板岩生产企业　星子县板岩（青石）的开采加工早在北宋时期就有。主要用以制作砚台、立门、槛脚、水缸、墓碑、椁、桥板等，分布在横塘、华林的玉泉山箬岭、董头尖、丫髻山、石子山等 20 多个矿点。清代南康府规定星子县每年需运出青石板 6000 块，以修理贡院之用，每块价银 4 分，并将青石列为赋役。民国时期，青石业有所发展，开采点有 8 处，从业 200 余人，并在星子县蛟塘街设立“青石行”，方便客商购运青石。1956 年，农业合作化后，青石开采加工收归集体，横塘、华林办起青石厂。1958 年，社队企业局成立，青石产品由社企局管理经营。1995 年，台商张士荣在横塘投资 150 万美元创建“士荣（九江）实业有限公司”，经营青石开采、加工，成为该镇支柱产业。横塘镇沿归宗—横塘和横塘—钱家墩公路两侧建青石加工工业区，乡政府投资 400 万元建立水、电、路“三通”。2002 ~ 2004 年，园区共占地 50.66 公顷，地面建筑 21.5 万平方米，入园企业 328 家，从业人员 4800 余人，固定资产 4880 万元。主要产品有各种规格板材、石碑、石刻、台球桌面、蘑菇石、屋面板等。工业总产值 8128 万元。增加值 3752 万元，创利税 1360 万元，纳税 700 万元。有 6 家民营企业获得了出口权。年产值 300 万 ~599 万元的企业有 22 家，800 万 ~ 999 万元的企业 3 家，千万元以上的企业 2 家。2002 年镇政府在原青石工业区上投资 100 万元扩建，在华林镇吉山村莲花庄开展基础设施建设。占地 10.33 公顷，主要生产多种青石制品及板材。

2005年，区内有青石开采加工企业73家，年开采青石量4420立方米，产值2880万元，创税利120万元，从业人员1600多人。重要企业有赣北板材厂、花桥青石厂、华林昌源天然石材厂等。位于吉山村的集体企业星子县华林乡青石厂，年生产青石石料30万立方米。2005年，开采企业18家，年产青石荒料1.77万立方米；加工企业401家，年产值1.3亿元。其中横塘镇152家，华林镇69家，蛟塘12家，隘口6家，联营企业162家。注册资金多的有200万元，最少的只有3000元。规模（销售收入500万元）及规模以上企业17家，均分布在横塘。

2005年星子县部分注册板岩（青石）开采、加工企业一览

表3-3-43　　单位：万元

企业名称	经济类型	所在地	主　　营	注册资金	开业时间	法人代表
星子县横塘青石厂	集体	横塘	青石露天开采、加工	25		黄金官
星子县石咀熊青石矿	集体	横塘和平村	青石露天开采、加工	25	2003.12	熊开田
星子县横塘东边黄采石厂	集体	横塘镇东边黄村	青石露天开采、加工	25	2003.11	黄友长
星子县八都石材有限公司	私企	横塘新街	青石台球桌、青石制品	50	1998.9	宋尚泽
九江市琛康文体用品有限公司	私企	横塘镇和平村	石材体育器材、金星砚台	68.8	1999.3	黄忠生
星子县荣华石材厂	私企	横塘镇故里垅	青石制品	25	2000.4	胡秋林
江西星子县三恒石材有限公司	私企	横塘和平宋家嘴	青石、花岗石加工	98	2001.2	宋尚杰
星子县横塘石咀头青石厂	私企	横塘西平村	台球桌、民用青厂制品	50	2001.4	曹太康
星子县恒康石材有限公司	私企	横塘镇和平村	青石台球桌、建筑石材	50	2001.6	胡桃森
星子县明星石材有限公司	私企	横塘和平村	青石台球桌、建筑石材	100	2000.6	陶柱明
星子县海陵青石开发有限公司	私企	横塘镇	青石加工	60	2000.12	查火金
星子县新兴石材厂	私企	横塘和平陶家港	青石制品、花岗石制品	45	2001.8	陶金水
星子县延陵石材厂	私企	横塘街	青石、花岗石加工雕刻	20	2001.8	吴立业
星子县武穗石材厂	私企	横塘镇农机厂旁	青石板材加工	32	2001.8	曹任生
星子县凤凰石材厂	私企	横塘和平村	台球桌板、建筑石板、墓碑	50	2001.8	陶智信
星子县柳兴石材厂	私企	横塘和平村	青石制品	30	2001.11	陶智信
星子西平长龙石材有限公司	私企	横塘西平村	青石及花岗石制品	50	2002.4	曹太惠
星子县方谭石材厂	私企	横塘镇	青石绿石制品	24	2002.4	张　云
九江磊鑫石材有限公司	私企	横塘镇和平村	台球桌面、建筑装潢石材	700	2002.4	宋云南
星子县创进石材厂	私企	横塘镇熊家港	青石板材、花岗石、大理石	30	2002.9	熊开桂

续表 3-3-43

企业名称	经济类型	所在地	主　　营	注册资金	开业时间	法人代表
星子金峰石材厂	私企	横塘镇新屋曹	青石台球桌	10	2002.10	曹希军
星子县江陵青石厂	私企	横塘和平石咀熊	青石台球桌、青石板材	12	2002.12	熊开田
星子县嘉益天然石材厂	私企	横塘东升熊家港	青石加工	16	2003.4	熊先喜
星子县企星石材厂	私企	横塘镇西平村	青石、花岗石加工	8	2003.9	曹乐星
星子县强生石材有限公司	私企	横塘东升八斗畈	青石台球桌、装潢石材工艺品	50	2003.10	熊清水
星子县熊家岭采石矿	私企	横塘和平况家港	青石露天开采、加工、饰面石	50	2004.1	况向东
泉海穗海外贸石材厂	私企	横塘街	青石石材加工	80	2004.3	查小毛
江西穗星石材有限公司	私企	横塘和平	青石加工、销售	90	2004.3	李海燕
九江浔阳彩石材有限公司	私企	横塘和平	建筑石材加工	100	2004.4	陈　峰
九江豪源石材有限公司	私企	横塘故里垅八斗畈	台球桌、建筑板材	50	2004.8	吴清元
九江曹东石材有限公司	私企	横塘开发区	青石、花岗石板材、台球桌面	60	2005.3	曹南明
星子县龙盛石材厂	私企	横塘和平村	青石板材加工	20	2005.5	陶火森
星子新世纪石材厂	私企	横塘石嘴熊村	青石、花岗石制品	12	2005.7	熊　鹰
星子县嘉磊石材厂	私企	横塘新屋曹村	台球桌板建筑装饰石材	20	2005.7	曹华滚
星子县昌华石材厂	私企	横塘镇刘门墩	台球桌板、建筑石材	30	2005.9	曹东华
江西广盛石材有限公司	私企	横塘镇故里垅	青石加工、销售	50	2005.9	陈青毅
九江元亮石业有限公司	私企	横塘和平村	石材加工、研发	60	2005.9	柯于华
江西欣荣石材有限公司	私企	横塘和平村	青石加工、销售	50	2005.10	熊秋华
九江琛康石材有限公司	私企	横塘镇	石材、石雕、建筑装饰石材	200	2005.11	曹忠生
星子永详石材厂	私企	横塘西平新屋曹	台球桌板、青石板材	30	2005.11	曹祥生
星子荣发石材厂	私企	横塘西平村	台球桌板、青石板材	30	2005.11	曹杏滚
星子成惠石材厂	私企	横塘西平村	台球桌板、青石板材	40	2005.11	曹初明
星子县江陵青石厂	个体	横塘和平村	青石加工、销售	8	1999.12	熊开田
星子县石溪村青石厂	个体	横塘石溪村	青石加工、销售	8	1999.12	陈金官
星子县横塘忠诚石材厂	个体	横塘联盟村	青石制品加工、销售	30	2000.11	陈则星
星子县海陵天然板岩厂	个体	横塘街	青石制品加工、销售	12	2001.9	查　明
星子丫髻山石材厂	个体	横塘联盟村	青石加工、销售	11	2002.8	徐水娥
星子县军祥建筑石材厂	个体	黄塘东边黄村	青石及制品加工	8	2004.4	黄　军

续表 3–3–43

企业名称	经济类型	所在地	主　　营	注册资金	开业时间	法人代表
星子县华林石材厂	个体	横塘联盟正悟山	青石加工、销售	10	2004.7	胡生林
星子县森林天然青石制品厂	个体	横塘青石工业园	青石加工、销售	30	2004.8	邓森林
星子县庐鑫石材厂	个体	横塘东升村	青石加工、销售	10	2003.9	黄　鹏
星子县展进石材厂	个体	横塘联盟石溪坂	青石加工、销售	8	2004.11	陈家林
星子县星辉石材厂	个体	横塘镇青石工业园	青石及制品加工、销售	10	2004.11	万桂林
星子县宇翔石材厂	个体	横塘镇和平村	青石加工、销售	30	2004.12	周从云
星子县金兴文化石材厂	个体	横塘石咀头	青石、花岗石加工、销售	20	2005.2	曹太火
横塘镇石岭石材厂	个体	横塘和平村	青石加工、销售	10	2005.7	宋海水
星子县就业石材厂	个体	横塘新屋曹村	青石加工、销售	8	2005.10	曹秋林
星子县慧良石材厂	个体	横塘和平村	青石加工销售	10	2005.12	夏慧良
星子县华林赣北板材厂	个体	横塘杏山村	青石露天开采、加工	30	2002.12	赵业明
星子县华林昌源天然石材厂	个体	华林镇杏山村	青石露天开采、建筑石料加工	50	2003.11	王保平
星子县花桥青石厂	个体	华林镇杏山村	青石露天开采、加工	50	2004.9	王官金
星子银鑫石材厂	个体	华林镇汤家坝	板岩石材加工、销售	8	2005.9	唐美英
未名	个体	华林吉山	青石加工、销售	22	2002.10	彭泉水
星子县繁荣青石厂	个体	华林凡荣	青石加工、销售	28	2002.11	宋南火
星子县金清天然板材厂	个体	会林镇杏山村	青石加工、销售	8	2005.3	陈德金
星子磊松石材厂	个体	华林镇杏山村	青石加工、销售	20	2005.12	王任元
星子县顺达青石加工厂	个体	温泉钱家墩	青石、花岗石加工	8	2004.3	钱印生
星子县日晋石材销售部	个体	蛟塘芦花塘	青石加工、销售	8	2005.4	徐　杰

2014 年，星子横塘东升大凹采石场，横塘西平曹家青石厂、星子故里垅水竹湾板岩矿、星子落岭山板岩矿、星子华林赣北板材一分厂获准开采青石矿。

其他非金属矿生产企业　2005 年，星子县还有 39 家企业生产长石、长石粉、石英、熔炼石英、石英砂、石英粉、钾长石等非金属矿产品。2014 年，星子星达石达工艺品厂还发证许可生产石英产品。

星子县天然硅砂产于几个邻鄱阳湖的乡镇。通过加工有擦磨砂、水洗砂、加工砂、绿豆砂、压裂砂等，销往全国 20 个省市。2005 年，有天然硅砂开采企业 12 家，年开采量 15.4 万吨，产值 500 万元。

星子县温泉长石矿，是全省已探明的 22 处矿点之一，属三个中型矿藏之一。钾长石开采加工原为农民农闲时的副业，由县砂石公司收购销往景德镇和全国陶瓷企业。1978 年蓼花、华林、温泉、白鹿等社队办集体所有制的石粉厂，改革开放后发展成为民营企业，至 2005 年有 11 家。

星子熔炼水晶集中在华林镇的枭木山。至 1995 年，全省查明水晶矿点 9 处，枭木山是其中之一。1995 年有开采加工企业 5 家，均属乡办。1997 年以后，全部改制为民营。到 2005 年，全县有专兼营企业 17 家。

县非金属矿产品公司，前身是 1965 年 9 月 28 日创办的星子砂石厂。1968 年 6 月更名为星子县砂石公司。统一经营型砂矿、人造石英厂（石粉厂），长石粉加工厂（石粉二厂），同时成立矿产品收购站，开展熔炼水晶、绿柱石、云母、钾长石、高岭土等非金属矿产品购销。1973 年，更名为星子县非金属矿产品公司。同年，建材部投资 13 万元，兴建为战备标准砂厂，并定为全国战时备用砂基地和全国水泥检验用砂基地。1982 年 2 月，加入中国造型材料公司。1984 年，从机械工业部沈阳铸造研究所、轻工部陶瓷研究所引进技术，共同开发铸钢用树脂砂、电熔玻璃产品。同时机械部投资 28 万元，定为中国南方铸钢用砂基地。1987 年，上海市政府投资 50 万元开掘鄱阳湖航道 2.78 千米，用于取砂，专供上海基建用砂。1988 年公司有职工 806 人，产值 427 万元，上缴利税 50 万元。1992 年，型砂矿与中国铸造材料总公司合资，组建成星子铸造材料有限公司，归县经贸委管理。2001 年，县决定非金属矿产公司进行“两个转换”的改制，职工身份置换 77 人，提前退休 168 人，正式退休 34 人，处置固定资产 632.6 万元，流动资金 428.2 万元，土地 64.4 万元。

县石粉厂，建于 1969 年 10 月，主要生产精制石英粉，原是县砂石公司的一个非独立核算企业。1970 年与北京建材科学设计院创办的星子县战略标准砂厂合并。1984 年下半年实行独立核算，自负盈亏。占地 2.122 万平方米，建筑面积 7913 平方米，固定资产 36 万元，年产值 74.3 万元，1993 年职工 254 人。该厂分为石粉总厂、熔融石英厂、精制石英砂厂、长石粉厂。1997 年上半年土地抵押给银行，职工全部下岗，企业停产。

高垅页岩矿，储量为 651 万矿。1964 年建矿，初期规模年开采页岩 2 万余吨，取代高垅黏土矿作为水泥配料。用页岩取代黏土作为水泥配料，是庐山水泥厂首创。是庐山水泥厂自用矿山。80 年代为适应水泥厂的扩建，年产量扩大为 6 万吨。

华林枭木山石英矿，创办于 2000 年 11 月，民营，注册资金 150 万元。厂区占地 5000 平方米，建筑面积 150 平方米。2005 年开采石英石 550 吨，工业产值 110 万元，利税 33 万元，纳税 11 万元，固定资产总值 250 万元（其中生产设备 170 万元），员工 58 人。

2005年星子县部分注册其他非金属矿开采、加工企业一览

表3-3-44　　　　单位：万元

企业名称	经济类型	所在地	主　　营	注册资金	开业时间	法人代表
星子县联鑫石粉厂	集体	归宗	长石、石粉加工销售	5.8		卢建华
星子县民政局福利厂	集体	迎春桥	长石、熔炼石英加工	30		项呈华
星子县温泉东山福利厂	集体	温泉东山	长石粉等非金属矿加工销售	10		胡华平
星子县铸造砂矿	集体	获絮路91号	河砂、石英砂加工销售	10		吴升平
星子县虎口冲石英加工厂	集体	华林镇虎口冲村	石英砂、土砂石、石英	4.5	2003.5	宋金元
华林石英砂铸造材料厂	集体	华林镇虎口冲村	石英砂、石英粉、熔炼石英	12.2		宋从雪
江西省星子县江南铸造材料厂	集体	冰玉路227号	型砂	30		熊佑斌
星子县金锋非金属矿选	集体	温泉新塘畈	钾长石、油镁砂、石英砂	5	2004.2	卢金印
星子县非金属矿产品供销部	集体	华林镇殷家垅	长石、长石粉、石英	6.3		黄赞平
星子县中联铸造材料有限公司	私企	紫阳路	铸造型砂、长石粉、石英粉	30	1994.10	余耀华
九江清源星子长庐石粉有限公司	私企	蓼花镇三角垅	长石粉、长石块、石英粉	60	2001.5	郑其林
星子县精制石粉厂	私企	蓼花镇	长石、长石粉、石英粉	12	2000.10	肖茂平
星子县华林枭木山石英矿	私企	华林镇虎口冲	石英开采、加工	150	2000.11	龚立详
星子县星华精制石英砂厂	私企	华林镇虎口冲	石英砂、石英粉、水晶	8	2000.11	宋甲生
星子县荣达石英加工厂	私企	华林镇虎口冲	熔炼石英、长石、石英砂	8	2000.11	宋清水
星子县鄱阳湖砂业开发有限公司	私企	紫阳路8号	采砂及非金属矿产品	500	2002.6	刘海泉
星子县赣北铸造材料厂	私企	横塘街	擦磨砂、擦洗砂、长石粉、石英砂	15	2002.12	黄赞平
星子县庐山阳铸造砂厂	私企	蓼南老池口	铸造砂、石英砂	10	2003.3	李　英
会源非金属矿有限公司	私企	温泉镇	非金属矿产品加工	50	2004.7	胡星星
星子县佳华溶炼石英	私企	华林镇虎口冲	石英石、长石、高岭土	30	2005.8	宋佳材
蓼花青水精制石英砂厂	个体	蓼花清水垅	石英砂加工销售	5	2002.12	程世仁

三、修水非金属矿区

2014年有采矿权证或安全许可证矿山企业29家，主要从事高岭土、石英、板岩、大理岩、建筑灰岩等矿产资源的开采。

河砂企业　修水县司前乡砂厂，位于修水县司前乡，集体性质，年产河砂50万吨。

石英企业　资源丰富，主要分布在山口、水源、全丰等地。1990年县石英制品厂成立，投资 865 万元。1994 年竣工投产，建成采选、熔炼、加工一条龙生产线，生产电熔石英、石英铸口砖、石英粉。因石英熔炼属高耗能产品，生产成本高，从 1994 年投产至 2000 年的 7 年中累计亏损 1004.7 万元，导致企业停产关闭。2000 年后，通过招商引资，先后引进 8 家企业在山口、湘竹等地兴办熔炼石英厂，从业人员 114 人，生产 350 目以下的普通玻璃砂、精制玻璃砂、酸洗玻璃砂、高纯石英砂、熔融石英砂、硅微粉等产品，年产石英制品 5000 余吨，工业总产值 108 万元，利润总额 35.62 万元。

长石企业 主要分布在白岭、白乔、黄龙、水源等地。2008 年黄龙长石矿、水源丁家山长石矿开采长石，从业人员分别为 10 人、5 人，年生产能力分别为 0.6 万吨、0.5 万吨，年工业总产值分别为 40 万元、20 万元，利润总额分别为 20 万元、60 万元。

云母矿企业 江西云母矿贫乏，只有修水、星子、弋阳等县，在长石和石英石夹层中伴生。20 世纪 70 年代以来修水县长石矿、星子县非金属矿公司均开采过云母。到 1995 年全国第三次工业普查资料：云母矿开采仅有修水县中段乡长石矿 1 家，从开采长石中分选出碎云母，年产量 100 吨。

青石板岩企业 主要产区为竹坪乡与征村乡，储量大，加工品种多，为修水特色的非金属矿产。2008 年，全县 5 家企业从事饰面用青石板岩开采、加工，从业人员 126 人，年产量 4.65 万立方米，工业总产值 482 万元，利润总额 87 万元。

花岗岩企业 主要分布在黄龙、古市两个乡镇，全丰也有产出。2008 年黄龙乡上水山花岗岩矿、古市镇张垄花岗石矿开采。年产量 2.4 万立方米，从业人员 57 人，工业总产值 205 万元，利润总额 8 万元。

大理岩企业 主要产地在四都镇。2003 年全县矿区整顿之前，该镇从事此项开采企业数家，开采秩序混乱，严重影响矿区生态环境。通过整治，2008 年该镇仅西坑大理石矿 1 家开采，年生产量 1 万立方米，工业总产值 100 万元，实现利润 10 万元。

高岭土（瓷土）企业 主要分布于桃里、黄坳、黄沙、河市、上奉、白岭、古市、路口、黄龙等地，除部分供本县陶瓷工业企业加工外，大部分做原料卖与外地。2008 年有 6 家矿山企业开采，从业人员 41 人，开采量为 8.4 万吨，工业总产值 53 万元，利润总额 5 万元。

石棉企业 太阳山、肖家坪有矿点分布，是全省石棉主要分布点。江西石棉资源很少，除弋阳、修水等有少数湿石棉外，其他地区还未发现。

四、瑞昌非金属矿区

2014 年有采矿权证或安全许可证矿山企业 54 家，主要从事水泥用灰岩、溶剂灰岩、建筑灰岩、白云岩、大理岩等矿产资源的开采。

码头水泥灰岩矿 矿区面积1.96平方千米，1982年提交储量2亿吨。1971年始，由庐山水泥厂开采使用，年开采量30万吨。

王家水泥页岩矿 矿区面积1.30平方千米，1985年提交储量1379.5万吨。为水泥厂提供水泥配料。

花屋水泥页岩矿 矿区面积1.60平方千米，1985年提交储量1550万吨。为水泥厂提供配料原料。

瑞昌市境内的夏畈乡、黄金乡、横立山乡等地大理石储量丰富，仅夏畈乡的大理石储量就有5000万立方米。其色泽有汉白玉、墨玉、玛瑙红、景秋灰和斑纹等。

大理石开采。由村民开采荒料。开采方法是采用人工凿岩，嵌锲劈逐渐形成裂纹，将大理石破成800×800×800毫米左右的大块毛石（俗称荒料）。荒料从采石场用车装运至大理石加工厂。

大理石的加工。1985年3月至同年11月，铜岭钢铁厂与瑞昌科技市场、夏畈乡联营成立九江大理石联营开发公司投资66万元。在厂原炼钢车间北端建起一座500平方米长方形厂房，从贵州省建新机械厂购进一套（仿意大利制品）液压全自动的天然大理石板材加工设备，具有板材切割、磨光、包扎等流水作业工序。1986年2月安装完毕，3月份正式生产。主要生产设备有双向圆盘切割机（宽600毫米，长度尺寸不限）、对割机1台、倒边机1台。生产工艺，荒料—切割（锯板）—对剖—截断—倒边—磨光，手工包扎。设计生产能力为10000平方米/年大理石板材。

1986~1990年瑞昌市大理石产品产量一览

表3-3-45 单位：平方米

名　称	1986年	1987年	1988年	1989年	1990年
天然大理石板材	653	4666	2462	2272	1415

1985年8月铜岭钢铁厂从河南大学引进人造大理石板材制作技术，当年该公司生产人造大理石板材506平方米。1987年铜岭钢厂接手生产板材618平方米。后因该产品易变形不美观等问题，市场滞销而停止生产。天然大理石生产一年后，因产品滞销，经营亏损，联营体解体。1987年10月14日该联营体固定资产全部由铜岭钢铁厂购买，投资120万元。天然大理石厂转由铜岭钢铁厂独家经营。大理石开采仍由乡承办，铜岭厂向乡采石场分品种订购。

夏畈大理石厂 集体企业，位于夏畈村，年产量2.8万平方米。

市黄砂总公司 位于瑞昌市码头镇，集体性质，年产河砂38万吨。

瑞昌石灰石矿 是庐山水泥厂自用矿山，1971年从彭泽转产过来，初期建设规模15万~20万吨，20世纪80年代进行改扩建，产量达80万吨。

五、湖口非金属矿区

2014年，有采矿权证或安全许可证矿山企业9家，主要从事建筑灰岩、砂等矿产资源的开采。

九江鑫汇型砂实业公司 2007年创办，地址在湖口柘矶，矿区面积2.27平方千米，1960年提交储量1072万吨。后据华东地质局勘测矽砂储量达1亿吨以上，是全国四大矽砂名矿之一。主要产品为硅砂，用于机械铸造的型砂。其前身湖口矽砂矿建于1957年冬，集体企业，标志着江西省型砂生产开始起步，当年生产型砂0.51万吨。1963年进行技改。

矿砂分为40/70目、50/100目、70/140目规格，耐火度达到1700℃，含硅量达92%~94%，质量优良，经国家专业技术部门检测，可以配制铸铁及有色金属铸件用的型砂和芯砂，可以作为制作玻璃瓶、压花玻璃、明瓦、电瓷瓶等的上好原料。适应工业铸造、玻璃原料制瓶等，运输便利，畅销于浙江、上海、武汉、四川、北京、河南、河北等19个省市，轻工部称赞为"一种比较好的矽砂"。1985年，经技术改造，机械化程度提高，年生产能力达30万吨，更名为湖口县矽砂矿公司。2000年又增建一座新矿区。2008年总产值超过2000万元，上缴利税累计700万元，平均年产量15万~17万吨。生产工艺流程已全面实行机械化，检砂、输送、水洗加工、机械配套一条龙。是江西省开发最早，储量最大的矽砂矿。1992年，公司实行浮动工资改革，实行基本工资加奖金制，同年实现利润33.8万元。1993年11月，流泗乡砂场（始建于1970年，后并入县矽砂公司列为五矿区）。（1985年国营集体分家单独核算，成立县第二硅砂公司）并入县第二硅砂公司，更名为县矽砂集团公司。2006年年产量达36万吨，工人年平均工资突破2万元。2007年因工业园发展用地，县矽砂矿宣告关闭，由江西联达收购。固定资产20万元，产值600万元，上缴税金10万元，利润18万元。

县富源山钾长石矿 1980年提交储量22.59万吨，由7个矿体组成，属全省探明的三个中型矿藏之一。

六、永修非金属矿区

2014年有采矿权证或安全许可证矿山企业11家，主要从事花岗岩、石英、建筑灰岩等矿产资源开采。

县松门岛石英砂矿 矿区面积5.46平方千米，1989年提交储量1.09亿吨。只要经过简单的"脱泥—擦洗—浮选"选矿流程，就可得到石英砂精矿，规模为5万~10万吨。

县矽砂矿 国有企业，位于吴城镇。厂区占地1.5万平方米，有办公楼、厂房、仓库总面积5600平方米。主要设备有干湿型砂擦洗工艺流程1套，6135发电机组1台套，30

米皮带输送机2台，吊机、车库、钻床、刨床各1台，小型自卸运输车5辆。固定资产净值 440万元。主要产品有干擦砂、湿型砂。年生产能力干擦沙4万吨、湿型砂10万吨。2000年有职工108人。后因流动资金短缺而处于半停产状态。2006年企业改制后，转为股份制企业。2007年主营业务收入6.88亿元。2008年主营业务收入可突破9亿元。

七、都昌非金属矿区

2014年，有采矿权证或安全许可证矿山企业36家，主要从事建筑灰岩、花岗岩、板岩、石英、砂等矿产资源开采。

都昌矽砂矿 创办于1958年4月，手工作业，产量低，劳动强度大，国有企业。1973年，建成长近500米的装卸码头，年产10万吨水洗矿的简易水洗线投产。1974年，产量11万吨，超过设计能力。1975年，更名为都昌县铸造型砂厂。1981年，被第一机械部定为南方铸造型砂生产基地，是“中国造型材料公司”6个发起单位之一，公司董事成员单位。1983年8月原第一机械部投资300万元，建成国内最大的水洗砂车间，全面实现机械化生产，皮带运输线1000米，年产40万吨铸造用型砂，该厂主要产品曾荣获省优产品和国家金奖。1989年自筹资金建成年产铸钢用砂2万吨的精浮选生产线。至2008年企业改制，有职工935人（其中在册职工642人，退休职工293人），固定资产账面反映原值1322.6万元，净值760.2万元。

矿区范围以老爷庙为起点东至多宝范垅，西至蒋公岭，旁湖由南往北横移3千米，矿区总面积为18平方千米。其开采面积为0.9平方千米（已办理采矿证）。原砂储量300亿吨。

主要产品铸造用水洗砂、擦洗砂、石英砂、树脂砂，年生产能力30万吨。

1990~2010年都昌型砂主要经济指标一览

表3–3–46　　单位：万元、万吨

项　目	1990—2000年	2001—2010年
产　值	12750	96500
产　量	170	52.1
销售额	11350	8830
税　收	1125	879

2000年4月，经都昌县政府批准，将企业整体租赁给都昌县新世纪造型材料公司，租赁期8年。2008年4月续租20年。

2008年12月，经县人民政府批准企业改制，企业职工全部置换身份，解除劳动合同。

苏山乡石材企业 苏山乡辖区内分布着40平方千米的中粒黑云母花岗岩，储量达4.4亿立方米，国际贸易编号为“G1904”，畅销全国，远销东南亚、日本、韩国等地。是长江中下游地区最大的石材储藏地之一。苏山石材工业集中区已形成产、供、销为一体的赣北乃至全省最大的建筑板材和石材工艺品精深加工基地。开采矿山28个，创办石材加工厂47家，特色加工厂5家，如染色板、工艺品、路沿石、碎石料等。新引进水泥空心砖厂、废渣处理加工厂各1家，彩瓦厂1家。全乡立足石材资源，合理利用，不断做大做强石材行业。先后建设两个石材集中区，占地77.9公顷，工业年总产量值达18000万元，年创税收322余万元，解决劳动力就业8200多人（其中本地4680人），受益群众12000人。在较短时间内基本形成矿山开采、板材加工、工艺品精深加工、尾石再利用、废渣废料利用、机械设备维修和水陆运输等较为完善的体系，已成为全省乃至长江中下游较大的石材工业基地和交易市场。

县吉阳岭瓷石矿 矿区面积3.30平方千米，1985年提交储量102.66万吨。由吉阳瓷石矿和景阳雕塑瓷厂开采利用，年开采量约2500吨。

八、彭泽非金属矿区

2014年止有采矿权证或安全许可证矿山企业20家，主要从事建筑灰岩、水泥炭岩、溶剂灰岩、白云岩、铸型用砂等矿产资源的开采。

县红光型砂厂 于1959年建立，国有企业，仅有10匹马力的柴油发电机1台，板车100部，当年产型砂4.4万吨，利润11.7万元。1978年产量达21.8万吨，利润16.3万元。70年代末，该厂由银行贷款30万元，对型砂生产线进行全面技术改造，基本实现机械化生产，产能达30万吨。1981年生产型砂24.2万吨。1995年更名为彭泽县建材总厂。

县砂石总公司 国营企业，位于彭泽县龙城镇，年产河砂80万吨。

县芙蓉型砂矿 集体企业，位于芙蓉墩镇太字村，年产河砂10万吨。

县长江型砂矿 集体企业，位于定山乡棉洲村，年产河砂10万吨。

县乐观大理石厂 集体企业，位于乐观乡乐观村，大理石年产量3万平方米。

彭泽石灰石矿 1963年建成投产，建设规模15万吨，是庐山水泥厂自用矿山。1971年被征用为国防建设用地后，转到瑞昌码头镇新建石灰石矿山。

县杨梓瓷土矿 集体企业，位于杨梓镇，年产量2.6万吨。

九、武宁非金属矿区

2014年有采矿权证或安全许可证矿山企业52家，主要从事大理岩、高岭土、板岩、页岩、黏土、建筑灰岩等矿产资源的开采。

十、九江县非金属矿区

2014 年，有采矿权证或安全许可证矿山企业 25 家，主要从事建筑灰岩等矿产资源的开采。

第五节　黄金工业企业

一、瑞昌洋鸡山金矿

该矿位于瑞昌市东 3 千米，有九瑞、九江大冶公路在矿区西缘通过。1971 年，赣西北地质大队普查找矿时，在瑞昌洋鸡山发现铅锌多金属矿床。1978 年，依据老资料开展综合研究时发现该矿床含金较高而成为以金为主的多金属矿床。

1979 年 4 月，为适应地方开采需要，提交 10 号勘探线东西长 100 米块段的资料，县经委确定瑞昌煤矿抽调力量开采，作为煤矿一个工区。4 月 12 日，瑞昌洋鸡山金矿领导小组成立。14 日编制《洋鸡山金矿开拓方案设计说明书》，于 10 号线底板建主副井 1 对，主井井底标高 –20 米，副井 +20 米。拟建日出矿石 50 吨采矿规模。5 月 1 日主斜井开始施工，副井 8 月初动工。在此期间，赣西北地质大队为解决待业青年问题，要求入股联合开采。经九江地区主管部门牵头，县工业局、县经委同意，于 8 月 25 日签订了《瑞昌县煤矿、赣西北大队联合开采瑞昌县洋鸡山金矿协议书》，建设资金双方按 7∶3 比例投入。地质队以勘探费投入 46 万元，县自筹 64 万元。1980 年年底巷道见矿。1981 年 5 月全国黄金总公司群采处处长高忠玉到矿山，见资源可靠，作为群采新增项目列入基建计划。根据矿山要求，当年下达投资指标 50 万元。此后投资渠道逐渐畅通。

1981 年 7 月 28 日，根据全国黄金总公司要求，为理顺关系，洋鸡山金矿从县煤矿划出，成立国营瑞昌县洋鸡山金矿。根据 1980 年年底提交的《洋鸡山金银多金属矿地质报告》和 1981 年年末江西冶金研究所提交的《洋鸡山金矿 V 号矿体黄铁矿型矿石流程试验报告》，1982 年 5 月南昌有色冶金设计院完成《江西省瑞昌县洋鸡山金矿选矿部分设计》，50 吨 / 日规模选厂于当年 5 月基建，3 个月试产后即投入生产。自此江西省第一座黄金矿山建成投产。整个建矿过程是一个“边勘探、边集资、边设计、边基建”的过程，储量由 2 吨扩大到 4 吨和 6 吨。投产后不久，由于储量增大，改造为采选配套工程，全部完工累计投入资金 446 万元。

该矿以金为主，兼有银、铜、硫、铅、锌，属多金属中低温热液硫化物型金矿床。

因矿体及顶板围岩松软破碎，用水平分层块石混凝土充填采矿法，日采矿能力达 70~80 吨。选矿采用单一浮选金铜精矿工艺流程，产品为金铜精矿和硫精矿（尾矿）。

1985 年 12 月 28 日，根据《国务院关于增产黄金、白银问题的通知》等一系列文件精神，江西省副省长钱家铭到洋鸡山金矿视察，为扩大金矿生产能力，提出采选配套和露天开采两方案。1986 年 3 月，全省首次黄金工作会议期间，确定按万两产金能力改为露天开采。7 月份可行性研究审查通过，年末通过初步设计。建设工期 2 年，投资 1700 万元，后调整到 2103 万元，日采选规模 250 吨，年产金 10343.71 两。为保概算不突破，按期按质完成，引进承包机制，工程提前 5 个月于 1988 年年底建成，节约投资 5%。1989 年上半年进入调试，6 月份后转入试产，采用氰化炭浆工艺提金。1992 年下半年逐渐转入处理原生矿，鉴于设计确定的流程实施有一定难度，流程改为浮选金铜—尾砂焙烧—烧渣氰化提金工艺。

1998 年 7 月，该矿实行改制为股份合作制，成立九江金锋集团有限公司（简称金锋集团）。1998 年 3 月金矿采矿车间成立金锋集团采矿有限公司，独立核算。2000 年 6 月，投资 120 万元，与江西省黄金管理局合资，成立赣金冶炼有限公司。2000 年 11 月底矿山露采达到设计边界，矿山复转入坑道开采。由于资源埋藏深，保有储量少，企业从 2001 年 9 月全面停产。原矿区剩余资源，以 300 万元一次性租赁给福州益风养鳗场经营。2004 年 4 月 2 日，重新设立瑞昌市洋鸡山金矿，隶属金锋集团管理。2005 年 1 月，企业改制，除 3 人留守外，568 名职工身份置换。从 1984 年至 2000 年年底，累计产金 2721.29 公斤，产值为 18294.29 万元，实现利润 4314.46 万元，上缴税金 960 万元，上缴所得税及国有资产收益 1355.55 万元。

二、修水古市金矿

矿区位于县城西部古市乡境内。民间淘金有悠久历史。1957 年 8 月在上杉朱家祠堂建立修水县黄金矿，有职工 36 人。1959 年 8 月，因经营亏损停办，共产金 2720 克。1976 年 10 月，第二次建黄金矿于古市公社，县社合办，银行贷款 14 万元，购解放牌汽车 1 辆，摇床、振动筛各 2 台及其他设备，组织 20 名社员和 20 名上海知青，仍用挖大坑取沙方法采矿。由于经营亏损大，难以维持，1978 年 12 月 14 日停办。其间产金 1014 克（含山金产量）。收回投资 3.3 万元，扣除设备材料，亏损 8.5 万元。1982 年，冶金部黄金局划拨 10.7 万元补偿。

1982 年 10 月，武警 00536 部队按 400 ~ 600 × 40 米网度对古市沙金矿区进行详勘，圈出北起东山，南到良田长 5 千米，面积 5.5 平方千米的沙金矿床，获 C+D 级矿砂量 292 万立方米，金金属量 805 公斤。

1986 年 4 月，与黑河市农机修造厂签订建采金船合同。6 月 14 日成立古市金矿筹备小组。10 月 1 日基建开挖。11 月平底船开始建造，1987 年 6 月底，建成进行交工验收。后因枯水，渣津电站无电可供，船不能动而停产。

1988 年年初，采金船过河进到矿体，投入试生产。全年产金 6.971 公斤，企业出现亏损。

1989 年，由于购置柴油发电机组，缓解了供电问题，全年生产黄金 23.32 公斤，企业扭亏为盈。1990 年企业管理不善，全年仅产黄金 18.368 公斤，由财政拨款补贴 5 万元，使企业财政持平。1991 年后，因资源枯竭而停产。

三、瑞昌高丰金矿

瑞昌高丰金矿位于县城西南 13 千米的高丰乡境内。1958 年曾由赣西北地质大队作过铁矿资料调查，提交铁矿石资源近百万吨。1984 年 11 月，乡政府成立“高丰铁矿”，采下的矿石卖给铜岭钢铁厂脱泥后统一外销。1984 年 12 月进行铁帽检查时发现含金。1985 年进行初查。与此同时，铁矿石停止开采，配套 30 名工人协助地质勘探的山地工程施工，加快地质工作进度。1986 年 4 月提交《高丰金矿区地质报告》，圈出矿体 6 个，其中有开采价值矿体 2 个，即 5 号、6 号矿体，C+D 级金金属量 546.51 公斤，铁矿石量 2.56 万吨。

1986 年，省地矿局测试中心、赣西北地质大队与高丰乡联合做矿石可选性试验，从矿山购矿石 1000 吨，用槽浸方法提金。高丰乡也同时委托吉林冶金研究所做试验，试验结果浸出率达 95%，吸附率 99%以上。于是加快矿山筹建进度。1987 年 2 月，成立矿建设计组，6 月份提出初步设计。1987 年 8 月 28 日，审查通过初步设计。同年 11 月 28 日，选厂破土动工。1988 年 9 月选厂建成试生产。10 月 2 日首产合质金 357 克，成色 70%，为江西省第一家金泥氰化—炭浆厂。以后的生产基本顺利。1990 年 11 月 28 日，在市黄金公司主持下通过正式验收。其采矿是露天手工作业，规模为 30~50 吨 / 日，平均金品位 8 克 / 吨，最高达 20 克 / 吨，服务年限 8 年，职工 200 余人。

1990 年前产量达高峰，最高年产金 78 公斤。1993 年因资源枯竭，矿山处于半停产状态，年产金仅 2 公斤。1995 年完全停产，职工自谋出路。

四、九江铁门坎金矿

九江县铁门坎金矿位于九江县西北 18 千米的城门乡联盟村。1985 年，地质部门通过地表和少量钻孔检查，发现铜矿体铁帽有金银富集，可圈定工业矿体。1986 年开始详查，提交 C+D 级矿石量 19 万吨，含金品位 5.83 克 / 吨，金金属量 116 公斤，此外还有可回收的银金属量 39 吨之多。

1987 年 8 月 29 日，经九江县政府批准，“国营九江县铁门坎金矿”成立。并先后到安徽码头金矿、河南南阳金矿学习池浸技术。确定引进堆浸技术，由省市黄金公司和县共同集资，请南阳地区黄金公司指导试验设计施工。地质方面请 267 大队咨询，利用原有探槽素描取样，另挖浅井验证。1988 年，堆浸提金试产成功。1989 年 5 月，试用解析电解装置，一次产金 1 公斤多，之后生产一直正常。国家黄金局有关领导人到现场检查，亦很满意。7 月，全省黄金系统在九江县召开现场会议，在全省予以推广。

该矿职工来自停办的县东风煤矿职工。采矿、筑堆、拆堆由附近农民承担。矿部设在城门山，县城有办事处，解析电解冶炼在新塘。

1995 年 10 月，为实现市矿冶总公司在九江县城门山矿区安全和统一开发，市政府决定将九江县铁门坎金矿的人、财、物全部移交给矿冶总公司所属的铁门坎金矿统一生产经营。因此，矿冶总公司接受安置九江县铁门坎金矿转入的 100 名职工，支付九江县 400 万元资产处置及各项补偿费用，并每年给九江县政府补偿费用由原 30 万元调整为 60 万元。整个移交工作于当年 10 月底结束，九江县铁门坎金矿营业执照停止营运。

五、修水土龙山金矿

矿区位于县城西南 65 千米的大桥区境内。是 1979 年赣西北地质大队 504 分队进行修水西部金矿普查期间所发现。1986 年 5 月，由黄金指挥部武警 00536 部队进行地质详查工作。12 月，为清理民采并协助探矿，修水县地质矿业公司引进广东信宜县矿产技术开发人员在百花坳 201 号、202 号脉开采。县煤矿、县钨矿及大桥区、朱溪和上杉乡政府也相继组队在矿区划界开采。采出的矿石粉碎后，经水泥溜槽重选，粗金精矿进行混浆后进土焦炉或炭炉熔炼，溜槽尾矿再池浸。群采一直持续到 1988 年 5 月，纷争不已。1988 年 5 月，深圳破获一起黄金走私案，产品来自修水，广东信宜县矿产技术开发队及县地质矿业公司负责人等涉嫌犯罪，促使县政府下决心大力整顿，群采从此结束。县委县政府决定将土龙山矿区百花坳矿段划为国营，成立以县煤矿为主，钨矿参加的修水土龙山金矿；万源洞矿段由上杉乡组织乡镇集体开采。为使国营土龙山金矿生产不受干扰，尽快形成规模经济，县组建金矿领导班子。此后，1 个月架通通信线路，3 个月公路修通，12 月份流程试验报告提交。1990 年年初，选厂工程 00536 部队委托长春黄金研究所设计，同年 6 月 9 日开工。1991 年 5 月 3 日建成，规模为 25 吨 / 日，采用重选—全泥氰化—锌丝置换流程，回收率 90%以上。该矿为全省产岩金最多的矿山。1988 年 1 月至 1994 年 12 月，共产金 976 公斤，成为县税利大户。1999 年因资源枯竭而停产。

修水马坳金矿。负责马坳至郭家滩之间的修河一带 40 余艘淘金船的群采砂金的收购管理。因造成了河床淤堵，部分河岸崩塌，1996 年县政府决定予以停办。据县统计 1987—2000 年累计产金 1660.61 公斤。

六、瑞昌吴家金矿

矿区位于瑞昌县城北 8 千米的白杨乡境内，武山铜矿北矿带含金铁帽区。1970 年地质部门曾对铁帽做过评价，估算铁矿石储量。1984 年 11 月对铁帽矿进行金矿检查时，首次在瑞昌地区发现铁帽型金矿。

1986 年武山铜矿委托北京矿冶研究总院进行工艺流程试验，对比选矿和制粒堆浸两种工艺后，选用制粒堆浸流程。1987 年 2 月 23~24 日，中国有色金属工业总公司科技部在北京主持审查通过。8 月由武山铜矿负责委托该院设计，10 月提交设计文本。通过一年多的协商，12 月 9 日，由武山铜矿和瑞昌县苎麻总厂联合开发吴家金矿的协议签字，双方按 52：48 比例入股和分成，基建总投资 700 万元。

1988 年 5 月 1 日动工，1989 年 10 月 1 日投料试车，12 月 30 日首产成品金 191 克。

从 1990 年 3 月起试验直接堆浸工艺，由九江市黄金公司和铁门坎金矿派人组织试验。经 6 个月试验，浸出效果较好，达 65%，冶炼流程经过用聚乙烯桶代替混凝土储液池后畅通。采矿也由原全汽车运输改为人力采矿，就近筑堆，成本大为降低，扭亏为盈，制粒系统作为科研项目仍在完善中。

吴家金矿铁帽含金金属量在 2 吨左右，平均含金品位 5 克 / 吨。矿山建立 200 吨 / 日生产线，服务 10 年，有员工 120 人。投产后年产金 40 公斤左右，累计产金达 500 公斤。2003 年因经营不景气，转为承包经营，最高年产金达 90 余公斤，产值近千万元。2008 年金产量不足 30 公斤。该矿区仍保有矿石量 8 万吨，含金金属为 600 公斤。

七、瑞昌港南金矿

矿区位于瑞昌市夏畈、南阳西乡境内。赣西北地质大队 507 分队于 1986 年在东起仙姑台，西至邹家山，南抵宝山铜岭一带，开展铜金普查找矿时发现，并相继于 1987 ~ 1990 年开展地质普查。矿体分分布于邹家山东坡，仙姑台—邹家山北斜南翼，奥陶系下统仓山组白云岩之上，呈缓倾斜帽状，似层状分布。矿石工业类型为残积土状夹块状含金褐铁矿，含金平均品位 5.57 克 / 吨，储量 958 公斤。

矿区开发始于 1989 年，由县黄金公司与夏畈乡政府联办，为瑞昌县黄金公司下属企业。4 月 22 日签订“联营协议”。九江市矿冶设计事务所设计，洋鸡山金矿派技术人员负责组织基建施工和试生产，采用池浸炭吸附流程载金炭送洋鸡山金矿解析电解。投资 6 万元，年处理矿石 3000 吨，产金 10~15 公斤。1990 年起由夏畈乡单独经营。试生产到 1990 年年底共产金近 12 公斤，职工人数 77 人，产值 35 万元（不变价），实现利润 3.77 万元。1992 年有职工 30 人。因矿山地质研究程度低，浅部矿已采完，深部资源不明，矿山处于停产状态。由安徽马鞍山客商投资进行地质探矿工作。

八、瑞昌白杨银金矿

矿区位于白杨镇武山铜矿区南边部，是高丰金矿的一个采矿点。成立于 1997 年。后租赁于澳门客商经营。因涉及省武山铜矿井下生产安全，未有采矿许可证，生产几年后被勒令关闭。

九、九江洗心桥金矿

是洗心桥乡与赣西北地质大队 502 分队联营的一个小型乡镇黄金采选冶联合企业，位于九江市西 26 千米的洗心桥乡境内。

该矿 1986 年发现。1988 年由赣西北地质大队提交《江西省九江县丁家山金矿区 9 号金矿体地质报告》储量 0.5 吨，所采矿区的原生矿是九江铜硫矿的远景规划区。10 月 15 日开始兴建浸矿设施，当年投料试产。1990 年春节期间出第一批载金炭，全年出载金炭 5 批。首批委托铁门坎金矿解析电解，中间三批委托洋鸡山金矿，最后一批采用焚炭处理提金，全年产金 12 公斤。处理铁矿石 550 吨，实现利润 18.26 万元，还贷 5 万元。矿山自制了解析电解设备。矿山剥离请外地民工，采矿是由当地农民人工开采。方法是人工掏洞装药爆破，板车、手推车搬运，两台 5 吨东风汽车运输到 3.5 千米外的浸矿厂。日处理量 50 吨，有浸出池 18 个，每周一循环，尾矿品位 0.5 克 / 吨以下。

十、修水上杉金矿

该矿为修水县土龙山金矿东部漫源洞矿段。根据地质工作，该矿段有石英脉 16 条，仅一条可圈定工业矿体，适宜于民采。推算其品位可达 15 克 / 吨。

1986 年起一直由上杉乡组织民采，氰化等技术工作请广东人做，当地农民从事辅助性工作。使用多条土法重选池浸流程。1987 年以来，每年可交售黄金 3~5 公斤，最多的 1989 年交售 8.3 公斤（包括少量古市、画坪两乡交售的）。

十一、瑞昌宏益冶炼有限公司

2004 年 11 月建冶炼厂，可处理金、银、铜等金属产品，2005 年 12 月投产。2006 年产金 123 公斤。2007 年产金 345 公斤，2008 年产金 162 公斤。2009 年产金 7 公斤。

1985~2010 年间部分年份瑞昌市黄金企业历年产金量一览

表 3–3–47　　单位：公斤

年份	洋鸡山	高丰	吴家	港南	竹林塘	试验回收	宏益公司	合计
1985	104.68							104.68
1986	197.46							197.46
1987	177.38	2.86						180.24
1988	158.66	55.85						214.51
1989	246.78	70.85	16.66					334.29
1990	168.36	51.00	45.72					365.08
1991	286.78	17.42	17.42	6.44				328.06
1992	243.50		3.00	0.15				246.65
1993	164.89	4.74	1.20	0.48				171.31
1994	227.14	4.50		3.28	4.27			239.19
2004	49.00		85.70		2.10	31.00		167.80
2005	65.80		82.30		5.00	10.80	3.00	166.90
2006	70.00		73.00		4.00	3.00	123.00	273.00
2007	68.00		54.00		6.40		345.00	467.40
2008	185.00		37.22		13.20		162.00	397.42
2009	83.00		42.30		8.00		7.00	140.30
2010	49.00		27.18		14.00			115.38

说明：本表空白处为该企业尚未建成投产，或已停产。

十二、瑞昌市黄金管理站

建于 1987 年 1 月 19 日，为事业单位，定编 4 人，属县经委领导。为适应黄金工业快速发展和管理需要，于 1988 年 3 月 2 日经县政府同意成立瑞昌县黄金公司（企业），与管理站合署办公，管理站和公司共有人员 10 名，设开发、安全、财务 3 个股和 1 个办公室。

十三、修水县黄金管理站

1983 年 7 月 10 日成立，站长由县经委借调，由 3 人组成，站址设在古市乡政府。1985 年 2 月 10 日修水县地质矿业公司成立，黄金管理站的业务也改由地质矿业公司负责。

1987 年 3 月经省公安厅批准，修水县公安局黄金派出所成立。任务是负责土龙山、古市等矿区资源开采治安保护工作。黄金管理站随之撤销，黄金开发管理工作就由地质矿业公司及黄金派出所负责。1988 年地质矿业公司退出黄金管理工作。同年 9 月 26 日，成立县黄金公司，与县矿管局合署办公。

十四、九江县黄金管理站

1989 年 6 月 3 日成立，为县经委领导下的股级机构。

1991~2001 年九江市成品金产量一览

表 3-3-48　　单位：公斤

年份	洋金山	古市	土龙山	高丰	铁门坎	吴家	合计
1991	242.34	7.34	80.20	51.60	22.50	45.30	465.27
1992	155.94	12.46	77.20	16.16	31.75	60.439	373.95
1993	5.819	15.00	86.74		28.749	2.90	165.31
1994		18.00	83.99		37.041	24.00	163.03
1995		6.30	55.41		27.40	36.00	125.11
1996		10.54	50.22		25.27		86.53
1997		26.00	50.0		37.17		113.17
1998	3.657	20.70	17.00		10.00		51.46
1999	2.35	7.00					9.35
2000		2.00			62.515	19.077	64.515
2001					23.172		42.249

说明：九江县乡镇产黄金：1991 年产成品金 15.99 公斤

1990~2011 年九江市煤炭、铁矿、有色金属矿及黄金产品产值产量一览

表 3-3-49

年份	煤炭采选业			黑色金属矿采选业			有色金属采选业						贵金属采选业	
	产值（万元）		原煤产量（万吨）	产值（万元）		铁矿原矿产量（万吨）	产值（万元）		产　量				产值	成品黄金（公斤）
	当年价	不变值		当年价	不变价		当年价	不变价	铜精矿含铜量（万吨）	(S35%)硫铁矿（万吨）	钨精矿折含量（吨）	纯锑（吨）		
1990	1757	1230	26.9000	412	493	16.55	11002	12171	4403	15.27	1263	177		
1991	1868	1528	27.7900	244	239	2.28	10994	11652	4128	14.44	1146	329		481.26
1992	2311	1990	29.8300	406	364	10.10	11305	12059	4382	16.46	1227	361		373.95
1993	5093	4236	49.7600	406	364	10.10	14746	13373	5127	13.45	642	490		165.31
1994	5661	4543	41.0300	116	112	7.20	18607	15771	6227	12.38	1817	503		163.03
1995	3958	2025	41.4300	283	210	7.15	22548	15939	34100	12.34	1161	509		125.11
1996	3521	2126	36.1200	375	313	2.25	18517	13870	34.6		1156	4362		86.53
1997	6075	5299	40.3000	299.4	265	1.30	25750	19632	34.6		961	2648		113.17
1998	4403	3929	26.0000				10942	9330	5604	15.50	406	177		51.46
1999	3351	1842	22.0000				13269	12516	1090	13.10	771	460		9.35
2000	3840	2171	15.1000				13033	14888	6255	15.00	1561	670		64.516
2001	699	2002	15.1770				16362	15174	4735	16.8909	4869	790		42.249
2002	716	2218	14.5249				23652	24580	6206	19.0030	9004	2500		
2003	2115	2551	13.1041				24464	25554	6979	21.6178	9422			
2004	3832	3832	12.9803				56891	55688	4265	27.7455	11356			
2005	15074	14945	13.6015				77820	76387	2672	21.2317	9234			
2006	19015	19040	60.6294				182093	177589	2442	32.7310	11722			
2007	24222	24222	80.0318				248010	245632	5042	14.5505	6481			
2008	44025	44025	76.8945				254600	253471			6066			
2009	36012	36012	59.6600				28740	286535			12244			
2010	45831	45796	88.2000				317494	312000			5726			
2011	38740	38740	74.9500	16751	16751		430322	430423			6415			

第四篇　生产技术

第一章　黑色金属

第一节　开采

一、铜岭钢铁厂

该铁矿所采矿体是位于下古生界奥陶系下统白云质灰岩与志留系粉砂岩接触带，走向北东东—南西西、倾向南南东，属铁帽褐铁矿。从其赋存特征可将矿体分为东、西两段。东段矿体包括 40 ~ 120 线，呈似层状产出，倾角 50°　~ 60°　，厚度薄、储量小。西段矿体包括 0 ~ 40 线，矿体呈似漏斗状赋存于奥陶系下统白云质灰岩大溶蚀面中，全部出露地表。西北与 1 亿多吨的白云石矿体相连。其底板标高一般在 40 ~ 70 米，最深处为 –34 米。矿体一般厚 12 ~ 25 米，最厚处 75 米。整个矿体由上至下，自西而东有逐渐尖灭的趋势。

褐铁矿体含较多的黏土和围岩碎块，致使整个矿体呈松散状。主要结构为土状、胶状、葡萄状和放射状。构造主要为致密块状，皮壳状，多孔状。含矿率一般在 60% ~ 80%，平均 71.02%。褐铁矿原矿品位为 39.86%，地质储量 254 万吨，工业储量 194 万吨。还有铜金属储量 0.898 万吨。钴 780 多吨。

1957 年 10 月，铜岭铁矿由南昌钢铁厂（以下简称南钢）筹建。1958 年全民大办钢铁时有 3 万 ~ 4 万民工从九江各县被调进铜岭矿开矿炼铁。工人（民工）编制归南钢注册，属南钢一个采矿点。采矿方式为手挖肩挑，富矿直接供土炉子炼铁，剩余部分由民工用肩挑运往码头江边装船，运往南钢。

1959年调集附近万名民工，修筑铜岭—码头（长江边）小铁路，1960年7月建成通车。由于轨道是用生铁铸造，小火车拉运一次矿石后，铁轨全被压断，被迫停止铁路运输。

1962年调整国民经济时期，矿山停建，民工大部分回原籍，少数看守人员和财产由南钢管理。

1969年9月，九江地区革命委员会决定在铜岭建立“小而全”钢铁基地，任命戴万和为组长，组成筹建领导小组。11月开始从瑞昌、湖口、星子、都昌等县招调常备军（后全部转为正式工）进厂。

采矿从104米标高开始。

84米以上的开采首先全部利用人工作业。1979年10月后，采用窄轨人工推矿车，用电铲铲装的山坡露天的采装运工艺。至74米台阶后，转入深凹露天，采用公路开拓，汽车运输，总出入沟布置在采场北端84米标高处。矿石运往选厂，废石运往东部及西部废石场，采装工作沿矿体走向布置，采取自矿体下盘向上盘推进的开采方式。

采、装、运工作主要采用VQ-100型潜孔钻孔机、W-S02型电铲、东风4吨自卸汽车和移山-80型推土机等设备。

开采境界及采剥工程量。以74米台阶为例：人车沟长144米，工程量1.2万立方米；开段沟长300米，工程量2.5万立方米。矿石量40.45万吨，剥离量18.9万立方米。

公路和技术条件。公路等级为Ⅲ级，采用双车道运输，最小曲率半径15米，主回头曲线最小半径为12米，辅回头曲线最小半径为20米，插入直线长度最小不小于10米。回转式车场，其路面外缘的直径为28米，最大缘坡8%（包括曲线折减），竖曲线最小半径凸型250米，凹型100米，运输平台宽度10米。

排土工作。矿山废石（土）的排弃工作由于运距短，地形有利，多采用人力板车运输，部分采用汽车运输。排土场有三个：1号排土场，即西部尾砂库上部；2号排土场容量小；3号排土场较远，要用汽车运输，因受地形和植被影响库容也不是很大。

排水。水文地质简单。但暴雨水量集中时，在60米台阶出现集水坑，采用引水坑、沟和移动排水泵排水。

采矿生产能力。建厂初期至20世纪70年代末，采矿生产以满足炼铁炉能力为主，加之又以人工打眼放炮、人工挖掘、人工装卸、板车运输，年采矿量在1.9万吨左右。80年代初期，随着国民经济调整，地方小型亏损钢铁企业实行关、停、并、转的整顿，铜岭小钢铁基地将炼铁部分停止生产，转为以铁矿石为主要产品的生产经营方式，并从

1979 年 10 月起，采用机械化凿岩爆破、电铲装矿、自动翻斗汽车运输为主，辅以人力板车运输的生产方式，年采矿量由 5 万吨上升到 10 万～12 万吨。至 1985 年，94 米台阶保有矿量 20000 吨，剥离量 20000 立方米。84 米台阶矿量 108000 吨，剥离量 60000 立方米。两台阶同时作业，至 1985 年上半年挖掘完毕。1985 年 2 月 5 日，74 米台阶动工。1987 年 10 月 26 日，64 米台阶开挖，台阶下降速度为 2.67 米 / 年。

1970~1990 年铜岭厂采选技术经济综合表一览

表 4-1-1

年份	铁精矿（吨）	铁精矿消耗炸药（公斤/吨）	雷管（支/吨）	导火线（米/吨）	综合耗电（度/吨）
1970	5101				
1971	19151				
1972	8374	0.13	0.1	0.12	
1973	2301	0.14	0.11	0.15	
1974	4070	0.3	0.12	0.19	
1975	5636				
1976	3641	0.12	0.5	0.8	
1977	13050	0.15	0.7	0.8	
1978	8415	0.12	0.06	0.15	
1979	11014	0.1	0.03	0.17	
1980	10760	0.1	0.035	0.09	
1981	34203	0.08	0.054	0.047	14
1982	56219	0.13	0.1	0.13	11.74
1983	65777	0.12	0.09	0.13	15
1984	79102	0.07	0.05	0.08	10.8
1985	78745	0.041	0.031	0.048	10
1986	75615	0.08	0.08	0.11	13.5
1987	57212	0.062	0.038	0.072	15.45
1988	60468	0.011	0.09	0.045	10.68
1989	58842	0.08	0.078	0.107	10.67
1990	58097	0.09	0.09	0.209	14.86

二、城门山铁矿

城门山矿区在1958年以前，曾对铁矿资源做过一些地质勘探工作。1958~1962年进行过土法开采，1962年停止开采。1969年结束地质勘探，赣西北地质大队查明该矿区是一个大型的铜、硫、铁矿床。1987年，又查出部分铁帽中含有具工业价值的黄金。

1969年10月，省重工业局决定城门山铁矿复建，并划归南昌钢铁厂管辖。南昌钢铁厂于同年11月派出人员上山筹建。1970年开始投资，边设计、边基建、边生产，直至1973年年初省局决定缓建停产。

当时，根据省局要求，城门山铁矿建设规模定为年产合格矿10万吨，采取自力更生土法上马，自行设计，自己施工，边设计、边基建、边生产的方针，并确定在铁矿建设中不考虑选矿厂和铜硫资源回收。经3年建设，矿山各个环节不配套，生产能力尚不够平衡，因此，矿山综合生产能力仅6万吨/年。

自1970年开始，连续3年省共计投资530万元（其中1970年270万元，1971年210万元，1972年50万元）。此外，南钢还调拨流动资金101万元。

3年中省冶金局及南钢调给的主要矿山设备有1立方米挖掘机1台，装岩机9台，小型卷机2台，各种型号矿车100余台，皮带机8台，共计140余台，200余吨，价值150万元。调给的主要材料有钢材1400余吨（含铁路轻轨），木材1200立方米，水泥700余吨。

1970年汽车运出矿石3750吨。1971年采矿7万吨，运出合格矿8600吨，原矿2300吨。1972年头4个月出矿1.91万吨，其中合格矿1.38万吨，粉矿0.53万吨。4月下旬停产。3年合计共产出原矿11万吨，其中运出合格矿2.24万吨、原块矿6060吨、粉矿5300吨（折合原矿约5万吨），损失、误差、存矿约5万余吨。天井洼矿面的铁矿石品位达40%，其他的均在35%～38%之间。

根据上级指示，由于全省压缩基建战线，考虑到城门山铁矿品位不高，杂质多、不合冶炼要求等原因，决定暂时缓建，并调出大批劳力。

1973年以后，当地群众曾自行组织开矿。因铁精矿含硫高，用户拒收而未继续开采。1985年省冶金局委托南昌有色冶金设计院对城门山铁矿石回收进行可行性研究，并于1985年9月提交可行性报告，结论是“单独开发铁矿资源是不可行的”。

1987年9月，城门山矿区的铁门坎的铁矿石，再次开采，但只浸出铁矿石中的金，铁作废石排掉。铁帽下的铜硫开发也于1988年开始（见本篇的有色金属章）。

第二节 选 矿

一、铜岭1号流程

1970年年初，在矿山东北坡44米台阶平面场地新建干选简易流程（即1号流程）。生产能力为日产精铁矿50吨，最高100多吨，分3班作业。选矿设备有400×250毫米颚式破碎机（一段）、250×175毫米颚式破碎机（二段）、双层摇动分级筛等设备。

1973年12月，选矿流程接通高压水管后，将选矿设备进行重新设计布置，改干式工艺为湿式工艺流程。其主要设备为400×250毫米颚式破碎机（一段）、脱水筛1台、圆筒筛1台、2500×1250毫米万能振动筛1台（取代连杆摆动筛），B500毫米皮带运输机1台、直径750毫米螺旋分级机1台。

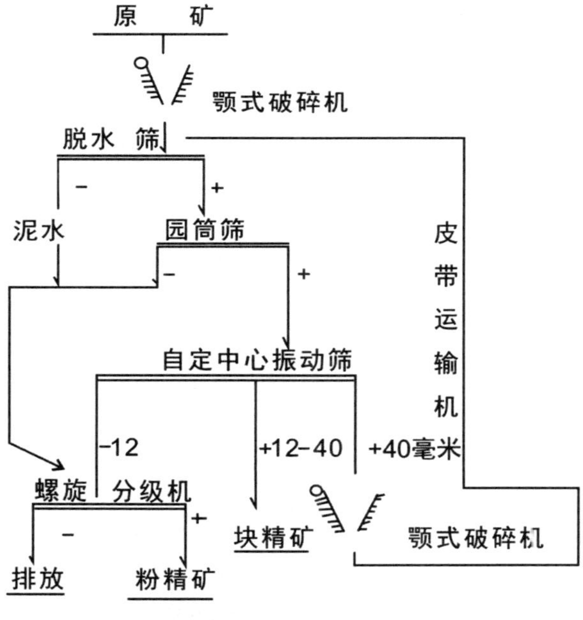

图4-1-1 铜岭铁矿改进后的1号选矿流程图

采用湿式选矿工艺后，解决干式选矿只能用高品位原矿，而不能用带黏性泥土的混合型原矿的矛盾。同时提高资源利用率及选矿回收率。改造后1号流程日产铁精矿一般有70多吨，最高达120吨。

二、铜岭2号流程

1974年10月，开始新建由江西冶金学院设计的2号选矿流程。至1976年建成。主

要设备有 ΠBKW50×50–14 辊轴筛 1 台，400×250 毫米颚式破碎机 1 台（1 段），2500×1250 毫米双层振动筛 1 台，250×175 毫米颚式破碎机 1 台（2 段），二次分级用振动筛 1 台，直径 1200 螺旋分级机 1 台。

1978 年对 2 号流程进行技术改造，拆除辊轴筛，建造浆池。池上面装直径 100 毫米元钢焊接的条格筛，池内装有电耙 1 台，使黏性泥质土的分散情况得到改善。为解决一级破碎能力，加装了 1 台 400×250 毫米颚式破碎机。

1980 年 10 月 7 日，停止炼铁生产。从 1981 年 1 月起，改为以生产铁精矿为主产品。为适应这一改变和根据用户对粉矿的要求，将造浆池、电扒装置拆除，在一级破碎机下端加装两台 540×4600 毫米擦洗机（开始为两级擦洗，后改为一级。将二级改作一级的备用机）。拆除 250×175 毫米颚式破碎机，改用 1 台 φ600 毫米圆锥碎矿机代替做二级破碎用，一直沿用至 1987 年停开。因圆锥碎矿机能力偏小，1986 年又加装 1 台 610×400 毫米对滚机。

只生产粉精矿时，产品粒度要求 10 毫米，此时，二级破碎产品需经再细碎，故新增两台 400×250 毫米对滚机（后改为 1 台 610×400 毫米规格）作第三级破碎。

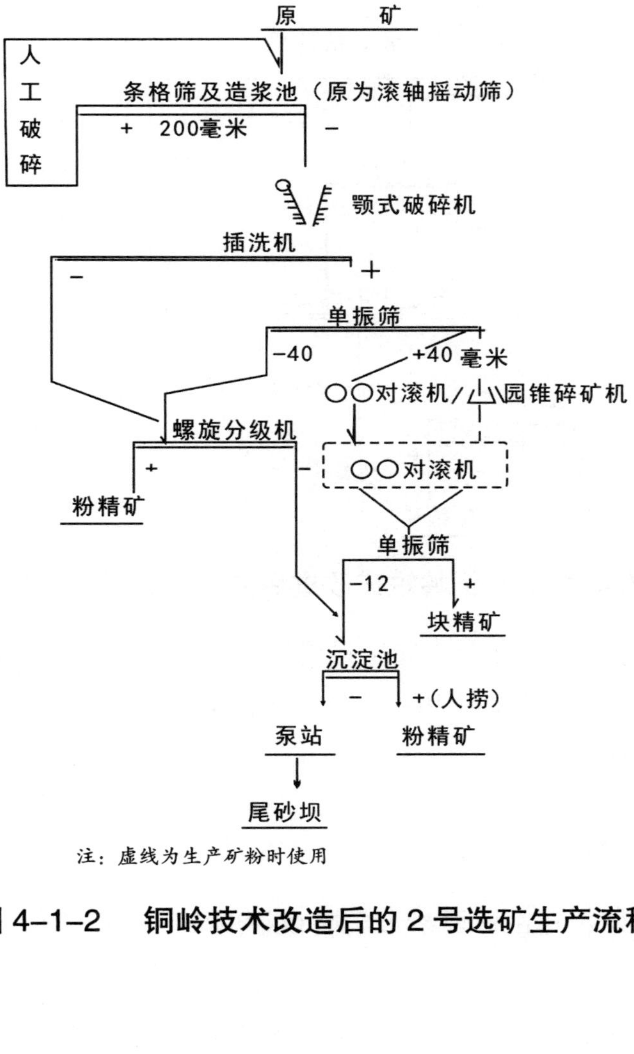

图 4–1–2　铜岭技术改造后的 2 号选矿生产流程图

尾砂由过去有部分自流入农村沟渠、河道，造成环境污染，改为用三台 4PS 泥浆泵打到新建尾砂坝。

1984 年 2 号流程实际生产粉精矿 8 万多吨，日产最高达 700 余吨。

三、作业制度

为了便于生产调度，铜岭矿山采矿和选矿为一个生产单位（车间级）。

1969 ~ 1974 年，实行 8 小时两班作业。1974 年后，实行 8 小时三班作业。

四、尾砂坝

1969 年铜岭矿山投产初期至 1973 年 12 月以前，主要采富块矿和不含泥质的高品位的原矿，送选厂用干选方式生产出块状（10 ~ 40 厘米）合格铁矿。生产 4 年多未产出多少尾矿。1973 年 12 月选厂由干法改为湿法生产后，含泥原矿入选，由此产生尾矿。此时由矿自行设计建一土坝作尾矿坝，选厂尾矿自流入坝。1981 年开始以铁矿做主产品后，尾矿量成倍增加，老坝堆满后尾矿随沟漫流至河道、农田，引起农民不满。1983 年 9 月委托瑞昌水利电力设计院，设计一个水工坝。该坝体高 20 米，坝脚总长 78.5 米，坝内坡比 1∶2，外坡分两阶段，上段土坡比 1∶2，下段块石坡比 1∶1.5。建设施工时，因受投资限制，将坝脚总长改为 49 米，坡比改为 1∶1.5，外坡坡比改为 1∶1.3，并且下分台阶，加之筑坝土质黏性较差，使坝的安全稳定性受到极大的影响。由于坝腰渗水、外坡无植被、雨水冲刷等原因，1988 年 5 月 8 日 9 时 20 分，尾砂坝发生大面积（约 150 平方米）塌方，产生类泥石流现象，土石方量达 4492 立方米的恶性事故。5 月 14 日市经委主任刘元国、市冶煤公司吴述鑫一行到现场视察，研究整改。5 月 16 日，设计单位瑞昌水利电力设计室提供修复设计，该设计仅将外坡又按 1983 年原设计，提供了一份横断面图，仍由厂方组织自行施工。

1989 年 11 月 9 日 14 时 30 分，连日大雨，尾砂坝在类似前次原因情况下，发生比前次更严重的垮坝事故，尾砂坝中的水、细泥沙一泻而下，造成轻伤 4 人（农民），直接经济损失 9.78 万元，间接经济损失 20.67 万元。此后，又委托瑞昌水利电力设计室，进行修复设计，此次该设计将外坡坡度修改为 1∶3，较以前缓，修改设计还加大了排洪沟，但坝腰渗水问题仍未解决。

五、科学试验

提高选矿回收率试验　1979 年 9 月，根据冶金部对地、县钢铁工业改造计划，省有色冶金研究所对九江铜岭铁矿褐铁矿选矿进行一次试验，为改建扩建选厂提供依据。试验结果：铜岭铁矿石经破碎磨矿至要求粒度后，采用三种不同方式选别，均获得全铁50%以上的铁精矿，回收率在80%以上。

1979年选矿回收率试验数据一览

表4-1-2

名　称	铁精矿品位（%）	铁回收率（%）
湿式强磁选工艺	50.43	83.49
反浮选工艺	50.42	87.03
摇床选别工艺	50.35	82.72

选厂技改采用碎矿不磨矿的洗矿脱泥简易工艺，获得品位大于50%的精矿（含小于12毫米部分），回收率达58%～60%。

1985年为延长矿山寿命，减少金属损失，提高选矿回收率，先后委托武山铜矿、江西铁坑铁矿试验室对尾矿进行测定分析和磁选试验。

铁坑试验室做了27批次试验，但受到试验设备的限制（最大磁场强度只能达10000～11000奥斯特），试验结果：原矿。2号流程的螺旋分级机溢流，平均品位34.36%，含泥量大，粒度不匀，100目以上占28.32%；石磨矿。一次选别获得精矿，品位为42.58%，回收率为72.06%；磨矿。当细度-200目达到84.8%时，一次选别获精矿品位达48%，回收率为52%。

根据铁坑试验结果，进行可行性研究结果是回收率低，经济效益差，改造投资76万元，需8年方能回收，与矿山寿命相近，故决定不采用湿式强磁选工艺。

铜岭高泥质、高铁质、氧化铜矿石溶浸开采室内试验。

1989年9月，核工业部第六研究所对铜岭含泥率高达61.7%～66.6%、铁质高达22.86%的矿石进行溶浸开采氧化铜矿石小型试验，铜浸出率一般在90%以上，铁浸出率一般在3%～4%。堆浸试验，铜浸出率33%～64%，铁浸出率可控制在2%以下。阶段试验结果是有希望的，但需继续室内试验和通过现场建堆浸出实验工作，由于试验经费来源等原因，该项科研工作未能继续下去。

第三节 炼 铁

一、九江钢铁厂

中华人民共和国成立以前九江地、市无炼铁工业，只有少数铸造作坊，铸造铁锅、犁头之类，都昌县三汊港一吴姓村庄，便专以铸犁为生，1946年还在该县办起一永兴锅厂。新中国成立以后，九江办有九江新新铸锅厂。1957年，该厂采用手工工艺，年铸造近2万个铁锅，年产值4.1万元，全厂职工仅15人，固定资产0.1万元。

1958年在全民大炼钢铁运动初期，九江钢铁厂筹备处于7月1日成立。在“大炼钢铁”群众运动中，各地钢铁厂如雨后春笋兴起。当时就有九江东风钢铁厂、瑞昌钢铁厂、都昌县钢铁厂、修水红旗钢铁厂、德安红旗钢铁厂、永修钢铁厂、都昌县第一钢铁厂、瑞昌县武山铁厂、九江市新工铸铁厂及星子炼铁联合厂等一批以土高炉为主的炼铁厂。在中共九江地委8月14日做出的“迅速建立土高炉2000座”决定号召下，至9月7日统计全区上阵劳力达18万人，10月10日统计高达30万人。虽已建土高炉1389个，但大部分不能出铁，高炉寿命也不长，炼出的铁质量差，不能作工业使用。到1959年1月全地区还剩有18个钢铁厂和一批炉群基本点，产量逐月下降，直至全部停产。1962年国民经济调整时期，全地区炼铁土高炉和东风钢铁厂的2座13立方米小洋高炉以及所有钢铁厂都全部停办。

1969～1970年，13立方米小洋高炉再度兴建的有九江钢厂和铜岭钢铁厂。九江钢厂于1970年4月5日成立炼铁高炉筹建小组。1971年自行设计制造安装了13立方米高炉炉体和54立方米管式热风炉各1座，先后投资12.39万元。由于各种条件不具备，没有建完便停建了，除留下高炉烟囱外，其他所有设施全部拆除报废。

1969年10月，在铜岭铁矿又成立瑞昌铜岭钢铁厂并兴建13立方米高炉2座，于1970年5月1日投产出铁至1980年10月7日，历时11年，累计产出合格铁31422.337吨，全部为铸造用生铁。由于连年亏损，在停止财政补贴情况下，停炉转产。所以九江炼铁以铜岭钢铁厂为代表。

二、铜岭钢铁厂

炼铁辅助原材料开采制备 *石灰石*：石灰石矿体位于铁矿东端200米的王山北面，采场在吴家村以西150米处。1970年2月正式开采，作高炉炼铁熔剂之用，石灰石含氧化钙 52%左右。设备有 400×250 毫米颚式破碎机 1 台，分级振动筛 1 台，手摇卷扬机 1 台，重力驱动。20 立方米空压机各 1 台，1971 年 5 月在铁矿东北对面山坡上，建成 6 立方米风压机房，用风钻代替人工打眼放炮，1978 年后，又改潜孔机即汽油机打钻。破碎部分于 1973 年 12 月建成投产。采石能力为 20 吨 / 日，每日 8 小时 1 班作业。

石灰：1973 年 6 月，为降低生产成本，提高效率，利用焦末粉降低炼铁焦比，在石灰石矿山下建造两座高约 11 米，下底径 2500 毫米上口径 2000 毫米，耐火砖砌成的立式石灰窑。1973 年 12 月建成投产，总投资 16 万元。生产能力 12 吨 / 日石灰，全部供炼铁用。1980 年停产后由吴村村民租用。

烧结、焙烧：1973 年 9 月在 1 号选矿流程东 150 米处建成简易工棚约 1500 平方米烧结车间。烧结土炉 8 座，小鼓风机给风，用焦粉做燃料底料加适当的石灰石粉矿，用柴火铺底上面铺焦粉，再上放铁矿粉，一层一层地往上加，一个炉一次烧结 20 吨左右。另外，用同样的方法和步骤焙烧块矿，全部采用土炉土法生产，亦叫焙烧矿。实行 8 小时三班作业。

白云石矿：1972 年和 1973 年在紧邻矿区西边的白云石矿体先后用手工生产 2000 多吨白云石，供本单位用。

1970~1986 年石灰石、石灰及白云石产量一览

表 4–1–3　　单位：吨

产品名称	1970 年	1971 年	1972 年	1973 年	1974 年	1975 年	1976 年	1977 年	1978 年	1979 年	1980 年
石灰石矿	770	6981	6098	607	4198	1240	1391	3810			169
生石灰				1158	810	1092	980	809	2686	2984	
白云石矿			1148	1317							

炼焦：1971 年 3 月，铜岭厂为解决炼铁焦炭问题，从全厂各单位抽调 250 多名工人在码头镇西北约 1 千米的石咀山后，用土炉土法建炼焦场。采用淮南、萍乡、新余等地烟煤提炼焦炭，还曾采用过本地武宁烟煤，进行脱硫炼土焦试验。1971 ~ 1972 年，武汉钢铁学院受冶金部委托由炼铁专家组成高硫焦炼铁实验组，三次到铜岭指导高硫焦炼铁和实验，未取得实质性突破。其主要目的是帮助阿尔巴尼亚高硫焦炼铁的问题，用铜岭小高炉做试验。到 1972 年止，三次实验部分资料汇总见表 4–1–4。

炼焦设备为直径 5 米、高 1.2 米园焦炉 10 座；6×10 米，高 1.2 米焦炉 2 座；简易洗煤机 1 台；水泵 3 台，卷扬机 1 台；辊式碎煤机 1 台，7.5 千瓦鼓风机 1 台。1972 年 4 月还花费 16.3 万元建造 20 孔土洋焦炉 1 座。焦炉生产能力。园焦炉一次性装精煤约 75 吨，炼出毛焦约 40 吨。劳动制度：炼焦炉前工为 8 小时三班制，洗煤等辅助工实行

8 小时一班制。

1970 年与 1971 年部分高硫焦炼铁日记一览

表 4–1–4

年份	月	日	铁产量	号外	合格率%	焦比	矿比	灰比	所用焦
1970	4	7	21.538	8.978	59	1.27	1.78	0.68	15%高硫焦
	10	4	9.37	3.38	64	1.68	1.81	1.04	50%高硫焦
		5	4.072	2.955	27.5	3.31	3.15	1.93	50%高硫焦
		6	6.058	5.138	16	2.35	2.44	1.55	50%高硫焦
		7	3.6	1335	63	3.43	3.44	1.76	50%高硫焦
	11	17	7.555	5.24	31	2.59	2.53	1.31	100%高硫焦
		18	4.155	4.155	0	4.02	3.43	1.85	100%高硫焦
		19	3.44	3.44	0	3.76	3.07	1.9	100%高硫焦
		20	1.285	1.285	0	11.32	8.62	0.96	100%高硫焦
1971	1	4	14.861		100	1.7	2	0.9	10%武宁焦
	1	10	7.304		100	3.3	3	1.40	100%武宁焦

1970~1973 年土炼焦炉生产产量一览

表 4–1–5 单位：吨

项目	1970 年	1971 年	1972 年	1973 年
土焦炭	908	5725	5255	190

炼铁生产主要设备 **13 立方米高炉 2 座**：由新余钢铁厂提供设计图纸，九江专建承建。1 号高炉于 1969 年 3 月动工，1970 年 5 月 1 日建成投产。2 号高炉于 1972 年 4 月完工。

热风炉 3 座：并配助燃机、除尘器。

上料系统：卷扬机、矿车各 2 台。炉顶有大小料钟。

烟囱：高 35 米、底径 4 米。

铸铁机：1976 年 7 月由揭树春设计，机修车间制造。实现铁水浇注机械化，结束长达 7 年之久的沙模铸铁史。

鼓风机：1970 年开始安装 3 台象鼻子鼓风机，因风力不够，1973 年采用 2 台罗茨鼓风机，及送风系统（即送风管道）。

其他设备：450×500毫米双辊齿形破焦机3台，1972年自制泥炮机1台，BA型水泵8台，及供水冷却系统。

原材料燃料质量要求　铁矿石：全铁50%~53%，其他化学成分二氧化硅小于8%，硫小于0.01%、磷小于0.05%、砷小于0.1%、烧损10%、氧化铜微量不计。

石灰：氧化钙70%~80%，氧化镁小于10%、硫1%左右。石灰石氧化钙51%左右，氧化镁4%左右，硫1%~2%。

焦炭（原煤为丰城、萍乡、新余等地产）：发热量一般大于6000大卡，挥发份一般在3%，灰分20%~30%、固定碳大于75%，化学成分二氧化硅45%~50%、三氧化二铝25%~30%、三氧化二铁15%左右、硫0.06%~0.2%之间。武宁高硫煤炼成的高硫焦，含硫2%~4%。

其他辅助剂：有白云石、萤石，因用量少不计。

料比：使用熟料时，即焙烧铁矿或烧结铁矿生灰比例为铁矿：焦炭：石灰为2：1：0.4~0.55。

使用铁矿石的料比铁矿：焦炭：石灰为2：1.56~1.65：0.25~0.78。上料次序为焦炭、铁矿再石灰。

1977年，全部使用熟料，并掺入一些铁屑，焦比曾一度降至0.9以下。

工艺程序　准备阶段：（1）将铁矿石、焦炭、石灰运至储仓。（2）放入木刨屑，加干柴再加5吨左右空焦。（3）点火，开动鼓风机送小风助燃。焦炭点燃后，每隔6~7分钟上一批料，每批料的焦炭、铁矿石、石灰石或石灰按比例配制。

熔炼阶段：上料正常后，开大风助燃，并且点燃热风炉送高温风助燃，即大风量高温熔炼。热风炉工作程序第一步关闭冷风进风阀和热风送风阀。第二步打开煤气控制阀放进煤气。第三步点燃煤气。煤气在燃烧室燃烧后，其废气（烟气）经管道引进烟囱中排走。当炉内温度升至1000℃左右时，关闭煤气，停止燃烧。第四步打开热风送风阀和冷风进风阀，这时从鼓风机送入的冷风经热风炉后便变热风而被送入高炉助燃。按此程序，开始另一座热风炉的工作。

铁矿石在高温下熔解并同熔剂发生化学反应，铁被置换出来沉在炉膛底部，杂质则浮在铁水上面，当铁水积到一定数量时出铁。

出铁阶段：出铁前，先将铁水取样，进行快速分析。分析合格后，先要出渣，一般在出渣后几分钟即出铁。出铁时打开风阀，凿开出铁口，铁水经沙沟流进铸铁机铸模槽内，经水冷却后运出。

生产能力　13立方米高炉设计能力年产8000吨生铁。1977年最高日产达39吨多。

1970~1980 年炼铁主要技术经济指标一览

表 4-1-6

项目	计算单位	1970 年	1971 年	1972 年	1973 年	1974 年	1975 年	1976 年	1977 年	1978 年	1979 年	1980 年
合格铁	吨	461.3	2425.5	2273.9	795.8	910.9	2028.4	1326.9	4088.0	3940.0	5062	3282
出格铁	吨	197.7	766.2	984.0	89.8	104.8	412.6	224.0	932	661.8	302	242
合格率	%	70.0	76.0	71.6	90.0	88.2	83.1	85.6	81.4	85.6	94.4	93.1
炼铁工人实物劳动生产率：合格铁	吨 / 人			17	6.28	7.15		10.0	30.19	35.4	41.26	31.2
入炉焦比	吨 / 吨	2.007	1.63	1.5	0.92	0.97	0.97	1.17	1.15	0.95	1.03	1.02
入炉矿比	吨 / 吨	1.95	1.97	1.99	1.79	1.74	1.72	1.89	2.05	1.80	1.90	1.61
入炉灰比	吨 / 吨	0.8	0.78	0.79	0.32	0.46	0.45	0.63	0.71	0.55	0.55	0.38
平均风温	度		865	878	948	954	922			930	850	70
冶强	I / 平方米·日	2.32	1.91	1.89	1.90	2.22	2.0	1.99	1.92	1.89	1.69	
利用系数	I / 平方米·日		1.32	1.39	2.39	2.5	2.29	1.99	1.62	2.12	1.79	1.74
工人	人			187	141	142		155	166	130	130	113

说明：合格铁成分硅 1.45%～3.75%；磷 0.2%～0.3%；硫<0.006%；锰 1%～12%（4%）

第四节　炼　钢

一、九江钢铁厂

九江地区的炼钢始于大办钢铁时期。1958 年 7 月 1 日九江机器厂炼成第一炉钢，同时还有九江市新新铸锅厂、农具铸造厂和车辆制造厂协作炼钢成功，成为九江地区炼钢的早期尝试。但这些工厂没有进行正式生产。

同年，为响应省委提出的“把江西省建设成为国家新钢铁基地”的号召，九江市委研究决定在九江市兴建一座年产 10 万吨的钢铁厂，成立钢铁厂筹建处，并抽调了市委工业部副部长孙云虹负责筹建工作。经过 5 个月设计、选址等前期准备，选定规模为年产 5 万吨钢、4.5 万吨钢材的小型钢铁联合企业定型设计方案。按照设计方案需建设 255 立方米炼铁高炉 2 座，3 吨化铁炉 2 座，3 吨侧吹转炉 3 座（2 座冶炼，1 座轮修，转炉个体9个），白云石（包括生产石灰窑）车间，250毫米轧钢机1套及相应的辅助设备和车间。1958年11月至1959年12月，首先建成炼钢车间（包括2座3吨化铁炉，2座3吨转炉）、白云石车间、自备大型柴油发电车间（大型柴油发电设备由省局从岿镁山钨矿暂调用），机修车间、化验室、供水系统等。1959年12月18日17时，1号转炉投产炼出第一炉钢，接着2座转炉全部投入生产。1960年11月，在全省夺钢战役中被评为全省三大先进单位之一。1961年5月31日，又创炼钢班产41.52吨最高纪录。时隔不久，根据调整国民经济的方针停止了筹建高炉及轧钢车间工作，已建成投产的炼钢车间及辅助系统全部停产，九江钢铁厂建制撤销。为保留江西省第一代炼钢技术力量，省冶金工业局将炼钢车间主要工种工人数百人由1名副厂长带领调往南昌钢铁厂，其余100余名干部职工部分调往九江市其他单位，大部分精减回原籍。主要设备由省冶金工业局调给有关厂矿，剩下物资设备留下3名干部设立留守处看管。九江钢铁厂炼钢生产为时仅2年，生产钢锭共计6865吨。

二、铜岭钢铁厂

1971年9月，由九江市建公司开始设计承建。1974年11月建成1.5吨电炉，包括540平方米钢筋混（泥）凝土厂房及附属设备，共投资70.76万元。1975年9月27日试产，炼出第一炉碳素钢。由于电力紧张及成本高等因素未正式投入生产，共炼出3炉钢。

三、九江钢厂

炼钢生产 1968年7月，在全省推广矿石直接炼钢法的运动中，九江市革命委员会“尽忠炼钢”领导小组，抽调18名老工人组成“尽忠炼钢试验小组”。借用九江市铸锅厂的厂房，用一钢水包制成0.1吨电炉，进行矿石直接炼钢试验。同年8月1日炼出了第一炉钢，向省、市报喜。

1969年9月13日和9月19日，市革命委员会及省革命委员会先后调来0.5吨和1.5吨电炉各1台，筹建红心钢厂。厂址由上级决定与市铸锅厂合并，以及将木器厂厂房划归红心钢厂作炼钢车间。同月，由市革委“尽忠炼钢”领导小组部分成员和工作人员组成红心钢厂筹建处，负责电炉筹建工作。经过中国人民解放军6014部队干部战士与筹建处干部工人及刚进厂的部分青年学生的紧张施工，很短时间完成0.5吨电炉土建、机械加工、设备安装任务。11月投入炼钢。1970年3月，又完成1.5吨电炉安装任务。实践证明，用矿石直接炼钢法，电耗高、成本高、冶炼时间长、产品质量低劣，被自然淘汰，停止生产，转为用废钢冶炼碳素钢。工人在大冶钢厂5吨电炉上进行培训。工艺和技术操作均参照大冶钢厂技术操作规程，0.5吨电炉因容量小不适应生产需要，后处于停产状态。主要是以 1.5 吨电炉生产碳素钢，浇注钢锭、锰钢球和铸钢件。1971 年为轧钢生产钢锭需要，停止锰钢球生产，专门生产 4 英寸钢锭和 6 英寸钢锭。1973 年由于无法开坯、亏损和钢锭质量缺陷等问题无法解决，经上级批准停止钢锭生产，仅保留铸钢件生产。

1981 年下半年，鉴于炼钢设备陈旧，又经生产多年损坏严重，工艺技术落后，生产效率低，消耗高，铸件质量差，电力供应又十分紧张，便决定停止 1.5 吨电炉炼钢生产。

1985 年因轧钢坯源紧张，1.5 吨电炉又恢复 4 英寸钢锭生产并进行直接浇注 60 × 60 毫米方坯试验，但没有成功。只炼了 400 吨钢锭后，就一直停产。

炼钢主要技术经济指标一览

表 4–1–7

项　目	计算单位	1971 年	1972 年	1973 年
钢定合格度	%	90.17	80.76	
铸钢合格率	%			81.64
金属料消耗	公斤/吨	1200		
生　铁	公斤/吨		519.62	683.16
废　钢	公斤/吨	1200	389.79	443.23
冶炼电耗	度/吨	1871.89	2422.18	4199.26
电极消耗	吨/公斤	32.96	38.76	53.21
利用系数	吨/百万伏安	3154.38	1.44	0.45
日历作业率	%		16.44	
冶炼时间	时:分		3:50	
平均炉产量	吨/炉	1.57	2.24	1.44
炉盖寿命	炉		125	
炉壁寿命	炉		62.5	
工人实行劳动生产率	吨/人·年	12.36	8.07	2.31

炼钢技改　炼钢生产的主要设备是 1.5 吨电炉。该电炉使用 3 根直径 200 毫米的电极，固定炉盖、变压器容量为 1000 千伏安。固定式的炉盖用人工从炉门装料时间长，效率低，工人劳动强度大。为提高生产效率，1970 年开始对炼钢生产设备进行多次技术改造。

九江钢厂产品品种一览

表 4–1–8

产品品种	规格	数量（吨）
碳素钢	20# 20A 25# 30# 35# 40# 45# 45# 50A 55# 35Mn 40Mn 45Mn 50Mn	3629.14 其中：钢锭 2776.374 锰钢 177.85
弹簧钢	60 SiMn（硅锰）	25.12
轴承钢	GCr15（滚铬）	

1970 年 6～7 月，对炉盖进行技术改造。将炉盖改用机械开出，采用行车将盛料斗吊至炉项自动上料，每炉装料时间由 15～20 分钟减少至几分钟，改善了工人劳动强度。

同期，将空气压缩机供气管路进行改装，改间歇性筑打炉衬为连续打炉衬并可同时使用空气压缩气锤造型。

1985 年上半年恢复 1.5 吨电炉炼钢生产时，安装可控硅代替原用直流电机，自动控制电机升降。

此外，将筑钢包内衬材料改用废硅砖碎粒、陶土、水玻璃混合打筑代替原用硅砖砌钢包内衬，缩短筑包时间，节约材料费用。

第五节 轧 钢

一、东风钢铁厂

九江地区第一次轧出钢材是大办钢铁时期九江市东风钢铁厂于 1960 年 9 月 28 日用自己设计兴建的“公社”号简易轧钢机轧制出来的。但此后一直未正式投入生产。1962 年调整国民经济时东风钢铁厂停办。

二、九江钢厂

1968 年，九江市兴建九江钢厂（时称红心钢厂），推广烟台钢铁“小而全”的模式。1970 年年初，开始筹建 250 毫米轧钢机，6 月 1 日建成 1 套 250×5 轧钢机投入生产，九江地区才真正开始有轧钢生产。1980 年，九江钢厂又建成 1 套 430×3 轧钢机，1975

年和 1981 年还先后建成 180 毫米 1 架和 320 毫米 3 架轧机与 250 毫米轧钢机配套生产。全厂共建成 3 个轧钢车间，初步形成开坯、轧材综合能力为年产 3 万吨小型钢材的加工体系。九江轧钢以九江钢厂为代表。

430 轧钢机系列 **加热系统**：三段式连续反射燃煤加热炉。炉底有效面积为 74×2.088=49.082 平方米，烟囱高 35 米，炉后设有 1 台 30 吨卧式推钢机，最大行程 1.4 米，往返速度为 0.07 米，推速为 0.056 米 / 秒，并设有 0.6 吨卧式出钢机 1 台。

机械系统：430×3 轧机为三辊开口式横列机组，间距为 2.7 米，与加热炉距离为 25 米。轧机轧制速度为 2.26 米 / 秒，轧辊名义转速为 100 转 / 分。机前工程辊道 25 米，升降台 6 米。机后工作辊道 35 米，升降台 8.3 米。主电机型号为 JRZ1600–10，功率为 1600 千瓦，人字齿轮座（按全国通用设计配套装置），中心距 430 毫米，三联箱为 D 节 =430 减速机为 L=1.4 米 C=1 ：9。主机室南北两个配电间，北面有 13 块低压屏，主机室有 20 吨手动行车 1 台，750 千伏安变压器室和稀油站，及高压控制屏 3 块。

精整系统：精整床为 45×6=270 平方米，输送辊道 2 组，精整 160 吨剪切机 1 台以及 30 吨曲柄杆推坯机 1 台。

厂房：厂房全部采用钢筋混凝土预制结构，厂房布置系统见下表。

厂房布置系统一览

表 4–1–9 单位：米、平方米

名　称	跨间宽度	跨间长度	跨间面积	轧面柱高
轧机生产室	18	132	2376	7
主电机室	12	33	396	6
加热炉室	12	48	576	

厂房内设 5 吨、10 吨桥式吊车各 1 台，吊车跨度为 16.5 米。

1980 年 3 月改称为第一轧钢车间。

生产工艺：430 轧机：原料以 120×160、130×130、150×150 平方毫米钢坯（锭）为主。

轧制工艺道次为 430 轧机第一列为 2 道，第二列为 2 道，第三列为 1 道。

工艺流程：原料—入炉—加热—轧制—剪切—冷却—校直—检验—收集—入库。

250 轧钢机系列（第二轧钢车间） **机械系统**：320×2 和 250×5 轧机为前后布置二横列式，间距 31 米，机型为开口和半开口三辊式，机前机后辅助设施为翻钢板，双层辊道，交叉辊道，两机之间设输送辊道。

传动系统：320 和 250 两机列的主电机为 JRZ–800–12 和 JRZ–800–8。主减速机分别

为 P 米 1000i=3.285 和 P 米 1000i=2.195。三联箱分别为 D 节 =25 千。

轧辊：320 轧机轧辊最大直径为 330 毫米，辊面长度为 965 毫米，线速度 2.51 米 / 秒。250 轧机轧辊最大直径为 320 毫米，最小直径 260 毫米，辊面长为 550、750、914 三种，线速度 4.5 米 / 秒。

加热炉：为三段连续式单排料侧出炉，有效面积 1.82 米 × 12.5 米 =22.75 平方米，自动进煤，往返炉排，炉筋管循环水冷却，炉后设 10 吨推力螺旋推钢机 1 台，小时产量为 4 ~ 11 吨。

精整系统：一次冷床为往复推齿式，床面长 6 米宽 57 米双槽跳钢辊道，160 吨剪切机 1 台。二次冷床翻钢链条式自动移钢，床面长 8 米宽 5 米，三次冷床安装 11 辊矫直机 1 台，1.5 吨悬臂吊 1 台，用于矫直后吊运出场，床面为长 3 米宽 5 米。

厂房：总面积为 6142.11 平方米。车间内部起重 5 吨、10 吨行车各一台。

生产工艺：原料使用 50 ~ 80 毫米方坯，少数使用 100 毫米方坯轧制 40 × 40 毫米角钢。本应按产品规格的大小不同分别使用不同规格的制坯，但由于坯料的规格大多限死，不能合理配料，给生产工艺增加了难度，对提高生产率带来困难。

生产圆钢、角钢一般的工艺流程大致相同坯料入炉—加热—轧制—冷却—剪切—角钢矫直—圆钢—检验—打捆入库。

轧钢轧制工艺：直径 250 × 6 毫米机列采用 60 × 60 毫米方坯，轧直径 12 毫米圆和 L25 × 25 毫米角的钢。加热出来的钢坯经 250 轧机第一架轧机轧制 6 次，轧件由翻钢板，双层辊道翻倒送入，然后由正反围盘或交叉辊道完成。第 2~6 机架各轧制 1 次，共 11 道次，成品往辊道输送至冷床。

采用 50 × 50 毫米或 60 × 60 毫米方坯由 320 × 2/ 直径 250 × 5 毫米机列配套轧直径 12 毫米圆共轧制 11 道次。即由加热炉出料经辊道送至第 2 架轧制 2 道，由长输送辊道送至直径 250 机列第一架轧制定道。成品经辊道输送至冷床。

采用 50 × 50 毫米或 60 × 60 毫米方坯轧制 L25 × 25 毫米和 L30 × 30 毫米角钢其工艺与轧直径 12 毫米圆相同，但在直径 250 机架之间是由交叉辊道与人工输送轧制。

采用 80 × 80 毫米或 100 × 100 毫米方坯轧制 L30 × 30 毫米或 440 × 40 毫米角钢，直径 320 毫米轧机第一架轧道，以翻钢板双层辊道完成输送，然后由直径 320 毫米第 2 架再轨制 4 道，由长输送辊道送至直径 250 机列 1~5 机架各轧制 1 道共 13 道次。

轧钢生产　250 毫米轧机：1970 年 6 月 1 日，250 毫米轧机以南昌钢铁厂轧废冷条为原料，轧出第一根直径 20 圆钢。7 月 1 日开始用炼钢浇注的 4 英寸钢锭轧直径 40 毫米圆钢，投产初期缺乏原料供应渠道，先后用南钢冷条和本厂炼钢生产的 4 英寸锭分别轧制直径 14、40 毫米圆钢。1970 年投产半年时间至年底共生产钢材 304.31 吨。

1971 年，除继续用冷条及 4 英寸钢锭生产外，得到省冶金局支援，调拨部分 60×60 方坯和扁坯，生产直径 12、14、40 毫米 3 个规格的圆钢共 1694 吨。超额完成 1000 吨年计划任务。

1972 年，为扩大生产品种，到洪都钢厂参观考察轧直径 8 毫米盘圆生产过程，研制简易盘园设备。至 1973 年，共生产 8 毫米盘圆 359.66 吨，由于没有小坯料供应，生产直径 8 毫米盘园工艺不够合理，产量很低，终止了生产，仍以轧直径 12 毫米圆钢为主要产品。1972 年起，由于设备不断小改小革，正规坯料供应量增加，生产量成倍增长，1973 年年底，产量达到 7054 吨。

1974 年产量下降到 1800 吨。并从 1974 年起至 1977 年生产品种规格单一，为直径 12 毫米圆钢。且电力供应紧张，生产任务不饱满，经常停产。

1978 年，生产品种规格增加，产量大幅度回升，从直径 12～25 毫米 6 个规格圆钢共生产 6337 吨。

1980 年起，除仍以直径 12 毫米圆钢为主要产品外，开始接受省和中央定点生产角钢任务。当年，省及冶金部调进钢坯量充足，生产创投产以来历史最好水平，达到 21697 吨，班产首创 58.55 吨，车间创日产 ϕ10 毫米圆钢 63.411 吨历史最好水平。

1981 年，国民经济实行调整，钢坯资源大大减少，原有的品种变成长线滞销产品，生产下降。根据市场对钢材品种的需求，采取多品种小批量生产。这一年品种从直径 12～18 毫米圆钢和 L25～L30 毫米等边角钢轧制 7 个规格，是历年来生产品种最多的一年。1984 年产量又逐渐增加，品种规格转向了 L25～40×3～5 毫米等边角钢生产为主。

1990 年 4 月，接受省冶金进出口公司 50 吨 L25 毫米角钢出口试产任务，全厂上下一致，精心组织生产，严格把好质量关，按时供货，恪守信誉，产品在香港市场销售后，反映良好，继续签订出口生产合同，全年生产出口角钢 14630 吨。

430 毫米轧机：430 毫米轧钢机的主要生产任务是给 250 毫米机列生产提供合理规格的钢坯。为了与 250 毫米轧机配套，完善 250 轧机的生产能力，1971 年在 250 轧机投产半年，九江地、市革委会同意九江钢厂再建一套 430 毫米轧机。自 1971 年起至 1979 年，累计投资 188 万元，兴建砖混结构主厂房及 430×3 毫米轧机、加热炉、主转机系统、起重等设施。1980 年 1 月基本竣工，但后步工序尚缺资金完善，没有形成生产能力，九江钢厂历年都向上级主管部门申请解决，始终未能解决。1986 年，九江钢厂与江西钢厂商谈联合经营时，首先就恢复 430 轧机工程项目的分工和垫付资金事项签订了协议书，至此才在江西钢厂与九江钢厂共同努力下解决了完善 430 轧机的资金问题。1986 年年底，在两厂技术人员的协作下，完成 430 轧机恢复工程。1987 年 4 月 2 日终于正式投入生产。

产品品种规格主要为 50×50、60×60 平方普碳钢坯。投入生产初期班产量仅 0.5 吨，经不断完善设备及生产工艺流程，工人操作熟练程度提高，产量逐步上升，平均班产 1 吨。工作制度为两班运转，合计配置工人 164 人。由于原料来源短缺，难以组织经常性生产，多数时间处于停工待料，经济效益极差，1989 年 1 月起停产。自 1987 年 4 月投产至 1988 年年底实际生产钢坯共 20000 吨。

轧钢技术改造 250 毫米机列技改：250 轧机初建时主机设备陈旧，主电机为 320 千瓦 8 级旧电机，主减速机为大冶钢厂更换下来的废齿拼装而成，三联箱是简易的。机前机后辅助设施简陋，机前用钢板搭成操作台，钢板前安装一地辊，辅助人工喂钢。机后用人工撬杆和自制的钢撬板。工人劳动强度大，轧制速度缓慢，主电机功率小、升温快，经常跳闸停机。精整工序更为简单，用小型轻轨铺设 6×10 米的床面、人工甩钢。投产以后随着生产的发展，逐步进行了一系列的技改和更新。

（一）轧钢机与主电机系统：1971 年，首先对机前机后辅助设施根据设备结构状况，研究安装了双层辊道、翻钢板、单槽围盘。1974 年 6 月，用 1 台 800 千瓦电机将 320 千瓦主电机更换下来。1980 年，又制作安装双槽正反围盘。1981 年，投入资金 10.0 万元扩建了320毫米轧机与250毫米轧机配套，并改250×6为250×5，从而使1985年能够接受进口 80×80平方毫米方坯加工生产。1986 年年底对 250 毫米轧机机架进行增加稳定性技术措施，先后将 320 毫米轧机和 250 毫米轧机与三联箱之间的套筒接手改为万向联轴节，减小了轧辊的跳动，提高了轧机精度。对主电机及主减速机稀油润滑系统采用连锁保护装置，将主电机少油开关改用真空开关，增加了主传动系统润滑安全系数。1988 年又将建厂时拼装的主减速机更新 1 台新减速机，使轧制线速由原来 2.51 米 / 秒提高到 4.5 米 / 秒。

（二）加热炉系统：1972 年 5 月，参考同行业兄弟单位的经验，自行设计研制了加热炉气化冷却装置。1972 年竣工投入使用三四年，减少热能损失效果很好。但无法解决管道内水垢清洗处理，设备停止使用。为了治理烟气污染和改善加热炉工人操作的劳动强度，1987 年再度对加热炉系统进行了技术改造，采用了自动往复炉排，皮带机上煤，液压传动自动进煤、出渣、出钢机械等，操作台控制操作代替了人工操作，自动控制进煤速度、煤层厚度、炉内温度的新工艺。

（三）精整系统：是投产以后进行大小技改项目最多的。1971 年将投产时简易冷库改用直径40 毫米圆钢铺设了 6×25 米的冷床床面，增设了热锯及简式狗头剪等装置，对成品钢材输送上冷床之前便切去头尾，下床收集增设了剪切力为 60 吨的冷剪和捆扎出钢的简易链式提升机。1979 年为适应转变生产品种需要和生产大幅度的增长，对冷床进行了一次较大的技术改造。将原人工甩钢冷床床体全部拆除，参照兄弟单位的经验，设计安装了往复推齿式机械操作双槽自动跳钢冷床。床面扩建到 6×57 米，剪切、输出安装了剪切力为160吨的剪机和起重设备，使冷床适合扎圆钢又适合轧角钢，为定点生产角钢品种打下了基础。1986年为了提高角钢产品质量，对精整工序又一次进行技术改造，将一次冷床扩建为三次冷床，安装了11辊矫直机和1.5吨悬臂吊、自动移钢等设备，改小捆为大捆，使产品质量明显提高，为生产出口产品创造了条件。

430轧钢机技改：430轧机机架及加热炉系统因设计的模式比较陈旧，炉温及加热速度跟不上轧机生产的要求，且煤耗高烟尘污染严重，投入生产后各种缺陷暴露出来影响正常生产。1987年下半年，利用生产间歇，在江西钢厂技术人员的协作下，针对加热

1970~1990年轧钢产量及技术经济指标一览

表4-1-10

年 份	产 量（吨）	合格率（%）	成材率（%）	煤 耗（公斤/吨）	电 耗（公斤/吨）	辊 耗（公斤/吨）
1970	304.31					
1971	1694.29			518.00	185.88	215.28
1972	4282.83		87.51	569.71	213.28	2.00
1973	7054.10		90.61	420.25	155.80	
1974	1872.77		80.57	455.20	394.82	
1975	4499.42		79.70	339.88	274.00	
1976	1072.47		75.70	456.00	328.00	
1977	4770.32		84.50	314.00	215.00	
1978	6337.19		87.70	272.00	186.00	
1979	14264.91		90.00	259.66	141.98	
1980	22912.47		90.22	216.19	133.95	
1981			88.96	261.45	192.86	
1982			87.14	251.03	204.32	
1983			90.36	262.72	225.96	
1984	9373.30		88.57	238.48	207.05	
1985	11002.58	93.88	88.24	245.47	208.01	
1986	13734.28	92.39	87.81	247.46	224.53	6.80
1987	14448.731	89.18	84.64	293.57	204.88	6.64
1988	18221.731	97.13	93.27	216.17	168.02	5.33
1989	19430.017	98.21	93.30	216.14	160.91	8.67
1990	20795.878	95.60	90.02	214.71	150.24	16.35

炉的缺陷进行了小规模技术改造。采取（1）减小冷却水管管径，降低水流速度，减少热损失；（2）将腰炉由原三门改为二门；（3）将风室由二室改为一室；（4）将炉筋管上的对筋增高 5 毫米；（5）将人工扒渣改为水压冲渣。提高了燃煤发热效率和钢坯加热速度，降低了煤耗，减轻了加热炉工人出渣劳动强度。

对轧钢机系统，将开口式轧机改为半开口式，减小了轧机机架的弹跳，增加了机架的稳定性，使生产工艺和钢坯质量有了改善。

第六节　深加工

一、汽车板簧总成

1970 年 9 月，在全省汽车拖拉机大会战形势下，九江钢厂以“土法上马”进行汽车板簧总成的试制，成立试制小组，建起了 1 座加热炉，1 座退火炉，安装 1 台压力机，经过试制获得成功。炼钢车间并为生产弹簧钢板，冶炼出了 21.5 吨 60 硅 2 锰弹簧新钢种，为生产板簧作了材料准备。

由于资金、设备、原料无法解决，使筹建工作中途停止。

二、滚珠轴承

1970 年 9 月，根据市革命委员会领导指示，为适应农业生产发展，实现“车子化”的要求，拟在九江钢厂兴建一个轴承车间。

九江钢厂机修车间和炼钢车间，先后试制 204 轴承和冶炼成功滚铬 15 轴承钢种。但由于上级主管部门未能解决新建轴承车间所需设备资金，而未能组织生产。

三、球墨铸铁轧辊

1975 年下半年，组织“三结合”学习组到上海新沪钢铁厂，培训学习 3 个月的轧辊生产技术和物质准备后，在省冶金局和上海新沪钢铁厂的支持下，于 1976 年 5 月在机修车间试制 500 毫米小轧辊成功。由于申请 45 万元设备、原材料投资未能解决，停止了生产和研制工作。

四、钢门钢窗生产

1979 年 10 月 24 日，市革命委员会将九江市农机厂并入九江钢厂。九江钢厂接受农机厂后，将大部分人员调整到钢厂各部门外，留下一部分技术骨干，成立钢窗车间筹建班子。

1981年5月1日，正式投入批量生产，当年先后承接了十几个单位3000多平方米的钢门钢窗生产，质量实行“三包”（包修、包换、包退），受到用户好评。1981年12月20日，召开产销订货会议，签订了1982年的产销合同。1982年1月28日，地区行署又指令九钢将钢窗车间厂房等全部转让给九江针织内衣厂，限令2月底将钢窗车间搬迁完毕，九钢将钢窗车间设备搬迁至闲置的430轧钢车间内，1982年恢复钢窗生产，生产能力扩建为年产1万平方米。

1984年上半年，对钢窗车间进行扩建改造。但由于250轧机生产钢窗料的配套改造未能进行。同年9月29日，根据生产经营形势的变化，决定钢窗车间停止生产，其大部分人员抽调到轧钢车间。

1985年1月9日，钢窗车间建制撤销。1986年恢复430轧机时，将钢窗设备全部拆除。钢窗生产自筹建到拆除共6年时间，投入生产5年，共生产钢门窗27500平方米，按36元/平方米计，共创产值为99万元。

第二章 有色金属

第一节 铜

一、开采

九江铜硫矿

列石山矿段地质条件较复杂，矿体围岩中部及东侧为花岗闪长斑岩，北部为志留系中统泥质页岩，西南两侧为志留系上统砂岩，岩体走向330°～350°，倾向60°～80°。倾角70°～80°，主要金属矿物为辉铜矿、黄铁矿、闪锌矿等。矿体中铜硫分布较均匀，主要工业矿石含铜黄硫铁矿、含铜斑岩、含铜高岭土等，平均品位含铜1.26%，含硫25.32%。

采矿工艺：1970年10月8日，采矿坑口聘请武山铜矿9名工程技术人员指导，使用锄头、铁锹、钎杆、铁锤等生产工具，制作木矿车，用木头夹竹片当“铁轨”，没有卷扬机，用人力绞车。1971 年 4 月 20 日，井下完成 70 米斜井的掘进和加固工程，平巷进尺 98.2 米处见到矿体。从 1972 年开始，采矿更新一些装备，铁矿车代替木矿车，风钻代替手工钻，木轨换铁轨，以后又添置装矿车、20 匹马力柴油机，主扇机等。1972 年出矿量为 2000 吨，1990 年出矿能力达 4 万吨 / 年。

整体矿段开拓：主窿口设计在列石山以南，设计标高为 +60 米，以主斜井配盲斜井为提升运输系统。主斜井深 –5 米，铺设轨道，分别至 25 米中段和 –5 米中段，中段高 30 米，每个中段设有调车场。在矿体下盘设有主运输巷道。

采准：沿矿走向掘一条脉外运输道，垂直矿体走向每间隔 10 米布置一条穿脉巷道，在穿脉巷道端部掘一条切割道等工序。

采矿：采取由上到下，由远到近分层进行。采矿方法采用分层崩落块石充填法，即巷道采矿法。

回采：进路段面为高 2.7 米，宽 2.4 米。采用 YT–24 型气腿式凿岩机。采用直径 22 ~ 25 毫米 ZKT8 碳素钢钎及直径 40 ~ 43 毫米硬质合金片一字型钎头。凿眼深 1.5 米左右，孔数 10 ~ 15 个，孔眼距 0.5 米左右。爆破采用硝铵炸药，装完炸药后，每孔置 1 支 6 号雷管和 1 米长导火索。经爆破、支护、装矿、提升等工序将原矿石运往选厂原矿仓。每采完一条进路后，都要进行铺底。先在采空区铺 50 毫米厚混凝土，在上面用直径 6.5 毫米钢筋按 200 × 200 毫米网度的编网铺设。在矿体中开采另一端边界时，再左右两边横向回采。回采宽度为 2 米，到相邻的穿脉道时，便进行铺底。铺底完成后进行充填，充填后再接着后退，回采相靠的矿体。回采完后又铺底、充填，循环往复，直到采完整个分层矿体为止。以后又延伸盲斜井 2.5 米左右开采下一个分层，直至采完整个中段的矿体。

充填：铺好底后，经养护 24 小时便进行充填，充填料在附近石场取用，人工堆砌，与顶板相接。

支护：采用混凝土支护和棚式支架两种。有些地段采用过锚杆支护，工作面使用金属摩擦支架和进行过锚喷以及砖砌支护。支护形状一般有三心拱和梯形两种，在梁腿接口处与顶帮围岩之间需用角楔楔紧，在支柱间两边各需加一根横撑。

通风：井下某些地段，采用自然通风。大部分采用抽出对角轴流式局扇通风，所需负压为 53.5 毫米水银柱，所需风量为 45 立方米 / 秒，选用电机为 95 千瓦。

供风：由压风机房根据井下作业班组多少，对井下实际供风。压风机有 10 立方米 / 秒和 20 立方米 / 秒两种，风机为 5 公斤 / 平方厘米，电动机功率为 250 千瓦，所产生高压风通过专门管路输送到井下各工作面供打钻凿岩用。

供水：由地面水泵房按时抽水，通过专用管路输送到井下各工作面，以供井下打钻、降尘所用。

供电：由九江输送3.5万千伏高压电，经矿变电站降压后输送到坑口，再经降压供井下照明、电机以及地面电机、照明用。

排水：井下打钻产生的污水及岩石渗透水，经排水沟流至–5米中段开凿容积为100立方米的水仓（25米中段的水暂时利用斜井流至–5米中段），正常日均水量为100～150吨。井下装有30KS8×9耐酸水泵，排水量25.2立方米/时～39.6立方米/时，扬程85.5～112.5米，电机为55千瓦的JQ–61–2型，吸水管径100毫米，专用排水管为75毫米，通过专用管路抽到地面进行污水处理。

九铜采矿技术改进：1980年以前曾采用过无底柱分段崩落法等几种形式的分层崩法和充填挑顶的综合采矿法等，均因矿床地质条件复杂未获成功，问题表现在铺底不完整、压力大、金属损失率大、坑木消耗大。在学习武山铜矿"整体钢筋混凝土假顶分层崩落法"经验后，结合本矿具体情况，将"分层崩落法"改为"整体钢筋混凝土下向块石充填法"，获得成功。

经过10年生产实践证明，与柔性假顶分层崩落法比较，金属回采率由50%提高到98%，成本相近，坑木由45立方米/千吨，下降到10立方米/千吨，具有贫化率低，工作安全，生产均衡等优点。但劳动强度大，通风困难，矿石由于氧化（回采周期长所致）产生大量的热和二氧化硫气体，既热又呛人，工作面温度有时高达40℃,改用充填法虽然杜绝了火灾事故，但由于上盘高岭土带无法形成回风道，使工作面温度超标。该矿技术人员历经反复研究，设计了"山字形通风系统"，即使新鲜风流沿主斜井进+25米水平，经材料井到分层脉外道，再进分层采准巷道，清洗工作面后废风从脉内回风道至下向顺路天井返回+25米水平，经主扇排出地表。由于风流成"山"字形流动故名。整个通风系统设1扇风门、1个采场设1风墙，较容易将风流由紊流改为顺流，回采工作面由自然扩散变为有1.25~4立方米/秒的风量，主扇功率由115千瓦降至45千瓦，年节电21.6万千瓦时，节约电费7000元/年。粉尘浓度降至2毫米以下，合格率由50%上升至90%以上。工作面温度，由40℃下降至20℃左右。

九江市铁门坎铜金矿 属城门山矿区1号矿体的一部分，为含铜黄铁矿型。矿体厚大，埋藏浅，距地表约14米，铜平均品位约2%，硫品位35%，并伴生金、银，地表铁帽含金1克/吨～3克/吨，适宜露天开采。但是该矿位于城门湖畔，矿体朝湖心方向倾斜延伸。防水、治水及污水治理是采矿面临的主要课题之一。因此，1989年3月20日进入矿山工地的第一次工程就是围堤。至1998年年底，围堤340米，剥离土石方16万立方米。设计将废石作围堤土石方，含金铁帽矿石送九江县铁门坎金矿堆浸黄金。开采场地首先选择在1号矿体西端勘探线7～9线富矿段，采场上部长260米，宽150米。

在露天境界内，设计采出铜金属量 9573 吨，硫 129300 吨。开采用折返式公路开拓，汽车运输。初期生产能力 100 吨 / 日，矿石运至九江铜硫矿选厂处理。

二、选矿

铜岭古选矿场 3300 多年前的铜岭古矿冶遗址出土一个选矿木溜槽和尾砂池。选矿木溜槽用大圆木刳成横断面呈弧形的槽面，槽长 3.43 米，净宽 0.34 ~ 0.42 米，槽头有固定挡板，槽尾有活动挡板，其整体结构与现代土法选矿设备“长槽”类同。槽尾有一个深 0.76 米的尾矿池，从选矿原理看，这一小尾矿池还可以使比重大于废石的铜矿物得到再一次沉淀和再进留槽扫选的机会。显然我们的祖先使用重力选矿原理和方法选收次生铜矿，在古代是很适宜的。

九江铜硫矿 *选矿工艺流程*：九江铜硫矿为含铜黄铁矿型的铜硫矿床，铜硫原矿品位高，无尾矿，铜氧化率较高。1971 年年初，在简易茅棚选厂中用自制的电动石碾子将矿石磨碎，用木制搅拌桶、木制浮选机进行浮选，生产了 5 吨铜精矿，确定了矿石的可选性。1971 年 5~12 月，动手兴建日处理原矿 35 吨选厂，1972 年 3 月正式投产。破碎用 250 × 400 颚式破碎机，磨矿机是磨水泥的直径 900 × 3000 毫米管磨机，螺旋分级机的底壳用水泥代替，3A 浮选机 14 槽，当年生产 70 余吨铜金属量。为扩大处理量，1973 年年初又新增一个系列，装设 1 台直径 1200 × 1200 毫米的格子型磨机和 16 槽 3A 浮选机，使日处理原矿量达 75 吨，在原矿品位较 1972 年降低 1%的情况下，生产出 110 吨铜金属量，创产值 64 万元。

1974 年 1 月，为减小磨矿机的给矿粒度，购入 1 台对滚机，将一段开路破碎流程改为两段开路破碎流程，生产流程一直沿用到大选厂建成投产止。

1978 年新建 400 吨 / 日生产规模的浮选厂。1980 年 6 月，安装好两段闭路流程和两台磨机及 10 台 6A 浮选机组成的 1 粗 3 精、2 扫的浮选系列投入运行。由于采矿能力的限制，另一系列设备未安装。当时 1 台直径 1500 × 3000 毫米的格子型球磨机，生产能力达 120 吨，全年处理 17200 吨，生产铜金属量 317.3 吨。到 1987 年又启动安装好的直径 1500 × 1500 毫米球磨机，分级溢流进入新开的 10 台 6A 浮选系列。使生产能力达 150~180 吨，年处理量突破 3 万吨。1988 年为节能降耗将直径 1500 × 1500 毫米球磨机的矿浆并入 1500 × 3000 毫米球磨机系列。停掉新增开的浮选系列，达到节能降耗的目的。

浮选药剂制度：选厂自建厂以来，一直沿用三大药剂，即石灰、丁基黄药和 2 号油。石灰用作黄铁矿的抑制剂，丁黄药作为铜矿物的捕收剂，2 号油为起泡剂。生产过程中，初期石灰是靠操作工一锹锹地铲上皮带，后来自制 1 个圆筒筛洗灰，灰浆用水泵扬至高位搅拌槽后再自流入球磨机中。到 1980 年用 1 台 1200 × 1200 毫米格子型磨机将石灰磨细，

经管道自流入磨机中。丁黄药和 2 号油的给药，则分别采用虹吸给药机和轮式给药机，药剂的添加地点分别为石灰加入球磨机中，丁黄药加入搅拌桶(粗选）和扫Ⅰ、扫Ⅱ中，2 号油加入粗选搅拌桶中，药剂的添加量分别为石灰 40 公斤 / 吨，有时高达 80 公斤 / 吨矿，丁黄药一般 220 克 / 吨矿，有时趋于 240 克 / 吨矿，2 号油 70 克 / 吨矿。

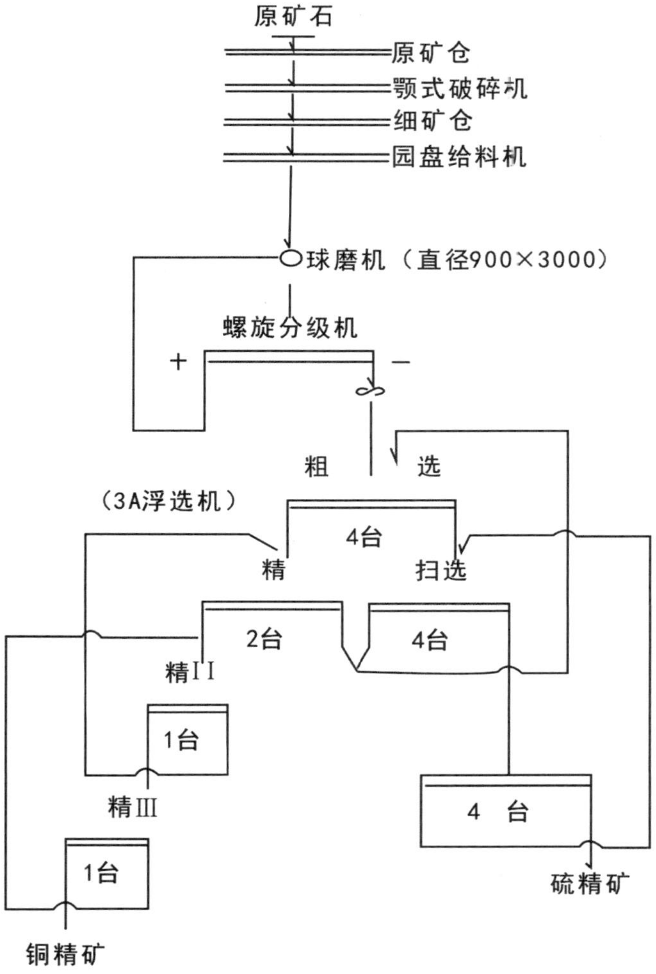

图 4–2–1　九铜前期选矿工艺流程图

选矿试验研究：由于处理的原矿石有含铜黄铁矿、含铜石灰岩、含铜高岭土、含铜花岗斑岩等几种类型，主要有用矿物为辉铜矿、黄铁矿，原矿石除氧化率较高外（有的达 30%)，还含有可溶性铜离子，活化黄铁矿，铜选矿回收率为 65%~70%。1986 年袁罗生等提出《九江铜硫矿酸洗流程试验报告(小型)》，采取将原矿石酸浸泡 24 小时，矿石经三次洗矿后再浮选的流程，铜回收率可达 90%以上。该试验报告经过评议和设计后，因投资和耐酸防腐等问题，而未能继续进行深入试验。该矿于 1988 年 7 月，又委托江西省科学院微生物研究所提交《九江铜硫矿废（矿）石、细菌堆浸收铜试验研究报告》及《可行性论证报告》。该项研究采用人工培育氧化亚铁硫杆菌催化氧化后，浸出废石

及硫精矿中的氧化铜，从而获得海绵铜，按每日获得 300 立方米含铜的废石浸液和处理含铜 0.7%的硫精矿，则年可收铜 530 吨。因资金等原因，矿未全面实施，仅利用处理采矿坑道废水，其中含铜离子达 1140 毫米 / 升，pH 值 1 ~ 2，平均日排水量达 150 立方米和地面废石因经氧化、雨淋，含铜量为 800 毫米 / 升，于 1989 年，采取增建原液池调控置换池流量，细铁屑使用竹篓增加接触面积，翻动，控制三价铁等措施进行废水处理，从而使铁屑耗量由 8 吨 / 吨，降至 5 ~ 6 吨 / 吨，海绵铜品位也由 24%上升至 29.38% ~ 57.58%。1989 年海绵铜产量为 1988 年的 10 倍，经济效益为 1988 年的 20 倍，创造产值 14.63 万元。排出污水 pH 值由 1 ~ 2 上升到 4 ~ 5，并节省 1/3 的尾水中和石灰量。环境保护条件改善，不再像 1988 年那样赔款 10 余万元，并使工农关系有所好转。

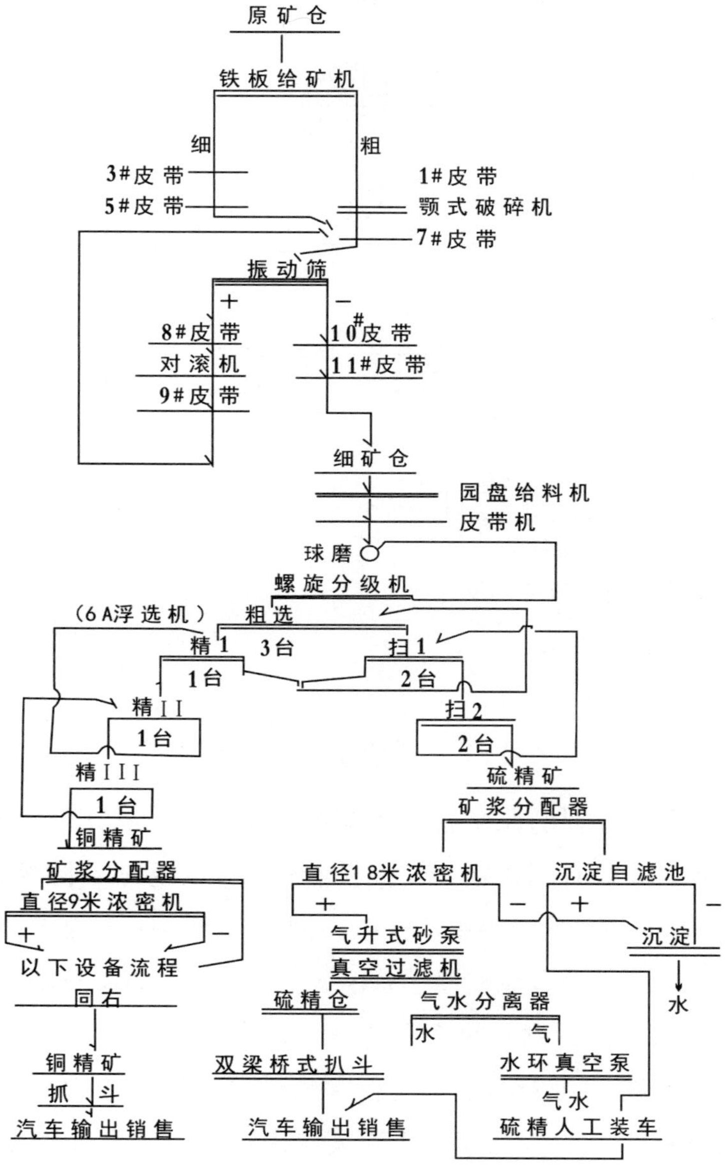

图 4-2-2　九铜现用选矿工艺流程图

另外，1985～1990年，曾间断推广使用乙硫氮作捕剂，有一定效果，但由于人们习惯使用丁黄药，而未坚持下来。

选矿设备，经历了从土到洋，从小到大的过程，发展至20世纪90年代，已拥有大小设备100余台，设备型号与国内中型矿山相似（详见企业管理篇中主要已安装设备表）。

1972~1990年九江铜硫矿选厂生产技术指标一览

表4-2-1　　单位：吨

年份	原矿		精矿(理论)		尾矿	铜收率%(理论)
	数量	品位%	铜含量	品位%	硫精矿量	
1972	2415	3.83	71.242	13.12	1872	76.9
1973	6570	2.5	114.590	12.31	5642	69.5
1974	3401	3.16	86.085	11.47	2651	80.1
1975	7040	2.52	126.847	9.82	5748	71.5
1976	8817	2.11	128.736	10.20	7555	69.2
1977	9545	2.44	146.254	9.74	8042	62.8
1978	15116	1.71	172.156	10.32	13448	66.6
1979	12560	2.60	255.365	12.32	10489	78.2
1980	17246	2.51	317.300	11.48	14482	73.3
1981	15719	2.22	244.629	12.90	13823	70.1
1982	22407	2.17	344.805	11.47	19402	71.0
1983	20083	3.04	458.235	12.32	16435	73.6
1984	23367	3.38	622.902	12.42	18353	78.77
1985	26519	3.10	637.642	12.89	21631	77.49
1986	25578	2.96	577.646	12.72	21038	76.36
1987	放118				放563	
	31573	2.49	550.266	12.53	27042	69.8
1988	放563				放563	
	31620	2.58	597.677	12.65	26898	72.96
1989	32173	2.25	513.03	12.25	27984	70.96
1990	34792	1.95	430.077	12.90	31395	64.54
总计	347283	2.54	6403.484	12.03	294048	72.70

选矿产品及销售。自建厂以来，主要选矿产品为铜精矿和硫精矿两种。

铜精矿，由于铜硫矿属共生型矿床，原矿性质较复杂，与铜可浮性相近的矿物较多，影响铜精矿品位的提高，使铜精矿品位一直在12%左右，符合大于B112–82的最低十五级标准。1990年以前产品销往云南冶炼厂。

硫精矿，因原矿品位在通常情况下达30%左右，故选铜后的尾矿直接作精矿，选厂也未设尾矿库。此外，当含锌较高的原矿产出时，因其数量少且分布不匀，故选厂未安排锌分离流程，而是直接将这部分高锌作硫精矿销售。

三、冶炼

湿法冶炼方法 1989年4月，铜岭钢铁厂因采铁矿中采出了氧化铜——孔雀石。请湖北大冶金华化工总厂提供湿法电解铜的设计图纸，并派人作技术指导和安装，1989年9月，建成投产50吨/年电解铜厂。1990年3月，又扩建50吨/年，使电解铜生产能力达100吨/年。在铁矿开采时将含铜较多的高品位氧化铜原矿石，经1号流程加工破碎后，加硫酸锅煮，分解成硫酸铜液，然后将硫酸铜溶液进行电解，获得高纯度电解铜板产品。

主要原材料 铜原矿，氧化铜矿品位一般在3%，最高11%；硫酸，工业用，浓度95%。

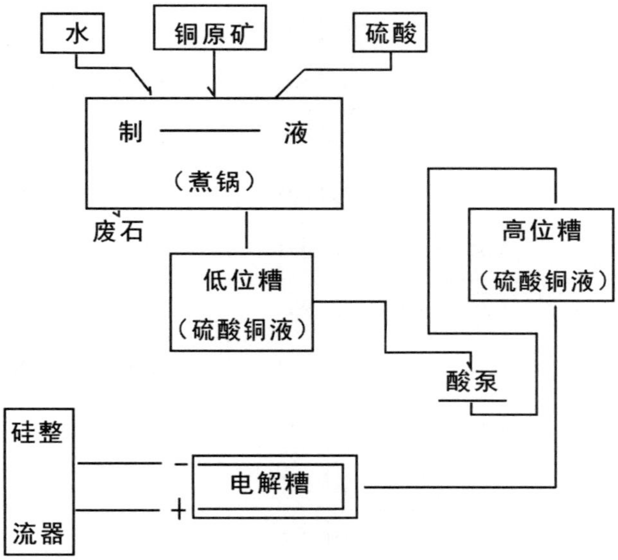

图 4–2–3 电解铜生产流程图

电解铜生产装备 铜原矿采选设备，电铲，破碎机、振动筛等；煮锅6台1200×800×1000毫米矩形不锈钢锅；高位槽，低位槽各1个。四周用红砖或水泥砌成，内壁装防腐耐酸料塑板；电源及控制盘，由可控硅自动调节电压电量，槽电压2伏；不锈钢耐酸泵2台及塑料管若干；电解槽60个，用红砖砌成四方形槽内壁底用塑料板焊成；

阳级用铅板；阴极板用不锈钢板。生产时先将阴极板（母板）放入硫酸溶液中，通电后，待母板两边吸附的铜成薄片后，取出母板，然后将此铜片再放入电解槽吸铜。

生产能力，在原矿品位稳定正常的情况下，60个电解槽每年获铜100吨。

劳动制度，选矿8小时1班作业，电解和制液8小时三班制作业。

1989~1990年产量及主要技术经济指标一览

表4-2-2

项 目	计量单位	1989年	1990年
电解铜	吨	13.48	54.58
工人实物生产率	吨／人		0.79
电解铜耗电	度／吨		5131.5
吨耗铜原矿	吨／吨		38.5
吨耗煤数量	吨／吨		13.9
吨耗硫酸量	吨／吨		2.2

四、深加工

铜精矿产品送冶炼厂加工后，按90%铜含量折回铜材，由矿方处理。初期将铜材作铜的原材料卖出。1986年1月，派人到上海、浙江、江苏进行实地考察半个多月后，矿决定生产直径1毫米左右的高强度聚酯漆包铜线材。1986年5月1日矿将生产区未使用过的浴室与老发电房改建为生产车间。同年7月23日，由南昌电缆厂提供图纸并指导矿方自制11模拉丝机。8月从无锡购回年生产能力120吨的8头立式漆包机。10月8日，拉丝机漆包机安装调试完毕。10月9日，从南昌电缆厂请来4位技术人员指导。12月生产出来的样品送上海电缆研究所检测，各项技术指标均达DB6109-85的国家标准。随即派10名工人到南昌电缆厂培训1个月。1987年2月添置漆包线检测仪7台。3月5日正式生产1毫米漆包线。至同年年底，1毫米径的高强度聚酯漆包线合格率为89%，产量41.5吨。1988年合格率91.8%，年产37.76吨。1989年，合格率96.08%，年产122.9吨。1990年合格率94.8%，年产123.7吨。设备年生产能力达300吨。

1989年9月，为扩大铜深加工产品，矿方与山东咨询服务部签约引进“无氧薄壁型铜管”生产工艺，投资50万元，创办异型铜管厂。同年12月29日点火试产，后因工艺不过关而停炉。1990年12月，又购进生产范围为0.3～0.7毫米直径漆包机1台。

第二节 黄 金

一、采矿

砂金矿开采 ***河床砂金矿***：修水西部的砂金矿床是冲积矿床。按矿体在水系中富集部位不同，有河床砂金矿、河漫滩砂金矿和阶地砂金矿3种。河床砂金矿开采在1987年以前均为人工土法开采，以后用采金船开采。

人工开采一般在秋天枯水季节进行，即农历八月以后至翌年的三月。此时正值农闲，稻农成为金农，将采金作为副业收入，一般家家都有木制淘金戽（即淘金盘），在河沟浅滩内淘金。河沟内淘金因砂砾层薄，一般不用剥离。直接用戽挽取含金砂砾在水中淘洗，毛金装入随身携带的小竹筒内，极其简便。

在修河岸边浅滩上淘金，因覆盖层厚，一般需先剥离后采矿。由于工程量大，多为一户或几户联合开采。先把砂砾层挑到一边，挖到含金层后，就用土箕或桶装出含金砂砾，在河水中用淘金盘戽淘洗。剥离的砂砾就排在采矿坑里，如此随采随填，直到采完或因涌水影响采不了为止。1957年和1976年，政府曾两次组织开采，为克服沙坑涌水，增加了水泵抽水，生产规模也相应扩大。终因手段落后，资源不清，成本高而未形成生产规模。且每次持续时间都不超过2～3年。

1983年下半年，中国黄金总公司群采处处长高忠玉和市冶金煤炭工业公司黄金站到古市，根据黄金十六支队勘探结果，商定用1艘50升采金船开采。经过1984年10月份的地质报告评议和1985年12月的初步设计审查，1986年10月采金船开始在现场动工兴建。采金船是由平底船和上层建筑两部分组成。50升采金船船长18米、宽10米、高1.2米，上装链斗挖掘机、圆筒筛、典瓦跳汰机、固定溜槽和尾砂排充用的皮带运输机，从而构成一条完整流水生产线。

根据矿床勘探程度，首采点设在下游的朗田，矿床用补坑开拓法，采矿方法为上、下行单位工作面纵向开采法，船体移动由船上的横移机（即绞车）和固定在岸边的绳窝组成的装置来实现，动力由岸上供给。为减少采金船挖掘量，开采之前先用推土机剥采，推掉上面的覆盖层（多在枯水季节剥离），再行船采，一般是每班（12小时）回采一个步距（1.5米）。

河漫滩砂金矿：河漫滩砂金矿上部一般覆盖有农田，剥离量大，开采成本高，除非确知其含金品位高、效益好值得开采外，一般不轻易开采。开采方法与河床砂金矿类

古市金矿 50 升采金船

似，但采后要复田，所以剥离腐殖土时要堆放好以便于复田。河漫滩砂金矿开采后就进行复田，以节省租田费，防止复田困难，使农田早发挥效益。古市金矿自 1988 年 3 月即在采金船驶离基坑后，就开始这一项工作，恢复基坑、通道，占地 1.2 公顷。以后基本上做到了当年租用当年恢复。复田方法是“一分、二平、三压、四填、五覆盖”。即离时将土壤分级堆放，复田时先将尾砂填平，然后压实再引水充填，将砾石间隙填满，最后装原土按层序覆盖其上，并用人工作埂分成小块水田。人工恢复的田，其单产可达到租用前的水平，且由将原河湾、坑洼之处拉直填平，复田后的耕地面积都比以前有扩大，农民也不再担心农田被租用了。

复田的同时，又利用尾砂堆砌防洪堤 500 米，为地方做了好事，乡政府因而很满意。

古市金矿采金船复田情况

阶地砂金矿：阶地砂金矿按高出河漫滩的高度不同，分为Ⅰ、Ⅱ、Ⅲ级阶地，0.5～2 米为Ⅰ级阶地，2～6 米为Ⅱ级阶地，6～10 米为Ⅲ级阶地。阶地砂金矿主要是金农个体开采，其采矿方法随阶地高度不同而不同。对覆盖层薄的阶地金采用露天方法，即先

剥离后采矿。若覆盖层厚就采用坑采方法，打小立井到含金层后再采出矿砂淘洗。《义宁洲志》上就有记载："小斗岭上有数小洞，深不见底，名曰淘金洞"。此洞即小立井。

岩金矿开采　九江地区的岩金矿种类有铁帽、石英脉和硫化物3种类型。

铁帽岩金矿：铁帽型金矿床均赋存在地表，全为露天开采。因矿石结构疏松，大多已风化成土状，开采很容易，工人戏称"挖红薯"。除个别土块或土质坚硬地方需破碎松动外，一般就直接运走。吴家金矿设计为全汽车运输。高丰金矿用两段卷扬机将矿石从高差200米山上运至选厂。为降低采矿成本或由于矿石量很少的原因，高丰、吴家、铁门坎、港南及丁家山（洗心桥）5个铁帽形金矿山均为民工开采，用人挑、板车或手扶拖拉机搬运。以吴家、铁门坎为代表分述如下。

吴家金矿，其矿石储量较大，按勘探报告显示有108万吨，100米标高以上为山坡露天开采，台阶高8米，各台阶标高依次是142米、134米、126米……矿体走向长2700米，倾向东南，倾角70度。自顶盘向底盘开采，凿岩设备有YH-24型露天钻车和7655型凿岩机。全汽车运输时是用ZL-300型装载机铲装。

铁门坎金矿，与九江市铁门坎金矿同在城门山铜硫矿Ⅰ号矿体内开采，其中0米标高以上剥离的氧化矿石即铁门坎金矿的矿石。施工队伍是由承包铁门坎铜金矿采剥工程的一家市农机公司承担，矿石运到堆场每吨运价6元。

石英脉岩金矿：土龙山金矿是含金石英脉矿床。因矿体倾角85°～90°。采用地下开采，采矿方法是巷道采矿。根据矿体走向，先掘进穿脉运输巷道，达到矿体后，沿脉掘进，直到矿体尖灭，然后向上挑顶回采。凿岩用7655型凿岩机，炸药为2号岩石炸药，火雷管起爆。1988年以前，由于为群众集体开采，无开采计划，所以无一定段高，有十几米的，也有几十米的等等。如簸箕窝矿段（203号脉）的阶段标高自上而下依次为527米，513米，507米，491米等。地下水靠自流排出。通风主要为自然通风。动力柴油发电机组供电。截至1990年年底，由于是土法选冶，采矿采取先崩落围岩排到废石场后再崩落矿石，装入塑料编织袋，人工挑到选厂加工。

硫化物岩金矿：洋鸡山金矿是硫化矿床。1980年开采，斜井开拓，直墙三心拱断面，净宽2.08米。副井井底标高+22米，主井井底标高-50米。开拓有+22米和-50米的三个回采中段，对角式通风。由两翼向中10线回采。采矿方法为不留矿柱的水平分层块石混凝土充填采矿方法。日采矿能力为70～80吨。主、副斜井提升机功率及卷筒直径分别为50千瓦、1.2米和22千瓦、0.8米。井下回采工作于1984年开始。1986年起为露天开采，露天开采矿方法是陡帮开采，台阶高8米，穿孔用金-80型钻机，铲装用0.5和1立方米电铲或柴油铲，全汽车运输，日采矿能力250吨。采矿成本，1986年坑采企业成本为45.42元/吨，1990年露天成本56元/吨左右。

二、选矿

重选法 远古时代黄金选矿均用此法获得黄金。据明嘉靖任寅（1540）《宁州志》记："西汉时期汉贡黄金"；光绪元年《江西通志》记载元状的"……湖南淘金工易彬等30余人至丰城……淘金为业"；民国时期《江西经济建设（1939年）》记载"清末光绪年间，湖南平江县人开始在修水县古市岭附近河下淘金……"。1957年7月修水县金矿成立，矿部设在上杉乡朱家祠堂，在董坑、天坑、渣津等地采掘淘洗，为人工操作，职工36人，至1959年8月停办，产金2720克。事实表明，在此时之前，九江黄金选矿是以重选淘洗为主要手段，大多用木槽、粗选丢尾，毛金精矿经淘金盘精选后得金精矿，直接进金冶炼工序。

1987年9月，按地质报告提交的800公斤储量，品位0.2克/立方米，建成50HE采金船。设计船上初选、岸上精选。船上用圆筒筛砾石后，筛下物进溜槽粗选。粗选精矿进典瓦尔跳汰机精选，毛精矿送岸上摇床和淘金盘再精选后进冶炼工序。船上的典瓦尔跳汰机未使用好就拆掉了，榴槽精矿直接送岸上精选。

重选+混汞+氰化法联合流程 修河上游杨梅尖脉金矿点开始用单一重选法淘金。1983年，首先采用重选+氰化浸出法。是年广西金农收购当地重选淘金尾砂进行

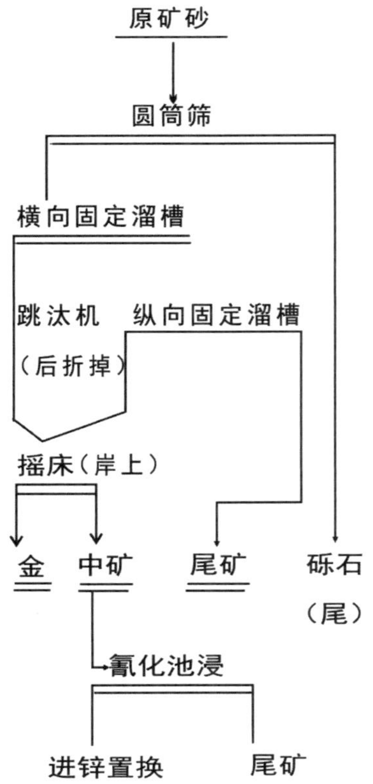

图4-2-4 古市金矿50升采金船重洗流程图

氰脂池浸的工艺，并收了几个徒弟，这些徒弟以后在杨梅尖、画坪及上杉等地的脉金矿群采中成为骨干。土龙山金矿是含金石英细脉型矿床，最早开采始于 1934 年。1986 年，武警黄金 16 支队对矿区进行初探后，发现矿化条件良好，品位高，分布广，含金石英 26 条之多。为了开发利用土龙山资源，1986 年 12 月，县矿业公司从广东引进采选队伍，县国营煤矿、钨矿、大桥区、乡政府等十几个采金队也相继组队在该矿区划界开采，各队均学习采用广东的破碎 + 水泥沫面砖砌溜槽、溜槽粗金精矿进行混汞、海绵金冶炼工艺。

因原矿含金高达 15%左右，故 1989 年又建水泥砖砌池进行池浸。

至此流程变为重选 + 混汞 + 氰化浸出的联合流程。1990 年，新建选矿厂时，考虑汞对环境的污染，选用了重选 + 氰化浸出的工艺流程。由于土龙山金粒结晶粗，故新建选厂 25 克 / 日规模，年产黄金 91.14 公斤。设备流程采用两段磨矿，第一段用棒磨，并在磨矿流程中安装典瓦尔跳汰机回收棒磨排矿中的粗粒金，淘汰精金矿进摇床精选即刻先获 60%的金。重选尾矿进第二段球磨细磨后，氰化浸出，贵液用锌置换，金泥进冶炼。

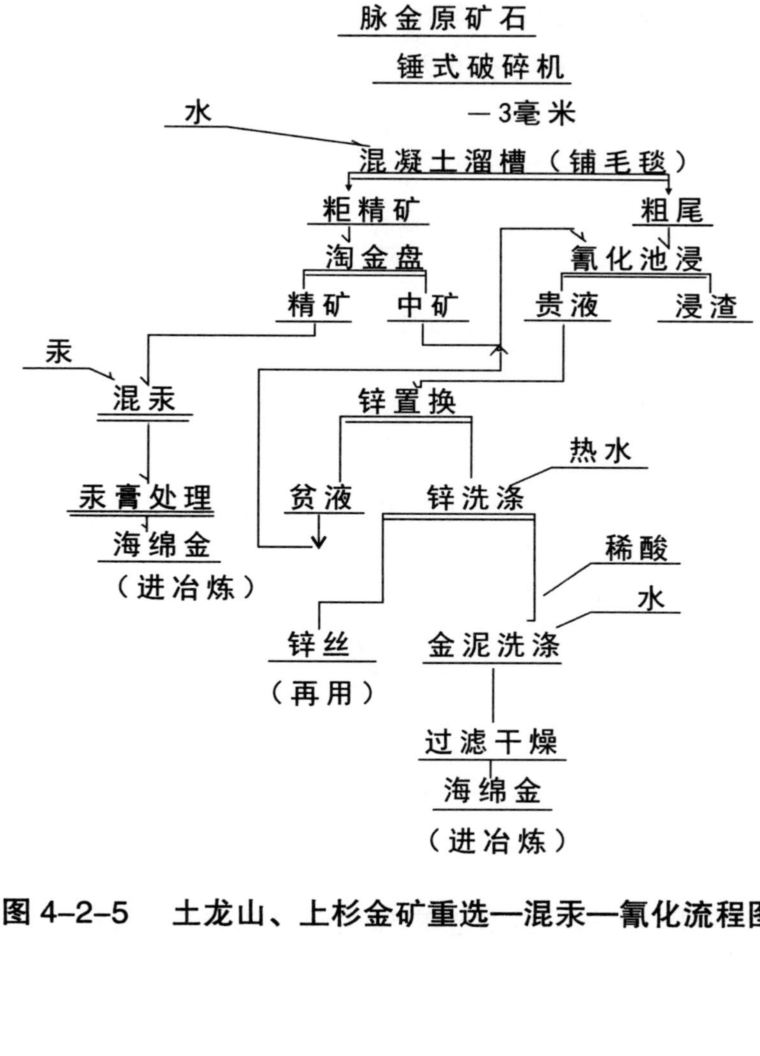

图 4-2-5　土龙山、上杉金矿重选—混汞—氰化流程图

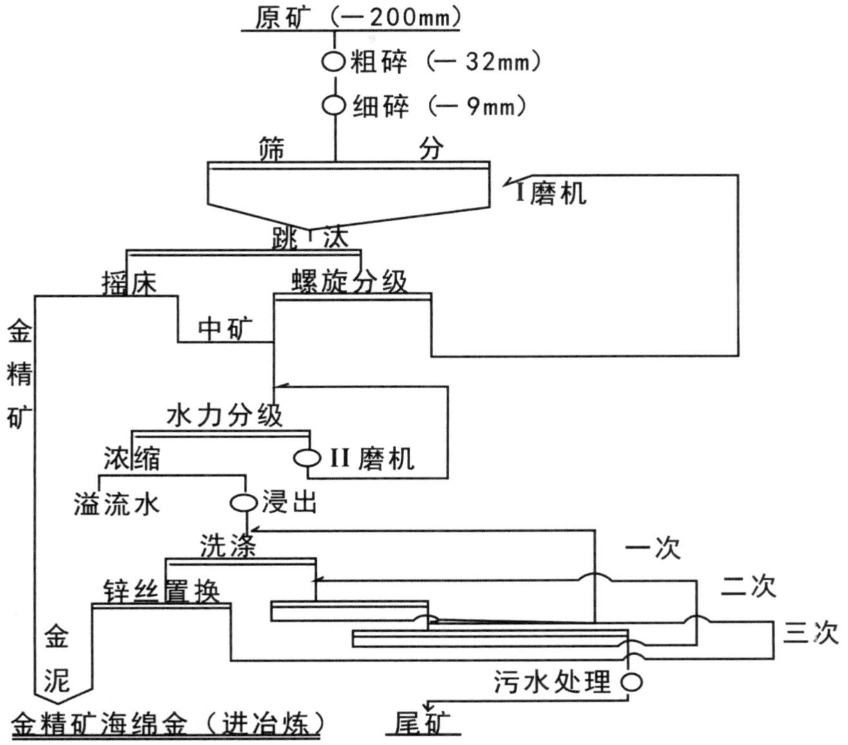

图 4-2-6 修水县土龙山金矿重选+尾砂氰化锌丝置换流程

渗滤法池浸和堆浸法 1986年，赣西北地质大队与省局地质大队与省局测试中心，通过参观河南灵湖金矿，在九江生机林建了一套池浸提金试验流程，贵液用活性炭吸附，载金炭焚烧得金锭。

1989年和1990年，瑞昌港南金矿和洗心桥矿点也采用池浸+炭吸附工艺流程处理铁帽金矿，取得显著经济效益。1987年9月，九江铁门坎金矿到安徽码头参观学习池浸技术。在市冶煤局的技术人员帮助下，进行采选设计，经矿山组织建设于同年12月使池浸——锌置换工艺投产。1988年6月，到河南南阳金矿学习堆浸法，由于该法处理含金小于3~4克/吨原矿时，入堆粒度可由小于3毫米扩大至小于200毫米，处理量由每日10余吨扩大到每日几十吨至上百吨。并请南阳金矿设计并派员来矿指导，同时12月堆浸试产成功，设计每堆2000吨，年处理12000吨，入堆原矿品位3.5克/吨，经冶炼获总回收率60%，成品金25.2公斤/年。1990年处理量达3万吨，收成品金20.017公斤。因地质、取样等方面失控，致使处理量成倍增长，产品量反而下降。1990年瑞昌吴家金矿将原设计的制粒堆浸工艺改为原矿直接堆浸工艺，获得成本明显降低，技术指标相近的结果。1990年生产成品金量达16.812公斤。

池浸和堆浸法专门用来处理九江的各个铁帽金矿。

全泥氰化——碳浆法 高丰金矿也是铁帽金矿，与九江市各铁帽金矿一样是以褐铁矿为主。该矿特点是含金品位高达12.4克/吨，但储量少，生产规模为25吨/日，采用一段磨矿—水力旋流器控制分级—浓缩矿浆进搅拌浸出的全泥氰化—炭浆法，是江西省第一家氰化碳浆法工艺提金厂。

1989年高丰金矿主要经济技术指标一览

表4–2–3

项　目		单　位	设计指标	实际指标
入选矿石品位		克/吨	17.19	12.40
日处理量		吨	25	23
年产黄金		两	3900	1923
金属实际率		%	90.3	75.26
其中：	浸出率	%	94	89.7
	吸附率	%	99	96.8
	解吸率	%	99	99
产品成本		元/两	238.01	961.56
实现利润			296.8	98.5

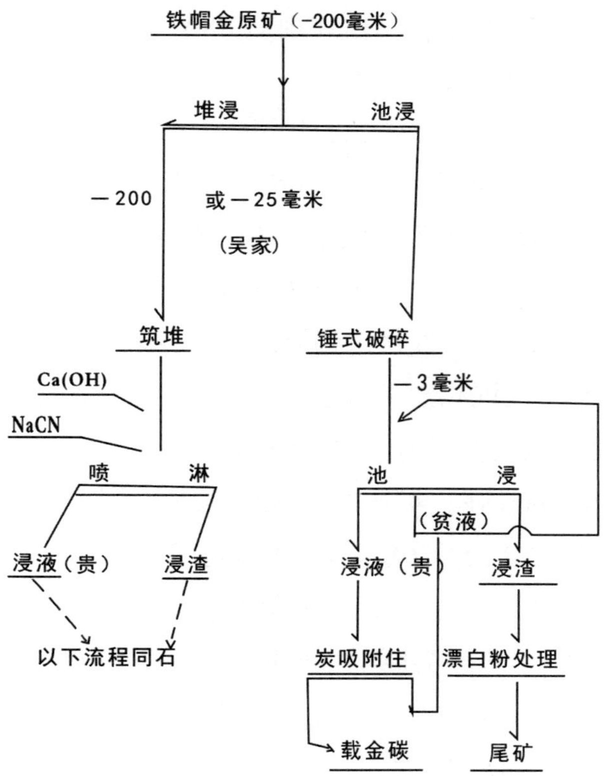

图4–2–7　铁门坎、港南、吴家等金矿氰化浸出流程

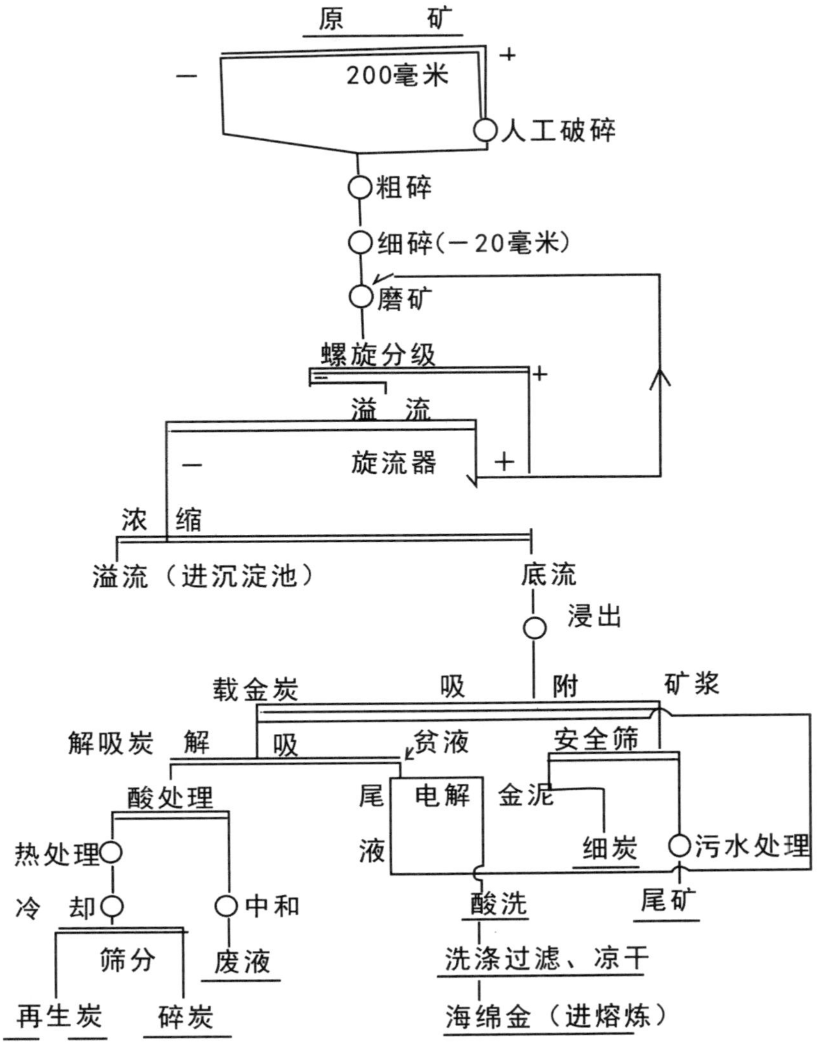

图 4–2–8 高丰、洋鸡山金矿氰化——炭浆法工艺流程

浮选金铜＋氰化＋浮选硫的联合流程 洋鸡山金矿是复杂多金属含金矿床，含有金、银、铜、硫等多种有用元素。矿体埋藏浅，上部氧化程度高。矿石类型有硫化物类型，玢岩次生型、碎屑岩型等。1989 年 1 月前，生产规模 100 吨 / 日，单一浮洗工艺处理 V 号矿体的原生硫化物，生产金铜精矿（金回收率 65%左右）及硫精矿。流程见图 4–2–9。1989 年 1 月扩建成 250 吨 / 日规模的选矿厂，按照综合铜精矿—浮金铜尾砂再磨后金泥（炭浆法）氰化—氰化渣再浮选的流程。试生产后发现坑采改露采后的上部矿石氧化程度高，铜品位极低，故暂时停止浮选金铜流程。将原矿经两段磨矿后，全部矿石进全泥氰化流程处理。选矿规模下降至 160 吨 / 日左右。1990 年产合质金 7840 两，浸出率 93.08%，吸附率 95.02%，解吸率 87.17%。原矿品位 7.51g/T，理论回收率 83.35%，实际回收率 63.83%左右，工艺流程与高丰金矿相似。

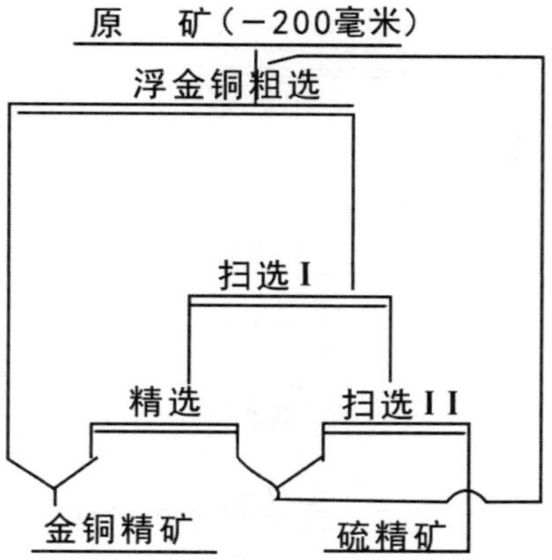

图 4-2-9　洋鸡山前期单一浮选流程

三、冶炼

九江市 3 个产金县，由于技术引进的地区不同，金泥处理方法也不尽相同。修水土龙山金矿师承两广（广东、广西）；九江县铁门坎金矿引进的是河南南阳；瑞昌县高丰、洋鸡山两矿学的则是河南灵湖、浙江诸暨金矿冶炼技术。表现在金泥酸洗上使用的酸及条件不相同，修水县、九江县用稀硫酸、常温处理，瑞昌是浓硝酸，高温处理，流程。各企业金的熔炼均用火法。铁门坎、土龙山采用煤炭、木炭作燃料，高丰、洋鸡山、吴家等矿采用电炉。

各矿炼金添加剂和炼金原料的百分比的波动范围一览

表 4-2-4　　单位：%

项　目	棚　砂	碳酸钠	玻璃粉	硝　石	氟　石
炼　金	25~30	10~15	5~25	>5	0~5

四、尾矿处理

洋鸡山、高丰、土龙山 3 矿的含氰化物一般是掺漂白粉搅拌后再排往尾矿库曝光稀释，然后经溢流管外排，基本能达到工艺排放的标准。高丰金矿还使用过液氯，由于操作不便，成本高，仅试产初期用了一段时间后未再用。洋鸡山金矿为解决污水铜离子过高，1990 年用炭柱吸附二次性处理，不仅使铜离子达到排放标准，并进一步降低了污水含氰浓度，多回收黄金 100 余两。

堆浸尾矿一般经漂白粉洗涤后，堆放到土坡上或废弃的矿内。也有先不洗涤而排放后再洒漂白粉自然曝晒降毒，郊野均可做尾矿堆放场。经雨淋后，渗出的水中仍含有金，洗心桥金矿曾以此回收金，取得好的效果。

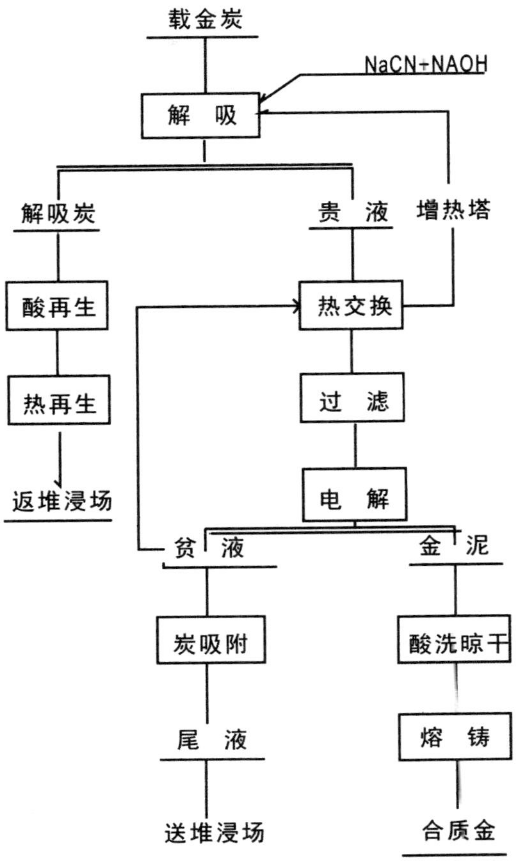

图 4-2-10 铁门坎金矿解吸——电解熔炼流程图

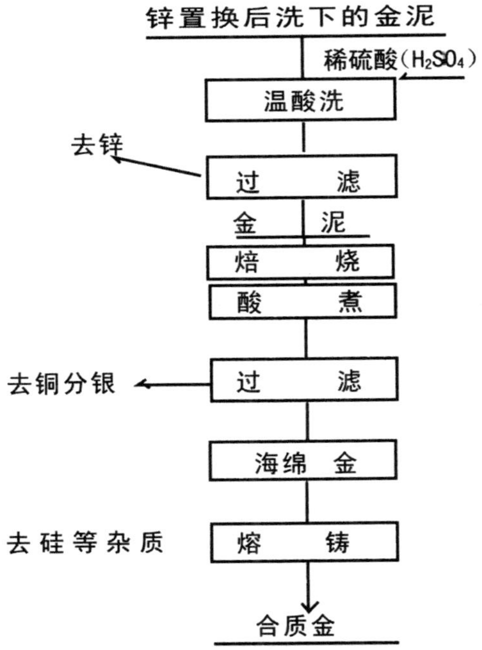

图 4-2-11 土龙山金矿建选厂前金泥处理流程

第三节 钨

一、采矿

武宁修水昆山钨矿 矿区位于九岭山中部，为密集的钨、钼、锡矿群，共有 20 个矿点。仅茅公洞、大湖塘等 9 个矿区统计远景储量钨 108614 吨、钼 725 吨、铜 6340 吨，分属武宁、靖安、修水 3 个县钨矿开采。3 矿区均为高中热液充填石英脉以黑钨为主的多金属矿床，矿脉赋存于燕山期片麻状花岗岩与震旦纪双桥山系变质砂页岩接触带的内缘、围岩，以花岗岩为主，其次为黑云母与石英、长石等。岩石成间互条带排列，岩石一般呈厚层状，倾角 60° ~80° 。岩浆与矿液均有脉动的多次性，武宁矿区大小矿石脉 87 条，修水昆山矿区 18 条。

从 1958 年办矿，采用人工开采。武宁钨矿曾于 1978 年 5 月由九江丁家山铜矿设计组提交过 1 份《武宁钨矿蓑衣洞机械采选工程设计说明书》，生产规模 100 吨 / 日，由于各种原因未能实现。矿山由于没有实现统一规划，统一开采，国营、集体和个人一齐上，见矿采矿，采富弃贫，采易丢难，致使满山是坑口，到处见洞穴。把地表和浅部岩石的稳定性破坏了，而较深部的矿体就很难继续开拓了。光掘不采，单靠掘进中采矿，功效低、成本高、生产管理也比较落后。修水昆山钨矿统计人年产钨精矿 0.5 吨以下。从 1985 年起，武宁钨矿矿山采用电钻凿岩取代手工凿岩。在提升运输方面，1988 年，武宁钨矿在大湖塘工区基建平巷掘进工程中，采用梭式列车—矿车运输方式，改变了手工推车运输方式。巷道以自然通风为主，机械通风为辅。

都昌钨矿 该区含矿斑岩包括表部风化壳型白钨矿体及原生钨钼矿体两部分。1978 年 6 月都昌县钨矿成立，对风化壳进行人工挖掘、水力冲洗的方式进行露天采。由于矿山属山坡丘陵谷地，利用地形将剥离土方输送至山下的尾矿坝，挖出的矿石随即用机槽淘洗后，将粗精矿由人工挑运至山下精选。1984 年 4 月，用水泵扬水至采区，采矿能力达到 70 ~ 75 吨 / 日的生产水平。

修水香炉山钨矿 修水县与浒坑联营的富矿段钨含量近 4 万吨(B+C+D 级)，平均钨品位 0.828%，属全国最高值，铋品位 0.05%左右，也属全省最高值，铜品位达 0.13%，铋、铜均达回收的工业品位。

根据原有地质勘探资料和近两年在 0 号 ~ 2 号勘探线间的开拓、生产取样表明，该矿段矿体产状较稳定，形态简单，资源丰富，品位高，属山坡型矿床，开采技术条件简单。现在该矿区已完成了 560 米中段的主平窿运输道，560 ~ 620 米斜井，560 ~ 620 米主溜井，620米中段已开拓部分穿脉和运输道，已获升级B级地质储量矿石量97万吨，金属量12276吨。设计采矿方法用全面法。

二、选矿

黑钨为主类型 1958年始，手选为主，获得50%~60%的粗精矿，作钨半成品钨精矿出售。1978年，武宁钨矿在县城开办一个精选厂，有破碎机、筛分、棒磨机、抬浮摇床、浮选机和磁选机等设备，对毛钨进行铜、锡、硫、钼的分离。由于技术、管理方面存在一些问题，精选分离仅获得一级二类钨精矿和铜、钼、锡中矿，作产品销售，着手进行综合回收工作。精选厂除处理自身粗精矿外还收购修水、甫田、罗溪、石门等地的粗精矿。精选厂年处理粗精矿600~800吨，精选钨回收率93%，粗选回收率未测算。钨矿精选厂从1979年起自建化验室，由于技术操作熟练，技术管理较全面，获得江西省商品检验局的钨精矿质量免检证。

1981~1990年武宁钨矿钨产量及工业总产值一览

表4–2–5　　单位：吨、万元

项　目	1981年	1982年	1983年	1984年	1985年	1986年	1987年	1988年	1989年	1990年
产量（吨）	50.5	52.1	52.2	37.1	165	105.2	134.5	223	287	524.6
产值（万元）	40.4	41.6	44.3	31.5	140	89.4	114.3	189.5	244	445.9

修水昆山钨矿一直以手选为主，有150×150毫米颚式破碎机1台，400×150毫米对滚机2台，摇床和磁选机各1台，进行间断性精选，获得65%品位的合格钨精矿。1988年产55吨，并还采选黄金1.8公斤。

1986年5月，修水县钨加工厂（隶属于修水县矿冶公司）成立，共有职工12名。该厂采用破碎筛分+长槽（榴槽）+磁选+粒浮槽等设备流程将石英、铁矿物、黄铁矿等杂质去掉，使获得钨精矿品位达到65%以上，含钙小于1%的黑钨精矿，销售到603厂和四川成都的化冶分厂。精选回收率一般在97%，高的可达98%，年利润5万~6万元。至1989年年底，已生产销售合格钨精矿140吨。生产能力年可处理300吨粗精矿，但实际仅处理150~180吨/年，原料主要来源于昆山钨矿。

风化壳白钨类型 都昌钨矿是单一白钨矿类型。从1978年6月建矿起，就将开采出来的钨矿加工成成品销售。这是由于原矿是风化壳，除含大量泥质外，还含有微量磁铁矿，钨精矿质量容易达到。但是钨矿石难回收，微细粒级量大，原矿品位又低（0.18%）。采用重选+磁选流程只获得30.14%的实验室回收率指标，生产指标还要低一些。

1990 年 12 月，九江矿冶设计事务所提供《都昌钨钼矿扩建初步设计》，选用人工粗选、初选精矿送破碎 + 筛分分级 + 摇床 + 磁选的机械化精选工艺流程。

1979~1990 年都昌钨矿白钨产量及工业总产值一览

表 4-2-6 单位：吨、万元

项目	1979 年	1980 年	1981 年	1982 年	1983 年	1984 年	1985 年	1986 年	1987 年	1988 年	1989 年	1990 年
产量	2	4	8.5	2	5.5	10	8	6	3.5	11	12	0.5
产值	1.8	3.7	6.8	1.5	4.5	8.6	6.4	5.1	3.	8.9	11.1	9.0

矽卡岩型白钨 为多金属硫化矿类型。修水香炉山钨矿是一个矽卡岩型白钨矿床，且又含有工业回收价值的硫化矿物——辉秘矿和黄铜矿等矿物。江西省地质中心实验室曾作可选性实验。1986 年 7 月，九江市冶煤公司徐方正等根据对比小型可选性试验报告及采用类比方法为香炉山 620 米中段，设计全浮选流程 30 吨 / 日小选厂。联营矿为设计 150 吨 / 日选厂。1987 年 3 月到 1990 年 4 月整 3 年，反复多次试验研究。1990 年 5 月 20 日在修水县城对长沙矿冶研究院提交的浮选 + 重选工艺和江西荡平钨矿选矿试验室提交全浮的工艺流程进行评审，重一浮流程获钨精矿品位 74.3%，钨回收率 74.37%，全浮选工艺流程获钨精矿品位 73.56%，钨回收率 89.09%，最后选用了全浮选工艺流程。

第四节 铍

铍的主要矿物是绿柱石，属贵重稀有金属。是工业特殊原材料。

绿柱石产于修水县的白桥、白岭、水源、黄龙、中段等乡，贮藏较为分散，未发现集中的大矿，矿区面积分散 200 余平方千米范围之内。1956 年发现，没有全面进行地质勘探工作，估计储量为 1000 余吨。1957 年 6 月 28 日省重工业厅组建修水绿柱石矿，矿址设在白桥乡王家嘴，矿区面积 3.6 平方千米。自行开采，兼收农民分散手工开采矿石。经 4 年开采，地表露天之富矿采完，地质资源不清，交通不便，物资进出困难，特别是分散露天开采，挖掘大量砂土，造成水土严重流失，毁坏农田水利，1962 年停办。年最高产量 240 吨。1976 年部分社队农民自发手工开采，县矿物公司收购。1976 年，年产 14 吨，以后每年 3 ~ 5 吨，1980 年后已无人开采。

第五节 锑

一、产地

江西仅有九江市德安、武宁县产锑。

1958 年，发现德安宝山锑矿区。1979 年普查，又发现武宁清江锑矿区。由于锑的产状特点及各种原因，在锑矿床被发现后，就出现乱采乱挖的现象，使两矿建设和生产受到程度不同影响。

上述两矿中，德安锑矿生产较正常。

德安锑矿矿区位于彭山“S”形构造与梓坊东南向构造复合部位，属岩浆晚期低温热液充填交替矿床。区内出露含矿地层，矿化比较普遍，但强度不大，矿化不集中。矿区内已知锑矿体 59 个，主矿体 4 个（1 ~ 4 号），均呈透镜状产于寒武系观音堂组破碎带中，走向延长一般 50 ~ 160 米，厚度为 4 ~ 10 米，延长 20 ~ 80 米，含锑平均品位为 4.2%，金品位为 1.08 克 / 吨。金属矿物有辉锑矿、砷黄铁矿、毒砂。脉石矿物有石英、方解石等。矿石伴生有益成分金。有害成分砷含量在 0.25% ~ 0.76%。探明矿石储量中，锑金属量 1.38 万吨，金（估计）158 公斤，对金铁赋存状态尚未查明。1984 ~ 1985 年 916 地质队进行补勘工作，进一步勘探锑矿储量。

二、采矿

德安锑矿 1964 年 8 月建矿时，由余海林等 8 人利用钢钎铁锤进行开采。采矿由露天采转入地下开采，采掘工具由人工转为机械化。现形成 1.5 万吨 / 年采掘能力。

开拓：建矿初期，实行露天开采。开采矿体的露头和埋藏浅、剥离量少的部分。采用斜坡卷扬机开拓。斜坡坡度 70°，利用矿石自重溜至装车平台，然后提升至地面。少数矿段直接用板车人工搬运开拓。

1970 年开始，逐步由露天转入地下开采，采用平硐 + 斜井联合开拓法。上部用平硐，下部用斜井开拓。矿石部分下放到平硐面运出，部分下放到最低水平，然后卷扬提升至地表。由于矿山规模较小，矿体埋藏较浅，离地面几米至数十米，故采用联合开拓施工，工作简单，掘进速度快，运输能力又可满足要求，运输费用不高，较为适宜。

掘进中平巷、斜井使用 7655 型气脚式风动凿岩机，采用硬质合金活钎头。炮眼直径一般在 40 毫米左右，炮眼深度 1 ~ 1.5 米，装完药后，用火雷管起爆，采用光面爆破。

装岩出渣全部手工作业，使用0.5立方米或0.75立方米“U”型矿车，人工推运和绞车提升（建矿初期采用人工打眼，板车运输）。平巷月进尺50～80米，工班效率0.12～0.25米/工班。天井掘进采用普通掘进法，自上而下架设梯子，搭工作平台，同样使用腿式凿岩机打眼，爆破下来的岩石人工装车运出。由于围岩较为稳定，断面又较小，一般为2×2米，除个别区段用木支架进行支护以外，一般不需支护。

采矿：宝山矿区矿体产于破碎带中，矿体走向北东50° 左右。倾向东南，倾角36° ~80° 不等，大多为70° 左右，属于急倾斜矿脉。矿区内4个有工业价值矿体不连续。有用矿物为辉锑矿，矿石和顶板围岩中等稳固，矿体与围岩接触界线较为明显。平巷和天井沿脉掘进，沿下盘接触线在矿体内掘进。采用浅眼崩矿留矿法进行开采，为了降低矿石损失，不留底柱和间柱，整个矿体一次采完。回采工作沿下部沿脉平巷开始，自下而上进行。回采工作结束后，再将暂时留在采空区内的矿石全部运出。处理采空区时，实行隔绝封闭或崩落围岩。年采矿能力1.5万吨。技术经济指标如下：回采率：75%~85%；贫化率：15%~50%；采矿凿岩台班工效：15~20吨/台班；采矿劳动生产率：2~3吨/工班。

提升运输：地面采用汽车和矿车轨道运输。经过手选后的块精矿或外地收购矿石采用汽车运输，井下矿石及废石采用矿车运往选厂或废石场。井下全部采用人工矿车轨道运输，矿车用0.5～0.75立方米的U型翻斗车。

矿井提升：采用卷扬机。开矿初期试用过自制的手摇木卷扬机，麻绳牵引，但很快被绞车代替。

露采通风：靠自然通风。防尘采取在作业场地主要产尘点洒水防尘。

坑采矿井通风：以自然通风为主，独头掘进工作采用局部通风。井下防尘采取喷雾洒水的办法降低粉尘浓度；放炮后加强通风防尘；装岩过程中，经常洒水，洒透为止。

武宁锑矿　该矿区主要有大门下、童家、上段、界上坪、驼背山5个矿点。该矿区自发现起，采矿都是由群众自发手工开采。该矿分片收购民采富块矿（经手选后的）作为冶炼原料。由于无计划开采，矿山已不便组织正规开采。

三、选矿

德安锑矿选矿　在最初几年采矿只采25%以上的高品位锑原矿，直接（只经手选）出口或销往外地。1969年建立竖炉，冶炼原矿含锑10%以上矿石，小于10%丢弃，采富弃贫，资源浪费。为此，矿决定建立选矿厂处理低品位矿石。1975年，动工兴建50吨/日能力选厂，1978年，建成投产。采用两段一闭路碎矿流程，一段闭路磨矿流程和分支串联的 1 次粗选、2 次精选、2 次扫选的浮选流程。见图 4–2–12。药剂制度为丁基胺黑药 65 克 / 吨、硝酸铅 200 克 / 吨、硫酸 1500 克 / 吨，控制矿浆 pH 值为 4.8 ~ 5.5。

选矿技术改造：(1) 碎矿最终产品粒度由 30 毫米改为 20 毫米，使球磨机处理能力提高 10% ~ 12%，电力消耗也有所下降，钢球消耗下降 0.1 ~ 0.3 公斤 / 吨。(2) 将标准浮选流程改为分支串联浮选流程。德安锑矿主要矿物有辉锑矿、砷黄铁矿、毒砂，主要脉石矿物有石英、方解石。1978 年选厂建成投产时，采用 1 次粗选、2 次精选、2 次扫选浮选流程。球磨溢流经搅拌加药后给入浮选系列，矿浆浓度控制在 35%左右，溢流细度 65%~70% 200 目 (0.074 毫米)。药剂制度为捕收剂丁黄药 180 克 / 吨，起泡剂松醇油 80 克 / 吨，活化剂硝酸铅 240 克 / 吨，有 XJK–0.62 浮选机 20 槽。由于市场销路不好，投产仅一年就停产了。随着矿山的开采，原矿品位不断下降，堆放露天场多年的矿石也不同程度的氧化，可浮性降低，矿山采取分支串联浮选的技术改造措施，使第一支浮选的粗精矿进入第二支浮选原矿，使第二支精选尾矿返回第一系列原矿的分支串联浮选，提高选别指标，能适应矿石性质变化，改善操作条件，精矿质量高且易于控制。见图 4–2–13

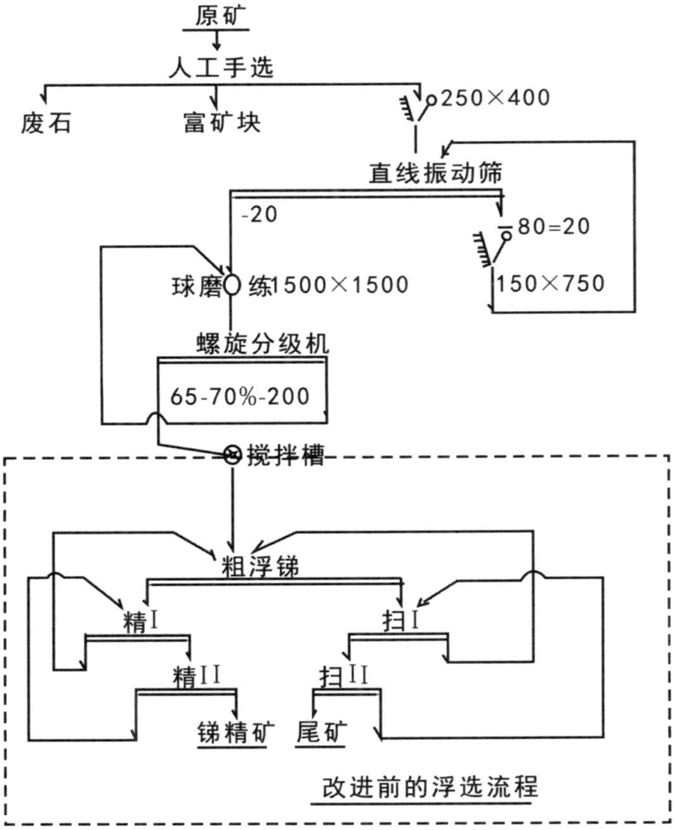

图 4–2–12 德安锑矿早期浮选流程

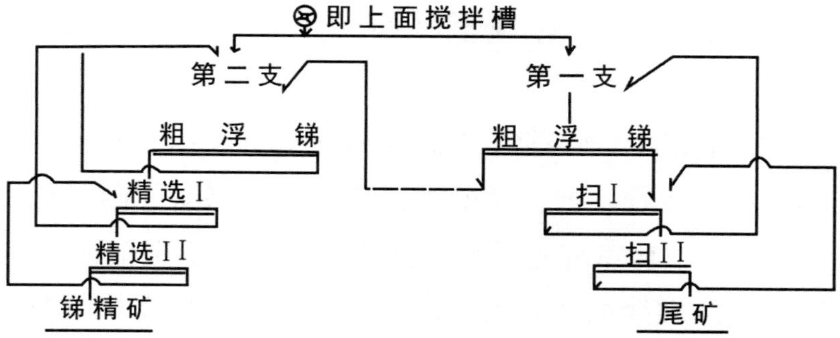

图4-2-13　德安锑矿改进后的分支串联浮选流程图

两种浮选流程技术经济指标对比一览

表 4-2-7

项目名称	原浮工艺	分支串联
入选品位%	2~3	2~3
锑精矿品位%	40~50	≥55
精矿含砷%	3~5	<0.8
选矿回收率%	78~83	80~85

武宁锑矿选矿　从1979年群采锑矿起，一直采用人工手选的方法获取大于10%的锑粗精矿，供冶炼用。

四、冶炼

德安锑矿的冶炼　1970年前，矿山未建立冶炼工艺，采取手选含锑量大于20%的块精矿作产品销售。1969年始，建设冶炼车间，1970年建成投产。采用竖炉挥发焙烧—反射炉原料熔炼及粗炼工艺。建有3平方米直井炉1座。1971年以后，改建成2.5平方米的直井炉2座。主要处理含锑10%~20%的锑块矿。采出的矿石经过手选，高品位矿石经过破碎筛分配入一定量的焦炭入炉进行焙烧。在焙烧过程中，矿石中的硫化锑氧化挥发进入冷凝收尘系统。焙烧时炉温一般控制在850℃~1000℃，焙烧产物锑氧（主要是三氧化二锑）送入反射炉进行熔炼和精炼。

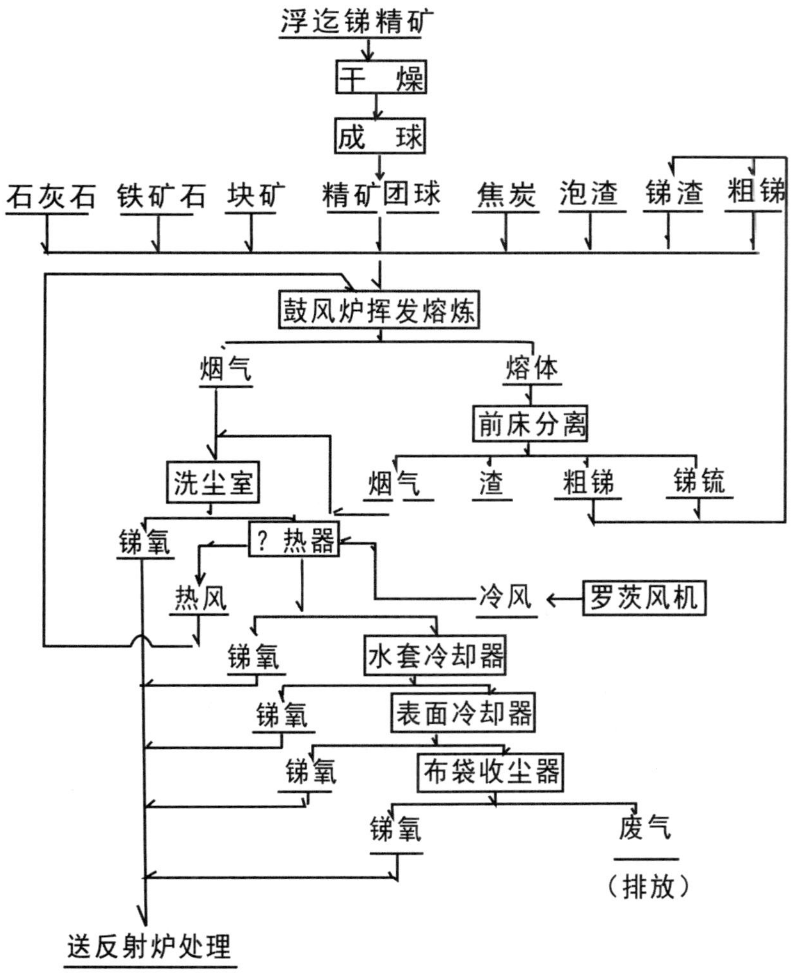

图 4–2–14 德安锑矿鼓风炉挥发熔炼工艺流程图

竖炉焙烧主要技术经济指标：处理量 1.5~2.4 吨 / 平方米·日，耗焦量 7%~10%，回收率 82%~87%（建厂初期 75%~76%），碴含锑 1.4%~2.5%。

1985 年，选厂恢复生产，所产精矿品位大于 20%。竖炉回收率低，又不能回收黄金，不适宜处理锑精矿，只好作成品销售。因此，1987 年 7 月，委托南昌有色金属冶金设计院对德安锑矿冶炼车间进行技术改造，提交 0.8 平方米鼓风炉挥发熔炼—5 平方米反射炉精炼工艺流程，设计能力年产 1000 吨精锑，投资 170 万元。1988 年 5~12 月，5 次试车未成功。

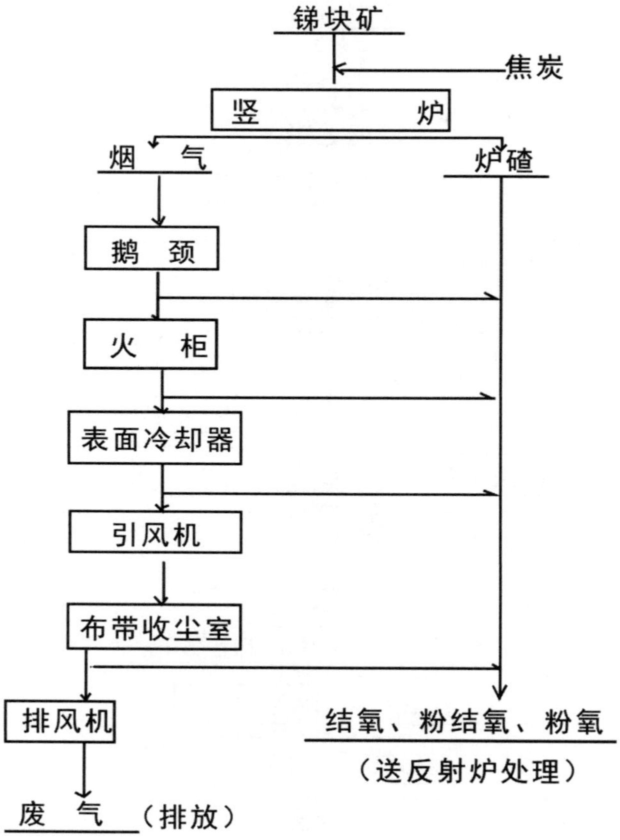

图 4-2-15　德安锑矿竖炉焙烧工艺流程图

德安锑矿锑氧的还原熔炼及精炼，在建设冶炼工艺的初期，建有 3 平方米反射炉两座，1988 年后改为 5 平方米。挥发焙烧和挥发熔炼所产的锑氧都很纯净，在反射炉添加少量纯碱助熔，加煤作还原剂，在 900℃～1200℃温度范围内，三氧化锑易被还原成金属锑。锑氧内杂质（主要是二氧化硅、铁等）与纯碱结合造渣。在还原过程中，少量锑氧挥发和金属锑再氧化，仍以三氧化锑形态被炉气带入炉后的收尘冷却系统。这部分锑氧可返回加入反射炉处理。还原所得的粗锑尚含有铁、硫、砷、铅、钙等杂质，需予以精炼，精炼也在反射炉内进行。

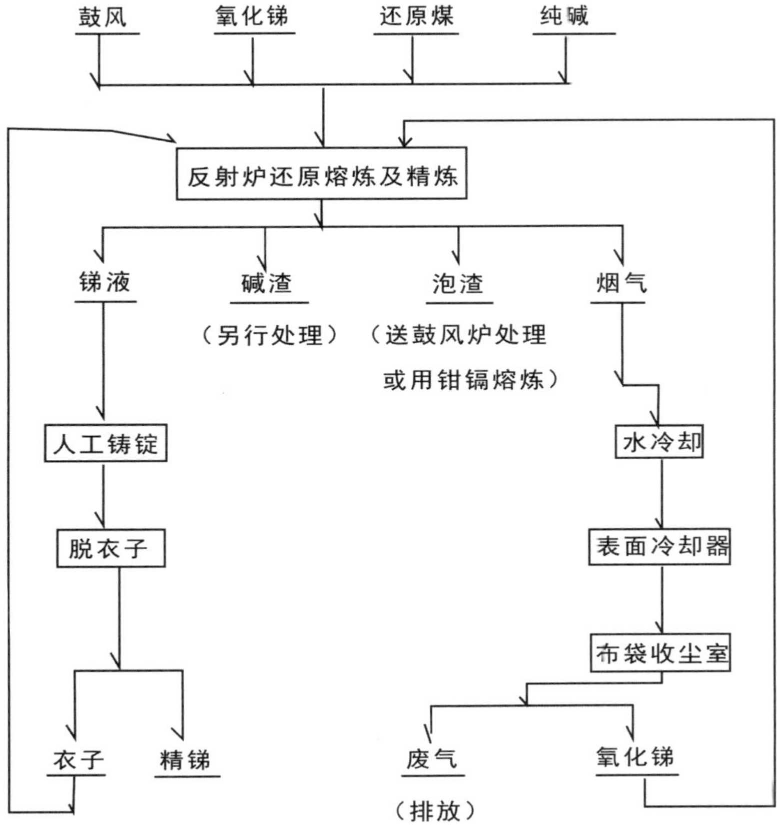

图 4-2-16　德安锑矿反射炉还原熔炼及精炼工艺流程图

德安锑矿主要技术经济指标一览

表 4-2-8

指标项目	数　量	单　位
生产能力	0.4~0.5	吨/平方米·天
冶炼时间	10~12	小时/吨
直接回收率	78.3	%
纯碱消耗	60	公斤/吨
原煤消耗	150	公斤/吨
燃烧煤消耗	850	公斤/吨
实际回收率	95.3	%

武宁锑矿的冶炼　*冶炼工艺*：1986 年为争取时间，迅速取得经济效益，武宁县政府和武宁锑矿决定先上冶炼厂，并委托长沙有色冶金设计研究院设计，院方仅负责冶炼工艺和非标设备设计，生产规模为年产 500 吨 2 号精锑，1988 年 5 月正式投产。冶炼所用

原料为手选锑精矿块矿，平均品位15%左右。但矿石中脉石含二氧化硅较高，宜用竖炉焙烧一反射还原熔炼及精炼生产流程。但矿石中的氧化率高达45%～50%，并且主要以三氧化二锑形态存在，为提高冶炼回收率，竖炉采用高温焙烧（950℃～1000℃）和采用较高的焦炭比（80%）。

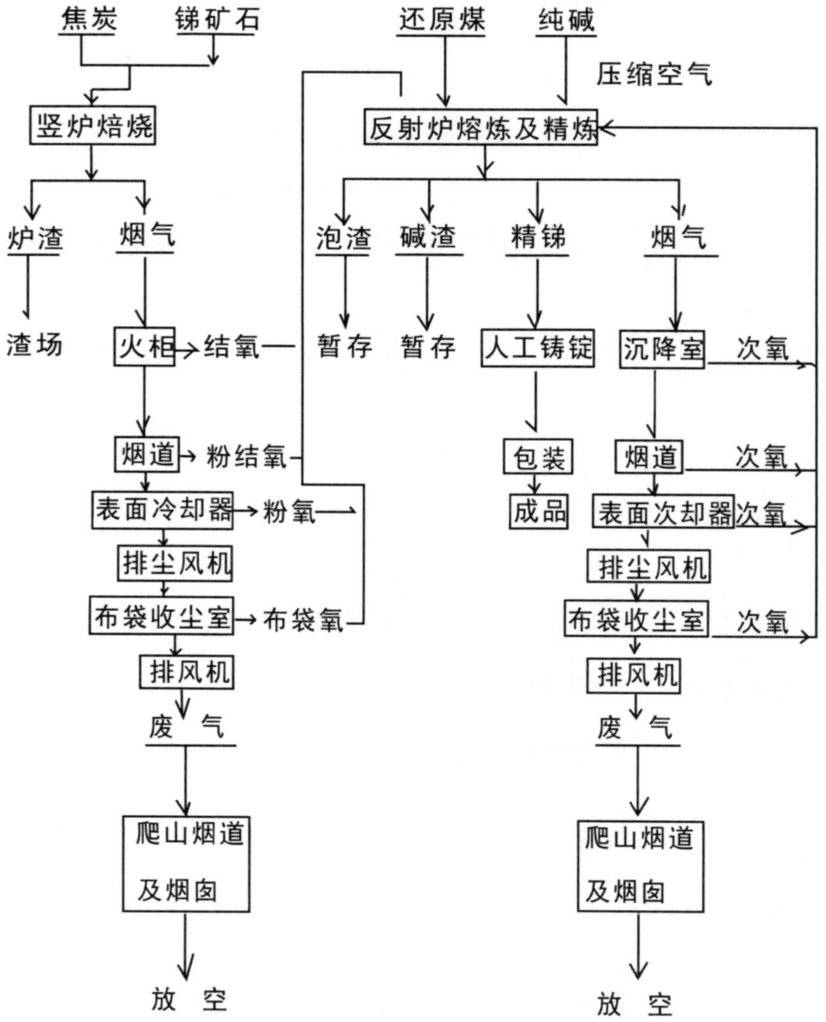

图4-2-17　武宁锑矿冶炼工艺流程图

主要冶炼设备：竖炉。日处理矿石量18.23吨/日，1.8×1.8=3.24平方米竖炉两座（双联炉）；竖炉烟气表面冷却器，96.6平方米；竖炉烟气布袋前风机，选用2.2千瓦C6-48NO4C排尘离心机1台；竖炉烟气布袋除尘室，340平方米，布袋规格直径250×3000毫米共144个，分为4室；竖炉烟气布袋后风机，选用5.5千瓦C4-73-11、NO3.6C排尘风机1台；反射炉，5平方米1座；反射炉烟气表面冷却器，90平方米；反射炉烟气布袋前风机，选用2.2千瓦C6-46NO3C排尘风机1台；反射炉烟气布袋除尘室，340平方米，布袋规模直径250×3000毫米共144个分室；反射炉烟气布袋后风机，选用 5.5 千瓦 C4–73–11NO3.6C 排尘风机 1 台；布袋室螺旋输送机，选用直径 200×17000 毫米 CX 型螺旋输送机 2 台，电机 1.1 千瓦。

采用竖炉焙烧，反射炉熔炼及精炼的流程时，为产出合格 2 号精锑和使生产过程顺利进行并具有较高回收率，对原料有如下要求：入炉矿石品位以 15%～20%为宜，不超过 25%，含铅小于 0.08%，脉石成分中二氧化硅大于或等于 90%，砷在精炼过程中可以除去。但为提高冶炼回收率，矿石中含砷量最好小于 0.05%。对于氧化率高的矿石单独处理或出售，氧化率低的矿石入炉冶炼。由于没有正规采、选系统，冶炼未达设计指标。

1988~1990 年武宁锑矿总产值及产品产量表一览

表 4–2–9 单位：万元、吨

年 份	工业总产值	产品产量	
		锑矿石	纯 锑
1988	55.67	253	–
1989	115.6	839	50
1990	143.13	181	17.7

说明：1988 年按 1980 年不变价计

锑冶炼的环境保护有防尘与烟气排放及废渣废水处理。

防尘：锑在竖炉挥发焙烧或鼓风炉挥发熔炼过程中，氧化挥发后随烟气全部进入收尘系统，冷却后成为白色粉末，即俗称的锑氧。主要成分是三氧化二锑，极易飞扬，各收尘设备、管道等各部密封稍差则锑氧极容易溢出。人体与之接触后，会引起锑性皮炎。为降低空气中粉尘浓度，减少与锑氧接触，冶炼系统全部采用负压操作；加强收尘设备密封，收尘设备安装前先进行气密封试验；对锑氧排放口常检查，锑氧排出后及时密封。德安锑矿冶炼原布袋收尘室密封性差，且需人工入室密封，室内粉尘浓度很高，环境恶劣。冶炼技术改造时，选用密封性能较好自动振打布袋除尘器，锑氧损失较少，劳动环境大为改善。同时，新造一套锑氧真空压力管道输送系统，改变锑氧送入炉精炼时，全部靠人工铲装推动的落后状况，减少锑氧飞扬和金属损失，操作环境也得到改善。

烟气：竖炉及反射炉烟气经布袋收尘排放烟气量共约 6000～8000 立方米 / 时，二氧化硫浓度为 0.4%～0.5%，低浓度二氧化硫烟气采用爬山烟囱排放，爬山烟囱依山势而定。

废渣：有焙烧炉炉渣及反射炉烧火煤渣，这两种渣基本上没有有害成分，置于渣场堆放。熔炼及精炼过程产出的泡渣和碱渣分别堆存于房子里，特别是碱渣含有可溶性砷酸盐，是有毒物质，不让随意流失。碱渣含有砷酸钠约 20%，含锑约 35%~40%，需湿法处理出售。泡渣含锑约 25%~40%，出售或采用土坩埚处理回收。

废水：冶炼车间除化验室外，生产过程中用水主要供烟气冷却用，不构成污染。

五、深加工

九江锑的金属加工以德安锑矿为代表。

德安锑矿在 1984 年开发铅锑合金系列新产品。铅锑合金是利用各种废旧杂铅进行再生铅的生产，产出的精铅则根据不同的需要配入适量锑、锡等加工而成。主产品铅锑合金广泛用于印刷、蓄电池、轴承制造等行业，取得较好经济效益，年生产能力达 300 吨。

进一步对铅锑合金进行加工，生产印刷用铅锑合金条和活铅字，年加工能力为 50 吨。

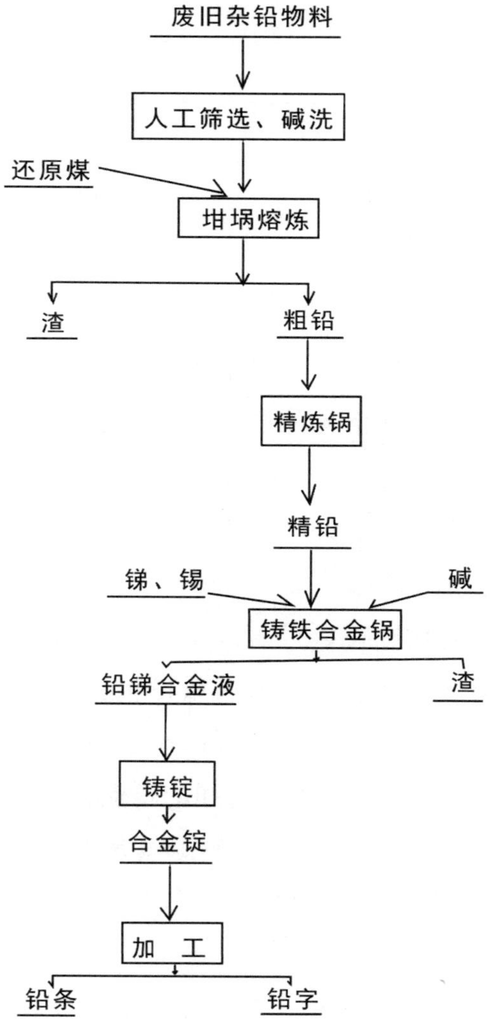

图 4-2-18　德安锑矿铅锑合金生产、加工工艺流程图

德安锑矿除产出 2 号、3 号、4 号精锑和中砷锑等精锑产品及三氧化锑、锑精矿外，其加工的铅锑合金品种有铸字合金、巴氏合金、极板合金、对开铅条、四开铅条、八开铅条、铅字等。

金属加工部分主要技术经济指标

冶炼回收率：85%

煤耗：600 公斤 / 吨

碱耗：10 公斤 / 吨

熔炼时间：5.5 时 / 吨

1964~1990 年德安锑矿生产经济指标一览

表 4–2–10　　单位：万元、吨

年份	工业总产值	产品产量				质量和消耗指标				
		锑块矿	精锑	锑精矿（金属量）	铅锑合金	精锑 65%	锑精矿	煤 T/T 锑	焦 T/T 锑（T/T锑）	碱（kg/T）锑
1964	0.45	50								
1965	5.09	565								
1966	10.94	1215								
1967	11.80	1140								
1968	16.30	1823								
1969	19.83	2203								
1970	15.06	2491	14			99		3		
1971	32.50	2330	61			99		2.3	2.5	
1972	38.05	2530	81			99		2.1	2.04	
1973	39.39	2000	101			99		3.01	2.38	
1974	24.80	1405	58			99		2.5	2.05	
1975	33.20	1720	80			99		1.2	2.4	
1976	32.00	1150	102			99		1.75	1.76	
1977	24.80	750	66			99		2.06	2	
1978	25.80	1500	121			99		1.69	2.3	
1979	30.48	1875	140			99	一级	1.42	1.63	
1980	33.83	1910	170			99	一级	1.66	(1.43)	
1981	52.50	1915	150			99.93	一级	1.49	(1.46)	

续表 4-2-10

年份	工业总产值	产品产量				质量和消耗指标				
		锑块矿	精锑	锑精矿（金属量）	铅锑合金	精锑65%	锑精矿	煤 T/T 锑	焦 T/T 锑（T/T锑）	碱（kg/T）锑
1982	52.50	1813	150			92.97	一级	1.16	(1.52)	
1983	44.45	1942	127			92.95	一级	0.85	(1.12)	
1984	160.5	2400	160		18	95	一级	0.87	(0.093)	78
1985	120.02	2012	204	122	163	96		0.99	(0.096)	76
1986	163.00	2120	210	159	155	96		1.02	(0.091)	68
1987	162.15	1985	211	165	142	96		1.01	(0.108)	67.8
1988	176.16	1565	214	206	93	97		0.99	(0.104)	67.5
1989	111.11	1873	161	164	6	97		1.0	(0.107)	68.4
1990	94.33	1525	147	134		99		1.0	(0.09)	66.5

说明：本表空白处，是该产品未生产或已停产。

第六节 锡

一、采矿

彭山锡矿 **开拓**：矿产采用平硐与盲斜井联合开拓，分两期进行建设，即125米中段以上为前期，125米中段以下为后期。前期开采205米、185米、165米中段。

采准：底盘脉外平巷挂角揭露矿体、辅以穿脉探矿、穿脉沿矿体走向间距为50米。但这种方法不安全，经外地考察学习，改成掘进底盘脉外平巷，平巷顶距矿体底板2米左右。每隔50米掘进一穿脉探巷（按探线布置）作人行用，两探巷间用沿脉平巷联通，相对在平巷的另一侧，亦每隔50米掘进一探矿溜井（布置在两勘探线之间），从而扩大了探矿面积并避免了掘进穿脉平巷的不安全因素。

采矿：1988年3月江西冶金学院与彭山锡矿共同进行采矿方法试验，设计采用切柱法，喷锚加固顶板，人工矿柱的全面采矿法。几年来对采矿顶板管理摸索出一整套的顶板维护措施和方法，取得较好成绩，保证了安全生产。

通风：通风系统是自然通风辅以机械通风，工作面局部通风。

运输：运输系统和方法：溜井—平窿—电机车，主平窿以下为平窿—竖井（提升）—电机车。

方圆（德安）矿业投资有限公司 *开拓*：采用平硐—斜盲井开拓方式，开拓有308米、300米、290米、270米、250米、230米、222米7个生产中段。

采矿：因矿体为缓倾斜层状产出，采矿方法采用全面采矿法。

二、选矿

彭山锡矿 TV-1矿体属于锡石一硫化物矽卡岩型矿床。矿石物质成分较复杂，矿物种类繁多已知矿物达40多种，主要矿石矿物为锡石、磁铁矿、磁黄铁矿、闪锌矿、黄铁矿、黄铜矿、毒砂、黄锡矿等，主要脉石矿物有透辉石、透闪石、石榴石、绿泥石、电气石、石英、云母、萤石等。锡石产出粒度细，矿石性质复杂，属难选锡矿石。具体如下几个方面：矿石自然类型多样；锡石嵌布粒度细，<0.02毫米的占44.65%，0.053+0.043毫米只占39.05%；组成矿物种类繁多，矿石矿物、脉石矿物达40余种；磁性矿物含量高，种类多，从强磁性到弱磁性矿物都有；矿物含硫高，硫化矿种类多，尤以磁黄铁矿为主。

对以上这种难选的锡矿石，1983年由昆明冶金研究所和江西有色冶金研究所同时分别进行选矿流程试验，经过多方案探索和预选试验，设计的选矿工艺为两段一次细磨，浮一磁一重流程，以选锡为主，先混合浮选铜、硫，磁选除锡，铁精矿再磨精选，除锡精选，最后重选锡。

主要工艺流程是：

一、碎矿流程：为确保给矿粒度10毫米左右，采取三段一闭路碎矿流程。

二、磨矿流程：设计为一次细磨到-200目100%的磨矿流程。

三、浮选流程：依据昆明冶金研究所的设计，先混合浮选，经一粗一扫两精一精扫的铜硫混合精矿，再铜硫分选一精一扫两精，精扫尾矿返回粗选。磁选流程为一次粗选，将磁性矿物选出，然后铁精矿再磨再选。

四、重选流程：依据江西有色冶金研究所推荐的设计，特点是以高效率的离心机作主要重选设备，经一粗一扫两精，采用多台浓密的浓缩脱水，用摇床带溜槽作精选，产出最终锡精矿产品。为确保重选回收率，摇床不去尾矿。

方圆（德安）矿业投资有限公司 选矿采用两段一闭路碎矿、两段一闭路磨矿、优先脱硫—混浮锌硫—锌硫分离—重选选锡的工艺流程，该锡石硫化矿选矿工艺经中国有色金属协会专家审评达到国际先进水平。

第七节 铅锌

一、采矿

德安天宝矿业有限公司 *开拓*：采用平硐分段开拓。

采矿：由于矿山有两个矿区，矿石储存条件不同，矿石厚度大于 3 米时，采用房柱采矿法采矿。矿石厚度小于 3 米的采用全面法。

二、选矿

德安天宝矿业有限公司 针对矿石性质采用三段闭路球磨浮选法选矿，粗碎段达到 –200 目，球磨段达到 –600 目，获取铅锌精矿。

三、冶炼

江西铜业铅锌金属有限公司 在国内首家运用国际上最先进的基夫赛特直接炼铅技术和铅锌联合冶炼工艺，形成年产 10 万吨铅锭生产能力。锌冶炼技术采用国内较为成熟的湿法炼锌常规工艺，形成年产 10 万吨锌锭生产能力。同时生产硫酸 14.6 万吨 / 年，及银金铟镉等产品。

第三章 非金属

第一节 萤 石

一、采矿

葛洪山区是丘陵地带，系幕阜山系一部分，矿山属奥陶系。矿体自西向东分 4 个矿区段，分布于洪溪畈、五如和沙溪附近，属碳酸盐岩中的低温热液充填交替型矿床。矿体形态复杂多样，多呈囊状网状、条带状、透镜状分布。风化矿为红色松散土状。矿石组成简单。萤石呈绿色、浅绿，紫色或白色，以紫色和淡红色为主。结晶较粗较好，在–5～+3毫米粒级中，即有92.65%的单体。脉石矿物为石英、高岭土，伴有少量黄铁矿、闪锌矿。矿石还含有1.045%轻稀土。原矿石储量638.84万吨，为大型矿床。含氟化钙平均品位25.54%，粗颗粒单（体）品位高达98%，天生优质。矿石裸露于地表层属山坡型矿床，风化矿又松散，宜于露天开采。粗粒萤石易于采用简单的重选方法和人工手选而获得。因而，1958年开始就采用土法上马，人工露天开采，而且仅采用锄头、柴刀、扁担、土箕、钢钎、锤子等简单工具。1958年4月15日，第一次获得粗块萤石精矿，作为冶金辅助原料。到年底即发展到3个营（工区）近330人，年产量1300吨。

采矿生产在“大跃进”政策下，大搞“开门红”，即在每年的1月掀起群众运动，起早摸黑，没有星期天，干部、工人男女老少一齐上。1958年搞万吨炮（就是一炮放下万吨矿石）“放卫星”。“万吨炮”地点选在老虎洞湾，采用电雷管，导线在山脚下引爆。为放“万吨炮”，组织了当地农民迁移。

在矿石运输方面，1958年一营开始采用“流水槽法”（沿山势用块石砌墙，槽底铺竹片，平行双沟，重矿框下滑，空框上行，绳索牵引）和索道运输（两地利用高差用支架+绳索+竹框，重下轻上的原理）。前一方法仍在沿用。

在采矿方面，1960年在开采上，开始根据各地地质岩石的不同，采用不同的方法打炮眼和爆破。有挨地打的“扣地炮眼”；有爆破大量岩石用黄泥+雷管+炸药的“无眼炮”；有五眼排列的“梅花炮眼”等。当时仍没有正规的计划。由于历史因素和生产条件，生产台阶不明显，剥离土石方用人力板车就近排放，反复多次，重复搬运。

1986年1月，与日本补偿贸易换回的设备运抵萤石矿，其中矿山设备有小松产挖掘机2台，小松产装载机4台，小松产推土机4台，三菱牌8吨吊车2辆，日野8吨油车1辆，日野8吨自卸车20辆，日野8吨货车20辆等，新增固定资产402万元。1986年3月，新设备陆续投入使用，因机械化水平的大幅提升，提高年产萤石矿20万吨。从而改变整个矿山生产面貌，达到国内先进水平。

二、选矿

由于德安萤石矿的矿石组成简单，萤石结晶较粗，颜色分明到肉眼可见，且由于以钙质矿物为主（占60%），石英石占36%，因此，共建2座萤石颗粒冲洗厂，采用洗矿—脱泥—分级—跳汰工艺，就获得部分结晶较粗的粒状精矿。经过淘洗的尾矿，存入“废石堆”。后累积有矿石量65.6万吨，CaF_2平均品位39.48%。这部分矿石（未进新建选厂的破碎，洗矿，筛分，跳汰部分）经过采场的圆筒筛和人工淘汰粗选和脱泥后，获得部分精矿及送浮选工艺流程处理的原矿。

1969年8月，日产40吨的萤石精矿粉（干太粉）小型磨粉厂投产，有烘干间、磨粉间、包装兼仓库。建筑面积1000余平方米，主要生产设备有烘干炉1座，4R3216雷蒙磨2台（其中1台备用），包装机1台。主要工艺：原料（CaF_2含量在98%以上的精矿）—烘干—磨矿—包装—入库。

德安萤石矿分级产品一览

表4–3–1

分级重选产品	产率%	品位 CaF_2%	回收率%
25+10毫米跳汰粗精矿	4.79	79.59	9.63
10+3毫米跳汰粗精矿	11.23	96.54	26.79
送浮选原矿（跳尾）	62.66	38.92	61.78
脱泥尾矿	21.32	3.44	1.80
合计	100.00	39.48	100.00

到1976年，手工化作业不能再增加采矿量和剥离量，市场上块状萤石精矿需求量的减少，粉状精矿需量增加，而石粉厂产量过小，又涉及原来丢掉的废石资源的综合高效利用等问题，急需建设浮选厂。同年10月，由江西有色冶金研究所提交的《德安萤石矿废石堆选矿流程试验报告》和1976~1978江西冶金学院和南昌有色冶金设计研究院的设计，经资金筹措考察等前期工作，1978年5月，250吨/日选厂动工兴建，至1980年8月竣工，一次试产成功，产品合格率达99%以上，其他各项指标均达到设计要求。浮选厂建成投产，使德安萤石矿的选矿工艺流程趋向合理，工艺流程详见图4–3–1。全矿经济效益也发生显著变化。同时，促进了采矿的机械化和为萤石精矿出口创汇创造了条件。

1959~1985年德安萤石产量产值一览

表4–3–2

年份		萤石精矿产量（吨/年）	销售收入总额（万元/年）	盈利（万元/年）
1959~1965		10395	53.57	15.54
1966~1970		13405	53.27	5.59
1971~1975		17772	105.74	7.80
1976~1980		15540	121.65	10.90
1981~1985		18479	279.34	47.32
其中：	1983	17900	251.12	41.00
	1984	49877	314.72	53.13
	1985	23214	381.27	58.02

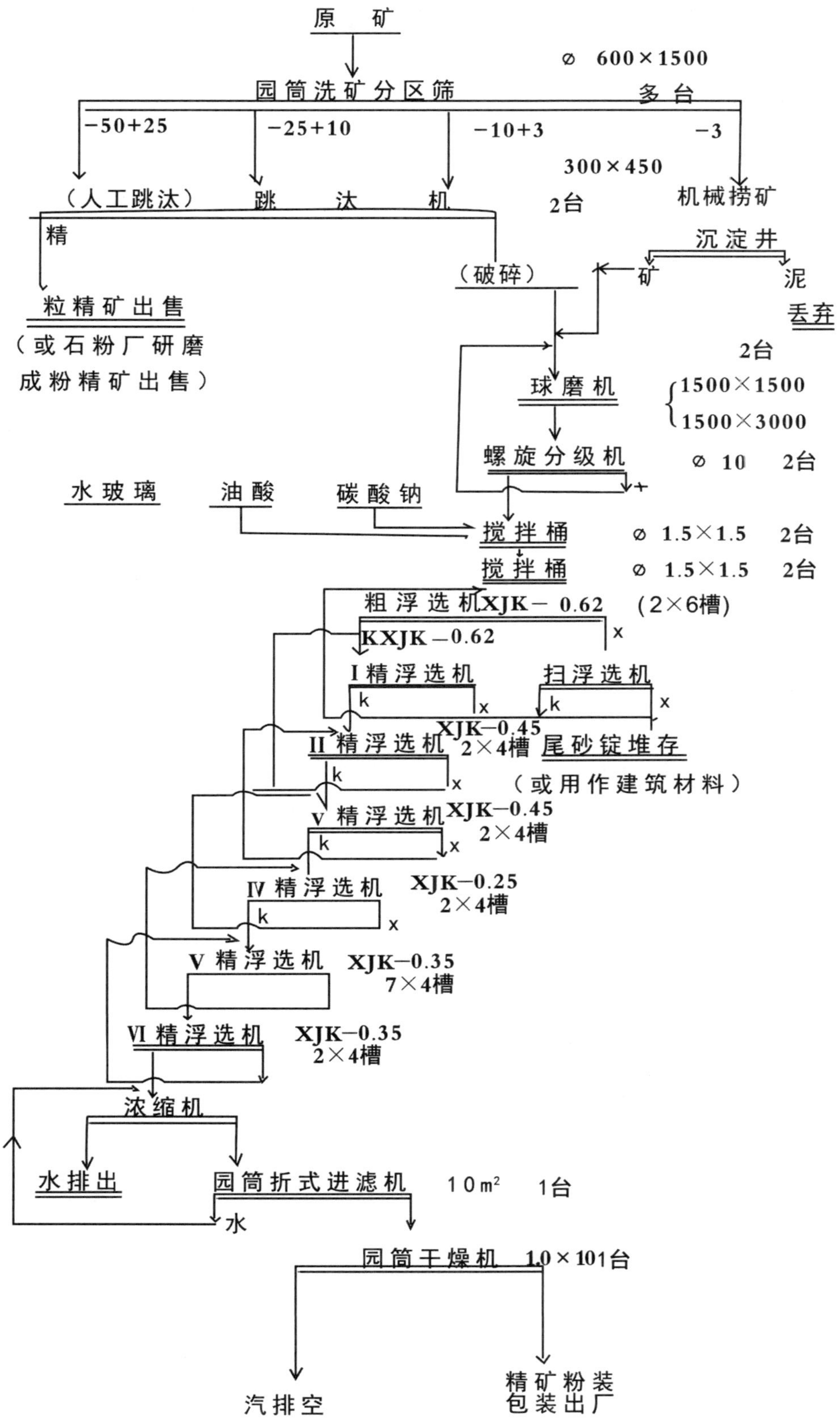

图 4-3-1 萤石矿选矿工艺流程图

1981 年，250 吨 / 日选厂建成投产后，首先处理堆存的碎屑（含 $CaF_2 \geqslant 70\%$，$CaCO_3 < 0.5\%$），产出“庐山牌”优质萤石精矿，出口日本深受好评，也为引进矿山设备的补偿贸易打下基础。

1986 年，选厂处理完堆存碎屑后，改处理原矿石。因原矿石含碳酸钙≥1%，使萤石矿中碳酸钙含量超过 1%，外商拒收。矿于同年 8 月派人携矿样到广州有色金属研究院进行选矿试验，通过小型试验获得初步效果。9 月 14 日，广州有色院又派人到矿作生产调试。试用一种新的降低碳酸钙药剂 H1101 混合剂，对德安萤石浮选及碳酸盐矿物的分离效果很好。生产调试处理的是Ⅱ矿区含泥多、品位较低的原矿，是含碳酸钙较高的难选矿石。原来没有配矿措施，矿石特性波动大。但在 H1101 混合剂的作用下，仍能取得良好指标。给矿品位氟化钙 48.90%，碳酸钙 1.28%，萤石精矿回收率 87.76%，氟化钙 98.05%，碳酸钙 0.61%。10 个班平均耗药量克 / 吨 H1101 混合剂，粗选 400 精选Ⅱ 350 精选造Ⅳ220 油酸 830 克 / 吨，总药费 3.39 元 / 吨矿。证明 H1101 混合剂能有效浮选萤石，分离碳酸盐矿物，操作稳定，生产正常，药剂成本低，调试获得成功。试调后立即进行连续生产，圆满完成出口任务。

三、深加工

1985 年年底，萤石矿组织考察氢氟酸、氟利昂等萤石深加工产品的可行性。1986 年 4 月，经省经委、省冶金厅及市经委、市冶煤公司批准，同意银行贷款 400 万元，矿自筹 80 万元，建设德安萤石矿制冷剂厂。1986 年 9 月动工兴建，1989 年 4 月基本竣工，同年底试车成功。该厂占地 8.67 公顷，由上海化工设计院设计，设计能力为年产氢氟酸、氟利昂各 1000 吨，产值 2000 万元以上。有职工 250 余人，固定资产 1000 万元。

主要车间：一车间（氢氟酸车间）、二车间（氟利昂车间）、三车间（冷冻、电仪车间）、四车间（机修车间）组成生产实体，配以污水处理、抽水房、化验室等服务单位。

主要生产设备：无水氢氟酸（AHF）生产用直径 800 × 20 × 10000 毫米转炉 2 台，粗馏塔（直径 426 × 10 × 5756）2 台，直径 426 × 10 × 7430 脱气塔 2 台，直径 426 × 10 × 9600 粗馏塔 1 台。

氟利昂（FR22）生产用直径 800 × 14 × 20000 反应釜 1 台，4F-10 压缩机 2 台，直径 1000 × 14 × 1600，1 立方米中间槽 2 台，1 立方米脱气塔 1 台，1 立方米精馏塔 1 台。

1990 年 5 月，正式投产并获成功。10 月产出无水氢氟酸（AHF）、氟利昂（FR22、

FR12)，填补省内空白，开创江西萤石深加工先例。其中氢氟酸（AHF）为一级品，氟利昂（FR12、FR22）为优质品。

第二节 大理石

大理石开采 以瑞昌市、修水县等地开采较多。大理石开采方法大多是采用人工凿岩，嵌锲劈裂逐渐形成裂纹，将大理石破成 800×800×800 毫米左右的大块毛石（俗称荒料）。这种荒料从采石场用车装运至大理石加工厂。

大理石加工 基本采用机械化生产，以铜岭钢铁厂大理石厂为例。该厂从贵州省购进一套仿意大利制液压全自动的天然大理石板材加工设备。主要生产设备有双向圆盘切割机（宽 600 毫米，其加工长度尺寸不限）1 台、对割机 1 台、倒边机 1 台。生产工艺。荒料—切割（锯板）—对割—截断—倒边—磨光，手工包扎。设计生产能力为 10000 平方米 / 年大理石板材。

其他非金属矿如花岗岩、青石板岩的开采与加工，与大理石开采与加工相似，不再复述。长石、石英等矿产也有一定规模的开采，有众多生产企业，大多都加工成石粉、熔融石英等深加工产品，成为地方经济的重要支柱。

第三节 砂石

九江临江（长江）靠湖（鄱阳湖），区内水系众多，砂石资源丰富，居全省第二位，是九江的优势矿产之一。

砂石开采主要集中在湖区各县，如湖口县、都昌县、星子县、永修县等。采砂实现机械化，多用大吨位采砂船，使用大功率砂泵开采。

原砂加工有机械化程度很高的先进加工设备和流程，如干型砂、湿型砂擦洗设备和工艺。不仅产出的品种多，而且质量优。原轻工部赞誉为“比较好的矽砂”。原建材部定为全国战时备用砂基地、全国水泥检验用砂基地。原机械部定为中国南方铸钢用砂基地。上海市投资建设专供上海基建用砂基地。

第四章 煤 炭

第一节 生产历史

据《义宁州志》载汉高祖二年（前205）瑞昌乐园乡、南义乡湖塘山等地乡民开始用手工采煤。汉元封六年（前105）武宁、修水、瑞昌一带已用煤烧制石灰。据《德安县志》载，早在明末清初就有民间土法开采（原煤），老窿遍布矿脉周围，……塘山地段有老窿4处，付山地段有150多处，这些老窿大多延至民国，1919年仍在陆续开采。武宁、修水等县的古废井内可见松木人字支架，呈三角形断面（1～2平方米）。有完全用手锤、铁锉凿通的全岩斜井，应是200年以前的工程，如修水102号井。

瑞昌东乡龙兴源有煤矿一处，约出煤3万余吨，水多停挖；南乡干洞垅、田堡圾、净水当、杉水港、大坳、两峰尖、观音洞、干港、张家港、扬树港、岩下窳，西乡王山岭、桃源、尖瓜山、万丈红、杉树坪，北乡炉当火屋、袁傅家泉、杨家沙滩等地方，共有煤矿20余处，每矿约出煤三五万石及数千石不等，均系乡民自行开采。两江查矿委员张崇德曾带同矿师沈仁麟到县查验矿质。彭泽桃子山、老虎洞、榆树坞煤矿3处，曾经查矿委员带洋矿师查勘，设局开办。因煤质不佳，旋即废弃。

九江煤炭真正形成规模开采，是新中国成立后顺应“大炼钢铁”而兴起的。当时国营、集体一齐上，武宁、德安、瑞昌、修水、九江等县都成立国营煤矿，集体煤矿更是星罗棋布，各级政府的管理机构也应运而生。这一时段全区的煤炭总产量虽然不大，但缓解了“燃眉之急”，也起了群策群力的“煤田大普查”作用，为后来稳步发展打开了道路。

20世纪80年代以后，群众采煤积极性更加高涨，小煤窑遍地开花，仅武宁、瑞昌、德安一片，小煤井达数百座，原煤产量也达30万吨。但由于安全隐患、煤炭资源不清等内外因素影响，小煤窑此生彼灭现象时有发生，但采煤热情不减。

20世纪90年代以来，国家基于煤矿生产安全，资源合理开发利用的考虑，对全国小煤矿进行全面整顿。在整顿过程中，加强技术改造，提高矿井生产能力，改善安全状态。到2010年为止，九江的数百对小煤矿缩减至21对，但产煤量跃过80万吨，是整顿改造前的两倍，走上了稳健发展之路。

第二节 地质环境与灾害隐患

九江仅有王家铺煤系和乐平煤系，其顶底板都是石灰岩，围岩坚硬，岩溶发育，岩溶水隐患大，如九江东风煤矿就是因岩溶水淹井而停产的。煤层厚度变化大（0～14米），断层较发育，导致煤难于大面积连片赋存，形成鸡窝煤。煤层多为急倾斜，由西向东倾角有变小之势，仅在德安爱民井开采向斜轴部时见有小范围的缓倾斜条带煤层，而到彭泽马垱又出现煤层倒转现象。王家铺煤系煤质较好，但瓦斯含量较高，煤有自燃性，煤尘有爆炸性。如武宁争光井、瑞昌南田井曾发生过煤层自燃灾害，武宁泉坪井掘上山、修水煤矿开斜井见煤时均发生过瓦斯爆炸事故。瑞昌煤矿南田井也发生过瓦斯、煤尘混炸事故。这些自然灾害给煤炭开采造成较大困难。

第三节 开采

一、煤矿开拓

九江的两个煤系均呈自西向东展布，煤层露头出露也是西高东低。武宁、瑞昌、德安的煤层露头，多在当地基准面以上的百米山腰，到九江县的新塘、城门一带，则渐潜入地表。故煤层开拓从露头而下逐步以分阶平硐趋近基准面，再向下则采用暗斜井（斜井），更深处则多级下延。武宁、瑞昌、德安的煤矿皆用此开拓方式演进。到九江县一带各煤矿只能采用斜井开拓，因无选择平硐地势余地。开拓掘进手段，不管是平硐、斜井，一律采用打眼、放炮逐步推进。20世纪70年代以前，多用手锤、钢钎人工打眼，以后则发展成以压风为动力的风钻打眼。见煤以前用岩石炸药，瞬发或段发雷管。见煤以后，不管是岩巷或煤巷，均用煤矿安全炸药和瞬发电雷管。

二、采煤方法

武宁、瑞昌各矿，多沿用小分段走向短壁采煤法以适应煤炭资源赋存条件。该法是武宁煤矿1963年首先采用。其走向长度、采面斜长均随所采煤面（窝）大小而变，走向约50～200米，斜长约7～26米。分段运输巷和回风巷之间，布有沿斜长间距为5米左右的顺槽，工人在顺槽巷内向上、下、左、右打眼放炮落煤。原煤依自重经溜煤眼至煤仓装车运出地面。当煤厚在4米左右时，回采率80%以上，煤厚超过4米时因电煤钻钻杆长度有限，底部煤一次炸不下，回采率则在50%或更低。这时出现两种可能：一是工人冒险入空区（无支护）再打眼放炸，二是不顾丢煤而后退工作面。前者曾因冒顶而出过伤亡事故。为此，曾于1967年去萍乡矿务局青山矿学习，然后对巷道布置作了调整，使回采率有所提高。当煤厚超过4米时，则增掘平行顺槽。由于煤厚多变，这种布置有很大的偶然性。

小分段采煤法的优点是基本可以适应煤包大、小和煤层厚薄的变化。但采准比大，采煤成本高，坑木耗量大，回采率较低，安全性差。

1989年，煤科总院唐山分院发明“水炮”，并于1990年在新疆实施“水炮采煤法”。市冶煤局周锋、梁洪鑫立即组织武宁煤矿张开金等人前往唐山参观调研，认为该法很适宜九江不稳定煤层的应用，立即以“半水力采煤法”项目申请立项引进，拟先在武宁煤矿试用。在省、市的支持下，1991年2月，省市县政府商拟贷款40万元用于水炮采煤试验。同年5月13日，省地方煤炭公司拨款5万元支持武宁煤矿水炮试验，同年9月19日，市科委拨水炮采煤科研经费2万元给市冶煤局。上下都期望九江的煤炭工业在采煤方法的探索中走出一条新路。

水炮的外形类似重机枪。高压水经管道进入炮身，在炮身内又经第二次机械加压使水体获得更高能量，然后“分段”射出水炮弹，冲击煤体，达到落煤的目的。每一“分段”即是一发水炮弹，发出的炮弹数量及其断续性可人为操作（类似机枪的点射），每发水炮弹约500立方米，有效射程13米。炮筒可左右上下摆动操纵，自如地瞄准打击体。用水炮采煤法的优点：大大降低采准比，顺槽间距可达20米以上（小分段法只有5米）；工作时杜绝了炸药、雷管，防止了瓦斯事故和放炮事故。水炮冲击煤后，可产生一片水雾，有降尘作用；大大降低采煤成本，提高采煤工效；适合煤层厚度多变的需要；工人的操作环境简洁，劳动强度低，安全性好；简化了采煤工艺流程；矿井水可就地反复使用；有利于通风瓦斯管理，增加全矿井的安全度；回采率可达90%以上；没有水力采煤法那么复杂，且井巷环境更好。

此法是九江第一个引进，全省首例。省厅原拟在武宁煤矿先试行，然后在全省推广。但多种原因试验未能进行下去。

在采用小分段走向短壁采煤法以前，九江各煤矿多采用巷柱式采煤，即以掘代采。其方法是沿煤层掘一水平巷直到煤包的边缘，然后从此将煤巷两帮及其上顶的煤采下，逐步从内而外后退。此巷（层）采完后又在其下开一平巷，该平巷与上部空区之间留2米左右的煤皮作为护顶煤。平巷推进到煤包边缘后，又重复依法采煤后退，直至由上而下地逐层将煤包采完。此法效率低，成本高，回收率低，很不安全。因工人在操作时，煤皮似乎有保护作用，但一旦空间来压或冒顶，薄薄的煤皮无济于事，工人或被击中或被堵埋在内，故此法被逐渐淘汰。

三、顶板管理

因煤层顶板都是坚硬的石灰岩，不会随采随落（如德安付山煤矿爱民井空区顶板两年后都未垮落）。而煤层厚薄不一，每一空区的尖灭带就是顶板的卸压剪切带，故顶板是顺其缓慢下沉，均未作人工处理。

四、凿岩爆破

20 世纪 60 年代前后，各矿在掘进岩巷时，均用手锤，钢钎人工打眼，火雷管、岩石炸药爆破。1968 年以后，以压风为动力，用 YT–23 型气腿风钻打眼放炮掘岩巷。煤巷掘进和回采工作面则改用电煤钻打眼，瞬发电雷管和 2 号安全炸药爆破，采用米 FS–100 型起爆器起爆。

五、提升运输排水

由于煤层倾角大，采区的煤是依其自重流入溜煤眼装车或经膛瓷溜槽进入井下煤仓装车，再经绞车提升至平硐，再编列成车，由电机车运至地表煤场。当平硐采上山煤时，矿井水由平硐自排出井。武宁、瑞昌、德安等矿，建矿初期曾用竹筒人力抽露头斜井的水。武宁煤矿于 1960 年改用千瓦单级泵代竹筒排水。1968 年、1972 年间，德安付山、修水煤矿曾自制木质水泵排水。采下山煤时，则用水泵排至平硐水平或地面，其水泵多为耐酸泵。1985 年以后，武宁煤矿则采用更先进的高硅铜铸耐酸泵，并用九江玻璃纤维厂产的玻璃钢管代替无缝钢管，解决酸性水腐蚀问题。井下的运输排水系统，九江各矿的机械化水平较高，基本与大矿同步。

六、矿井通风

新中国成立前后的小煤窑由于开采范围小，又不懂通风的重要性，故多为独眼井，扩散通风，很不安全。各县到国营煤矿建立后，特别是 20 世纪 70 年代以后，对矿井大力改造，煤矿都改成对井生产，自然通风改成机械通风，掘进用局扇送风。矿井用离心风机抽风，实现全负压通风，使瓦斯得以安全排放。

第四节 炼焦

武宁、德安、瑞昌等煤矿生产过焦炭。1960年三年困难时期，武宁煤矿煤销售情况不佳，就在武宁县金水大富建立土炉炼焦厂，生产焦炭出售，以解决矿用资金不足。至1962年共生产焦炭5000余吨，因质量不合格而停产。1965年年底，仍因土窑生产焦炭，质量一般，不符用户要求而闭炉。武宁煤矿前后几年共生产15482吨焦炭。武宁、德安、修水3煤矿合计生产17154吨焦炭。

第五节 储运

1972年12月，成立九江地区燃料公司，在市区建立库容1000吨焦炭堆场。1975年，又在武宁县金水、大桥分别建设30000吨及20000吨储煤堆场。1981年，九江地区燃料公司向闽赣物资公司租用储煤堆场，库容8000吨。1984~1990年1月，市冶煤工业公司供销经理部（1988年起对外称供销公司）自筹资金，建成1个5.3万平方米储煤货场。其中配有火车专用线及相关设施，有固定资产450万元，年吞吐量60万吨。利用该煤场开展煤、焦储运和销售经营。2011年始，对外出租承包经营。

第六节 煤田地质

九江地区大部分含煤地段煤层赋存条件复杂，给地勘造成困难。特别是用钻探等常规方法，施工难，费用大，定量度差。故从20世纪80年代始，市冶煤局企望探索一条以物探为主、配合少量钻探工程和原有井巷工程作验证手段的便捷勘探途径，把九江煤田地质工作开展起来，使九江煤炭工业有可持续性。因此，市冶煤局周锋、梁鸿鑫先后与西安煤科院、重庆煤科院、云南水利勘察院、中国矿业大学、淮南矿业学院、北京大学等科研单位联系，谋求适合九江煤田的物探技术，并做了大量实测等前期工作。1990年5月，由市冶煤局牵头，组织西安煤科院、江西省煤田地质综合大队共同对武宁岭背—罗坑矿区采用P—磁偶源物探仪展开综合勘探。到1993年2月，提交全省第一份以物探为主的《武宁岭背矿区煤田综合勘探报告》。该矿区经罗坑煤矿多年开采验证，“报告”所示煤体（包）与采掘所见基本一致。

1989~1997 年，曾请上述院所采用地震法、电法、磁偶元法等，对武宁岭背、武宁煤矿、德安付山煤矿、吴家崖井，瑞昌峨嵋等矿进行了探测。后经现场采掘实践验证，除武宁岭背效果较好外，其他矿点与实际有较大差距。后又因矿业经营体制的变化，利用物探法的探矿工作未再作进一步的实测研究。

第七节 配煤基地建设

改革开放以来，由于地方经济快速发展，对能源需求越来越大。九江及江西省自产煤炭与需求之间产生较大缺口，面临能源安全的挑战。但九江与外省水、陆交通方便，解困的办法是以川、贵、豫、皖、晋、内蒙古、陕等产煤省为后盾，在九江建立具有规模的配煤中心，形成不产煤的“大煤矿”，甚至形成“煤都”，期望为本地区的能源安全减压。当时，正值国务院批准国家有关部委编制的《中国洁净煤技术“九五”计划和2010 年发展纲要》，煤炭部也依此“纲要”正在编制《煤炭工业洁净煤技术“九五”计划及 2010 年规划》。市冶煤局派周锋、梁洪鑫等多次去煤炭部争取将九江列入“规划”中国家重点建设的动力配煤基地之一。当时，“规划”已初步择定重庆，株洲、蚌埠、杭州为示范基地。经多次进言力争，煤炭部基本同意在九江设配煤基地，并有某种合作意向。据此，九江立即着手搞调研，选场址，编项目报告，筹措启动资金。冶煤局相继编制《九江市区域动力配煤规划说明书》《九江市区域动力配煤中心项目建议书》及有关送省、市部门审批立项报告，省煤炭厅、省经委和市政府都表示支持。认为此项目有利于全省煤炭行业健康发展，可调节省内煤种余缺，增加供给量，减轻省内缺煤压力。省煤炭厅、省煤炭集团公司、省煤炭设计院、英岗岭矿务局等单位相继到九江调研，出策献计，谈合作，议发展。1998 年 6 月，市冶煤局得到煤炭部所属的中国煤炭综合利用集团公司《关于九江市区域动力配煤中心项目建议书的批复》，进而展开紧张有序的筹划工作。1997~2012 年，经历 15 个春秋，时跨两个世纪，坚持不懈为利省、利市、利行业、利能源安全的好项目谋划、奔波、呼吁、招商。2012 年 3 月，江西省九江配煤项目终于由江西省煤炭集团公司独自出资 13 亿元在九江城东港区开工建设。下一步将瞄准煤炭转化深加工的大目标，开展煤的清洁综合利用，并运用煤炭清洁利用技术实现小型化，可投入自然村使用，以“以工补农”实现农业现代化的新农村建设出力。

第五篇　企业管理

第一章　管理机构

第一节　综合兼管机构

一、专署工业科

1952 年 12 月，九江分区行政督察专员公署设立工业科，管理包括冶金、煤炭工业在内的境内所有工业事宜。科长宋义芳，副科长刘德仁。1955 年 2 月，与交通科合并为工业交通科。

二、专署工业交通科

1955 年 2 月，根据《中华人民共和国地方各级人民代表大会和地方各级人民委员会组织法》的规定，九江分区行政督察专员公署改为江西省九江专员公署。同年 7 月，原专员公署工业科与交通科合并，成立工业交通科。冶金煤炭工业归属该科管理。科长李国桢，副科长孙仁忠、侯常荣。1956 年 7 月并入工交办公室。

三、专署工业交通办公室

1956 年 6 月，九江专员公署成立工业交通办公室，7 月，原专员公署工业交通科并入。冶金煤炭工业随之归属。至 1958 年 9 月撤销，主任米永丰，副主任侯常荣、谭永清、孙仁忠。

1960年12月，九江专员公署撤销重工业、轻工业、手工业、交通、建筑工程处，再次合并成立工业交通办公室，至1961年8月撤销，主任孔子仁，副主任秦水凉。

四、专署冶金工业处

1958年9月，专署工业交通办公室撤销后，为适应大炼钢铁需要，于同年11月设立专署冶金工业处。至1960年8月并入重工业处，处长刘毓明，副处长王德勋、邹圣锡。

五、专署煤炭化工处

1958年9月，专署工业交通办公室撤销后，为适应大炼钢铁需要，加强对煤炭工业管理，于同年11月设立专署煤炭化工处。至1960年8月并入重工业处，副处长董上安、董志德。

六、专署重工业处

1960年8月，专署冶金工业处、煤炭化工处撤销，合并设立专署重工业处，处长刘毓明、副处长董志德、邹圣锡。至同年12月，该处撤销，并入重新设立的专署工业交通办公室。

七、专署工业处

1961年8月，再次撤销专署工业交通办公室，同时成立专署工业处，冶金煤炭工业由该处管理。处长王培之。1962年8月撤销，改设专署工交处。

八、专署工业交通处

1962年8月，专署工业处撤销，设立专署工业交通处、冶金煤炭工业属该处管理，处长王培之，副处长纪茹、黄上安。1964年7月并入专署经济委员会。

九、专署经济委员会

1964年3月设立，专署经济委员会，同年7月，专署工业交通处并入，冶金煤炭工业随之归并经要管理。直到1966年“文化大革命”工作陷入瘫痪状态。主任罗态派、副主任佟文学、张态、马彪。

十、专区（地区）革命委员会抓革命促生产指挥部

1968年4月，九江专区革命委员会成立，同时成立专区革命委员会抓革命促生产指挥部，负责人曾福生（军代表）。1971年2月，九江专区革命委员会改名九江地区革命委员会，下仍辖抓革命促生产指挥部，直到1976年10月该指挥部撤销，冶金煤炭工业一直归指挥部管理。

十一、地区工业局

1969年9月，成立九江地区工业局，时由军代表吴汪洋任工业局革命委员会副主任主管工作，冶金煤炭工业遂归属该局管理。1976年“文化大革命”结束，1978年7月，九江地区革命委员会撤销，改设九江地区行政公署。工业局依然为行政公署下设局，继续管理冶金煤炭工业事宜。直至1981年10月设立冶金煤炭工业处。

第二节　专业主管机构

一、地区冶金煤炭工业处

1981年10月设立，为九江地区行政公署下设立专管冶金煤炭工业机构。1983年7月，九江地区与九江市（省辖市）合并为新的九江市（设区市），冶金煤炭工业处改为市人民政府所属主管冶金煤炭工业机构。1983年10月机构改革，该处撤销，改设为九江市冶金煤炭工业公司。

二、市冶金煤炭工业公司

1983年10月，成立九江市冶金煤炭工业公司（简称冶煤工业公司），行使行政管理职能，并设立党委会，公司内部机构设置行政办公室、党委办公室、财务科、劳资科、质量科、生产技术科、安全科和供销经理部。冶煤工业公司直管企业有中国地方煤矿庐山休养院、九江矿山救护（业务归安全科管理）、劳动服务公司、市黄金公司。1987年，为搞治流通，提高经济效益，冶煤工业公司决定供销经理部对处称冶金煤炭供销公司，与冶煤工业公司分账不分家，为自负盈亏二级法人企业。冶金煤炭公司行业管理企业有九江钢厂、九江铜硫矿、江西铜岭钢铁厂3个市直属企业，17个县属企业（煤矿4个、钨矿4个、锑矿2个、金矿6个和萤石公司）。由于长期不能完成经济实体性公司过渡，

又不能实行有效的行政管理，1990 年 12 月，市政府撤销该公司，另成立市冶金煤炭工业局。

三、市冶金煤炭工业局

1990 年 12 月，成立市冶金煤炭工业局，为市政府主管全市冶金煤炭工业行政管理机构。局长徐水泉、副局长吴述鑫、陈安琪、傅家富、刘剑等。1992 年 5 月，市政府批准成立市矿冶总公司，与市冶金煤炭局合署办公。1997 年，为适应机构改革需要，改市冶金煤炭工业局为“市冶金煤炭工业总公司”，但未启动新公章，对外仍称冶金煤炭工业局，管理职能依旧，直至 2002 年 8 月。

四、市冶金煤炭集团公司

2002 年 8 月，九江市冶金煤炭工业局撤销，整体转制为九江市冶金煤炭集团公司。行政管理职能上交市经贸委，干部保留“四不变”，经费仍由财政承担，公司负责完成政府交办的中心工作。内部机构设置、直管企业及行业管理企业同市冶金煤炭工业局。党委书记、总经理周锋，党委委员、副总经理林清庭、郭顺洪，纪委书记吴焕南。后林清庭、郭顺洪调出，吴焕南任正处级干部。2012 年调林雄刚任党委委员、副总经理；2013 年提扶圣才任党委委员、副总经理。

1952~2014 年主管冶金煤炭工业机构负责人一览

表 5-1-1

机构名称	姓　名	职　务	任职时间
专署工业科	宋义芳	科　长	1952.02~1955.08
	刘德仁	副科长	1953.01~1955.07
	于开濂	副科长	1953.01~1955.07
	孙仁忠	副科长	1954.06~1955.07
专署工业交通科	李国桢	科　长	1955.07~1956.04
	孙仁忠	副科长	1955.06~1956.07
	侯常荣	副科长	1955.06~1956.07
	谭永清	副科长	1956.03~1956.07
专署工业交通办公室	米永丰	主任（县级）	1956.09~1958.09
专署煤炭化工处	黄上安	副处长	1958.11~1959.06
	黄志德	副处长	1958.11~1959.06

续表 5-1-1

机构名称	姓　名	职　务	任职时间
专署煤炭处	黄上安	副处长	1959.06~1960.08
	黄志德	副处长	1959.06~1960.08
专署冶金处	刘毓明	处　长	1959.06~1960.08
	王德勋	副处长	1958.11~1959.06
	邹圣锡	副处长	1958.11~1960.08
专署重工业处	刘毓明	处　长	1960.08~1960.12
	邹圣锡	副处长	1960.08~1960.12
	黄志德	副处长	1960.08~1960.12
专署工交办公室	孔子仁	主　任	1960.12~1961.08
	刘毓明	副主任	1960.12~1961.08
专署工业处	王培元	处　长	1961.09~1962.08
	纪　茹	副处长	1961.11~1962.08
	黄上安	副处长	1961.11~1962.08
	胡秀全	副处长	1961.11~1962.08
专署工交处	王培元	处　长	1962.08~1964.06
	纪　茹	副处长	1962.08~1964.10
	黄上安	副处长	1962.08~1964.10
	佟文学	副处长	1964.08~1964.07
专署经委	罗志淮	主　任	1964.07~1965.12
	张　志	副主任	1964.10~1965.08
	佟文学	副主任	1964.07~1966.04
	范　飞	副主任	1966.10~
	马　彪	副主任	1965.07~1966.04
地革委抓促部	曾福生	负责人（军代表）	1968.04~1972.11
	刘振东	负责人	1969.07~1973.05
	杨士杰	负责人	1972.07~1975.03
	梁凯轩	负责人	1972.07~1975.03
	李国忠	负责人	1969.01~1974.10
	王培元	负责人	1972.07~1975.07

续表 5-1-1

机构名称	姓 名	职 务	任职时间
地革委抓促部	方志彬	负责人	1972.11~1973.03
	李树田	负责人	1972.11~1975.08
	纪洪升	负责人	1968.04~1972.11
	李 谦	负责人	1968.04~1976.08
	范 飞	负责人	1968.04~1976.02
地区工业局	吴汪洋	副主任（军代表）	1969.09~1973.01
	陈占发	副主任	1969.09~1981.09
	林 鉴	副主任	1969.09~1981.09
	李春铎	主 任	1972.01~1972.12
	冯 适	主 任	1972.12~1973.10
	彭守忠	主 任	1973.10~1981.08
	胡开荣	副主任	1973.06~1981.09
地区工业局	王春山	副主任	1972.01~1973.12
	夏希贤	副主任	1973.08~1981.09
	张兰勋	副主任	1979.01~1981.09
	伊政海	副主任	1979.10~1983.09
地区（市）冶金煤炭工业处	陈占发	党组书记副处长	1981.10~1983.09
	伊政海	副处长	1981.10~1983.09
	胡开荣	副处长	1981.10~1982
	吴述鑫	副处长	1981.10~1983.09
市冶金煤炭工业公司	刘英伯	经理	1983.10~1989.07
	徐水泉	副经理	1989.05~1990.12
	吴述鑫	副经理	1983.10~1990.12
	陈安琪	副经理	1987.04~1990.12
	傅家富	副经理	1989.06~1990.12
	刘 剑	副经理	1990.05~1990.12
	伊政海	党委专职副书记	1983.10~1990
	黄家荣	纪委书记	1986.08~1990
	史云超	调研员	1984.04~1985.04

续表 5–1–1

机构名称	姓　名	职　务	任职时间
市冶金煤炭工业公司	朱相义	调研员	1982~1985.04
	曾玉峰	调研员	1984.02~1990.03
	赵水林	调研员	1989.04~1990.09
市冶金煤炭工业局	徐水泉	局长兼党委书记	1990.12~1999.03
	吴述鑫	副局长、调研员	1990.12~1995.10
	陈安琪	副局长	1990.12~1992.11
	傅家富	副局长、调研员	1990.12~1996.08
	刘　剑	副局长（正处级）	1990.12~1992.11
	林清庭	副局长（正处级）	1991.08~2002.08
	周　锋	副局长、党委委员	1996.05~1999.03
		书记、局长	1999.03~2002.08
	郭顺洪	副局长、党委委员	1996.01~2002.01
	吴焕南	党委委员、纪委书记	2000.08~2002.08
市冶煤集团公司	周　锋	书记、总经理	2002.08~
	林清庭	党委委员、副总经理	2002.08~2003.04
	郭顺洪	党委委员、副总经理	2002.08~2007.06
	吴焕南	党委委员、纪委书记	2002.08~2011.10
		正处级干部	2011.10~
	林雄刚	党委委员、副总经理	2012.03~
	扶圣才	党委委员、副总经理	2013.11~

九江市冶金煤炭工业局科级干部一览

表 5–1–2

姓　名	科　室	职　务
王永国	局党办	主　任
廖和树	局行办	主　任
王　真	劳资科	科　长
罗佳贵	劳资科	科　长
吴定文	财务科	科　长
周　锋	生产科	科　长

续表 5-1-2

姓 名	科 室	职 务
刘 雍	生产科	副科长
张行生	安全科	科 长
戴佩坤	质量科、黄金公司	科长（副经理）
郭顺洪	黄金公司	副经理（正科级）
蔡报森	煤检站	副站长（正科级）
鲁纪洪	劳动服务公司	副经理（副科级）
于效默	休养院	副院长（正科级）
彭春林	休养院	院长（副科级）
杨国庆	休养院	院长（副科级）
夏恒元	矿山救护队	队 长
刘辉衡	供销经理部	主任（一般县级）
吴焕南	局行办	主 任
姜兴武	公司行办主任、供销公司（经理部）	支部书记（一般县级）
黄新华	供销公司（经理部）	副经理（副科级）
刘万祥	供销公司（经理部）	副经理（副科级）
郭维年	局行办组长、供销公司（经理部）	支部书记（正科级）
聂 斌	供销公司（冶煤公司）	经理（科级）
赵荣春	供销公司（冶煤公司）	支部书记（科级）
伊光辉	冶煤公司	经理（科级）
陈济阳	冶煤商业公司	经理（副科级）
左 峰	矿冶物资供应公司	经理（副科级）
朱相义	供销公司（科）	经理（一般县级）
张殿文	工业燃料公司（主持工作）	副经理（正科级）
何鉴如	工业燃料公司	副经理（正科级）
傅达璜	劳动服务公司	副经理（副科级）
张义华	工业公司办公室	副经理（副科级）
徐方正	生产技术科	主任科员
梁鸿鑫	生产技术科	主任科员
郭蔚祖	安全科	主任科员

续表 5–1–2

姓　名	科　室	职　务
甘启茂	党　办	主任科员
王长金	行办、财务	主任、科长
黄浔平	生产科	科　长
扶圣才	党　办	主　任
曹慧娟	劳资科	科　长

九江市冶金煤炭工业局有直属企业 3 个，即九江钢厂、九江铜硫矿、江西铜岭钢铁厂均属副县级。各厂矿下设车间、科室，行政管理实行党委领导下的厂长负责制和厂长负责制。

九江冶金煤炭工业局直属企业历届厂（矿）负责人一览

表 5–1–3

单位	厂（矿）长	副厂长（矿长）	党委书记	党委副书记	工会主席	总工程师
九江钢厂（九江钢铁公司）	钟　鼎	李旭敬、孙为炬、裴世勋、于常友	李文山	孙火炬、于常友	于常友	荆福坤
	李文山	虞剑霞、石峰、李水松、甘智德	徐水泉	阎清海	聂家尧	荆福坤
	徐水泉	潘崇望、聂家尧、荆福坤、黄孟春		高华衡、陈正绪		荆福坤
	高华衡	罗来群、路维华		吴国刚、聂家尧		荆福坤
	吴国刚	张长虹、罗立功		戢先龙	聂斌	荆福坤
	罗立功	王国庆、郎金昌、何元生、赵惠馨		严先伟		
江西铜岭钢铁厂（九冶总厂）	戴万和	冷培仁、高文、裴世勋、史云超	戴万和	冷培云、高文	杨景惠	叶　涛
	王显文	冷培云、高文、裴世勋、史云超	王显文	冷培云、高文	杨景惠	
	陆海田	高文、裴世勋、张福中、郭德燕	陆海田	高　文	杨景惠	
	魏玉玺	孙凤阁、裴世勋、郭德燕	魏玉玺		杨景惠	
	卢　熙	叶涛、郭德燕、曹新文、张斌	刘　剑	熊乃斌、冷绪河	周明节	
	叶　涛	项弢、丁来金	黄　毛	曹新文	蔡茂东（纪委书记）	
	蔡茂东	周明节、丁来金、叶涛、戴学锋	黄　毛		汤明金	
	蔡茂东	戴学锋、曾广水	叶　涛			
	曾广水		曾广水			
	魏洪曙		魏洪曙			

续表 5-1-3

单位	厂（矿）长	副厂长（矿长）	党委书记	党委副书记	工会主席	总工程师
九江铜硫矿	肖德水	吴昌荣、张杰、曾庆标	肖德水			
	刘宪洲	李文彬、周洛安、张安阳	刘宪洲			
	吴昌荣	刘英伯	刘宪洲	李文彬		
	刘英伯	赵水林、吴平川、杨兰锁	卢　熙	李文彬		
	严叔旺	李楚、杨春荣、高崇峰	黄朝鉴	欧阳小娜		
	高崇峰					
九江铝厂	枝殿主	高美杏、李春荣、李春友		枝殿主	李春堂 许眉智	
	张景堂	路海文		张景堂		
	石庆先			叶竹青		
	路海文					

市冶煤工业局行业管理县属企业负责人一览

表 5-1-4

矿名	矿长	副矿长	党委（支部书记）	党委副书记	工会主席	总工程师
吴家金矿	夏本仁	王太平	夏本仁		夏本仁	林传琳
	李小捷					
九江县铁门坎金矿	万庆安		陶四维		周建森	
			万庆安（兼）			
都昌县钨矿	胡国华	吴德贤	邱献碧			
	江兴彩		江兴彩			
	江民森		江民森（兼）			
德安萤石公司（萤石矿）	陈洛富	淦长楠、张潭生、涂保仁		戴圣禄	涂保仁	
	郑远灿	李世本		闵信金		
	朱海秀			金贵全		
	万吉发			李凤文		
	王新民			王新民		
修水县煤矿	樊玉生	谢忠义、付林焕、姜爱婷	董　钊		吴炳明	
	冷火生	王友、胡越林、鲁纪洪				
	王　友	李士杰、周介眉、冷火生	陈电华			
	余昌金	胡华生、孔祥贵、樊魁榜	丁彦林			

续表 5-1-4

矿名	矿长	副矿长	党委(支部书记)	党委副书记	工会主席	总工程师
修水县煤矿	周钦文					
	丁彦林					
	杨保群					
武宁县钨矿	聂大亨	艾政书、萧修喜、付裕成	泰大坤	郑德政		
	莫恢财	徐自杰、刘伦保、汪芳华	莫恢财	聂大亨		
	鄢太盛	艾宏义、冷聂清、熊文安	鄢太盛	黄修喜		
	梅坤梅	江汉龙、黄诗平	梅坤梅	艾宏达		
	胡廉坎		胡廉坎	汪芳华		
	艾宏达		张友仪	熊文安		
	汪芳华		陈道明			
	江汉龙					
德安县付山煤矿	王新民	曾纪银、彭隆康、洪锡平	王新民		洪锡平	
	戴圣陆	陈蒂海、韩元春、占伟彬	戴圣陆		韩元春	
	饶龙熙	徐世英、朱俊文、徐铁块	饶龙熙			
	朱海秀	夏童友、王德馨	朱海秀			
	陈蒂海		陈蒂海			
	韩元春		韩元春			
	夏童友		夏童友			
	王德馨		王德馨			
瑞昌县煤矿	陈水根	艾国华、宋增钦、王永和	曾相能	罗喻圣、余传桃		
	吴作军	杜尉友、王贤富、曾相能	叶发荣	周米贵、王太平		
	曾相能	叶发荣、罗喻圣、余传桃	王贤富	曹中富		
	叶发军	刘训清、张远烯、彭学元	万甫仁			
	王贤富	周米贵、王太平、刘辉全	罗喻圣			
	万甫仁	文河遗、雷在宇、曹中富	周米贵			
	罗喻圣	曾昭亢、陈世柏、邹圣文	杨良枝			
	周米贵	程平贵、余汉青、桂由国	雷勉风			
	杨良枝					
	雷勉风					

续表 5-1-4

矿名	矿长	副矿长	党委(支部书记)	党委副书记	工会主席	总工程师
瑞昌县煤矿	曾昭亢					
	邹圣文					
武宁县煤矿	熊远端	殷志刚、殷绍南、严盛万	黄上安		李云龙	
	严盛万	潘际仁、郇义成、李扬南	严盛万		罗其春	
	潘际仁	张仁富、吴宝腾、刘炳发	余开源		张雨德	
	余开源	张远恭、马文珍	刘明道		熊自辟	
	刘明道		郭邦仁		潘际仁	
	郭帮仁		秦万福		张楷金	
	秦万福		张友金		汪汉昌	
	赵士林		赵士林			
	张友金		黄祖贵			
	李杨南		刘诗贵			
	徐朝颖		吴宝腾			
	黄正洲					
罗坑煤矿	李扬南	柯儒木、程金星、刘生堂	柯向昌			
	李达军		张模金			
九江县东风煤矿	张敦福	吕章金、王贤新、田忠钿	张敦福		刘礼贵	
	吕章金	刘儒木、彭兴安、杨青炎	吴美南		田忠钿	
	张忠信		张忠信			
	董长青					
	刘儒木					
德安锑矿	赵富胜	查长水、周运鸿、李龙言	余海林	查长水、周运鸿		
	闵信金		金贵全	李龙言、王龙青		
	周运鸿		周运鸿			
	李屏璋		李屏璋			
	王龙青		夏童友			
	夏童友		郑宗友			
	郑宗友					

续表 5–1–4

矿名	矿长	副矿长	党委（支部书记）	党委副书记	工会主席	总工程师
洋鸡山金矿	王能祥	文河遗、尹诗南、王能祥	文河遗		李屏璋	尹诗南
	尹诗南	张宜荣	王太平		王能钦	
	刘彦荣		何仁甫		周会东	
	何仁甫		殷兴建			
	孙力强					
	邬乾悌					
修水昆山钨矿	朱万安	王土发、朱正平				
	冷鄂生					
	刘　雄	吴寿昌、余昌金、徐盛文	胡才可			
	冷若泉	韩宗鉴	随海山			
	随海山					
高丰金矿	幸启明	周玉成、徐建平、宋增勇			徐建平	
	刘诗维					
	宋增勇					
古市金矿	丁彦林	周承华、沈建军、祝旺生	丁彦林	冷先开		
			冷先开			
土龙山金矿	占天绪	王志新、匡俊华、王庆民	刘招满	杨保群	杨保群	
	匡俊发	祝旺生、幸启明				
	裴长荣					
瑞昌硫黄矿	周才炎	梁仁茂、徐德进、李炳荒	郑凤祠			

第二章 计划管理

第一节 主管部门

1970年以前，九江冶金、煤炭生产计划，按企业的隶属关系，由地、市（县）政府的生产管理部门负责。1969年成立九江地区工业局后，工业局管辖企业的生产计划，由政办组负责。1981年九江地区工业局撤销，成立九江行署冶金煤炭处，设生产技术科，计划工作归该科负责。此后机构变动为九江冶金煤炭工业局，计划工作仍由生产技术科管理，并指定一名副科长负责计划管理。2002年机构改革，行政管理职能归属市经委行业办管理。

厂（矿）的生产计划管理，一般是厂矿生产计划科或生产技术科负责。

第二节 计划编制与执行

一、计划编制

在计划经济时代，计划编制一般经过“自下而上、自上而下”几次反复再集体审定。在九江地区工业局管理时期，由于包括重工业、轻工业、化工业，所以先由这些组提出初步计划，交局政办组综合平衡后，组长审查，最后提交局办公会审核同意，分别上报省主管部门和市计划组正式下达。成立冶金煤炭工业处以后及此后的冶煤工业局，企业的生产计划编制工作由生产技术科主办，在征集各厂（矿）意见的基础上拟定计划初稿，再通过一定形式向基层反馈，进而修改初稿后，交主管领导审查，最后提交处办公会讨论审定后，分报省主管部门和市计委，然后由省市下达正式年度生产计划。这种编制程序一直沿用至市场经济时代到来而终止。

有色金属矿山（含金矿山）和煤炭企业自1984年推行编制计划制度以来，工作较细致。有采掘计划的企业在每年的春季和按省主要部门下发的第二年采掘计划表，根据本矿实际进行编制。整套表格包括地质、采矿、选矿、产品、销售等一系列经济技术指标，能科学地反映生产能力，重点企业还需配齐相应图件。采掘计划编出后，由省、市主管部门召开审查会议进行审定。煤炭企业的采掘计划常与安全技措计划配套编制，一旦审定，安全技措经费计划将随同生产计划下达到企业。其他厂（矿）计划编制工作一般晚些，在头年下半年着手编制。

1988 年，实行厂长承包责任制后，市政府把企业的各项主要经济技术指标列入直属企业的承包合同内，一定三年不变，实行年度检查，到期兑现奖惩的考核制度。1992 年转为市直企业计划管理，县属企业计划不在管理。1993 年以后，基本取消对企业的计划管理，由企业安排。

二、计划种类

中长期计划 是指全市冶金煤炭系统的五年计划和十年规划或十年以上的规划，与国家制定五年计划的时间相吻合。中长期计划在执行期内可根据实际情况作一些调整。有科技进步、基建技改、生产等几个方面的内容。如 1985 年 11 月 13~15 日市冶金煤炭工业公司邀请市、县冶金煤炭行业的专家和学者 48 人，在休养院召开“九江冶煤工业‘七五’计划发展论证会”。会议取得很好的效果，到“七五”末期基本实现会议构想。中长规划一直编纂到 1997 年《九江市煤炭工业发展规划》、1999 年《九江市冶金煤炭工业十五计划和 2015 年发展规划》、2000 年《九江市矿产资源总体规划（2001~2010 年)》。

年度计划 包括生产、财务、质量、劳资、安全等几个方面的内容，每年初由局统一行文配套下达。

季（月）计划 一般只有生产方面的产值、产量指标，作为季（月）工作的考核依据。

年、季、月计划 1993 年后不再由主管部门统一编制下达，改由企业自主安排。

三、计划执行

计划的执行是通过局下达季（月）度计划，再由企业分解成车间、班组计划来实现的。局一般每月召开一次生产调度会来检查、落实计划的执行情况，布置下一步的工作。为维护计划的严肃性、科学性，主管局一般不作计划调整，必须调整时，也须上报上级主管部门批准方能执行。参加生产调度会议的人员常有局主管生产的领导和生产、安全、质量、财务、劳资等各有关科室的负责人。20 世纪 80 年代曾加强过计划执行管理，进行过旬生产调度。90 年代后逐渐取消，直至完全由企业自行负责。

第三节 统计工作

统计工作由局生产技术科配专人负责。主要是全行业生产方面的综合统计、汇总，分别上报市统计局、省冶金、有色、煤炭主管部门。对各种生产报表，进行生产分析，通报各厂矿，上报局领导，指导生产。搜集、整理数据资料进行汇编、立档，1990 年，编印1 套《九江冶金煤炭工业企业统计资料汇编》(1986~1989 年)。开展统计员培训，当年局办厂矿统计员培训班，培训 13 人。此外，组织统计人员参加市组织的统计员培训班学习，共 1 期，4 人，参加省煤炭、冶金两主管厅统计学习班各 4 人。并组织统计人员到外地学习考察。1993 年后随局管理的 3 家市直企业，1 家停产、2 家划归市管理，局统计工作停止，由企业对口上报。

第三章 生产技术管理

第一节 主管部门

1970 年以前，生产技术管理工作由政府部门直接管理。各企业设有生产科、技术科或生产技术科，管理本企业的生产技术工作。1969 年 9 月，九江地区工业局成立，设重工业组，配有 8 人，其中专业技术人员 5 人，开展冶金煤炭工业企业的生产技术管理和指导工作。1981 年成立九江行署冶金煤炭工业处，设生产技术科，负责生产、计划、技术和统计工作。1984 年处改“工业公司”，1990 年“公司”改局，内设机构和职能未变，在管理上有所加强，到 1990 年生产技术科共有 5 人，其中正副科长各 1 人，配有中级职称工程技术人员 2 人管理冶金、煤炭工业技术工作，统计兼调度 1 人。随着生产发展，企业生产技术管理工作也得到加强，3 个直属企业均设有总工程师，负责全厂(矿）技术工作，个别企业不但有技术科，还有总工室，配有一定的高、中级专业技术人员管理技术。1993 年随市属企业划归市管理，局生产技术管理工作停止。2002 年局改为集团公司，虽保留生产技术科，但管理职能上交，该科没有配备人员。

第二节 生产管理

一、直属企业生产管理

生产管理主要以年度计划安排生产，根据情况的变化进行日、旬、月、季的生产调度，并协调疏通生产与供、销、运等各个环节的关系，使生产有秩序有节奏进行，从而保证生产计划完成。

直属企业生产是实行三级管理体制。局一级主要通过旬调度，促进企业生产，同时采取不定期现场巡回检查和调度会相结合的办法指挥生产。在指挥生产过程中，及时下达上级主管部门对生产的指示和任务要求，上传企业在生产中存在的问题和遇到的困难，并代表政府出面协调解决企业生产中存在的问题，如矿山与周围农民的纠纷问题。厂（矿）一级生产管理由厂生产科或生调科进行。随着生产的发展，生产调度工作也日趋完善，一般形成厂与车间两级调度网，并建立生产调度制度。每月、季由厂长主持召开一次生产调度会，通报当月（季）生产进度情况，协调各方面关系，布置下月（季）生产任务。平时由生产调度员现场调度并向调度中心反馈生产情况。铜岭实行 24 小时调度；九铜早、中两班调度。碰到重大问题，由主管厂（矿）长直接会同生产管理部门及时召开有关部门会议协调解决，以保证生产任务的完成。县属企业的生产管理也大致相同。1993 年随直属企业划出独立，不再进行此项工作。

二、黄金生产管理

1982 年前，由设在九江冶金煤炭工业供销公司的黄金管理站具体负责，局长亲自过问。1986 年成立九江市黄金公司，则由该公司负责管理。2005 年，整体划归市工信委管理。

第三节 技术管理

20 世纪 50 ~ 60 年代创办的冶煤企业，均以手工开采作业为主，明火照明、设备简陋、技术人员极少，技术管理呈空白状。到 70 年代初，煤矿实现半机械化生产，有色金属矿山开始建小型选矿厂，设备日益增多，并重视设备完善、人才引进，仅地区工业局就调入大中专毕业生 15 人，为开展技术管理工作奠定了基础。至 80 年代，技术管理工作在科技生产力方面上了新台阶。主要表现在：

出现深加工矿产品，改变了前30年单一生产原矿的局面。由氧化铜直接生产出电解铜和漆包线产品；有粗钨的精选厂生产钨精矿和由钨加工厂将钨精矿生产出钟钨酸铵产品；由锑加工厂将锑精矿生产出纯锑和锑合金、锑白产品；由氟化工厂将萤石粉生产出氢氟酸、氟利昂产品；由金精矿生产出成品金；开发大理石产品等。硫精矿正向硫酸产品转化，4万吨/年硫酸厂初步设计获省批准。

产品品种不断增加。20世纪80年代，新产品有10余项，其中省级新产品有4项，部优产品1项。出口产品有钨精矿、萤石粉、小型钢材、白云石四种产品，信誉好，其中萤石粉成为全省创汇50家大户之一。

技术力量不断壮大。20世纪80年代改革开放时期，全行业创新和科技意识不断增强。随着设备不断改进，技术水平不断提高，更重视科技人才引进和培养，有科技人员250多人，比初创时期有成百倍的增长。

技术水平不断提高。20世纪80年代引进和自我研制成功科技项目20多项，其中无机粘接技术获江西省经委重大新技术推广应用项目，P型海绵铜转换装置获江西省新技术应用三等奖，气压式矿井排水技术获国家专利技术，付山煤矿爱民井通风系统达部甲级标准。

科技规划兑现率高。"八五"科研规划29个项目，实施10项；"八五"新产品规划13项，实施6项。九江钢厂"八五"新技术规划13项，实施7项。

加强科技交流和科技情报网建立。创建设计事务所和专业技术学会，全行业技术改造咨询、设计、新建矿山的设计及项目前期工作，均可在市内完成，不仅节省经费，而且能及时指导生产，满足生产一线的技术需要。

技术管理方法。根据市统一部署精神，企业按局布置要求，填报技术项目，由局列入规划和年度计划，上报市审查批准，特批准后由企业组织实施。在项目实施中，局一般采取协调督促式，个别项目采取具体指导式，并根据企业的发展需要和掌握的科技信息指导企业开展科技工作的作用正在加强，将新产品、新技术开发项目列入直属企业年度考核指标范畴，对企业技术进步有明显作用。

1993年随直属企业划出独立，此项工作不再进行。由企业自主进行。

第四章 质量管理

第一节 主管部门

1983年以前，冶金煤炭工业的质量管理工作由局生产技术科兼管。随着全面质量管理工作加强，1983年成立质量管理科，配1名副科长管理。各厂（矿）在建厂初期，仅为适应生产需要建立一定检测手段，如九江铜硫矿在选矿车间设化验室；九江钢厂在炼钢车间设化验室。随着生产发展需要，各企业在机构、人员、检测设备及制度上不断加强。到当年底3个直属厂（矿）相应成立质量管理科或质量检测科，车间成立质量管理小组。铜岭钢铁厂1970年建立隶属生产科的厂化验室，负责质量检验。1985年成立质量管理科，负责质量管理和产品检验。并建立TQC管理小组，建立TQC管理网络。县属企业中洋鸡山金矿1987年设质检科；德安锑矿1984年成立质量管理领导小组；德安煤矿明确质量管理由矿企管办负责；武宁县煤矿成立了质量管理委员会。九江铜硫矿到1990年配备了16名检测专业人员其中选矿工程师1名，分析化学助理工程师2名，化验员5名，取样员4名，计量4人，20年来添置各种检测设备、仪器32台。1993年后基本由企业自主进行，直至2009年地方国企改制完成后，该项工作结束。

第二节 目标措施

一、考核指标制定

年初局根据市经委要求，指导厂（矿）明确制订当年质量工作计划和工作目标，编制产品创优计划，重点产品质量攻关计划，质量指标考订计划等。并对计划执行情况和重点工作进行调度。1993年后由企业进行，局不再下达计划或进行考核。

三个直属厂（矿）产品考核指标一览

表 5–4–1　　单位：%

企业名称	指标名称	历年计划	目前实际	稳定提高
九　钢	钢材合格率	93.5	93.82	提　高
铜硫矿	铜精矿品位	12	12.64	提　高
铜　岭	铁精矿品位	50	51	持平提高

二、TQC 管理基础教育

企业管理的中心环节，具体讲首先是加强质量教育工作，做好普及 TQC 基础知识教育。从 1986 年到 1990 年，冶煤行业有 606 人参加 4 期“全面质量管理基础知识”教育和全国统一考试，有 569 人获证。

6~10 期全面质量管理基础知识教育、考试一览

表 5–4–2　　单位：人、%

质量电讲期	6 期	7 期	8 期	9 期	10 期	合计	冶煤职员	占总职员%
报考人数	61	277	250	0	68	606	2349	25.80
获证人数	42	216	249	0	62	569	2349	24.22

三、群众性 QC 活动开展

几年来群众性的 QC 小组活动不断发展，各厂（矿）车间都成立 QC 活动小组。武宁县钨矿组织 QC 小组 9 个，进行课题攻关活动。到 1990 年，共获得 QC 小组成果奖 30 个，其中有 10 个获市优秀成果奖。

洋鸡山金矿选矿车间第五 QC 小组“进行隔筛改造，制止炭金流失”课题，每年节约活性炭和多回收黄金共折合人民币近 40 万元。

1984 年始，德安萤石公司“庐山牌”氟石精矿成为省优、部优产品。所开发的氢氟酸、氟利昂经省级鉴定分别达国家优级和一级。质量管理活动每年都有 QC 成果获市、县优秀成果奖。主导产品——氟石精矿，优质产品率达 94.57%，各项产品综合合格率 100%。“七五”期间，该公司 QC 活动在课题中解决产品质量上，先后进行降低氟石水分，降硅，降钙（原矿碳酸钙含量偏高），降氟利昂水分，提高有水氢氟酸浓度等重大攻关。

市直企业 3 种产品（钢材、铜精矿、铁矿石）全部依靠“质量”获得用户的好评。

1992 年，九江钢厂轧钢车间轧机 QC 小组“缩小散差提高<25×25×4 角钢成材率”课题，比 1989 年新增经济效益 30 万元。

四、管理制度健全

各厂（矿）在“质量第一、用户至上”思想指导下，严把质量关，建立一整套质量检测、管理制度。如德安锑矿从 1984 年起就先后制定质量管理九十条及质量管理奖惩条例和细则；九江钢厂制定全厂产品《质量管理规范》《质量检测标准和制度》《质量事故分析制度》；九江铜硫矿还建立定期访问用户，进行质量信息反馈制度等等。

五、标准化推进

由以前无标准生产逐步走向按国标组织生产。

在萤石方面，采用了《氟石精矿》《萤石粉矿》《萤石块矿》《氟石化学分析法》《萤石取样规则》等标准。1985 年，德安萤石矿获得国家三级计量企业证书，经过不断强化和完善计量工作，进而又获得国家二级计量单位证书。不断促进计量升级。

通过加强质量管理工作，对改进和提高企业的产品质量，提高企业经济效益起到一定作用。初步估计成果所获经济效益达 200 万元（指市属厂矿）。

九江钢厂<25×25×4 角钢由于质量好，由国内销价 1650 元 / 吨为国外销价 1800 元 / 吨，自 1990～1992 年共销出角钢 5392 吨，仅差价就获利润 80 余万。

九钢由于开展全面质量管理，检测手段齐全，该厂质量检测科曾在 1986 年向瑞士 GSE 公司索赔 5000 吨钢坯（因钢坯外观及化学成分质量差）损失费 56 万元。

第五章　安全管理

第一节　主管部门

1983 年前，九江行署冶金煤炭工业处（前身地区工业局）没有专门安全机构，安全工作由生产科管理，配 1 名专职人员。1983 年 1 月，设安全科，配 2 名专职人员。有干部 3 名，其中副科长 1 名，专业技术人员 2 名。负责全行业的安全管理和环保工作。

1987年10月，成立“矿山救护队”，建制为1个救护中队，定编25人，下设3个小队。实际到位1个小队共14人，其中救护队长、技术员、保管、司机各1人，救护队员8人，临时工2人。该队挂靠安全科，负责矿山灾害救护和配合安全检查。2005年该队移交市安全生产监督局管理。各冶金煤炭企业大多有专门安全机构，少数企业安全工作由生产科或安全保卫科或劳动人事科设专人管理。局由1名副局长分管安全，厂（矿）、车间由1名副职分管安全。1993年后大多数管理工作均由企业自主进行，唯有安全工作一直保持上下联动，直至2009年地方国企改制后，因企业不存在而终止。

第二节 管理措施

一、安全检查

从1981年起，局坚持每年开展春、秋季两次系统性安全大检查。企业坚持每月或每两个月进行一次安全检查。查隐患，及时整改。对煤矿组织每年一次瓦斯等级鉴定。1982年开始，在企业开展每年5月为“安全月”的活动，此后还开展“百日安全无事故”和“百日安全竞赛”活动、“十准十不准”活动。近几年又开展“反三违”和“安全知识竞赛”“安全活动红旗”及“挂黄牌”活动。1989年煤矿开展“矿井通风质量达标”活动。德安萤石矿、瑞昌洋鸡山金矿和武宁钨矿通过验收获“安全合格班”。一直延续到90年代初期，之后是阶段性开展煤矿整改、小钢铁整顿及非金属矿山安全管理。

二、安全教育

1979年始，每年都要组织各厂（矿）安全科长、工区长（车间主任）、工段长、安全员和瓦检员、放炮员、机电工进行安全知识培训，至1990年共组织11期，参培人员达240人次，合格率达95%以上。同时，还组织各厂（矿）长、矿级安全负责人参加部、省、市举办的安全培训班，参培人数达64人次。各厂（矿）对上岗职工均进行上岗前的培训，并做到厂、车间、班组三级安全教育，增强职工的安全意识，保证安全生产。自1984年起率先在全省开展安全系统工程教育培训，使各厂（矿）安全科长和安全员的素质有了较大提高，一批安全干部成长为矿级领导，甚至县级领导，安全事故明显下降，煤矿1986年起连续多年避免生产性死亡事故。培训工作一直到2004年，后由市综合部门管理。

三、责任制建立

随着企业经济责任制的推行，安全生产纳入考核指标，各厂矿建立安全承包责任制，安全与责任挂钩，与奖惩挂钩。1989年，国营煤矿率先实行安全风险抵押，从书记、矿长到工人，按不同责任交纳抵押金，年终根据安全指标完成情况兑现奖惩。一般按抵押金的5%～50%兑现奖惩。冶金矿山也逐步推行利用经济杠杆，促进安全生产。2005年后煤矿基本实行安全抵押金制度，有力推进安全管理，又有利于事故处理。

四、现场管理

现场安全的环境好坏与否，直接影响职工的情绪和心理。各厂（矿）注重抓现场安全管理。如德安萤石矿，对车间、工段，做到制度上墙，机电设备标准化挂牌管理。武宁煤矿还规定矿长、书记每月下井不得少于10天，安全副矿长、安全科长每月不得少于15天，工区领导要求跟班指挥，做到工人三班倒，班班见领导。直接深入实际，发现问题、解决问题。付山煤矿因现场排查及时，避免一起重大死亡事故，受省煤炭厅表彰。

五、安全技术改造

九江冶煤企业起步晚，发展快，普遍存在资金少，装备差，安全欠账多的状况。1985～1990年，各厂（矿）先后利用企业更新改造资金、维修费，用于改造安全设施。煤矿得到煤炭部和省煤炭主管部门的扶持，从1960年至1991年共拨专项安全资金1469.2679万元，用于矿山通风、防尘、排水、保安用电和矿山救护方面设备的添置和技术改造。直至2009年地方国企改制后才结束。

第三节　救护队工作

救护队由部、省先后投资50多万元建立。救护队基地占地2000平方米，建有救护大楼1栋，车库4间，还有食堂餐厅、变电房、充电房、充氧房及训练场等配套辅助设施，建筑面积1656.7平方米，配备矿山救护车2辆，救护指挥车1辆以及装备1个救护小队的必要救护仪器和设备。该队遵循“加强战备，严格训练，主动预防，积极抢救”的救护原则，担负着九江国营冶金、煤炭企业的矿山救护和巡回安全检查工作。救护队的业务技术受安全科管理。

1988 年 4～6 月，将救护队队长、技术员和 8 名队员送乐平救护大队进行资格培训，全部获得合格证书。同年 10 月，矿山救护队参加全省煤矿救护队（共几十支队伍）军事化大比武，2 名队员获得个人各项技术全能第八、第九名的好成绩，集体获得第十一名。矿山救护队成立后，立即展开矿山企业安全检查，为全市冶煤企业的安全生产，做了一定工作。但救护队的经费来源是按市政府 1985 年第 18 次市长会议“四个一点”收取，即：有偿服务解决一点，各矿出一点，冶金煤炭工业公司拨一点，必要时，由市财政视情况给予适当补助。除财政每年拨 2 万元外，其他经费来源由于体制改革，政策变化，不能兑现。因此，救护队的正常经费开支得不到落实，正常业务开展较为困难。

第四节　安全事故

1960～1990 年，冶煤矿山企业共发生死亡事故 65 起，死亡 140 人。其中煤炭行业 36 起，死亡 103 人；冶金企业 29 起，死亡 37 人。发生 3 人以上的重大伤亡事故 10 起，死亡 33 人，其中煤炭企业 9 起，死亡 30 人；冶金企业 1 起，死亡 3 人。煤炭企业还发生特大伤亡事故 2 起，死亡 26 人。

事故类别以瓦斯事故占煤炭企业事故 34.3%，顶板事故占 29.1%，运输、水灾事故各占 12.2%，放炮事故占 8.7%，其他事故占 15.7%。爆破事故占冶金事故的 21.6%，物体打击事故占 18.2%，机械伤害事故占 12.5%，其他事故占 47.7%。

除人身伤亡事故外，全市冶煤企业先后在交通、设备、火灾等方面也出现过一些事故，较为严重的有 1990 年 11 月 14 日，江西铜岭钢铁厂尾砂坝发生破坝事故造成直接经济损失 9.28 万元，间接经济损失 20.17 万元。

2013 年至 2015 年九江矿冶企业发生安全事故 21 起，其中煤炭行业 5 起，冶金行业 8 起，非金属矿行业 8 起。事故发生起数明显下降，反映出安全管理工作的加强和技术、管理及设备装备的水平提高。为矿业的高速发展奠定了坚实基础。

1960~1990 年各冶煤企业伤亡人数一览

表 5-5-1

单位：人

单位＼伤害＼年份	合计		1960		1961		1962		1963		1964		1965		1966		1967		1968		1969		1970		1971		1972		1973		1974		1975	
	死亡	重伤	死亡	重伤	死亡	重伤	死亡	重伤	死亡	重伤	死亡	重伤	死亡	重伤	死亡	重伤	死亡	重伤	死亡	重伤	死亡	重伤	死亡	重伤	死亡	重伤	死亡	重伤	死亡	重伤	死亡	重伤	死亡	重伤
合计	140	120	1	2	1	1	1		1										2	1		1	8	2	8	5	10	4	9	4	17	11	3	10
九江钢厂	4	29																					1			2		2		2		3	2	4
九江铜硫矿	5																										1							
铜岭钢铁厂	1	11																					1									1		
德安萤石矿	9	6	1	2	1		1		1		1												1				1						1	
武宁钨矿	4	1																	1				1				1						1	
修水钨矿	10	1																	1				2		1		4		2	1				
都昌钨矿																																		
古市金矿																																		
土龙山金矿																																		
吴家金矿																																		
洋鸡山金矿	2	3																																
高丰金矿																																		
德安锑矿	1	3																																
瑞昌煤矿	24	47																					2	1	4	1	1	1	3			6		6
武宁煤矿	22	9																	1	1		1				1	2	1			1	1		
德安煤矿	17	9																									1		1		4			
罗坑煤矿	4																																	
修水煤矿	18	1																					1		3				3	1	11			
东风煤矿	19																																	

续表 5-5-1

单位 \ 伤害 \ 年份	合计		1976		1977		1978		1979		1980		1981		1982		1983		1984		1985		1986		1987		1988		1989		1990	
	死亡	重伤	死亡	重伤	死亡	重伤	死亡	重伤	死亡	重伤	死亡	重伤	死亡	重伤	死亡	重伤	死亡	重伤	死亡	重伤	死亡	重伤	死亡	重伤	死亡	重伤	死亡	重伤	死亡	重伤	死亡	重伤
合计	140	120	1	7	7	7	7	6	10	3	1	6	3	5	3	2	18	9	12	13	1	4	6	5	1	8	7	2	1	1	2	2
九江钢厂	4	29					1	3		1		5		2				1				2		2								
九江铜硫矿	5																						1									
铜岭钢铁厂	1	11								1						1		8														
德安萤石矿	9	6																					2			1					1	
武宁钨矿	4	1																							1	1						
修水钨矿	10	1																														
都昌钨矿																																
古市金矿																																
土龙山金矿																																
吴家金矿																																
洋鸡山金矿	2	3												1					2							1				1		
高丰金矿																																
德安锑矿	1	3																			1			1								2
瑞昌煤矿	24	47		5	1	6		3	3	1		1		2	3				7	12						1		1				
武宁煤矿	22	9		1	2	1	5		6								2		1				1			2	1					
德安煤矿	17	9	1		1											1	1		2	1		2	1	2		2	5	1				
罗坑煤矿	4																						1				1		1		1	
修水煤矿	18	1																														
东风煤矿	19				1		1		1		1						15															

1960~1990 年冶金企业伤亡事故分类一览

表 5-5-2

单位：人

年份	分类	合计	1960	61	62	63	64	65	66	67	68	69	70	71	72	73	74	75	76	77	78	79	80	81	82	83	84	85	86	87	88	89	90
机械伤害	死亡	1																															
	重伤	10														2	2	1			1	2				1		1					
机电事故	死亡	2																1										1					
	重伤																																
车辆事故	死亡	2	1																		1												
	重伤	4											1	1					1						1								
堕落伤亡	死亡	2											1					1															
	重伤	2																1			1												
灼烫事故	死亡	1																					1										
	重伤	4												1									2			1							
物体打击	死亡	2																											1			1	
	重伤	14												2			2	2			1		2	2		2				1			
顶板事故	死亡	4													1									3									
	重伤	1																												1			
爆破事故	死亡	11	1		1	1	1								1			1									2		2	1			
	重伤	8	2																					1		3						1	1
坍塌事故	死亡	2											1				1																
	重伤	3																								1		1					1
起重事故	死亡																																
	重伤	2													1														1				
其他事故	死亡																																
	重伤	2																								1		1					

1968~1990 年地方国营煤矿伤亡事故事故分类一览

表 5-5-3

单位：人

类别＼年份	分类	合计	1968	69	70	71	72	73	74	75	76	77	78	79	80	81	82	83	84	85	86	87	88	89	90
顶板	死亡	33	1		1	4	3	3				2	4	1			3	2	2		3		3		1
	重伤	17	1	1		1	1		1		1		1				1		1	2	2	2	2		
瓦斯	死亡	28							14			2		2					6				3	1	
	重伤	31							6	5	2	6							12						
机电	死亡	2												1	1										
	重伤																								
运输	死亡	12			1		1	3				1	3	1				1	1						
	重伤	9				1		1			1				1						1	3	1		
炸药	死亡	7					1		1		1				3				1						
	重伤	8			1					1	2		2			2									
水害	死亡	20				3								2				15							
	重伤	1												1											
其他	死亡	3			1			2																	
	重伤	1										1													

第五节　案例分析

一、九江县东风煤矿溶洞穿水

1983年1月，东风煤矿井下发生一起特大溶洞穿水淹井伤亡事故，淹没巷道2000米，15人死亡，救灾费用80多万元，矿井全部报废。

该矿地质构造较简单，东西走向，倾向北。可采煤层属二叠纪乐平单一煤层，煤层厚度变化较大，平均厚度1米，平均倾角38°。顶板为长兴灰岩，间接顶为青龙灰岩，底板为茅口灰岩。矿井内煤巷每隔5~10米便有一条落差1~5米小断层，裂隙、溶洞在此较发育，东西各以一条大断层为边界。

井田内主要含水带依次为茅口灰岩、长兴灰岩、青龙灰岩。由于水文地质条件不清，斜井开拓带有盲目性，故在井下生产过程中常从长兴灰岩里发生穿水现象。该矿在雨季涌水量一般为280立方米/时，平均涌水量为200立方米/时，最大涌水量可达321立方米/时，旱季涌水量为150立方米/时。由于矿井正处于边改造边生产中，水仓容量极少，水泵排水能力不配套，还没有形成综合抗灾能力。

1983年1月31日早班6时10分左右，2名采矿工因提前出井而经过–42米水平煤巷时，见从棚顶流下一些夹有高岭土的煤泥淤积在后来穿水点下方的巷道底板上，2人行至副井时遇见向工作面行进的安检员。当安检员行至二四风眼时，忽然迎面刮来一阵风，接着听到一声响，同时出现水夹杂一些设备冲来，于是只好后退，并边跑边喊在场人员撤离。

由于水势凶猛，水头迅速上升造成了淹井和特大伤亡事故。

矿领导在6时55分闻讯后，立即带领有关人员赶到井下，迅速布置抢救工作。

抢救事故共分两个阶段。从发生事故的当天到2月底为第一阶段。主要任务是在–42米水平，突击安装水泵稳定水位，清理200余米堵塞煤岩巷道，并迅速掘进3风眼28米，到达–42米水平煤巷西头救人。在西头发现穿水时有人在求生，向东移动。经侦察所有空区没有发现人，但发现衣物、工具等。由于2月下旬，穿水点继续垮塌，巷道严重淤塞，水位继续上涨，迫使在2月26日上午停止清查工作，转入第二阶段。

第二阶段以排水为主。经三个方案的比较，最后采取潜泵和卧泵相结合的强排水方法。

造成这次不可抗拒的自然灾害的主要原因：该矿长期以来，技术力量薄弱，技术队伍素质差，技术资料不齐，安全教育培训不够；水文资料不清，地质报告中没有详细叙述水文情况，所以对顶底板含水层的积水、水量及相互补给条件、裂隙和溶洞的分布情况不清；该矿曾几次上马、下马，造成乱采乱挖，采掘失调，“三量”欠账大，生产系统很不完备；井下排水系统中的水仓扩建工程，没如期完成，远不能满足安全生产的要求和抗灾所需能力；对含有地下水丰富的煤层顶底板，没有采用先排水后疏干的疏放降压措施，就进行回采和掘进。在掘进工作中没有坚持“有疑必探，先探后掘”的探放水原则。井下排水系统也不完备，没有设置防水闸门。

二、九江铜硫矿冒顶

1981 年 8 月 17 日，九江铜硫矿发生一起重大冒顶事故，死亡 3 人，轻伤 1 人，直接经济损失 1 万元，间接经济损失 20 万元。

当天早班，4 名矿工被安排在 +25 米水平 723 线维修巷道，拆换支架，723 巷道多年失修未用，同月 14 日曾昌顶，支架全部腐烂。9 时 05 分井下工听到 723 线巷道传来冒顶声响，领导闻讯立即赶到现场，组织人员进行抢救。10 时 20 分，2 位遇难者从 50 多吨矿石中扒出来，第三名于 12 时 30 分抢救出来，由于被埋时间过长，也已窒息身亡。1 名矿工因当时站在巷道靠外侧，冒顶时被气浪推出 5 米远，腰部撞在支架上受轻伤。

事故原因为矿领导安全意识不强，思想麻痹，安全制度执行不力；遇难者没有按规程作业。在没有“敲帮问顶”的情况下，不加固支护就违章蛮干，是造成这起事故的直接原因。

三、修水县煤矿洋田井瓦斯爆炸

1974 年 12 月 14 日 7 时 40 分，修水县煤矿洋田井主井水泵房掘进面发生瓦斯爆炸事故，死亡 11 人。

洋田井地质条件复杂，煤层变化大。属二迭系下统梁山煤组，煤层厚度一般为 0.3 ~ 1 米，局部块段有 2 米以上，但多呈不连续扁豆体状，发热量为 5000~6000 大卡 / 公斤，为烟煤，属瓦斯矿井。该井于 1972 年 6 月基建，开拓方式为斜井开拓。

1974 年 12 月 14 日 7 时 40 分，承包洋田井掘进的浙江宁海县贫路区前童公社工程队 6 人上夜班还未下班，已打好 3 个炮眼，准备放炮出班。其 1 人先行出井，余 5 人撤至离井口 274 米处第七安全巷，然后在 15 米安全硐闸刀合闸放炮，顿时发生瓦斯爆炸事故，将 330 米风筒撕成数段，抛出井口达 50 余米，3 人当场遇难，另 2 人被气浪冲至离井口 166 米处第一安全巷外，后被抢救脱险。发生事故后，上早班的工人立即下井抢救，全矿近百人下井，昏倒 80 余人，经通风奋力抢救，又有 8 人遇难，其中矿工 1 人。

产生事故的根本原因是不懂安全知识，安全管理制度不健全，瓦斯管理制度混乱，该矿区1958年曾发生瓦斯燃烧事故。全矿共4部瓦斯器，1台报废，2台送外地修理，仅剩1台使用。且8月份的13天中，只检查过1次瓦斯。主井水泵房盲巷掘进通风不良，煤层厚度大于3米，造成瓦斯积聚，又用闸刀明火放炮，导致了瓦斯爆炸事故的发生。

第六节　环境保护管理

1983年始，冶煤工业环保管理工作才有起步，陆续纳入议事日程，由安全科管理。首先是贯彻执行国家环保法，对冶煤企业加强新的建设项目环境管理，严格控制新的环境污染源，加快治理原有的污染源，保护和改善环境。对新建项目做到“三同时”(劳动安全卫生环保设施必须与立体工程同时设计、同时施工、同时投入生产和管理)，对全市各冶煤企业的废气、废水、废渣进行检查、督查。先后审查德安萤石矿制冷剂厂、瑞昌洋鸡山金矿、高丰金矿、港南金矿等新建项目的环保许可。对都昌钨矿扩建项目的环境保护方案和九江市硫酸厂环境影响报告进行审查。日常环保工作中，主抓冶煤企业在环保污染与乡镇村民纠纷调解；处理九江铜硫矿的废水污染治理工作，对江西铜岭钢铁厂尾砂坝塌方破坝事故新造成的污染赔偿和处理。九江钢厂的锅炉改造的申报、环保资金的批拨。组织冶煤企业环保管理人员参加专业会议，环保知识竞赛以及专业知识培训班。申请、主持报批九江铁门坎铜金矿及九江铜硫矿环境影响评价审查工作。为企业的环境污染综合治理，提供科学依据。

在安全环保工作方面，冶煤企业多次获得省、市、县的安全先进单位光荣称号。武宁县煤矿曾评为煤炭部和江西省安全先进单位，1988～1990年，市冶煤局获得省煤炭主管部门的安全先进单位。

第六章 财务管理

第一节 主管部门

1969 年，九江地区工业局成立，财务工作归局人秘科管理，配专职会计、出纳各 1 人，负责局行政财务工作。1981 年，成立行署冶金煤炭工业处和冶金煤炭工业供销公司，实行两套牌子一套人员，下设财计科，负责处财务和供销公司的财务管理工作。1983 年地、市合并，原九江市工业燃料公司并入九江市冶金煤炭工业公司，设财务科，担负行政和经理部的财务管理工作及市直企业财务计划综合管理。1987 年，经工业公司研究决定，经理部（供销公司）实行独立核算，自主经营，财务管理也随之从工业公司财务科分出。局财务科配有 4 人，其中科长 1 人，会计 2 人，出纳 1 人，主要负责行政财务和直属企业财务调控、指挥、服务工作。

1985 年，由市冶煤工业公司与市物资局联营办拆船公司，双方各投资 2.5 万元，冶煤派 1 名会计，物资派 1 名出纳，至 1986 年 10 月，经市政府批文冶煤工业公司退出拆船公司，并撤回人员，抽回投资。

各厂矿的财务管理则由厂（矿）自主进行，并随着生产的不断发展，管理机构不断增强，管理制度不断健全和完善。如：九江铜硫矿建矿初期，财务管理归后勤组，配会计、出纳各 1 人。1972 年 7 月成立财务组后改科，现配有 6 人，各车间设核算员，实行两级核算。九江钢厂建厂初期，在生产指挥组设财务室，配 3 名财务人员。1980 年设财务科，到 1990 年配有财会人员 15 人。修水县煤矿 1984 年前只有会计和出纳各 1 人，1985 年建立了财务组，建立财务岗位责任制和财务制度。

各厂（矿）在上级财政部门指导下，不断加强财务管理，特别是通过 1979 年清产核算，清仓查库，1984 年企业整顿，1987 年“双增双节”活动和 1988 年财政、税务、物价三大检查，不断建立健全各项财务管理制度，并开展月、季、年财务收支计划管理和定期经济活动分析会。如：九江钢厂在企业整顿中，对历年制定的各种财务管理制度进行整理、修改、补充，汇编一套有 11 个项目的管理制度，使财务管理走上比较完善的轨道。

财务工作随2009年地方国企改制完成后结束。

第二节 经济指标

一、经济增长

1990年工业产值 4320.24万元比1985年2334.16万元，增长85.9%，比1980年2302.84万元，增长1.36%，年平均增长6.49%。

1990年利税总额1425.94万元比1985年613.56万元增长132.4%，比1980（399.04万元）年增长257.34%，年平均增长13.58%。

其中1990年利润900.74万元比1985年438.40万元增长105.46%，比1980年216.6万元增长102.40%，年平均增长15.32%。

二、资金积累增长

企业活力明显。冶金煤炭企业年留利已达213.0万元，其中市直年留利48.5万元，比1985年市直留利10.6万元，增长357.55%。

三、固定资产投资

1990年7177.56万元比1985年4067.19万元增长76.70%，比1980年207.13万元增长246.99%，年平均增长13.25%。固定资产原值已达7186.56万元，定额流通资金2349.84万元，两项资金合计达9536.4万元，比1985年3847.37万元增长147.87%，比1980年2811.59万元增长239.18%。

四、经济效益

1990年与1980年相比，实现利税增长257.34万元，1990年创利税30万元2户，与1980年百分之百增长；创50万元利税1户，与1980年持平；1990年创利税百万元的企业五户，与1980年比增四户。

五、行业全员劳动生产率

1990年15139元，比1980年1883元提高13250元。1980年人均创利税仅316元，到1990年增长2262元。资金利税率由1980年7.36%增长到1990年19.27%，提高11.86%。

1970~1990 年九江市冶金煤炭工业实现利润增长情况一览

表 5-6-1

单位：万元

单位名称 \ 数字 \ 时期 年份	"三五"时期	"四五"时期					"五五"时期					"六五"时期					"七五"时期				
	1970	1971	1972	1973	1974	1975	1976	1977	1978	1979	1980	1981	1982	1983	1984	1985	1986	1987	1988	1989	1990
实现利润合计	15.69	-127.28	-130.28	-9.07	-158.05	-140.73	-159.69	-112.61	4.86	48.85	216.60	70.20	115.12	223.62	235.04	438.40	513.30	542.90	535.93	1298.20	900.74
其中：冶金、黄金工业	-22.54	-123.52	-88.02	-11.42	-55.23	-98.71	-97.13	-122.50	-29.19	14.17	195.61	32.86	63.20	172.61	212.22	400.82	477.70	503.30	397.83	1021.6	846.44
煤炭工业	38.23	-3.76	-42.26	2.35	-102.82	-42.02	-62.56	9.89	33.25	34.68	20.99	37.42	51.92	51.01	22.82	37.58	35.60	37.60	138.10	276.60	54.59
总计中：																					
一、直属企业小计	-48.29	-178.62	-130.30	-32.09	-61.96	-107.60	-109.59	-128.58	-55.49	-34.11	148.42	-13.72	-24.71	102.50	131.50	285.90	181.80	155.20	71.40	114.80	90.40
九江钢厂	-40.29	-52.08	-58.90	-12.88	-55.76	-65.45	-75.80	-44.76	-34.19	28.99	122.50	-22.32	-44.85	1.88	11.00	36.90	52.80	55.20	36.90	50.70	0.30
九江铜硫矿		-2.12	17.03	28.49	39.90	23.34	28.60	24.18	57.50	(基建)	73.58	23.00	36.80	69.47	70.30	71.80	38.50	43.03	23.80	45.60	55.10
铜岭钢铁厂		-116.50	-96.43	-47.78	-46.10	-65.49	-62.39	-108.00	-71.80	-63.10	-47.66	-14.40	-16.66	31.15	50.20	93.20	90.10	57.00	10.70	18.50	35.00
二、县属企业小计	55.98	43.34	8.02	23.02	96.09	-33.13	-50.10	15.97	59.55	82.96	68.18	84.90	139.03	121.12	103.54	232.50	331.50	387.70	464.53	1183.40	810.34
1. 冶金工业	17.75	47.10	42.28	20.67	6.73	8.89	12.46	6.08	26.30	48.20	47.19	46.50	87.91	>0.11	80.72	148.72	195.20	197.10	190.33	377.10	210.90
德安萤石公司																				311.40	221.10
其中：德安萤石矿	3.96	9.45	14.58	4.29	0.67	10.03	4.38	7.01	12.14	13.24	18.00	22.21	62.22	41.00	53.12	58.00	136.30	120.00	131.00		
制冷剂厂																					
武宁钨矿	5.52	12.51	9.17	5.62	9.00	1.28	11.73	2.89	2.62	13.29	9.15	6.10	7.82	16.50	9.00	34.42	7.50	14.00	26.43	33.00	15.10
修水钨矿		17.87	14.46	8.72	8.84	-0.35	2.56	12.98	16.30	20.35	18.74	13.32	16.41	10.23	12.10	6.60		0.40		5.60	6.60
都昌钨矿											8.38	0.75	1.42	1.50	1.09	8.20	-0.38		0.50	1.70	
德安锑矿	8.27	7.27	4.87	2.04	-3.78	-2.07	-6.13	-16.80	-4.76	1.40	1.00	4.19	0.04	0.88	5.50	41.50	51.70	54.70	63.20	20.00	-4.10
清江锑矿																			-32.80	5.40	-27.80
2. 黄金工业																54.20	100.70	153.00	136.10	529.70	544.85
洋鸡山金矿																54.20	100.70	153.00	164.20	311.20	334.70
古市金矿																			-28.10	10.80	0.20
土龙山金矿																				141.00	203.50
高丰金矿																				79.80	
铁门坎金矿																				-13.10	6.45
吴家金矿																					
3. 煤炭工业	38.23	-3.76	-42.26	2.35	-102.82	-42.02	-62.56	9.89	33.25	34.68	20.99	34.72	51.92	51.01	22.82	37.58	35.60	37.60	138.10	276.60	54.59
瑞昌煤矿	0.31	-15.00	13.30	15.50	-18.00	-8.70	-10.43	4.80	5.00	3.03	3.00		0.08	0.85	0.02	2.77	3.40	1.10	0.70	2.70	-10.91
武宁煤矿	37.14	21.87	-27.43	10.14	-20.00	20.34	17.45	35.35	11.61	58.48	61.00	61.62	63.00	62.00	29.62	38.85	35.70	31.40	37.20	130.10	50.00
德安煤矿	0.78	2.98	8.98	-9.88	-49.27	-26.55	-15.87	-13.06	-10.57	-10.33	-13.16	-13.43	-11.42	-8.00	-6.82	-4.50	-4.98	-2.70	36.50	59.00	16.34
罗坑煤矿																			11.70	84.80	-0.84
东风煤矿		-9.68	-23.50	-13.41	-13.05	-18.11	-42.38	-8.80	0.21	-11.00	-24.65	-6.12	0.04	-3.83							
修水煤矿		-3.85	-5.53		-2.50	-9.00	-11.37	-0.40	-6.00	-5.50	-5.20	-4.65	0.22	-0.01		0.46	0.50	7.80	52.00		

说明：本表空白处，是该企业尚未建成投产。

1970~1990 年九江市冶金煤炭工业固定资产原值增长情况一览

表 5-6-2

单位：万元

单位名称 \ 时期 年份 数字	"三五"时期	"四五"时期					"五五"时期					"六五"时期					"七五"时期				
	1970	1971	1972	1973	1974	1975	1976	1977	1978	1979	1980	1981	1982	1983	1984	1985	1986	1987	1988	1989	1990
固定资产原值合计	363.28	716.27	1025.57	1232.86	1411.38	1577.69	1710.40	1940.54	2059.70	2250.23	2319.13	3006.61	3381.17	3107.38	3635.80	4067.19	4824.00	5207.50	5653.47	6515.40	7177.56
其中：冶金、黄金工业	283.41	401.25	642.38	819.11	953.63	1066.13	1137.86	1298.60	1357.91	1426.55	1417.17	2033.89	2373.71	2214.55	2863.25	3226.77	3930.30	4276.30	4717.30	5478.90	5881.28
煤炭工业	159.87	315.02	383.19	413.75	457.75	511.56	572.54	641.94	701.79	823.68	901.96	972.72	1007.46	892.83	772.55	840.42	893.70	931.20	936.17	1036.50	1692.58
总计中：																					
一、直属企业小计	130.60	289.10	459.04	618.59	746.79	861.14	940.30	1065.48	1185.14	1127.08	1186.16	1714.84	1008.14	1618.79	1034.19	1931.10	2172.30	2366.90	2449.10	2343.30	2557.20
九江钢厂	130.60	138.50	171.00	185.70	194.80	277.19	246.18	269.44	271.40	305.98	428.00	432.27	450.39	442.10	531.34	582.40	751.20	880.30	951.20	953.70	1044.20
九江铜硫矿		35.38	53.66	143.38	218.59	224.71	234.76	302.78	328.74	284.22	320.61	776.70	827.00	643.64	708.35	722.78	761.20	793.30	814.00	871.30	898.40
铜岭钢铁厂		115.38	233.58	289.51	334.28	358.64	459.44	493.26	585.00	536.68	537.55	505.87	522.75	533.85	594.50	626.80	659.90	693.30	684.60	605.30	614.60
二、县属企业小计	232.68	427.89	566.53	614.27	664.59	716.29	770.10	875.06	954.56	1123.15	1212.97	1291.77	1581.83	1488.59	1001.61	2136.09	2651.70	2840.60	3203.67	4085.10	4620.36
1. 冶金工业	72.31	112.07	103.34	200.52	206.48	284.73	197.56	233.12	232.77	299.47	311.81	319.05	573.57	595.76	643.30	798.31	1198.60	1279.40	148.50	1870.20	1979.70
德安萤石公司																				1107.28	1300.00
其中：德安萤石矿	46.38	69.27	135.47	142.21	145.76	134.51	127.13	156.10	168.18	172.38	186	176.76	335.71	346.69	362.90	423.70	790.30	869.60	886.20		
制冷剂厂																					
武宁钨矿	3.86	8.28	9.88	13.17	15.58	21.21	20.23	26.11	36.26	31.22	31.57	52.98	144.99	146.10	153.66	212.17	212.30	289.80	214.30	227.00	232.40
修水钨矿		5.12	8.52	8.52	8.52	12.39	13.59	14.29	15.72	20.08	12.04	16.19	16.19	21.25	27.42	28.80	30.50	24.40	34.00	35.10	30.50
都昌钨矿											2.40	2.59	5.60	8.50	5.10	6.20	6.20	9.30	9.30	9.40	9.60
德安锑矿	22.57	29.40	29.55	36.62	36.62	36.62	36.61	36.62	36.61	75.79	79.68	70.03	71.03	73.22	94.30	127.58	159.30	166.30	210.10	248.50	234.70
清江锑矿																			148.70	153.00	164.50
2. 黄金工业															385.68	497.30	559.40	630.00	787.80	1268.40	1344.38
洋鸡山金矿															385.68	497.30	559.40	630.00	643.20	650.50	713.00
古市金矿																			143.00	168.50	168.50
土龙山金矿																				126.90	135.00
高丰金矿																				265.90	265.80
铁门坎金矿																				56.60	61.28
吴家金矿																					(基建)
3. 煤炭工业	159.87	315.82	383.15	413.75	457.75	511.56	572.54	641.94	701.79	823.68	901.96	972.72	1007.46	892.03	772.55	840.42	893.70	931.20	936.17	1036.50	1296.28
瑞昌煤矿	16.51	73.20	95.87	111.96	161.82	186.60	211.14	244.21	288.82	244.91	347.10	267.35	259.31	272.82	227.15	269.36	268.50	200.00	103.17	104.80	106.51
武宁煤矿	99.88	128.88	143.99	153.21	164.01	192.89	207.11	226.15	227.14	257.77	268	432	456.78	398.82	393.53	412.80	434.10	468.80	481.60	534.70	781.25
德安煤矿	43.48	43.48	53.40	54.94	54.94	53.17	45.19	48.90	50.51	102.75	184.46	79.64	84.98	90.00	79.50	88.80	103.70	117.90	189.20	177.40	188.90
罗坑煤矿																			145.00	219.60	219.62
东风煤矿		35.56	46.69	49.77	52.40	53.20	69.44	85.32	101.99	92.85	90.36	101.69	113.51	67.18							
修水煤矿		33.90	43.24	43.87	24.57	25.70	39.66	37.36	41.33	125.34	92.64	92.84	92.96	72.91	72.37	70.26	87.40	72.50	77.20		

说明：本表空白处，是该企业尚未建成投产。

第三节　利润成本资金管理

一、利润分配

1979年以前，国家对企业的利润分配实行统收统支办法，即企业按隶属关系将利润上交财政，亏损企业由财政退库弥补，企业所需经费，由财政下拨。1979～1980年，企业实行从利润中提取企业基金办法，按企业工资总额不超过5%提取，用于建立生产发展基金、职工福利基金和奖励基金。1981年，根据财政部、国家经委提出对企业实行多种形式利润留成和亏损包干办法，市直冶金企业前后实行利润超计划留成（如江西铜岭钢铁厂）；亏损补贴包干，减亏分成留用（如九江钢厂）；铜硫矿实行"滚雪球"办法，利润留矿自我发展，自我武装。1985年，九江铜硫矿、铜岭钢铁厂、供销公司实行实现利润基数包干超收留用，歉收自负；微利企业九江钢厂实行上缴定额基数，超收自留。具体基数确定，由冶金煤炭工业公司向市政府签订上缴利润基数超收分成的责任状（合同）后，再把经济责任分解到所属企业，由财务科进行资金调控。经过企业和主管部门共同努力，市政府返回公司5.1万元作为承包奖励。1989年直属企业向市政府签订上缴利润经济合同，获全市目标管理第一名，市政府奖励18万元给冶煤工业公司。

公司分签订承包合同以来，完成主要经济效益：1985年上缴所得利润95.7万元；1990年上缴所得利润29.7万元，上缴利税374.1万元；1985年企业留利90.1万元，1990年留利27.5万元；1990年年末累计留利27.5万元；资金利税率1990年13.42%比1985年5.62%增长7.8%。

二、成本管理

成本核算实行厂（矿）独立核算，自主管理，厂财务部门通过定额管理，计量验收，财产物资盘存，计划价格，原始记录五方面的基础工作，以定额管理为中心，抓机、物、料定额下降，保证成本计划和效益的完成。企业在不影响上交国家任务和自身能消化的前提下，从销售收入中提取0.5%~1%的技术开发费，适当提高折旧率，增强企业改造和技术进步能力。

局财务科一方面强化对成本开支范围监督，派出工作组进行成本开支检查，制止乱挤乱摊成本。另一方面，加强成本分析，坚持月分析，找出成本升降原因，向厂（矿）反馈，并当好参谋。

三、资金管理

固定资产 1990年，冶煤直属企业有固定资产原值2639.1万元，净值1543.6万元，固定资金2808.3万元。各企业固定资产均由各企业管理分别由厂（矿）设备动力科室和总务科管理，财务部门综合平衡。如九江钢厂的机械、动力设备的更新、修理、报废由设备动力科负责。房屋土建的新建、扩建、改建、维修、报废由总务科负责。他们根据资金来源，编报计划，经厂财务科平衡汇总，报市冶煤局、市财政局批准后实施。固定资产折旧基金按折旧率提取，九江钢厂按年综合折旧率5%提取，大修理基金按2.5%提取，由局财务科进行调控。1985年为铜岭钢铁厂提高折旧率进行协调，由吨矿3元提高到6元。

流动资金 1978年年末，冶煤直属企业有国家流动资金132.1万元，其中企业自有流动资金29.7万元。企业流动资金的使用，坚持保证生产需要，节约使用，加速周转的原则。通过建立清产核算、清收贷款办法减少储备资金的占用和加速资金的周转。1979年全面清产核算、清仓查库，九钢厂划出多余积压超储物资价值44.7万元，铜硫矿查出报废物资32.2万元。1983年九江钢厂组织一次清收贷款，收回贷款5.195万元。局财务科通过目标管理方法，促进企业流动资金加速周转，要求企业的流动资金周转率要比上年加快3%左右，并对企业的产成品资金、在途资金、应收货款三项资金下达年计划控制数，以促进资金周转。

专用资金 1983年后实行利改税，留利部分分成发展生产基金、职工福利基金和奖励基金，分成比例为6：2：2。

1989年，煤炭企业开征煤炭开发基金，按吨矿6元提取。上交省地方煤矿公司，用于统筹安排，下拨给需要资金的地方煤矿使用。

企业对专用基金的使用，由财务科根据有关部门提出的更新改造、维修、扩建等意见，统筹编制用款计划，报经厂（矿）领导批准后，按计划使用。

为了加速企业更新改造、技术进步，局财务科积极疏通渠道为企业筹款，几年来共为企业解决贷款160万元。

第七章 物资设备管理

第一节 主管部门

1969 年 9 月，九江地区工业局成立后，工业局的直属企业和归口企业及全区煤炭、有色工业物资设备管理由下设的后勤组负责。当时主要负责直属企业和归口企业、煤炭企业所需“三材”（钢材、木材、水泥）和专用设备的计划管理，后勤组配有 8 人，组长 3 人；轻、化、纺工业设备管理 3 人；冶金煤炭工业设备管理 2 人；二轻工业 3 人。

1970 年 7 月，经九江地区和九江市革委会批准，由九江市革委会计划组与九江市工业交通管理局后勤组两家组织一个属行政管理性质的煤炭调运小组。1971 年冬，为加强煤炭调运工作，将九江市煤炭调运小组交九江市工业交通管理局直接领导。1972 年经九江市革委会批准成立九江市煤炭调运办公室，划归九江市抓革命促生产部领导，仍是行政性质。1973 年 10 月，经九江地区革委会批准成立九江地区工业燃料公司，同时撤销九江市煤炭调运办公室，其全部人员并入地区工业燃料公司，归九江地区工业局直接领导，属企业性质，由地区财政局拨款 2000 元开办费。九江地区工业燃料公司成立，党、政归工业局管后，受市计划组委托负责全区工业用煤和焦炭的计划管理进而发展到组织煤炭、焦炭的调运和供应工作。1981 年 12 月 12 日，经地区行署批准成立九江地区冶金煤炭工业供销公司，与九江行署冶金煤炭工业处合署办公，实行两块牌子一套人员，对内称供销科，撤销九江地区工业燃料公司，其人财物全部划归九江行署冶金煤炭工业处。负责管理直属企业和行业的“三材”、煤炭、焦炭及专用设备的计划管理和供应。1984 年地市合并，九江行署冶金煤炭工业处与九江市燃料公司合并，成立九江市冶金煤炭工业公司（处级）。原九江地区冶金煤炭工业供销公司改为九江市冶金煤炭工业公司供销经理部（正科级），法人代表为九江市冶金煤炭工业公司经理。原市工业燃料公司并入九江市冶金煤炭工业公司供销经理部。物资设备管理由经理部负责。经理部下设的冶金科负责设备、钢材供应，煤炭科负责煤炭供应。1986 年年初，政企分开，经九江市冶金煤炭工业公司决定供销经理部财务独立核算，法人、财务印鉴仍是九江市冶金煤炭工业公司经理，同工业公司实行分账不分家。1987 年 7 月 28 日，经九江市冶金煤炭工业公司决定供销经理部对外称“冶金煤炭供销公司”，任务未变，但已完全变成经营性企业。20 世纪 90 年代更名为“九江市冶金煤炭公司”后，成为由机关内部成长起来有较强实力和竞争力的国有企业。

各厂（矿）的物资设备管理，初期多由生产管理部门负责，随着生产管理发展日渐完善，3 个直属企业成立设备动力科，负责设备管理，设供应科（供销科或供销公司），负责物资管理。

第二节 物资管理

一、物资计划

1970 ~ 1980 年，局物资管理部门负责对地直属企业和归口企业，如重工、轻工、化工、纺织、二轻系统的物资供应分别行使行政管理。其中重工地直企业有铜岭钢铁厂、九江丁家山铜矿。

对直属企业的物资管理，主要是各个企业计划所需的三材（木材、钢材、水泥），每年根据每个企业生产、技术需要编制计划，由工业局后勤组审查、平衡，汇总上报地区计划组平衡、审核、批准后，下到各个口，属地工局这块，由后勤组具体承办进行调拨。

对归口企业所需物资“三材”，归口由地区计划组下达到地、县（市）各个企业，还担负着归口企业的生产、技改等所急需用物资进行调剂、疏通、联络等工作。

煤炭企业的物资、设备管理。九江地区煤炭企业都是县、乡、村属企业，煤炭生产所需物资设备，系采取戴帽、对口供应的办法。

煤炭企业用“三材”是根据各个企业的产量和技改项目等，汇总后由冶煤处报地区计划组审核后，戴帽分别下达到各县计划组（包括乡镇、集体办企业），当时指标：

按产量分配：木材 250 立方米 / 万吨，钢材 7 吨 / 万吨，水泥 11 吨 / 万吨。

按技改资金带物资分配：钢材 5 ~ 7 吨 / 万元，木材 0.3 立方米 / 进尺米及水泥等。

有色金属该区主要有铜、钨、锌、萤石等。这部分换材，主要指的是钨砂，按每年上交任务数，进行对物资和所需的设备进行回供（换材），即：钢材比 1 : 1。

工业用煤和焦炭每年由计委、经委和九江市工业燃料公司联合召开一次煤炭分配会议，将计划下达到地直企业和县（市）管理工业物资计划部门。各企业按计划下达计划任务。

二、物资供应

1976年始，开展煤炭调运供应工作。当年9月，在九棉一厂旁建起占地3500平方米的煤场，派人分线到煤炭生产地调运煤炭，供应地属企业，只按销售额的4%收取管理费，年调运煤炭数万吨。同年，为做好煤炭供应工作，组织了专人对各个工业用煤企业进行调查，建立了工业炉窑登记卡片，并测定煤耗定额，于1979年12月制定《九江地区工业用煤定额表》。地市合并以后，逐步从管理型向经营型转变。1988年筹集资金450万，兴建七里湖煤场，1990年年初投入使用，扩大储量。

除煤炭外，还组织行业厂（矿）的钢材供应。

各厂（矿）企业的物资按上级计划到有关物资管理部门采购，进厂后入库，然后按厂内规定的使用制度，由生产车间按程序领料使用。

第三节 设备管理

工业局时期。对矿山而言主要是煤炭企业专用设备，包括照明、通风、排水、提升、掘进等方面的设备。每年仅限于负责煤炭技改计划和与之相配套的设备订货和资金落实。随着经济体制改革，主要部门的设备计划和供应工作淡化，主要由企业根据生产需要和资金能力，自主购置，自主管理。1985年结合企业实行经济责任制，主管部门对直属企业的设备只考核设备完好率和设备日历作业率两项经济技术指标。

至1990年，全市冶金煤炭系统企业拥有固定资产原值7186.56万元，比1970年增加2895.19%，20年来平均年增加18.32%。煤炭企业拥有固定资产原值1296.28万元，比1970年增长11.03%。20年间，县属企业固定资产原值增长速度16.03%，基本与市属企业相等。

到20世纪90年代末期，黄金工业迅速发展，新建的黄金矿山都建立自己的选矿、提金流程。一些老矿山如铜岭钢铁厂、九江铜硫矿、德安萤石矿、德安锑矿、武宁锑矿也都分别改造或兴建自己的选矿系统，增加选矿设备，还增加矿产品深加工能力。

各企业为加强设备管理，建立一系列管理制度，有固定资产管理和核算制度，设备维修、保养制度，定期清查、处理制度，移转制度，事故分析制度，设备安装操作规程等。

主要已安装设备一览

表 5–7–1

设备名称及规格型号	计算单位		已安装设备	
	数量	能力	数量	能力
1. 九江钢厂				
1.5 号 /1000 千伏安电炉	千伏安 / 座	万吨 / 年	1000/1	0.2
430 × 3/1800 千瓦轧机	套	万吨 / 年	1	5.0
320 × 3/250 × 5/800 千瓦轧机	套	万吨 / 年	1	2.5
250 × 3/570 千瓦轧机	套	万吨 / 年	1	0.5
2. 九江铜硫矿				
破碎机	台	吨 / 日	1	250
球磨机	台	吨 / 日	2	180
浮选机	台	吨 / 日	10	150
空压机	台	立方米	2	–
空压机	台	立方米	1	–
风　钻	台		20	
3. 铜岭钢铁厂				
甲、铁矿石采选设备	台	万吨 / 年		
单斗万能挖掘机	辆	5 吨 / 辆	2	18
东风牌自卸翻斗汽车	台	吨 / 小时	5	20 万吨 / 年
80 移山推土机	台	吨 / 小时	1	不定
颚式破碎机	台	吨 / 小时	2	40
对辊式破碎机	台	吨 / 小时	2	40
圆锥破碎机	台	吨 / 小时	1	35
螺旋洗矿机	台	吨 / 小时	1	40
乙、电解铜生产设备				
电解槽	个	吨 / 日	30	50
丙、大理石板材生产设备				
对向切割机	台	平方米 / 年	1	10000
对割机	台	平方米 / 年	1	10000
切断机	台	平方米 / 年	1	10000

续表 5-7-1

设备名称及规格型号	计算单位		已安装设备	
	数量	能力	数量	能力
八头磨光机	台	平方米 / 年	1	5000
4. 德安萤石公司				
球磨机 1500 × 1500	台	千瓦	1	60
球磨机 1500 × 3000	台	千瓦	1	95
浮选机 TKb	台	千瓦	34	90
选矿机 540	台	吨 / 瓦	1	20–25
振动筛 SZZ2—900 × 1800	台	千瓦	2	8.8
颚式破碎机 400 × 600	台	千瓦	1	30
颚式破碎机 250 × 400	台	千瓦	2	34
挖掘机　300	台	立方米	2	0.9
吊车	辆	吨	2	8
翻斗车	辆	吨	20	8
前装机 90HP0415–3	台	吨	4	8
推土机	台		4	
雷蒙机 4R3216	台	千瓦	7	40
5. 武宁钨矿				
磁选机	台	吨 / 台时	1	2
6. 修水钨矿				
鄂式破碎机 900 × 600	台	吨 / 台时	1	4
对辊机 400 × 150	台	吨 / 台时	3	5
磁选机	台	吨 / 台时	1	1
摇床 6—3	台	吨 / 台时	1	1
7. 都昌钨矿				
变压器	台	千伏安	1	80
8. 德安锑矿				
反射炉	座		2	
焙烧炉	座		2	
9. 清江锑矿				
反射炉	座	吨 / 年	1	500

续表 5–7–1

设备名称及规格型号	计算单位		已安装设备	
	数量	能力	数量	能力
焙烧炉	座	吨 / 年	1	500
10. 瑞昌县洋鸡山金矿				
多方位潜孔钻 KQP–80	台	千瓦	3	33.5
电铲 W1001	台	千瓦	3	100
推土机 T140–1	台		2	
装载机 EL30AEC20A	台	千瓦	3	139.6
载重汽车	辆	吨	19	140
颚式破碎机 400 × 250、150 × 30	台	千瓦	2	45
空压机 4L—20/8	台	千瓦	3	120
空压机 3L—20/3	台	千瓦	1	75
球磨机 1500 × 3000	台	千瓦	1	95
球磨机 1500 × 2400	台	千瓦	2	55
球磨机 1200 × 2400	台	千瓦	3	139.6
11. 修水县古市金矿				
采金船	艘	立升	1	150
推土机	台	马力	2	150
载重汽车	辆	吨	1	6
12. 修水县土龙山金矿				
压风机	台	立方米	3	9
柴油机	台	马力	4	135
13. 瑞昌县高丰金矿				
球磨机	台	吨 / 台时	1	22
载重汽车	辆	吨 / 辆	1	5.5
浸出槽	台	吨 / 台时	4	15
吸附槽	台	吨 / 台时	4	20
浓密槽	台	吨 / 台时	1	15
解吸电解设备	台	公斤 / 日	1	50
14. 九江县铁门坎金矿				
解吸电解设备	台	公斤 / 日	1	20

续表 5-7-1

设备名称及规格型号	计算单位		已安装设备	
	数量	能力	数量	能力
颚式破碎机	台	吨	1	20
柴油机组	台	千瓦	2	90
15. 吴家金矿				
16. 瑞昌煤矿				
17. 武宁煤矿				
空压机 L3-10/81V-3/8	套		5	
通风机 4-72-11-100	套		4	
简单绞车 LJT800/650B	台		4	
调度绞车 JU-11.4	台		3	
电力变压器 KST320/6ST-1	台		14	
柴油发电机组 6160A-9	台		15	
18. 德安县付山煤矿				
柴油机	套	马力	9	380
卷检机	套		3	
刮板运输机	套		1	
空压机 2V-6/8	套		3	
空压机 2V-3/8	套		2	
凿岩机 7655 型	台		3	
离心水泵	台	千瓦	9	
载重汽车	辆	吨	9	39.5
19. 罗坑煤矿				
20. 九江县东风煤矿				
21、修水煤矿				
柴油发电机组	台	千瓦	3	145
绞　车	台	千瓦	2	39
离心式抽风机	台	千瓦	1	13
耐心水泵	台	千瓦	2	85
充电架	台	千瓦	2	
压风机	台		3	

第八章 劳动工资管理

第一节 主管部门

1969 年，冶煤行业的工业企业分属九江地、市、县劳动部门管理。1969 年，九江地区工业局成立，劳动工资工作由政办组负责。1981 年 10 月，成立九江行署冶煤处，设人秘科配有专人管理劳动工资工作。1983 年冶煤处改冶金煤炭工业公司，1990 年年底改冶金煤炭工业局，均设立劳动人事科，配有 2 人专管劳动人事工资工作。2002 年 8 月随市政府机构改革，冶煤工业局整体转制为九江市冶金煤炭集团公司（参公管理），由于行政职能上交和机关人员减少，虽仍设有劳动人事科，仅剩科长 1 人负责全部工作。各直属厂（矿）及县办厂（矿）在建厂初期，此项工作放在某一个部门，有人兼管或专管，有的放在办公室，有的放在生产组（科），有的放在财务组。随着生产的发展，职工队伍的增加，管理的完善，市属企业和部分县属企业设立了劳动人事科或劳动工资科，配有一定数量的干部 3~4 人，少的 1~2 人，管理此项工作。2009 年，随国企改革后而结束。

第二节 劳动管理

一、职工人数

1958 ~ 1960 年，不少县办厂矿上马，职工人数剧增，三年困难时期压缩。如武宁煤矿创建于 1958 年，开始属乡办，职工人数较少，随着规模扩大，改为地区办。1960 年人数达 2000 多人。1962 年，由于精简机构和人员，只保留 200 多人，最少仅留 57 人。

1968 ~ 1970 年，县属部分矿山和局属 3 个工业企业（九江钢厂、铜岭钢铁厂、九江铜硫矿）相继创建，职工人数剧增。如铜岭钢铁厂 1969 年建厂，当年底只有 200 名民工进行基建，到 1972 年，职工人数猛增到 1189 人，以后由于生产规模缩小，人员富余，当年年底压缩239人（其中下放92人），1975年又收回下放人员。1980年由市劳动局调剂了120人到铜硫矿，到1981年，职工平均人数558人，1995年有职工468人。直到企业改制完成的2009年，职工人数保持相对稳定在500余人。1995年职工队伍结构为：五级以上中级技工280人，占职工人数60.22%，七级以上高级技工11人，占2.37%，高级职称2人、中级职称19人，占4.1%，具有各种专业技术职称人员55人，占11.83%。

1986～1990年，多数黄金矿山在这个时期建设，黄金工业年平均职工人数从1983年的203人（仅洋鸡山金矿）增到1990年的1219人。

至1990年年末，全系统有职工6264人（其中局机关35人），分布在1区6县（瑞昌、修水、武宁、德安、都昌、九江县）的24个单位，担负着采掘、选矿、冶炼、机修、供销、服务等任务。

二、用工制度

新中国成立以来，国营企业是固定用工制度，辅之以临时工。“文化大革命”期间，取消临时工制，一批临时工转为固定工，最后只剩少数不符合转为固定工条件的临时工，统称为“1971年以前的临时工”，享受固定工一切待遇。随着经济改革的深入，1986年，国家对劳动制度实行改革，从当年10月起，国营企业新招收工人实行劳动合同制。到1990年年底，冶煤直属企业共有合同制工人922人，占职工总数45.35%。1989年，国家规定矿山实行农民轮换工制，冶煤行业矿山多，先后不同程度地使用一批农民轮换工。4个县办煤矿，1983年共使用农民轮换工312人，其中武宁县煤矿使用200人。九江铜硫矿1990年从修水县港口乡招用50名轮换工并签订合同。

1970~1990年市冶金煤炭工业职工人数变化一览

表 5-8-1

单位：元/人

数字 时期 单位名称 年份	"三五"时期	"四五"时期					"五五"时期					"六五"时期					"七五"时期				
	1970	1971	1972	1973	1974	1975	1976	1977	1978	1979	1980	1981	1982	1983	1984	1985	1986	1987	1988	1989	1990
合计	4792	6809	6095	5327	4991	4943	5139	5071	5614	5389	5351	5296	5176	4986	4944	5354	5250	5090	5405	6103	6305
其中：冶金、黄金工业	2656	3390	3770	3419	3171	3069	3085	3126	3361	3370	3789	3563	3524	3449	3683	3866	3692	3896	4261	4890	5009
煤炭工业	2136	3419	2325	1908	1820	1874	2045	1945	2253	2019	1562	1733	1652	1537	1261	1488	1558	1194	1144	1205	1296
总计中：																					
一、直属企业小计	1084	1639	2081	1884	1736	1807	1839	1884	1062	1857	1981	2043	1961	1895	1938	1915	1888	2072	2165	2151	2033
九江钢厂	292	468	496	573	495	497	535	542	542	563	712	815	773	736	726	728	726	938	1033	963	858
九江铜硫矿			396	399	397	452	454	494	492	496	621	670	645	638	661	660	643	642	649	630	649
铜岭钢铁厂	792	1171	1189	912	844	858	850	848	828	808	648	558	543	521	511	527	519	498	483	550	526
二、县属企业小计	3708	5170	4014	3443	3255	3136	3300	3187	3752	3532	3370	3253	3215	3091	3006	3439	3362	3012	3240	3952	4272
1. 冶金工业	1572	1751	1689	1535	1435	1262	1255	1242	1499	1513	1808	1520	1563	1351	1437	1578	1457	1426	1348	1607	1757
德安萤石公司																					
其中：德安萤石矿	784	848	911	841	840	700	695	682	807	782	708	808	873	686	680	848	840	824	779	926	1001
制冷剂厂																					
武宁钨矿	129	364	256	288	232	222	230	226	249	243	553	286	255	255	223	221	190	199	197		217
修水钨矿	408	301	282	187	154	119	109	110	217	253	180	170	166	87	82	83	84	79	46	74	46
都昌钨矿											71	50	65	127	100	127	40	20	59	16	10
德安锑矿	251	238	240	219	209	213	221	224	226	235	216	206	204	196	192	299	303	304	267	273	230
清江锑矿																			318	318	253
2. 黄金工业																			748	1140	1219
洋鸡山金矿														203	308	373	347	392	471	536	597
古市金矿																			51	54	60
土龙山金矿																				132	138
高丰金矿																			226	226	232
铁门坎金矿																				52	52
吴家金矿																				140	140
3. 煤炭工业	2136	3419	2325	1908	1820	1874	2045	1945	2253	2019	1562	1733	1652	1537	1261	1488	1558	1194	1144	1205	1296
瑞昌煤矿	640	596	553	486	477	472	461	455	490	494	407	413	321	302	307	290	329	258	115	122	129
武宁煤矿	565	1547	737	568	511	585	634	625	687	649	492	614	629	603	557	566	564	479	560	567	596
德安煤矿	299	484	574	434	424	413	408	433	439	377	299	301	349	306	298	391	387	368	359	356	367
罗坑煤矿																142	138	未报	未报	160	204
东风煤矿	416	467	231	223	223	220	375	248	461	337	239	248	241	222							
修水煤矿	216	305	230	197	185	184	167	184	176	162	125	121	112	104	99	99	95	89	110		

说明：本表空白处，是该企业尚未建成投产。

第三节 工资管理

一、标准类别

1980年，九江地区工资类别从3类调整到5类。1985年工资改革后，地、县（市）属企业冶金煤炭工人分别执行江西省制定的地市属钢铁煤炭有色8级工资标准。当年，执行国家统一的企业工人工资标准，冶金煤炭厂（矿）生产工人执行第一类产业6序号工资标准，经营性公司和服务企业执行4序号工资标准。1987年12月，九江市由五类工资区调整到六类，工人执行7序号工资标准。1988年开始，冶煤局3个直属企业（九江钢厂、九江铜硫矿、铜岭钢铁厂）和供销公司，先后实行工资总额与经济效益挂钩，按赣企工改〔1989〕10号文，上浮2个工资标准序号。企业干部按省国营企业干部工资标准执行。

二、分配制度

1958～1990年，工资分配几经变化，但主要执行等级工资制。主要经历了三个时期：一是“文化大革命”前，执行固定工资加奖励，一线工人有的实行计件工资制，如武宁煤矿等；二是“文化大革命”时期，取消奖励和计件工资制，将超额、计件工资（制）和综合奖改为固定的附加工资，随基本工资发放；三是改革开放时期，为克服工资分配上的平均主义，调动职工生产积极性，1978年国务院下发《关于实行奖励和计件工资制的通知》，从1979年开始各企业实行奖励制度。国家对企业实行控制，对市属企业市劳动、财政部门在企业全面完成国家计划前提下，核实企业奖金额，一般控制在职工工资的10%～12%，当时人均年奖金60元以上。部分企业一线工人实行计件工资制，如九江铜硫矿1980年井下采矿工人实行小集体计件，根据不同的工作内容，确定不同的计件单价，按单价发工资到班组，然后，班组根据职工个人的出勤和劳动态度考核发放。1982年，江西铜岭钢铁厂采矿工区也实行了计件工资制，县属矿山一线工人基本都实行计件工资制。

由于工资分配随企业经济效益不断提高，国家对企业奖金和超额计件工资提取幅度也不断提高，奖金提取额由10%增加到年提奖金额为4个半月工资，月工资不足80元的按80元计算。超提奖金计征奖金税，使职工的收入相应增加。如修水县钨矿1968～1982年人均年收入550元左右，1983～1984年达800元左右，1985～1990年达1500元；洋鸡山金矿职工收入由1984年年人均收入1203元增加到1989年的1656元。

随着企业经济责任制的实行和进一步完善，企业对职工的奖励办法也日渐完善，由单一的综合奖，改为多形式的奖励办法有超产奖、质量奖、节约奖等，并将各项经济指标与奖励挂钩。如九江铜硫矿对车间实行联产五定一包制，使奖金的发放紧密与个人的劳动成果挂钩，与企业的经济效益挂钩。铜岭钢铁厂 1984 年前实行基本工资加奖金制度。1985 年起，实行承包计件和计时工资两种工资制度。修水煤矿对机关后勤人员的奖励也采取与企业的煤炭销售和矿山掘进量挂钩，使职工利益与企业效益密切结合起来。

1988 年始，在企业推行工资总额与经济效益挂钩，以解决企业与国家的分配关系。冶煤直属企业九江钢厂、九江铜硫矿、铜岭钢铁厂和冶煤供销公司在 1988 年和 1989 年相继实行工资总额与企业经济效益挂钩，挂钩单位占应挂企业 80%，挂钩人数占应挂人数的 99.1%。1990 年后，企业推行工资总额与经济效益挂钩，推动企业经济的发展，改善职工工资待遇。

1985 年以前，冶煤局机关工作人员执行的是国家行政机关工作人员级别工资制。1985 年国家行政机关工资改革后，执行新的结构工资制，工资额由基础工资、职务工资和奖励工资构成，奖励工资是平均分配，奖金额由 1985 年的每人 10 元 / 月调到 1990 年的每人 20 元 / 月。工资改革以来，机关工作人员的工资收入增长较快，由 1984 年的人均年收入 870 多元增长到 1990 年 2000 多元。

三、调整改革

30 多年来，职工工资调整是由国家统一安排的，经历多次工资调整。1976 年前有三次，即 1959 年、1963 年、1971 年调资，主要解决工资偏低的矛盾。1976 年以后又经历了三次，即 1977 年、1978 年、1979 年调资，1977 年采取“杠面”结合的办法，除给 1966 年以前参加工作二级和 1971 年年底以前参加工作的一级工资增调外，还给职工 40%的升级面。1978 年给工作成绩突出的职工升级，控制百分之二的升级面。1979 年又下达给百分之四十的升级面，因此职工工资普遍有所提高。

1985 年实行工资制度改革，国家行政机关和事业单位职工实行结构工资制，企业职工实行简化了的等级制，不同产业执行不同序号，不再有多种工资标准。通过工改职工工资普遍有所提高，冶煤直属企业人均月增资额有 18 元以上，机关人均月增加额为 22 元。

1986 年，国家给国营企业适当增加工资，按 1986 年 9 月职工人数，核定人均 1.8 元增资额。在此同时九江市还允许企业将四年来，厂长使用晋级指标合并使用（即 1983 年 1%，1984 ~ 1986 年各 3%的晋级指标）。为此企业职工绝大多数增加了半级工资，少数人增加了一级工资，一般增资 5~6 元 / 人月，多的增资 13 元 / 人月。

1987 年，国家对企业逐步实行工资总额与经济效益挂钩。1988 年九江钢厂和九江铜硫矿首先实行工效挂钩；1989 年铜岭钢铁厂和冶煤供销公司相继实行。

1989 年随着物价水平的提高，国家给机关和国营企业工人的工资进行普调。企业每人升一级，人均月增资 14 元，少数升一级半。机关每人升一级，人均月增资 7.84 元，少数升两级。1990 年企业职工的工资按照现代企业管理模式，实行国家固定工资级别(技术等级)、奖金、津贴的工资制度，工资福利由企业经济效益来决定。90 年代末期，局属五家企业处于关停状态，职工工资福利难以保障。

行政机关实行工改后，每年都解决部分人员工资升级。1987 年按赣工改〔1987〕031 号文件，为部分中级以上职称和副处长以上干部提高一级工资，全局有 6 人提高一级，人均增资 8.50 元 / 月；1988 年按赣工改〔1988〕2 号文件，又为部分工作人员解决工资问题，有 22 人提高一级，人均增资 7.50 元 / 月；1990 年根据赣人发〔1992〕12 号文件 5%增资指标解决工作时间较长、任职时间较长、工资相对偏低、工作一贯积极人员提高工资，有 3 人提高一级工资，人均增资 10 元 / 月。

1990~2010 年，经历了 2 次大的机关工作人员的工资改革。

第一次是 1993 年 10 月实行职级工资制，工资由职务工资、级别工资、基础工资和工龄工资四部分组成。

①建立正常增资制度：在制度考核优秀或称职的基础上，每两年晋升一级职务工资档次，连续 5 年优秀或称职晋升一个工资级别。

②实行津贴和奖金制度：保留地区津贴，年度考核称职以上，年终发放一次性资金。

此次工资改革，机关工作人员工资有较大提升。

第二次工资调整为 2006 年 7 月。此次全面改变以往工资制度办法，实行全新的工资模式。

①套改工资的办法：公务员基本工资构成由现行职务工资、级别工资、基础工资和工龄工资四项调整为职务工资和级别工资两项。

具体操作办法按《江西省人民政府办公厅转发省人事厅、省财政厅关于机关事业单位工资制度改革三个实施意见的通知》实施。

另根据省市有关精神，市政府印发《九江市规范市直机关公务员津贴补贴实施方案》，对全部公务员实行“阳光工资”发放，设立专户，统一标准，随工资发放。

市直机关公务员（工勤人员津贴补贴标准）一览

表 5–8–2 单位：元 / 年

职级	标准			职级	标准		
	合计	生活性补贴	工作性补贴		合计	生活性补贴	工作性补贴
正厅	24000	13296	10704	高级技师	16320	9972	6348
副厅	21000	11988	9012	技师	15480	9624	5856
正处	18480	10824	7656	高级工	14520	9216	5304
副处	16680	10092	6588	中级工	14160	9096	5064
正科	15480	9624	5856	初级工	13680	8892	4788
副科	14520	9216	5304	普通工	13560	8844	4716
科员	14160	9096	5064	新参加工作	13320	8712	4608
办事员	13680	8892	4788				

市直机关离退休人员生活性补贴标准一览

表 5–8–3 （按 1.5 万元标准折算）单位：元 / 年

职级	标准		职级	标准	
	离休	退休		离休	退休
副省	28680		办事员	13680	10944
正厅	24000	19200	高级技师		13056
副厅	21000	16800	技师		12384
正处	18480	14784	高级工		11616
副处	16680	13344	中级工		11328
正科	15480	12384	初级工		10944
副科	14520	11616	普通工		10848
科员	14160	11328			

随着社会经济发展，物价水平大幅提高，2010 年，将机关公务员“阳光工资”标准由 15000 元 / 年人均调至 18600 元 / 年人。

四、津贴补贴

九江冶金煤炭企业现行的工资性津贴有矿山井下津贴、露天采矿津贴、高温补贴3种。

矿山井下津贴标准是甲等每日1.2元，乙等每日0.8元，丙等每日0.6元。

露天采矿津贴标准是甲等每日0.5元，乙等每日0.4元，丙等每日0.3元。

高温繁重劳动实行临时补贴，标准为甲等每日0.6元，乙等每日0.4元，丙等每日0.3元。

夜班津贴标准是深夜班每班1.2元，中班每班0.8元。

此外，随着粮价和食品价格的提高，国家给职工发放一定的生活性补贴，如粮贴。1966年粮食调价时，对1966年8月1日以前参加工作的职工发放一次性的补贴，根据供养人员多少决定。1980年江西省决定对1979年10月以前参加工作的职工享受粮贴，并规定粮食补贴在今后的调整工资类别时逐步冲销，粮食补贴多的3元，少的1元多。

1988~1990年效益工资转固定工资升级一览

表5-8-4　　单位：人、个、元

项目	1988年		1989年				1990年			
	九江钢厂	铜硫矿	九江钢厂	铜硫矿	铜岭钢铁厂	供销公司	九江钢厂	铜硫矿	铜岭钢铁厂	供销公司
挂钩人数	904	641	940	642	524	88	942	648	507	89
升级指标	300		266	238	165	27	114.5	245	163.5	
厂长3%晋级指标	22.5		23	36	20	4.5	23	18.5	14	
合计升级指标	322.5		209	274	193	31.5	137.5	263.5	177.5	
升学级人数	625		527	530	379	57	236	524	359	
升级人数	10					3	12			
增资额	3799		3832	3424	2490	401	1662	3326	2455	

1970~1990 年市冶金煤炭工业全员劳动生产增长一览

表 5-8-5　　(1980 年不变价)　　单位：元/人

单位名称＼数字＼时期/年份	"三五"时期	"四五"时期					"五五"时期					"六五"时期					"七五"时期				
	1970	1971	1972	1973	1974	1975	1976	1977	1978	1979	1980	1981	1982	1983	1984	1985	1986	1987	1988	1989	1990
全员劳动生产率合计	1629	1637	1969	2629	1835	1700	1998	2783	2097	4243	5167	2886	3352	3166	3921	4359	4814	5348	5939	5985	6852
其中：冶金、黄金工业	2298	2684	2648	3466	2283	2144	2598	3618	4218	5636	6434	3515	3894	3700	4653	5405	6196	6352	6684	6829	7927
煤炭工业	738	718	868	1129	1056	966	1101	1441	1597	1818	2094	1594	2196	1970	1806	1643	1540	2072	3166	2557	2695
总计中：																					
一、直属企业小计	1682	2144	2139	3258	1440	2430	1157	2908	3522	6328	8479	3925	4728	4432	5676	6410	6805	6824	7163	7792	8624
九江钢厂	4890	5477	6566	8485	2985	5967	1241	5697	7110	14156	18955	6633	6926	5176	7895	8972	9873	8651	9063	10837	12273
九江铜硫矿			847	1989	1667	1823	2174	2183	2939	3295	3506	2573	3875	4611	5847	5870	5594	6590	6782	7399	7710
铜岭钢铁厂	499	819	838	510	337	789	570	1562	1496	1695	1497	1594	2612	3115	3911	3931	3942	3687	3615	3335	3802
二、县属企业小计	1154	1080	1378	1659	1477	1520	1783	1830	2031	2108	2249	2234	2512	2391	2799	3217	3696	4329	5122	5002	6008
1. 冶金工业	1637	1788	2080	2317	2012	2344	2895	2439	2683	2495	2363	2965	2847	3038	3119	3714	4409	4596	6417	7123	8557
德安萤石公司																				7176	8150
其中：德安萤石矿	1893	1907	2160	2609	2267	2229	2835	2653	1978	1267	1714	1716	2096	2426	3437	3666	3923	4209	4749		
制冷剂厂																					
武宁钨矿	1924	1191	1401	2233	2090	2794	1336	1386	1604	1600	2976	6241	4896	3524	3249	5538	5816	5724	10455	12258	20525
修水钨矿	1013	1827	1948	1496	1083	1209	2632	6025	4022	4270	3944	4366	4239	6032	7236	6124	4048	3734	6579	6157	14348
都昌钨矿											1051	1360	2205	1732	1506	817	1343	1500	1525	7125	9000
德安锑矿	1858	1963	2227	1499	1025	1463	2617	1098	1951	2283	2755	2549	2594	2291	3144	4960	5384	5336	6591	4157	4101
清江锑矿																			1751	3635	3064
2. 黄金工业														1280	5371	7395	10380	10232	5777	4595	5857
洋鸡山金矿														1280	5371	7395	10380	10232	8624	5249	6566
古市金矿																			2113	6907	4898
土龙山金矿																				6734	9047
高丰金矿																			884	4035	4690
铁门坎金矿																				2754	6160
吴家金矿																					1921
3. 煤炭工业	738	718	868	1129	1056	966	1101	1441	1597	1818	2094	1594	2196	1970	1806	1643	1540	2072	3166	2557	2695
瑞昌煤矿	529	793	1294	2018	2236	1259	1276	1445	1676	1740	1808	1160	1614	1908	1251	1890	1605	1647	1665	1156	555
武宁煤矿	1370	535	453	769	1446	1662	1817	1937	2544	2989	2923	2114	3138	2847	1954	2114	1972	2436	2606	2714	2612
德安煤矿	1252	1729	1414	1472	570	463	868	985	955	468	687	1107	1522	1639	1949	1608	1748	1905	2889	2288	2180
罗坑煤矿																			1375	3544	5222
东风煤矿	483	599	508	1098	864	790	1171	1424	1856	1759	1155	117	2146	118							
修水煤矿		492	33	58	102	221	375	404	532	634	663	511	789	851	773	807	881	2044	6422		

说明：本表空白处，是该企业尚未建成投产。

冶煤系统企业实行工资总额与经济效益挂钩一览

表 5–8–6

项目	1988 年		1989 年				1990 年			
	九江钢厂	铜硫矿	九江钢厂	铜硫矿	铜岭钢铁厂	供销公司	九江钢厂	铜硫矿	铜岭钢铁厂	供销公司
挂钩形式	总挂总提与上缴利税挂	总挂总提与上缴利税挂	总挂总提与上缴利税挂	总挂总提与上缴利税挂	总挂总提与上缴利税挂	总挂总提与上缴利税挂	总挂总提与上缴利税挂	总挂总提与上缴利税挂	总挂总提与上缴利税挂	总挂总提与上缴利税挂
总数	904	641	940	642	524	88	942	648	507	89
其中临时工计外	235		181	47	59	23	100	36	70	22
基数	106.3	32.4	162.27	35.59	20.90	96.15	192.02	66.33	30.9	90.0
完成数	162.27		203.07	04.7	39.40	135.02	210.60	91.00	46.63	64.00
净增	35.86	3.19	29.75	38.24	10	39.67	18.59	25.47	15.73	26.02
总额	139.1	109.21	117.12	111.27	04.23	15.64	206.92	146.76	100.15	21.0
基数	124.3	99.08	127.23	101.12	73.54	14.14	186.98	136.47	89.56	17.69
新增	27.26	2.01	17.59	30.27	0.79	2.62	11.04	25.47	11.7	1.57
追加	5.67	0.03	12.32–0.16	6.61–9.5	8.37–0.03	1.13–0.2	1.02	2.09–2.04	1.58–0.43	0.41
浮动比例	1：0.65	1：0.65	1：0.61	1：1	1：0.05	1：0.45	1：0.61	1：1	1：0.05	1：0.45
效益增长率（%）	33.73	9.05	10.33	107.45	47.85	41.26	9.60	38.4	37.06	–29.50
工资增长率（%）	21.93	2.03	11.19	37.02	10.51	10.53	5.9	10.66	13.06	–8.88

副贴。1980 年实行副食品价格补贴，标准为每人每月 5 元。

肉贴。1985 年实行肉类等价格补贴，由每人每月 1.6 元改为每个职工每月 6 元，作为工资发放。

食品补贴。1988 年实行四种食品价格补贴，标准为每人每月 8 元。

2015 年，全国实行公务员统筹个人养老保险，公务员退休工资以此也由社保发放，为此调整公务员工资，九江市政府办公厅转发《市人社局市财政局关于九江市机关事业单位调整基本工资标准实施方案的通知》。

一、调整基本工资标准

2014 年 10 月 1 日起，调整机关事业单位工作人员基本工资和增加机关事业单位离退休人员离退休费，同时将部分规范津贴补贴或绩效工资纳入基本工资。

二、预扣个人养老保险缴费办法

按人社部要求，在实施调整机关事业单位基本工资标准工作时，要按相关政策初步计算并扣缴个人养老保险缴费。其中，机关（含参照公务员管理事业单位）工作人员个人养老保险缴费扣缴比例统一为 12%，基数为基本工资与调整后的规范津贴补贴之和。

2015 年，全国首次对抗日老兵发放一次性每人 5000 元生活补贴。

第四节　劳动保险统筹

1951 年始，实行社会主义劳动保险制度，近 40 年来职工生老病死都是由企业包下来。1986 年，国家对劳动保险制度进行改革。

首先，是对合同制工人实行养老保险和对国营企业职工实行待业保险制。1986 年 10 月，九江钢厂、市冶煤供销公司、市冶煤休养院等单位为本单位劳动合同制工人办理了退休养老统筹。统筹费由企业和个人共同负担，企业按合同制工人工资总额的 18%缴纳，合同制工本人按自己标准工资的 3%缴纳，少的月缴 1.5 元 / 人，多的月缴 3 元 / 人。职工的待业保险也一并办理，由企业按全部职工标准工资总额的 1%统筹。

其次，是对国营职工的退休费进行统筹。九江市起步较早，从 1987 年开始九江钢厂、冶煤供销公司、煤矿工人休养院等单位第一批就参加了统筹。统筹费由企业按全部职工工资总额的一定比例缴纳，开始是 19.8%，1990 年增加到 21%。县属厂（矿）和市直属驻县单位，均在各县参加统筹。1990 年退休费统筹工作进一步完善，从 1990 年 6 月起每个职工按本人标准工资的 1%缴纳。

职工保险分为养老保险，医疗保险和工伤保险 3 个险种。1999 年以前，局下属企业职工基本参与了养老保险和医疗保险。保险统筹由个人和单位按照一定的比例上缴到社保和医保专户。以解决企业职工的养老和医疗看病之需。2000 年以后，由于体制转轨，加之经营不善，局属 5 家企业有 4 家面临关闭破产，难以为继，部分单位医保和社保缴费难以延续，影响了职工的保险利益，导致了一些问题的发生。九江冶金总厂，由于保护文物企业被迫关闭停产，影响了职工的利益，不但工资发放得不到保障，个人的医保社保缴费也成问题，直到政府 2008 年整体改制，一并解决 200 多名职工的医保、社保问题。

为解决困难企业，改制企业职工的社保、医保、工伤保险等问题，省、市人民政府及相关部门制定了各种规范性文件。

1. 江西省人民政府办公厅关于转发江西省国有和国有控股已关闭破产改制及困难企

业职工参加医疗保险暂行办法的通知。

国有已关闭破产，改制及困难企业中未参加基本医疗保险的退休人员按参保地医疗保险机构上年度企业退休人员医疗费用人均实际支出水平缴费，参加基本医疗保险。国有困难企业中未参加医疗保险统筹的在职职工，以企业参保地上年度在岗职工平均工资为基数，缴费费率3%，缴纳住院医疗保险费，参加住院医疗保险。

2. 九劳社区〔2008〕39号关于进一步解决部分军队退役人员医保问题的补充意见

3. 九劳社医〔2010〕5号关于进一步完善改制企业工伤认定、劳动能力鉴定工作的通知。

为解决未参保退休人员及家属工养老问题，市政府又下发了九劳社养〔2008〕1号文。关于对市直未参保城镇企业退休人员和家属工实行养老生活补助的实施细则。发放时间：从2008年1月1日起执行。按照九劳养〔2008〕1号文件精神，经核查我集团公司下属只有两家企业符合有关要求，分别是九江市冶金总厂和九江市冶金煤炭公司。冶金总厂截止到2007年12月31日，已达退休年龄26人，未达退休年龄6人共计32人。九江市冶金煤炭公司符合2007年12月31日前达到法定正常退休年龄的家属工3人。每人每月按200元/月，从2008年1月份发放养老生活补助。

针对国有和国有控股困难企业职工的状况，省财政厅又下发医保补助。

九江市国有和国有控股困难企业职工参加医疗保险、省财政补助通知，九江市冶煤休养院，符合赣府厅发〔2007〕36号文件省财政补助条件，2008年省财政补助1.2万元，九江市冶金煤炭公司2008年度省财政补助28.49万元，九江市矿冶物资供应公司2008年度省财政补助0.03万元，九江市冶煤商业公司2008年度省财政补助0.83万元(含2009年预拨资金)。

集团公司机关人员医保缴费按照个人与单位分别上缴，个人比例为工资的2%，单位8%，用以机关干部职工本人就医看病之需。

第五节 家属农转非

1983年始，为体现国家对煤矿工人的关怀，煤炭部在煤炭系统先后进行了井下职工家属落城镇户口的试点工作，收到良好效果，后经国务院批准，在全国煤炭系统推行。1986年，江西省将这一工作转入经常化、制度化，地方煤矿也开始享受这一待遇。

1986年，省煤炭厅下达九江煤炭系统“农转非”指标300名。1987～1988年中断，1989年又恢复每年解决一部分煤矿井下职工家庭“农转非”指标，至1990年止共解决

450名煤矿井下职工家属落城镇户口，家属中有配偶，也有子女，为煤矿工人解决了实际困难，从而稳定了煤矿工人队伍，促进了地方煤炭的生产发展。

冶煤局主管部门本着从实际出发，为煤矿服务的精神，对每次省煤炭厅下达的“农转非”指标，按照“两公开一监督”原则，经集体研究行文下达到煤矿，不截留，并积极协助和配合九江市公安、粮食部门按〔1985〕赣煤办字第209号的“实施细则”，对“农转非”对象进行审查、批准工作，煤矿也对此反映良好。

1986~1990年全市煤矿井下职工家属“农转非”一览

表5–8–7 单位：人

单　位	1986年	1989年	1990年	合计
武宁县煤矿	105	50	18	173
德安县煤矿	67	35	13	115
修水县煤矿	70	10	2	82
瑞昌县煤矿	29	3	1	33
罗坑煤矿	13	10	2	25
矿山救护队	16	2	2	20
五星煤矿			2	2
合计	300	110	40	450

这项工作一直延续到1999年，当年安排煤矿农转非80名。以后不再安排农转非指标。

第九章　科技人员职称管理

第一节　职称评定

“文化大革命”期间，科技人员职称评定工作中断，广大科技人员积极性受到严重挫伤，改革开放以后，为了贯彻1978年全国科技大会的精神，进一步调动广大科技人员为“四化”做贡献的积极性，国务院做出决定，恢复对科技人员的职称评定工作。

1980年起，九江地区工业局成立地区科技职称评定委员会，刘英伯任常委兼矿冶组组长，组员为吴述鑫、易法清等。评定结果由政府批文下发。在九江地区科委直接领导下，开展对局科技人员的职称评定工作。冶煤局成立职称评定委员会，由伊政海任主任，另有 4 人任委员。按照干部的管理和审批权限，对本局科技人员进行调查摸底及考评工作。工程师报九江地区行署批准，助理工程师以下的由局考评委员会审批。经过 5 个多月工作，局职称评定委员会先后召开了十次会议，最后批准 5 人获工程师职称（其中地质 2 人，矿业 1 人，化工 2 人），10 人获助理工程师职称，1 人获助理会计师，3 人获会计员职称。冶金煤炭行业的企业和县主管部门也有 10 人获工程师职称。其中九江铜硫矿 2 人，江西铜岭钢铁厂 2 人，瑞昌县 3 人，修水县 1 人，都昌县 1 人，德安县 1 名。7 人获助理工程师职称。

1983 年中央书记处决定从当年 9 月，职称评定工作暂停，并进行全面检查。

第二节 职称改革

1983 年 9 月职称评定工作暂停后，国家对职称评定制度作了相应改革，即改职称评定制度为专业技术职称聘任制和以职务工资为主要内容的结构工作制。

1987 年始，在企事业单位开展首次职改工作。局主管部门于同年 11 月成立职改领导小组，由刘英伯任组长，陈安琪任副组长，成员 3 人，职改办设在劳动人事科，由科长兼办公室主任。直属企业也相应成立了职改领导小组和办事机构。同时，根据系统现有专业技术人员状况，报经九江市企业职改领导小组批准，成立了 3 个工程 3 个初级评委会（九江钢厂 1 个、九江铜硫矿 1 个、由主管部门组织的经济初级评委会 1 个）。

各单位的职改机构成立后，在宣传职改文件和政策（目标）的同时，对本单位专业技术人员的学历、资历、工资等状况进行调查摸底、登记造册，然后根据本单位工作、生产需要制订岗位设置方案。主管部门除实事求是地审批直属企业设岗方案外，还组织了不具备学历的在岗人员和外语考试人员培训、考试、申报、评审工作。主要采取送培和自培相结合，共增 102 人（其中外语 9 人，工程系列 8 人，经济系列 60 人，会计系列 22 人，统计系列 1 人，档案管理 2 人）。申报批审工作坚持严把“三关”的原则，经先后两年时间到 1989 年 7 月止，冶金煤炭直属企业完成了 9 个系列（工程、经济、财务、统计、卫生、教育、档案、图书资料、放映等）专业技术人员的资格评审工作，共评审通过 285 名专业技术人员的任职资格，其中高级职务 7 名，占被评专业技术人数的 2.46%；中级职称 81 名，占被评人数的 28.4%。获任职资格专业技术人员被聘任后，有 109 人享受了相应级职务的起点工资。其中高级职务 2 人，中级职务 52 人，初级职务

55人，最高的月增资38元，最少的月增资4元，全系统每月共增加工资1350元。1989年至1990年，为3名中级职称知识分子解决子女“农转非”。

1989年首次职改专业人员评聘及增资一览

表5-9-1　　单位：人

系列名称		高级		中级			助理级			员工级			总合计		
		人数	增资总额（元）	人数		增资额（元）	人数		资额（元）	人数		增资额（元）	人数		增资额（元）
				干部	工人		干部	工人		干部	工人		干部	工人	
九江钢厂	工程	2	42.00	15		127.00	5	4	6.00	3	5	12.00	25	9	187.00
	经济	1		10		137.00	7	8		2	4		20	12	137.00
	会计			2		20.00	2	1		2	3	4.00	6	4	24.00
	统计							1			7	7.00		8	7.00
	卫生			3		48.00	2		11.00				5		59.00
	档案									1			1		
	合计	3	42.00	30		222	17	14	17.00	7	19	23.00	57	33	414
九江铜硫矿	工程	2		11		177.00	5	1	18.00		2	2.00	17	3	197.00
	经济			2			8	1	3.00		2		10	3	3.00
	会计			1		7.00	1				3		2	3	7.00
	统计										1			1	
	卫生			2		20.00	2	1		2	2		6	3	20
	教育			5		122.00	15	1	75.00	7	3	41.00	27	4	238
	图资						1						1		
	合计	2		21		326.00	32	4	96.00	9	13	43.00	64	17	465.00
铜岭钢铁厂	工程	1		8	1	98.00	4	1	34.00	2		8.00	15	2	140.00
	经济			7		67.00	7	2			1		14	3	67.00
	会计			1			2			1	9	4.00	4	9	4.00
	统计						1						1		
	卫生			2		26.00	2	1			3		4	4	26
	教育	1		2		40.00	8		35.00	9	4	45.00	20	4	120.00
	图资										1			1	

续表 5–9–1

系列名称		高级		中级			助理级			员工级			总合计		
		人数	增资总额（元）	人数		增资额（元）	人数		资额（元）	人数		增资额（元）	人数		增资额（元）
				干部	工人		干部	工人		干部	工人		干部	工人	
	合计	2		20	1	231.00	24	4	69.00	12	18	57.00	58	23	357.00
供销公司	工程						1		6.00				1		6.00
	经济			2		20.00	4	3	9.00		8	27.00	6	11	56.00
	会计			3		14.00					2	1.00	3	2	15.00
	合计			5		34.00	5	3	15.00		10	28.00	10	13	77.00
黄金公司	工程			1			1		6.00						6.00
	经济			1		14.00									14.00
	会计			2		14.00	1		6.00				3		20.00
休养院	经济			2							1		2	1	
	会计									1	1	17.00	1	1	17.00
	合计			2						1	2	17.00	3	2	17.00
救护队	工程			2									2		
总计		7	42.00	80	1	937	81	25	203.00	29	62	168.00	197	88	1350.00

第六篇 后勤保障

第一章 教 育

第一节 职工教育

一、职工教育管理

1981年，中共中央、国务院做出《关于加强职工教育工作的决定》。同年始，九江冶煤系统各单位先后成立职工教育委员会，并确定一个部门分管该项工作，有的单位还成立专门机构。九江钢厂当年就设置职教办，后改为教育科，配备专职干部3人。1982年，九江铜硫矿成立职教办，后改职教科，配3名专职干部。同年，铜岭钢铁厂成立职教委，由工会负责日常工作。1984年九江铜硫矿职教办撤销，并入生产技术科，仍配备1名专职干部。1985年铜岭钢铁厂还成立职工学校配校长1名，教师1名。1987年后，该厂职工教育由劳动人事科分管。其他县办厂（矿）职工教育工作，有的放在工会管理，有的放在劳动工资科管理，也有的放在办公室管理，一般都配有1～3名专职人员。

随着职教工作开展，各单位都盖起教学基地，并添置教学设备，一般有教室50～80平方米。

九江钢厂有教室还配备1台彩电；九江铜硫矿有教室50平方米，课桌15张，椅子18把；铜岭钢铁厂有教室56平方米。省直属企业条件优于地方企业，九江有色冶炼厂（806厂）不但有培训大楼1栋，面积达340平方米，还有电化教育，配彩电、放像机各1台。教育形式，多种多样，有脱产学习，也有不脱产或半脱产学习，有文化技术教育，也有岗位职务教育。通过教育，职工队伍文化素质发生很大改变，技术水平管理水平逐步提高。如武宁县煤矿，至1990年止即消灭文盲，高小文化程度由45%下降到25%，初中文化由11%上升到50%，高中以上文化程度由4%上升到25%。铜硫矿为无文盲矿。仅直属厂矿通过成人教育输送到各类大中专学校学生达74人。为鼓励职工学文化、学技术、学管理，不少企业还制定有关规章制度和奖励制度。1985年、1988年、1990年九江钢厂获九江市职工教育先进单位，并有2人分别获1988年和1990年市职工教育先进工作者称号。

二、工人教育培训

九江冶煤工业企业在建厂（矿）初期，技术力量薄弱，无力自办教育。为适应生产需要，主要靠送外地外单位培训。1962年，武宁县煤矿先后送50多人次到萍乡矿务局学习采矿支柱；1969～1970年，江西铜岭钢铁厂先后送150名工人到萍钢、南钢、九钢等厂学冶炼和轧钢技术；1974年，九江铜硫矿派10名工人到湖南杨梅山煤矿学习支柱技术；洋鸡山金矿1980年筹建期间，先后派57人到武山铜矿、先后组织十多批共60人次去湖南锡矿山、益阳桃江县等厂家学习冶炼、选矿操作和化验等技术。1981年前，九江钢厂多次派人到大冶钢厂学习。

1981年，根据中央《关于加强职工教育工作的决定》精神，职工教育工作重点放在对青壮年职工进行初中文化和初级技术补课上，历时4年，到1985年结束。直属单位文化补课，通过参加全市统考，合格率达73%，初级技工通过初级技术应知应会学习和考试合格率达84.04%，基本上完成“六五”期间的双补任务。

1986年，除继续做好“双补”扫尾工作外，工人教育的重点开始转移到中级技术培训和高中文化教育上来，并结合开展各种培训。如新工人上岗前培训，针对性开展适应性培训和技术培训等。采取自培和外培相结合、自学和辅导相结合的方法培训。每个厂（矿）每年都安排培训计划，举办培训班，有文化班，也有业务技术班。

1981年以来，武宁煤矿举办各种类型培训班，使受培人员达2800人次，技术工人的受培面达98%。1986～1989年，九江钢厂培训中级技术工人35人，其中获中级合格证书21人。班组长培训39人。此外，还举办各类培训班4期，受培训人员146人次。九江有色冶炼厂培训中级技术工人118人，获中级合格证书42人，共内培职工4500人次，有技术工人，也有其他岗位工人。武宁钨矿2014年之内培人员达400多人次。

对于技术性、专业性较强的工作，本单位无力培训，则积极送外培训。武宁锑矿至2014年来外送培训人员达440人次。有色冶炼厂自建厂始送外培训达600余人。这些外培的主要是技术工种，如钽铌工艺、选矿技术、机械技术、安全检测等。洋鸡山金矿也有 300 多人送外培训。

冶煤局与市计委、市教育局协商江西省煤校毕业生工作分配，将毕业生分配至各县煤炭企业及派遣学习单位。

市主管部门针对矿山生产特点，重在安全生产，基本上坚持每年办一期安全知识培训班，组织厂（矿）安全科长、工区长、安全员、放炮员等参加。每期 5 ~ 7 天，25 人左右。1990 年，共办 11 期培训班，参培人数 240 人次。

1990 年，结合技师聘任制工作，主抓对部分高级技工理论基础和专业知识培训。九江钢厂和九江铜硫矿，共有 39 人参加培训，经考试理论基础和专业知识，合格人数为 12 人。其中有采矿工、选矿工、测量工、钳工、电工、修理工、汽车驾驶员等。同时还组织武宁煤矿、瑞昌南田煤矿、德安付山煤矿的 25 名高级技工参加省煤炭厅行业举办的采煤、通风安全测量、煤炭机械等工种的基础理论和专业知识考试。

三、干部教育培训

1984 ~ 1986 年，干部培训重点是对企业领导干部和优秀中青年干部进行管理专业知识教育。全行业分 7 期共送 46 人到九江市经干校培训，并参加全国企业经理厂（矿）长统考，经统考全部获合格证。其中市直企业 2 人考试成绩优秀，由市冶煤工业公司给予表彰，并各发奖金 200 元以资鼓励。

1986 年，为适应改革需要，推行企业管理现代化。根据省、市经委布置，在国营工业企业干部中开展“现代化管理方法应知应会”的普及教育，组织 3 个直属工业企业 13 种岗位管理干部，学习现代化管理方法和基础管理知识，通过参加全市统一考试，共有 209 人获合格证，占参考人数 89.7%。

1990 年，国家体改委、教委和人事部联合发出通知，要求对企业管理干部普遍开展以提高政治素质、专业素质和管理能力为目的的岗位职能（务）培训。

当年始，全市冶煤系统就规划对 11 种岗位中层以上干部进行有计划分期分批的培训，其中 1990 年完成 7 名车间主任培训任务。1991 年始，又开展对一般干部 3 门公共课教育。在抓干部管理教育同时，还注意科技人员的继续教育。九江钢厂除 4 名科技人员参加微机培训班，还送 12 名科技干部参加机械工程师进修大学进行函授学习。

四、大中专学历教育

1970 年始，国家实行推荐优秀的青年工、农、兵进学校深造。3 个直属企业至 1975 年共推荐 11 名工人到武汉钢铁学院、江西冶金学院等校学习，回厂（矿）充实技术力量。1982始，随着电视大学、职业大学等的兴起，各单位为培养人才，提高企业技术水平和管理水平，积极支持职工深造，有的企业还对学习成绩优秀者予以奖金鼓励。到1990年止，直属厂(矿）共派出72人参加各种类型的大中专学历教育，所学的专业有采矿、冶炼、矿山机械、土建、财经、统计、企业管理、马列主义理论和法律等。

冶煤局与市计委、市教育局协商江西省煤校毕业生工作分配，将毕业生分配至各县煤矿企业及派遣学习单位。

1981~1985年职工“双补”情况一览

表6-1-1 单位：人、%

单位名称	初中文化补课			初级技术补课		
	应补数	合格数	合格率	应补数	合格数	合格率
省属：有色冶炼厂	233	194	83.3	1168	139	11.9
市属：九江钢厂	289	189	65.4	86	80	93.0
九江铜硫矿	130	108	83.1	91	72	79.1
铜岭钢铁厂	47	38	80.9	57	46	80.7
冶煤工业公司	27	25	92.6	1	1	100
县属：德安萤石矿	219	219	100	113	73	64.6
德安锑矿	54	29	54			
武宁钨矿	14	1	7.1			
修水钨矿	31	4	12.9			

市直属企业现代化管理方法应知应会测试情况一览

表6-1-2 单位：人、%

单　位	参考人数	合格人数	合格率
合　计	233	209	89.7
九江钢厂	78	77	98.7
九江铜硫矿	73	61	83.56
铜岭钢铁厂	82	71	86.59

职工大中专学历教育情况一览

表 6–1–3 单位：人

单　位		工农兵学员	电大	函大	成人自学	成人大专	成人中专
直属	九江钢厂	5	4	5	4	1	
	九江铜硫矿	3	13	13	3		
	铜岭钢铁厂	3	3	4	1	2	
	冶煤工业公司		5	2		1	2
县属	武宁县煤矿					12	
	洋鸡山金矿		2	8		6	4
	铁门坎金矿			2			

第二节　子弟教育

一、职工子弟学校

1961 年始，地处边远山区的矿山企业，先后办起自己的子弟学校。至 1990 年，全市冶煤系统共有 7 个子弟学校，其中 2 个直属厂（矿）子弟学校不但承担小学教育，还开设初中班。高中生送公办学校就读，其他学校只承担小学教育。建校初期，各方面条件都很艰苦，随着企业生产的发展，子弟学校的教学条件得到了改善。

1972 年九江铜硫矿办校，教师从职工中选派有初中文化程度以上的青年担任，当时有学生 80 余人。至 1990 年，该校已发展成一个初具规模的子弟学校，校园占地 0.73 公顷，校舍建筑面积 788 平方米，教学用房 16 间，设有图书室、阅览室、少先队活动室。师资力量有所增加，师资水平也得到提高，有教师 34 人，其中中学教师 16 人（大专毕业 12 人，中专毕业 4 人），小学教师 14 人（大学毕业 1 人，大专毕业 11 人，高中毕业 2 人），幼儿教师 4 人（大专毕业 1 人，中专毕业 2 人）学校有初中 3 个班，小学 6 个班，幼儿大小班各 1 个，在校学生 206 人。武宁煤矿 1961 年办校，属小学，现设有 11 个教学班，在校学生 147 人，专职教师 18 人。1986 年由矿拨经费 6 万元，兴建砖木结构校宿 1 幢，占地 370 平方米，有标准水泥球场 1 个，还添置教学设备和器材用品，至 1990 年，为初中输送合格新生 637 人，升学率达 95%，适龄儿童入学率达 100%。

铜岭钢铁厂 1973 年创办职工子弟学校，设小学部和中学部，教师主要由学校毕业分配来厂，教职工 31 人，教室面积 937.51 平方米，教学仪器、设施齐全。并建有幼儿园一所。

二、技校委培

1987 年始，为拓宽冶煤行业职工子女就业渠道和充实冶煤行业技术工人力量。市冶煤公司与江西省冶金技校挂钩，为九江冶煤企业代培技工。1989 年，九江钢厂还与九江轻工技校签订合同委培 6 名技校生。至 1990 年，共送省冶金技校代培生 210 人，其中本行业子女 163 人。所学的有采矿、选矿、轧钢、炼钢、冶炼和车、钳、电工等工种，为企业培养了一批技术力量。

三、大学代培

1988 年，九江钢厂与上海冶金专科学校挂钩，输送子女到该校代培，至 1990 年，共选送两名子女入学。

1990 年市冶煤系统职工子弟学校一览

表 6-1-4　　　　单位：人

办校单位	办学时间	在校学生入学	班次情况（班）			师资力量												
						班次情况			其中文化结构			专业职教结构						
			幼儿园	小学	初中	幼教	小教	中教	初中以上	中专	大专以上	中教一级	中教二级	中教三级	小教高教	小教一级	小教二级	小教三级
九江铜硫矿	1972	206	2	6	3	4	14	16	3	17	14	4	8	4	1	4	12	
铜岭钢铁厂	1970	197	1	5	3	2	11	13	4	9	13	1	7	4		1	10	
德安萤石矿	1960																	
德安锑矿	1969	28	1			2	7											
武宁煤矿	1961	147		11			18											
武宁钨矿		40		5			5											
洋鸡山金矿	1989	145	3	6		8	11											

第二章 医疗卫生

第一节 机构设施

全市 19 个冶金煤炭厂（矿）在建设初期大多建立简陋的医疗室或卫生所。一般配有 1～3 名医务人员，主要对职工小病小痛进行诊治，并及时转移病情较严重的病人。随着生产发展，经济条件改善，职工医疗条件也得到一定改善。医疗器械逐步增多，医务人员逐步增加，医疗水平逐渐有所提高。

1968 年，九江钢厂建厂时，仅有 1 间医疗室，至 1990 年，发展到拥有 100 平方米共 10 间医疗用房，设有值班室、治疗室、诊断室、药房等机构。医务人员也由 2 人增到 8 人（其中中级职称 4 人，初级职称 4 人），并添置救护车 1 辆。

1970 年，九江铜硫矿成立医务室时，只有 15 平方米半间工棚，2 名赤脚医生和 1 名护士。1976 年改为医务所，有砖木结构平房 8 间，共 184 平方米。到 1990 年年底有医务人员 9 名，其中中级职称 1 人，初级职称 7 人。逐步添置了显微镜、30 毫安 X 光机、心电图、A 超声波仪。1982 年添置救护车 1 辆、神灯、产床等设备，设病床 15 张。

1987 年前，铜岭钢铁厂就建有职工医院，后改为医务所，有医护人员 8 人，病床 4 张。虽然简陋，但也起到了应急救急的作用。

1989 年，武宁县煤矿经县人民政府批准成立武宁县煤矿医院。至 1990 年，有医院大楼 1 幢，两层楼房，占地面积 300 平方米，设门诊和住院部，有西医、中医、妇产、防疫、化验、X 光、手术、病房等医疗部门，配有 200 毫安 X 光机，721 分光光度仪、无影灯、心电图和多功能电动吸引器等设备，住院部病床 18 张，现有医务人员 18 人，其中中级职称 4 人，初级职称 3 人。

德安县萤石矿、德安锑矿、洋鸡山金矿、武宁县钨矿等单位，医疗条件都有不同程度改善。

1990 年全市冶煤系统厂（矿）医疗机构及医务人员结构一览

表 6-2-1

医疗机构单位	医务场所面积（平方米）	住院病床（张）	医务人员结构（人）							救护车辆（辆）
			总计	文化结构			专业职务结构			
				大专以上	中专	初中以上	高级	中级	初级	
省属：有色冶炼厂	1150	20	24	9	10	5	1	10	12	1
市属：九江钢厂	100		8					4	4	1
九江铜硫矿	184	15	9					1	7	1
铜岭钢铁厂			6	1	2	3		1	5	
县属武宁县煤矿	300	16	18	2	4	12		3	4	1（兼）
武宁县钨矿			2							
德安萤石矿			8							
德安锑矿			4	1	2	1		1	3	
铁门坎金矿			1							
洋鸡山金矿	500	2	10	1	1	8				

第二节 疾病防治

一、预防

各厂矿医疗部门贯彻“预防为主，医疗为辅”方针，在本厂矿职工及家属中积极开展预防工作。一是对有职业病危害作业的工人进行定期或不定期检查制度。九江铜硫矿每年为接触粉尘工人进行一次硅肺病检查，并建立卫生档案。1985 年 10 月，请江西省卫生研究所为矿上 300 余名职工进行硅肺病检查。1990 年，建立工业卫生档案 1719 人。修水县煤矿从建矿至 1990 年，对矿山职工进行了三次普查，发现矽肺可疑患者 2 人。九江钢厂、铜岭钢铁厂、德安锑矿等单位，也都建立了职业病定期检查制，发现患者积极采取措施。二是对从事饮食服务人员进行定期体检，发现传染病者，及时离岗治疗。1990 年，九江铜硫矿就对 66 名饮食服务人员进行全面体检。三是对女职工定期普查和对儿童计划免疫。九江钢厂、铜岭钢铁厂每年为厂女职工和儿童进行一次免费体检，并对儿童进行计划免疫，九江铜硫矿 1990 年对儿童计划免疫达 283 人次。九江钢厂、武宁煤矿儿童计划免疫率达 100%。四是开展预防宣传工作，利用宣传栏、广播栏等形式，对流行性疾病和多发性传染病卫生知识进行宣传，使职工了解防疫措施。

二、医疗

各厂矿不论是医院，还是医务所，对职工中发生的一般常见病，常规化验和外科小手术都能自行处理。仅 1990 年，九江铜硫矿接待病人达 9518 人次，注射 8000 多人次，化验 400 多人次，理疗 400 多人次。武宁县煤矿职工医院对一般骨折也能自行处理。806 厂职工医院内、妇、儿科基本具备，能开展对疑难杂症的诊治和各种休克、中毒的抢救。

第三节　医疗费用

全民所有制厂矿按国家规定的劳动保险条例，职工就医实行公费医疗制，医疗费用实报实销，职工供养直系亲属实行药费报销一半。由于公费医疗制存在一定的弊端，各厂矿医疗费用超支现象严重。随着经济体制改革的深入，一些企业对公费医疗制度也实行了一定的改革，由个人担负一部分医疗费用。1988 年九江铜硫矿做出规定，职工本人负担医药费 20%。并对职工就诊做出规定，在本厂医务所不能诊治，须到外医院治疗，必须经矿医务所同意后到指定医院就诊，否则医药费自理。对离休干部、残废军人和工伤患者待遇从优。1989 年，又对 CT 检查作了明确规定，须经矿长会议研究同意，并限在九江市内。对检查结果不是癌症者，矿只报销费用 65%。还有些厂矿将医药费按规定发给个人。武宁钨矿实行职工每人每月发 4.00 元医药费，门诊医药费、住院凭发票全报。同年，九江钢厂从制订新的职工及家属医药费管理方案，医务所负责对职工医药费实行承包管理，以提高医务人员积极性，1990 年门诊量达 3000 余人，是承包前的 3 倍。

第四节　环境卫生

为了美化厂矿、净化环境、保护职工的身心健康，各厂（矿）均有一定的机构负责此项工作。负责厂（矿）区的环境卫生和绿化工作。主要是分片包干，定期打扫。各单位将厂矿区划分地段区域分配给有关部门实行责任包干制。一般是每年的“五一”“十一”和元旦、春节前以及春夏两季传染病传播活跃之际，组织全面卫生大扫除，并开展评比检查活动，促进环境卫生工作的开展。平时各部门坚持每天打扫室内、门前卫生。对公共场地、道路、厕所，配有专人定期打扫，使厂区矿区环境卫生得到保障。

第三章　文化体育

第一节　文体设施

各厂（矿）建厂初期，条件艰苦，为了调剂职工生活，主要开展体育活动。通过自己动手平整土地建简易篮球场。至1990年，九江钢厂、九江铜硫矿、德安县锑矿、德安县萤石矿都各有1个篮球场，江西铜岭钢铁厂有6个篮球场，武宁县煤矿也有4个篮球场。随后，逐步添置放映机，建立影剧院。1971年江西铜岭钢铁厂建立放映队，先后添置35毫米固定机的提色机1部，16毫米放映机1部，1973年新建1座大礼堂（也称文化活动中心），内设924个座位，每周放映2次以上，也成为周边农村农民的娱乐中心，和乡镇举行大型活动的场所；1974年武宁县煤矿成立1支放映队，先后添置8.75~35毫米3套放映设备，16毫米放映机1部，1987年新建1幢有600个座位的影剧院；1975年九江铜硫矿添置16毫米放映机1部，1982年建成1座可容900多人的影剧院；1976年德安锑矿购置放映机，并培训专职放映员，1978年建起可容1600人的电影院；德安萤石矿、武宁钨矿、瑞昌洋鸡山金矿等都配有放映机，建立了电影院。九江钢厂有2台放映机。随着影剧院的建立，各单位文化活动中心的形成，相应建立了俱乐部、图书室、阅览室、娱乐室和舞厅。九江铜硫矿藏书达2650册，江西铜岭钢铁厂藏书3000余册，九江钢厂藏书1170册，武宁煤矿藏书4000多册，并配专人管理定期开放。

20世纪80年代，文化设施也趋先进，不少单位陆续添置了电视机、放像机。九江钢厂配有彩电、黑白电视机各1台、录像机1台。武宁县煤矿购有黑（白）电视机6台，彩电1台，放像机1部。放在厂部和工区，供职工观看。武宁县钨矿添置了电视机和录像机便于职工收看节目。地处边远的山区的矿山安装了差转台，德安萤石矿投资2万元，建成一座差转台；1979年九江铜硫矿为单身职工配备电视接收机。武宁县煤矿从1982年到1990年先后建起三处差转台。1988年又建起电视差转台，并安装了闭路电视。

第二节 文体活动

20世纪70年代初期，一些厂（矿）的业余文艺宣传队十分活跃。九江钢厂、九江铜硫矿和江西铜岭钢铁厂，都组建了文艺宣传队，前两个单位还建立了乐队。自编自演，向职工宣传党和国家方针政策，表现本厂（矿）职工的生产、生活，同时还下到基层、下到农村，进行慰问。1971年，江西铜岭钢铁厂的文艺宣传队先后到过瑞昌、星子、湖口、都昌等进行巡回慰问演出。1976～1979年，九江钢厂每年都到农村慰问演出。

自购置放映机后，厂矿每周周末放1次电影。江西铜岭钢铁厂每年放映80～100场次。武宁县煤矿每年放映达80场次。各单位影剧院除放映电影外，还用于节日期间的文艺晚会以及接待外单位文艺团体演出。江西铜岭钢铁厂每逢元旦、劳动节、国庆节都要举办文艺晚会。自建厂至1990年，接待外来文艺团体20余个，共演出80多场。武宁煤矿也接待外来文艺团体演出240多场。此外各厂矿还利用节日组织群众性的文体活动，项目有篮球、足球、乒乓球、羽毛球、围棋、钓鱼、拔河、骑自行车、登山、歌咏赛、举办联欢会、舞会等活动。

通过举办各种形式的活动，丰富了职工的文化生活，陶冶了职工的情操，同时也发现了人才。如江西铜岭钢铁厂有2名职工在1979年瑞昌县举办的中国象棋比赛中获第3名，1名职工在1990年瑞昌市举办的围棋比赛中获第五名，1名职工在1990年瑞昌市举办的业余歌手大奖赛中获“优秀歌手”奖。九江钢厂的篮球、足球，在九江较有名气，足球队在市组织的甲级联赛中曾多次夺魁，在第三届五城市“友谊杯”足球赛中获第二名，男女篮球队在九江职工篮球邀请赛中曾分别获第二名和第三名。

第四章 生活福利

第一节 主管部门

职工的日常生活，一般由厂（矿）的总务科或行政科管理，也有的单位是行政办公室管理。九江钢厂是行政科管（前身称办事组、总务科），九江铜硫矿、江西铜岭钢铁厂、武宁煤矿等单位是总务科管理，九江市冶金煤炭局机关是行政办公室管理（前身称人秘科）。

第二节 福利设施

一、职工食堂

各厂矿建厂矿初期，正赶上国家三年经济困难时期，工人吃的是大米搭配红薯，月定量22.5公斤，每人每月0.5公斤肉。随着生产发展，职工食堂条件日益改善。1969年九江钢厂新建1座占地140平方米的职工食堂，1990年7月又重新建造1座三层楼的综合大楼，还添置了电烤箱、冰柜等设备。九江铜硫矿初期职工生活区有1个食堂，1975年在生产区又建一食堂。1980年投资5万多元对生活区食堂进行改造扩建，至1990年，职工食堂不但有125平方米的餐厅，还设固定座位48个，另配有面包房、冰库、仓库，添置电烤箱、电炸锅、搅面机、制面机等设备，卖饭台上装有蒸气管，保证职工随时拿到热饭菜。铜岭钢铁厂建厂初期利用南钢留下的1间破旧工棚和租用1间农村民房办起2个食堂，职工露天用餐。1974年分别建起了焦化、炼铁、矿区3个食堂。1975年又建起机关食堂，占地1253.3平方米，可供800人就餐。炊事人员经过培训，拿到不同等级的证书，职工用膳条件得到改善。

二、职工浴室

不少厂矿初期没有浴室。冶煤行业的工人工作辛苦，不是井下作业就是高温作业，下班一身灰一身汗，洗澡问题急待解决，所以各厂（矿）陆续开设职工浴室。九江钢厂先是在锅炉房旁建男女浴室各1间，1990年浴室迁至综合大楼底层，男女浴室各1间，配有更衣室，男浴室淋头12个，大小浴池各1个，女浴室淋头6个。铜岭钢铁厂、武宁煤矿等单位都有类似的职工浴室，解决了职工及家属的洗澡问题。

三、理发室

各厂矿还为职工服务设理发室，配1~2名理发员，设1~2个理发座位，理发费低于市面价，理发室内设有理发、烫发、吹风等服务项目，为职工和家属提供了方便。

四、托儿所

开始各厂（矿）只有简陋的托儿所，至1990年，都有所改善，有的仍简陋。如九江铜硫矿初期，由2名阿姨在1间职工宿舍里照看婴儿。1980年新建了托儿所，内设摇篮室两间，活动室1间，外有活动场地200平方米，配有滑梯、小篮球架，有3名阿姨全日照看婴幼儿。至1990年，全系统有托儿所22个。九江钢厂托儿所设在职工宿舍楼的1楼内，配有4位阿姨。

五、液化气站

随着民用液化气的普及，局机关和直属厂（矿）为解决职工用气，从1980年开始逐步先后建立液化气站。

1982~1987年冶煤系统直属单位液化气站一览

表6-4-1

单　位	建站时间	占地面积（平方米）	设　　备			
			槽车（吨/辆）	储罐（吨/只）	灭火器（台）	气泵（台）
九江钢厂	1985	100	2×2	2.5吨、10吨各一只		
九江铜硫矿	1982	100		10吨一只		
铜岭钢铁厂	1987	198		2.3、2.1		防爆电机1
冶煤工业公司	1986	800	5	10×2、2.5	5×5	2

六、职工宿舍

建厂矿初期都很艰苦，如武宁县煤矿职工住的是茅草棚，用树条架起垫上稻草作床，虽经一二十年的努力，各厂（矿）住房条件发展不平衡。一般离城边远地区厂矿职工住房较宽敞，但以平房居多，楼房甚少。修水县煤矿职工住房面积人均12平方米，80%以上职工住上大瓦房。铜岭钢铁厂住宅面积10920平方米，人均住房面积15.8平方米。市区厂职工住房仍偏紧，九江钢厂从1969年至1990年共投资28.2万元，新建三层、四层、五层楼职工宿舍各1幢，平房宿舍3幢，2层楼老干部宿舍楼1幢，住房面积达4824平方米，但人均只有6.33平方米，住房矛盾仍未缓解。

第七篇 党群工作

第一章 中共组织

第一节 组织机构

一、局机关党委

1969年9月成立地区工业局以前，冶煤工业系统的政治思想工作，由地区政治部门组织进行，之后地区工业局设政工组领导。1981年10月，冶煤处在人秘科内设专职干部，负责本机关干部职工队伍的政治思想、党的建设工作。

1983年10月，地、市合并后，市冶金煤炭工业公司在原市冶金煤炭工业处的基础上成立，思想政治工作综合办事机构从原人秘科划出，设立党委办公室（简称党办），配有专职干部2人。

1984年4月，中共九江市委正式批准，成立市冶金煤炭工业公司党委，原工业处党组因此自然解体。

1990年年底，冶煤工业局党委系统办事机构有党委办公室和纪律检查委员会（简称纪委和监察室）。党办配有主任1人，主任科员1人，组织、宣传干事1人，纪委配有副主任科员1人。局党委下属有中共九江钢厂党委、中共九江铜硫矿党委和中共江西铜岭钢铁厂党委3个基层党委。局党委历来注重自身建设。局党委班子坚持每半年召开1次民主生活会，经常开展批评与自我批评；召开学习会，搞好党风、廉政建设。党委成员带头进行每年一次的民主评议中的自我评议。

2002年，冶煤工业局党委改为冶煤集团公司党委，下属的3个基层党委也逐一分离出去，冶煤集团公司的行业管理职能上交，专属于集团公司内部企业的改制工作。党委系统内部设有党委办公室，配有主任1名，纪委配有纪委书记1名，兼职纪委委员2名，监察室也为兼职。集团公司党委注重自身建设，坚持每年召开一次民主生活会，经常开展批评与自我批评，召开学习会，搞好党风廉政建设。2004年根据机构改革要求，局属黄金公司移交给市经贸委管理，党员移交市经贸委管理；2007年九江市矿冶物资供应有限公司完成企业改制，企业党员移交社区管理；九江市冶煤商业公司和九江冶煤休养院完成改制，企业党员移交社区管理。

二、基层组织

直属基层党委 *九江钢厂党委*：于1970年10月成立，并召开第一次党代会。在此之前，由九江红心钢厂（原厂名）革委会的核心领导小组代行党委职权。1972年成立厂党委办公室（原为政工组）。1982年8月成立党委宣传科。1989年成立党委组织科。党委设党委办公室、组织科、宣传科、纪委、人武部5个职能部门。1993年，九江钢厂党委，划归市经贸委管理。

九江铜硫矿党委：1970年8月成立临时党支部，隶属赤湖农场革委会党的核心小组领导。此后又成立党总支。1972年1月，由中共九江地委批准，正式成立中共九江地区丁家山铜矿委员会。1982年设党委办公室，1983年1月，改称“中共江西九江铜硫矿委员会”。1984年设立党委宣传科和组织科纪委。至1990年12月，九江铜硫矿党委召开两届党员代表大会，换届两次。1992年九江铜硫矿党委，划归市经贸委管理。

江西铜岭钢铁厂党委：1971年12月13日，九江地革委政治部批准成立中共江西铜岭钢铁厂委员会。当月厂召开首届党代会，选举党委成员，下设9个支部委员会。党委设办公室、宣传科、纪委，按照规定配备专职政工干部。1972年至1990年2月期间，未曾召开党代会。1995年，企业破产重组九江冶金总厂，仍设立党委。2009年，九江冶金总厂完成企业改制，冶金总厂党委划归瑞昌市管理。2013年企业改制安置工作落实后，党员交由瑞昌桂林街道办事处管理，党委撤销。

冶煤系统县属企业党委 设党委的有武宁煤矿党委（1960年9月成立）、德安县锑矿党委（1975年成立）、洋鸡山金矿党委（1986年成立）、德安萤石公司党委（1987年成立）和武宁县钨矿党委（1990年成立）。

武宁煤矿由于体制的变化，中共组织经历了由党委—总支—党委（1975年5月成立）的变化过程，至1990年有5个支部。其他县属企业党组织则因企业规模的由小到大的发展，从最初的党支部建立，到设党总支直至成立党委。县属企业党委办事机构设有党办或政工科和纪委。

基层党支部 *局党委*：下辖4个直属支部，即局机关一、二党支部、供销公司党支部和休养院党支部。

1984年5月，冶煤工业公司党委召开第一次会议，确定公司（后改局）局党委下设2个党支部，即：机关为第一支部，供销经理部（供销公司）为第二支部。

1986年3月，冶煤中转站（冶煤休养院）成立临时党支部。同年6月局其他两个支部改选。

1990年3月，党委会研究决定：局机关设2个党支部，第一支部组成部门生产、安全、质量科和黄金公司，第二支部组成部门党办、行办、劳人科、财务科。

至1990年年底，冶煤局和直属企业共有37个党支部，县属企业内最高一级党组织除党委建制和停办企业外，其他均设党支部或党总支，隶属各县经委党组织。

1970年8月，九江钢厂有6个基层党支部，至1990年年底增加到11个。九江铜硫矿建矿初期仅有4个党支部，至1990年年底有8个党支部。江西铜岭钢铁厂建厂初期有7个党支部，至1990年年底为13个。

历年来，各企业都注重基层党支部建设，随着各单位生产经营的变化发展，机构设置的变动，职工队伍的扩大，党员数量及其分布状况变化，为适应生产和工作的需要，各党委不断调整基层党支部的设立，不断充实其力量，建立健全基层党组织。历年来，各直属党委还坚持开展“创先争优”活动，对先进党支部、优秀党员每年都进行评比表彰，九江钢厂、九江铜硫矿党委对基层党支部工作定期考核，纳入目标管理。2005年局机关支部、2006年冶煤公司支部分获市“先进党支部”。

三、党员状况

1984年局及其直属企业党员总数为350人，1990年年底为413人。1984年至1990年，各级党组织重视改善党员队伍结构，做好新时期发展党员工作，共发展新党员142人。把知识分子入党问题列入党组织议事日程，各企业把发展重点向生产第一线职工倾斜。

1984~1990 年九江冶煤系统党员结构一览

表 7-1-1

单位：人

年份	单位	党员数			性别		民族		年龄（岁）						文化程度					入党时间			
		总	正式	预备	男	女	汉	少	25岁以下	26—35	36—45	46—55	56—61	61岁以上	大专	中专	高中	初中	小学	1945年9月—1949年9月2日	1949年10月—1966年4月	1966年4月—1976年10月	1976年11月以后
1984年年底	局以及所属部门	34	32	2	29	5	34		0	3	4	20	6	1	6		5	20	3	5	21	3	5
	九江钢厂	127			110	9	126	1		42	42	33	5	5	7	5	19	49	44	2	52	58	15
	九江铜硫矿	93			84	9	93			29	31	22	9	2	9	8	11	29	26	7	29	21	16
	江西钢岭钢铁厂	96			88	8	96		1	32	46	12	5		8	8	5	32	43		17	53	26
1990年年底	局以及所属部门	61	60	1	50	11	60	1	1	4	20	14	15	7	15	6	8	30	2	5	21	8	27
	九江钢厂	155			149	6	154	1		11	82	36	16	10	19	9	22	62	43	2	23	56	74
	九江铜硫矿	106			96	10	105	1		14	44	28	8	12	10	13	13	24	32	5	23	20	12
	江西铜岭钢铁厂	97			99	8	97		2	10	46	23	5	3	13	8	7	32	37		13	37	47

1984~1990 年冶金煤炭工业局及直属企业发展党员情况一览

表 7-1-2　　单位：人

年　份	局直属各党支部	九钢各支部	九铜各支部	铜岭各支部	合　计
1984	2	1	9	9	21
1985	3	11	9	9	32
1986	3	9	7	5	24
1987	4	10	6	5	25
1988	4	3	3	3	9
1989	6	5	3	2	16
1990	3	3	6	3	15

1983~1990 年局直属党支部历年党员一览

表 7-1-3　　单位：人

年份	支部数	党员数	其　中		备　注
			男	女	
1983	2	18	17	1	
1984	2	34	29	5	地市合并，市工业燃料公司并入
1985	3	35	30	5	
1986	3	41	33	8	
1987	4	48	37	11	
1988	4	48	37	11	
1989	6	55	44	11	
1990	3	61	50	11	

四、党员教育和活动

1984 年 10 月中旬，按市委、市政府统一部署，党委成立整党办公室，开展组织整顿。整党期间，组织党员学习《中共中央关于经济体制改革的决定》和进行彻底否定“文化大革命”教育，举办两期学习班。整党方案确定，所属企业全面实行厂长负责制，局从“行政监督型”转到“指导服务型”，简政放权，使企业在人财物、产供销方面有更大的自主权。整党的整改阶段，成立纠正新的不正之风检查小组，召开动员大会，制定党风根本好转规划措施，并开展了重点查账工作。通过整党，有 8 名群众提出入党申请。整党后，健全各项规章制度。经市整党办验收合格，于 1985 年 6 月结束整党。之后，各直属企业也开始整党工作，举办学习班或轮训班。登记处理阶段，九江钢厂有 3 名党员缓登。九江铜硫矿有 1 名党员缓登。1986 年 1 月，局整党办对 3 个直属厂（矿）和临时代管的彭山锡矿、806 厂进行整党验收，全部合格。

1988 年 5 月开始，局及直属企业党组织，坚持开始一年一度的民主评议党员工作。党员中受党纪处分 1 人，限期改正错误 2 人。中共十三大召开后，至 1990 年多次举办学习班，学习十三大文件，十三届四中、五中全会精神，以及制止 1989 年春夏之交发生在北京的政治风波的有关文件精神。在 1989 年、1990 年党的基本路线教育中，组织党员学习《党章》《准则》，中共十三届六中全会《决定》和七中全会公报等。

1984 年 10 月，伊政海、曹新文、庐熙、荆副坤 4 人当选为冶煤系统出席市第五次党员代表大会代表。

1986 年，冶煤局派出周锋参加省第一次扶贫工作后，其一直参加和组织扶贫工作。参加的扶贫乡、村有修水港口乡、修水溪口镇下港村、修水黄港镇拓坑村、修水黄港镇南平村，前后近 30 年。

1990 年 3 月，徐水泉、荆福坤当选为出席市第六次党代会代表。

历年来，冶煤局党委根据市委和市政府要求，通过开展“三会一课”(定期召开支部党员大队、支部委员会、党小组会，按时上好党课)、“公开讲党课”和开展学习实践活动等形式，对党员进行党的基本知识，形势和任务等方面的党性和先锋模范作用的学习教育。历年来举行的比较大的教育活动：

1992 年举办系统党务干部培训班，市委组织部陈柏林、罗长生到场授课。

1999 年开展“三讲”(讲学习、讲政治、讲正气）教育活动和 2000 年开展“三个代表”(中国共产党要始终代表中国先进生产力的发展要求，要始终代表中国先进文化的前进方向，要始终代表中国最广大人民的根本利益）重要思想学习教育活动。

2006 年开展保持共产党员先进性教育活动。同年 9 月，周锋当选为出席市第九次党代会代表。

2009 年开展“学习实践科学发展观”活动。3 月 23 日，在市委统一部署下，集团公司党委在全司范围内开展“学习实践科学发展观活动”。整个活动分为三个阶段有序进行：第一阶段为学习调研，历时 40 天。主要是通过个人自学、集中培训等形式学习文件，围绕科学发展观进行思想大讨论，解放思想，形成共识。第二阶段为分析检查阶段，历时 40 天。主要是召开领导班子专题民主生活会并形成高质量的领导理论联系实际的分析检查报告。第三阶段是整改落实阶段，历时 40 天。主要是制订整改落实方案，集中解决突出问题。通过“学习实践科学发展观活动”的深入开展，形成九江市冶煤行业科学发展具有指导性的分析检查报告，有针对性地对班子自身建设问题、企业改制问题、老干部工作和机关内部管理工作等方面的问题，提出整改计划，确保学习实践活动取得实实在在让群众满意效果。

2010 年开展“创先争优活动”。2010 年 6 月 28 日，按照《市委组织部、市委宣传部关于在全市基层党组织和党员中深入开展创先争优活动的实施意见》的统一部署，集团公司开展了“创先争优活动”。活动的主要内容中以创建先进基层党组织、争当优秀共产党员为目标，“坚持三服务一促进（服务基层一线、服务人民群众、服务全区大局，促进社会和谐），争创三优一满意（优美环境、优良秩序、优质服务，让群众满意）机关”，切实改进机关作风，提高机关效能，推进科学发展。整个活动通过公开承诺、领导点评、群众评议、评选表彰四个步骤，使机关干部拓宽思路，创新举措，提高机关党建科学化水平，党员“讲党性、重品行、作表率、树形象”，发挥支部的堡垒作用，促进全市企业改制和冶煤事业的长足发展。

2011 年 9 月，周锋当选为出席市第十次党代会代表。

2014 年 1~9 月，市冶煤集团公司按照市委统一部署，在全体党员、干部中开展“党的群众路线教育实践”活动。2 月 25 日召开动员大会，随后集中 3 个月时间，通过组织专题辅导，召开中心组学习会议、开展党课教育、开展红色教育和警示教育，提升思想认识，广泛发动群众聚焦反对“四风”（形式主义、官僚主义、享乐主义、奢靡之风）。其间，公司班子成员对照为民务实清廉要求，联系思想、工作和生活实际，联系个人成长经历，分别列出“四风”问题在各自身上的具体表现，对“三公”［因公出国（境）经费、公务车购置及运行费、公务招待费］经费支出、职务消费、人情消费、公务用车、办公用房和住房、家属子女从业等情况做出说明，从理想信念、宗旨意识、党性修养、政治纪律等方面剖析根源，明确整改措施。9 月 3 日组织召开专题民主生活会，采取“先班子、后个人，先一把手、后班子成员，先开展自我批评，再逐一开展批评，一个一个过”的方式，开展严肃认真的批评与自我批评。9 月底实现整改落实，建章立制。

2016 年 5~12 月，市冶煤集团公司开展“两学一做”（学习共产党党章党规，学习贯彻习近平总书记系列重要讲话精神，做合格党员）活动。活动通过落实完善“三会一课”制度，打牢学习基础；召开党支部专题组织生活会，增强“在党意识”；开展民主评议党员，促进改进提高；开展践行“四讲四有”（讲政治、有信念，讲规矩、有纪律，讲道德、有品行，讲奉献、有作为），党员“先锋创绩”活动等，牢记党规党纪，坚定中国特色社会主义道路自信、理论自信、制度自信和文化自信。

2010年九江冶煤系统党员基本情况一览

表 7-1-4

单位：人

项目		总数	预备党员	女	少数民族	台湾省籍	35岁及以下	36岁至45岁	46岁至54岁	55岁至59岁	60岁及以上
甲		A	B	C	D	E	F	G	H	I	J
总计		59		18			2	3	13	4	37
一、在岗职工		22		7							
公有经济单位	合计										
	党政机关工作员										
	事业单位管理人员、专业技术人员							2	8	1	22
	企业管理人员	11		4			2	1	5	3	15
	企业管理人员										
	工人	11									
非公有经济单位	合计										
	企业管理人员										
	企业专业技术人员										
	民办非企业单位管理人员、专业技术人员										
	工人										
二、农牧渔民											
三、军人、武警											
四、学生											
五、离退休人员		37		10							37
六、其他											

说明：截至时间2010年12月31日

九江冶煤系统党员入党时间一览

表 7-1-5

单位：人

项目		总数	1937年7月6日以前	1973年7月7日至1945年9月2日	1945年9月3日至1949年9月	1949年10月至1966年4月	1966年5月3日至1976年10月	1976年11月3日至1978年12月	1979年1月至2002年10月	2002年11月以后	2007年11月及以后
甲		A	B	C	D	E	F	G	H	I	J
总计		59			3						
一、在岗职工		13									
公有经济单位	合计										
	党政机关工作员										
	事业单位管理人员、专业技术人员										
	企业管理人员	2							5	4	
	企业管理人员										
	工人	11					1		8	4	
	合计										
非公有经济单位	企业管理人员										
	企业专业技术人员										
	民办非企业单位管理人员、专业技术人员										
	工人										
二、农牧渔民											
三、军人、武警											
四、学生											
五、离退休人员		15			3	16	3			15	
六、其他											

说明：截至时间 2010 年 12 月 31 日

表 7-1-6

2010 年九江冶煤系统党员学历情况一览

单位：人

项目		总数	研究生	大学本科	大专本科	中专	高中、中技	初中及以下
甲		A	B	C	D	E	F	G
总计		59		13	14	2	6	24
一、在岗职工								
公有经济单位	合计							
	党政机关工作员							
	事业单位管理人员、专业技术人员							
	企业管理人员	9		6	3			
	企业管理人员							
	工人	13		3	2	8		
非公有经济单位	合计							
	企业管理人员							
	企业专业技术人员							
	民办非企业单位管理人员、专业技术人员							
	工人							
二、农牧渔民								
三、军人、武警								
四、学生								
五、离退休人员		16		6	3	2	2	24
六、其他								

说明：截至时间 2010 年 12 月 31 日

第二节 宣传工作

一、主管部门

1983年10月，成立市冶煤工业公司党委办公室（简称党办），党办是思想政治工作的综合部门，一直担负宣传党的路线、方针、政策的工作任务，宣传工作是局党办的重要职能之一。

各直属厂（矿）均先后成立了党委宣传科。1984年10月，九江铜硫矿成立宣传科。1986年5月，江西铜岭钢铁厂成立宣传科。1987年4月，九江钢厂成立宣传科，1988年10月与职工教育科合并。宣传科受党委办公室指导，1989年11月重新设立党委宣传科至今，有专职宣传干部3人。九江铜硫矿和江西铜岭钢铁厂宣传科均与党办两块牌子一套人员。县属企业党委建制的由党办或政工科担负宣传工作职能。

二、宣传学习

冶煤工业局党办的宣传工作，在不同时期工作的侧重点也不同。局党委对各直属企业的宣传工作，负有指导、督促、检查的责任。各直属企业党委的宣传工作也是基本形成网络，有的企业还设置车间专职或兼职宣传员。县属企业宣传工作则由所在地上级党组织领导。

实行厂长负责制前后，紧紧围绕生产经营、改革、承包、党政分开等问题来进行宣传工作，为转变观念、提高认识起到一定的积极作用。

1984年6月6~7日，局党委、行政召开直属企业及部分县属企业经济体制改革座谈会，各企业领导参加会议。会上学习关于当前经济体制改革若干问题的规定（十条）等有关文件和材料，并组织参观学习德安共青垦殖场和德安萤石矿的好经验。

1985年12月，局党委成立打击经济领域犯罪办公室。

1986年11月，局党委组织学习中共中央〔1986〕21号文件《关于颁发全民所有企业实行三个条例》。

1987年7月24~25日，局分别召开实行厂长负责制三个条例厂长座谈会和书记座谈会。

1984~1990年，配合形势，各单位经常开展政治时事学习和教育活动。同时，进行干部正规化马克思主义理论学习。局机关和所属部门，有44名干部考试合格，获省讲师团颁发的干部正规理论结业证书。各直属企业同时参加了该项学习，九江钢厂有61名干部获结业证，九江铜硫矿有 40 名，江西铜岭钢铁厂有 18 名干部获结业证。1985 年开始各直属企业党政分开后，均实行思想政治工作目标管理，把思想政治各项内容分类定量考核。

1986 年 3 月，成立冶煤工业局普法领导小组，组长由伊政海担任，制订 1986 年至 1990 年的“一五”普法规划及实施方案，利用星期二、五下午学习日，组织以宪法为核心的“十法二条例”学习。1987 年 3 月，举办普法轮训班，共两期，每期 10 天。直属企业正、副厂长、正、副书记、工会主席、党办、厂办主任参加轮训。局党委一级领导全部参加了市普法办组织的轮训班。1988 年 5 月，对未参加轮训的职工进行补课，又举办第三期轮训班，所有参加轮训班的人员均参加考试，参考率 100%，及格率 100%。1989 年 9 月，通过市普法办验收。各直属企业均已按期完成“一五”普法任务，通过检查验收。而后沿用冶煤局主要领导任组长的普法工作机制，完成“二五”(1991~1995)、“三五”（1996~2000)、“四五”（2001~2005)、“五五”（2006~2010)、“六五”（2011~2015）的普法任务。2016 年又进入“七五”普法工作新时期。

1986 ~ 1990 年，3 个直属企业均成立企业职工思想政治工作研究会（简称思研会)，同时加入市企业职工思研会，为团体会员。九江钢厂思研会论文《浅谈先进典型的培养与宣传》，被选为市思研会第六次研讨大会宣读论文。1995 年，赣西北大队戴红辉的《毛泽东“开发矿业”思想体系研究》在省自然科学辩证法研究会学会上获一等奖。2001 年，局机关周锋的《正确认识党内腐败现象，理直气壮坚持共产党领导》一文，被省纪委评为全省建党 80 周年征文二等奖。

1989 年 6 月 6 日，局党委传达和学习市思想政治工作会议精神及市委有关文件。

1989 年 12 月，局开展党的路线教育。同年，武宁县煤矿创办《思想政治工作动态》曾获省煤炭厅和市、县委的多次表彰。

1990 年 11 月 23 日至 1991 年 1 月 15 日，冶煤工业局机关开展党的基本路线教育。以党小组、科室为单位，进行对照检查和民主评议，副处级以上领导干部在机关全体人员会议上对照检查。局机关及所属部门参加民主评议党员 61 名，合格党员率 100%。在民主评议后，有 2 人向党组织递交入党申请书。路教对照检查，找出工作中存在的主要问题及制定整改措施。

1990 年下半年开始，各直属企业开展基本国情与基本路线（简称“双基”）教育。

各直属厂（矿）党委宣传科都建立通讯员队伍，形成网络。充分利用宣传工具，如黑板报、墙报、宣传橱窗、广播和放电影前等开展宣传报道活动，并注重对外的宣传报道。各厂（矿）还根据本单位内外的形势和中心工作，不定期办好简报。九江钢厂抓好通讯员和政治宣传员两支队伍的建设，被《企业政工信息报》作为先进经验报道。1990

年九江钢厂被市委授予“九江市宣传思想工作先进单位”。

1990年5月，县属企业德安萤石公司创办《氟化之光报》。

第三节 干部管理

一、管理权限

1984年10月以前，冶煤工业局直属厂（矿）正、副职领导干部，由市委组织部任命、管理，冶煤工业局协助考察。

1984年10月至1988年，改为由冶煤工业公司管理和任命直属厂（矿）副职及本公司正、副科级干部。

1988年以后，任命和管理直属厂（矿）正副职权限收归市委组织部，局正副科级干部报市委组织部备案。

1984年10月前，各直属厂（矿）中层干部由各单位党委任命。1984年10月后，按行政中层干部，由党委组织部考察，党政集体讨论通过。党委系统中层干部由党委讨论通过的程序任命干部，一般干部调配由各单位组织部门负责办理。

1988年3月，江西铜岭钢铁厂实行承包经营责任制，厂长实行公开招标，为期3年，厂行政中层干部、副厂长由厂长组阁聘任。1990年年底，招标承包期满，市委任命承包者为厂长。

二、干部队伍

干部类别 1984年，局及所属部门直属企业国家正式干部326人，其中妇女干部58人，少数民族1人，党员干部141人，中青年干部占84%以上，专业技术干部约占40%。局有干部48人（包括当时的冶煤供销经理部等下属部门），各直属厂（矿）278人。至1990年年底有干部总数316人，其中女干部61人，党员干部160人，中青年干部占81%，专业技术干部占73%。干部总数中，局行政机关干部22人，直属企业294人（含现在的冶煤供销公司等部门）。有高级工程师6人、工程师37人，助理工程师、技术员33人，高级经济师1人，经济师21人，助理经济师、经济员30人，会计师7人，助理会计师、会计员9人。

干部来源 全系统干部的来源基本上有四个方面：一是组织人事部门任命和调配。二是大中专毕业生分配，这也是专业技术干部来源主要渠道。三是部队转业干部安置。四是从工人中选拔干部。1984～1985年，以工代干转为国家正式干部，局机关有11名

(包括当时供销经理部)，企业有41名（其中，九江钢厂16名，九江铜硫矿11名，江西铜岭钢铁厂14名）。各单位还注重积极引进人才，1990年局机关因缺编，向市人事局提出调配干部的政治、文化、专业知识等方面的条件要求，对需调人的人员进行了上述各方面的考察和考试，最后择优录用5名。

素质培养 各单位还越来越重视现有干部队伍自身素质提高。第一，注重政治素质，普遍坚持马克思主义理论学习，法律规范的学习和政治时事的学习，一年一度民主评议党员同时，也进行干部民主评议、考核。第二，注重提高文化、专业、业务素质，各单位均经常选送在职干部到各类高校、短训班学习深造和培训，并鼓励，支持自学成材。

干部使用 自1991年以来，冶煤工业局及直属厂（矿）正副职领导干部由市委组织部任命管理，局机关正科级干部由局党委任命并报市委组织部备案，副科级干部由局党委直接任命。自机构改革后实行政企分离只出不进，至2010年，局机关在职上班职工共9人（局长1人，纪委书记1人，正科级干部5人，工勤人员2人）。截至2016年，机关在册职工7人（总经理1人，副总经理1人，正处级干部1人，正科级干部4人），另有1名副总经理编制在另一部门。

第四节 纪律检查

一、纪检机构

1984年4月，成立局党委，纪检工作便纳入党委工作内容，由局党办兼管具体工作。1986年10月，设立纪委，开始独立工作，由副书记负责。1990年下半年后，有专职干部1人（副主任科员）专管。

市直属厂（矿）均健全纪委班子，并设立专门办事机构——纪委办公室。九江钢厂于1980年4月成立纪委，1989年5月以后有纪检专职干部2人。九江铜硫矿于1979年7月成立矿“纪律检查小组”，1980年7月成立纪委。

二、纪检工作

各级纪委在党委领导下，经常进行党性党风党纪教育，认真做好对党员干部违纪问题的查处工作。1984年，开展核查“三种人”工作。1984年7月至1985年，九江钢厂开展党员干部清欠（公）款工作，共还清欠款1.8万余元，解决该厂多年来未解决的“老大难”问题，同时刹住大吃大喝风。1985年，局及直属企业对干部党员住房、分房情况进行全面调查。九江钢厂还制定《九江钢厂住房收费标准》，经核查和登记，住房超标的收取超标费。

1985～1986年，各单位纪委配合党委整风活动，进行党风教育。

1986年，在全市党风党纪检查活动中，九江铜硫矿纪委协助党委召开各类座谈会14次，收集党内外群众意见46条，予以公开答复或提出整改措施。九江钢厂纪委“打办”对该厂劳动服务公司日常工作副经理进行审查，做出免职和党内纪律处分。

1987年10月，局纪委对九江铜硫矿1副矿长违反计划生育纪律，做出党内留党察看两年的处分。

1987～1988年，各级纪委在反对资产阶级自由化和扫黄工作中，配合党委开展有关活动。

1988年对局机关及下属企业开始党员违纪建私房的清查工作，未发现违纪情况。

1990年3月，查处冶煤供销公司1名党员生活作风问题，做出党内警告处分。

1989～1990年，局共收到举报信件24件，对举报的情况进行调查核实，未发现违纪问题。

局纪委在查处党员违纪工作时，还注意做好思想政治工作，经常督促直属党支部做好有关工作，帮助直属企业纪检干部熟悉业务，并协助其办案。武宁县煤矿在上级纪检组织恢复后，矿党委内设纪检员，1989年矿成立纪检组。

2001年，冶煤集团公司周锋、吴焕兰获省、市纪检系统调研论文二、三等奖。2002年，局纪委获市“先进纪检宣传工作”单位。

2011年10月，查处全冶煤直属企业第一例职务犯罪案例，瑞昌市检察院以贪污罪逮捕原九冶厂厂长魏洪曙，冶煤集团立即开展自省自律教育。

第二章 工会组织

第一节 机构沿革

一、局机关工会

在地市合并前，地区工业局、冶金煤炭工业处机关未成立工会组织，其活动属地区机关统一组织。1984年后，成立局工会组织，统一组织局内各单位的职工活动，主要在市组织下参加全市职工足球赛、篮球赛，以及歌咏比赛活动，并获得一定的名次。在局内为职工文体活动和福利作一定工作。1991年举办系统“知识竞赛”活动，1992年参加市歌咏赛和舞蹈赛。

工会组织经历一次换届。创办时由局办公室主任姜兴武任工会主席，供销经理部副主任刘万祥任副主席。1990年换届由王真任主席。

二、直属厂（矿）工会

九江钢厂 1971年3月建立工会，召开第一届工人代表大会。1973年6月建立车间一级基层工会组织。1985年起在150人以上的车间设置专职工会主席，厂工会对专职干事作了调整，广播、调解、计划生育工作划出工会。1988年九江钢厂与江西钢厂联营期间，两厂工会进行工作联系，相互参加职代会活动。1990年全厂有会员756人，厂工会有专职干部7人，工会委员会委员13人，具体分工为组织、宣传、生产、生活、文体、女工委员。

九江铜硫矿 1973年4月成立矿工会。1979年6月调整矿工会委员，建立车间一级工会组织。到1990年年底，共有584名会员，矿工会有专职干部2人。

江西铜岭钢铁厂 1973年4月成立工会组织。设立工会委员会，下设劳动竞赛委员会、文体委员会、提案审查委员会、女工委员会、生活福利委员会、财经委员会。到1990年年底，全厂共有会员467人，厂工会有专职干部3人。

三、县属企业工会

各县属企业（矿山）在建矿初期都普遍建立工会组织，设工会委员会的企业坚持和健全职工代表大会制度。武宁煤矿工会组还建立女工机构，经历10届。洋鸡山金矿工会下设劳动保护委员会、女工委员会和生活管理委员会，以及采矿、选矿2个分会。

20世纪80年代，各企业都较重视工会组织的地位和作用，配有工会专兼职干部和办事机构。

第二节 职工代表大会和会员代表大会

九江钢厂 1971年3月召开第一届工人代表大会，到1990年年底，共召开3届职工代表大和3届工会会员代表大会，先后选举于常友、罗国斌、聂家尧、聂斌任工会主席。

九江铜硫矿 1973年4月召开第一次工人代表大会，1980年12月召开第一届职代会，到1990年2月召开5届职工代表大会和6届工会会员代表大会，其间先后选举吴昌荣、周洛安、杨兰锁任工会主席。

江西铜岭钢铁厂 1973年6月召开首次工会会员代表大会，1980年12月召开第一届职工代表大会，到1987年年底，共召开了4次职工代表大会和工会会员代表大会，杨景慧当选第一届工会主席，此后，周明节、汤明金任工会副主席，主持工作。

1971~1990年各直属厂（矿）历届职代会一览

表7-2-1

时间	单位	届次	主要内容	正式代表数（人）	届期召开会（次）
1971.3	九江钢厂	1	选举产生工会主任，主任于常友（兼），副主任陈昌明，十四名工会委员		
1973.6	九江钢厂	2			
1980.12	九江铜硫矿	1			
1980.12	江西铜岭钢铁厂	1	审议工作报告及《关于第二次调整住房》等，动员全厂职工面对企业亏损，立足生产自救，在竞争中求生存，在调整中稳步前进	62	4
1990.1	九江钢厂	3	选举产生第3届工会委员会，聂斌任主席		
1982.12	江西铜岭钢铁厂	2	审议通过《完善经济责任制，努力开创新局面》工作报告等	58	3
1983.3	九江铜硫矿	2	审议矿长《两年来的工作情况和1983年主要任务》工作报告等	98	3
1984.12	九江铜硫矿	3	听取工作报告，通过《一九八五的奖金分配使用方案》等	99	4
1985.1	江西铜岭钢铁厂	3	通过采选车间等七个经济责任制方案	62	4
1987.2	九江铜硫矿	4	通过《九铜矿长工作条例实施办法》《职代会工作条例实施办法》等	108	3
1987.3	江西铜岭钢铁厂	4	通过《深化改革、增长节支》工作报告等，选举产生厂管会成员，号召职工积极进取，改革创新开拓前进，完成1987年任务，在双增双节中取得好成绩		至1990年年底召开九次会员会
1990.2	九江铜硫矿	5	审议通过矿长工作报告	92	

第三节 劳动竞赛

一、竞赛活动

九江钢厂 工会自建立以来，十分重视在生产中开展劳动竞赛，调动职工积极性和创造性，为生产经营服务，通过开展劳动竞赛，在一定程度上解决了许多生产和技术上的难关。中共十一届三中全会后，该厂工会在厂党委和上级工会的指导下，协同厂行政以“高产、优质、低耗、安全”为重点，把竞赛效果同经济效益、责任直接挂钩，把竞赛成绩和年终评比先进结合起来，给予先进集体和个人一定的物质奖励。1986 ~ 1990 年，参加市总工会开展的五十家企业“双增双节”社会主义劳动竞赛活动。1987 ~ 1990 年分别获“优胜企业”奖状和奖杯，同时还有 5 人获生产操作能手。企业管理能手、最佳服务能手称号。建厂以来，还多次评选和奖励先进活动。1990 年，在市总工会倡导下组织“技术支农小分队”。1990 年温菊生被评为省劳模。

九江铜硫矿　1979 年开始由工会负责劳动竞赛。1984 年首次参加省“三二一”社会主义劳动竞赛，3 人获省总工会表彰。1985 年获竞赛优胜企业。1987 年成立“双增双节”竞赛领导小组，参加市“80 厂竞赛”，共实现利税 23 万元，各项经济指标超额 10.4%以上。1989 年参加市“双增双节”社会主义劳动竞赛活动。1990 年荣获市“双增双节”优胜企业，有 10 人获市政府、市竞赛办表彰。从 1989 年开始把“双增双节”活动和年终评比结合起来，在活动中实现定时定量、定人员、定单耗指标，跟踪管理。1990 年，荣获市政府颁发的“大战一百天”优胜企业奖杯。1978~1989 年，有 5 人获省、市总工会表彰的“三八红旗手”“生产操作能手”或“安全生产能手”。

江西铜岭钢铁厂　1984 年，开展“三创”“两高”“一献”劳动竞赛。1985 年，开展“三二一”和“五一”劳动竞赛。这两年增收节支金额达 20.9 万元，分别被省经委、市总工会授予“振兴江西杯”“九江腾飞杯奖”。历年的劳动竞赛促进了工厂的生产发展。该厂充分发挥职代会的民主监督管理作用，有关厂里的重大方案都经过职代会讨论。1988 年该厂厂长实行招标，厂四届四次职代会听取了厂长投标人的标书，并对 3 位投标人投了信任票。

二、工会荣誉

1985 年，九江钢厂被市总工会评为“职工之家”。

1985 年，武宁煤矿工会被省总工会验收合格的“职工之家”，1988 年被省市总工会授予先进“职工之家”。

1987 年，江西铜岭钢铁厂被市总工会评为“职工之家”。

1989 年，武宁县煤矿被评为省总工会、省经委、省财政厅表彰的全省“双增双节”优胜单位。

1990 年，九江铜硫矿获市总工会“先进职工之家”。

1990 年，江西铜岭钢铁厂工会在瑞昌市开展的退休职工管理百分赛中，获 99 分，被授予退休管理工作先进单位。

2000年，赣西北地质大队工会被中华总工会授予“全国模范职工之家”。

2013年，城门山铜矿工会被中华总工会授予“全国模范职工之家”。

第三章　共青团组织

第一节　组织建设

一、局机关团组织

局机关干部中青年极少，未建团组织，只是在地市合并后，局机关在经理部和休养院的青年职工中，组建了共青团委，由胡恩华任书记。

二、直属厂（矿）团组织

九江钢厂　1970年1月由厂革委会核心小组批准第一批青年加入共青团组织并成立团小组，为厂团委成立从组织、人员上准备了条件。同年10月，厂党委吸收第一批团员入党，进一步为团组织建立奠定基础。1971年3月，组织整团建团领导小组，同年12月召开首届团代会，选举产生第一届委员会，甘智德任团委书记。1975年6月、1985年2月分别召开第二届和第三届团代会，瞿秋凤连任团委书记。1987年3月，召开第四届团代会，罗建国任团委副书记，主持工作。截至1990年年底，全厂共有团员65名，青年105名，团支部7人。

九江铜硫矿　1970年12月成立团总支，石国迁任团总支书记，下设4个团支部。1972年4月召开第一次团代会，成立矿团委，张杰任书记。到1989年年底共召开五次团代会，罗玲、罗利霖任第二、三届团委副书记，主持工作，张智群任第四届团委负责人。1988年3月张光全主持团委工作。1989年9月张光全任团委书记。到1990年年底，全矿共有团员157名，下设8个团支部。

江西铜岭钢铁厂　1970年成立整团建团领导小组，下设7个团支部。1972年5月4日召开第一届团代会，选举产生第一届团委会，于效默任书记，全厂共有430名团员。

至1987年3月，共召开5次团代会，潘裕和任第二届书记。1980年9月第三届团员大会（团代会）通过撤销团委改称团总支决定，柳植珠任总支书记，共设2个团支部。魏洪曙任第四届团总支书。1987年3月召开第五届团代会，恢复厂团委，魏洪曙任副书记，主持工作。全厂有团员75人，设6个团支部。

三、县属企业团组织

县属企业实行党委建制单位一般同时建立团委一级团组织。少数单位根据实际情况也有设团总支的，如武宁县钨矿、德安县锑矿均为团总支。1971年武宁煤矿建立团的组织，团总支书记李富毫。1975年5月建立团委，辖5个支部。凡设党支部或总支的企业同时相应建立团支部。

四、基层团支部建设

20世纪80年代，各厂（矿）团组织均开展“创先进团支部，争当优秀团员”活动。1986年，九江铜硫矿开展“达标、创先、争优”活动，矿团委被市委授予“合格团委”，张光全被授予市“优秀团支书记”称号。1987年3月，九江钢厂第四届厂团代会着重“立志达标”活动，整顿基层团支部的瘫痪状况。1990年，九江铜硫矿选矿团支部和坑口团支部书记张方金分别被团市委授予“先进团支部”“优秀团支部书记”。

各级团组织注意自身建设，不断发展新团员，办理超龄离团手续，经常举办团干学习班，做好基层团支部的改选工作。

第二节　团的活动

一、思想教育

自20世纪70年代九江冶煤系统建立团组织以来，根据青年特点，开展丰富多彩的文娱活动，寓教于乐。如九江钢厂曾开展“学英雄，见行动”活动，教育青年艰苦创业，积极投入工业学大庆活动中去。1980年，各级团组织坚持开展“五讲四美三热爱”全民文明礼貌月活动和“学雷锋，树新风”活动。各单位团组织还成立青年服务队，走向社会，为群众做好事。1980年，九江铜硫矿团员王义富被评为九江地区“五四三”活动先进个人。1984年采矿团支部书记曾小明被评为市“五四三”先进个人。九江钢厂罗建明几年如一日，免费为群众修理家用电器。1984年被团市委授予“五四三”先进个人。各单位还先后开展“四有”教育、“爱我中华”主题教育等理想道德教育，以及对后进青年的帮助转化工作；开展各种类型的读书会和演讲比赛、知识竞赛。

每逢“五四”青年节及国家重大节日，各单位团委都要开展较大型文娱活动，并经常与本单位工会联合进行。1984 年 5 月 4 日，九江钢厂团委组织全厂团员青年登庐山比赛；12 月与九棉一厂团委联合举办“辞旧迎新”青年联谊晚会。此后也多次举行联欢活动并参加为纪念红军长征胜利 50 周年火炬接力环湖跑。九江铜硫矿团委 1988、1989 年两次与工会联合举办青年业余歌手大奖赛。1989 年以来，该矿每年“五四”都要评选表彰“九铜十佳青工”。1985 年 8 月创办《矿区团内动态》，同年 12 月获市级“优秀团刊奖”，到 1990 年年底共办创 25 期。

各直属厂矿团委对少儿工作也比较重视。九江铜硫矿和江西铜岭钢铁厂由于地处山区，办有厂矿子弟学校，子弟学校都建立了团支部，并选聘优秀团干部担任少先队辅导员。九江铜硫矿有 3 名同学被团委授予“学赖宁好少年”称号，有 1 名被团市委授予“优秀少先队员”。1986 年团市委授予该矿子弟学校“红领巾学校”荣誉称号。

二、劳动竞赛

1970 年，九江铜硫矿建矿初期，各车间团支部都建有“青年突击班（组）”，积极承担生产、基建中的急、难、险、重任务。团委经常组织团员青年义务修路、平基、植树，以及修旧利废增收节支活动。1978 年，九江铜硫矿车队青工周英新被九江团地委授予“新长征突击手”。1980 ~ 1984 年，九江钢厂新的一届团委成立后，着重围绕提高经济效益，振兴九钢出力的主题，深入开展各项生产突击活动。中共十届三中全会以来，江西铜岭钢铁厂团委开展“岗位立志达标”活动，涌现一批立足岗位，学技术、学知识、争创一流成绩的积极分子。青工戴尔仪被团市委授予优秀团员，市总工会授予“最佳操作能力”称号。1984 年 12 月，德安县锑矿团总支在全省青工增收节支千万元活动中被团省委、省财政厅省经委授予“先进集体”。1985 年，九江铜硫矿团委会同生产技术科开展“爱岗位，创一流，勇探索，做能手”青工能手赛，超额完成团委下达指标 3 倍。1986 年，铜硫矿开展“学红军，爱岗位，兴九铜，创优质”竞赛。1987 年以来开展“创安全文明岗”“五小 QC”“岗位练兵，技术比武”“提合理化建议”“双增双节”“青年在岗位上闪光”等一系列活动。1990 年 11 月，江西铜岭钢铁厂发生建厂以来最大事故——尾砂坝破裂，在抢救这次事故中，团员青年一马当先，为抢救国家和群众的财产做出贡献，共青团员张玉为救助受灾职工而受伤，在住院期间还捐款 100 元。

第八篇　经济体制改革

第一章　经济体制改革综述

1979年开始，在市委、市政府领导下，全系统从扩大企业自主权入手，围绕“增强企业活力”这一中心环节，从个别试点到全面铺开，以搞好企业整顿，建立、健全经济责任制为突破口，开展全面经济体制改革。

这场改革大致可分为两个阶段：即1979～1984年初始阶段和1985～1990年全面推行阶段。通过改革加强企业管理、推进技术进步、提高职工责任感，调动生产积极性，从而较好地处理国家、集体和个人三者之间的利益，实现两权分开，改善企业经营机制，使企业的经济效益有了明显提高，为九江的发展做出一定的贡献。改革13年，冶煤口的一些企业摘掉历年亏损的帽子，有了较快的发展。

1978~1990年改革年代冶煤系统各项经济指标一览

表8-1-1　　单位：万元

项　目	1978年		1984年		1990年	
	产值	实现利润	产值	实现利润	产值	实现利润
全系统合计	1777.73	4.06	1941.60	235.04	4320.40	900.74
有色、冶金黄金	1417.91	–29.19	1713.86	212.22	3970.87	846.44
煤　炭	359.82	33.25	227.74	22.82	349.37	54.59
其中市直企业小计	655.04	–55.49	1100.10	131.50	1753.30	90.40
九江钢厂	305.30	–34.19	510.62	11.00	1052.99	8.33
九江铜硫厂	145.15	57.50	300.06	70.30	500.39	55.10
铜岭钢铁厂	125.31	–70.80	201.42	50.20	200.00	35.00

说明：产值以1980年不变价计算

第二章 经济承包责任制

第一节 初始阶段

1979年开始，到1984年，是冶煤行业实行经济承包责任制初始阶段。随着全国城市经济体制改革进程的发展，瑞昌煤矿率先推行经济承包责任制。该矿为搞好企业整顿，抓好基层班子建设，提高劳动生产率，扭转连年亏损被动局面，在1978年就曾试行过“评奖”办法，后又改称为“记奖”的办法。但都因分配关系不合理，效果不明显，最后该矿在吸取教训基础上，借鉴外单位经验，制定“计奖”办法，要求“完成定额，不准旷工，不出事故，不以劣充优，定产计奖”，这样效果明显，产量、质量和效益都有显著的提高。

瑞昌煤矿的经济承包责任制极大地推动了其他煤矿，纷纷开始改革尝试。修水煤矿实行定额加奖励办法。但该矿由于煤层不稳定，定额难以准确确定。德安付山煤矿在改革前因煤质差造成煤炭严重积压，工资已有数月未发，改革后，矿内实行生产任务和生产成本大包干等一系列新措施，迅速扭转被动局面。用经济手段解决经济问题，付山煤矿在德安县首先取得成功。

直属企业铜岭钢铁厂为解决1979年定额亏损指标70万元不被突破，在9月份面临全厂停产的困境面前，厂党政领导下决心在四季度实行全面改革。厂内技改项目一律由本厂各部门组织承包，履行合同。一般车间采取盈亏包干，二级科室实行费用包干。节约资金20万元，解决职工工资4.5万元，实现控亏目标，企业顺利渡过难关。1979年九江铜硫矿试行了奖金制度，1980年该矿为解决采矿不能满足选矿生产能力的矛盾，在井下实行计件工资，对车间实行财政包干，结余有奖办法，较好地解决了井下与地面生产不协调矛盾，促进了生产发展。

经济承包责任制经过两年的探索，至1980年年底，当时的地区工业局总结了企业财政包干的三种类型：(1) 利润分成（如国棉三厂）；(2) 政策亏损包干，超亏不补（如铜岭钢铁厂）；(3) 依靠自己力量休养生息（行业小企业）。

针对推行经济承包责任制的初战胜利和存在的一些问题，上级领导部门部署进一步深化改革思路。省长在全省电话会议上强调:“推行经济责任制是发展生产有效的经济措施，形式上可多种多样，先把企业内部责任制普遍建立起来，把国家、集体、职工三者利益结合起来。”在全地区的工交会议上也提出进一步深化改革的四点要求:(1) 扩权单位按试点办法实行利润留成，超收部分的20%留给企业；(2) 亏损企业利润实行减亏包干和利润包干;(3) 企业实行自负盈亏，以税代利;(4) 有计划、有步骤地选择几个地方按行业搞利润包干。实行包干可以收到吹糠现米的效果，包干利于企业克服吃国家的大锅饭，有利于行政干部克服官僚主义，有利于生产的发展。

1981 年 4 月，江西地方煤矿推广上饶地区工业局实行经济承包责任制，采取“五包一奖评”先进经验（“五包”是“包产、包质、包出勤、包安全、包报酬”）。

地区工业局及时召开会议贯彻上级的指示精神。

初尝经济承包责任制的甜头，各厂（矿）反响强烈，行动迅速。

1981 年下半年，铜岭钢铁厂正式被列为全区实行经济承包责任制，改革奖金制度的试点单位之一。该厂为实现控亏 25 万元，成立专门机构。同时派人赴外地参观、学习，制定本厂责任方案，制定定额和考核办法。并通过党员、车间主任、班组长、工人等多种形式的座谈会讨论、落实。具体方案：对车间实行“三定”(定任务、定质量、定人员)；对财务实行费用包干；以人定产，以产核算，日考勤算到人，月总评分配到人。定额标准为：月产合格铁矿石 3600 吨，每超产 1 吨奖 3 元；每减产 1 吨罚 1 元。月工作日为 20 天。到年底，铜岭钢铁厂完成合格矿生产 34500 吨（车间成本 9 元 / 吨)。1982 年 6 月，铜岭钢铁厂具体汇报经济责任制方案执行情况：采矿实行小集体计件工资制，参加人数 278 人，人均月基本工资 46 元、补贴 8 元、定额吨矿 3 元（炼铁车间工人采矿可提 4 元 / 吨)，如果按高限月产 6300 吨矿石，则人均月工资可得 67 元。当年，厂部修改定额，规定月产矿石定额为 5050 吨，成本 23.25 元 / 吨，车间经费 14 元 / 吨，要求财政补亏 15 万元。地区财政表示：“1982 年包干亏损 15 万元，减亏留用，提高效益，增产减亏。”同年 9 月，行署工业专员召集劳动、财政、冶煤、经委、交通、港务和铜岭钢铁厂的有关领导研究铜岭的扭亏措施。指出：“1982 年铜岭钢铁厂生产矿石 75000 吨，摘掉亏损帽子；矿石运输由交通、港务方面负责。在扭亏的前提下，每月奖金 10000 元封顶，可超过基本工资的 40%。”会上地区财政处表示：“关于生铁的亏损问题。在提价前由财政补贴，提价后的亏损和罚金拟在地区机动财政解决。”这样经过两年酝酿和试点，铜岭钢铁厂的经济承包责任制终于得到妥善解决，责任制解脱了企业的包袱，激发了企业发展生产的积极性。

九江铜硫矿也是地区的试点单位之一。该矿在原先试行井下计件、地面定额加奖励办法的基础上，从 1982 年 2 月始执行台班工效 18 吨（月产 1350 吨)，掘进工效 1.10

米 / 工、加固维修 1.10 米 / 工，月产矿石 2800 吨的定额管理。实行结果非常好，月产矿石 3119 吨，掘进进尺月 91.47 米（工效 1.32 米 / 工），加固维修巷道 98.65 米（工效 1.31 米 / 工），铺底 215.9 平方米，支护 58 架，漏斗 4 个，回收坑木 345 根；选厂月处理矿石 2596 吨，获铜金属量 44.086 吨，硫精矿（折算 35%）1877 吨，完成总产值 29.65 万元。所有技术经济指标也达到历史最好水平，采矿成本 20.43 元 / 吨（历史最好水平为 23 元 / 吨），选矿成本 25.23 元 / 吨（历史最好水平为 25.73 元 / 吨），单位工资含量 19.12 元 / 吨（历史最好水平为 20.80 元 / 吨），全矿单位成本 70.84 元 / 吨，总成本 19.47 万元，实现利润 10 万元。但是工资幅度增长较快，地区规定为 3.5 万元 / 月，而实际为 4.96 万元 / 月，另外奖金 1.30 万元 / 月，超过基本工资的 30%，达到 41.4%。经济责任制的完善进一步调动了职工的生产积极性。原来农忙时职工请假回家的多，矿生产不正常，改革后没有人请假了，矿生产稳定。企业效益好，工人得的也多。井下计件工 120 人，平均每月工资为 151 元，最高达 300 元 / 月；地面工人平均月奖也有 15 元。此试点在具体执行时各主管部门发生了意见分歧，直至 1982 年 5 月底，经地区工业专员决策定为:“井下小集体计件加地面定额奖。定额为月矿石 2500 吨，单位工资含量 4.8 元 / 吨，平均人月工资 100 元，增资上限为基本工资含量的 40%，安全要确保。到 12 月 29 日矿井下的经济承包进一步完善为‘四定三联二包一保为内容的经济责任制’”。

九江钢厂也在 1982 年 7 月与主管部门签订盈亏包干协议书：全年实现产值 420 万元、钢材 8000 吨、亏损包干 20 万元。以上目标完成后奖励 5 万元，年底该厂基本完成了上述任务。1983 年 1 月该厂又采取措施实行各车间承包，实行分月考核计奖的办法进一步调动了职工的生产积极性。

经济承包责任制的进一步完善，使实行改革较早的煤炭行业更充满了活力。

武宁煤矿在原先的基础上制订了新的方案，部分职工实行浮动工资制；矿对工区、车间、科室实行包干制，工区对班组、个人实行以工资计任务，以任务计分，以分计钱的浮动办法。各工种岗位都制定明确的定额，指标分解到个人的定额规定。实行结果原煤超产，实现利润 79.12 万元，上缴县财政 55 万元。井下人员增加，地面人员减少，采煤工效 0.4085 吨 / 人，达到了历史最好水平，井下工人月工资高达 144 元，极少数也有扣基本工资 20 元的。此方案在全区冶煤工作会议上进行交流。

瑞昌县煤矿也在总结前两年经济责任制的基础上于 1981 年年底开始实行联产计酬责任制，并同安全、节约相挂钩。纠正那种上要封顶，下要保底的偏向。3 个工区增加盈利 1.1 万元，职工收入一般要超过月工资的 35.1%，最高的人每月可收入 180 元。

九江县东风煤矿实行“财务包干、联产计酬、超产分成、减产赔款、奖赔分类”办法。全矿费用、消耗包干，超额部分赔 50%、节约奖 50%，定额基数月产煤 2100 吨，完成定额发基本工资，超额计奖，完不成罚赔。执行结果实现控亏 8.5 万元目标，并清理旧账 3.3 万元，实现盈利 2000 元。

德安付山煤矿按“一条龙”办法大包干，自一线到二线均实行定额超产奖，年包干基数控亏 8 万元，实现结果效果同样明显。

县属国营金属矿山也都积极完善承包管理。德安萤石矿实行定额管理后加强核算，提高经济效益。以产量定额日产矿石 50 吨为基数，再定原材料消耗、定工资、定劳保，最后实现了大包干。修水钨矿全矿 104 人实行计件工资后，成本下降 11.5%，提高回收率，减少非生产人员，效益明显，实现利润达万元。

1982 年，是冶煤工业普遍推行经济承包责任制的一年，责任制在原有的基础上经过摸索、完善得到健全和提高。效果虽然明显，但也存在着不足，如定额偏低，国家、企业福利偏高，产、供、销不平衡和政治思想工作薄弱等。

1983 年，为贯彻国务院“关于国营企业利改税试行办法”的通知，改革重点有所转移。同年 6 月底，由地区财政、税务两处同时下文规定九江铜硫矿仍纳入预算外企业，交纳工商税 55%，1984 年起纳入预算内企业，一定 9 年不变。武宁煤矿也开始执行利改税的办法。

经济承包责任制也有一定发展。修水煤矿实行“定额包干、联产计酬”方案；瑞昌金矿实行“费用包干与经济效益挂钩，超支不补，节约有奖”方案；铁门坎金矿实行“指标分解，层层包干，月考核兑现”方案。

到 1984 年上半年，省煤炭系统提出各煤炭企业要进一步完善经济责任制，特别是在制订方案时要把安全列入重要考核指标，以确保安全加强科学管理，克服以包代管的弊病。同年 3 月，市冶金煤炭工业公司召开市直企业厂（矿）长座谈会，主题是关于企业扩权“十条”的实施情况。会议提出：在改革进程中，主管公司做了大量工作，如企业整顿、经济承包推广、厂长负责制落实等等。但许多工作只能上传下达，没有实权，企业压力大、婆婆多，担子重。诸如原材料涨价、职工调资、产品价格不到位等因素企业难以消化，企业既要完成任务，又要完成利润指标，厂（矿）长难当。

1984 年 7 月，冶金煤炭工业公司在内部实行改革；对供销经理部财务实行二级核算，分账不分家；对汽车队实行承包责任制；对劳动服务公司实行按劳计酬，自负盈亏的办法。

1984 年下半年，市政府决定九江铜硫矿为冶煤系统推行厂（矿）长负责制的试点单位。试行方案由矿长提出，并经过自下而上的讨论得到通过。内容是：（1）参加“组阁”的职工一般不能申请调动，需调动者须三年之后才能提出申请；（2）矿级干部任期应改为由任免部门定试用期，以半年为宜；（3）车间级党、政是合是分的问题，大家意见倾向于分，这样便于加强思想政治工作；（4）矿务会由矿长主持，采取民主集中制；五、奖惩以五项指标为考核依据，即产量、质量、产值、利润、安全。与此同时，矿党委向矿长交三权：（1）生产经营决策权；（2）行政管理权；（3）行政干部任免权。矿重大决策和职工的福利交职代会讨论。党委重点抓三个方面，即一是方针政策的检查督促；二是重大决策先经党委会讨论；三是政治思想工作和组织建设工作。

第二节　全面推行阶段

1985～1990 年，是冶煤系统经济承包责任制的全面推行阶段。这个时期在“对外更大胆地开放，对内更大胆地搞活”精神指导下，以搞活企业为中心，集中精力把经济体制改革的步伐加快。全省、全市和整个冶煤行业都进入到政企分开、简政放权、落实自主权、推行厂（矿）长负责制、建立与完善以承包为主的企业内部经济责任制，打破大锅饭，增强企业活力，把企业尽快推向市场。企业选好突破口，完成目标管理是这个时期深化改革的关键。

1985 年 2 月，下达冶煤直属企业目标任务是：实现利润 82.25 万元，入库利润 68.75 万元。

1985~1987 年市冶煤直属企业目标管理完成情况一览

表 8–2–1　　单位：万元

单位	项目	1985 年			1986 年			1987 年		
		产值	利润	入库	产值	利润	入库	产值	利润	入库
市直合计	计划	1210.00	82.25	68.75	1220.00	181.78	85.60	1310.00	168.13	68.00
	实际	1227.68	205.90	104.50	1284.97	181.00	85.60	1418.20	155.20	71.90
九江钢厂	计划	640.00	2.58	8	700.00	52.00	10.00	750.80	55.00	10.00
	实际	645.07	36.90	18.00	720.71	52.00	10.00	811.50	55.20	10.00
九江铜硫矿	计划	370.00	35.75	27.50	310.00	38.90	21.60	370.00	42.90	22.00
	实际	380.97	71.80	39.50	359.69	38.90	21.60	423.10	43.00	23.90
铜岭钢铁厂	计划	200.00	44.00	41.25	210.00	90.00	54.00	190.00	70.23	38.00
	实际	281.64	97.20	65.00	204.57	90.10	54.00	183.60	57.00	38.00

1988~1989 年冶煤市直企业第一轮承包一览

表 8-2-2　　单位：万元

单位	项目	1988 年			1989 年			1990 年		
		产值	利润	入库	产值	利润	入库	产值	利润	入库
市直合计	计划	1420.00	84.70	28.60	1650.00	111.76	36.40	1700.00	220.40	41.55
	实际	1551.95	71.328	36.50	1676.20	114.88	51.40	1753.37	90.43	41.70
九江钢厂	计划	800.00	36.89	12.00	1020.00	66.16	14.40	1000.00	131.40	17.30
	实际	936.18	36.89	12.00	1020.82	50.74	14.40	1052.98	0.30	5.00
九江铜硫矿	计划	440.00	38.90	18.60	460.00	45.60	22.00	500.00	55.00	24.25
	实际	440.17	23.75	23.70	471.93	45.62	37.00	500.39	55.07	36.70
铜岭钢铁厂	计划	180.00	9.00	0	170.00	10.00	0	200.00	34.00	0
	实际	174.60	10.688	0	183.52	18.52	0	200.00	35.06	0

说明：产值为 1980 年不变价

1987 年 5 月，市政府进一步布置企业经济承包工作。冶煤工业公司党委决定 3 个市直企业采取 3 种不同的形式承包：九江钢厂与江西钢厂联合，解决钢坯原料、技术、改造等一些重大问题以扩大生产能力，按微利企业对待；九江铜硫矿为矿长、书记任命承包经济责任制；铜岭钢铁厂为招标选聘厂长责任制。效益以持平对待，不再上交所得税，但在 3 年内须开发 1~2 个新产品以增强企业发展后劲。为了加强对第一轮承包的领导，公司专门成立承包工作领导小组，由 6 人组成。

市招标领导小组对铜岭钢铁厂的招标工作做了细微具体的安排，抽人组成铜岭钢铁厂招标考评委员会。铜岭的招标经历了主管公司张榜公布招聘厂长公告、标底制定、3 位投标者公开答辩、民意测验、考评委员会评议、市招标领导小组批准到最后签订合同并经法律公证等 7 个程序，前后历时近 6 个月。

在实行企业承包责任制过程中，冶煤工业取得较为突出的成绩，先后获省、市多次嘉奖。工业公司于 1988 年获奖 5.2 万元，1989 年又获市目标管理第一名，并奖励 1.80 万元。公司经理获得 1988 年和 1989 年承包奖 400 元。整个直属企业获奖情况是九江钢厂获省、市经济效益优胜单位奖，1985 年、1986 年、1987 年和 1989 年也获得市经济效益优胜单位奖；九江铜硫矿获市 1990 年经济效益优胜单位奖，同时在企业第一轮承包中被市政府授予“改革先进企业”荣誉称号；江西铜岭钢铁厂 1984 年、1985 年获省、市“经济效益先进单位”的称号。各县属矿山受到省、市表彰的有德安萤石矿、武宁钨矿、武宁煤矿、洋鸡山金矿等。

在第一轮承包时期，省地方煤矿提出煤炭总承包方案。在省厅及地方煤炭公司指导下，公司做了大量工作，逐个对县煤矿进行基础数据测算，提出具体方案。但终因县财力匮乏，省财政又无力扶持，而未予采纳。方案因此搁置。

这样，企业的领导体制由1980年以前的党的一元化领导，到1980～1986年的党委集体领导下的厂长分工负责制，直到1985年4月开始推广厂长负责制，1986年以后实现厂长负责制，前后经历三个阶段。1987年7月冶煤工业公司开会总结落实厂长负责制的经验，开了一系列座谈会。厂长和书记们认为：(1) 继续提高认识，统一思想；(2) 要正确贯彻落实“三个条例”；(3) 要书记开明，厂长适应；(4) 书记厂长要互谅、互让、交心通气、友谊、理解、不推诿、不扯皮，做到大事商量、小事放开。

在贯彻执行厂长负责制市直企业中，九江铜硫矿矿长严淑旺和九江钢厂厂长吴国刚先后获市经委、市企管协会和市企业家协会授予的“优秀企业家”称号。

市经委曾到厂长负责制的试点单位九江铜硫矿实地了解，发现还存在一些问题。对内，矿里工作井上、井下、与乡、村和村民打交道，事无巨细都要矿长出面；对外，各级婆婆多，市、县各行各业都要到矿里检查，都要接待好，费时、费力，矿长精力分散，生产经营无保障；产品畅销有关部门要统，产品滞销时无人关心；生产的原材料、电力没有保证，矿长求的部门越来越多，成本越来越高；招工有困难，矿里待业青年越来越多；技术干部和技术工人外流。

第三章　企业横向联系和机关机构改革

第一节　企业横向联系探索

在改革年代，九江市冶煤工业公司在促成企业横向联系方向做了大量工作。1985年，市冶煤工业公司与市物资局联营组建拆船公司。1986年7月，公司解体，市政府明文规定：“市冶煤集资2.5万元退回，亏损由市物资局承担，人员哪里来的哪里去”，但此决定没有落实。九江大理石联合开发公司，由铜岭钢铁厂与市科委科技市场、夏畈乡联合，后全部股份由铜岭独家购得。深圳东南技术开发公司，由市冶煤公司和3家直属企业与南昌有色设计院联合。九江钢厂与江西钢厂紧密型的联合等。

县属矿山达成联营协议的有瑞昌洋鸡山金矿由瑞昌县与赣西北地质队联办，这是冶煤系统第一家跨系统的联合企业；九江罗坑煤矿是瑞昌、武宁两地六家联合办的企业；吴家金矿是瑞昌县与武山铜矿的联办企业；修水香炉山钨矿是修水县与浒坑钨矿的联办企业；永修钒矿是永修县梅棠乡与上海铁合金厂联营等等。

第二节 机构改革探索

1970 年 7 月，成立属行政管理性质的煤炭调运小组。1972 年成立九江市煤炭调运办公室，划归九江市抓革命促生产部领导，仍是行政性质。1973 年 10 月，成立九江地区工业燃料公司，同时撤销九江市煤炭调运办公室，归九江地区工业局直接领导，属企业性质，由地区财政局拨款 2000 元开办费。为适应经济体制改革形势和加强供销工作，1981 年 12 月 12 日，经专署批准设立“冶金煤炭供销公司”，与九江行署冶金煤炭工业处合署办公，两块牌子一套人员，撤销九江地区工业燃料公司，人、财由处统一管理，对内称供销科。1982 年 1 月 4 日，处办公室具体研究确定供销公司内部组织机构设置和人员安排，公司下设一组（物资供应组）、二组（煤炭调运销售组）、液化气站（由地区计委具体定）。

1982 年 11 月，经冶煤处领导碰头会议决定，原处“中转站”改称“劳动服务站”，为独立核算、自负盈亏集体企业。领导体制以冶煤处为主，与地区劳动服务公司实行双重领导，以便利用国家规定的优惠政策，发展企业。

1984 年 10 月，九江地市合并，实行市带县新体制。10 月中旬，九江行署冶金煤炭工业处与九江市燃料公司合并，成立“市冶金煤炭工业公司”新建制和新领导班子，明确宣布原九江地区冶金煤炭工业供销公司改为九江市冶金煤炭工业公司供销经理部，为工业公司下属正科级，公司法人代表为九江市冶金煤炭工业公司经理。

1983 年 10 月底，省地方煤炭公司召集全省各地（市）负责人会议，研究机构改革问题，提出全省设“地方煤矿总公司”构想。

市委、市政府为更好地制订“八五”体改方案，1984 年年底在全市开展大量调研工作。为此，冶煤工业公司曾拟定过一套新的机构设置方案，并以浔冶煤字〔1985〕第 37 号文件形式向上级提出。

1986 年年初政企分开，经工业公司决定供销经理部财务独立核算，法人、财务印鉴仍是工业公司经理，同工业公司实行分账不分家。

1987 年，为适应对外搞活，提高经济效益的需要，7 月 28 日经工业公司行政会议决定供销经理部对外改称九江市冶金煤炭供销公司。之后，逐渐发展，形成自我经营有较强实力自我发展的国有企业。

1990 年 12 月，经省同意，九江市冶金煤炭工业公司改称九江市冶金煤炭工业局。属市政府一级行政机构，行使规划、指导、监督、服务的行政职能，原工业公司内部所辖经济实体不变。

为了发展九江矿业，又增强主管部门自身经济能力，从地区工业局成立之后，机关就加强了经济活动。1974 年开始筹建焦场，地区拨 5 万元专款于 1976 年 3 月动工，1976 年投入使用，占地 350 平方米，年储运煤、焦炭 5000 吨。后又建设武宁大桥煤场和金水煤场，有力保证了全地区煤炭的调运任务的完成。1978 年创办了地方煤矿职工庐山休养院。1980 年按地区要求筹建“九江地区液化气公司”，1982 年由地区计委划拨走。1982 年创办冶煤局劳动服务公司，20 世纪 90 年代后，因国家就业政策变化而停止。1983 年成立市矿冶学会。1984 年成立黄金管理站，1986 年升格为九江市黄金公司。2004 年移交市工信委后，改为黄金办公室。市冶煤公司自筹资金于 1986 年建成冶煤大楼，是当时市区东门外的第一栋全框架 7 层大楼，几十年里成为市区改革开放和城市建设大发展的标志性建筑。1986 年与省地方煤炭公司联合投资 9 万元，创办占地 700 平方米，储气 10 吨的液化气站，服务省、地机关。1985 年市批准建设七里湖铁路专用线贮煤场，1989 年 6 月建成占地 5.87 公顷，铁路专用线 1.5 千米，年吞吐量 60 万吨，投资 350 万元。90 年代初，创办冶煤商业有限公司和矿冶物资供应有限公司，后都在 2009 年改制结束。1992 年创办九江市兴亚化工厂及九江市安达汽车零部件制造所，到 1998 年终结。还配合行业管理发展要求，1989 年成立市煤炭监督检查站，直到 90 年代随机构改革和管理职能变迁，而停止。1987 年成立省有色金属学会九江市总分会，促进了学术交流，并出版《九江矿冶工程》。1988 年成立九江市矿冶设计事务所，到 1996 年停止。多次组建矿山救护队，2007 年移交市安监局。

2002 年 8 月，九江市冶金煤炭工业局整体改制为九江市冶金煤炭集团公司，除行政职能与 2005 年、2006 年分别移交给市安监局、市工信委外，内设机构和管理企业范围不变，干部实行“四个不变”，仍然由财政拨款，实行参公管理。

第九篇 人 物

第一章 人物简介

王永平

山东省临邑县人，1962 年 12 月生，中共党员，大学学历，政工师。1981 年参加工作。1992 年 11 月，历任江西大吉山钨矿选矿厂副厂长、党总支书记、厂长、矿综合开发公司经理、党总支书记、矿四坑口党总支书记、坑长等职务。2007 年 3 月，任江钨控股集团湖南邵阳江钨瑞鸿矿业有限公司副总经理。2007 年 6 月，任江钨控股集团河北丰宁满族自治县金信钼业有限公司党委书记、常务副总经理。2008 年 10 月，任江钨控股集团方圆（德安）矿业投资有限公司党委副书记、副总经理。2009 年 10 月，任江钨控股集团江西分宜珠江矿业有限公司党委书记、常务副总经理。2012 年 7 月，任江钨控股集团方圆（德安）矿业投资有限公司执行董事、总经理（正处级）。

马文珍

广东省台山县人。1938 年出生，1958 年考入江西煤矿学院（现萍乡煤炭学校）中专部学习采煤专业，1961 年毕业后分配到武宁县煤矿工作，历任技术员、副科长、科长、副矿长、总工程师。在武宁县煤矿工作 28 年如一日，对煤矿技术工作做出突出贡献。马文珍刚到煤矿时，县煤矿正处于初建阶段，生产条件简陋，生活环境艰苦。马文珍积极想办法、出主意，充分发挥自己的专业特长，克服困难，创造条件，使煤

矿的生产技术工作有了较快进步。1989 年以前，煤矿曾先后建成生产井 8 对，其中有 5 对井由他主持设计，并且全部取得较好经济效益。

李晓东

江西省于都县人，1964 年 11 月出生，1984 年 7 月参加工作，2005 年 8 月加入中国共产党，研究生学历，冶金高级工程师。历任江铜集团公司贵溪冶炼厂生产科副科长、综合计划科科长、厂长办公室主任，江铜集团公司生产部副经理、综合计划处处长等职，2008 年 5 月进入江铜集团公司铅锌冶炼项目筹建组，2009 年 9 月始，先后担任江西铜业铅锌金属有限公司党总支书记、党委书记。

刘 剑

字兴白，江西省湖口县人，1932 年 9 月生。1949 年毕业于湖口师范学校，1950 年 8 月参加革命工作。1953 年 10 月加入中国共产党，同年至 1954 年任湖口县粮食局副局长。1954 年年底调九江地区粮食局任购销科长，1956 年 6 月任九江地区粮食局副局长，其间，于 1956 年至 1962 年年底，借调中共九江市委肃反办公室参与内部肃反工作。三年经济困难时期干部下放，至武宁县任粮食局局长。1968 年调江西铜岭钢铁厂任厂长、党委书记。1990 年 5 月调九江市冶金煤炭工业公司任副经理。同年 12 月，九江市冶金煤炭工业公司改成九江市冶金煤炭工业局，任副局长（正处级）。其间，市委抽调参加清理干部违纪建私房工作 4 年。1992 年 12 月退休。退休后任九江市诗词联学会常务理事、《匡庐诗词》编委。

刘英伯

湖南省耒阳市人。1935 年 5 月生于哈尔滨市。1950 年 1 月参加共青团，1956 年 3 月加入中国共产党。先后毕业于沈阳有色金属工业学校，中南矿冶学院选矿系（函授）和北京大学化学系。1953 年 8 月任江西岿美山钨矿国外设计科技术员，1957 年入北京大学化学系学习。1966 年 4 月任武山铜矿指挥部技术组长。1971 年 12 月任九江铜硫矿科长，副矿长，矿长，党委委员。1983 年 9 月任九江市冶金煤炭工业公司经理，党委委员。1989 年 6 月，任江西省（计委）投资公司总工程师兼能源交通部负责人。

1990年6月，任长沙有色冶金设计研究院广西平果铝工程部副经理。高级工程师、监理工程师。在九江工作期间还兼任九江市政协委员、市科协常委和学术委员会副主任、市矿冶学会理事长、《九江矿冶工程》杂志主编、市自然辩证法研究会副理事长、市政府技术职称评定委员会常委兼矿冶学组组长、省金属学会理事兼矿山学术委员会副主任和选矿学组组长、北京“潜科学”杂志编委等。曾在岿美山钨矿、武山铜矿、九江铜硫矿、平果铝矿山工程和陕西铅硐山铅锌矿的设计、建设、生产、技改和管理工作中做出重要贡献。还组织指导，建成和投产德安锑矿和武宁锑矿选冶厂，德安萤石矿选矿厂和氟化工厂，洋鸡山金矿，高峰金矿，铁门坎金矿，古市金矿采金船，以及九江钢厂和铜岭钢铁厂的技改工程。其中，组建九江市黄金公司（冶煤公司内为黄金科），使九江市的黄金产量在1985~1989年短短4年中就由年产数两跃升至万两，进入全国不多的万两市行列，受到冶金部和省表彰。同时还曾参与规划和组织及帮助了包括九江火电厂扩建、万安水电站、井冈山水电站、修水水电站、昌九高速公路等省重点工程的建设。曾创造多项技术革新成果，其中“铜矿工业废水处理”获省科学大会奖。被评为中南钨矿局劳动模范和江西省先进科技工作者。发表科技论文50余篇，俄英日语科技译文10余篇。编写讲义2本，是《技术开发方法论》作者之一。其中部分论文获奖入选中国经济改革文库。

扶圣才

江西省彭泽县人，1975年9月出生。1994年考入江西农业大学经济贸易学院学习会计专业。1998年9月，分配到九江市冶金煤炭工业局工作，任财务科科员。1997年4月加入中国共产党。1999年5月，调局行政办公室。2002年6月，经市委组织部任命为九江市冶金煤炭工业局行政办公室副主任并主持办公室工作，2003年5月，响应市委号召离岗创业。2008年6月，回单位工作，任九江市冶煤集团公司党委办公室副主任。2008年12月，任市冶煤集团公司党委办公室主任。2013年11月，任市冶煤集团公司党委委员、副总经理。

吴国刚

湖北省黄梅县人，1951年11月出生于九江。1968年8月，九江市第三中学毕业后入九江钢厂当轧钢工人。1973年2月加入中国共产党。1974年9月入江西冶金学院钢铁冶金系轧钢专业学习，1977年10月毕业，回九江钢厂轧钢车间及总工室主持轧钢工艺设计。

1980年2月起，历任轧钢车间副主任、厂技术科副科长。1981年11月，经江西省科学技术干部局审批，任助理工程师。1982年7月，任轧钢车间主任兼党支部书记。1984年5月，任九江钢厂厂长。1989年11月任工程师。其间，曾被评为九江市优秀厂长。1992年6月调九江市经济贸易委员会。2011年12月退休。

吴述鑫

江西省九江市人，1935年4月生。1958年9月，中南矿冶学院（今中南大学）地质系地质勘探专业本科毕业，分配至新疆维吾尔自治区人事局，参加自治区民营大炼钢铁运动。1959年元旦，经新疆维吾尔自治区人事局落实到地质部新疆地质局人事处，分配到该局所属塔城地质大队（后更名第三地质大队）参加野外地质工作。1961年3月为该大队托里县坎土拜克铬铁矿区分队技术负责，1962年为该大队地质股管理干部，是年冬新疆地质局借调参与局历年积累地质报告审理工作。1963年3月，调入新疆地质局地矿处。其间参与地质部在新疆托里地区组织的铬铁矿地质勘探会战指挥部地质工作。1972年9月，调九江地区工业局重工组，1981年为重工组副组长。1982年10月地区工业局轻、重两组分家，成立九江地区冶金煤炭工业处（局），被任为副处长。同年经地区技术职称委员会批准晋升为地质工程师。1983年3月，加入中国共产党，并为处党组成员。1983年10月，九江地市合并，任九江市冶金煤炭工业公司副经理、公司党委委员，主管生产技术工作。1990年1月，调任市冶金煤炭工业局副局长，党委委员。1993年10月，为局调研员。1995年9月退休。

吴焕南

女，江西省九江市人，1958年8月出生。1975年参加工作，先后在九江电瓷厂任学徒、教师、团委书记、宣传科科长；1984年9月在江西农大学习马列主义基础理论专业；1990年12月调市冶煤工业局党办，任主任科员；1993年3月，任冶煤工业局办公室主任；2000年8月，任冶煤局纪委书记，党委委员；2011年，任冶煤集团公司正处级干部。

肖德水

江西省九江市人，1944年出生。1970年7月，仅带着5块钱办公费，扛着铺盖卷以“为祖国开矿，要荒山献宝”的壮志，踏上开拓丁家山铜矿征途。8月任“丁家山铜矿筹建小组”组长和临时党支部书记。12月任矿总支书记。当年，地方开发矿山，既缺技术，又缺资金，更无技术装备，肖德水同矿山开拓者一起住茅棚，用钢钎、锄头、铲等简易生产工具，硬是砸开矿山基地主斜井窿口，打响夺铜大会战。施工中，没有卷扬机，便同职工一起，用兜筐肩挑背驮运石头；没有排风设施，用衣帽代扇驱散烟尘；凿岩眼里渗水，没有防水炸药，就用嘴一口一口地吸；没有汽车运雷管，带人一步一步地百里之外背回矿山，终于用行动实现“脚踏荒山头顶天，艰苦创业意志坚，愚公移山我开矿，要让血汗化诗篇”的誓言。为提高工效，肖德水发动职工献计献策，只用了8个月时间就掘进完主斜井，穿过石门，于1971年4月22日见到铜矿体。关键时刻，井下发生强流水，和职工一道井下奋斗7天7夜，保住矿井。同年10月，矿山建设小选厂，带领职工一个晚上开山劈岭，义务修路500米。身为领导干部，不仅不摆架子，平易近人。而且处处以身作则，和职工同吃、同住、同劳动，深得群众的拥戴。全心全意为人民服务的品格，肖德水密切联系群众的领导作风和工作作风成为丁家山铜矿宝贵精神财富。

肖　珲

江西省吉安市人，1966年4月出生，1986年7月参加工作，1994年6月加入中国共产党，大学本科毕业，化工高级工程师。历任江铜集团公司贵溪冶炼厂硫酸车间副主任、熔炼车间副主任、硫酸车间主任、副厂长、总工程师等职，2008年5月进入江铜集团公司铅锌冶炼项目筹建组，2009年9月至2014年4月担任江西铜业铅锌金属有限公司总经理。

邵玉泉

江西都昌县人，1948年9月生，经济管理本科学历，高级经济师。1968年7月，南昌一中高中66届毕业后下放农村，1970年7月参加工作。任江西省地质矿产勘查开发局赣西北大队钻工。1973年7月随503分队划入江西省地质矿产勘查开发局916大队，1980年12月加入中国共产党。1982年3月，任916地质大队机关宣传干事，党办主任。1984年5月参加江西省高等教育自学考试，1986年7月，任916地质大队二分队党支部书记、分队长，同年9月自学考试毕业，获大专文凭。1987年10月，任916地质大队副队长。1996年12月，调任赣西北大队队长。1999年5月，获江西省“五一劳动奖章”，九江市劳动模范。2000 年 12 月，中央党校经济管理本科毕业。2001 年 11 月，任赣西北大队党委书记。2005 年 11 月，任赣西北大队调研员。2008 年 9 月退休。

周 锋

江西省星子县人，1958 年 1 月出生于九江市，中共党员。1973 年中学期间当选九江团地委委员。1974 年 11 月，入九江动力机厂任临时工。1975 年 12 月，九江水泥船试验厂工人。1978 年 10 月，考入东北工学院（现东北大学）采矿工程专业，获学士学位。1982 年 8 月大学毕业后分配市冶金煤炭工业处，历任科员、副科长。其间，参加 1985 年全国第四期厂（矿）长经理资格考试，获经济管理干部国家考试合格证。1986 年 3 月，被组织选派任修水县港口乡副乡长，获全省扶贫先进单位，同年 5 月，转为中共正式党员。1987 年 3 月始，历任九江冶金煤炭工业局副科长、科长。1993 年 3 月，由组织选派至武宁县任科技副县长。1995 年 4 月后，历任九江冶金煤炭工业局副局长、党委委员，局长、党委书记。其间，通过国家考试获得高级工程师、高级经济师资格和复旦大学马克思主义哲学专业研究生结业证。2002 年 8 月，任九江冶金煤炭集团公司党委书记、总经理，其间，通过国家考试获注册安全工程师证书、经济师证书，清华大学现代企业工商管理与信息化战略研究生结业证书，工程师证书，德国亚琛工业大学交流学习结业证书。2007 年，被九江学院聘为客座教授。在国家省市级刊物发表论文及文章 10 余篇。成功引进电法找煤新技术和资金 50 余万元；引进五万分之一地质填图项目 500 万元；引进配煤新技术及项目资金 13 亿元。并调研水炮采煤新技术及一直致力于煤炭高效利用、清洁环保技术研究推广与运用。

周少兵

湖北省黄冈市人，1970 年 6 月出生，中共党员。1993 年 7 月毕业于中南工业大学资源开发工程系采矿工程专业，同年 7 月分配至江铜德兴铜矿，先后任江铜德兴铜矿采矿场爆破工段技术员、副段长，1998 年 9 月任江铜德兴铜矿采矿场团委书记、政工办主任，2001 年 4 月任江铜德兴铜矿采矿场值班场长，2003 年 4 月任江铜德兴铜矿采矿场生产场长，2007 年 11 月任江铜德兴铜矿采矿场场长，2009 年 10 月任江铜德兴铜矿总工程师，2010 年 9 月任江铜城门山铜矿副矿长，2012 年 11 月任江铜城门山铜矿副矿长、代理矿长，2013 年 10 月任江铜城门山铜矿矿长。

林清庭

福建省仙游县人，1950年1月12日出生，中共党员。1968年1月在福建仙游县应征入伍。1968年1月至1969年12月，任中国人民解放军九江市庐山中队战士、文书。1969年12月调任瑞昌县中队司务长。1970年3月，任九江军分区后勤部助理员参谋。1983年5月后，先后调任彭泽县、修水县人武部后勤科科长。1984年9月，任九江军分区后勤部副部长、党支部书记、党委委员。1985年12月，任江西省军区九江第一干休所政委、所长、党委书记。1991年8月转业至九江市冶金煤炭工业局，任副局长、党委委员。2003年3月，任九江市安全生产监督管理局副局长。2005年4月，任九江市安监局副局长、正处级干部、党组成员。2010年3月退休。

林雄刚

福建省漳浦县人，1972年10月出生。1994年6月毕业于中国人民解放军高等财经专科学校，同年参加工作，同年7月至1996年8月，工作于中国人民解放军广东顺德第7817工厂；1996年8月，转业至九江市经济体制改革委员会，先后担任企业科副科长、综合科科长职务。2000年2月，加入中国共产党。2005年5月，调九江市国有资产监督管理委员会，先后任办公室（党办）主任、企业科科长。2012年3月，调九江市冶煤集团公司，任党委委员、副总经理。

姜国敏

江西省余江县人，1976年12月出生，1998年7月参加工作，2008年11月加入中国共产党，工程硕士学历，冶金高级工程师。历任江铜集团公司贵溪冶炼厂熔炼车间副主任、主任、党总支书记，江西铜业铅锌金属有限公司副总经理，江西铜业铅锌金属有限公司党委书记。

袁 方

湖北省襄阳市人，1959年4月28日出生，大专学历，中共党员，档案馆员。历任江西省地矿局水文地质工程大队九江队副院长、二〇五工程处经理；江地总公司副总经理；九〇二大队队长，现任赣西北大队党委书记。

徐水泉

湖北省黄梅县人，1938年8月出生。1961年在武汉测绘学院（现已并入武汉大学）读书期间加入中国共产党。1963年7月，武汉测绘学院毕业后留校任教。1970年12月，调江西九江钢厂工作，先后任车间主任、生产技术科科长、厂办主任、厂长、党委书记。1989年5月，调九江冶金煤炭工业公司任第一副经理，主持工作。1990年，任市冶金煤炭工业局局长兼党委书记。1999年3月退休。

郭永忠

江西省南康县人，1968年6月出生，江西理工大学选矿专业毕业，学士学位，教授级高工。1991年7月任赣州有色金属冶炼厂车间主任、工程师；1997年9月，任赣州华兴钨制品有限公司副总经理、高级工程师；2009年8月，任九江有色金属冶炼股份有限公司总经理、教授级高级工程师。其2006年负责的“球形、单晶、超细仲钨酸铵粉体的制取技术”科技项目获江西省科学技术进步一等奖。2008年负责的“白（黑）钨矿洁净高效制取超高性能钨粉体成套技术及产业化”项目获得国家科技进步二等奖。2009年完成的《高效制备超纯高性能钽铌氧化物成套技术研究及其产业化》项目，获2010年度江西省科学技术进步二等奖。完成的江西省工业攻关计划项目——钽铌湿法冶炼近闭路清洁生产工艺研究和江钨有限公司“钽铌湿法节能改造”三期技术改造工程，促进了企业“源头削减、中间循环、末端治理、综合利用、达标排放”五大目标的实现。

黄修保

江西省九江县人，1962 年 10 月 6 日出生，博士，中共党员，地质矿产教授级高级工程师。历任江西省地矿局赣西北大队区调队小队长、队长；地调部副主任；大队副总工程师兼地勘院院长；江地集团副总经理、江西地矿建工大队副队长兼地勘院院长；赣中南地质矿产勘查研究院党委书记；现任赣西北大队队长。

黄智华

广东省兴宁县人，1968 年 2 月生，大学文化，高级工程师、中共党员，现任方大集团副总裁、江西方大钢铁集团副总经理、九江萍钢钢铁有限公司董事长、党委书记，江西省十二届人大代表、九江市十一次党代表、九江市十五届人大代表、九江市工商联副主席、商会副会长。为 2014 年度江西省优秀厂长（经理）、2014 年度全国大气污染减排突出贡献企业家、2014 年度九江市“十大经济人物”、2015 年度江西省优秀厂长（经理）。

彭国诚

江西省万年县人，1965 年 12 月 3 日出生，1986 年 7 月参加工作，2000 年 6 月加入中国共产党，大学本科毕业，冶金高级工程师。历任江铜集团公司贵溪冶炼厂总调度长、熔炼车间主任，江铜集团公司生产运营部副总经理、安全环保部副总经理，江西铜业铅锌金属有限公司副总经理，江西铜业铅锌金属有限公司总经理。先后获得江铜集团公司劳动模范、江铜集团公司成立 30 周年十大功勋人物等荣誉称号，并多次获得中国有色金属工业协会、江西省科学技术进步一、二、三等奖。

雷耀新

江西省星子县人，1961 年 7 月生，中共党员，大学学历，高级工程师。1982 年参加工作。1991 年 4 月，历任江西盘古山钨矿企管办副主任、矿办副主任、矿办主任、选矿厂厂长、江西盘古山钨业有限公司副总工程师兼矿技术监督科科长、于都县人大代表等职务。2007 年 7 月，任江钨控股集团方圆（德安）矿业投资有限公司副总经理。2007 年 9 月，任江钨控股集团江西分宜珠江矿业有限公司党委书记、常务副总经理。2009 年 10 月，任江钨控股集团方圆（德安）矿业投资有限公司党委副书记（主持工作）。2013 年 1 月后，任江钨控股集团方圆（德安）矿业投资有限公司党委书记（正处级）。

第二章 荣誉录

九钢厂

胡昌柱 省劳动模范 1958 年
柯寿木 省劳动模范 1960 年
温菊生 省劳动模范 1990 年
黄水林 省优秀共产党员 1993 年
彭长明 省劳动模范 1994 年
张才焱 省人大代表 1977 年
严先伟 中央军委授予“全军抗洪先进个人” 1998 年

高级专业技术人员

机械专业 荆福坤 张家骐 邢精华 季乃修

铜岭钢铁厂

孙文斌 省人大代表 1975 年
周宇林 省先进生产工作者 1977 年
周明节 省文化厅授予“文物保护先进个人” 1989 年
江西铜岭钢铁厂铁矿山 国务院授予“全国工业学大庆先进集体” 1977 年
江西铜岭钢铁厂 省政府授予“全省经济效益先进单位” 1984 年、1985 年

九江铜硫矿（丁家山铜矿）

严淑旺 省“优秀共产党员”
梁振礼 省劳动模范，省“五一劳动奖章”

赵志安　出席江西省工业学大庆代表大会

刘炳华　省政府授予“生产操作能手”

九江丁家山铜矿　铜矿井口污水无渣净化工艺获“省科技大会奖”　1979 年

九江铜硫矿　九铜 –P 型海绵铜置换装置获“江西省新技术推广应用三等奖”　1991年

修水县煤矿

杨保群　县、市劳动模范党员

吴章福　省人大代表、先进生产者

丁来山　市劳动模范

熊启猛　市人大代表

武宁县煤矿

周绪政　省五好职工　1965 年

章大忠　省人大代表、省劳动模范　1982 年

黄正洲　煤炭部授予“全国煤矿工业劳动模范”　1995 年

陈宗辉　国家煤炭安全局授予“全国煤炭工业优秀矿长”　2010 年

刘诗贵　省第八次党代会候补代表

武宁县煤矿　省政府授予“全省先进企业”　1977 年、1978 年

煤炭部授予“安全生产先进集体”　1981 年

省政府授予“全省在社会主义现代化建设中成绩优良先进单位”1982 年

九江市冶金煤炭工业局（九江市冶金煤炭工业公司）

傅嘉富　共青团江西省授予全省学雷锋标兵　1978 年

共青团中央授予全国新长征突击手　1979 年

九江市冶金煤炭工业公司　国家黄金管理局授予“全国万两产金地市第 23 名”1989 年

省煤炭厅授予“全省安全先进单位”　1989 年

国家黄金管理局授予“全国万两产金地市第 22 名”1990 年

九江市冶金煤炭工业局　省煤炭厅授予“全省煤矿安全集体奖”　1997 年

武宁县横路公社煤矿

李怡发　省先进生产（工作）者　1960 年

瑞昌县煤矿

田福民　省先进生产（工作）者　1978 年
　　　　省劳动模范　1990 年

德安萤石公司（德安县萤石矿）

张凤仙　省先进生产工作者　1964 年
　　　　省五好职工　1965 年
德安萤石公司　省外贸厅授予“江西省创汇先进集体”　1989 年

星子瓷土矿

游承义　省先进生产工作者　1956 年
向重良　省五好职工　1965 年

庐山瓷土矿

刘家保　省先进生产工作者　1960 年
周秋林　省先进生产工作者　1964 年

彭泽石灰石矿

莫宁成　省先进生产工作者　1960 年

湖口县矽砂矿

黄国忠　省先进生产工作者　1964 年
夏万松　省五好职工　1965 年
　　　　省五好职工　1966 年

武宁县钨矿

武宁县钨矿　省政府授予“省级先进企业”　1990 年

瑞昌市高丰金矿

瑞昌市高丰金矿　省政府授予“江西省七五期间黄金生产先进单位”　1980 年

瑞昌洋鸡山金矿

瑞昌洋鸡山金矿　五号矿体黄铁矿型流程试验及工业生产获“省科技进步三等奖”　1987 年
省政府授予“省级先进企业”　1991 年

武宁明星锑业有限公司

吴和福　农业部授予第五届全国乡镇企业家　2004 年

德安县锑矿

德安县锑矿　省政府授予全省经济效益先进单位　1986 年

湖口流泗合金厂

刘承中　省青年企业家　1991 年
省优秀企业家　1993 年
湖口流泗合金厂　省乡镇一级企业　1990 年

九江晨光石材有限公司

九江晨光石材有限公司　省优秀个体工商户　1996 年
省创业明星企业　2005 年
中国石材百强企业　2006 年

德安县煤矿机械厂

程运钿　省政府授予省劳动模范　1990 年
德安县煤矿机械厂　省政府授予省级先进企业　1990 年

方圆（德安）矿业投资有限公司

《渣浆泵应用变频调速自动控制技术》获第三届全国职工优秀技术创新成果优秀奖　2010 年

国家级绿色矿山试点单位　2012 年

省高新技术企业　2014 年

《钨、锡尾矿资源的回收方法与系统》获省技术发明奖 2014年

《基于提高“三率”的采选技术优化管理》获有色金属工业企业管理现代化成果三等奖、省企业管理现代化创新成果一等奖 2014年

高级工程师 采矿专业 文柏茂

选矿专业 雷耀新 刘日和

806厂

高鸿庭 中国有色金属工业总公司劳动模范 1989年

江民德 江西省总工会授予省五一劳动奖章 1985年

省政府授予江西省劳动模范 1987年

806厂 环烷酸—盐酸体系一步萃取氧化钇工艺获“全国科技大会奖”和“省科技大会奖” 1978年

陶瓷法研制高纯氧化铌坩埚获国家发明四等奖 1983年

中国有色金属工业总公司命名为“环境优美工厂” 1987年

龙南低钇稀土全分离工艺获国家发明三等奖 1988年

省政府授予“省级先进企业” 1988年

品牌氟钽酸钾获省优质产品称号 1990年

高级专业技术人员

郭永忠 孙国雷 杨继红 梁昌明 胡志萍 戴和平 翟文霞

724矿

724矿 淋洗工艺从污水中回收铀工艺获“全国科技大会奖” 1978年

“111”产品水冶厂获“核工业部优秀工程奖” 1986年

磨矿分级系统流程改造获“核工业部科技成果三等奖” 1987年

江西九江萍钢钢铁有限公司（九钢公司）

林海军 江西省人力资源和社会保障厅授予江西省技术能手称号 2013年

江西省人力资源和社会保障厅授予江西省青年岗位能手称号 2013年

刘合林 江西省人力资源和社会保障厅授予江西省技术能手称号 2013年

江西省人力资源和社会保障厅授予江西省青年岗位能手称号 2013年

肖 振 人力资源和社会保障部授予全国钢铁工业劳动模范称号 2014年

黄智华　省第十二届人大代表　2014 年

宛　双　省政府授予江西省劳动模范　2015 年

江西省人力资源和社会保障厅授予江西省技术能手称号　2013 年

江西省人力资源和社会保障厅授予江西省青年岗位能手称号　2013 年

九钢公司　全国企业 500 强

全国民营企业 50 强

全国“五一劳动奖状”

中国优秀民营科技企业

中国钢铁工业协会授予九钢公司钢筋混凝土用热轧带肋钢筋优质冶金产品“金杯奖”，实物质量已超过日美产品水平　2014 年

江西省总工会授予模范职工之家　2013 年

江西省总工会等部门授予劳动关系和谐企业　2015 年

江西省安全生产监督管理局授予安全生产标准化二级企业　2013 年

江西省国家税务局、地方税务局授予 A 级纳税人　2014 年

江西省残疾人联合会授予十大爱心单位　2014 年

江西省总工会等 5 部门授予九江萍钢钢铁有限公司轧钢厂 QC 小组　江西省优秀质量管理小组　2013 年

江西省总工会等 5 部门授予九江萍钢钢铁有限公司板坯碧海蓝天 QC 小组　江西省优秀质量管理小组　2013 年

高级专业技术人员

黄智华　吴　江　沈学峰　万　钧　戴志良　李　波　陈共伟　董智萍　许克春
尧武平　蔺　炜　尹雪扬　樊振龙　文　涛　邬润根　游奇光

武山铜矿

刘崇统　江西省政府授予省劳动模范　1980 年

蔡仁华　中华全国总工会授予“五一劳动奖章”　1990 年

江西省政府授予省劳动模范　1990 年

王忠日　中华全国总工会授予先进女职工工作者　1995 年

谢名文　江西省政府授予省劳动模范　2001 年

陈矿平　江西省政府授予省劳动模范　2010 年

李建国　江西省政府授予省劳动模范　2015 年

高级专业技术人员

易法清　罗中立　段国华　刘唐杰　廉润泉　么俊峰　罗道梅　梁四维　潘泮水
钟友仁　汤　敏　彭金柱　殷洪章　潘豫都　徐炳南　章秀英　汪饶昌　谢基铎
邱声连　徐长生　陈延辉　易延贤　刘国良　林传琳　程明泰　陈梅玲　郭志英
杨其敏　朱占权　陈　华　周增俊　蔡芝忠　曾月丰　王福兴　钟有金　颜寅生
徐宝琛　陈树南　谷庆伦　樊振群　张可凤　黄继华　夏本仁　孔祥政　王凤岐
张胜义　郑学勇　赵金喜　杨昌林　幸垂成　康　涛　强国峰　廖先渺　梁秀梅
曾华永　郑正明　李昌坤　刘维洪　陈　辉　陈涵清　许金来　娄颜林　李小捷
孙莉文　周彩芬　徐建芳　俞懿源　黄真劲　徐从武　熊延书　罗晓华　柯愈和
艾永进　王友荣　方宗霖　朱渝慧　胡　奇　黄天生　黄钢平　许小敏　邹晓峰
帅水平　高　嵩　刘美贞　王明江　黄定钦　李建国　杨仁兵　肖学振　丁　毅
彭小刚　汪　波　邓国祥　罗春华　王道修　唐俊华　熊细鹏　杨秋艳　曾照泉
王剑波　罗泰伟　王卫东　江亲才　胡俐娟　刘庆标　叶祥才　廖　华　邓国华
赵玉平　罗又红　胡映朝　江文波　王建俭　余国金　吴　飞　李松青　王嘉珠
喻元平　王洪祥　余　磊　朱江文　熊良柳　晏练文　徐成英　李朝晖　钟志宏
黎益昌　刘有林　肖学明　张苏文　柳建平　易芝萍　何大喜　周　斌　欧阳忠
江晓华　黄彬才　周平林　徐唐光　赵东滚　王建平　林国洪　李海峰　高龙森
高卫宏　谢道辉　黄兴华　陶景茂　赵永和　吴晓菁　刘海江　周建华　叶季青
胡建国　阮华东

城门山铜矿

雷　寅　省政府授予省劳动模范　2010 年
曹　亮　省总工会授予省五一劳动奖章　2014 年
城门山铜矿工会　全国总工会授予“全国模范职工之家”称号　2013 年

高级专业技术人员

地质专业高级工程师　罗建安　肖滋文
采矿专业高级工程师　周少兵
选矿专业高级工程师　郭可宁　洪建华（教授级）　彭俊波　喻贵芳　毛世意
水文地质专业高级工程师　但新民
机械专业高级工程师　廖先渺　罗小敏　任福雄　安文庆
高级会计师　黄钢平

高级政工师　耿小克　曾　萍　黎乙熛　赖至城　刘极洪　陈　海　李忠慧
高级经济师　刘瑶成
环保专业高级工程师　张苏文
电气专业高级工程师　林荷秀

江西铜业铅锌金属有限公司

王　浩　江西省政府授予省劳动模范　2015 年

高级专业技术人员

李晓东　彭国诚　李跃新　姜国敏　赵　尹　李　健　曾立民　李样人　欧阳忠
张春生　吴建平　肖　洁　鲁兴华　周小明　熊友泉　许晓艳　彭小乘　陈群山
王永祥　刘湖滨

赣西北地质大队

徐继生　省劳动模范　1958 年
刘海顺　省劳动模范　1963 年
洪中明　省劳动模范　1977 年
黄恩邦　全国工业学大庆先进生产（工作）者、省劳动模范　1977 年
　　　　省劳动模范　1982 年
　　　　全国劳动模范　1989 年
李祥珍　省劳动模范　1981 年
武志华　中国科协“金牛奖”三等奖与铜质奖章　1990 年
沈庆勇　地矿部授予优秀政治工作者　1993 年
　　　　地矿部授予先进工作者　1998 年
唐让祥　省直工委授予省优秀共产党员　1994 年
韩南炉　省劳动模范　1995 年
杨秋莲　省文明家庭　1998 年
李雪芳　省文明家庭　1998 年
卢　盛　全国优秀工会积极分子　1998 年
邵玉泉　省政府授予省“五一劳动奖章”　1998 年
周斌荣　地矿部授予“‘八五’期间职工工教育先进个人”　1998 年
郭文正　省直工委授予优秀党务工作者　1998 年

徐尤金　省直工委授予优秀共产党员　1998年
　　　　省政府授予省劳动模范　2000年
龚　建　省委、省政府授予省抗洪抢险先进个人　1998年
邵玉泉　省“五一劳动奖章”　1999年
郭正文　省直工委授予优秀共产党员　2001年
徐席中　省委组织部授予五好党员　2003年
潘应铭　省知识型职工先进个人　2005年
武　凌　国土资源部授予全国国土资源系统先进女职工　2007年
叶剑萍　省十佳优秀基层团干部　2009年
任秀珍　全国妇联授予全国三八红旗手　2010年
　　　　省女创业带头人　2011年
曹钟靖　省“五一劳动奖章”　2012年
涂相株　获第八届全国健康老人称号　2014年
陈文俐　省总工会授予省五一巾帼标兵　2015年
赣西北地质大队　省委命名“大庆式企业”　1978年
　　　　省先进企业　1979年
　　　　中华总工会、劳动部、部委、地矿部授予全国地质勘查功勋单位　1992年9月
　　　　省政府授予地质勘查功勋单位　1993年11月
　　　　赣西北大队地质调查部授予省先进班组　1997年5月
　　　　省体育工作先进单位　1998年
　　　　省直工委授予先进基层组织　1998年
　　　　省厂务公开先进单位　2004年
　　　　省第十二届文明单位　2010年
　　　　省政府授予省“五一劳动奖状”　2011年
赣西北地质大队工会　中华总工会授予模范职工之家　2000年
赣西北大队岩土工程分院技术部　省青年文明号　2007年
赣西北大队大湖塘坑道全液压机组　全国能源化学系统工人先锋号　2012年
赣西北大队化验班组　全国五一巾帼标兵岗　2013年

高级专业技术人员

地矿专业　正高　罗小洪　曹钟清　黄修保　曹晓明　罗小洪

副高　段振元　高奉林　黄晋显　武铁林　毕承彬　罗健雄　章　平
温伟玲　李旭辉　陈　波　韩文亮　詹岗乐　李星强　叶少贞
孔凡兵　张　振　左全狮　周贤旭　曹柏平　潘应铭　钟良水
邹国庆　孙国庆

地质测绘专业　副高　叶建华　罗瑞芳

地质机械（仪器）　副高　曾绍华　谢文强

岩土工程　正高　周小彬

副高　谢德芳　王　剑　闵忠武　欧阳效位　钟　艳　张庆尧

探矿（安全）专业　副高　陈雄志　简　超　郭　健　蒋　兵　张志唐

水工环专业　副高　张国华　刘　勇　辛增寿　张仁生

实验测试　副高　盛　健　余康炜　罗卫星　程剑剑　洪伟敏

物探专业　副高　蒋东河

化探专业　副高　黄正龙

西医专业　副高　黎玉珍

西医内科　副高　李图寿

人事专业　副高　殷建红

物理专业　副高　徐龙权

政工专业　副高　梁利民　丁国东　戴忠华

经济专业　副高　吴剑平　殷建红

会计专业　副高　胡绍平　缪儒庆

附 录

一、考古文献选辑

关于发掘和保护瑞昌铜岭商周采矿遗址的请示报告

（摘 录）

商周采矿遗址位于瑞昌县铜岭钢铁厂矿区内，其北依长江。1988年春，村民在修筑公路时发现了该遗址。调查结果表明这是一处古代大型采铜矿遗址，面积约一平方公里，采空区约十万立方米，已暴露出矿井、巷道、排水槽及数万吨炉渣。从已揭露的面积看，发掘成果引人注目，它是世界上一处十分重要的采铜矿遗址，其采掘年代从商代延续到春秋，遗址、遗物丰富。

从矿井内发掘资料看，有典型的商代中期的陶斝（音甲、酒器）、陶鬲（音历、炊器）。该遗址是中国目前最早的古铜矿遗址。其时代可早到商代中期，国内已发现的古铜矿最早为西周晚期，这就把中国采铜历史往前提了数百年。中国科学院自然科学史研究所副所长、研究员、著名冶金史专家华觉明先生评价“该遗址年代到了商代，将在世界上引起强烈反响”。它不仅为国内最早的采铜点，也是世界上最早使用木支护进行地下开采铜矿。

（江西省文化厅文件，赣文物字〔1989〕17号）

江西荞麦岭商代遗址考古获重大进展

胡晓军《光明日报》(2014 年 6 月 9日 09 版)

荞麦岭遗址出土的商代汲水罐(资料图片)

本报九江 6 月 8 日电(记者胡晓军)江西省文物考古研究所 8 日在此间发布,由该所与九江市文博部门联合对荞麦岭商代遗址所进行的抢救性考古发掘已取得重大阶段性成果。专家认为,这一遗址的发掘,对于赣北早商时期原始文化面貌、长江中游南岸地区商文化的南渐,以及中国早期青铜器的起源研究具有重要价值。

荞麦岭商代遗址地处江西省九江县马回岭镇,与目前中国所知最早的铜矿开采冶炼遗址——江西瑞昌铜岭商周铜矿矿冶遗址直线距离仅数十公里。发掘工作从去年下半年展开后,经初步钻探发现,其分布范围约有 5 万平方米。记者在发掘现场看到,目前已发掘的 2000 平方米范围内,商代遗迹成片分布,数量众多,一批商代早期的房屋、灰坑以及与青铜冶炼、铸造有关的水井、炼炉等遗迹清晰可辨,并有大量石器、陶器、玉器和青铜器出土。

考古人员现已清理出遗迹 64 处,分别是房址 4 座,水井 4 口,灰坑 52 个,沟 4 条。与冶炼、铸造有关的房址均为半地穴式,四周可见数个向内倾斜的柱洞,说明是圆形攒尖顶房屋。屋内居住面呈灰白色,中部区域发现有被火焚烧过的石块,以及坩埚、云雷纹硬陶圜底罐等器物。房屋周围还发掘清理出水井 2 口。

在出土的器物中,目前已经修复出陶器 91 件,石器 100 余件,其余各类文物标本 1000 余件,陶片数以万计。陶器器形有鼎、甗、鬲、斝、簋、爵、觚、盘、盉、大口尊、大口缸、假腹豆、真腹豆、圜底罐、圈足罐、折肩罐、直筒罐、盔形罐、坩埚、纺轮、器盖等;石器有石锛、石镞、砺石、石斧、石凿等;青铜器主要为青铜镞;与冶炼相关的物品有铜矿石、炉壁、炼渣、陶勺、坩埚、木骨泥墙等。所见陶器纹饰以绳纹居多，另有错乱云雷纹、曲折纹、网结纹、蓝纹、叶脉纹等。陶片以软陶为多，夹砂灰陶、夹砂红陶、泥质灰陶多见，硬陶、泥质红陶和黑皮陶数量稍少，还有少量原始瓷和白陶。

江西省文物考古研究所所长徐长青说，种种迹象表明，荞麦岭聚落遗址群是一处大型的商代早期聚落，也是一处结构紧密、组合完备的青铜器铸造遗存。他说，作为已知江西早商时期最重要的大型遗址，荞麦岭遗址是近年来江西商代考古的重大发现。

荞麦岭商代遗址出土的器物与中原地区商文化中心区早商中商时期出土的器物有着千丝万缕的联系，有的形制基本一致。从出土遗物判断，荞麦岭商代遗址主体年代为“二里岗下层二期”略晚至“二里岗上层一期”之间，即早商晚段与中商之间，距今至少3000—3500年，另在遗址下层发现有中原“二里头文化”因素的器物，遗址下层年代应与夏代晚期相接近。

徐长青说，荞麦岭商代遗址分布范围大，地层堆积深厚，发现遗迹众多，出土遗物丰富，年代系列清晰；遗址的文化内涵以中原商文化因素为主，融合了本土的文化因素，是中原商文化早期经略南方地区的重要证据；而出土的二里头文化因素遗物地层关系明确，叠压有序，为探寻江西夏时期文化内涵提供了条件。

对荞麦岭商代遗址的进一步考古发掘，目前正持续进行。

试论江西铜岭商代青铜冶炼厂所用锡矿来源

项新葵 马长信

（江西省地质矿产勘查开发局916大队）（九江市国土资源局）

摘要： 商代是我国青铜器的鼎盛时期，但冶炼青铜所用的锡矿来源问题，至今未得到解决，包括长江中下游的江西铜岭、湖北铜绿山、安徽铜官山等铜冶炼遗址在内。

关键词： 江西铜岭 商代青铜冶炼厂 彭山锡矿 萤石矿 锡矿来源

江西省德安县彭山地区已发现有9个锡矿床，地理坐标位于北纬29° 22′ 45″ ~29° 30′ 52″ 、东经115° 35′ 58″ ~115° 40′ 22″ 范围内。到目前为止，是我国商代国土范围内纬度最偏北的一个独立锡矿田，是距商代青铜冶炼厂距离最近的一个锡矿田。而且在其半径 440 千米范围内，尚未发现有第二个锡矿田。而且其中的黄金洼锡矿区、下鞭山锡矿区、培家垅锡矿区，地表均有锡矿脉出露，地表松散堆积物中尚有锡石，锡矿区附近又有萤石矿。

因此认为，铜岭商代青铜冶炼厂甚至长江中下游商代的青铜冶炼厂所用的锡矿均应来自江西德安彭山地区。

我国商代青铜冶炼厂所用锡矿的来源问题，包括长江中下游的铜岭、铜官山、铜绿山等冶炼厂在内，长期以来未得到解决。笔者之一曾参加过全国有关的学术会议，专家们众说纷纭，莫衷一是，尚无定论，该问题成了考古学术界的重大难题之一。

一、铜岭商代青铜遗址的考古主要成果

铜岭商代青铜遗址位于江西省北部、九江市的西北部瑞昌境内，中心区地理坐标：北纬 29° 45′ 40″ 、东经 115° 33′ 05″ ，北距长江约 10 千米，东距九江市 45 千米，南距德安彭山锡矿区 30~35 千米。九江至武昌的铁路横穿铜岭遗址的北部边缘，距瑞昌市约 15 千米，有公路相通。

1988 年春天，铜岭的村民，在修建开挖简易公路时，发现铜岭铜矿区范围内，有许多古采矿坑及青铜古冶炼厂遗址。后经考古专业人员的进一步科学发掘及考古研究，发现铜岭古采矿坑的内涵极其丰富，且上下层次清晰、保存较为完整，时代较为古老，在国内尚属罕见。古人在铜岭铜矿区内，先在地表挖探槽，找到铜矿层后，在其相关部位打竖井，在竖井下打平巷，进行铜矿开采。此种较先进的采矿方法，在全国已发现的同类遗址中，本区的时代为最古老。古人在采铜矿过程中，已知在井巷中用木质框架进行支护，对坑木用 C^{14} 同位素进行绝对年龄测试，距今（1988 年）为 3085 年，也是世界上已发现最早使用木质框架进行支护采矿的重要地区。同时还发现，古人用辘轳在竖井内提升矿石，在国内也属最为古老，用木溜槽进行选矿，时代之古老，也是全国第一。铜岭古采矿遗址的发现，将我国铜矿采矿史，向前推进了 300~400 年之久。

在铜岭铜矿古采矿坑附近，还发现了青铜古冶炼厂遗址。冶炼厂遗址内，有大片的烧土层及矿渣。发掘研究发现，古人冶炼青铜所用的铜矿石为孔雀石，这种铜矿石正是来自铜岭铜矿区内。矿渣呈全黑色的块状及片状，且表皮有皱纹，经化验分析，矿渣中的铜为 0.344%，说明当时炉内矿液流动性较好，炉温正常。进一步研究，还发现了萤石，说明古人在冶炼青铜过程中，已知用萤石矿作为冶炼催化剂，降低冶炼温度。

铜岭铜矿古采坑及青铜冶炼厂附近，发现有大量生产工具：采矿用的青铜斧、锛、凿及木锹、木铲、竹筐、畚箕、木钩、木辘轳。此外，还发现了大量生活用具：陶鬲、陶罐等。经考古研究均属商代中期奴隶社会全盛时代的青铜器。其文化特色与长江中下游的湖北铜

录山、安徽铜官山相似，仅铜岭的时代稍早而已，均属于百越文化的一支——扬越文化。百越文化与中原文化有所不同，但有所联系，在商代中期，两支文化的交流已较为频繁。

二、德安彭山地区锡矿的初步调查研究概况

德安彭山地区经过十年的地质勘查及区域地质测量工作，已发现 9 个锡矿床，直到目前为止，仍是我国商代国土范围内，纬度最偏北的独立锡矿床。地理坐标：北纬 29° 22′ 45″ ~29° 30′ 52″ 、东经 115° 35′ 58″ ~115° 40′ 22″ ，位于瑞昌铜岭铜矿青铜冶炼厂南 30~35 千米，当然也是距铜岭商代青铜冶炼厂最近的一个锡矿区。

彭山地区的曾家锡矿，曾是一个大型锡矿床，矿石中锡平均含量 0.747%（锡大于 0.4%即为工业矿石，可开采利用），含锡矿物以锡石（SnO_2）为主，但常含有一定量的黄锡矿(Cu_2FeSnS_4)，在目前技术条件下，黄锡矿及胶态锡仍不能选矿回收，仅可对锡石进行选矿回收利用，所以曾家垅锡矿的选矿回收率较低，况且锡石颗粒度较细，古人不可能将曾家垅锡矿床中的锡石选出来加以利用。另一个关键问题，是曾家垅锡矿是一个地表未出露的隐伏锡矿床，古人不但发现不了，而且更不可能进行锡矿开采。由此可见，商代不可能对曾家垅锡矿开采利用。

曾家垅东南部的尖峰坡锡矿床，可达中型规模，锡矿石中锡平均含量 0.637%，但锡石颗粒虽比曾家垅稍粗，但仍然是肉眼难以辨认的。矿体仅在一陡壁上有出露，大都深埋地下，在矿体出露的陡壁处，经大比例尺测量填图，未发现过采矿遗迹。事实上商代的采矿选矿技术条件，都不可能对尖峰坡锡矿进行开采利用。

另外，坡西锡矿、红花尖锡矿、垅里甘锡矿均与尖峰坡锡矿床地质特征相似。团坡山锡矿、舒家锡矿与曾家垅锡矿的矿床地质条件相似。商代的采矿选矿技术，都不可能对上述锡矿开采利用。经初步调查，在上述锡矿区范围内，也未发现过采矿选矿或冶炼遗迹，都不大可能是商代铜岭冶炼厂的锡矿来源地。

值得特别指出的是，在德安彭山地区西北部的黄金洼锡矿、下鞭山锡矿、培家垅锡矿的成因类型及矿床地质特征，均与前述的锡矿床不一样。

黄金洼锡矿位于曾家垅锡矿、红花尖锡矿的西北部约 2 千米处。锡矿体呈大小不等的脉状产出，矿脉虽然宽度不大，但较为密集，且在地表均有出露，再加上锡品位较富(平均 2.36%，最高达 15%以上)，含锡矿物几乎全为易于选矿的锡石，且锡石颗粒较粗大，肉眼即可辨认，易于选矿。

此种类型的锡矿床，在商代有一定经验的矿工，能较容易发现此类出露在地表的锡矿，而且能通过溜槽重选法将锡石选出，进行冶炼。另外地表的残坡积碎石沙土中，锡石相对较为富集，更容易开采、选矿，从中得到高品位的锡石，加以冶炼成为锡锭，再运至青铜冶炼厂，与铜矿砂按一定比例参合，进行青铜冶炼。

由此推断，在商代完全有可能对黄金洼的锡矿进行开发利用，成为青铜器冶炼厂的来源地。

下鞭山锡矿区位于黄金洼锡矿区的西北部，两矿区相距较近。下鞭山锡矿床的成因类型、矿床地质特征与黄金洼锡较为类似。锡矿体也呈脉状分布，锡的平均品位稍低，为 0.54%，但锡矿脉在地表有出露，肉眼也较容易识别，地表的残坡积碎石砂土中也含有锡石，商代有经验的矿工，也完全有可能对下鞭山锡矿进行开采利用。

培家垅锡矿位于下鞭山锡矿西北部 2 千米之外，其成矿地质条件与矿床类型特征，均与下鞭山锡矿类似。锡矿脉条数多，在地表均有出露，在一般情况下，肉眼能确认出锡矿脉，且易采易选。锡的品位约介于 0.3%~1%之间，矿脉厚度一般为 0.1~0.3 米，但较为密集。

特别值得指出的是，在培家垅锡矿区的河沟内砂砾层中，富含砂锡矿。由于锡石比重较大，可达 5.75~7.31，而一般岩屑的比重都小于 2.7，在河沟中，人工很容易用重选法，将锡石淘洗选出，进行富集成锡砂精矿，用于锡锭的直接冶炼。直到如今，在培家垅一带的河沟中，仍有人在用简单的人工重选法进行锡石的淘洗。

三、铜岭商代青铜冶炼厂所用萤石矿来源的初步分析

在铜岭商代青铜冶炼厂遗址处，在考古发掘中，曾发现过萤石，说明早在 3000 多年前的商代，已知道用萤石作为炼青铜熔剂。萤石可与炉渣形成质熔性混合物，并且有较高的活动性、流动性，可与炉内有害杂质起反应使炉渣与金属易分离，使炉内不结渣，保持冶炼炉长时期正常运转使用。在冶炼青铜中对萤石的使用，在其周围 180 千米范围内，唯有德安彭山地区的萤石矿到此距离最近，直线距离仅 30 千米左右。在彭山地区的西北部黄金洼锡矿、下鞭山锡矿附近，目前共发现有 5 个萤石矿，其中洪溪畈萤石矿及金家洞萤石矿规模最大，且品位较富，Caf_2 品位可达 76%之多，且地表有大面积萤石矿出露，厚度 1~5 米不等，呈团块状，五颜六色，极易辨认，又容易采矿。有大量纯块状的萤石，不需选矿便可直接应用。铜岭商代青铜冶炼遗址所用的萤石，很有可能是从德安彭山地区直接运过去的。

四、铜岭商代青铜冶炼厂所用锡矿的来源初步分析

人类对矿物原料的使用程度，是划分人类社会性质的主要标志之一。“青铜时代”也就是奴隶社会时代。我国的商代是典型的奴隶社会，青铜器也特别发达。

青铜是铜锡合金，经对青铜的高科技分析测试，商代青铜中铜的含量为 72.25%

~94.50%，锡的含量为4.24%~7.92%；在商代青铜冶炼厂附近都有铜矿床的存在，或者说其青铜冶炼厂几乎都设在铜矿区内或铜矿区附近，即青铜所用铜矿石都是来自当地的铜矿区，已无疑问。然而，我国商代所有的青铜冶炼厂附近均未发现锡矿区。这里所说的锡矿区是指独立的锡矿区或锡矿床，商代的技术水平不可能用伴生锡矿。

因为锡矿的品位低，大多小于1%，因此不可能将锡矿原矿远距离运到青铜冶炼厂去，即是现代也不会这么做。有两种可能，一是将淘洗出来的高品位锡矿砂精矿（锡品位一般可达30%~65%），直接运到青铜冶炼厂与铜矿粉按一定的比例掺和入炉进行青铜冶炼，铜的熔点较高为1083.4±0.2℃，锡的熔点较低为231.968℃，若加入萤石作为催化剂，会降低冶炼温度。另一种可能是，由于锡的品位低、熔点低，在锡矿产地将锡精矿砂直接熔烧冶炼成粗锡锭，再运到青铜冶炼厂与铜矿粉按比例掺和后，直接冶炼青铜。但第一种可能要大于第二种可能。

具体到铜岭商代青铜冶炼厂而言，所用的铜矿石主要是铜岭铜矿区的孔雀石：$CuCO_3 \cdot Cu(OH)_2$，含铜高达57.5%，另有少许蓝铜矿：$2CuCO_3 \cdot Cu(OH)_2$，含铜55.3%，均属于铜的碳酸盐类，此类铜矿石更易冶炼。一般青铜所用的锡矿石为锡石：SnO_2，含锡可高达78.8%（当然不可能用100%的锡石），其中定有一定量的脉石矿物，所以锡精矿中的锡品位一般为30%~65%。

全世界的独立锡矿床，大多集中在赤道附近的一些国家，尤其是东南亚一带。我国的独立锡矿，也大多集中在云南及广西、广东一带。最近在江西的会昌县发现有大型斑岩型锡矿床，距铜岭相距440千米以上。此外在内蒙古及新疆也发现有锡矿床，大多为伴生锡矿床。据《中国通史》记载，商代“鼎盛时期的疆域东到大海，西到陕西东部，南至长江，为当时世界上的文明大国”。在此范围内，江西德安彭山地区的锡矿，至今仍是唯一的独立锡矿床，且是纬度最偏北的锡矿床。

在商代，云南、广东、广西及内蒙古、新疆诸省以及江西南部的会昌，都尚不是商王朝的版图。即商代的青铜冶炼厂不可能从云南、广东、广西、新疆、内蒙古运锡矿砂或锡锭到青铜冶炼厂进行青铜器冶炼。起码在当时，江西德安彭山地区的锡矿是纬度最偏北、距商代青铜冶炼厂最近的地区，而且是唯一的地区。这一地区内不但地表有相对易采易选的锡矿床，而且地表的残坡物及冲积层中都有锡石，商代矿工完全有能力从中进行锡矿的采矿、选矿及锡石的直接淘洗工作。再说本地区的锡矿床与萤石矿床紧密相连，这两种矿石都是青铜冶炼厂的必须矿物原料及重要矿物原料。

不讳言，上述分析还仅是一种理性推断，尚缺少严密的科学论据及考证，尚待今后进一步考古论证及发掘证明。

五、今后科研工作建议

首先对铜岭商代青铜冶炼厂残存的萤石与德安彭山的地区的萤石，进行电镜扫描，研究其结晶特征进行对比，再分别对其萤石进行微量元素及化学成分进行高精度的定量分析，进行对比。因为每个萤石矿的萤石的结晶学特征及化学成分、微量元素组成及含量都有自己的特征。通过上述研究工作，可基本上确定，铜岭的萤石矿是不是由德安彭山运过去的。

因为德安彭山地区的萤石矿区与锡矿区紧密相连，距离甚近，在青铜器时代，极有可能将萤石矿与锡矿共同开采运往青铜冶炼厂。由于彭山地区的露天萤石矿长期规模的开采，商代有无古采坑难以考证。再是由于此种萤石矿大规模直接出露在地表，不需明显开挖即可获得萤石。再是地表的残坡积碎石砂土中有大量萤石块混杂其中，商代矿工最大的可能是从地表松散的残坡积碎石砂土中淘洗萤石。所以地表不一定有萤石矿古采坑。但要注意从萤石矿山附近，寻找商代的生活用品。

从铜岭铜矿古采坑的规模及技术条件分析，商代的矿工完全有能力对彭山地区的黄金洼锡矿、下鞭山锡矿、培家垅锡矿进行坑采，也有能力粉碎锡矿石，进行重选淘洗，获得锡石精矿，再直接运往青铜冶炼厂。尽管至今已有3000余年，经过考古发掘，仍有找到锡矿古采坑的可能。此外，由于彭山地区锡矿资源储量规模较大，又是商代国内纬度最偏北的一个独立易采易选的锡矿基地，很有可能，当时开采规模比较大，不但生产锡矿砂，还会利用锡熔点极低的特点，在矿山附近直接冶炼锡锭，便于远距离运输。所以在彭山地区还要加强锡冶炼基地矿渣的寻找。在寻找发掘锡矿石古采坑及古冶炼厂的同时，一定要加强对生活用品的寻找及考古研究。

商代的矿工们，最大的可能还是用最经济简单的方法，从松散的第四系河砂及残坡积碎石砂土中淘洗锡石，直接获取锡石精矿。问题在培家垅一带的河沟中，这30多年来常有人淘洗锡石，古遗迹难以保存。但古人的生活用品，还是有找到的可能。

用现代的科学技术，将彭山地区的黄金洼、下鞭山、培家垅三个锡矿的锡石作化学及光谱定量全分析。同时对铜岭商代铜冶炼厂遗址进行深入发掘，特别要注意锡石的寻找或残留锡锭的寻找。之后再对找到的锡石或锡锭进行化学及光谱全分析，与彭山的锡石分析结果进行对比，可初步确定青铜冶炼厂的锡石或锡锭是否来源于德安彭山。

由于长江中下游及中原一带商代青铜器锡的来源均未解决，也可将铜绿山、铜官山等商代青铜冶炼厂的锡石或锡锭进行化学及光谱定量全分析，再加上对锡石的电子显微镜扫描研究其结晶特征，将结果与德安彭山地区的锡石进行科学对比，便于科学地确定，商代青铜器所用锡石是否来源于江西德安彭山。

德安县彭山锡矿采冶遗址调查

夏商周时期，经历了一个过渡时期，就是新石器时代红铜文化。红铜是指未经人工掺杂的自然铜，质较软，不适于制作大型器具。奴隶社会时期，在物质文化方面，先后使用过两种金属工具——青铜器和铁器。夏、商、周时期是青铜时代。春秋末期则已进入早期铁器时代。

青铜是红铜加锡的合金，是人类最早发明的合金材料，呈青灰色，固以得名。青铜比红铜有显著的优点；其一，熔点低。红铜熔点一般是摄氏 1083 度，若加锡 15%，熔点就降低到 960 摄氏度。若加锡 25%，熔点就降低到 800 摄氏度，这样的温度，是当时人们容易办到的。其二，硬度大。红铜的硬度是博林氏硬度 35 度，若加锡 5%~7%，就增高到 50~60 度；若加锡 9%~11%，就增高到 70~80 度。这样就可以根据不同器类的需要，铸成硬度不同的器具。基于青铜有如此优点，自然代替了红铜，对社会生产力的提高，无疑起划时代作用，锡自然成了青铜时代重要矿产资源。

继湖北大冶铜录山之后，1988 年在江西瑞昌铜岭又发现了商代铜矿采冶遗存。考古资料证明该遗址是迄今为止发现的中国最早的铜矿采冶遗址。其文化内涵丰富，保存完好，在国内仍世界实属罕见。它的采冶时期大体始于商代中期，发展于西周，盛产于春秋，延及战国，前后连续开采冶炼达千余年。它的发现将我国采铜炼铜的历史提前了三四百年。

如此灿烂、精美绝伦的青铜器，它的锡来源在哪里呢？迄今为止国内尚未发现商周时期的采冶遗存和遗址。根据我馆多年不懈地对锡矿进行调查工作，现将调查情况综述如下：

一、实地调查：是根据当今仍在开采的德安彭山锡矿周边区域的几个锡矿床进行的。（一）曾家垅锡矿区。地表几乎没有显露，是一个全隐状锡矿床，该矿区锡的含量较低，锡仅为 0.747%，此种锡矿就是当今科学技术条件下开采仍较为困难，何况在古代是不可能的。没有发现采冶遗存。（二）尖峰坡锡矿区。这是一个中型规模的锡矿床，锡的含量也较低，仅为 0.637%，像这样的锡矿床在商代是不会开采的，同样也没有发现古代采矿的遗迹；（三）是洪溪萤石矿西北面皮家垅锡矿点。锡的含量介于 0.4%~1%之间，虽然锡石颗粒较粗易选，但矿脉太深，难以开采利用，但是令人费解的是，当今仍有广西南丹的个体老板掘土水洗进行露天开采。（四）是在皮家垅小溪、河沟的砂石泥土中，含有少量的砂锡矿，因它具有易采易选的特点，自然皮家垅的砂锡矿是古代青铜采冶锡石来源之一。现在培家垅小溪河砂锡矿储量很小，这很可能正是古代开采所至。值得注意的是这条小溪河流经的下游——吴山乡河铺七组许家墩，被当地村民称之“铁壳坟”。前些年，由于被误认为是铁铸的古墓，被人用炸药炸盗。经走访调查不是古墓，也非“大跃进”时期的冶铁遗存，而是一座古时冶炼碴堆积。堆积呈圆形，10米左右直径。范围在一片平坦的地上，近有小溪，四周有商、周、汉、唐时期的印纹陶、花纹砖。炼渣多为粒状，色呈褐黑色，有一定硬度，待选检后确认。（五）是黄金洼锡矿点。其锡矿呈透镜状，含量极高，高出一般锡矿10倍以上，一般锡含量为5%左右，中心区段锡含量高达15%~20%以上，是目前国内发现的含量最高的锡矿。锡含量达4%即为锡矿石，而且这种锡矿脉又直接显露在地表，具有易采选的特点。稍经采选或重选即可入炉冶炼，宜于古代开采冶炼。现在附近村民前三年只要能挑上几担矿土就可获得几百元，可见该矿点之富藏。特别注意的是，一在矿区的山头和山腰上发现的几个天然溶洞。据广西南丹开矿的老板说“我们在一个天然溶洞下到十米深的地段打眼和放炮时，在洞口没有一点销烟从洞内冒出，就可能是以前该洞被开采过，而不再打下去”。二在黄金洼的山下坡地有一片很早被选矿废弃的泥土，据当地村民讲，这片废弃的泥土根本没有矿石，选也选不到矿。很有可能这是很早以前有人在这里选矿有关。遗憾的是由于地表植被覆盖，土层又厚且天气火热，目前尚不能肯定该矿区有古代采矿的直接证据。尽管如此，我们仍可推测，商代的青铜冶炼所用的锡很有可能出自黄金洼锡矿区。

二、德安吴山彭山地区皮家垅锡矿及黄金洼脉状富锡矿，仅距离邻县瑞昌铜岭商代矿区直线距离25千米，而铜岭青铜文化特色以长江中下游的湖北铜绿山商周采冶遗址相似。以新干大洋洲商代大墓和樟树吴城出土的青铜器开采即有中原商文化因素，又有土著的吴城文化因素，铜岭与铜录山和德安彭山均长江沿线，交通极为便利，古代先民将锡石或锡锭运到中原或者就地冶炼铸造不是没可能，是完全有可能的。因为青铜冶炼中的锡用量比较低，德安彭山的锡完全可以满足其要求。

三、德安境内调查发现及已经发掘商、周遗址多达十余处。经科学发掘的聂桥镇石灰山商代遗址（仅距彭山锡矿区5公里）和米粮铺陈家墩商周遗址、前山商周遗址、猪头山商周遗址、界牌岭商周遗址；分别出土青铜纺轮、甘锅（将军盏）、石范、青铜矛、青铜斧、青铜觚等以及大型商、周二座祭祀台，和征集的两根不成规范的锡条。普查中在彭山锡矿区附近又新发现的商周时期的秧塘山遗址、岭上遗址、思古墩遗址、港下桂遗址等，尤其是秧塘山采集的煤炼渣、大量的印纹陶片和石器，足以证明在商周时期，彭山地区交通方便、人口密集、流动频繁、有采冶锡的条件和能力，说明商品生产与交换已有一定发展。

四、德安矿产丰富，有铁、锡、锑、煤、萤石、石灰山。彭山锡矿区紧靠萤石矿区，萤石是冶炼不可缺少的催化剂，境内又盛产煤、木材、木炭，无疑为早期冶炼术提供物质基础。正如郭沫若早就说过：“青铜冶铸技术从南方的江淮流域流入黄河流域是比较有更大的可能性，因为古来相传江南是金锡的名产地。”

五、从全世界的锡矿床分布范围看。它们大多集中在赤道附近，尤其是东南亚一带最为丰富，我国的锡矿床也主要集中在东南方的云南个旧、广西南丹一带。《唐代地理志》载：“虔州之南康、大余、于都、安远皆有锡、铅或金等。”《江西通志》卷五，十三载“有开采过铅、锡矿历史的有：宁都、安远、于都、东乡、德安……十个县。”据1/20万野外地质调查和区域化探资料，其纬度最北就数江西德安彭山地区。含有丰富锡矿床，可见德安彭山地区的锡矿床是距我国商代青铜炼锡最近的锡矿区。不可能弃德安而舍近求远到云南、广西去开采。

六、赣北是江西最早接受中原文化和夏商文化，是江西地区古代文明最发达、开发最早的地区之一的论断是可以成立的。完全有理由认为，商王朝为什么对南方开发如此重视，且陆续派了“雀”、“或其”和“妇好”等重臣与亲信驻守江西和南方，除了征服等政治目的之外，其主要是经济上的目的，为确保源源不断地取得南方的铜、锡、龟甲、海贝等资源，至此，石灰山商代文化早于樟树市吴城文化。德安石灰山遗址其文化内涵较单纯，那么在此生活的商代先民走向何方呢？我们认为其应迁徙至彭山锡矿附近采冶锡矿石，为商王朝提供铸造青铜器的锡原料。

七、据群众反映，在1995年年初，彭山林场村民在彭山挖矿时曾发现古矿坑道近30余米；并发现坑道内有松木支撑，坑内地面呈白灰状的堆积，坑道内壁像火烧样的黑色焦土，坑内遗址有似黑色的碗、碟之类的生活用品，并发现有工作面的休息点，再往深处便是天然溶洞，过此溶洞又是人工开挖的坑道，他们便认为此处似古人已开采过废弃的矿井。前不久，我们找到当事人专程前往实地调查，找到了当年他们开矿的地点，但由于此处十余年从未间断过的开采所致，原来的古坑道早已被现代的矿渣所“掩埋”，无从深入开展发掘工作，指日可待在全国第三次文物普查中根据情况进行发掘以期达到新的突破。

综上所述：从彭山锡矿带的分布、储量、品位以及易开采、易冶炼、易挑选，又邻近瑞昌铜岭商周矿区。境内众多的商周遗址和出土的青铜器、青铜器石范、甘锅（将军盏）、锡条、炼碴等以及用于冶炼的木材、木炭、煤炭、萤石。加之优越的地理交通位置，距商周中原地区最近，不可能越过德安到遥远的广西、云南、甚至到国外去获取。境内博阳河直通鄱阳湖，出湖口入长江直抵中原，交通十分便利等条件。可以推断，彭山可能和瑞昌铜矿一样，是中国青铜文明的又一个重要物资基地，它的发现将为青铜文明添补历史的空白，其意义不可低估，贡献将是伟大的。

德安县博物馆

德安县文物管理所

二〇〇七年八月六日

二、论文规划选辑

九江市冶金煤炭工业在我市建设开放城市中的发展战略和步骤

在我市建设开放城市的过程中，我市冶煤工业的发展战略是：紧跟全市开放的步伐，适应我市建设开放城市总体布局的要求，内引外联，巩固、改造、提高现有企业，地质、技术先行，开发新矿区，深度加工矿产品，走质量节能效益型发展九江矿业的道路。具体内容是：

1. 参与“长江工业带”和“南九工业走廊”的建设。我市冶煤工业的“长江工业带”是开发：白云石、石灰石、黄金、钢铁、银、铜以及大理石、花岗石和型砂。“南九工业走廊”是开发：锑、萤石、金、铜、硫、钒、钨、石煤、煤以及硫化工、氟化工、煤化工。目前，这些资源都已有一定程度的开发和加工，但与资源相比，规模过小，所以发展的前景是光明的。

2. 积极为建设赣北大市场服务。九江优越的地理位置和交通条件，十分有利于赣北大市场的建设。建立市场搞贸易，就必须有发达、完善的仓储业。冶煤工业也要从此有所突破，以“地下”开发走上“地表”开发。以现有占地 7 万平方米，露天货场 5.8 万平方米，铁路专用线 1.47 公里的货场为基点，逐步扩大面积和设施，向多功能仓储方向发展。并要建立出口即煤、石专用码头。

3. 为加快发展旅游业尽力。我们要以现有中国地方煤矿工人休养院（山下床位 130，山上床位 74）为起点，逐步改善、提高接待能力和水平。为冶煤工业发展服务，为全市旅游业尽力。

上述目标不可能一步达成，我们的步骤是：

1. 明后两年建成江西铜岭钢铁厂外向型的年产 15 万吨白云石工程，和内外型的年产 15 万吨石灰石工程。今年已向日商出口白云石 4000 吨；石灰石国内已有厂家订货。为我市口岸建设，迎接外轮进港，做出提供货源的实质性贡献。该工程需投资 300 万元，年利税 60 万元，利税率 20%。另需码头建设费 200 万元，解决装船问题。若再投资 300 万元，可利用白云石生产过程中产生的粉矿，生产氧化镁、碳酸镁 500 吨 / 年，金属镁 200 吨 / 年，年利税 70 万元，利税率 23.33%。

2. 重点抓好金铜硫联合企业的建设。第一步需投资 7000 万元（已筹资 850 万元），建成矿山—硫酸厂—冶炼厂—铜材厂，从尾料到深加工一条龙的中型企业。可获电解铜 800 吨 / 年，铜材 1000 吨 / 年，硫酸 5 万吨 / 年，磷肥 7 万吨 / 年，金 1200 两 / 年，银 1000 公斤 / 年，铁精粉 100 吨 / 年，利税 2000 万元，利税率 28.57%。实现金、银、铜、硫资源直接变为成品，基本结束卖原料的历史，大大提高资源的经济价值。

3. 着力争取国家投资 15.59 亿元，在我市建设矿肥基地，可获磷酸 24 万吨 / 年，硫酸 70 万元吨 / 年，铁球团 20 万吨 / 年，水泥 45 万吨 / 年，年利税 3.6 亿元，利税率 23.09%。争取国家黄金局投资 1.8 亿元，在我市建设黄金冶炼厂，可获黄金 10 万两，铜 1 万吨 / 年，硫 3 万吨 / 年，银 10 吨 / 年，年利税 5500 万元，利税率 30.55%。

4. 确实抓好九江钢厂向冷弯特殊型钢、稀土球铁等特殊钢及出口型方向的技改工作。投资 2500 万元，可获型钢、特钢 3 万吨 / 年，利税 500 万元 / 年，利税率 20%。并考虑炼钢或充分利用该厂现有 10 万平方米的厂区，建筑面积 3 万平方米（其中工业建筑面积 1.29 万平方米），开展多种经营，如矿山、冶金设备加工制造等，为我市冶煤工业乃至建材工业的发展服务。

5. 认真抓好现有货场建设，投资 300 万元，完善货物仓储，吞吐量 10 万吨 / 年，年利税 100 万元，利税率 33.33%。并考虑建设年吞吐量 30 万吨的九江煤炭中转码头，用北煤、晋煤、陕煤、川贵煤出口和内销长江下游工业区。

6. 认真抓好现有休养院改造，投资 200 万元，扩大床位 500 张，年利税 50 万元，利税率 25%。接待、吸引四方来客，为冶煤振兴服务。

7. 认真抓好萤石及氟化工建设，需投资 9700 万元，可获新增萤石 7000 吨 / 年，氢氟酸和氟利昂各 3000 吨 / 年，人造冰晶石 2000 吨 / 年，聚四氟乙烯 200 吨 / 年，氟橡胶 200 吨 / 年，年利税 4300 万元，利税率 44.33%。

8. 认真做好煤化工；钨、锑深加工；石煤、钒开发，及湖口流泗乡日处理 200 吨规模的金铜多金属矿山的开发。

综上 9 个项目，投资 19.44 亿元，可获产品 22 个，年利税 4.858 亿元，平均投资利税率为 24.99%。除去国家项目，投资 2.05 亿元，年利税 7080 万元，平均投资利税率 34.54%。这样才使九江矿产资源得到较合理的使用，适应九江作为开放城市的需要。为此，我们需要市政府给予解决如下问题：

1. 今年给予金铜硫联合企业贷款或借款 200 万元，使日处理 200 吨的矿山今年投产。

2. 着实解决九江矿业地质先行的问题。既要发挥地质队地质工作主力军作用，多提交矿产储量，并解决地质队的困难。也要考虑建立九江冶煤地质勘探化验中心，尤其是组建用物探手段的煤田地质队，具有投资少、技术先进、勘探费用低、找煤周期短等明显优点。

3. 全盘规划全市矿产资源，保证国营矿山的主体地位。严禁各自为政，集体与国营企业争资源，防止内部纠纷和扯皮。

4. 优先铜岭钢铁厂白云石、石灰石，金铜硫联合企业立项、批项、资源开采证问题。

5. 要给新产品、新投产的矿山减免3~5年的税收的优惠政策，使其能借债建设。

最后建议市政府：

1. 确实制定和兑现引进人才的优惠政策，这是九江建设的根本措施。

2. 确实下决心做到人民城市人民建，改造市容，增强吸引力。

3. 确实制定和兑现吸引投资的优惠政策，吸引资金。

4. 对资金的引进市政府协调建行或工行出具担保证书。

5. 土地征收也要有吸引力，且手续简便。

九江市冶金煤炭工业局

一九九一年七月六日

九江市冶煤工业开发项目

立足于丰富的矿产资源和交通地理位置优势，我市矿业开发的指导思想是：统筹规划，合理布局，综合开发，配套成龙。以建设各具特色的矿产业开发基地和集团经济为重点，带动我市矿业的全面发展。

一、分区设想

1. 九瑞金铜硫工业区

位于长江黄金水道和昌九工业走廊的结合部。以城门山铜矿、武山铜矿、洋鸡山金矿等大中型矿山为基础，建设黄金、铜硫和硫磷工业基地。

2. 德安氟化工和有色金属工业区

位于昌九工业走廊中心地带。以德安萤石矿、彭山锡矿、宝山锑矿等为基础，建设氟化工和锡锑工业基地。

3. 修武金钨工业区

以修水县广泛分布的岩金、砂金资源为基础建设黄金工业基地；以修武丰富的黑、白钨矿资源为基础建设钨业基地。

此外，该区还可发展石煤的综合利用和铀矿业、锑制品业。

4. 滨湖非金属矿产工业区

以本区丰富优质的花岗石、大理石、青石、石英砂、硅石、长石、石灰石、陶土、瓷土等资源为基础，利用水运优势，发展石材加工、水泥、玻璃、有机硅、陶瓷、型砂等工业。同时，也是重要的出口基地。

二、主要开发项目简介

类型	项目
企业集团	九江金铜硫联合企业
	九江硫磷基地
	德安氟化工联合企业
	星子石制品联合企业
	修武钨业公司
	德安锑制品联合企业
新建矿山	瑞昌邓家山金矿
	瑞昌白洋坂银金矿
	修水马坳金矿
	彭泽利山金矿
	彭泽郭桥银铜矿
	德安锡矿
技改项目	九钢二轧车间改造
	九钢螺旋焊管分厂（中外合资）
	铜岭白云石分矿
	铜岭石灰石分矿
	丁家山——列石山铜硫矿开拓
	都昌钨矿扩建
综合开发	石煤综合利用
	煤气化工程

九江市冶金煤炭工业局

一九九七年六月三十日

九江市煤炭工业发展规划

煤炭工业是国民经济的基础工业之一，煤炭是工农业生产和人民生活不可缺少的主要能源。作为地方煤炭行业的主管部门，其主要责任是使本行业如何符合和促进地方经济的需要和发展；使行业如何能持续而健康的前进；使行业如何获得较好的经济效益（当前是如何走出困境），本行业的产品如何进入市场、适应用户和环境保护的要求。显然，这就是本规划的主要任务。过去的规划（年度的或5年的）是以产品产量为核心，以完成上级下达的指标为目的。对于煤炭资源较少的九江，自给不足，缺口大，补缺任务主要靠用户自我填平；本地一些煤炭企业的煤种销路狭窄，导致企业本身在市场上挣扎。从这一现象看，过去的规划是不全面的，或者说，一个行业的职责是不明确的。为此，本规划希望克服以往弊端，站在战略高度，用更广的视野勾画出较全面的轮廓，以利实施时“加密、着色”。

一、地理位置及交通

九江市位于江西省北部，长江中下游南岸。全市辖十（县）市二区一山，土地总面积18820平方公里，约占全省总面积的11.28%，素有江西北大门之称，区内交通四通八达，铁路、公路、水路都具有相当规模的综合运输能力。九江港上接重庆、武汉，下连南京上海，是川、汉、豫、沪的主要联运枢纽，又是赣、鄂、皖、湘主要换港埠头，鄱阳湖水道连通本省南大门赣州。南浔铁路纵贯本市，继沙大线、九合线以后京九线亦已建成营运。沿江铁路已列规划，形成北上津京，南下鄂港，东控宁沪，西指武汉重庆的通途。九江机场离城30公里，开通京、惠（阳）、沪、厦等数条航线。九江已形成水、陆、空立体交通网，是江西省最完备，最发达的立体交通枢纽所在，必将成为江西省经济发展的重心。

二、煤炭资源

九江市煤炭资源属于地质变化大，储量极不稳定地区。现已查明有两个煤系：（一）下二迭系王家铺煤系（梁山煤组）；（二）上二迭系乐平煤系（龙潭煤组）。两个煤系分布在区内九个县市，即修水、武宁、瑞昌（市）、德安、湖口、彭泽、星子、九江县和庐山区，合煤总面积达968.6平方公里。其中武宁、德安、九江县和瑞昌市资源分布较广。且煤层的赋存和开采条件较好。王家铺煤组一般呈串珠状、鸡窝状赋存，为单一煤层（仅修水西坑煤层达4—8层），煤厚0.1—24米，煤质以烟煤为主，牌号为气肥–焦煤，局部为无烟煤，含硫高。乐平煤组呈层状一似层状赋存，煤厚0.1—2.6米，煤层单一。煤质主要为贫煤和无烟煤，仅德安付山矿区为气肥煤，含硫高。

1960年至1973年期间，赣西北地质大队、九一六地质大队先后用钻探等方法对246.38平方公里含煤面积（非储量计算面积）进行了勘探，提交储量8341.9万吨，其中地质储量4642.74吨，B级储量72.9万吨，C级储量2794.62万吨，D级储量831.65万吨，已勘面积占含煤总面积的25.43%。1989年，省煤炭工业厅派省煤田地质科学研究所来九江对煤炭资源进行了调查，1990年6月提交了调查报告，对300米以上的87.77平方公里预测储量面积进行了储量预测，新增预测储量约8802万吨，使全区煤炭地质储量达到一亿七千万吨以上。已勘面积加预测面积占含煤总面积的34.5%。即使这样大部分含煤地段（含中深部）仍未进行勘探，更未进行开采。

值得关注的是，九江除上述两煤组外，尚有分布广泛，储量丰富的石煤资源。石煤位于寒武纪下统王音铺层位中，赋存稳定，全区除瑞昌市外，十个县均有石煤资源，面积达2000多平方公里，预测储量达48.1887亿吨以上，发热量一般为1200—1500大卡，高者过2000—2800大卡，局部地区由于含高沥青，高碳质，发热量达5000大卡。层位中普遍含硫、钒、钼、钾、镁、铀、钇及其他稀有元素，很有开发利用前景。

三、煤炭工业发展情况及主要问题

九江市煤炭工业源远流长，可上溯到公元前205年的汉高祖二年，但有规模的开采是在大跃进之后，从无到有，由小到大逐步发展起来的。目前有武宁、瑞昌南田、罗坑、德安付山四个县办煤矿和数百个乡镇集体、个体煤矿。96年原煤产量为30万吨，其中县办煤矿10万吨，占总产量的33%，矿井的生产规模都很小，企业经营以卖原煤为主，属简单粗放型。30多年来，未跳出“挖煤、卖煤”的格局。

过去，由于国民经济发展的需要，刺激了作为基础之一的能源工业的发展。特别是在“有水快流”“大中小一起上，国营、集体、个体同时上”的号召下，小煤窑如雨后春笋，到处冒尖，遍地开花，虽说发展速度加快了，但也酿成了不少问题。主要问题首先是发展水平低。煤炭企业的发展以产量多少为标准。由于地质条件，采掘技术等因素的制约，各企业是在低点“震动”，不是高点“起飞”，属原始发展型。其次，重开采，轻加工，资源消耗加剧，缺规划、少布局，导致有水乱流。企业分散而不能形式规模，造成投入多，产出少，多数企业不能持续健康发展。据统计，企业盈亏比例为盈：亏：平＝3：4：3。多数企业难以为继。第三、安全性差。多数矿井安全设施差，事故多，百万吨死亡率远远超出国家要求，行业的社会形象差。第四、地质勘探严重失调。矿井无后备储量，影响井田接替。第五、企业的粗放经营格局使企业经济效益长期处于低谷。第六、产业结构单一不适应市场变化，不利于资源综合利用。第七、企业各自为战，互不协调，不互补，不利发挥行业优势。第八、因循守旧，不注重企业技术进步，不注入科技含量。所有这些，是我市煤炭工业发展速度慢、经济效益差，虽成一方摇钱树，但不能形成支柱产业的重要障碍因素。应清醒认识，诚静回顾，认真对待。

四、总体规划

根据我市交通地理条件，经济发展趋势，煤炭资源状况，行业整体素质等实际情况，总体规划应以煤炭法为依据，以经济效益为中心，依靠高科技、立足高起点，实现以少胜多，以优夺势，整体腾飞目的。

（一）发展战略

九江市煤炭资源丰富（主要是石煤资源非常巨大），区域地理位置优越，水、陆交通十分便利，信息灵通，区内经济较发达，煤炭工业已有一定基础。这是制定总体规划的依托和背景，因此，规划的战略方向是：

1. 立足当地资源，走深度加工，多层次增值的道路；
2. 立足改革，利用各自优势，走联合开发，协同作战，形成规模，健康推进的道路；
3. 立足竞争，面向社会，拓宽市场，营造长效优势企业，走可持续发展的道路。
4. 立足煤炭，走一业为主，多种经营，横向开发，综合利用的道路；
5. 立足创新，依靠科学，促进企业技术进步，走以少胜多，以优夺势，超前开发，跳跃出击的道路。

实施此发展战略，力促整个煤炭行业（舍乡镇集体）走出低谷，步入安全、持续、增效、增收的轨道，更好地为地方经济服务，实现壮大、腾飞的目的。

（二）发展目标

煤炭工业是国民经济健康发展的基础支撑工业之一。九江的煤炭产量与资源量比不足3‰，说明九江煤炭工业对九江国民经济贡献的潜力巨大。如果行业运筹得法，可将劣势变优势，进而形成支柱产业，力促地方经济的发展。规划的发展目标是依靠科技进步，以少胜多，拓广经营，使煤炭企业真正成为地方经济的支柱，使煤炭行业在九江经济中占有一席之地。

（三）发展规划

本发展规划属中长期规划，包括六个方面：有目前要实现的项目；有长远的轮廓勾勒；有具体的矿点布局；有涉及全局的工程。其主导是注重规模，注重长效，注重可持续性，注重高科技、高起点、高效益、高速度。

1. 煤炭资源开发规划

煤炭资源的开发是本规划的基点。根据现有地质资料，规划布置新井 39 个，新增产量 83 万吨，占用储量 1568 万吨。

从本次规划新开矿井和新增产量数看，反映出矿井生产规模有所扩大。我们还将进一步整顿现有小煤窑，走联合道路，减少井数，扩大规模，提高煤矿的经济效益。实现本规划，九江煤炭产量可达年产 100 万吨。即使如此，其生产规模远低于储量所允许的规模，今后仍有较大的发展余地。

对巨大的石煤资源，本规划仅对其综合利用做前期调研和项目研究，依其成果再另申报项目。

2. 适应煤炭流通体制改革，建立动力配煤中心是本规划的重点。

全国煤炭系统正酝酿通过储运、配煤形式，实现煤炭流通体制改革，加速产销见面，减少中间环节，以利提高产销双方的经济效益。我市交通便利，辐射性强，而且九江自身工业较发达，每年动力煤耗置约 400 万吨，这有利于我市加入煤炭系统的流通体制改革，使我市可广进各地市各品种、多牌号、质量不一且不稳定的煤，拓宽供煤渠道，用不同质量的煤生产出适合各类燃煤设备所要求的煤种，既提高了燃煤效率，降低了燃煤成本，又可减少污染，扩大劣质煤的应用，增强煤炭企业的效益，其经济、社会效益明显。计划建一条配煤能力 200 万吨 / 年的生产线，采用“微机优化配煤方案”、应用煤化学，煤燃烧学等基础综合技术，投资约 8000 万元，投产后年利润约 4000 万元，两年可全部收回投资。与其配套的项目有型煤厂、选煤厂、添加剂厂等。因此乘煤炭流通改革之势，用九江便利的交通和较发达的工业优势条件，兴办动力配煤中心已显得十分必要。

3. 搞好煤炭（尤其是劣质煤）深加工，创办“洁净能源”，是本次规划的突破点。

引进《反火型煤气》制气高新技术，组建民用燃气公司。配合全省“引农造城”的农村发展战略和我省我市劣质煤多的实际情况，既有利于人民生活水平的提高和环境、森林保护，又极有利于劣质煤的应用和这类煤矿经济效益的提高。

反火型煤气技术，具有灵活（从几百户至几万户）造价低（约为现行煤气工程投资的 2/3），节能，适用煤种广（尤其可利用劣质煤），是我国独创。被国家科委列为国家级科技成果重点推广计划，是建设部指定推荐的《2000 年小康住宅建设配套气源》。

民用煤气工程公司预计注册资金为 1000 万元。建设 500 户至 5 万户的煤气工程，投资估算约 300 万元至 7000 万元。采取“谁投资、谁受益”的原则，多方筹资解决。

4. 推广应用高新技术，促进煤炭企业稳步、持续、健康发展是本规划的聚焦点。

1）运用先进的地质勘探技术探测、扩大煤炭储量。如现在使用效果较好的物探技术有三维地震法、远红外线法、超长电磁波法等。这既能保证煤矿企业持续、稳定的发展，又能起到克服盲目采掘，减少或避免矿山安全事故的作用。是我市亟待引进的技术，资金预计 60 万元。

2）运用先进采、掘、支护技术，降低生产成本，提高效率。如经济型水采技术；巷道横向断裂快速掘进技术；采用小钻杆打眼，含水炸药，激光定向等成熟技术，约需资金 100 万元。

3）利用先进技术，搞好煤炭综合开发利用。我市煤层或煤矿附近有多种可供开发的矿物，这是煤矿生存和发展的有利条件，应加以综合利用。如乐平煤组的伪底、煤层的顶、底板灰岩、硅藻土以及煤矸石等。可利用来生产聚合氯化铝、白炭黑、硅铝铁合金、氟化铝、冰晶石、陶瓷工业的耐盐酸素烧材料，以及建材墙体砌块、板材等。

4）应用新技术，搞好煤炭企业多种经营。多种经营项目应是高新技术产业，要有高起点，有强大的竞争力，有独领潮流的超时代性。如用煤生产“水煤浆”，用煤、石灰石、重晶石生产碳酸钡；用石煤、重晶石生产早强水泥等。

5）加强安全建设，提高行业整体素质，积极办好矿山救护队和矿山安全技术培训中心。九江的矿山救护队和培训中心已经开始起步，但其规模、设施十分欠缺，为加强该两机构建设，计划需投入 30 万元。其中，培训中心需资金 10 万元。

6）与信息高速公路联网，增大科技信息储备，开展课题调研，追踪新技术，保持高起点。为了企业技术进步，适应瞬息万变的市场经济，为了开发三产与多种经营，增强企业活力和后劲，切需建立信息网络系统并开展相关工作，该项需资约 20 万元。要开展的课题调研主要是：

1. 物探技术的筛选，引进和试测。
2. 动力配煤中心的“微机优化配煤方案”的调研。
3. 巷道横向断裂快速掘进技术的调研、引进、试验。
4. “反火型煤气”制气技术现场考察。
5. 其他高新技术的调研。

（四）发展基金

煤炭工业与其他行业相比，有两大特点：一是投入多，周期长，见效慢，风险大(资源不稳)。二是矿山建成后，可受益的时间较长，效益较平稳。这就造成初建时筹资难，建成后可长期提取（积累）下一轮的建设费用。加之开发三产和多种经营，所需资金也较多。为此，建设资金的渠道是：

1. 上级行业主管部门给政策，保护企业的正常合法积累。如我省已执行的吨煤提取开发基金的规定。要力求做到“全面、长期收取，落实得力措施，足额到位，专款专用”，才不致流于形式。

2. 争取煤炭主管部门对项目的扶持、补助。

3. 争取行业内部的低息或无息贷款。

4. 争取银行的贷款。根据国家有关规定，对科技含量高的，可创外汇的，以及国家要求推广的项目都可以得到银行的支持。

5. 采用招商引资，开展横向联合，争取社会聚资上项目。

6. 采用股份合作制，争取职工内部参股。

7. 争取地方政府的支持和调剂。

（五）实现规划的主要措施

为使本次规划能落实、实施，我们采取以下主要措施予以保障：

1. 统一思想，提高发展煤炭工业的认识，克服消极的悲观情绪，增强主动性和历史责任感。

2. 深化改革，搞活经营机制，强化企业管理，全面提高企业（行业）素质。

3. 尊重科学，尊重人才，引进、培养一批懂科学、精管理、有开拓进取精神，肯实抓实干的“将才”“帅才”。

4. 广泛而真诚地与科研院校联姻，做到优势互补，借梯登高，借才生财。

5. 发展跨行业、跨地区的大联合，组建集团公司，形成规模、形成优势，实现借财生财。

6. 用好、用活政策，组织、筹措发展基金。

7. 发展高新技术产业，支持、培育民营科技实体。

8. 抓好项目库建设，建立信息网络，追踪高新技术发展，使规划具有活力。

9. 强化责任制，实行目标管理，执行重奖重罚，调动广大干部职工的积极性，同时要动员职工、群众参与规划制定，献计、献策，发挥其主动性、创造性，使规划建立在牢固的群众基础上。

10. 加强领导。把研究制定规划列为各级领导的主要议事日程，把兑现规划的程度作为领导政绩的试金石。

九江市冶金煤炭工业局

一九九七年六月三十日

九江市矿产资源总体规划

（2001—2010 年）

第一章 总 则

2001 年至 2010 年，是九江市加速实现工业化、城市化、信息化，推进经济和社会全面进步，实现新世纪跨越式发展的关键时期。为充分发挥矿产资源和矿业在我市国民经济建设中的重要基础作用，加强全市矿产资源勘查开发与保护的宏观调控和规范管理，促进我市人口、资源、环境与社会经济的可持续协调发展，根据《中华人民共和国矿产资源法》及其配套法规和规章、《全国矿产资源规划》、国土资源部《矿产资源规划管理暂行办法》《江西省矿产资源开采管理条例》《江西省矿产资源总体规划》《九江市国民经济和社会发展第十个五年计划纲要》以及九江市有关行业“十五”规划，制定本规划。

本规划是九江市人民政府根据国民经济和社会发展需要，对全市二十一世纪前十年矿产资源勘查、开发、保护与合理利用以及矿山生态环境保护与恢复治理做出的总体安排和布局，是指导我市矿产资源管理工作的政策性文件，是市人民政府国土资源行政主管部门依法对本行政区内矿产资源勘查、开发、保护与合理利用进行宏观调控与监督管理的重要依据。

本规划以 2000 年为基准年，2001 年至 2005 年为规划期，展望到 2010 年。规划适用范围为九江市所辖行政区域。

第二章 矿产资源及开发利用形势

一、经济和矿业发展概况

九江市位于江西北部，长江黄金水道与京九铁路交汇处。市界北纬28° 47′ ~30° 06′，东经 113° 57′ ~116° 53′，总面积 18823 平方千米，占江西省总面积的 11.3%，人口 454.79 万人。九江区位优越，交通发达，京九、合九、武九铁路在此相交，高速公路与南昌、上海、武汉、南京、景德镇等城市相通，全市等级公路 1200 千米，长江自西向东流经我市，内河航运水道长 762 千米，各类码头 144 个，年吞吐货物量能力 3000 万吨，是江西省唯一的外贸港口城市。

改革开放以来，九江的社会经济发展取得了巨大成就，2000年全市国内生产总值达213.07亿元，五年平均递增7.8%，国民经济第一、二、三产业结构由1995年的31：41：28调整到2000年的19：45：36。

矿业是九江的新兴支柱产业之一，全市已建成有色金属、建材、化工、冶金四大矿产工业体系。到2000年全市开发矿产达40种，年产矿石总量2864.72万吨，采选业产值4.25亿元，矿业总产值13.79亿元，占全市国内生产总值的6.56%，占工业总产值的10%。已建成武山铜矿、城门山铜矿、香炉山钨矿、星子花岗石矿、星子板岩矿、亚东水泥有限公司、庐山海螺水泥有限公司、九江矿冶总公司等一批大中型矿山企业。矿业直接为建筑业、加工工业、制造工业、燃料工业提供原料，九江矿业已成为推动部分县、市经济社会迅速发展的支柱产业。

二、矿产资源勘查、开发利用与保护现状

（一）矿产资源的基本特点及优势

九江位于长江中下游成矿带，矿产资源丰富。已发现九大类矿产104种，矿产地680处，探明有资源储量的矿产68种，列入矿产资源储量表的有52种，矿产地270处(不含砂石、砖瓦粘土矿产)。对国民经济有重大影响的45种主要矿产中我市有18种：180处矿产地。探明储量居全省前2位的有铜、钨、锡、金、硫铁矿、锑、碲、饰面用花岗岩、饰面用板岩、饰面用大理岩、玻璃用砂、石煤及水泥配料用砂岩、页岩、黏土等24种。矿产资源保有储量潜在经济价值超过3000亿元。

我市矿产资源具有四大特点，一是矿产丰富，分布集中，利于规模开发，形成北部铜、硫、金、银、灰岩，东部石材、石英，砂、矿泉水、地热，中部锡、锑、铅、锌、萤石，西部钨、金、铀、煤、石煤的分布特征；二是矿产种类多，已发现的矿产有104种，占全省已发现矿种数的65%。已探明有资源储量的68种，占全省已探明储量矿种的67.33%，除能源矿产、黑色金属矿产外，我市矿产具有较好配套性；三是有色金属矿床中共、伴生矿产多，综合开发利用价值大，有色金属矿产储量中共伴生矿产储量占32.56%。贵金属矿产丰富，金占全省的23.42%，银占全省的28.18%；四是非金属矿产资源面广量大，水泥用灰岩、熔剂用灰岩、饰面用石材、建筑用砂都具有巨大的开发潜力和较高的开发价值。

铜、钨、锡、锑、金、硫铁矿、饰面用石材、水泥用灰岩、建筑用砂石是九江的优势矿产。我市在全国具有优势的矿产有饰面用石材、铜、白钨三种，其中饰面用石材保有资源储量1.78亿立方米，占全国的9.2%；铜保有资源储量350万吨，占全国的5.6%；钨保有资源储量33万吨，占全国的6%。我市在全省具有优势的矿产有铜、钨

(白钨)、硫铁矿、玻璃用砂、建筑用砂五种，其中铜占全省的 27.69%，居全省第二位；钨保有资源储量占全省的 29.15%，居全省第二位，白钨矿在全国居第二位；硫铁矿保有储量 5962.5 万吨，占全省的 39.26%，居全省第一位。我市具有区位优势的矿产主要有水泥用灰岩、熔剂用灰岩、饰面用花岗岩、饰面用板岩、饰面用大理岩、玻璃用砂、建筑用砂，其中建筑用砂及玻璃用砂资源量 4.4 亿立方米，居全省首位；水泥用灰岩保有资源储量 2.9 亿吨。占全省的 18.26%，居全省第四位。

（二）矿产资源勘查工作概况

经过四十多年地质矿产勘查工作，九江相继发现矿产地 680 处，其中普查以上 204 处，一些重要的大中型矿床达到详查和勘探工作程度。九江一瑞昌、德安彭山、修水香炉山、武宁大湖塘、星子北部等重要成矿区，经过多轮综合地质调查与勘查工作，控制程度相对较高，已建成一批重要矿山，通过深入工作，这些矿山外围和深部找矿前景良好。九瑞地区铜矿远景资源量 300 万吨以上，是长江中下游最具潜力地区之一；香炉山、大湖塘矿田钨矿远景资源量 40 万吨以上，是我省乃至全国重要钨矿接替资源勘查基地。其他成矿区勘查程度较低，通过勘查有望发现一批新矿产地。

我市主要矿产总体勘查程度较高，其中铜、钨、锡、锑、金、银、硫铁矿、煤、水泥用灰岩、饰面用花岗岩、大理岩、板岩、玻璃用砂等矿产勘查控制比较系统，这些矿产储量大多数现在可以开发利用，一部分随着矿业政策调整和技术进步也将陆续进行开发利用。通过提高地质勘查程度，许多矿产资源储量将进一步增加，为我市今后 10 年的发展提供资源保证。

（三）矿产资源开发利用与保护现状

1. 矿山企业现状：全市现有矿山企业 903 家。其中，大型矿山企业 3 家，中型矿山企业 8 家，小型矿山企业 892 家，矿山企业从业人数 26728 人。大中型矿山主要是有色金属和水泥原料矿山，小型矿山主要是煤、砂石、高岭土和砖瓦用黏土等非金属矿山。

2. 开发利用现状：全市已利用矿种 40 种，已开采矿区 903 处。2000 年开采矿石总量 2864.72 万吨。其中，铜矿采选能力 100 万吨 / 年，年产矿石量 88.11 万吨，生产铜精矿含铜 1.2 万吨；钨矿采选能力 48.2 万吨 / 年，年产矿石量 37.65 万吨，产钨精矿（W_2O_3>65%）3000 吨，部分加工成仲钨酸铵；花岗石年开采量 9 万立方米，部分加工成板材和装饰品；板岩年开采量为 8 万立方米，主要产品为饰面用石材。

矿山“三率”指标，采矿回收率除锡、锑矿、高岭土矿在 80% 以下外，煤矿在 70%~98%，其余矿产均在 80% 以上。选矿回收率锡、锑、金、钒矿在 80% 以下，铜矿在 72%~86%，钨矿在 74%~90%。“三率”水平国有矿山企业高于个体、私营矿山企业。

全市金属矿床中共伴生矿产多，回收利用价值大。目前，国有大型矿山综合回收率在 76%~80%，但多数中小型矿山综合回收利用率偏低。

（四）矿山生态环境保护现状

到 2000 年年底，全市矿山累计存放废（矸）石 2261.84 万吨，尾矿存放总量 218.22 万吨。2000 年我市矿山废（矸）石处理量 236.36 万吨，固态尾矿处理量 96.22 万吨，液态尾矿处理量 104.26 万吨。全市矿山占地总面积为 75.03 平方公里，矿区应复垦总面积 6.23 平方公里，已复垦面积为 1.53 平方公里，占应复垦面积 25%，少数矿山发生因采矿活动形成地面塌陷等地质灾害。

（五）矿产资源勘查、开发、保护和管理中存在的问题

1. 矿山规模化开采程度不高。矿山布局不合理，点多面广，大矿小开，部分矿山达不到最小开采规模标准，缺乏市场竞争力。

2. 集约化程度低，资源利用率低。由于粗放式开发，大部分矿山以初级矿产品为主，矿产品深加工产业延伸不够，产品附加值不高，综合回收率低。存在采富弃贫，优矿劣用，急功近利的现象。

3. 一些中小型矿山片面追求短期经济利益，乱采滥挖，无序排放，“三废”治理欠账过多，闭坑矿山未按要求进行复垦，水土流失，生态环境污染破坏比较严重。

4. 矿产资源执法监察与综合管理亟待加强。矿管工作专业性强，涉及面广，目前存在地方行政干预过多，有法不依，执法不严的现象。

5. 地质勘查投入不足，部分矿产缺乏接替资源。

三、经济和社会发展对矿产资源需求预测及可供性分析

（一）宏观经济形势对矿产资源需求趋势分析

市委、市政府提出“九江在江西率先崛起”的奋斗目标，给矿业发展带来了新的机遇。预测今后十年，对铜、铅、金、银、水泥用灰岩、耐火黏土、高岭土等矿产的需求连续增长；对钨、锡、锌、锑、煤、硫、玻璃用砂、建筑用砂、花岗岩等矿产的需求也将增长。我市主要矿种铜、铅、锌、钨、锡、钼、金（伴生）、银、硫、水泥用灰岩、玻璃用砂、建筑用砂、花岗岩等矿产具有较大资源潜力，增加地质勘查投入，将有助于提高资源的可供能力。

（二）产业结构调整对矿业开发的影响

随着产业结构的进一步调整，国家鼓励生产深加工高附加值的矿产品，鼓励开采铜、金、银、铅、锌矿产，限制开采钨、锡、锑、萤石、高硫煤矿。产业结构调整将进一步推动我市优势矿产的开发。到 2005 年，江西铜业股份有限公司生产电解铜能力将扩大到 40 万吨 / 年，2010 年实现 60 万吨 / 年，加快城门山铜矿开发，扩大武山

铜矿规模势在必行。到 2005 年，江西亚东水泥股份有限公司、庐山海螺水泥股份有限公司将形成年产水泥 460 万吨的生产能力；同时石材工业基地的规模化建设将加快花岗石、板岩开发，通过对钨、锡、锑、硫、白云岩等优势矿产精深加工，提高矿产品附加值，使资源产业链进一步延长，下游产品品种不断扩大，实现矿产资源的最大经济社会效益。

（三）科技进步对矿产品供需形势影响

充分利用科研成果寻找替代资源，对尾矿进行综合回收利用，使原来的废石变成矿石，使一些非传统的矿产资源得到了充分开发利用，从而缓解了一些短缺矿种供不应求的矛盾。例如：应用超细粉末碳酸钙制作彩色水泥涂料，可使我市方解石矿产资源发挥极大作用，节省投资、降低能耗；应用玻璃用砂去杂提纯的科研成果，使我市玻璃用砂矿产资源量大大增加，开发利用前景广阔。

（四）矿产资源供需形势预测

我国加入“WTO”后，对我市优势矿种铜矿的开采带来一定的冲击。但是，由于我国对铜金属需求的增长和国家鼓励开采铜矿的政策以及我市铜矿床中共、伴生矿产与有益组分丰富，综合开发利用效益显著。因此，铜矿开发在受到“入世”冲击的同时，又孕育着较大的发展机遇。

钨、锡、锑、萤石属限采矿种，对钨矿资源必须加强保护，严格执行国家配额制度，严禁采富弃贫；提高资源储备能力。要在保护和限采的前提下，大力发展精深加工工业，提高附加值，达到节约资源的目的。

水泥、石材等非金属矿产品的关税在“入世”之后大幅下调，为适应市场供需形势，我市水泥产量到 2005 年将增加到 500 万吨，（保有资源储量 2.9 亿吨）；熔剂用白云岩增加到 200 万吨（保有资源储量 3.6 亿吨），花岗岩增加到 7.24 万立方米（保有资源储量 5547 万立方米），高岭土矿增加到 30 万吨，原煤增加到 30 万吨，建筑用砂增加到 1111 万立方米，建筑石料用灰岩增加到 407 万立方米（保有资源储量 1.21 亿立方米）。

（五）我市矿产资源可供性分析

从开发现状和资源保证程度分析，我市重点发展有色金属和建材非金属两大支柱矿业符合市情，前景广阔。但石油、能源矿产则主要依赖区外资源。到 2010 年，我市矿产资源，能够满足经济发展需要的矿种有钨、铜、硫、熔剂用灰岩、水泥用灰岩、建筑石料用灰岩、冶金用白云岩、建筑用砂、饰面用花岗岩、饰面用板岩。能够基本满足的矿种有锡、银、铅、锌、萤石。不能保证的矿种有锑、金、高岭土、煤。短缺的矿种是石油、铁、锰、石膏、磷等。

第三章 指导思想、基本原则和规划目标

一、指导思想

以加快发展为主题，以有色金属和建材非金属矿产开发为重点，提高矿业对经济增长的贡献率，加强矿产资源勘查与矿山生态环境保护，走绿色矿业发展道路，增强九江矿业经济的可持续发展能力。

二、基本原则

（一）坚持开发与节约并举可持续发展原则，根据九江市矿产资源特点和开发利用实际，紧密结合地方经济和社会发展的当前和长远需要，科学规划，合理开发，综合利用，开发与节约并举，把节约资源放在首位，最大限度实现资源的经济效益、社会效益和环境效益，促进矿业经济持续、稳定的发展。

（二）坚持制度创新和技术创新原则。实现矿产资源管理方式和利用方式创新，构筑矿业开发技术创新体系、以科技进步为动力，应用新技术新工艺改造传统产业，发展矿产品的精深加工，提高企业的综合开发效益和竞争能力。

（三）坚持效益统筹，环境优先原则。注重资源节约保护与经济效益、社会效益和环境效益的统一，加强矿山生态环境保护与恢复治理，实现矿业开发与环境保护协调发展。

（四）坚持资源市场配置与政府管理相结合原则。注重发挥市场需求导向作用，优化资源配置，政府推进矿产资源开发利用制度改革，培育和规范矿业权市场，充分发挥市场配置资源的基础作用，实现政府宏观调控与市场合理配置的有机结合。

（五）坚持依法管理，维护国家利益原则。坚持做到管理与服务同行，严格依法管理，维护国家对矿产资源所有权益，寓服务于依法管理之中，做到政策可行，方法得当，措施有效，管理到位，使规划成为政府有效管理矿产资源的政策依据。

（六）坚持发挥本地优势，加快优势矿产发展原则。充分发挥我市矿产资源丰富、工业配置程度高的优势，重点发展有色金属和建材非金属矿产，同时搞好其他矿产协调发展；发挥区位优势，大力发展矿产品的贸易流通，繁荣矿业经济。

三、规划目标

（一）总体目标

为九江市经济社会可持续发展提供资源保证，建立具有地方特色和优势的矿业经济

新体系，实现资源利用方式和管理方式的根本转变，实现资源开发与环境保护协调发展。

（二）2005 年规划目标

1. 矿产资源调查评价与勘查目标：公益性与商业性矿产勘查相结合，以铜、钨、锡、锑、铅、锌、萤石、石灰岩为重点矿种，加强地质勘查和评价工作，提交新发现矿产地 7—8 处。提交铜资源储量 50 万吨、钨资源储量 5 万吨、锡资源储量 10 万吨、金资源储量 20 吨、锑资源储量 5 万吨、铅锌资源储量 60 万吨，提交水泥用灰岩、熔剂用灰岩资源量 2 亿吨。非金属矿产勘查取得较大进展，力争在矿种、工艺和技术方面有新的突破，提交一批品质高、规模大的建材非金属矿产地。

2. 矿业经济总量目标：到 2005 年固体矿产矿石生产总量达 4000 万吨（金属矿石 400 万吨，非金属矿 3600 万吨），全市采选矿业产值 10 亿元（金属矿 5 亿元，非金属矿 5 亿元），较 2000 年增长 135%，年平均增长 27%。矿业总产值达 30 亿元（采选 10 亿元，矿产品加工业 20 亿元），年平均增长 22%。有色金属、建材非金属矿产两大支柱产业起到龙头作用，饰面用石材、水泥用灰岩等非金属矿业有较大发展，支撑地位逐步提高。

3. 矿业开发布局与结构调整目标：建成 4 个市级矿业经济区和 8 个矿产工业基地。有色金属和建材非金属矿山实行联大靠大，集团化经营。重点建设武山、城门山铜矿基地，香炉山白钨矿基地，彭山锡矿基地和萤石矿基地，瑞昌码头黄岭水泥用灰岩基地，住岭、黄岭熔剂用灰岩基地，星子石材基地和鄱阳湖周边建筑用砂基地。大力发展矿产品精深加工业，提高矿产品附加值，继续做大做强江西亚东水泥股份有限公司、赣宁钨加工厂和武宁有色冶炼厂，改建和新建武宁锑矿冶炼加工厂、星子板材加工企业。同时要使国家实行保护性开采的特定矿种钨、锡、锑开采总量得到有效控制。

4. 矿产资源开采综合利用与保护目标：矿产资源开采“三率”水平有明显提高。开采回采率提高 3%~5%，选矿回收率提高 2%~5%。坚持贫富兼采，综合回收的原则，共伴生矿产综合回收利用水平有较大幅度提高，尾矿、低品位矿、难选矿中有用组分综合回收技术有新的突破，加强对非传统矿产和暂不能利用矿产的保护与开发研究。矿山数量减少 1/3，到 2005 年全市矿山数量控制在 600 个以内，关闭不符合办矿条件的矿山，促进矿山开采规模与矿床储量规模相适应。

5. 矿山生态环境保护与恢复治理目标：矿山生态环境状况得到基本改善，矿山“三废”排放必须稳定控制在国家、省和市规定的标准之内，矿山土地复垦率达 25%以上，矿山生态环境治理率达 25%以上。在规划禁采区内的矿山一律予以关闭。不审批对生态环境有破坏性影响的采矿权。申请实施矿山生态环境恢复治理工程，以武山铜矿为试点，开展矿山环境综合治理，推广江西亚东水泥股份有限公司全封闭静电除尘环境保护治理技术和城门山铜矿全管路封闭式废水治理技术。建立和健全矿山环境监控网络，监测矿山地面沉降、塌陷，防止人为因素诱发地质灾害，探索建立矿山生态环境治理和土地复垦履约保证金制度。

6. 矿产资源勘查、开发利用和矿山生态环境调查与监测目标：进一步完善市、县两级监测网络体系，动态跟踪规划执行情况，监督规划目标和措施的落实，使我市矿产资源勘查、开发利用和矿山生态环境保护恢复治理始终按规划要求进行。

7. 矿产资源管理目标：初步建立适应社会主义市场经济要求的矿产资源宏观管理体制。矿业权管理制度进一步完善，矿业权市场规范有序，矿产资源管理秩序进一步好转，矿政管理水平和服务质量明显提高。

（三）2010 年远景目标

1. 加强矿产资源勘查工作，完成重点成矿远景区的矿产资源调查评价，提供若干处可供现有大中型矿山的接替资源基地。

2. 到 2010 年采选业产值和矿业总产值较 2005 年翻番，建成以铜、钨、锡、花岗岩、板岩、石灰岩、大理岩等矿产为依托的矿产工业体系。矿产资源开发利用方式由粗放型转向集约型，矿产品深加工产值比重有较大提高，逐步建成若干个在省内有重大影响的矿产工业基地。

3. 建立适应社会主义市场经济要求的矿产资源宏观管理体制和微观运行机制，实现矿产资源管理方式和利用方式的转变。进一步完善规范矿业权市场，促使矿产资源合理利用和有效保护得到落实，矿山企业实行现代企业制度，矿业开发向规模化、集约化、科学化方面发展。

4. 建立矿产资源开发利用与生态环境保护相互协调的运行机制，实现矿产资源科学有序开发，矿山生态环境得到有效保护，矿产资源开发管理与保护全面纳入规范化、法制化、信息化的轨道，促进全市国民经济和社会发展持续、稳定、健康发展。

第四章 矿产资源调查评价与勘查

在积极争取国家和省战略性矿产勘查投入同时，开辟社会投资领域，加强商业性矿产勘查工作，寻找一批新矿产地，探明一批可供开发利用的资源储量，为我市经济建设和社会发展提供资源保障。

一、主攻矿种与重点勘查区

（一）主攻矿种

1. 金属矿产：主攻铜、金、银、锡、铅、锌、钨、锑等矿产；

2. 非金属矿产：主攻水泥用灰岩、熔剂用灰岩、优质花岗岩，兼顾特色大理岩、玻璃用砂（硅质岩、石英砂岩）、地热、萤石、高岭土和矿泉水等。

（二）重点矿产资源勘查区

1. 九江一瑞昌重点勘查区：主攻铜、金、银、铅、锌、熔剂用灰岩、水泥用灰岩，兼顾重钙粉体原料矿（优质石灰岩、方解石）、地热。

开展城门山铜矿区边缘、武山铜矿深部、邓家山矿区普查，争取提交铜资源储量50万吨，伴生金20吨，银500吨。开展通江岭一东雷湾熔剂用灰岩、水泥用灰岩、方解石（重钙粉体原料）矿产勘查，提供三处大型非金属矿基地，提交熔剂用灰岩、水泥用灰岩资源储量2亿吨，方解石（重钙粉体原料）储量500万吨。

2. 彭山一云山重点勘查区：主攻锡、铅、锌，兼顾锑、萤石、地热等。

彭山地区锡、铅、锌资源调查评价。加强培家垅、曾家垅、张十八、葛洪山等矿区及其外围锡、铅锌矿调查评价，争取新增锡资源储量5万吨，铅锌资源储量50万吨，提交2~3处可供勘查开发的矿产地。

云山地区锡、铜资源调查评价。通过对邓家山、易家河（桐木坑一余白田）、庵塘等矿点或异常区开展预查，并择优普查，争取新增锡资源储量5万吨。

3. 大湖塘一香炉山重点勘查区：主攻钨、锑、金、银，兼顾锡、铜、钼。

加强大湖塘矿区及外围钨矿、锡矿和共生铜、钼矿调查评价，提供2~3处可供进一步勘查开发的矿产地，争取新增锡资源储量5万吨，钨资源储量5万吨，并提交铜、钼、金资源储量。

开展清江、石渡锑矿勘查，提交锑矿接替资源储量5万吨。

加强香炉山矿区及外围预测验证和普查，争取新增钨（白钨矿）资源储量5万吨，银资源储量1000吨，铅锌资源储量10万吨。

4. 星子一湖口重点勘查区：主攻花岗岩、板岩、建筑用砂，兼顾地热、矿泉水、高岭土。

加强星子县及庐山区优质饰面用花岗岩、饰面用板岩、地热、矿泉水的勘查。加强环湖区石英砂及建筑用砂的商业性勘查，为本市建材工业发展提供大型资源基地。

二、公益性地质矿产调查评价

（一）国家出资的公益性地质矿产调查评价

1. “十五”期间安排九岭—障公山铜金矿资源调查评价，工作项目为：云山地区锡铜资源调查评价、大湖塘锡（钨）资源调查评价和土龙山—杨梅尖金矿资源潜力调查，清江一石渡锑矿资源调查评价。预期成果，提交2~3处锡金矿新发现矿产地，提交远景资源量锡 20 万吨，钨 10 万吨，锑 5 万吨，金 20 吨。

2. “十五”期间开展百福脑—培家垅锡金矿普查，张十八铅锌矿详查和城门山边缘铜银矿普查。宝山西缘刘家锑矿、四方余锑矿普查，小溪山萤石矿普查。预期成果提交 3 处勘查评价基地，提交资源量铜 50 万吨、银 500 吨、锡 5 万吨、锌 4 万吨、萤石 50 万吨、铅锌 50 万吨。

（二）地方政府出资的公益性地质矿产调查评价

由省、市、县筹资用于公益性地质矿产调查评价的主要工作内容有：

1. 建材非金属矿产调查评价。星子、瑞昌、修水、德安及环鄱阳湖地区优质饰面用花岗岩、优质冶金用白云岩、饰面用大理岩、优质水泥用灰岩勘查评价，力争在这些矿产评价上取得重要进展。

2. 开展重点矿山生态环境调查与监测，建立监测网络。

3. 系统进行全市县级以上城镇规划区地质灾害危险性调查评估。

三、商业性矿产勘查

以资源濒临枯竭的老矿山和保有储量不足的矿种为考虑重点。前者主要由矿山筹资，后者主要是引资投入，政府采取鼓励措施，并给予优惠政策支持。主要项目如下：

（一）九瑞地区：开展洋鸡山深部及外围找矿勘查，提交金基础储量及资源量 5 吨；丁家山边缘铜硫金矿勘查，提交基础储量：铜 2 万吨，硫 300 万吨，金 2 吨。

（二）修水西部地区：土龙山深部及东缘金矿勘查，新增金矿储量 3 吨。

（三）星子地区：星子地热勘查，新增 1000 吨／日供热水能力。

四、矿产资源勘查对外开放与合作

（一）全面开放我市矿产勘查市场，加强招商引资勘查优势矿产资源，以勘查带动开发。

（二）大力推进我市矿产勘查市场建设，加强管理与监督，引进公平竞争机制，支持和鼓励各地勘单位积极争取国家和地方出资，开展战略性矿产资源调查及远景评价工作。鼓励国内外投资者通过招标、拍卖、挂牌获得探矿权，进行商业性勘查。

（三）鼓励国有地勘单位和资源型企业走出去从事商业性勘查，获取资源使用权，建立资源基地。鼓励矿山企业建立资源耗竭补偿机制，支持矿山企业对矿区深部和外围进行商业性勘查，寻找接替资源。

第五章 矿产资源开发利用与保护

一、矿产资源开发利用调控方向

保持矿产资源开发总量与经济发展水平相适应，到2005年，我市固体矿产矿石生产总量控制在4000万吨左右，到2010年，矿石生产总量控制在7000万吨左右。建成有色金属、建材非金属两大支柱矿业，化工原料、冶金辅料、水气类矿产开发打开新局面。

（一）能源矿产：限制开采煤，禁止开采含轴超标的石煤。对煤矿实行集约化开发，2005年内保持25万~30万吨年生产能力；对石煤加强应用技术和环境污染防治研究。

（二）金属矿产：鼓励开采铜、锌(铅)、金、银矿，限制开采钨、锡、锑，综合利用铋、钼、镓、镉、碲矿。

1. 铜矿：规模开发城门山铜矿，到2005年生产能力达日处理矿2000吨，武山铜矿到2005年生产能力达日处理矿石3000吨，2005年城门山、武山两矿山金属铜产量2万吨/年。

2. 锌（铅）矿：规模开发张十八铅锌矿，加强城门山铜矿和武山铜矿中铅锌的综合回收利用；年产锌（铅）2万吨。

3. 金矿：积极寻找接替资源，保持吴家、洋鸡山、丁家山、土龙山等金矿山的生产能力，积极搞好武山、城门山铜矿伴生金的综合回收利用。

4. 银矿：加强武山、城门山、香炉山等大型矿山共伴生银矿的综合开发与回收利用，搞好白杨畈银矿、金鸡窝银矿开发利用。

5. 钨矿：严格控制开采总量（钨精矿4000吨/年以内），按国家和省有关政策规定，对香炉山钨矿、武宁县钨矿、阳储岭坞矿和昆山钨矿进行整合，加强资源储备保护。

6. 锡矿、锑矿：按照国家规定实行保护性开采，做到统一规划、计划开采、规范经营和限产保值。

（三）非金属矿产：鼓励开采水泥用灰岩、熔剂用灰岩、冶金用白云岩、饰面用花岗岩、饰面用板岩、饰面用大理岩、玻璃用砂、高岭土、陶粒页岩等矿产；限制开采萤石、砖瓦用黏土（占用耕地）等矿产。

1. 水泥用灰岩：以亚东水泥、庐山海螺水泥两家企业为依托，开发二大水泥用灰岩基地，2005年两大水泥生产基地形成年产460万吨水泥的生产能力。

2. 熔剂用灰岩：开发瑞昌黄岭、东雷湾高钙和中镁熔剂用灰岩，稳定住岭灰岩矿开发，建设宝钢、武钢、南钢熔剂用灰岩基地，2005 年形成 30 万 ~50 万吨 / 年规模。

3. 饰面用板材：建设星子饰面用花岗岩、饰面用板岩大型生产基地和修水竹坪板岩、清水岩—船滩饰面用大理岩基地，形成 5 万立方米 / 年生产能力。

4. 陶粒页岩：加强应用开发研究和推广工作，力争 2005 年起步建设九江陶粒制品生产企业。

5. 硫矿：在铜矿开采时综合开发利用伴生硫。

6. 萤石：控制开采总量，萤石年生产出口矿石量控制在 6 万吨。

7. 建筑用砂石：科学合理开采建筑用石料，防止高品质非金属矿降低为一般石料开采，严禁将熔剂或水泥用灰岩作为一般石料开采。规范鄱阳湖采砂，使之保持适度规模。

8. 砖瓦用黏土：禁止在可耕地内开采黏土，2005 年砖瓦用黏土开采总量下降到 80 万立方米 / 年，2010 年达到禁用黏土制作砖瓦。

9. 高岭土：鼓励开发优质高岭土。但自然保护区和风景名胜区的高岭土矿严禁开采。

（四）矿泉水、地热矿产：鼓励对优质矿泉水和地热资源进行开发。

1. 矿泉水：我市偏硅酸矿泉水资源丰富，应加大工作力度，形成规模开发，2005 年建成 3 万吨 / 年虞家河—海会矿泉水生产基地。

2. 地热：合理规划星子温泉地热开发，同时开发瑞昌武蛟、永修易家河等交通、旅游条件较好地区的地热资源，为旅游业、养殖业的发展服务。

二、矿产资源开发利用布局

根据我市矿产资源分布规律、矿业经济现状和区域经济发展布局，结合省矿产资源规划及我市经济发展要求，确定提出我市矿产资源开发区域布局为 4 个矿业经济规划区，重点建设 8 个矿产工业基地。

（一）九江—瑞昌矿业经济规划区：包括瑞昌市东北部，九江县北部地区。主要开发矿种铜、硫、金、银、铅锌、水泥用灰岩、熔剂用灰岩、冶金用白云岩、方解石（重钙粉体原料）、饰面用大理岩等。建成 3 个重要矿产工业基地。

城门山、武山铜矿原料基地：2005 年实现铜金属产量 2 万吨 / 年。

瑞昌码头—黄岭水泥和熔剂用灰岩生产基地：2005 年生产水泥 460 万吨，建成 30—50 万吨 / 年熔剂用灰岩矿山 1 处。

九江硫化工原料基地：在武山、城门山铜矿开发时，综合利用伴生硫，2005 年形成硫精矿 40 万吨 / 年生产能力。

（二）彭山—云山矿业经济规划区：包括德安县西部、永修县西北部地区。主要开发矿种锡、锑、萤石、铅锌，建设2个矿产工业基地和一批中小型矿山企业。

彭山锡矿生产基地：以香港方圆矿业投资有限公司尖锋坡锡矿为骨干，2005年形成产锡精矿2000吨／年生产规模。

德安萤石生产出口基地：实行计划控制，保持6万吨／年生产出口能力。

（三）香炉山—大湖塘矿业经济规划区：包括修水县东北部，武宁县西南部地区，主要开发矿种钨、锑、高岭土等，建设1个钨矿生产基地和2个钨、锑生产加工企业。——香炉山白钨矿生产加工基地：到2005年建成生产钨中级产品的采选冶加工企业，严格按照国家计划，钨制品控制在4000吨／年以内。

（四）星子—湖口矿业经济规划区：包括星子县、庐山区及湖口县、都昌县、永修县。主要开发矿种饰面用花岗岩、饰面用板岩、建筑用砂、陶粒页岩、高岭土、地热、矿泉水等，建设2处非金属矿特色产业基地。

星子饰面用板材生产加工基地：集约化经营，加大科技投入，尽快建成年产10万平方米的大型花岗石板材加工企业，建成大型板岩加工销售一体化企业。

柘机—老爷庙玻璃用砂、建筑用砂生产基地：研究开发玻璃用砂去杂提纯技术，联合大型浮法玻璃生产企业，建成一处大型玻璃用砂原料基地。合理开发鄱阳湖建筑用砂资源，保持产能2000万吨／年，使之成为长江中下游地区大型供应建筑用砂基地。

三、矿产资源开采规划分区

以江西省矿产资源规划为指导，根据我市资源特点和开发现状及资源环境协调发展的要求，将我市矿产资源开采规划区进一步划分为鼓励开采区、限制开采区和禁止开采区。

（一）分区划定依据

鼓励开采区：矿产资源丰富，为国家急需、市场前景好的矿种；矿产分布相对集中，易于规模化经营；能有效控制对生态环境的影响。

限制开采区：属国家产业政策限制开发．市场供大于求的矿种；开采技术条件或综合利用条件不成熟，开发中对生态环境有较大影响；资源量有限的矿产。

禁止开采区：国家产业政策禁止开发，市场严重供过于求的矿种；开发对生态环境具有重大影响或造成严重破坏；国家及省政府规定禁止采矿的自然保护区、风景名胜区、文物保护区的限定范围区，军事禁区内，地质灾害危险区内；有关法律规定的公路、铁路、重点水库、重要水源地的一定范围内及其他禁止开采区域。

（二）鼓励开采区、限制开采区、禁止开采区的划分

全市共划定鼓励开采区（K）6处、限制开采区（X）9处、禁止开采区（J）13处、

重要矿产资源储备保护区（B）3处，其他地区为允许开采区。

1）九江—瑞昌矿业经济规划区

K1：码头—东雷湾水泥用灰岩、熔剂用灰岩、饰面用大理岩开采区

K2：武山—白板畈—洋鸡山—丁家山铜、硫、金、银矿开采区

K3：城门山—金鸡窝铜、硫、银（金铅锌）矿开采区

X1：新塘煤矿限采区

J1：铜岭古采矿遗址保护区禁采区

J2：涌泉洞风景点禁采区

J3：狮子洞风景点禁采区

X2：余家桥—塘山煤矿限采区

X3：泉坪—坑背煤矿限采区

2）彭山—云山矿业经济规划区

X4：彭山—宝山锡、锑、萤石矿限采区

X5：桐木坑—邓家山锡矿限采区

J4：柘林湖风景区禁采区

J5：云山风景名胜区禁采区

3）香炉山—大湖塘矿业经济规划区

X6：香炉山钨矿限采区

B1：香炉山钨矿资源储备保护区

J6：南崖石煤禁采区

X7：清江—石渡锑矿限采区

X8：大湖塘—昆山钨(锡)矿限采区

B2：大湖塘钨矿资源储备保护区

4）星子—湖口矿业经济规划区

K4：虞家河—大排岭矿泉水开采区

K5：东牯山—玉泉山花岗岩、板岩开采区

K6：柘机—老爷庙玻璃用砂、建筑用砂开采区

J7：九江市城区禁采区

J8：庐山风景名胜区及地质遗迹保护区禁采区

J9：马回岭机场禁采区

J10：吴城候鸟保护区禁采区

X9：阳储岭钨矿限采区

B3：阳储岭钨矿资源储备保护区

J11：石钟山风景点禁采区

J12：龙宫洞风景点禁采区

J13：桃花岭自然保护区禁采区

禁止开采区还包括国家和省、市划定的长江河道禁止采砂区、九江港区、九江石化总厂作业区，京九、沙大铁路和建成后的铜九铁路以及昌九、九景高速公路两侧一定范围内、各县（市）城区、重点城镇规划建设区。

（三）各规划分区的政策措施

各规划分区在合理开发、保护资源、保护环境的前提下，鼓励开采区内整合有序，适当提高开采强度，增加产量；限制开采区内收缩控制，按分配指标，不得扩大产量，同时原则上不再审批设立新的矿山企业。禁止开采区内关停矿山，停止一切采矿活动。重要矿产资源储备保护区内不准新建矿山企业，不准扩大现有矿山规模，从严办理采矿延续登记；在其他允许开采区内采矿要符合国家规定要求并与矿床储量规模相适应。总体做到严格限制，逐步淘汰规模小、资源利用率低、破坏生态环境的矿山，关闭非法及布局不合理，不符合安全生产条件的矿山。

四、矿业开发结构调整与优化

（一）矿业开发规模调整方向：铜矿、钨矿、水泥用灰岩、熔剂用灰岩、玻璃用砂等矿山实行联大靠大、集团化经营；饰面用板材采取内引外联、合资合作或组建上市公司；煤矿、建筑用砂石实行整改联合，实现集约化、规模化经营；砖瓦用黏土因地制宜、压缩总量、限制开发、逐步实现非黏土替代。

制定我市新建矿山最低开采规模标准，对达不到最低开采规模的矿山，一律不批准设置采矿权。

严格控制矿山总数。引导小矿山、矿点通过联合兼并，走集约化、规模化经营之路，禁止大矿小开、一矿多开。到2005年全市矿山数量比2000年减少三分之一，到2010年再减少三分之一。即到2005年全市矿山总数控制在600处以内，2010年控制在400处以内。压缩指标具体落实到县（市、区），制定规划矿山数量名单。压缩重点是限制开采的矿种，其中钨矿山从11处压缩到2005年9处，2010年4处；煤矿从44处压缩到200 5年31处，2010年15处；建筑石料矿从425处压到2005年200处，2010年100处；砖瓦黏土矿由268处压到2005年150处，2010年基本实现砖瓦原材料非黏土化。

（二）矿产品结构调整方向：采用先进技术、工艺、设备，提高矿产品深加工和资源综合利用水平，有计划的降低出售原矿和初级产品比例。在赣宁钨钼加工厂和武宁锑冶炼厂的基础上，进一步更新改造，引进新技术、新工艺、新设备，发展新产品，在规划期内实现钨、锑由销售精矿和初级产品为主向生产钨、锑精深加工制品为主的转变；引进锡分离技术和氟产品加工技术，提高锡矿综合回收率和萤石矿产品附加值；石材加工在2010年内建成大、中规模的花岗岩、板岩、大理岩板材加工厂，以销售饰面板材为主，兼顾工艺品加工生产。粉体材料到2005年建成较大规模重钙超细粉体材料加工企业。

(三) 矿业技术结构优化：引导乡镇煤矿走集约化、规模化经营道路，进行技术改造，更新采矿设备，降低环境污染，提高安全保障；水泥工业以亚东水泥有限公司为样板，引进先进生产技术设备，淘汰立窑生产线，以规模化经营提高效益；淘汰落后有害污染的技术工艺；加强矿山开发中环保、安全、灾害防治、复垦技术开发，保证矿业可持续发展。

五、新建矿山准入条件

新建矿山必须遵守有关法律、法规，执行国家有关产业政策，必须符合国家和省矿产资源规划及相应的专项规划。要求新建矿山企业必须具备以下条件：

(一) 规划条件：符合规划确定的矿产资源开发总量调控、结构调整和区域布局要求，开采规模符合本规划规定的最低开采规模，并且与矿床储量规模相适应，符合本规划规定的环保要求条件。

(二) 资质条件：凡新设立矿山企业必须具有与矿山开发相适应的人才、技术设备、资金保障和管理措施。

(三) 技术条件：具有经评审认定的地质勘查储量报告，经批准的有资质单位编制的矿山设计或开发利用方案、矿山环境影响评价报告、地质灾害危险性评估报告和矿山生态环境保护方案，经批准颁发的矿山企业安全合格证和矿山安全生产方案；矿山开发技术经济指标、“三率”指标、共伴生矿产及尾矿综合利用必须符合有关规定要求。

六、提高矿产资源利用效率

(一) 提高矿产资源利用效率：对正在生产的矿山，以合理利用，贫富兼采，综合回收为目标，确定合理的经济开采品位，对目前暂不宜开采的低品位、难选冶矿产，应制定相应保护措施；加强共伴生矿产和有益组分的回收利用；加强非传统矿产资源的开发利用，如大型矿山“三废”利用和尾砂中有用组分二次回收；玻璃用砂去杂提纯技术应用；陶粒及其砌块应用开发等。

(二) 提高矿产资源采、选、冶水平：根据规划目标，我市矿产资源开发主要矿种到2005年开采回采率和选矿回收率分别较2000年提高3%~5%，锡、锑（钒和高岭土）

矿应有更大幅度的提高，2005 年大中型矿山采选回收率要达省内先进水平，到 2010 年总体采选回收率达到省内先进水平。为此，要提升矿业科技水平，尤其是采矿方法和选矿工艺要学习、引进采用国际先进工艺，同时要加强矿山开采设计和开发利用方案执行情况的检查监督，确保矿山采选回收率指标落到实处。

第六章　矿山生态环境保护与恢复治理

一、总体要求

（一）坚持矿产资源开发利用与生态环境保护并重，认真贯彻“谁开发谁保护，谁污染谁治理、谁破坏谁恢复”的原则。

（二）加强全市矿山生态环境现状调查评价，把环境保护工作纳入矿山规划，建立环境保护责任制度和矿山生态环境综合监测体系。

（三）监督与指导矿山企业做好环境保护、土地复垦与矿区地质灾害防治工作。

（四）积极推进矿山环境综合治理，选择重点矿区进行生态环境综合治理试点工作，取得经验，逐步推广。

二、新建矿山

（一）新建矿山环境影响的准入条件

新建矿山必须严格执行环境影响评价制度。禁止在本规划划定的禁止开采区内开采矿产资源；禁止新设立对生态环境产生不可恢复性破坏的矿产资源开采项目；禁止土法选（冶）金、砷、铅锌、硫矿；禁止开采含硫大于 3%的煤矿；禁止在地质灾害危险区开采矿产资源。

（二）严格新建矿山采选设施与环境保护“三同时”制度

新建矿山必须采用资源利用率高，污染物排放量少的设备和工艺，采用经济合理的废弃物综合利用处理技术。矿山建设中环境保护设施必须与主体工程同时设计、同时施工、同时投产使用，必须经环境保护行政主管部门验收合格后，方可投入生产或使用。

（三）制定矿山生态环境恢复治理方案

矿山环境影响报告书必须执行国家认定的环境评估指标体系和技术标准，依法报经环境保护行政主管部门审批，矿山开采设计和开发利用方案必须包括水土保持、土地复垦和次生地质灾害防治方案，并按规定报政府有关主管部门审批。矿产勘查阶段须查明矿区环境地质条件，预测矿产资源开采可能产生的环境问题，并提出治理建议。矿山闭坑阶段必须对矿山环境进行达标治理。

三、现有矿山和闭坑矿山的生态环境保护

(一) 加强对矿山生态环境保护的监督检查

全市各级政府行政主管部门应加强对矿山企业监管，督促矿山企业依法建立健全环境保护体系，完善环境保护设施，强化环境保护工作。对不执行矿山环境保护法规和破坏矿山环境行为，要依法进行查处。

(二) 严格控制“三废”排放

制订科学合理的“三废”治理方案，减轻对环境的不利影响，减少次生地质灾害的发生。合理规划矿山布局与功能分区，绿化矿区，改革采选工艺，抓源治本，提高矿山废水循环利用率，化害为利。严禁废水直接排放，废渣排放必须设立专门的场所。鼓励矿山企业对“三废”实行综合利用，变废为宝。2005 年前矿山“三废”必须按国家或省、市的标准达标排放。

(三) 防止可能诱发的地质灾害

建立矿山生态环境监测和矿山地质灾害预报系统。加强对因采矿活动而诱发的地面沉降、塌陷、崩塌、滑坡、泥石流、水资源污染、水土流失等灾害监测与预报，制定应急预案。

(四) 增加矿山环境保护投入

积极争取国家和省专项资金，开展矿山生态环境恢复治理和土地复垦。科学引导矿山企业增加对环境保护的资金投入，引导矿山建立环境保护专项基金，促进矿山企业自觉有序地加强矿山环境保护和恢复治理工作。

四、实施矿山生态环境恢复治理试点工程

(一) 闭坑矿山生态环境恢复治理和土地复垦工程

组织全市闭坑矿山调查，为矿山生态环境恢复治理提供依据。

按照“统筹规划、分批实施、突出重点、注重实效”的原则，开展恢复治理和土地复垦。2005 年前重点安排治理以下矿区：

1. 洋鸡山金矿、土龙山金矿：目前基本处于闭坑阶段，重点是排土场、尾矿库治理、露天采场护坡、土地复垦和植被恢复。

2. 古市砂金矿：处于大片农田保护区内，重点是复垦复耕及河道恢复与岸坡治理。

3. 九江县大塘—阳西采石场：处于昌九高速公路旁以及庐山自然保护区内，必需闭坑，并进行植被恢复。

4. 湖口马影采石场、瑞昌盛秀水泥厂采石场：处于国道近距离内，应闭坑进行植被恢复。

（二）现有矿山生态环境综合整治示范工程

“十五”期间，在全市矿山中推广先进的环保治理示范工程，重点是九江—瑞昌、修水两大矿业规划恢复治理保护区。

1. 亚东水泥有限公司矿山及厂区：矿山规范开采，封闭式破碎运料，低尘作业，“绿色工厂”等系统环保措施，均为推广环保示范工程。

2. 城门山、武山铜矿区：重点治理废石场、尾矿库和“三废”排放。对高阶段废石场应加强监测管理，避免发生地质灾害。对地面塌陷采取必要防治措施。对采选和“三废”加强综合治理，进行达标排放。

3. 香炉山、大湖塘钨矿区：重点治理废石场、尾矿库、“三废”排放，防止矿区荒漠化和水土流失。进行土地复垦和植被恢复。

4. 瑞昌—武宁—德安煤矿区：对固体废料采取集中堆放和回填方法治理，对废水采取沉砂、石灰、明矾中和沉淀方法，对崩塌、塌陷等地质灾害采取避让和工程治理措施，对被破坏的土地进行复垦和植被恢复。

5. 星子大排岭、庐山区海会、武宁石门楼高岭土矿区：重点治理开采废石和选矿废水。对废石采取集中堆放，对选矿废水沉淀后循环使用，减少水源污染，采取机械化作业，防治水土流失，强化植被恢复，确保生态环境不被破坏。

6. 星子横塘板岩矿区：关闭公路两侧一定范围内的采矿点，实行规范开采，引进先进的切割技术，提高成材率，有计划进行土地复垦和植被恢复。

7. 德安县彭山锡矿区：重点治理“三废”，提高采、选技术，淘汰原始落后的工艺，采用机械化作业，加强水的治理和循环使用，对采场和废石场进行复垦和植被恢复。

8. 零星建筑石料、砖瓦粘土矿区：采取规范低台阶开采，引进先进的机械空心砖生产技术，逐渐淘汰原始的砖瓦生产工艺，对采场进行复垦和植被恢复，对公路和村庄附近的高陡边坡采取防治措施，预防崩塌、滑坡灾害发生。

（三）重点矿山尾矿库及“三废”综合治理工程

规划期内重点安排对武山铜矿和香炉山钨矿尾矿库以及“三废”进行综合治理，通过示范工程，总结经验，逐步推广，使矿山生态环境基本得到恢复。

1. 武山铜矿：对尾矿库进行扩容，对“三废”排放进行治理，对部分被破坏的土地进行复垦和植被恢复，改进选矿技术，加强废水治理及循环使用，减少污染源。

2. 香炉山钨矿：实行整体规划开采，统一采选，废石按规定地点堆放，废水统一处理排放。加强对采场的监测，预防次生地质灾害发生，对被破坏的土地进行复垦和植被恢复。

（四）矿山塌陷防止与治理工程

在矿山建设和生产过程中，要认真做好防止采空区塌陷的工作，从采矿技术、建筑物结构保护、预留保安矿柱防止塌陷等方面制定综合防范措施，达到矿山生态环境保护的目的，对已发生矿区塌陷的地方，要根据情况采取切实可行的措进行治理。其中武山铜矿区内黄桥农业中学、罗坑煤矿塌陷是重点治理工程。

（五）小水泥厂环保治理工程

大力推广江西亚东水泥有限公司的环境保护经验，建设花园式矿山企业，对生产工艺落后，污染严重的小水泥厂逐步进行关停。

第七章 保证规划实施的主要措施

一、建立和完善矿产资源规划管理体系

(一) 本规划经九江市人民政府审议通过，报江西省国土资源厅批准，由市人民政府发布实施，具有法定效力，规划目标纳入九江市国民经济及社会发展计划。

(二) 九江市人民政府国土资源主管部门是本规划的主管机关，负责规划编制和组织实施，有关部门予以支持和配合。

(三) 本规划一经批准，必须严格执行。规划在实施过程中需要修改时，由原编制机关提出修改方案，报原批准机关批准。

(四) 根据本规划，各县（市、区）人民政府编制各县（市、区）矿产资源规划，规划主要指标要纳入同级人民政府国民经济发展计划，经同级人民政府审议同意，上报批准后实施。

(五) 建立市、县（市、区）矿产资源规划管理信息系统。完成市、县（市、区）二级矿产资源数据库和信息网络建设，并与省、部矿产资源信息系统联网，以规划管理信息化带动管理科学化和服务社会化。

(六) 本市各级人民政府国土资源主管部门必须加强对本行政区矿产资源规划执行情况的监督检查，并定期向同级人民代表大会报告矿产资源规划执行情况。市人民政府国土资源主管部门负责对各县（市、区）人民政府国土资源主管部门组织实施矿产资源规划情况的监督检查。

二、建立矿产资源勘查、开发利用与保护新体制和新机制

(一) 以市场为导向，以优化资源配置为目标，以合理利用与保护资源为目的，建

立政府管理与市场配置相结合的新型资源管理体制。加强矿产勘查管理工作，搞好国家和省公益性地质矿产调查评价工作的协调与服务，合理引导商业性矿产勘查。深化矿产资源有偿使用制度改革，培育矿业权市场，组建矿业权交易服务中心，依法规范矿业权出让转让行为。转变政府职能，大力培育矿业技术市场和各类中介服务机构，组建并完善矿业开发咨询中心，促进我市矿业市场健康发展。

（二）改革矿产资源勘查开发投资机制。积极利用外部资金、资源和市场，扩大矿业对外开放领域，改善矿业投资环境，吸引外部资本，尤其是大企业集团来我市进行探矿和采矿。引导社会资金投入矿产品精深加工，修订《九江市矿产资源开发指南》等指导性文件，规范行政审批事项，取消限制个体私营企业市场准入的不合理规定，创造公平竞争条件。

（三）鼓励我市优势矿山企业以产权为纽带，走联合、联大、联强的发展道路，按照现代企业制度要求，组建具有资源优势和市场竞争优势的矿业集团和上市公司，实现跨地区、跨行业、跨国经营，提高我市矿业经济整体市场竞争能力，积极引导中小矿山企业向“专、精、特、新”的方向发展。

（四）优化投资环境，严格依法行政。根据法律、法规制定适合本市矿业发展的政策规定，保障投资者的合法权益，创造优化的法律政策环境。严格执行“公开、公正、廉洁、高效”的行政原则，提高工作效率，提供优质服务，创造良好的行政环境。通过优化投资环境，促进我市矿业发展。

三、制定相关政策优化产业结构促进规划实施

（一）编制九江市矿产资源开发利用和保护指导目录；编制九江市有色金属和建材非金属矿产资源开发规划；制定优先发展的矿业开发项目和技术创新引进目录。

（二）制定优惠政策，促进规划实施。对资源综合利用成果显著，开发利用尾矿、低品位矿，难选冶矿，开发矿产品精深加工和带动本地资源开发的，享受相关优惠政策。

（三）扶持和引导矿山企业调整产业、产品结构，对不符合规划要求、浪费资源、污染环境和破坏生态环境的矿山要关停并转；对运用新技术、新成果开发利用资源，实施产品创新的矿山企业要在信贷上加强支持，技改上加强指导，规费上给予优惠，鼓励高新技术成果拥有者以知识产权入股矿业开发。

（四）鼓励民间资本参与矿山生态环境保护与恢复治理项目建设。积极引导和扶持科技含量高、高效低耗、环保型矿产品加工项目。

四、依法行政加强执法监察强化规划实施管理

（一）加强地方性矿产资源行政法规和规章建设，根据国家、省矿产资源法律、法规

规定及本规划要求，制定《九江市采矿权出让和转让管理办法》《九江市征收矿山生态环境治理和土地复垦履约保证金的规定》《九江市地质环境管理办法》，报市政府批准实行。

（二）加强矿产资源法及其配套法律法规宣传教育，推广普及矿产资源法律知识，搞好矿产资源规划宣传贯彻，提高各级领导对矿法和规划的认识，提高群众的法制观念，提高矿山企业和采矿权人依法开采和接受监督的自觉性。在全社会开展矿产资源形势与矿产资源国情教育，在全民中牢固树立矿产资源属于国家所有和十分珍惜与合理利用矿产资源的意识，实施可持续发展战略。

（三）加强矿产资源执法监察，规范矿产资源行政管理机关执法行为。规划经批准后向社会公布，接受社会对规划实施的监督。矿产资源勘查、开发及管理必须以规划为依据，对不符合规划的矿业开发行为和矿产资源违法案件要依法查处，维护规划的权威性。

（四）加强矿产资源开采与合理利用的监督管理。采矿权设置与审批必须以规划为依据，矿产资源开采总量调控，结构调整和布局优化必须按照规划进行安排，矿区总体规划、矿山设计和矿产资源开发利用方案的编制必须符合规划要求，矿山企业“三率”指标要列为监督管理的重要内容，对“三率”未达标的矿山企业限期整改，造成资源损失或破坏的，要依法查处，直至吊销采矿许可证。

（五）探索建立矿山生态环境治理和土地复垦履约保证金制度。新建矿山必须符合环境影响准入条件，在办理采矿登记时，要交纳矿山生态环境恢复治理履行保证金；生产矿山必须按规定进行环境治理；闭坑矿山必须进行土地复垦和植被恢复。管理部门应加强监督检查，督导矿山企业做好环境保护、土地复垦与植被恢复工作。

五、依靠科技进步，加强地质工作，提高资源利用水平，促进社会经济可持续发展

（一）加强矿产资源勘查工作，提高资源储备能力。通过管造良好的政务和社会环境，积极争取国家和省的地质勘查投入，重点查明主要成矿区带的矿产资源潜力，把勘查资金和技术力量集中到国家紧缺、市场急需的矿种上来，加强铜、钨、金、锡、锑、铅锌、水泥用灰岩、花岗岩、大理岩、板岩等矿产的调查评价。大力推进优势矿产勘查与矿产资源补偿费矿产勘查、商业性矿产勘查工作，加速找矿成果的转化，引导商业性矿产勘查投资，实现矿产勘查新突破，保持矿业发展后劲。

（二）推广应用新技术、新方法、新工艺，限期淘汰现有落后生产工艺和设备。增加政府和企业对科技投入。优先安排矿山企业技术改造和升级换代的装备与工艺项目；重点突破低品位、尾矿、难选矿开发利用技术，资源二次开发利用技术，非传统矿产利用技术的研究与开发；支持重点矿山企业和冶炼加工企业，引进先进技术与工艺，改造

传统生产工艺；建立产学结合、智力密集、自主开发的高科技基地，促进矿产资源合理利用与矿业经济发展。

（三）围绕国民经济和社会发展需要，加强环境地质、农业地质和城市地质工作，不断提高人民群众的生活水平和质量。加大对基础地质工作的投入，重点开展重要农业经济区、城镇居民集中区、地质灾害易发区和重大工程项目的地质调查与评价工作，充分发挥信息技术、高精度探测技术和测试技术等现代技术的作用，全面提升地质工作服务于国民经济建设的能力和水平，为政府宏观决策提供科学依据，促进社会经济可持续发展。

九江市冶金煤炭工业“十五”计划和2015发展规划

目前我国经济正处于一个重要的转变时期，经济发展已从供给导向和资源制约为主转为需求导向和市场制约为主，经济体制已从传统计划经济体制转向社会主义市场经济体制。国际环境正在发生深刻变化，经济全球化的趋势日益明显，科技革命和信息化建设突飞猛进，产业结构和企业组织结构加快调整，世界金融市场和经济走势不确定因素增加。随着我国即将加入世贸组织（WTO），企业面对着国内、国际两个大市场，立足国内、国际两种资源，企业间竞争明显加剧。“十五”期间，我国经济和社会发展将进入一个新的阶段，社会主义市场经济体制将呈现出新的面貌。在这个大背景下，我们集中力量组织人员制定“十五”和2015年行业发展规划十分必要。

九江市冶金煤炭工业在过去的几个五年计划中取得了不断发展。但在“九五”期间，由于东南亚金融危机演变成经济危机的冲击，世界范围内原材料和初级农产品、矿产品的价格持续下降，需求萎缩；我国经济及结构处于调整时期，这两种因素对冶金煤炭行业冲击较大，我市也不能例外。冶煤局通过多次的体制改革后，目前只剩一个直属企业九江冶金总厂，且主导产品铁矿石资源已枯竭，生存面临危机；13家县属矿山企业及几家乡镇、个体矿山企业（主要为煤矿），企业规模小，发展后劲不足。从统计的数据分析，冶煤行业“九五”期间比“八五”末在产品的品种、产量、产值、销售收入、利税上都有不同程度的下降。如果把从冶煤局划出的九江钢铁公司和九江矿冶总公司统计在内，则比“八五”期间仍有较大的发展。尽管有所发展，但发展的速度、效益和质量仍不够理想，表现在生产的产品单一，大多数仅限于开采矿石经营销售，矿产品的深度加工少，高、精、尖产品少，产品附加值低，经不起市场波动和风险。

目前，我市冶金煤炭行业处于复苏阶段，但发展不平衡。九江冶金总厂停产一年多后，现在逐步启动恢复生产。煤炭工业受全国煤炭行业关井压产，结构调整的影响，仍很困难。黄金工业受国际黄金价格两次大起大落的影响，生产很不正常。另外，“八五”期间黄金工业的超常规发展，矿山超前建设严重，一些新建、扩建的矿山在“九五”期间就没有资源可采，影响生产。复苏较快的是有色金属工业，钨矿及深度加工产品，锑矿及纯锑都有较大的增长。特别是钨矿，为我市有色金属的优势资源之一，今后在其开发和深度加工上要加快发展，形成拳头产品。

如何面对新世纪，面对新一轮的经济大发展，面对新一轮的五年计划和2015年的发展规划，使我市冶金煤炭行业发展成为全市经济支柱之一，与丰富的矿产资源相适应，使资源优势尽快地转化为经济优势，是这次规划工作的重点。为此，在“十五”期间要加快冶金煤炭行业结构调整，产业升级，矿产品的深度加工和科技水平的提高，走可持续发展的道路，坚持资源综合利用。以科技为手段，采用先进、经济适用的新工艺、新技术、新装备逐步取代落后的工艺技术，提高采矿的经济效益，主要是要开发新产品，优化产品结构，使矿产品深度加工产品占主导地位，才能提高企业乃至全行业整体水平。

“十五”规划的制定，将对行业方向发展有重大影响，制定得好有利于下一个五年计划工作的落实，跟上时代发展步伐，深信在现有的工业基础上，加上九江市各方面优势，“十五”规划和2015年发展规划项目定能实现。

有关编制规划的几点说明

1. 编制项目主要为直属九江冶金总厂、局属九江冶金煤炭供销公司“十五”和2015年国民经济和社会发展规划。

2. 县属厂（矿）只编制煤、钨、锑、金、金精矿含银、金精矿含铜产品。

3. 编制中有关增长速度均按市场经济需要有所变动，设有统一增长比例，各产品差异较大。

4. 编制中厂（矿）提供原始资料有限，有些需进一步调查落实。

5. “十五”计划固定资产投资重大项目共计7个项目，需投入20269万元，新增产值38880万元，利税3947万元。

附件：九江市冶金煤炭行业“十五”、“2015年”主要产品产量表及重大项目表

九江市冶金煤炭工业局

一九九九年十一月二十二日

九江市冶金煤炭行业“十五”、“2015年”主要产品产量表

指示名称	计算单位	1995年实际	1996年实际	1997年实际	1998年实际	1999年预计	2000年计划	2005年计划	2010年计划	2015年计划
铁矿石	吨	30217	24968	12597	200	5000	30000	—	—	—
石灰石	吨	3940	4460	2281	1000	20000	100000	500000	5000000	5000000
白云石	吨	20413	5600	—	—	—	200000	500000	1000000	1000000
金属镁	吨	—	—	—	—	—	—	3400	34000	34000
纯　锑	吨	509	422.6	320	177	427.2	450	500	600	800
钨精矿	吨	370	352	317.6	708.58	662.87	700	800	1000	1200
仲钨酸铵	吨	—	—	—	—	—	500	750	1000	1200
兰　钨	吨	—	—	—	—	—	500	750	1000	1200
金	吨	318.07	273.88	280.65	215.18	200	220	240	260	200
金精矿含银	吨	—	—	—	3156.842	5503	5600	5600	6000	6000
金精矿含铜	吨	—	—	—	—	164.6	170	200	240	300
煤	吨	319209	302450	293318	228200	230000	230000	300000	350000	400000
动力型煤	吨	—	—	—	—	—	—	100	100	200

九江市冶金煤炭行业“十五”计划固定资产投资重大项目表

编号	项目名称	建设性质	建设规模	投资来源	总投资（万元）	备　注
1	九江冶金总厂金属镁	基建	34000 吨 / 年镁锭	申请贷款或引进外资	13000	白云石深度加工项目
2	九江冶金总厂白云石生产线	扩建	100 万吨 / 年白云石	申请贷款	600	利用储量丰富的优质白云石资源
3	九江冶金总厂石灰石生产线	扩建	50 万吨 / 年石灰石	申请贷款	300	产品供应亚东水泥厂等
4	九江市区域动力配煤中心	基建	100 万吨 / 年动力配煤和工业型煤	专项贷款和自筹	4000	利用冶煤供销公司现有煤场和铁路专用线进行建设
5	武宁县煤矿岭背煤田开发	基建	生产能力 6 万吨 / 年煤矿井	自筹贷款	1199	已在基建中
6	德安县付山煤矿开发梁山煤系	基建	生产能力 3 万吨 / 年煤矿井	自筹贷款	420	1997.8~1999.12 已投入 50 万元
7	德安县付山煤矿反火型管网煤气工程	基建	3000 户气站	自筹贷款	750	

九江市冶金煤炭行业“十五”计划固定资产投资重大项目表

单位：万元

项目名称	建设地点	隶属关系	起止年限	建设规模及主要内容	资金来源	总投资	2000年–2005年计划投资	备注
九江冶金总厂金属镁	瑞昌市夏畈镇	市直属企业	2004~2005	34000吨/年镁锭产值10880，利润2177，税930	申请贷款或引进资金	13000	13000	白云石深度加工
九江冶金总厂白云石生产线	瑞昌市夏畈镇	市直属企业	2000~2001	100万吨/年白云石，产值2000，利润300，税260	申请贷款	600	600	利用储备丰实的优质白云石资源
九江冶金总厂石灰石生产线	瑞昌市夏畈镇	市直属企业	2000~2001	50万吨/年石灰石，产值1000，利润150，税130	申请贷款	300	300	产品供应亚车水泥厂
九江市区域动力配煤中心	九江市	市冶煤局供销公司	2001~2002	配煤和工业型煤产值25000，利润2000，税500	专项贷款和自筹	4000	4000	利用供煤公司现有煤场和铁路专用线进行建设
武宁县煤矿岭背煤田开发	武宁县鲁溪镇	县属煤矿	1994~2008	生产能力6万吨/年煤	自筹贷款	1199	300	1997.8~1999.12投资50万元
德安付山煤矿开发梁山煤系	德安县爱民乡	县属煤矿	1997~2005	生产能力3万吨/年煤	自筹贷款	420	370	
德安付山煤矿反火型管网煤气工程	德安县城	县属煤矿	2000~2003	3000户气站，新建	自筹贷款	750	750	

做好做大矿业文章 凸现九江经济特色

九江是大自然的宠儿，地处华南古陆成矿带与长江中下游成矿带的交汇地段。这独特的地质区位优势给予了九江丰富的矿产资源。全市现已发现九大类矿产 101 种，其中已探明储量的矿产 66 种，潜在经济价值超过 3000 亿元。说九江发展前途无量，有着巨大的发展潜力，并不是空泛之谈，而是有着客观的物质基础的。在当今社会，矿业不仅带动相关产业发展的能力强，而且由矿山变成城市也是国内国外经济发展中常见的现象。经济的竞争在某种程度上说就是资源的竞争，谁有资源谁就握有主动，握有财富。

据统计目前我市矿业企业已达数百家，从业人数万人，创造矿业总产值 4 亿多元。从国内外及我市情况看，凡有矿业生产的地方，矿业都是当地稳定的财政支柱之一。从 20 世纪 60~80 年代这 30 年间，九江冶金煤炭行业在年平均投资仅 341 万元的情况下，产值和利税保持每年以 10.47%和 16.04%的速度增长，一改矿山高投入低产出为低投入高产出，这就是九江矿产的优势所在。但直到 1999 年全市矿业产值只占矿业潜在价值的 1.6‰，占当年全市工业总产值的 2.2%。这与我市丰富的矿产资源相比，利用程度仍是微不足道，说明矿产资源优势尚未转化为经济优势，没有在九江经济中占有它应有的地位，无法显现九江经济中的矿业特色。这其中原因很多，主要是长期计划经济体制下实行单一国有体制，几十年才建立大小几十家矿山企业，因矿业企业少，生产规模难以扩张。其次是矿业生产旧模式制约，单一的一贯制卖原矿，价低利薄，靠自身积累资本十分有限，矿业发展难以提速。再次，改革开放后多元体制的矿山企业大量涌现，虽然使九江矿业有了较大发展，但无序性增大，单个矿山投资过少，企业规模小，经济力量有限，矿产的加工产品少，矿产升值仍然乏力。而且小矿山点多面广，对环境、生态及矿产本身的破坏影响很大。所以时至今日，九江冶煤行业大多数企业被冠以“小”，而列入国家整顿的范围。症结就在大企业少，矿产的加工品少。

通过反思、总结、调研、借鉴，“十五”期间要做大做好矿业这篇大文章，逐步凸现出九江经济特色，就要认真调查研究，做好矿业发展“十五”规划，以科技进步、法律保障、招商引资、联合重组来推动我市矿业健康发展。煤炭行业要以煤炭法为保障，以洁净能源为重心的煤加工为发展主线，以依法办矿、依法经营、依法执法为支撑，建立高科技清洁型的新煤炭形象，既解决九江工业化进程中对能源的需要，又符合九江旅游文明城市的需要；冶金行业要以生产、经营资质认证为契机，加强行业管理，走集团化产品链精深加工的发展之路。重点突出：(1) 抓好规划、科学布局。就是要变乱采为规划开采，变小采为规模开采。没有大型矿山企业就支撑不起九江矿业经济，同样矿业优势也转化不成经济优势。能建立年产百万吨以上矿山的资源有白云石、石灰石、硫、硅、石材、石煤以及煤的洁净加工。仅从降低成本、保护生态环境、提供运输市场等功效看作用就十分巨大，有力显现出大企业的经济价值和竞争力。(2) 抓矿产品加工，调整矿业结构。就是要从卖原矿转变为矿制品，因为当今世界70%左右的工业依靠矿产品为原料。这不仅大大提升矿产价值和经济效益，而且极大带动相关产业发展，形成大量的、新的经济增长点。如从硫精矿到硫酸再到磷硫基地，产品就可从单一的硫精矿发展为酸、铁、水泥等十几种产品，从业人员几倍的增加。白云石的系列产品以及煤的综合利用都是如此。(3) 抓招商多方融资，联合重组做强做大。建设上述百万吨级的矿山其产值就超出全市现有矿业总产值，但所需的大量投资从何而来？如何建设万吨级、千吨级的矿产品加工企业？建设资金靠自身积累，显然力不从心。靠一哄而起的小企业显然也不是根本之策。九江矿业的发展就要靠对外招商引资，靠争取列入国家发展规划，靠与矿产下游产品的大企业联合，靠企业间的联合重组，形成大的矿业企业。亚东水泥厂的建设带出我市第一个年产百万吨级的石灰石矿山，就是例证。当然也不反对以边角资源为生存空间的小企业的发展。(4) 抓好九江矿业的宣传工作。九江矿业发展慢与矿业宣传力度弱有关，宝在深山无人知，或知之者甚少，对外合作就迈不开大步，发展就受到限制。

当今世界矿业发展受矿业全球化和技术进步的影响。大公司是全球矿业投资的主体，对全球资源控制程度不断提高。矿产资源丰富地是全球矿业勘查开发的热点地区。技术进步使矿产价值不断提升，应用深度和广度不断拓展，用量也急剧上升，这一切更加凸现出矿产资源对发展经济的重要性。这为我市矿业的发展展示了光明前途和契机。这就要我们不仅要做大矿业文章，成为九江经济的增长点；还要做好矿业文章，让丰富的矿产资源得到最有效、最合理、最大限度的利用。不能为一时小利而浪费宝贵的矿产资源。如不能将优质的冶金石灰石，当作建筑用石灰石使用。

当然一个五年计划也许实现不了这么多目标，一下子就把矿业优势转化为经济优势。但只要我们坚韧不拔地坚持下去，集全市乃至全国、全球之力，就能达到我们的目标。当九江矿业快速持续发展成为九江经济的新优势时，九江这颗明珠就会放射出更加璀璨的光芒。

九江市冶金煤炭工业局

二〇〇一年元月

三、精要检索

后　记

编史修志是中国优秀的文化传统，是一件功德无量的善事，有幸从事编志的人无上荣光。然而编志的确是一份苦差事。

九江市冶金煤炭集团公司是由几次政府机关改革而产生的，原本只是九江市冶金煤炭行业的专业管理部门，从未参加过、更未编纂过志书，是地道的门外汉。自 1991 年接市志办通知，要求参与九江市志工业部分中冶金、煤炭行业篇目的编纂工作，才知志书好用不好编的个中滋味。那时还是计划体制，一声号令，全局几十名工作人员齐上阵，并把所管辖的几十家冶煤企业，从上到下各单位都成立了编志办，各县各地也都有志办，有专人负责，可谓是全行业齐动员，全社会齐努力。仍历经一年多时间才算完成了止于 1990 年的九江市志中冶金、煤炭篇目的编纂。上交市志办后，由他们组织志书专家们修订录用。我们只是手中又多了一本厚厚的资料书，入库保存，还没舍得人手一册，更没有想到单独出版一本九江市冶金煤炭志。但那也是一次难忘的经历，感受到众人之力的深厚和伟大，也由衷感叹古代史学家以一人之力独承几十年、几百年、上千年历史重责，不禁令人敬仰。

一晃 20 年过去了，到了新世纪的 2011 年，市志办再次要求我们参与九江市志（1991 ~ 2010）工业部分冶金煤炭篇目的编纂工作。虽说有了上次的经验，可谓轻车熟路，可环境和条件都已有大的改变。首先是由计划体制变成了市场体制，由于利益主体多元化了，一声号令的方式难以发挥作用了，你想要的东西就靠你的服务获得，工作量成倍上升，效率却很低。其次，许多民营企业、多成分企业资料管理远不如国有企业正规，难以提供。再次，原有市、县矿业管理部门经改革或变迁，资料流失严重。第四是新设的管理部门大多为新人，不懂旧情，难知现状。第五是原有几十家国有企业都改制了，有的关了、有的合并了、有的民营化了，资料也就消亡了。第六是矿山企业多在山区，交通不便，也很分散，走一趟很费时间。虽然我们反复多次到市、县相关部门和企业，仍是难以收集到完整的资料。到市县统计部门，也因统计口径的问题，许多中小冶金煤炭企业因不够规模，不在统计之列。此时真有一点对天长叹的感受。当然重重困难只是增添我们这本志书的价值，不可能让我们却步。一种历史荣誉感促使我们不畏难苦。编志书光荣，编九江冶金煤炭志更光荣，这是九江第一部冶金煤炭志书。它上可追溯到3300年前的商代中期，那时九江就是采选冶齐备、大规模生产了1000多年的青铜采选冶生产基地，是人类文明的源头之一，是人类化学时代的开启。更引以为豪的是2013年九江县荞麦岭的考古发现了距今3500年以上的商早期的青铜冶炼遗址，还极有可能在夏代地层中有突破性发现，将中国冶金史再向前推进数百年。以及德安县彭山区域疑似古锡矿的采冶遗迹是否是瑞昌、九江县青铜冶炼的锡的来源地之谜，尚待人们揭开它的神秘面纱。每想到此，总有一股热流涌动，有一股不可为而为之的豪气。要编志还得脚踏实地，中国古话说：要想好，问三老。我们就用这个办法来编志，一是请出老领导做主笔，他们脑子里装着历史的资料、历史的信息，而且他们有热情有责任，不会推辞。二是找老人，凭借着过去几十年工作产生的感情，找到原市、县主管部门的老同志，企业的老同志写回忆，虽然提供的资料不全面，但十分宝贵。三是找老专家，请史志办的专家，通过他们收集方志资料补充材料的不足，请他们做老师、做主编，提升了外行编纂志书的质量。当然还要经过多少日日夜夜的辛勤修改、打磨。2011年12月，九江20年续编市志中的冶煤篇，成稿报市志办及市工信委，才感觉如释重负。2012年12月，市志办因九江市志篇目调整，要求冶煤篇重新调整，正好我们也感到许多材料收集不够，借此再重新补充一下。于是再入相关市、县、企业，成稿后又由专家修改，于2013年6月上报市志办，后又经过专家审稿审评等程序，冶煤20年志稿于2014年3月再次上报市志办，方松一口气。之后，如何发挥好我们近两年多时间完成的20年冶煤志稿的成果，不要再次入库闲置，尤其是我们从主管部门到服务部门，要留给在冶煤战线奋斗过的人们一份念想，也受省专业志的启发，我们决定站好最后一班岗，独立编修一部九江市冶金煤炭专业志，把多年收集的资料系统地保存下来。2015年1月，九江冶金煤炭志形成初稿，即送专家审阅。4月后，又针对性修改。6月，正式邀请市志办邵天柱老师为冶煤志总纂，进入出版程序。

对于九江冶金煤炭志的出版，我们凭着一份历史的责任而为之，我们不敢指望读者看到这本书，就对九江矿业史一览无遗，或受到多大震撼。我们只希望读者清晰地知道，九江矿业的历史发展脉络、所达到的技术工艺水平、所做出的经济贡献、为之奋斗的人，所以敬请有识之士给予指导和教诲。由于受到地方冶金煤炭行业主管部门的局限，对中央、省属企业一直了解不多，不太熟悉，好在中央省属大企业有企业志及省志专载，不至于遗漏，我们只作简述；又由于受自身多次机构改革的影响，管理范围逐步缩小的局限性，对20世纪90年代后九江冶金煤炭行业快速发展的新形势难以掌握，对大批多元化矿业企业不太知情，尽管我们也走访了许多企业，在前四篇中增添了许多内容，但第五篇之后，上述局限性比较明显。弥补这个遗憾只能留给后来人了。

最后，向为本书出版尽心尽力做出奉献和热心关怀、关注的同志表示衷心的感谢！

九江市冶金煤炭志编纂委员会

2016年8月

图书在版编目（CIP）数据

九江冶金煤炭志 / 九江市冶金煤炭集团公司编。——北京：方志出版社，2017.2
ISBN 978-7-5144-2375-4

Ⅰ.①九… Ⅱ.①九… Ⅲ.①冶金工业—工业史—九江②煤炭工业—工业史—九江 Ⅳ.①F426.3 ②F426.21

中国版本图书馆CIP数据核字（2017）第047438号

九江冶金煤炭志

编　　者：九江市冶金煤炭集团公司
责任编辑：李志瑜

出 版 人：冀祥德
出 版 者：方志出版社
地址　北京市朝阳区潘家园东里9号（国家方志馆4层）
邮编　100021
网址　http: // www. fzph. org
发　　行：方志出版社发行中心
电话（010）67110500
经　　销：各地新华书店
印　　刷：江西昌华印刷厂

开　　本：889*1194　　1/16
印　　张：35.5
字　　数：677千字
版　　次：2017年3月第1版　2017年3月第1次印刷
印　　数：0001~1000册

ISBN 978-7-5144-2375-4　　　　**定价**：280.00元